JN430141

MENTOR
PHOTOSHOP

KOREA
EDUCATION GROUP

멘토시리즈 포토샵

발 행 일   2026년 1월 16일

발 행 처   코리아교육그룹 교육연구소

발 행 인   김영우

주   소   서울특별시 강남구 강남대로 286 3, 4층

전   화   02-525-5237

홈 페 이 지   http://www.koreaedugroup.com

이 메 일   kegbook@koreaedugroup.com

이 책에 대한 의견이나 오탈자 및 잘못된 내용에 대한 수정 정보는 이메일로 알려주십시오.
Copyright ⓒ 2026 ㈜코리아교육그룹

이 책의 저작권은 ㈜코리아교육그룹에 있습니다.
저작권법에 의해 보호를 받는 저작물이므로 무단 복제 및 무단 전재를 금합니다.

MENTOR
PHOTOSHOP

멘토시리즈 포토샵
MENTOR PHOTOSHOP

이 책의 집필진 대표 **이도연**

Prolog

이미지 편집의 시작과 완성,
그리고 창의적인 시각 표현의 가능성을 넓혀주는
PHOTOSHOP(포토샵) 교재입니다.

포토샵 | 현직 디자이너의 실전 노하우가 담긴 입문서

포토샵은 이미지를 다듬고 보정하는 단계를 넘어, 아이디어를 시각적으로 구현하는 가장 대표적인 프로그램입니다. 광고 디자인, 웹 콘텐츠, 인쇄물, 영상 제작 등 다양한 분야에서 포토샵은 창작자의 상상력을 구체적인 결과물로 완성시키는 핵심 역할을 합니다.

이 책은 포토샵을 처음 시작하는 학습자에게는 이해하기 쉬운 기초 과정을, 경험이 있는 학습자에게는 한 단계 더 나아간 실무 활용 능력을 제시합니다.

탄탄한 기본기를 위한 교재 활용 팁!

01 기본기를 소홀히 하지 말자.

포토샵의 수많은 기능과 최신 업데이트는 눈길을 끌지만, 실무와 창작에서 가장 큰 힘을 발휘하는 것은 결국 기본기입니다. 레이어 구조의 이해, 선택 도구의 활용, 색상과 명도의 보정 같은 기초는 복잡한 디자인 과정을 안정적으로 수행할 수 있는 작업의 뼈대가 됩니다. 이 교재는 학습자가 이러한 기본기를 체계적으로 다질 수 있도록 단계별 실습과 예제를 통해 기초 능력을 확실히 확보할 수 있게 구성되었습니다.

02 반복은 실력을 만든다.

단순하고 지루해 보일 수 있는 기능 연습도 반복을 거듭하면 작업 속도와 정확성에서 큰 차이를 만듭니다. 포토샵에서 자주 쓰이는 Selection, Mask, Adjustments와 같은 기능을 꾸준히 다루다 보면 실무에서 마주하는 다양한 상황에 유연하게 대처할 수 있습니다. 교재는 동일 기능을 여러 맥락에서 반복 학습할 수 있도록 구성되어, 학습자가 자연스럽게 '몸에 익히는 학습'을 경험할 수 있습니다.

03 기능은 표현을 위한 언어다.

포토샵의 기능은 단순한 기술이 아니라 시각적 언어입니다. Brush, Filter, Layer Style과 같은 기능은 그 자체가 목적이 아니라, 학습자의 생각과 메시지를 표현하는 도구입니다. 이 교재는 기능 사용법만 설명하는 데 그치지 않고 각 기능이 디자인 맥락에서 어떻게 활용되는지, 즉 아이디어를 구현하는 표현 수단으로서 어떤 역할을 하는지 함께 다룹니다. 이를 통해 학습자는 도구 중심이 아닌 창작 중심의 시각을 키울 수 있습니다.

04 실습이 곧 학습이다.

포토샵은 이론만으로는 절대 익숙해질 수 없는 프로그램입니다. 직접 손을 움직이고 예제를 따라 해야 툴의 원리를 이해하고 문제 해결 능력을 기를 수 있습니다. 이 책은 모든 섹션이 실습 중심으로 구성되어 있어, 학습자가 배운 내용을 즉시 적용하고 결과를 눈으로 확인하며 응용까지 확장할 수 있도록 돕습니다. 즉, 단순한 기능 학습을 넘어 실전 감각을 키우는 과정이 됩니다.

05 창의는 기본 위에서 자란다.

디자인 분야는 트렌드가 빠르게 변화하고, 새로운 기법과 스타일이 끊임없이 등장합니다. 그러나 이를 제대로 활용하기 위해서는 반드시 탄탄한 기초가 필요합니다. 이 책은 기본 기능을 충실히 다루되, 이를 활용해 다양한 창의적 프로젝트를 시도할 수 있도록 안내합니다. 학습자는 기초와 창의의 균형을 통해 단순한 '따라 하기'를 넘어, 자신만의 독창적인 작업 세계를 만들어갈 수 있습니다.

이 책이 여러분의 포토샵 실력을 한 단계 끌어올리는 데 실질적인 도움이 되기를 바랍니다.

언제 어디서든 혼자서도 공부할 수 있는 든든한 동반자이자, 자신만의 작업물을 만들고 싶은 학생분들과 예비 디자이너분들에게 도움이 되는 기초 길잡이가 되었으면 합니다.

Structure

•

이 책은 포토샵을 처음 접하는 사람들을 위해 도구와 이론 설명을 충실하게 다루고 있습니다.
지나친 예제 위주의 설명으로 옵션이나 도구에 대한 개념을 소홀히 할 수 있는 부분을 보완했으며,
실습을 통해 실무에서 활용할 수 있는 예제와 테크닉을 배울 수 있습니다.
각 섹션은 Theory(이론) – Practice(실습 예제) – Exercise(연습 예제)로 구성되어
기능을 체계적으로 배울 수 있도록 구성했습니다.

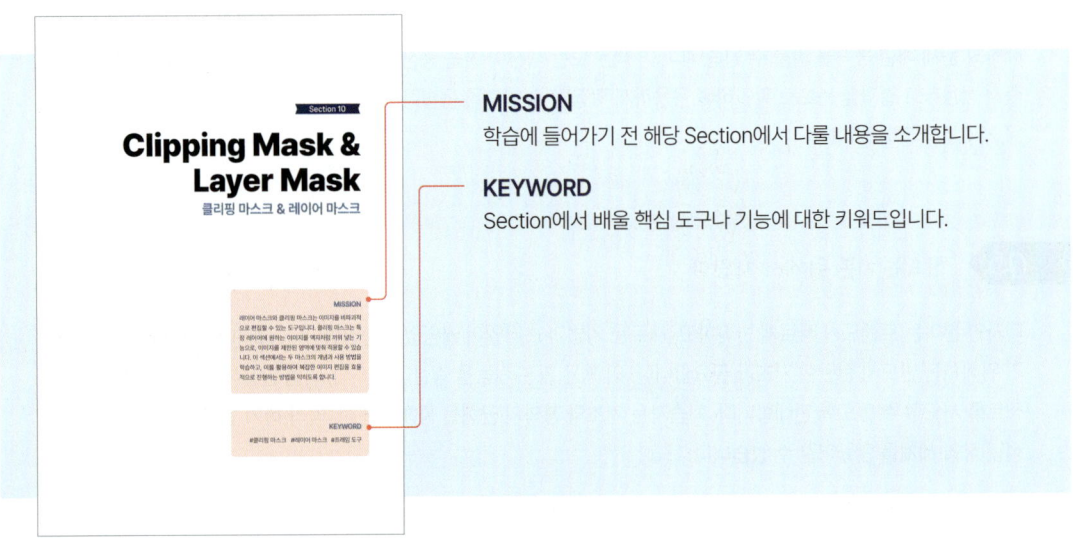

MISSION
학습에 들어가기 전 해당 Section에서 다룰 내용을 소개합니다.

KEYWORD
Section에서 배울 핵심 도구나 기능에 대한 키워드입니다.

THEORY
해당 이론에서 설명되어질 도구나 기능의 이름을 소개합니다.

중요 기능
실무에서 자주 사용하는 기능으로 꼭 기억하고 있어야 할 내용입니다.

PLUS
기타 학습 내용과 알아두면 유용한 추가 정보를 수록했습니다.

S
학습과 실무에서 편리하게 실행시킬 수 있는 단축키를 알려줍니다.

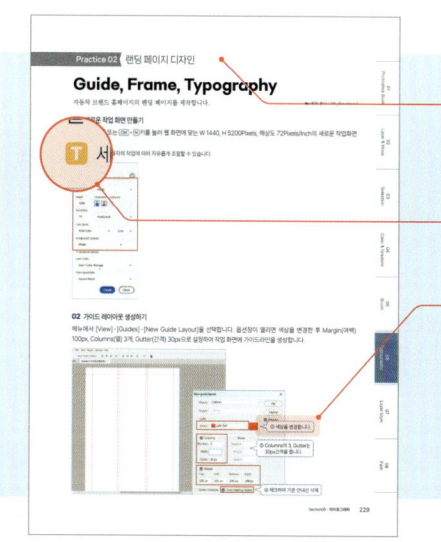

PRACTICE
THEORY(이론)로 배운 내용을 활용 예제를 통해 실습해 보며 응용과 활용 방법을 배울 수 있습니다.

T
도움 및 참고해야 할 사항들을 알려줍니다.

말풍선
실행 과정에 대한 부연 설명을 직관적으로 보여줌으로써 이해를 돕습니다.

ADVICE
현역 디자이너가 실무에서 유용하게 사용할 수 있는 노하우를 알려줍니다.

EXERCISE
이론과 실습으로 배운 내용을 토대로 작업해 볼 수 있는 예제를 제공합니다.

예제&완성 파일 다운로드 방법

교재의 예제 & 완성 파일은 아래 웹하드에서 다운로드할 수 있습니다.

웹하드 http://www.webhard.co.kr

• 게스트 ID : kegstore01~02 / 비밀번호 : 0000
• 방법 : 웹하드 사이트 접속 > 로그인 > 게스트 폴더 선택 > 해당 교재 폴더 선택 > 해당 파일 선택 후 내려받기

교재몰 이용자
교재몰(https://www.kedustore.com) 접속 > 교재 구매 완료 후 > 예제 파일 탭 선택 > 해당 교재 선택 > 이메일 주소 입력 후 전송하면 웹하드 정보를 받으실 수 있습니다.

CONTENTS

Photoshop Basic

포토샵 기초

MISSION

포토샵은 디자인, 사진 편집, 웹 콘텐츠 제작 등 다양한 분야에서 활용되는 핵심 도구입니다. 이 섹션에서는 포토샵의 전반적인 작업 환경을 이해하고, 기본 도구와 인터페이스를 익혀 기본적인 작업 흐름을 익힙니다. 포토샵을 처음 접하는 사용자도 쉽게 따라할 수 있도록, 도구와 메뉴의 위치부터 사용자에 맞는 설정법까지 차근차근 학습하도록 합니다.

KEYWORD

#그래픽 필수지식 #인터페이스 #파일 관리

Graphics Basics

그래픽 필수지식에서는 포토샵을 사용하기 전 반드시 알아야 할 컬러 모드와 해상도의 개념을 학습합니다. 이러한 기본 지식은 디자인 작업의 탄탄한 기초가 되어 실무에서 효율적으로 활용하는 데 도움을 줍니다.

Bitmap 비트맵 ■ S1_1.jpg

포토샵은 비트맵 방식으로 이미지를 처리합니다. 비트맵은 픽셀(Picture Element)이라고 불리는 작은 점들이 모여 이미지를 형성하는 방식입니다. 포토샵에서 주로 사용하는 비트맵 형식에는 JPG, PNG, GIF 등이 있습니다.

작은 사각형 한 칸이 1픽셀입니다.

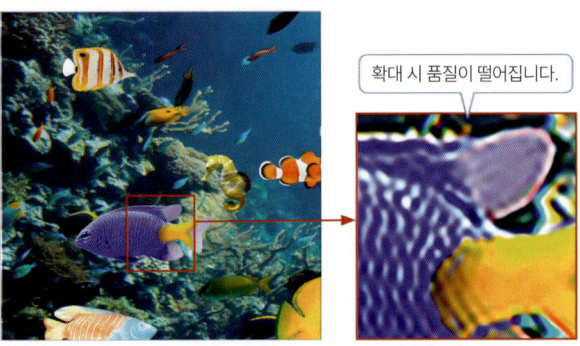

확대 시 품질이 떨어집니다.

- 장점 : 많은 픽셀을 사용하여 정교하고 섬세한 색상 표현이 가능하므로 사진 작업에 특히 효과적입니다.
- 단점 : 확대 시 '계단현상' 또는 '깨짐현상'이 발생하여 작업물의 품질이 떨어질 수 있습니다.

Vector 벡터 ■ S1_2.jpg

벡터는 수학적 공식에 의해 선과 곡선으로 이미지를 구성하는 방식입니다. 일러스트레이터는 벡터 방식으로 작업하며, 주로 사용되는 확장자는 AI, SVG, VML 등이 있습니다. 벡터는 로고 디자인이나 아이콘 디자인에 주로 사용됩니다.

확대 시 품질이 떨어지지 않습니다.

- 장점 : 벡터는 점들이 좌표계(X, Y)로 구성되기 때문에 이미지의 크기를 조절하거나 변형해도 해상도가 깨지지 않습니다. 따라서 크기 조절이 자유로운 로고, 폰트, 캐릭터, 인쇄물의 편집 및 디자인 응용 작업에 유용합니다.
- 단점 : 색상 표현에 한계가 있어 사진(이미지)을 보정하거나 편집하는 작업에는 적합하지 않습니다.

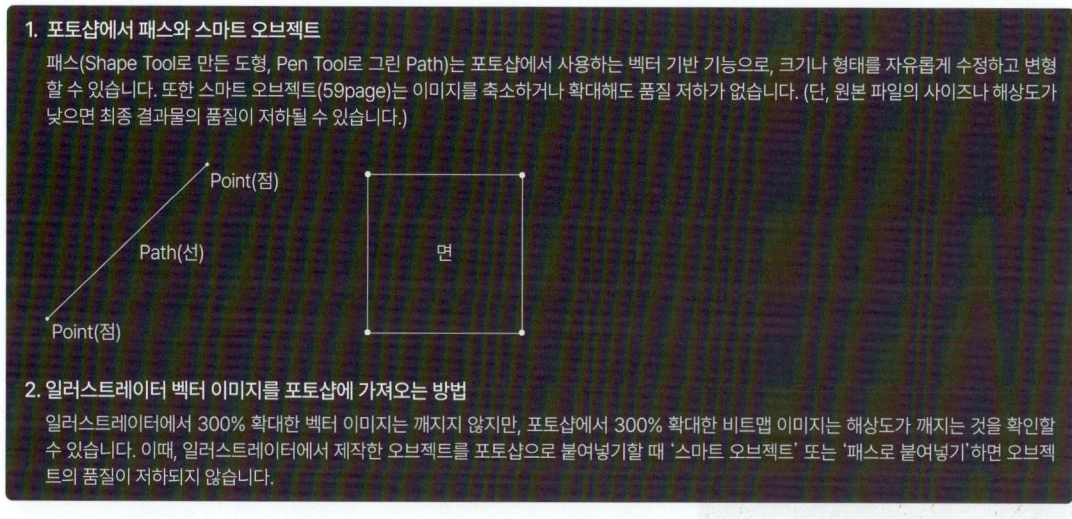

01
Photoshop Basic

02
Layer & Move

03
Selection

04
Color & Gradient

05
Brush

06
Typography

07
Layer Style

08
Path

1. 포토샵에서 패스와 스마트 오브젝트

패스(Shape Tool로 만든 도형, Pen Tool로 그린 Path)는 포토샵에서 사용하는 벡터 기반 기능으로, 크기나 형태를 자유롭게 수정하고 변형할 수 있습니다. 또한 스마트 오브젝트(59page)는 이미지를 축소하거나 확대해도 품질 저하가 없습니다. (단, 원본 파일의 사이즈나 해상도가 낮으면 최종 결과물의 품질이 저하될 수 있습니다.)

Point(점)

Path(선)

면

Point(점)

2. 일러스트레이터 벡터 이미지를 포토샵에 가져오는 방법

일러스트레이터에서 300% 확대한 벡터 이미지는 깨지지 않지만, 포토샵에서 300% 확대한 비트맵 이미지는 해상도가 깨지는 것을 확인할 수 있습니다. 이때, 일러스트레이터에서 제작한 오브젝트를 포토샵으로 붙여넣기할 때 '스마트 오브젝트' 또는 '패스로 붙여넣기'하면 오브젝트의 품질이 저하되지 않습니다.

PPI & DPI 해상도

PPI는 'Pixel Per Inch'의 약자로 1인치당 픽셀의 개수를 의미합니다. 일반적인 웹 및 영상 콘텐츠는 72PPI로 설정합니다. DPI는 'Dots Per Inch'의 약자로 인쇄물의 1인치당 도트의 개수를 의미합니다. 해상도가 높을수록 선명한 품질의 이미지를 표현할 수 있으며, 일반적으로 150~300DPI로 설정합니다.

① 웹용 파일 : 웹 배너, 홈페이지, 앱 디자인 등 디지털 환경에서 사용하는 작업물은 픽셀 단위로 크기를 지정하며, 해상도는 72PPI로 고정합니다.

② 인쇄용 파일 : 출력물은 해상도가 높을수록 색을 구성하는 픽셀 수가 많아져 더 선명한 이미지 품질을 얻을 수 있습니다. 일반적인 인쇄물은 300DPI 이상으로 설정합니다.

Resolution 해상도 설정 ▪ S1_3.jpg

포토샵에서 새 문서를 만들 때, 사이즈, 단위, 해상도를 설정할 수 있습니다. 또한 이미지를 불러올 때 해상도와 크기를 변경하여 이미지의 품질을 높일 수도 있습니다.

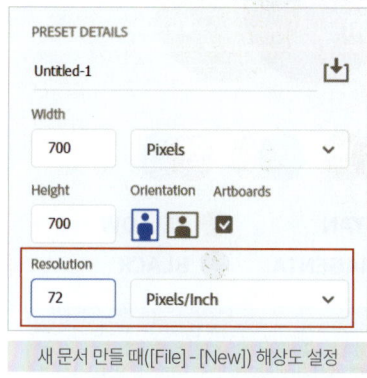

새 문서 만들 때([File] - [New]) 해상도 설정

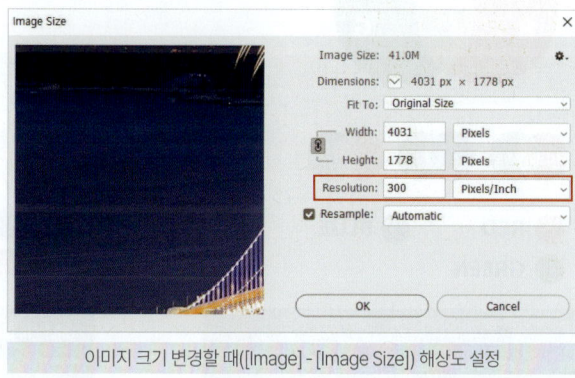

이미지 크기 변경할 때([Image] - [Image Size]) 해상도 설정

Photoshop Color Mode 포토샵에서의 색상 모드

Photoshop에서는 작업 목적에 따라 다양한 색상 모드를 변경하여 사용할 수 있습니다. [Image] - [Mode] 메뉴에서 현재 이미지의 색상 모드를 확인하고 변경할 수 있습니다.

 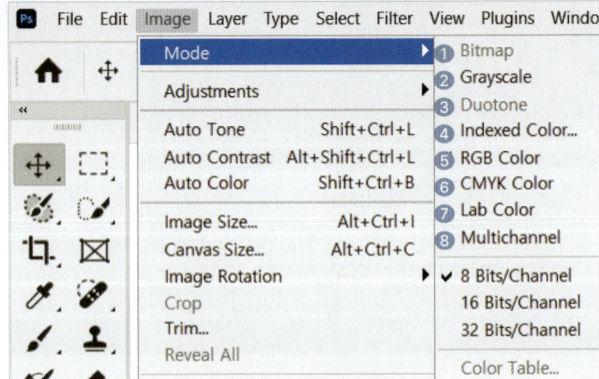

❶ **Bitmap(비트맵)** : 이미지를 2가지 색상(검정 또는 흰색) 중 하나를 사용하여 표현합니다.

❷ **Grayscale(회색 음영)** : 최대 256가지의 회색 음영(8비트)을 사용하여 이미지를 표현합니다.

❸ **Duotone(이중톤)** : 1~4가지의 사용자 정의 잉크를 활용하여 단색, 2색, 3색 또는 4색의 회색 음영 이미지를 만들 수 있습니다.

❹ **Indexed Color(인덱스 색상)** : 256가지의 색상을 사용하여 이미지를 표현합니다.

❺ **RGB Color** : 빛의 3원색을 이용한 가산 혼합 방식으로, 수백만 가지 색상을 표현할 수 있으며 웹용 이미지에 적합합니다.

❻ **CMYK Color** : 인쇄용 4색 잉크를 혼합하는 감산 혼합 방식으로 색상을 표현하며, 인쇄물 제작에 적합합니다.

❼ **Lab Color** : 사람이 눈으로 인지할 수 있는 모든 색상을 표현할 수 있습니다.

❽ **Multichannel(멀티 채널)** : Cyan, Magenta, Yellow 채널이 생성되어 각 채널마다 회색 음영을 포함하며, 특수 인쇄에 유용하게 사용됩니다.

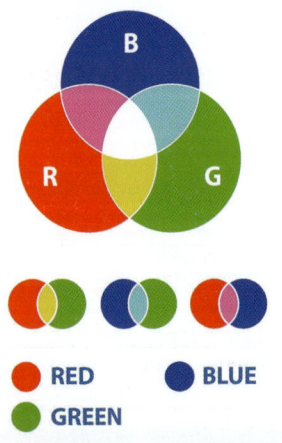

- 🔴 **RED**
- 🔵 **BLUE**
- 🟢 **GREEN**

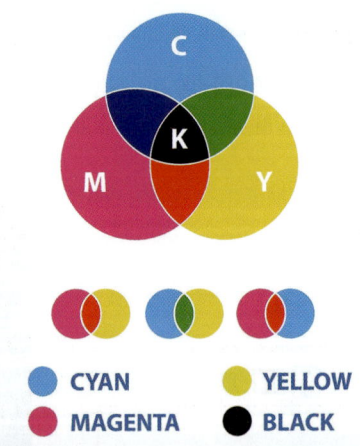
- 🔵 **CYAN**
- 🟡 **YELLOW**
- 🔴 **MAGENTA**
- ⚫ **BLACK**

RGB Color
빨간색(Red), 초록색(Green), 파랑색(Blue)의 혼합으로 색상을 표현합니다. 색이 섞일수록 명도가 높아지므로 '가산 혼합'이라고 합니다.
빛으로 보여지는 색상, 즉 TV, 모니터, 모바일 화면 등은 모두 RGB 가산 혼합에 의해 표현됩니다.

CMYK Color
파랑(Cyan), 자주(Magenta), 노랑(Yellow), 검정(Black)의 혼합으로 색상을 표현합니다. 색이 섞일수록 명도가 낮아지므로 '감산 혼합'이라고 합니다.
인쇄에서 사용되는 색상 모드이며, 원하는 색상을 CMYK로 표현할 수 없는 경우, 별색을 추가하여 인쇄할 수 있습니다.

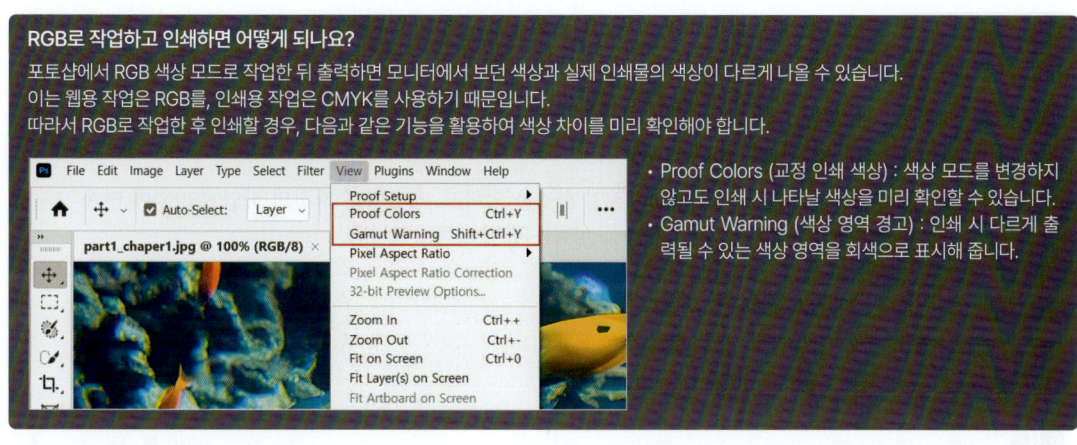

RGB로 작업하고 인쇄하면 어떻게 되나요?

포토샵에서 RGB 색상 모드로 작업한 뒤 출력하면 모니터에서 보던 색상과 실제 인쇄물의 색상이 다르게 나올 수 있습니다.
이는 웹용 작업은 RGB를, 인쇄용 작업은 CMYK를 사용하기 때문입니다.
따라서 RGB로 작업한 후 인쇄할 경우, 다음과 같은 기능을 활용하여 색상 차이를 미리 확인해야 합니다.

- Proof Colors (교정 인쇄 색상) : 색상 모드를 변경하지 않고도 인쇄 시 나타날 색상을 미리 확인할 수 있습니다.
- Gamut Warning (색상 영역 경고) : 인쇄 시 다르게 출력될 수 있는 색상 영역을 회색으로 표시해 줍니다.

Binary Digit 비트

비트(Bit)는 픽셀(Pixel)의 색상 정보를 결정하는 단위입니다.

픽셀 하나에 몇 비트의 색상을 할당하느냐에 따라 표현 가능한 색상의 수가 달라지며, 비트 수가 높을수록 더 많은 색상을 표현할 수 있고 색상 표현의 정밀도도 향상됩니다.

일반적으로 사람의 눈은 8비트 이상의 색상 차이를 구분하기 어렵지만, 실제 작업 중에는 이미지 손실이나 품질 저하가 발생할 수 있으므로, 더 많은 색상 정보를 담을 수 있는 16비트 모드로 작업하는 것이 안전합니다.

특히, 고해상도나 대형 이미지를 다루는 정밀한 작업일수록 16비트 모드 사용을 권장합니다.

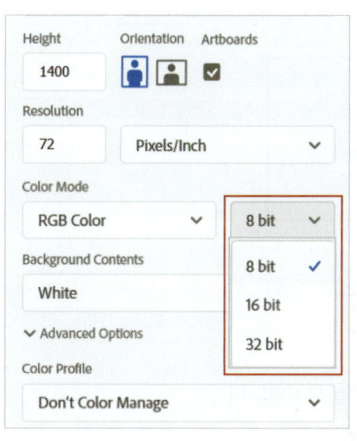

Interface

포토샵을 실행했을 때 처음 나타나는 홈 화면과 작업 환경을 익히고, 사용자가 자신의 작업 스타일에 맞게 도구와 패널을 자유롭게 배치하여 효율적인 작업 환경을 구성하는 방법을 학습합니다.

Home 홈 화면

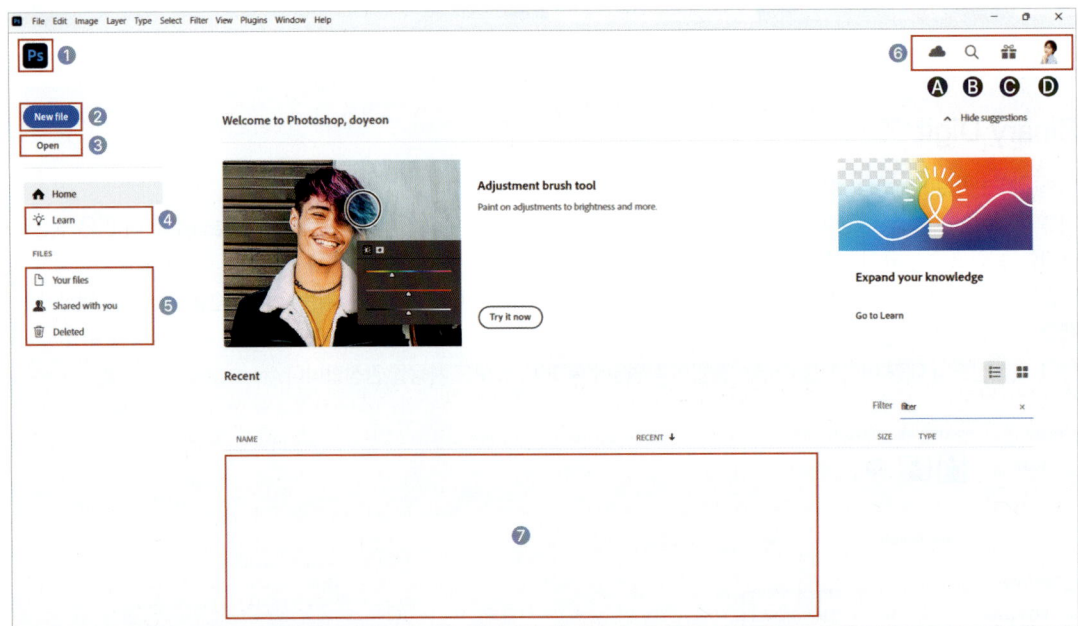

❶ Photoshop 작업 화면으로 진입합니다.

❷ 새로운 작업 파일을 생성합니다. **S** New(새로 만들기) `Ctrl` + `N`

❸ 파일을 불러옵니다. **S** Open(열기) `Ctrl` + `O`

❹ 포토샵의 주요 기능(그래픽 아트, 배경, 제거하기 등)을 학습할 수 있는 튜토리얼을 제공합니다.

❺ 공동 작업 및 클라우드에 저장되어 있는 파일과 삭제된 파일을 확인할 수 있습니다.

❻ 온라인에 연결된 상태에서 사용자 계정으로 사용할 수 있는 기능입니다.

    Ⓐ 사용자의 클라우드 스토리지

    Ⓑ 포토샵 내 학습, Adobe Stock에서 자료 검색

    Ⓒ 새로운 기능 제공

    Ⓓ 사용자 계정 프로필에 접근

❼ 사용자가 최근에 작업한 파일 목록이 나타납니다.

Work Space 작업 화면 구성

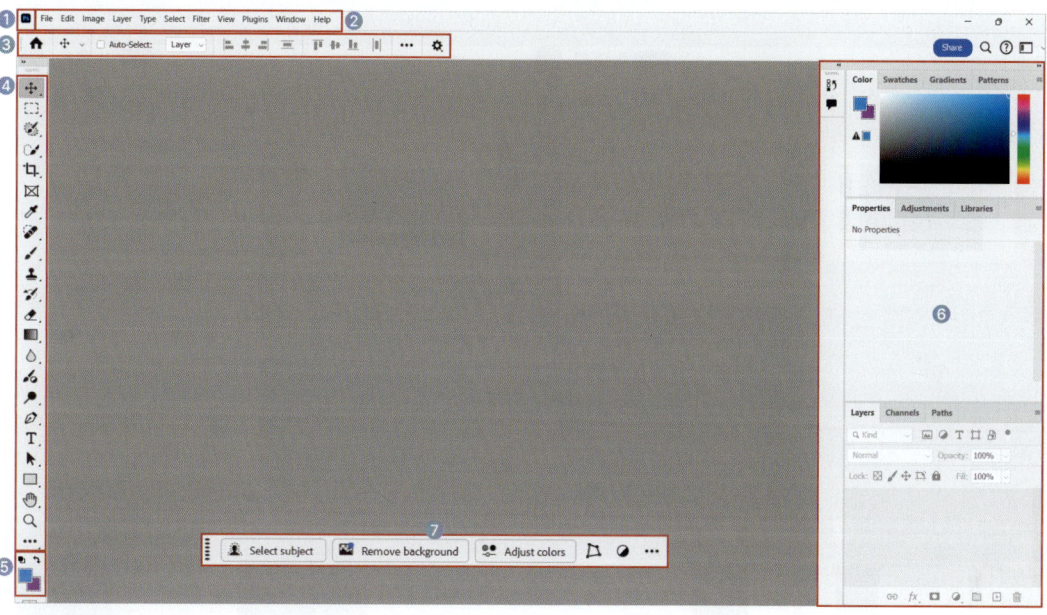

❶ **Home(홈)** : 화면으로 진입합니다.

❷ **Menu(메뉴)** : 포토샵의 기능 및 상세 설정을 합니다.

❸ **Option(옵션)** : 선택된 도구에 따라 다르게 나타나는 세부 옵션들을 설정합니다.

❹ **Tool(도구)** : 작업 관련 모든 도구들을 보여줍니다. 하단의 ••• 아이콘을 클릭하면 숨겨진 도구들을 확인할 수 있습니다.

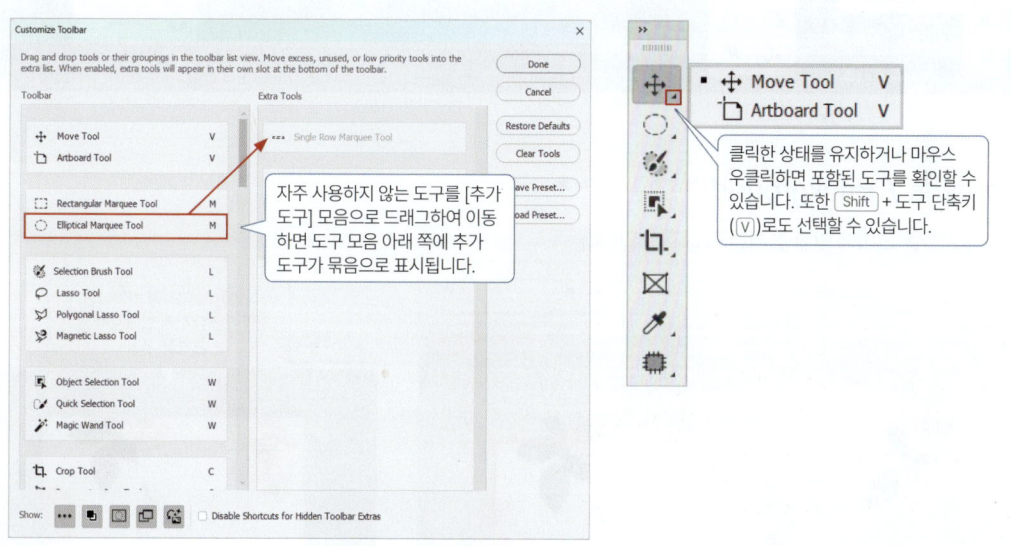

❺ **Foreground / Background Color(전경색과 배경색)** : 상자를 클릭하면 Color Picker(컬러 피커)가 열리고, 원하는 색상을 지정할 수 있습니다. 위쪽 상자는 전경색, 아래쪽 상자는 배경색을 나타냅니다.

❻ **Panel(패널)** : 모든 패널은 [Window] 메뉴를 통해 열고 닫을 수 있으며, 패널의 ☰ 아이콘을 선택해 숨겨진 옵션과 기능들을 사용할 수 있습니다.

❼ **Contextual Task Bar(상황별 작업 표시줄)** : 생성형 채우기, 이미지 배경 제거, 도구 선택 및 확인 등을 빠르게 작업할 수 있는 포토샵의 새로운 기능입니다. 사용자가 작업하는 기능에서 가장 관련성이 높은 다음 단계를 제공하는 유동 메뉴입니다. [Window] - [Contextual Task Bar]로 숨기거나 표시할 수 있습니다.

01 Photoshop Basic

02 Layer & Move

03 Selection

04 Color & Gradient

05 Brush

06 Typography

07 Layer Style

08 Path

도구 및 패널 정리하기

- 패널을 드래그하여 위치를 자유롭게 이동할 수 있으며, 패널의 크기를 최소화할 수 있습니다.

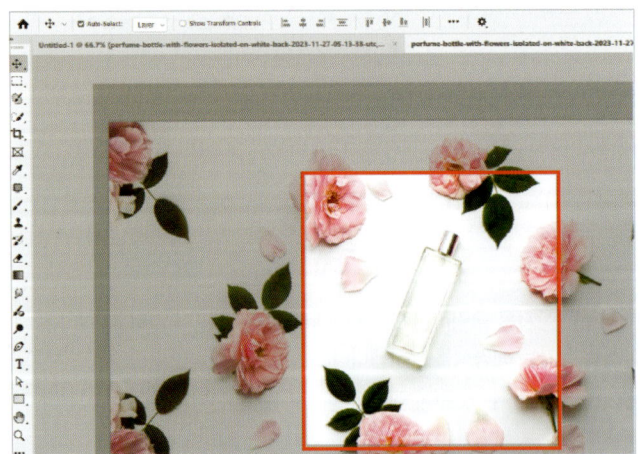

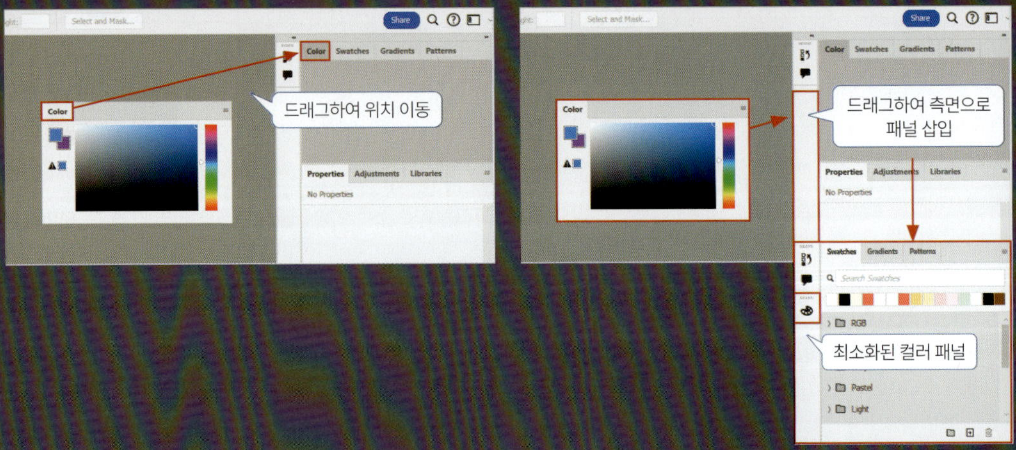
드래그하여 위치 이동
드래그하여 측면으로 패널 삽입
최소화된 컬러 패널

- 도구와 각 패널 상단에 있는 « 아이콘을 클릭하면 도구의 정렬 방식을 변경할 수 있습니다.

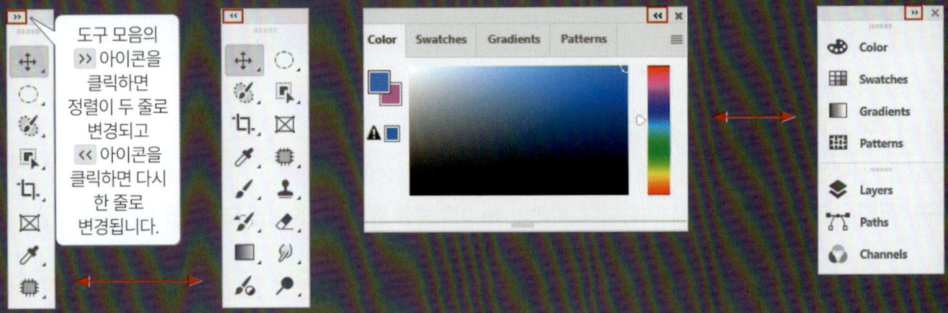
도구 모음의 » 아이콘을 클릭하면 정렬이 두 줄로 변경되고 « 아이콘을 클릭하면 다시 한 줄로 변경됩니다.
Color
Swatches
Gradients
Patterns
Layers
Paths
Channels

Artboards / Background 작업 화면 / 대지 S1-4.jpg

사용자가 지정한 크기에 맞춰 펼쳐진 작업 화면입니다.

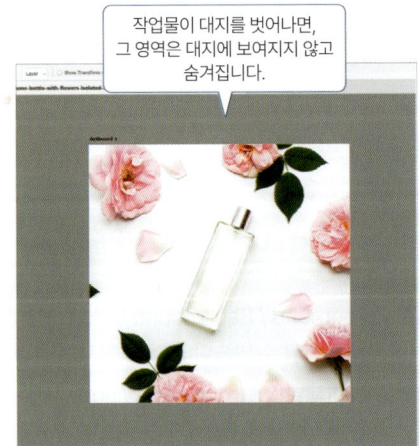

작업물이 대지를 벗어나면, 그 영역은 대지에 보여지지 않고 숨겨집니다.

캔버스 색상(대지 밖 영역, Canvas) 변경하기

대지 바깥 영역의 캔버스 색상은 현재 작업 중인 파일의 색상에 따라 조절할 수 있습니다. 작업 환경 바깥 영역에서 마우스 우클릭하여 색상을 수 정할 수 있습니다.

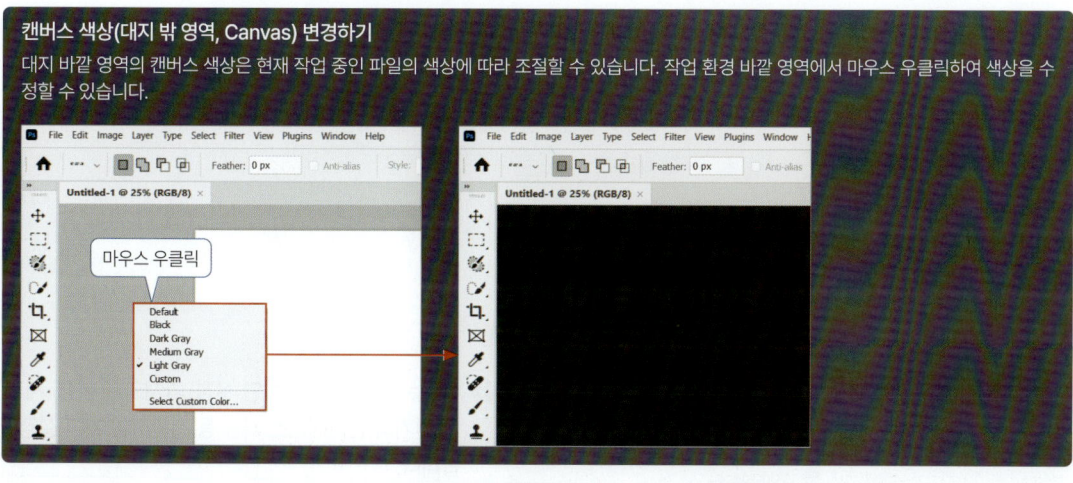

Workspace 작업 화면 관리

[Window] - [Workspace] 메뉴에서는 Adobe에서 제공하는 기본 작업 영역을 사용할 수 있습니다. 또한, 현재 작업 환경 을 기반으로 작업 영역을 재설정하거나, 새로 저장 또는 기존에 저장된 작업 영역을 삭제하는 기능도 제공합니다.

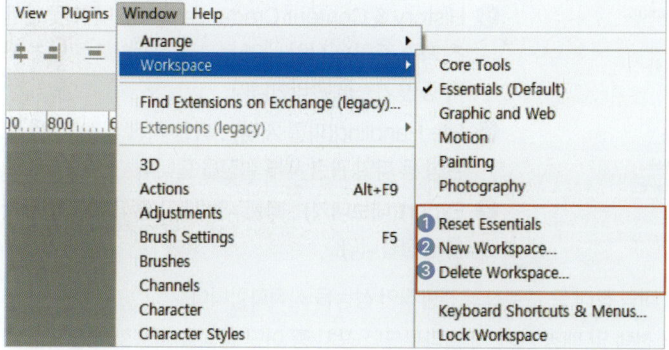

T 본 교재의 일부 이론을 제외한 모든 이론은 'Essentials (Default) : 필수 (기본값)' 설정을 기준으로 합니다.

① Reset Essentials(필수 재설정) : 작업 환경을 새로 고칩니다.

② New Workspace(새 작업 영역) : 변경된 작업 환경을 새로운 이름으로 저장합니다.

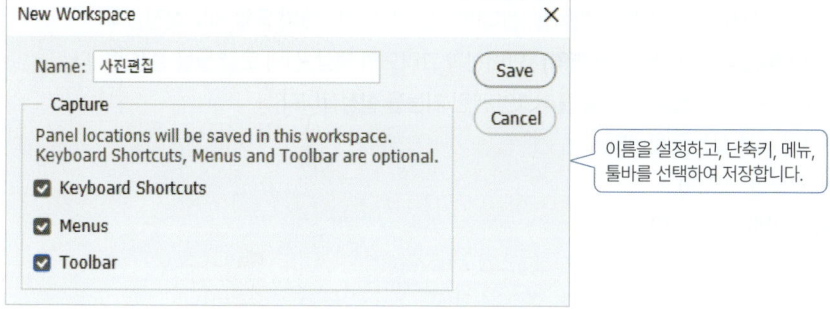

이름을 설정하고, 단축키, 메뉴, 툴바를 선택하여 저장합니다.

01 Photoshop Basic

02 Layer & Move

03 Selection

04 Color & Gradient

05 Brush

06 Typography

07 Layer Style

08 Path

❸ Delete Workspace(작업 영역 삭제) : 선택한 작업 환경을 삭제합니다.

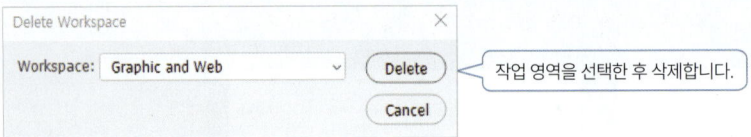

작업 영역을 선택한 후 삭제합니다.

Preferences _{환경 설정}

[Edit] - [Preferences] 메뉴에서 포토샵의 작업 환경을 설정합니다.

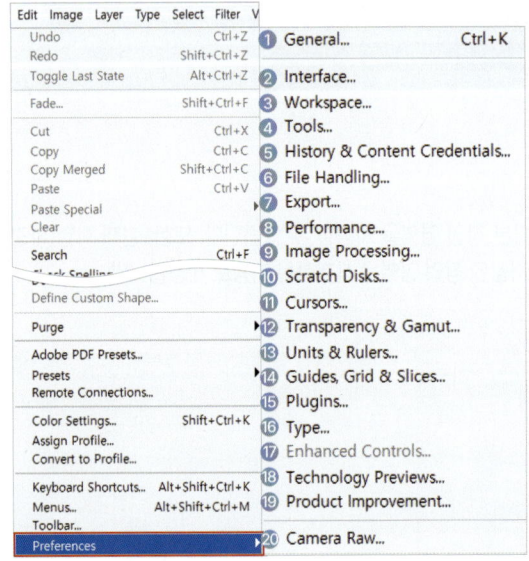

❶ General(일반) : 홈 화면 설정, 가져오기 설정, 새 문서 열기의 인터페이스 사용 등 전반적인 세부 설정을 합니다.

❷ Interface(인터페이스) : 작업 화면의 모드 및 UI(사용자 인터페이스)를 설정합니다.

❸ Workspace(작업 영역) : 패널 표시, 전체 화면 활성화 등 작업 영역 관련 세부 설정을 합니다.

❹ Tools(도구) : 각 도구의 세부 동작을 설정합니다.

❺ History & Content Credentials(작업 내역 및 콘텐츠 자격 증명) : 작업 내역 로그를 설정하고 콘텐츠 자격 증명 기능을 관리합니다.

❻ File Handling(파일 처리) : 파일 저장 방식, 파일 호환성 등 파일 관련 세부 설정을 합니다.

❼ Export(내보내기) : 빠른 내보내기 형식과 저장 위치를 설정합니다.

❽ Performance(성능) : 메모리 사용량, 작업 내역 상태 등 포토샵의 전반적인 성능을 최적화합니다.

❾ Image Processing(이미지 처리) : 피사체 선택 및 배경 제거 시 클라우드와 장치 중 어떤 방식을 사용할지 선택할 수 있습니다.

❿ Scratch Disks(스크래치 디스크) : 포토샵이 임시 파일을 저장하고 작업하는 데 사용할 디스크를 선택합니다.

⓫ Cursors(커서) : 페인팅 도구나 다른 도구를 사용할 때 나타나는 커서의 모양을 설정합니다.

⓬ Transparency & Gamut(투명도 및 색상 영역) : 투명도 표시 방식과 색상 영역 경고 설정을 합니다.

⓭ Units & Rulers(단위 및 눈금자) : 기본 측정 단위(픽셀, 센티미터 등)와 포인트 크기 등을 세부 설정합니다.

⓮ Guides, Grid & Slices(안내선, 그리드 및 분할 영역) : 안내선과 그리드의 색상, 선의 모양 등을 설정합니다.

⓯ Plugins(플러그인) : 원격 연결 및 개발자 모드 등 플러그인 관련 기능을 설정합니다.

⓰ Type(문자) : 문자 옵션의 세부 설정을 합니다.

⓱ Enhanced Controls(향상된 컨트롤)

⓲ Technology Previews(기술 미리 보기)

⓳ Product Improvement(제품 개선)

⓴ Camera Raw(카메라 로우)

Interface 인터페이스

[Edit] - [Preferences] - [Interface] 메뉴에서 작업 화면의 색상 테마 및 UI 환경을 설정합니다.

S Preferences(환경설정) Ctrl + K

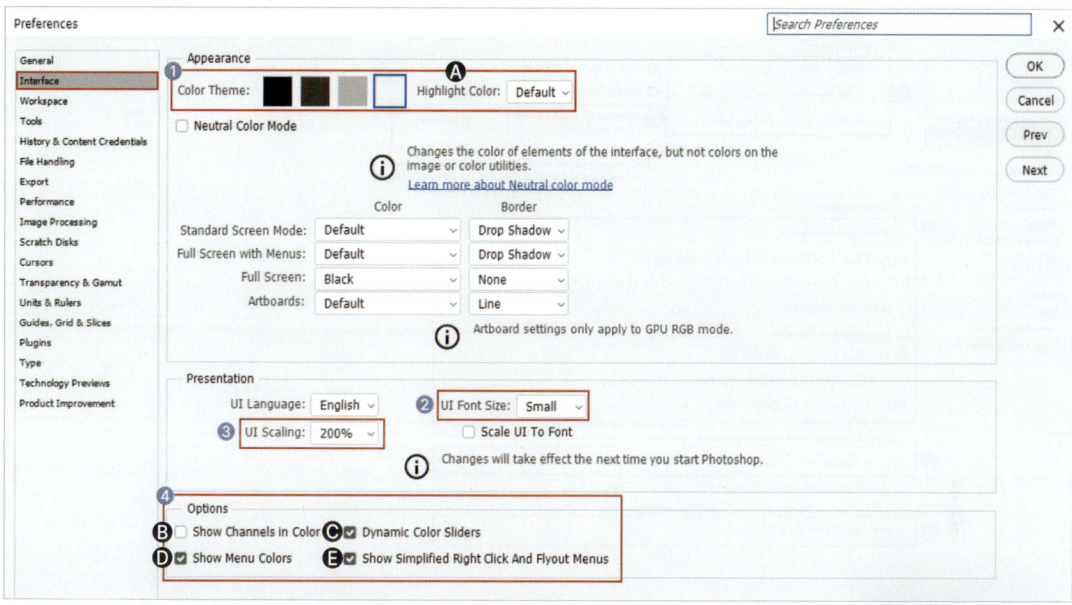

❶ **Color Theme** : 포토샵 전체 작업 화면의 색상을 지정합니다.

   Ⓐ **Highlight Color** : 프로그램 내에서 선택 영역의 색상을 설정합니다. 기본값인 Gray 또는 Blue로 설정할 수 있습니다.

❷ **UI Font Size** : UI 글꼴의 크기를 지정합니다.

❸ **UI Scaling** : UI 크기를 조절합니다.

❹ **Options**

   Ⓑ **Show Channels in Color** : 색상 채널을 표시합니다.

   Ⓒ **Dynamic Color Sliders** : 색상 슬라이더의 색상 변화를 보여 줍니다.

   Ⓓ **Show Menu Color** : 메뉴 항목의 색상을 표시합니다.

   Ⓔ **Show Simplified Right Click And Flyout Menus** : 간소화된 오른쪽 클릭 및 플라이아웃 메뉴를 표시합니다.

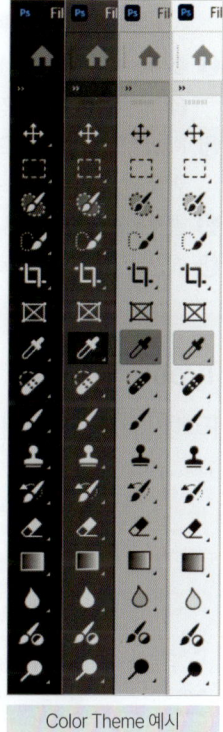

Color Theme 예시

File Handling 파일 처리

[Edit] - [Preferences] - [File Handling] 메뉴에서 파일의 자동 저장 기능을 활성화하고 클라우드 문서 경로를 설정할 수 있습니다.

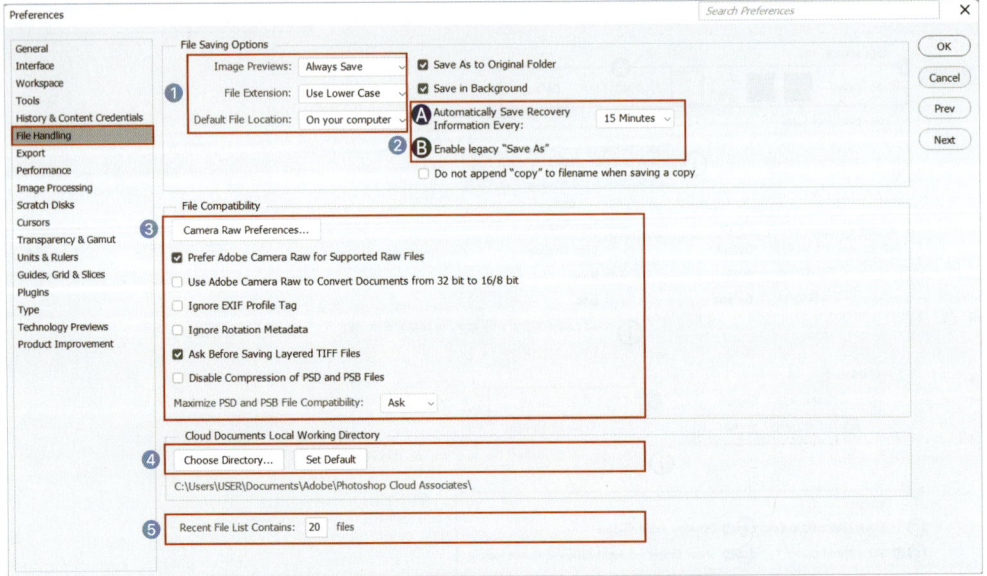

❶ 포토샵 파일을 저장할 때 이미지 미리보기를 설정합니다(Always Save를 선택하면 항상 미리보기가 지원됩니다). 저장 시 기본 저장 위치와 파일 이름의 대/소문자 변경 여부를 설정할 수 있습니다.

❷ Ⓐ 복구 정보를 5분, 10분, 15분, 30분, 1시간 간격으로 자동 저장하도록 설정합니다.

    Ⓑ 다른 이름으로 저장(Ctrl + Shift + S)에서도 이미지 사본 저장을 활성화합니다.

❸ Raw 파일을 포토샵으로 불러올 때의 호환성을 설정합니다(Camera Raw 파일이란, 카메라로 촬영된 사진이 확장자명이 아닌, 파일의 형태로 저장된 무손실 원본 파일을 의미합니다. 사진 보정 시 더 정교하고 세밀한 보정이 가능합니다).

❹ 클라우드 문서 사용 시 저장 또는 불러오는 문서의 경로를 설정합니다.

❺ 최근에 사용한 파일 목록 수를 수정할 수 있습니다.

Type 문자 옵션

[Edit] - [Preferences] - [Type] 메뉴에서 문자 관련 옵션을 설정합니다.

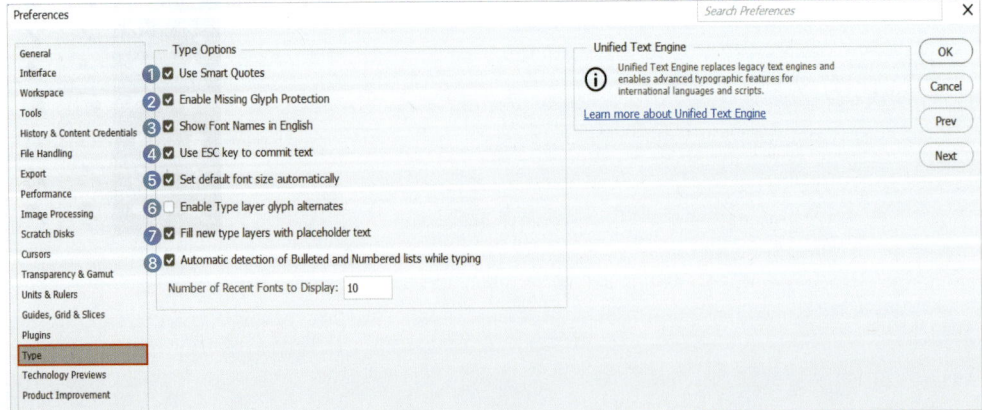

❶ Use Smart Quotes : 둥근 따옴표 사용 여부를 설정합니다.

❷ Enable Missing Glyph Protection : 누락된 글리프를 보호합니다.

❸ Show Font Names in English : 글꼴 이름을 영어로 표시합니다.

　　🇹 한글 폰트 사용 시에는 이 옵션을 해제하는 것이 더 편리합니다.

❹ Use ESC key to commit text : ⎋ESC 키가 문자 변경을 수행할지 또는 취소할지를 결정합니다. 체크 시 텍스트 입력을 완료할 수 있습니다.

❺ Set default font size automatically : 기본 글꼴 크기를 자동으로 설정합니다.

❻ Enable Type layer glyph alternates : 체크 시 텍스트 레이어에서 글리프 활성창이 생성됩니다.

❼ Fill new type layers with placeholder text : 자리 표시자 텍스트로 새로운 텍스트 레이어를 채우기합니다.

❽ Automatic detection of Bulleted and Numbered lists while typing : 입력 중 글머리 기호 및 번호 매기기 목록을 자동으로 감지합니다.

Guides, Grid & Slices 안내선, 그리드 및 분할 영역

[Edit] - [Preferences] - [Guides, Grid & Slices] 메뉴에서 안내선과 그리드의 색상 및 선 모양 등을 설정합니다.

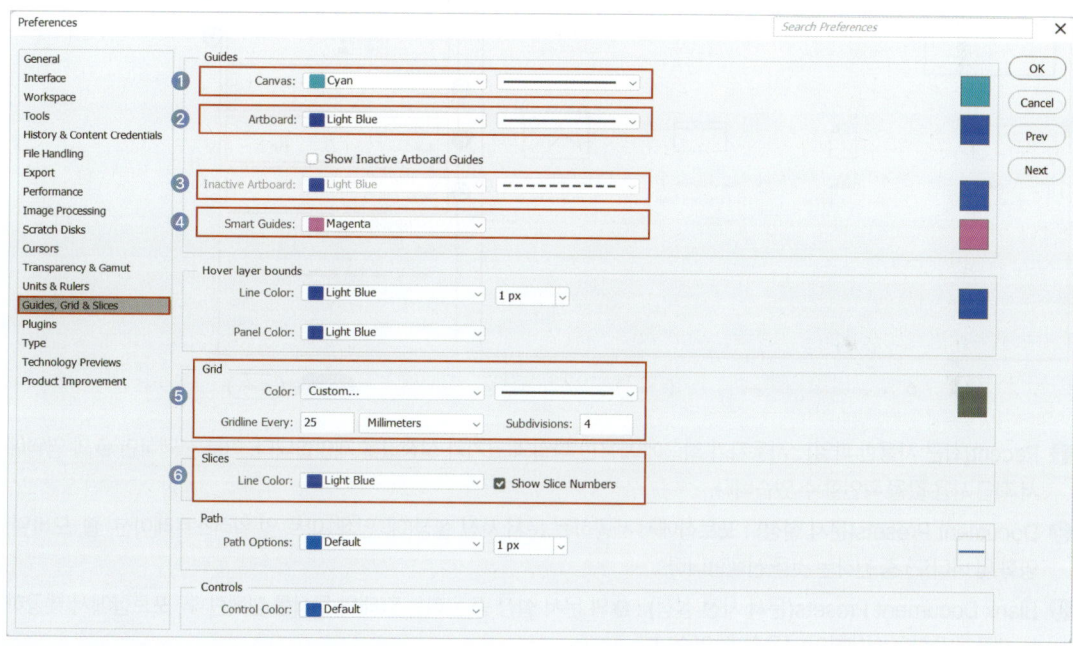

❶ Canvas(캔버스) : 캔버스에서 사용되는 안내선의 색상과 선 스타일을 설정합니다.

❷ Artboard(대지) : 아트보드에서 활성화되는 안내선의 색상과 선 스타일을 설정합니다.

❸ Inactive Artboard(비활성 아트보드) : 비활성화된 아트보드에서 활성화되는 안내선의 색상과 선 스타일을 설정합니다.

❹ Smart Guides(스마트 가이드) : 스마트 가이드의 색상을 설정합니다.

❺ Grid(격자) : 격자의 간격과 단위, 선의 색상과 스타일을 설정합니다.

❻ Slices(분할 영역) : 분할된 영역의 선 스타일을 설정합니다.

New, Open, Save, Close

포토샵에서 새로운 파일을 만들고, 기존 파일을 열거나 저장하는 등 기본적인 파일 관리 방법을 학습합니다. 또한, 작업을 종료할 때 사용하는 종료 기능까지, 파일 관리의 기초적인 흐름을 익힙니다.

New 새 작업 화면 만들기

홈 화면의 [New File] 또는 작업 화면의 [Flile] - [New] 메뉴에서 새 작업 파일을 생성합니다. Ⓢ New(새로 만들기) [Ctrl] + [N]

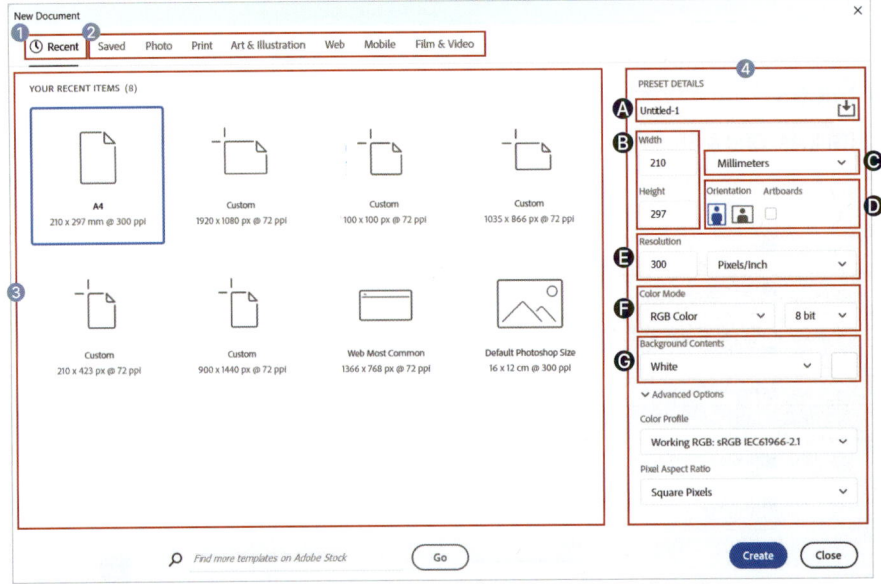

❶ **Recent(최근 사용한 파일) :** 사용자가 최근에 사용한 파일의 크기와 설정값을 제안합니다. 이를 선택하면 ❸의 영역에서 최근 사용 값을 확인할 수 있습니다.

❷ **Document Presets(문서 설정) :** 포토샵에서 제공하는 문서 사전 설정(예: 인쇄, 아트 및 일러스트레이션, 웹, 모바일, 영화 및 비디오) 중 원하는 것을 선택합니다.

❸ **Blank Document Presets(문서 사전 설정) :** ❷의 문서 설정 중 원하는 형태의 문서를 선택한 후, 포토샵에서 제공하는 샘플 템플릿을 선택하여 사용할 수 있습니다.

❹ **Preset Details(사전 설정 수정) :** 새로 만들 문서의 세부 설정을 할 수 있습니다.

   Ⓐ 파일 이름을 설정합니다.

   Ⓑ 문서의 폭과 높이를 입력합니다.

   Ⓒ 문서의 단위를 지정합니다. 온라인에서 사용되는 이미지라면 Pixel을, 인쇄용이라면 cm나 mm를 주로 사용합니다.

   Ⓓ 작업 화면의 방향을 설정하고, Artboard(대지)의 유무를 체크합니다.

      Ⓣ Artboard(대지)는 35page에서 자세히 학습합니다.

   Ⓔ 해상도를 설정합니다.

   Ⓕ 색상 모드를 설정합니다.

   Ⓖ Background Layer의 색상을 선택합니다.

File Open / Close 파일 열기와 닫기 📁 S1_5~6.jpg

홈 화면의 [Open] 또는 작업 화면의 [File] - [Open] 메뉴에서 파일을 엽니다. Ⓢ Open(열기) Ctrl + O

 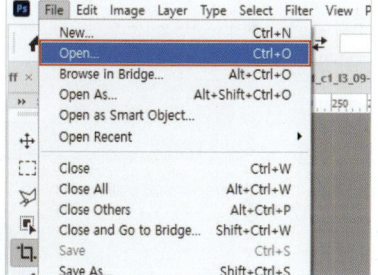

❶ 폴더에서 바로 열기

사용자의 폴더에서 파일을 빈 화면으로 드래그 앤 드롭하여 열 수 있습니다.

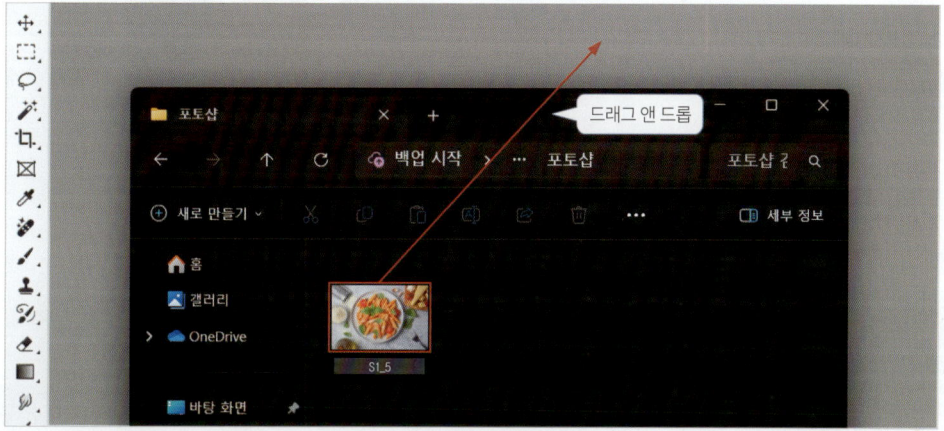

❷ 탭으로 끌어 열기

작업 화면이 열려있는 상태에서 파일을 불러오려면, 작업 화면의 빈 파일 탭으로 파일을 드래그 앤 드롭합니다.

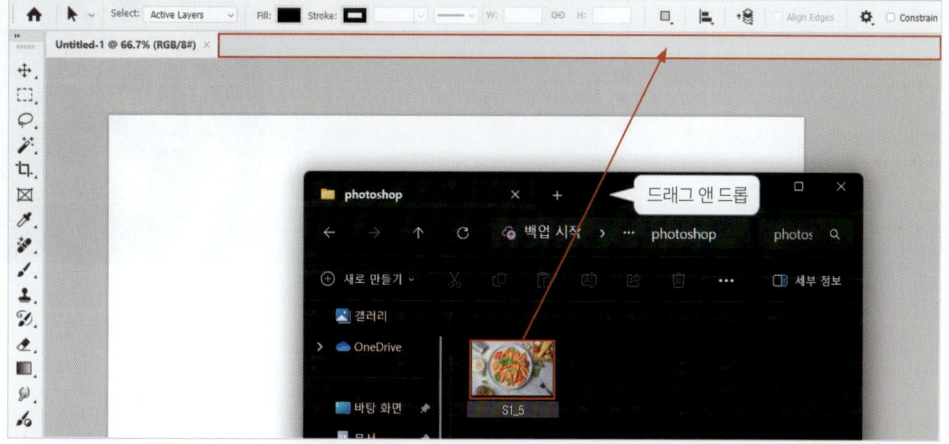

🔳 작업 화면이 열려있는 상태에서 작업 화면 안으로 파일을 드래그 앤 드롭하면 이미지는 Smart Object가 됩니다. Smart Object는 59page에서 자세히 학습합니다.

01 Photoshop Basic
02 Layer & Move
03 Selection
04 Color & Gradient
05 Brush
06 Typography
07 Layer Style
08 Path

❸ Place Embedded(포함 가져오기)

[File] - [Place Embedded(포함 가져오기)] 메뉴에서 작업 화면으로 파일을 추가할 수 있습니다. Enter 키 또는 옵션 바의 체크 버튼을 눌러 완료합니다.

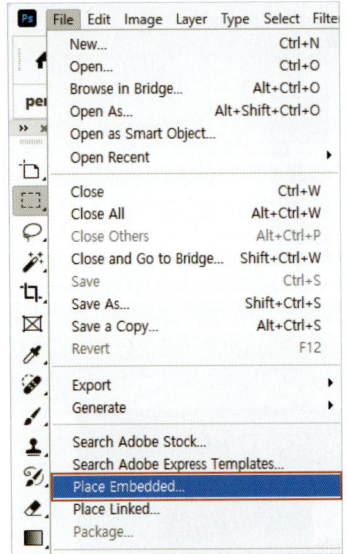 

❹ Close(파일 닫기)

작업 탭에서 ✕ 아이콘을 클릭하거나 [File] - [Close] 메뉴에서 파일을 종료할 수 있습니다. S Close(닫기) Ctrl + W

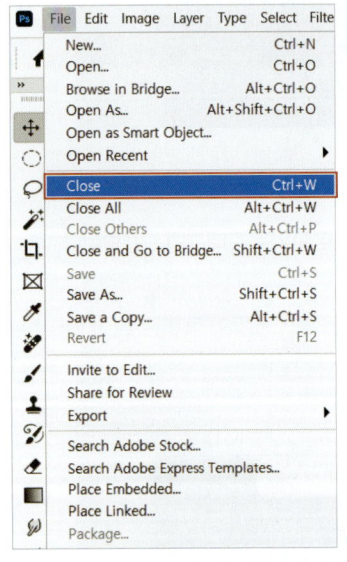 

★ Save 파일 저장하고 관리하기

포토샵에서 'Save(저장)'는 작업물을 보존하는 데 있어 매우 중요한 기능입니다. 작업 중 프로그램 오류나 외부적인 요인으로 인해 파일이 손상되거나 유실되는 경우가 발생할 수 있습니다. 자동 저장 기능이 있지만, 작업자가 저장하는 습관을 들이는 것이 안전합니다. 포토샵 작업 파일은 나중에 수정할 수 있는 PSD 원본 파일과 최종 결과물을 확인할 수 있는 이미지 파일 형태로 저장할 수 있습니다. [File] 메뉴에서 [Save(저장)] 또는 [Export(내보내기)]를 선택하여 다양한 방식으로 파일을 관리할 수 있습니다.

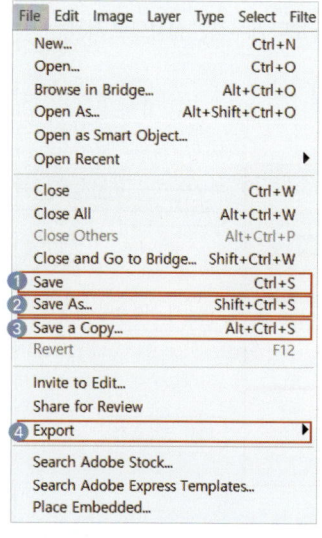

❶ Save(저장) : 작업한 문서를 저장합니다. **S** Save(저장) `Ctrl` + `S`

❷ Save As(다른 이름으로 저장) : 작업한 문서를 다른 이름으로 저장합니다.
　 S Save As(다른 이름으로 저장) `Ctrl` + `Shift` + `S`

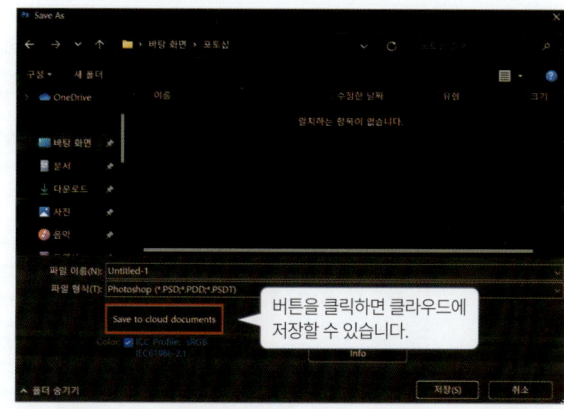

> 버튼을 클릭하면 클라우드에 저장할 수 있습니다.

❸ Save a Copy(사본 저장) : 작업한 문서의 복사본을 저장합니다. **S** Save a Copy(사본 저장) `Ctrl` + `Alt` + `S`

❹ Export(내보내기) : 작업한 문서를 JPG, PNG, GIF 등 다양한 형식의 문서로 추출할 수 있습니다.

Ⓐ Quick Export as PNG(PNG로 빠른 내보내기) : 배경이 투명한 PNG 파일로 빠르게 저장합니다.

Ⓑ Export As(내보내기 형식) : 사용자가 내보내기 형식을 설정하여 저장할 수 있습니다. **S** `Ctrl` + `Alt` + `Shift` + `W`

Ⓒ Export Preferences(내보내기 기본 설정)

Ⓓ Save for Web(웹용으로 저장) : 웹페이지에서 최적화된 이미지로 저장합니다.
　 S `Ctrl` + `Alt` + `Shift` + `S`

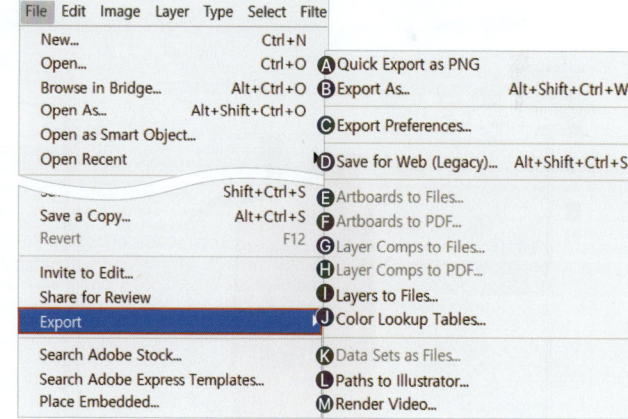

Ⓔ Artboards to Files(대지를 파일로)

Ⓕ Artboards to PDF(대지를 PDF로)

Ⓖ Layer Comps to Files(레이어 구성 요소를 파일로)

Ⓗ Layer Comps to PDF(레이어 구성요소를 PDF로)

Ⓘ Layers to Files(레이어를 파일로)

Ⓙ Color Lookup Tables(색상 검색 테이블)

Ⓚ Data Sets as Files(데이터 세트를 파일로 저장)

Ⓛ Paths to Illustrator(Illustrator로 패스 내보내기)

Ⓜ Render Video(비디오 렌더) : 비디오로 저장합니다.

01 Photoshop Basic

02 Layer & Move

03 Selection

04 Color & Gradient

05 Brush

06 Typography

07 Layer Style

08 Path

배경이 투명한 PNG 파일이나 움직이는 GIF 파일을 저장할 때는 '내보내기' 기능을 사용합니다. Quick Export as PNG, Export As, Save for Web은 유사한 기능을 제공하지만, 설정 가능한 옵션의 범위에서 차이가 있습니다.

- Quick Export as Png : 크기나 해상도 등의 추가 설정 없이, 현재 상태 그대로 빠르게 PNG 형식으로 저장
- Export As : 크기, 해상도, 파일 형식(확장자) 등을 선택하여 저장
- Save For Web : 크기, 해상도 조정, 이미지 자르기, 색상 정보 수정, 파일 형식 선택 등 보다 세부적인 설정으로 저장

Export As

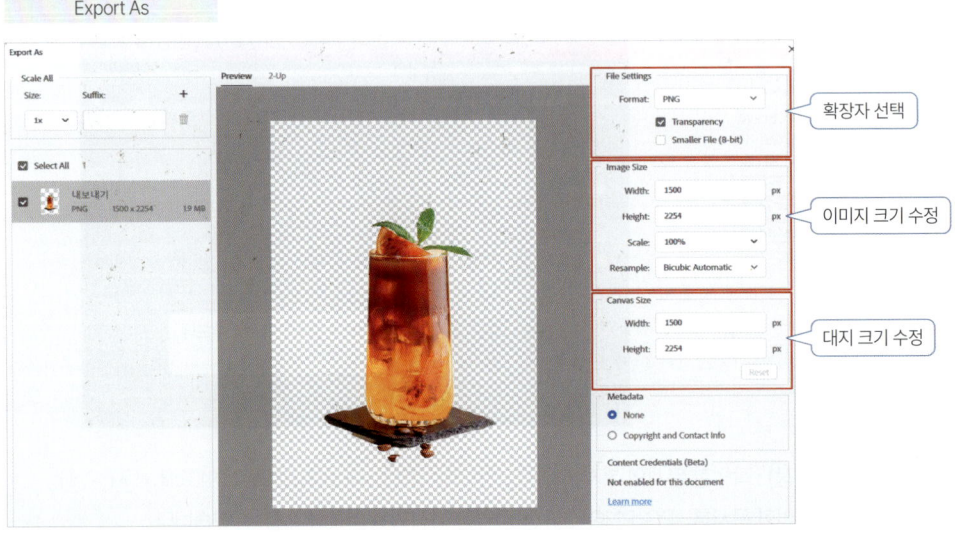

Save for Web

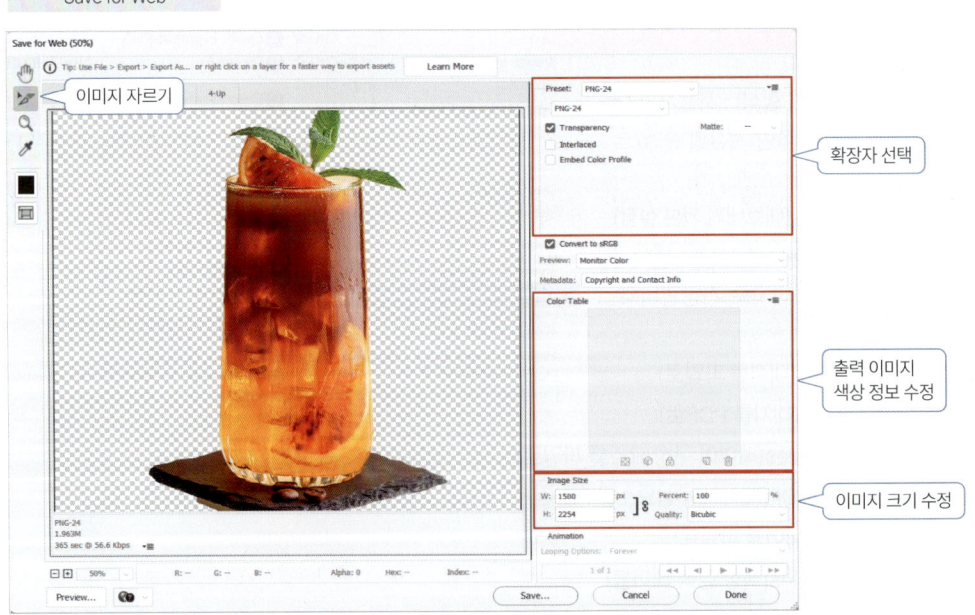

Practice 01 새로 만들기

New, Save

Photoshop에서 새 문서를 만들고 저장하는 방법을 실습합니다.

■ 예제 폴더 : S1_Practice1

01 새로운 작업 화면 만들기

[File] - [New] 메뉴를 선택하거나 `Ctrl`+`N` 키를 눌러 새 작업 화면을 만듭니다. 포토샵에 미리 설정되어 있는 Print 템플릿에서 A4를 선택한 후 Create를 클릭하면 A4 규격의 새로운 작업 화면이 생성됩니다.

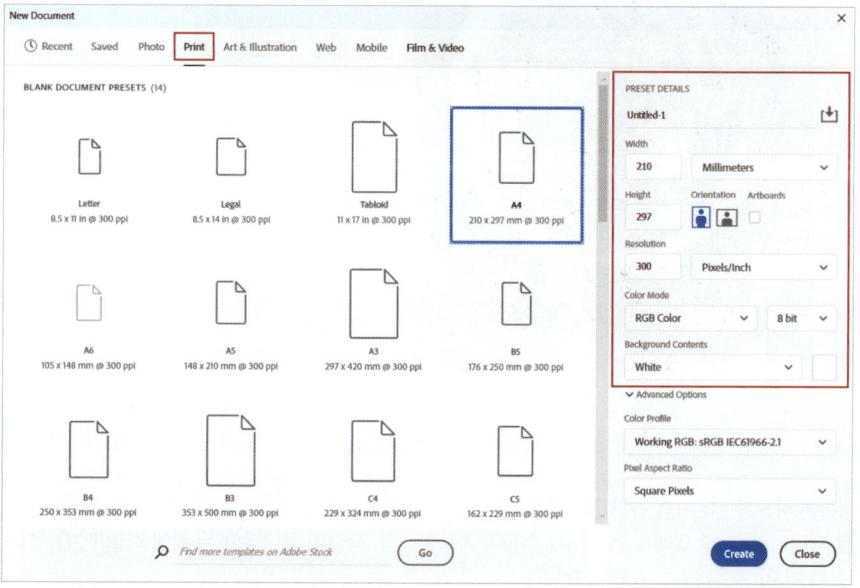

02 포함 가져오기

[File] - [Place Embedded](포함 가져오기) 메뉴를 선택하여 새로 만든 작업 화면에 'S1_P1_1.jpg' 파일을 포함시킵니다.

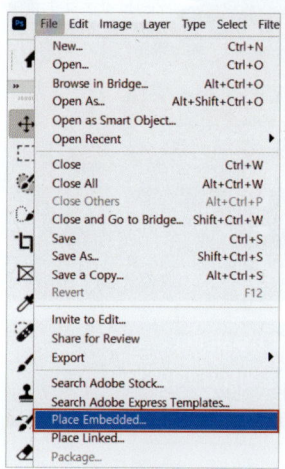

03 파일 확인 후 완료하기

'S1_P1_1.jpg' 파일이 작업 화면에 삽입되었으면 Enter 키를 누르거나 옵션 바의 체크 버튼을 눌러 완료합니다.

04 저장하기

[File] - [Save] 메뉴를 선택하여 파일을 저장(Ctrl+S)합니다.
작업 파일은 PSD 확장자로 저장되며, 저장 후에도 언제든지 수정이 가능합니다. 작업이 끝난 후에는 작업 파일(PSD)로 저장한 뒤 한번 더 이미지 파일로 저장(Ctrl+Alt+S)합니다.

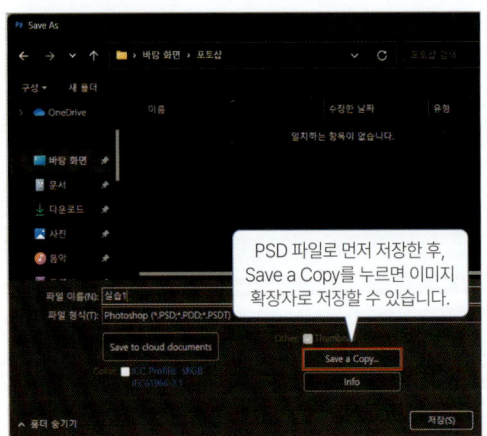
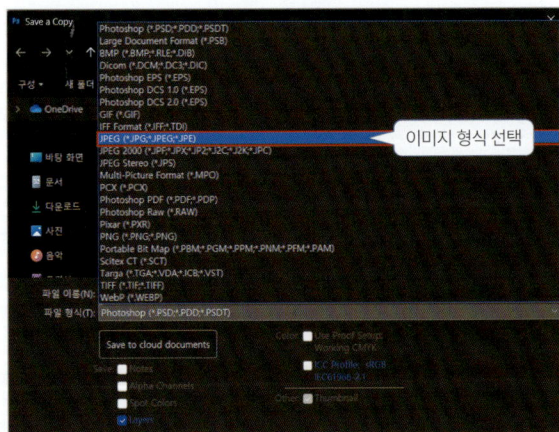

Save as (Ctrl + Shift + S) 단축키 하나로 두 기능을 모두 사용하는 방법 (하위 버전 포토샵과 동일하게 사용하려면) :
[Edit] - [Preferences] - [File Handling] 메뉴에서 Enable legacy "Save As"(기존 "다른 이름으로 저장" 활성화)를 체크하면, Save as
(Ctrl + Shift + S)에서도 이미지 확장자가 포함됩니다.

01
Photoshop Basic

02
Layer & Move

03
Selection

04
Color & Gradient

05
Brush

06
Typography

07
Layer Style

08
Path

THEORY 04 ⟨ 작업 화면의 모든 것

Zoom, Artboard

화면 확대 및 축소와 작업 공간을 편리하게 조정할 수 있는 단축키와 기능을 익히고, 작업을 효율적으로 작업하고 관리할 수 있는 Artboard를 학습합니다.

🖐 Hand Tool 손 도구(화면 이동) 📁 S1_8.jpg

작업 파일이 화면을 벗어나는 경우, Hand Tool(손 도구)을 사용해 화면의 위치를 이동할 수 있습니다. Space bar 키를 누른 상태에서 이동하려는 방향으로 마우스를 클릭한 후 드래그하면 화면을 이동할 수 있습니다. S Hand Tool(손 도구) H
T H가 아닌, Space bar 를 사용하는 것이 더 편리합니다.

🖐 Rotate View Tool 회전 보기 도구

Rotate View Tool(회전 보기 도구)을 사용해 작업 파일 정보에는 영향을 주지 않고 작업 화면을 회전할 수 있습니다. 드로잉 작업 시 유용한 기능으로 Shift 키를 누른 상태에서 화면을 드래그하여 회전하면 15°씩 스냅되어 회전됩니다.
S Rotate View Tool(회전 보기 도구) R

🔍 **Zoom Tool** 돋보기 도구(화면 확대/축소)

Zoom Tool(돋보기 도구)을 클릭하여 나타나는 🔍 아이콘으로 작업 화면을 클릭하면 화면이 확대됩니다. 반대로 화면을 축소하려면 `Alt` 키를 누른 채 클릭하면 🔍 아이콘으로 바뀌며, 작업 화면을 클릭할 때마다 축소됩니다. 또한 `Alt` 키를 누른 채 마우스 휠을 위아래로 움직여 화면을 확대하거나 축소할 수도 있습니다. **S** Zoom Tool(돋보기 도구) `Z`

❶ **Zoom In(화면 확대)** : 작업 화면을 확대합니다. **S** 화면 확대 `Ctrl` + `+` / **S** 돋보기(확대) `Ctrl` + `Space Bar` + 클릭

❷ **Zoom Out(화면 축소)** : 작업 화면을 축소합니다. **S** 화면 축소 `Ctrl` + `-` / **S** 돋보기(축소) `Alt` + `Space Bar` + 클릭

❸ **Resize Windows to Fit** : 체크 해제 시, 작업 화면의 창 크기를 고정합니다(별도의 창으로 팝업되어 있을 때 사용할 수 있습니다).

❹ **Zoom All Windows** : 열려있는 모든 작업 화면을 동시에 확대하거나 축소합니다.

❺ **Scrubby Zoom** : Zoom Tool(돋보기 도구)을 선택한 후, 마우스를 오른쪽으로 드래그하면 확대되고 왼쪽으로 드래그하면 축소됩니다.

❻ **100% 보기** : 작업 화면의 크기를 100% 비율로 표시합니다(1:1 픽셀 비율). **S** 100% 보기 `Ctrl` + `Alt` + `0`

❼ **Fit Screen** : 작업 화면을 사용자의 화면에 맞춥니다. **S** 화면 맞춤 `Ctrl` + `0`

❽ **Fill Screen** : 작업 화면을 사용자의 화면에 채우기 합니다. **S** 화면 채우기 `F`

T 작업 화면 확대 및 축소는 자주 사용하는 기능이므로 단축키를 익혀두는 것이 좋습니다.

화면 66.67% 설정 예시   화면 16.67% 설정 예시

`Alt` 키 유지 + 마우스 휠 조작
/ 돋보기 도구(🔍) 선택 + 마우스 좌우로 드래그

Arrange 작업 창 정돈 ■ S1_9~10.jpg

작업 화면이 2개 이상 열려 있는 경우 [Window] - [Arrange] 메뉴에서 레이아웃을 변경하거나 정돈할 수 있습니다.

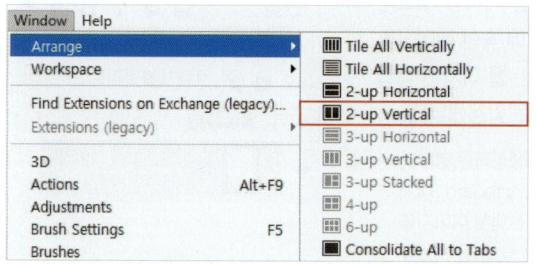

2-up Vertical로 설정한 화면

Artboard 아트보드

① **아트보드와 패널 도구**

아트보드를 추가하면 하나의 작업 화면에서 여러 아트보드를 생성하여 효율적으로 작업하고 관리할 수 있습니다.
Artboard Tool은 Move Tool(이동 도구)과 함께 그룹화되어 있습니다. Move Tool을 길게 클릭하면 아트보드를 선택
할 수 있습니다. **S** Artboard Tool(대지 도구) V

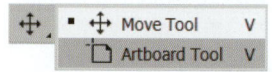

T 단축키 V를 눌러 Move Tool을 선택한 후 Shift + V를 누르면 Artboard Tool로 변경됩니다.

② **아트보드와 배경 레이어의 차이점**

문서를 새로 만들기 할 때, Artboard(대지)의 체크 유무에 따라 레이어의
패널이 다르게 세팅됩니다.

01 Photoshop Basic
02 Layer & Move
03 Selection
04 Color & Gradient
05 Brush
06 Typography
07 Layer Style
08 Path

Ⓐ Artboard를 체크한 후 오픈한 레이어 패널

Artboard라는 이름의 폴더가 생성되고 폴더 내에 투명 레이어가 기본으로 포함됩니다. Artboard Tool을 이용해 아트보드를 추가할 때마다 새로운 아트보드 폴더가 생성되며, 각 폴더 내에서 해당 아트보드에 속한 레이어들을 체계적으로 관리할 수 있습니다. 배경 색상이 필요 없는 웹 디자인 작업이나 아이콘 제작처럼 투명도를 유지해야 하는 작업에 주로 활용됩니다.

> **T** 작업 화면을 열 때, 실수로 아트보드를 체크하여 작업 화면을 생성하는 경우가 있습니다. Artboard 그룹에서 마우스 우클릭하여 'Ungroup Artboard (대지 그룹 해제)'를 선택하거나 [Layer] - [Flatten Image] 메뉴를 선택해 이미지를 병합하면, 아트보드 기능이 해제됩니다.

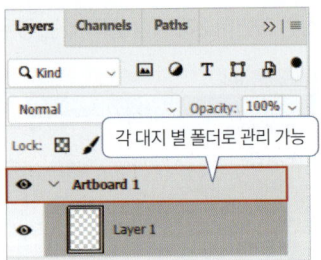

Ⓑ Artboard를 체크 해제한 후 오픈한 레이어 패널

사용자가 설정한 색상(기본은 흰색)으로 채워진 'Background' 레이어가 만들어집니다. 기본으로 잠금 상태가 되며, 어떤 작업을 시작하기에 앞서 하얀색 도화지를 깔고 고정시킨 후 시작하는 것과 같은 개념입니다. 잠금 아이콘(🔒)을 클릭하면 잠금을 쉽게 해제할 수 있으며, 잠금이 해제되면 일반 레이어처럼 자유롭게 편집할 수 있습니다.

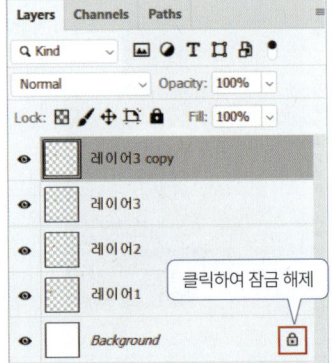

❸ Artboard 추가

작업 화면의 레이어 패널에서 아트보드 폴더를 선택하거나, 아트보드 옵션에서 아트보드를 추가할 수 있습니다.

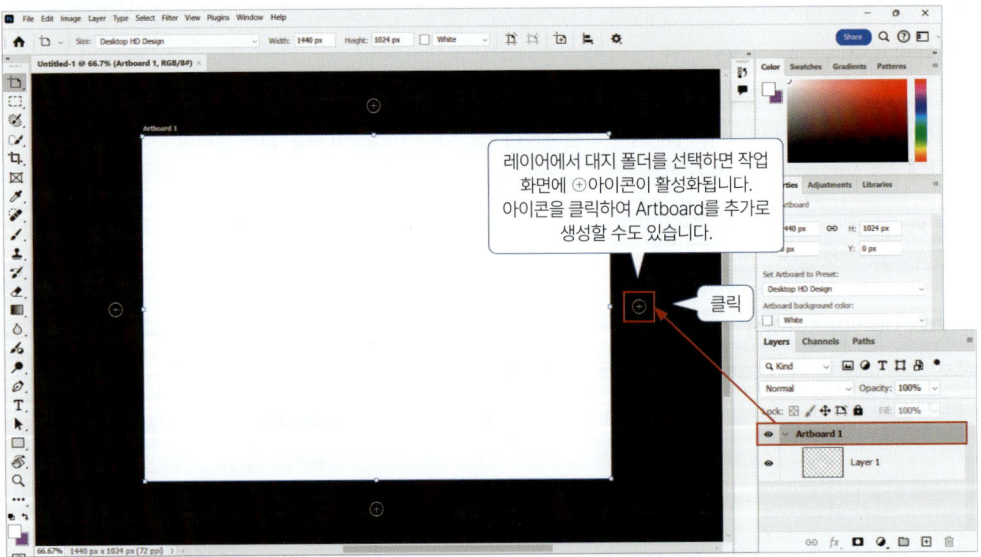

Artboard Option 아트보드 옵션 알아보기

아트보드를 추가할 때 다음과 같은 주요 설정 옵션들을 활용할 수 있습니다.

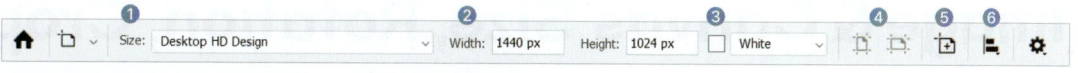

❶ **Size(크기)** : Adobe에서 제공하는 템플릿 사이즈를 선택합니다.

❷ **Width / Height(폭 / 높이)** : 사용자가 직접 원하는 폭과 높이 값을 입력합니다.

❸ **Background Color(대지 배경)** : 배경 색상을 설정합니다.

❹ **Make Portrait / Make Landscape(방향 설정)** : 가로/세로를 변경합니다.

❺ **Add New Artboard(새 대지 추가)** : 새로운 대지를 추가합니다. 대지의 크기를 설정한 후 클릭하면 화면에 새로운 대지가 생성됩니다.

❻ **Align / Distribute(맞춤 및 분포)** : 작업 중인 아트보드나 레이어들의 위치와 간격을 정렬합니다. 레이어 패널에서 만들어 놓은 Artboard(대지)를 Shift 키로 다중 선택한 후 설정할 수 있습니다.

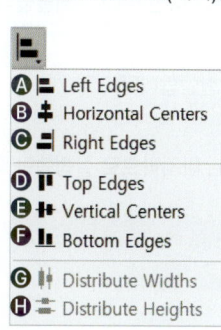

Ⓐ **Left Edges** : 왼쪽 가장자리 기준으로 정렬합니다

Ⓑ **Horizontal Centers** : 수평 가운데를 기준으로 정렬합니다.

Ⓒ **Right Edges** : 오른쪽 가장자리 기준으로 정렬합니다.

Ⓓ **Top Edges** : 위쪽 가장자리 기준으로 정렬합니다.

Ⓔ **Vertical Centers** : 수직 가운데를 기준으로 정렬합니다.

Ⓕ **Bottom Edges** : 아래쪽 가장자리를 기준으로 정렬합니다.

Ⓖ **Distribute Widths** : 폭으로 균등 분배합니다.

Ⓗ **Distribute Heights** : 높이로 균등 분배합니다.

01 Photoshop Basic

02 Layer & Move

03 Selection

04 Color & Gradient

05 Brush

06 Typography

07 Layer Style

08 Path

Image & Canvas Size, Rotation, Crop

작업 이미지의 크기를 조정하거나 불필요한 부분을 자르고, 이미지를 회전시키는 방법을 학습합니다. 이 과정에서 캔버스 크기와 이미지 크기의 차이를 이해하고, 원하는 형태로 이미지를 변형할 수 있습니다.

★ Undo / Redo 실행 취소와 다시 실행

편집 작업 중 사용자는 작업을 취소하여 작업 전의 상태로 되돌아갈 수 있고, 이전 작업 상태로 돌아간 뒤, 다시 실행했던 작업 상태로 돌아올 수도 있습니다.

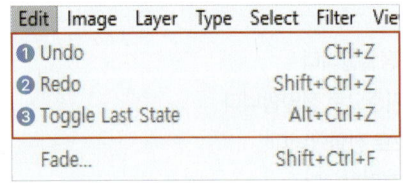

❶ Undo(실행 취소) : 직전 작업을 취소하여 이전 상태로 되돌립니다.
　S Undo(실행 취소) `Ctrl` + `Z`

❷ Redo(다시 실행) : 취소한 작업을 다시 실행합니다.
　S Redo(다시 실행) `Ctrl` + `Shift` + `Z`

❸ Toggle Last State(마지막 상태 전환) : 마지막으로 실행했던 작업과 이전 작업 상태를 전환합니다.
　S Toggle Last State(마지막 상태 전환) `Ctrl` + `Alt` + `Z`

Image Size 이미지 크기 📁 S1_11.jpg

[Image] - [Image Size] 메뉴를 선택하여 이미지의 크기를 조절할 수 있습니다.

S Image Size(이미지 크기) `Ctrl` + `Alt` + `I`

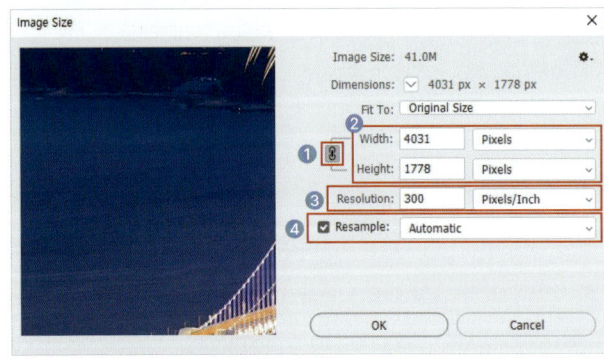

❶ 🔒 아이콘이 클릭 되어 있으면 이미지의 종횡비가 고정됩니다.

❷ Width / Height(폭 / 높이) : 이미지의 폭과 높이 사이즈를 변경합니다. 종횡비 고정이 활성화되어 있다면, 폭이나 높이 중 하나만 변경해도 자동으로 설정됩니다.

❸ Resolution(해상도) : 해상도를 수정합니다.

❹ Resample(리샘플링) : 이미지 크기를 변경할 때 픽셀이 줄거나 늘어나면서 생기는 이미지 품질의 저하를 막기 위한 기능입니다.

> **Resample 활용**
> • 체크 : 새 픽셀이 생성되거나 삭제되어 픽셀 수가 변합니다.
> • 체크 해제 : 해상도만 조정되고, 픽셀 수는 그대로 유지됩니다.

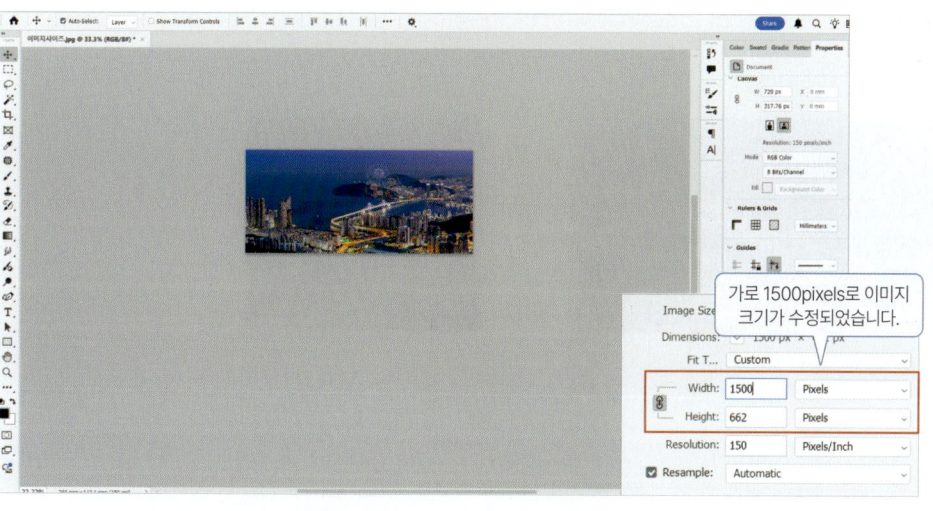

가로 1500pixels로 이미지 크기가 수정되었습니다.

Canvas Size 캔버스 크기

[Image] - [Canvas Size] 메뉴를 선택하여 캔버스의 크기를 조절할 수 있습니다.

S Canvas Size(캔버스 크기) `Ctrl` + `Alt` + `C`

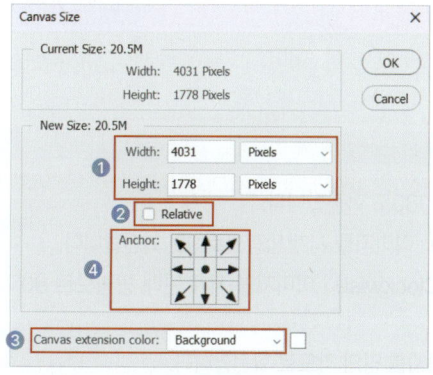

❶ **Width / Height(폭 / 높이)** : 작업 화면의 크기를 변경할 수 있으며, 사용자가 직접 원하는 값을 입력합니다.

❷ **Relative(상대치)** : 상대치를 체크하면 폭과 높이 값이 0으로 초기화되며, 이미지에 얼마나 여유 공간을 확보할지 입력할 수 있습니다.

❸ **Canvas extension color(캔버스 확장 색상)** : 캔버스를 확장했을 때 추가되는 영역의 색상을 설정합니다.

❹ **Anchor(기준)** : 이미지에서 사용자가 지정한 지점을 기준으로 캔버스 크기를 조정합니다.

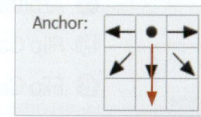

'상대치'를 선택하고 기준점을 상단으로 설정한 뒤 높이를 100pixels 늘리면, 이미지 하단에 100pixels 만큼의 여유 공간이 생깁니다.

01
Photoshop Basic

02
Layer & Move

03
Selection

04
Color & Gradient

05
Brush

06
Typography

07
Layer Style

08
Path

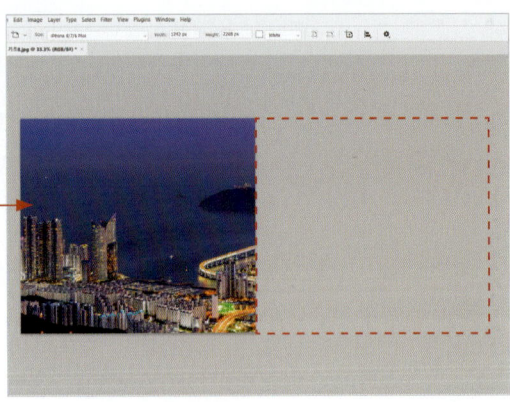

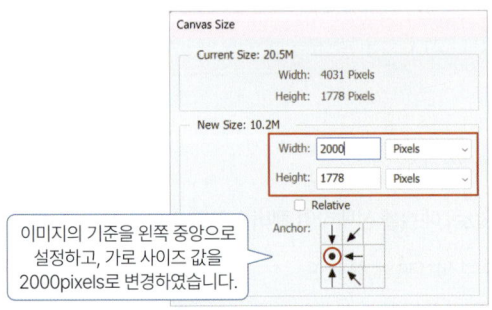

이미지의 기준을 왼쪽 중앙으로
설정하고, 가로 사이즈 값을
2000pixels로 변경하였습니다.

Rotation 이미지 회전

[Image] - [Image Rotation] 메뉴에서 작업 화면을 회전할 수 있습니다.

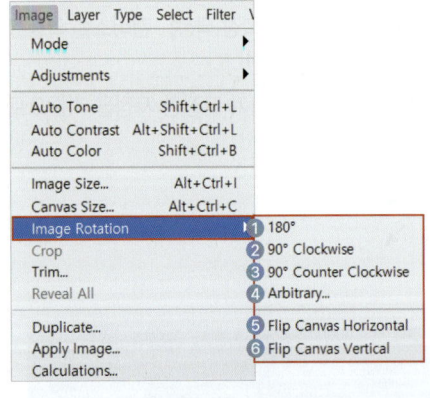

① **180°** : 이미지를 180도 회전합니다.

② **90° Clockwise** : 이미지를 시계 방향으로 90° 회전합니다.

③ **90° Counter Clockwise** : 이미지를 시계 반대 방향으로 90° 회전합니다.

④ **Arbitrary** : 이미지를 임의 각도로 회전합니다.

⑤ **Flip Canvas Horizontal** : 캔버스를 가로 방향으로 뒤집습니다.

⑥ **Flip Canvas Vertical** : 캔버스를 세로 방향으로 뒤집습니다.

Flip Canvas Horizontal 적용 예시

180° 적용 예시

⤵ **Crop Tool** 이미지 자르기 📁 S1_12.jpg

Crop Tool(자르기 도구)을 사용하면 원하는 영역만 남기고 이미지를 잘라낼 수 있습니다. 마우스로 드래그하여 자를 영역을 지정한 후, Content-Aware Fill(내용 인식 채우기) 또는 Generative Expand(생성형 확장) 기능을 활용하면 잘라낸 후 생기는 여백을 자연스럽게 채울 수 있습니다.

🆂 고정 비율 자르기 `Alt` + `Shift` + 드래그

❶ **Ratio(비율)** : 자를 영역의 가로·세로 비율을 선택하거나 원하는 크기를 직접 입력할 수 있습니다.

❷ **Straighten(똑바르게 하기)** : 이미지의 기울어진 선이나 횡단선을 기준으로 이미지를 수평 또는 수직으로 정렬합니다.

❸ **Overlay Option(오버레이 옵션)** : 자르기 도구 사용 시 표시되는 오버레이의 형태 및 표시 여부를 설정합니다.

❹ **Set Additional Crop Option(설정)** : 클래식 모드(2022년 이하)로 자르기 도구를 사용할 수 있으며 이미지에 직접 드래그하여 자르기 영역을 설정합니다.

❺ **Delete Cropped Pixels(자른 픽셀 삭제)** : 자른 픽셀을 완전히 삭제할지, 아니면 수정 가능하도록 남겨둘지를 선택합니다. 수정이 가능하려면 체크를 해제한 상태로 둡니다.

❻ **Fill(채우기)** : 확장된 자르기 영역을 채우는 방법을 선택합니다.

ⓐ **Background(Default)(배경 기본값)** : 배경색이나 투명 픽셀로 확장된 영역을 채웁니다.

ⓑ **Generative Expand(생성형 확장)** : 새로운 고품질 콘텐츠를 생성하여 확장된 공간을 채우고 텍스트 프롬프트 사용을 선택할 수 있습니다.

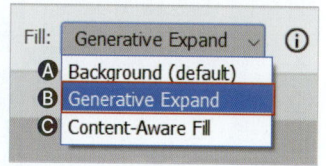

ⓒ **Content-Aware Fill(내용 인식 채우기)** : 이미지의 일부분에서 콘텐츠를 샘플링하여 자동으로 영역을 채웁니다.

01
Photoshop Basic

02
Layer & Move

03
Selection

04
Color & Gradient

05
Brush

06
Typography

07
Layer Style

08
Path

Image Size, Crop

자르기 도구를 사용하여 기울어진 피사체의 이미지를 수정합니다.

📁 예제 폴더 : S1_Practice2

01 파일 열기

메뉴에서 [File] - [Open] 또는 Ctrl + O 키를 눌러 'S1_P2_1.jpg' 파일을 불러옵니다.

02 이미지 크기와 해상도 변경하기

메뉴에서 [Image] - [Image Size]를 클릭하거나 Ctrl + Alt + I 키를 눌러 Image Size 대화상자를 엽니다. 해상도를 웹용(72Pixels)으로 변경하면 이미지가 축소되면서 화면에서도 작아진 이미지로 보여집니다. 이때 화면 맞춤(Ctrl + 0) 또는 Zoom Tool(Z)을 사용해 작업 화면에 맞게 조정합니다.

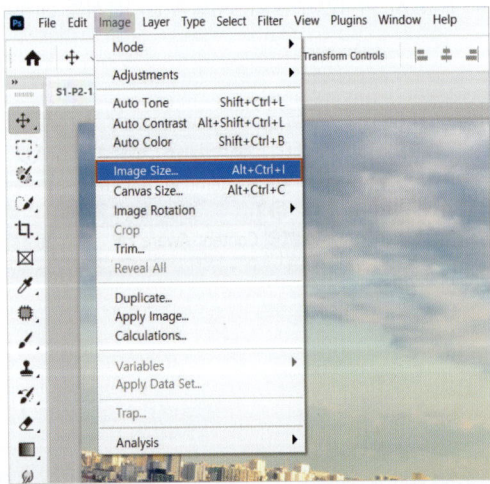

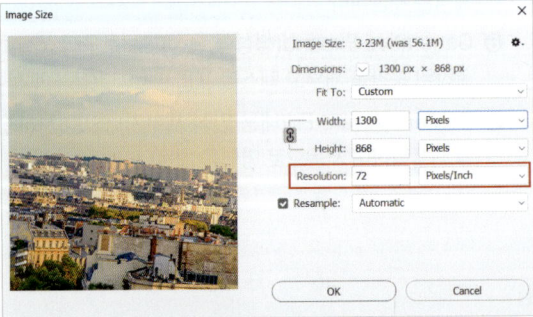

03 자르기 도구 사용하기

Crop Tool(⒞)을 선택한 후, 옵션을 아래와 같이 설정합니다.

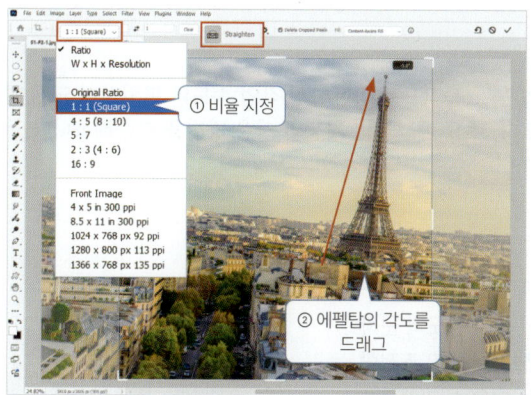

① Ratio(비율)를 1 : 1(Square)로 설정하여 정사각형 비율로 자르기 영역을 지정합니다.
② Straighten(똑바르게 하기) 버튼을 클릭한 후, 에펠탑의 세로 직선을 따라 선을 그리면 에펠탑이 직선으로 수정됩니다.
③ Fill(칠)은 Content-Aware Fill(내용 인식 채우기)로 설정합니다.
④ 이미지를 마우스로 움직여 하늘이 채워질 공간을 만들어 줍니다.

04 완성하기

Enter 키를 누르거나 옵션 바의 체크 버튼을 눌러 이미지 자르기를 완료합니다. 잘린 영역에는 하늘 이미지가 자연스럽게 생성된 것을 확인할 수 있습니다.

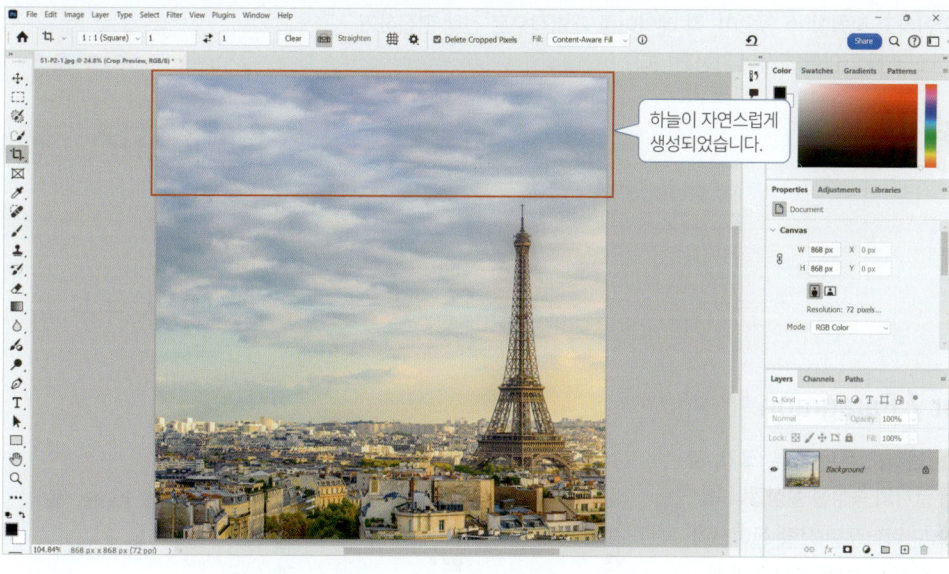

01 Photoshop Basic
02 Layer & Move
03 Selection
04 Color & Gradient
05 Brush
06 Typography
07 Layer Style
08 Path

Panels

포토샵에는 다양한 패널이 있지만, 그중 주로 사용되는 패널을 효율적으로 활용하면 작업 속도와 편의성이 크게 향상됩니다. [Window] 메뉴에서 모든 패널을 확인할 수 있으며, 주요 패널들의 기능과 사용 방법을 학습해봅니다.

Properties 속성 패널

레이어의 속성을 빠르고 쉽게 수정할 수 있는 패널입니다. 이 패널은 레이어의 구성 요소에 따라 옵션이 달라집니다. 예를 들어 텍스트 레이어의 경우 별도의 문자 패널을 열 필요 없이 글자 크기, 색상, 자간, 행간 등을 속성 패널에서 바로 조정할 수 있습니다. 모양 레이어나 그레이디언트 역시 크기, 색상 등을 더욱 쉽고 빠르게 수정할 수 있습니다.

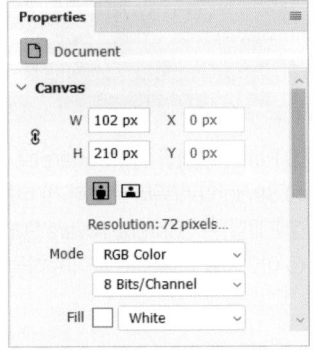

Layers 레이어 패널

레이어 패널은 포토샵에서 가장 필수적이며 주요한 패널입니다. 작업 중 생성된 모든 레이어를 확인하고 정렬할 수 있으며, 각 레이어를 개별적으로 선택·편집하거나, 그룹화 및 마스크 등 다양한 조작이 가능합니다.

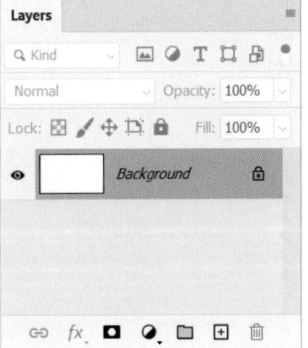

Character / Paragraph 문자, 단락 패널

❶ Character(문자) : 폰트 종류, 크기, 자간, 행간 등 글자의 속성을 설정합니다.

❷ Paragraph(단락) : 문단 정렬, 들여쓰기, 줄 간격 등 문단의 단락을 설정합니다.

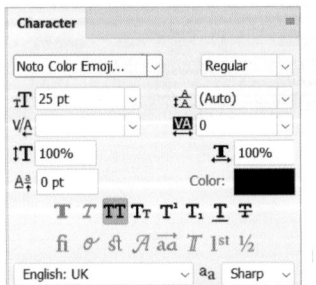
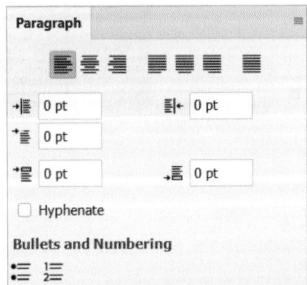

Color 색상 관련 패널

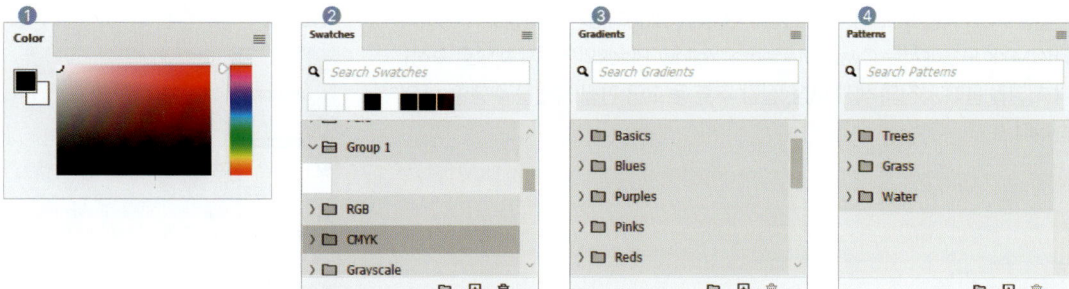

① Color(색상) : 색상 모드를 설정하고 색을 조합하는 패널입니다. **S** F6

② Swatches(색상 견본) : 자주 사용하는 색을 저장하거나, Adobe에서 제공하는 색상 견본을 사용할 수 있습니다.

③ Gradients(그레이디언트) : 편집한 그레이디언트 색상을 저장하거나, Adobe에서 제공하는 견본을 불러올 수 있습니다.

④ Patterns(패턴) : 사용자가 편집하여 저장한 패턴을 확인하고 사용하거나, Adobe에서 제공하는 견본 패턴을 사용할 수 있습니다.

Brushes 브러시 패널

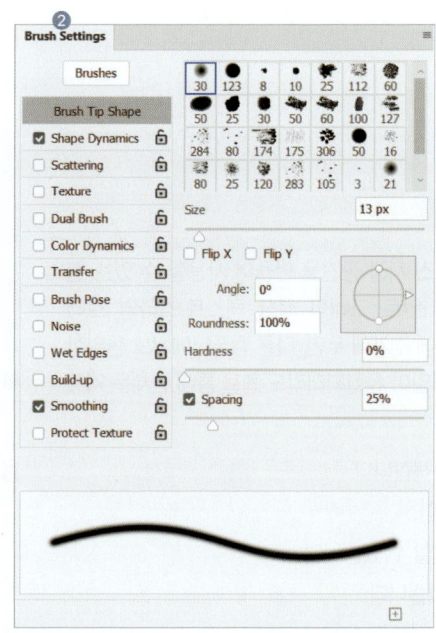

① Brushes(브러시) : 브러시의 종류를 선택합니다. 사용자가 제작하여 저장한 브러시를 확인할 수 있습니다.

② Brush Settings(브러시 설정) : 브러시의 크기, 간격, 모양, 분산, 텍스처 등 세부 속성을 조정할 수 있습니다. **S** F5

01 Photoshop Basic
02 Layer & Move
03 Selection
04 Color & Gradient
05 Brush
06 Typography
07 Layer Style
08 Path

Channels 채널 패널

채널은 RGB 색상 모드 기준으로 Red, Green, Blue의 3가지 채널로 구성됩니다(CMYK 모드에서는 Cyan, Magenta, Yellow, Black의 4가지 채널로 구성). 각 채널을 통해 사진의 색상 보정, 질감 추출 등 고급 편집 작업을 수행할 수 있습니다.

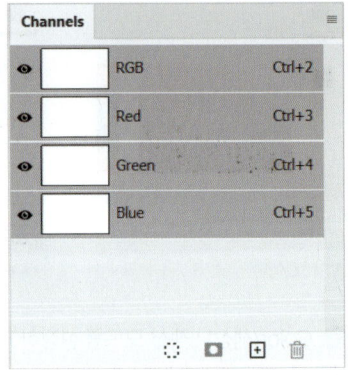

Paths 패스 패널

포토샵에서 벡터 기반 기능을 사용하기 위해 필요한 패널입니다. Pen Tool(펜 도구)을 이용해 그린 패스를 저장하고, 저장된 패스는 언제든지 수정·변형하여 다시 활용할 수 있습니다.

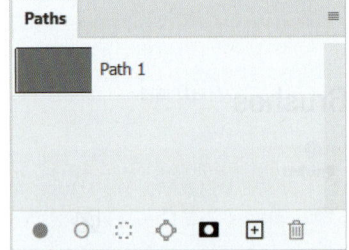

Libraries 라이브러리 패널

Adobe 프로그램에서 자신만의 소스 저장 공간을 만들어 사용할 수 있는 웹 서비스입니다. 포토샵에서 그레이디언트, 그래픽, 색상, 텍스트 스타일, 브러시, 레이어 스타일 등을 라이브러리에 추가해 두면, 다른 컴퓨터에서도 동일한 소스를 불러와 사용할 수 있으며, 파일이 유실되더라도 웹을 통해 언제든 액세스할 수 있습니다.

❶ 라이브러리에 저장된 파일을 검색합니다.
❷ 새로운 라이브러리를 생성합니다.
❸ 생성된 라이브러리 목록을 확인할 수 있습니다.
❹ 라이브러리 요소를 추가할 수 있습니다.

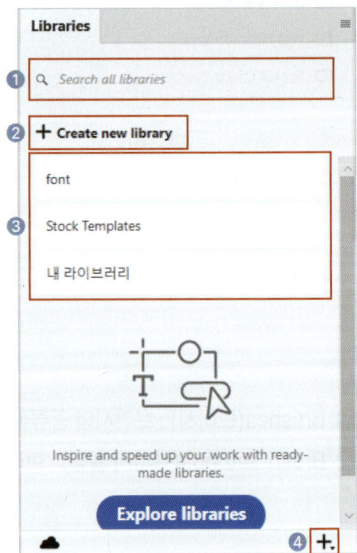

History 작업 내역 패널

작업한 내역을 기록하고 이전 단계로 되돌아갈 수 있도록 내역을 확인할 수 있는 패널입니다.
환경설정([Edit] - [Preferences] - [Performance])에서 사용자가 기록 가능한 단계 수를 설정할 수 있습니다. 다만, History 패널에서 원본을 유실하는 경우가 있으므로 주의하여 사용해야 합니다.

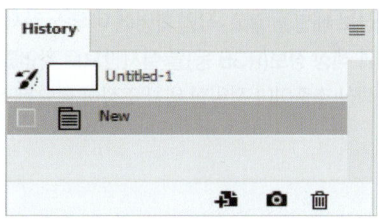

Glyphs 글리프 패널

2024년 이전에는 특수문자 삽입용 패널로 사용되었으며, 2024년 이후 버전부터는 이미지 사용 기능이 포함되어 확장되었습니다.
폰트를 Noto Color Emoji SVG로 설정하면 다양한 이모지를 삽입할 수 있습니다.

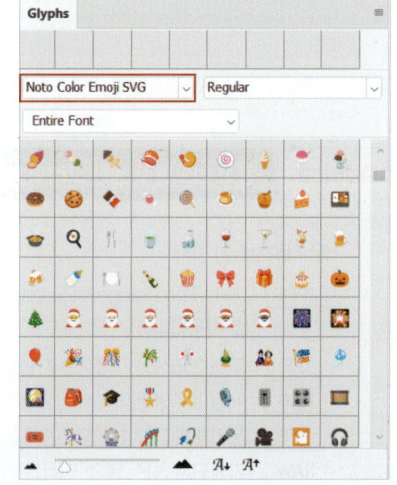

Actions 액션 패널 [S] [Alt] + [F9]

동일한 작업을 일괄 처리하도록 도와주는 기능입니다.
사용자의 작업 과정을 레코딩한 뒤, 다른 이미지나 작업 파일에 동일하게 적용합니다.

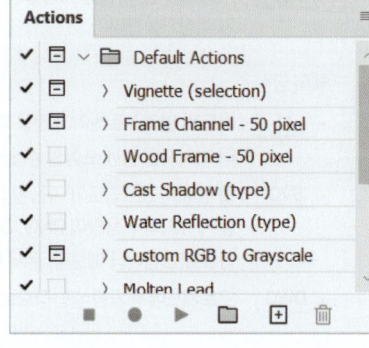

01
Photoshop Basic

02
Layer & Move

03
Selection

04
Color & Gradient

05
Brush

06
Typography

07
Layer Style

08
Path

Info 정보 패널 [S] [F8]

정보 패널을 열고, 작업 화면에 마우스 커서를 올리면, 해당 위치의 좌표값
과 색상 정보(RGB 등)를 실시간으로 확인할 수 있습니다.
색상 추출이나 정밀한 위치 조정이 필요한 작업 시 유용하게 사용됩니다.

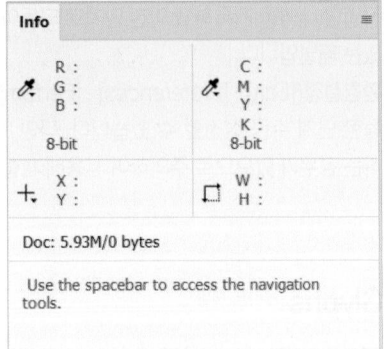

Advice · 알고 있으면 유용한 그래픽 파일 확장자

래스터(Raster) 방식

- **JPEG** : Joint Photographic Experts Group에서 내놓은 디지털 이미지 저장을 위한 표준 포맷으로, '.jpg' 또는 '.jpeg'
  로 사용됩니다.
- **GIF** : 최대 256색을 사용하는 저용량 이미지 형식으로, 간단한 애니메이션이나 움직이는 배너에 사용됩니다.
- **PNG** : 배경이 투명한 이미지 저장에 적합한 포맷으로, 웹 환경에 최적화되어 있습니다.
- **TIFF** : 운영체제(OS)나 기종에 관계없이 그래픽 파일을 공유하기 위해 개발되었습니다.
- **RAW** : 가공되지 않은 '날 것'이라는 의미를 가지고 있습니다. 압축 처리를 하지 않거나 무손실 압축을 지원하므로 원본
  그대로의 화질을 유지합니다. 화질이 높아 보정에 적합하지만 파일 용량이 크다는 단점도 있습니다.
- **PSD** : 포토샵 전용 포맷으로 레이어, 마스크, 효과 등 모든 편집 정보를 그대로 저장할 수 있으며, 최대 크기 30,000×
  30,000 픽셀, 2GB 이하까지 저장가능합니다.
- **PSB** : PSD보다 큰 파일을 저장할 수 있으며, 최대 크기 300,000×300,000 픽셀, 2GB 초과, 4EB(42억 GB 이상)까
  지 저장가능합니다.

벡터 방식

- **AI** : 어도비 일러스트레이터 전용 파일 형식으로 벡터 기반의 오브젝트 및 텍스트 정보를 포함하며, 경우에 따라 래스
  터 이미지를 함께 포함할 수 있습니다. 이미지를 확대하거나 축소해도 원본 그대로 유지되는 장점이 있습니다.
- **SVG** : 웹 등에서 스크립트가 가능한 다목적 형식이 필요하여 제작된 것으로, 확대나 축소를 해도 픽셀이 깨지지 않고 화
  질이 유지되며 용량이 PNG, GIF보다 작은 장점이 있습니다. SVG 형식의 파일은 일러스트레이터 등의 벡터 드로
  잉 프로그램이나 메모장, 문서 편집기 등에서도 작업할 수 있습니다.
- **DWG** : 오토캐드에서 가장 일반적으로 사용되는 포맷으로, 일러스트레이터에서도 열거나 편집할 수 있습니다.

복합 방식

- **PDF** : Adobe Acrobat을 기반으로 제작된 문서 형식으로, 포토샵이나 일러스트레이터에서도 불러오거나 저장할 수
  있습니다.
- **EPS** : 포스트스크립트 언어에서 사용되는 그래픽 형식입니다. 출력용으로 래스터와 벡터 이미지를 동시에 저장할 수
  있습니다. 포토샵과 일러스트레이터에서 모두 열 수 있으며, 인쇄 및 출판용으로 널리 사용됩니다.

Practice 03 PDF 파일 만들기

Artboard, Export

Artboard를 활용하여 페이지가 있는 PDF파일로 내보내기합니다.

■ 예제 폴더 : S1_Practice3

01 새로운 작업 화면 만들기

메뉴에서 [File] - [New] 또는 Ctrl + N 키를 눌러 W 700, H 700Pixels, 해상도 72Pixels/Inch, Artboards를 체크한 새로운 작업 화면을 만듭니다.

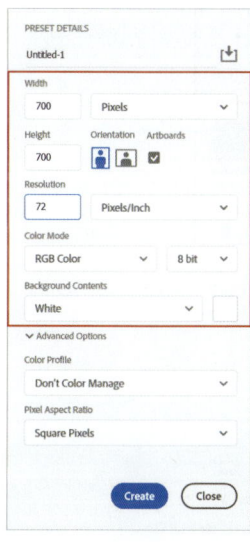

02 Place Embedded(포함 가져오기)

[File] - [Place Embedded] 메뉴를 선택하여 포함 가져오기로 작업 화면에 'S1_P3_1.jpg' 파일을 추가합니다. 레이어 패널에서 대지 폴더 내 레이어를 클릭한 후, 작업 화면에 파일을 추가합니다.

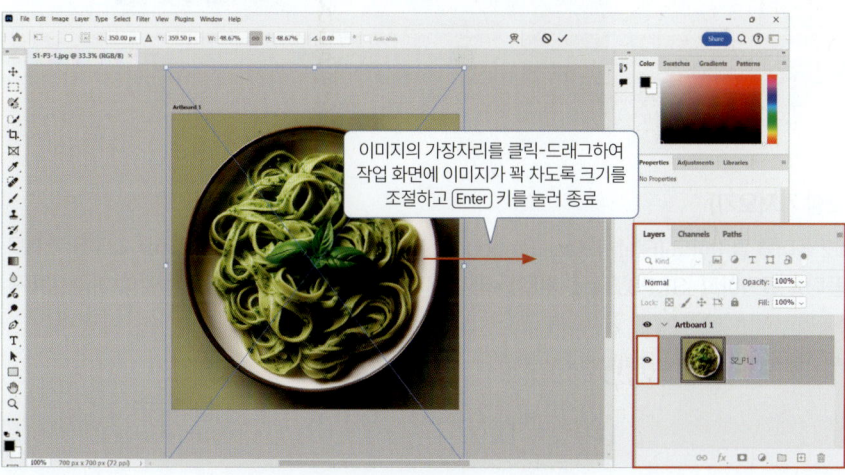

이미지의 가장자리를 클릭-드래그하여 작업 화면에 이미지가 꽉 차도록 크기를 조절하고 Enter 키를 눌러 종료

03 Artboard Tool로 대지 추가하기 1

Artboard Tool(Ⓥ)을 선택하고 옵션에서 대지 크기를 W 700, H 700Pixels로 작업 화면과 동일하게 입력합니다. 설정이 완료되면 레이어 패널에서 Artboard 1 폴더를 선택한 후, 작업 화면에서 (⊕)아이콘을 클릭하여 대지를 추가합니다.

🔵 Artboard Tool(대지 도구)은 Move Tool(이동 도구)을 길게 클릭하면 나타납니다.

04 Artboard Tool로 대지 추가하기 2

다시 한번 동일한 방법으로 대지를 추가하여 총 3개의 대지를 만듭니다.

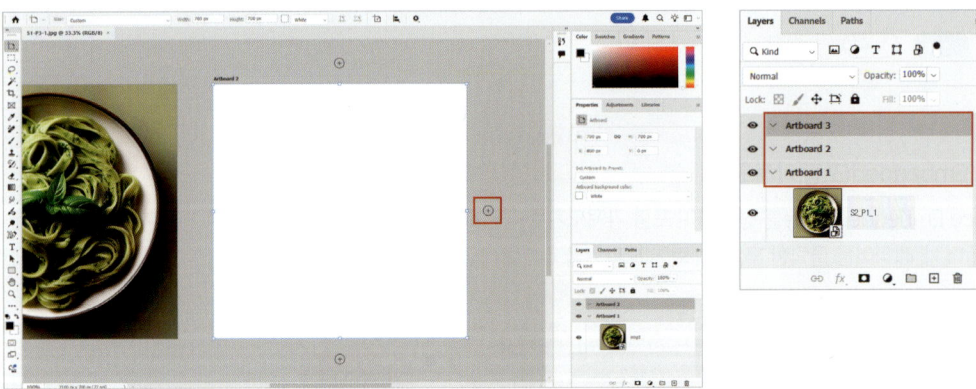

05 Place Embedded(포함 가져오기)

레이어 패널에서 Artboard 2 폴더를 클릭하고 [File] - [Place Embedded]메뉴를 선택하여 'S1_P3_2.jpg' 파일을 가져옵니다. 이어서 Artboard 3 폴더를 클릭하고 'S1_P3_3.jpg' 파일을 가져옵니다. 두 파일 모두, 02 과정과 같이 이미지가 꽉 차도록 크기를 조절합니다.

🔵 사용자의 폴더에서 작업 화면으로 직접 드래그하여 추가할 수도 있습니다.

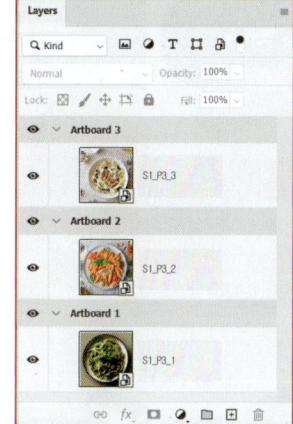

06 Artboards To Files(대지를 파일로)

총 3개의 대지를 파일로 묶어서 저장해보겠습니다. [File] - [Export] - [Artboards to Files] (대지를 파일로)를 선택한 후, 파일의 저장 경로와 이름, 확장자를 설정하여 저장합니다.

07 완성 파일 확인하기

저장된 파일이 3페이지로 구성된 PDF 형식으로 잘 저장되었는지 확인합니다.

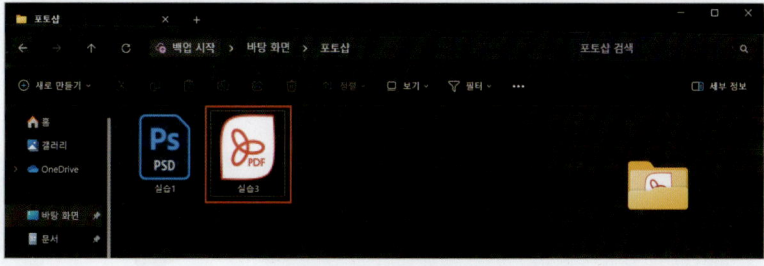

01 Photoshop Basic

02 Layer & Move

03 Selection

04 Color & Gradient

05 Brush

06 Typography

07 Layer Style

08 Path

BEAUTY SALE DAY

Lucky Event

PINK BEAUTY BRAND SALE 4.12(목) - 16(수) 단, 일주일!

오프라인
이벤트

 선착순 1만명

3만원 이상 구매시
물방울 퍼프 증정!

Layer & Move

레이어 이해와 이동, 변형

MISSION

포토샵에서 '레이어'는 작업의 핵심 개념입니다. 이 섹션에서는 레이어의 기본 개념부터 시작해, 여러 요소를 겹쳐 구성하는 방법을 배웁니다. 또한, 객체의 위치를 이동하거나 변형하여 작업물을 효율적으로 조정하고 편집하는 방법도 함께 익힙니다. 레이어와 이동, 변형 도구의 조합을 다양하게 활용해 봅니다.

KEYWORD

#레이어 #이동 도구 #자유 변형

Layer

편집 작업을 효과적으로 진행하기 위해 반드시 이해해야 하는 레이어의 기본 개념을 학습합니다. 레이어 패널을 통해 레이어를 관리하고 조정하는 방법을 학습합니다. 레이어를 쌓는 구조와 개별 레이어의 속성을 익히면, 복잡한 이미지 작업도 효율적으로 처리할 수 있습니다.

★ **Layers** 레이어의 개념 ▣ S2_1~2.psd

레이어는 투명 필름처럼 겹쳐 쌓는 방식으로, 여러 이미지를 층층이 올려 하나의 최종 이미지를 만들어가는 방식입니다.

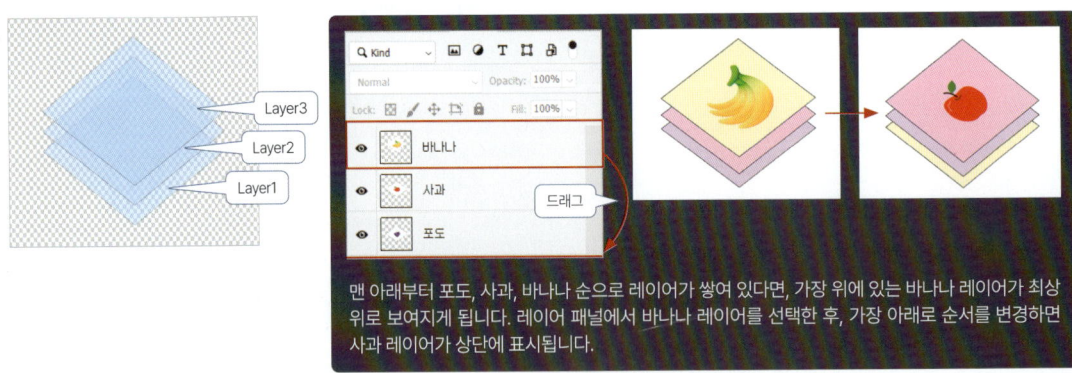

맨 아래부터 포도, 사과, 바나나 순으로 레이어가 쌓여 있다면, 가장 위에 있는 바나나 레이어가 최상 위로 보여지게 됩니다. 레이어 패널에서 바나나 레이어를 선택한 후, 가장 아래로 순서를 변경하면 사과 레이어가 상단에 표시됩니다.

Layers Panel 레이어 패널 ▣ S2_3.jpg

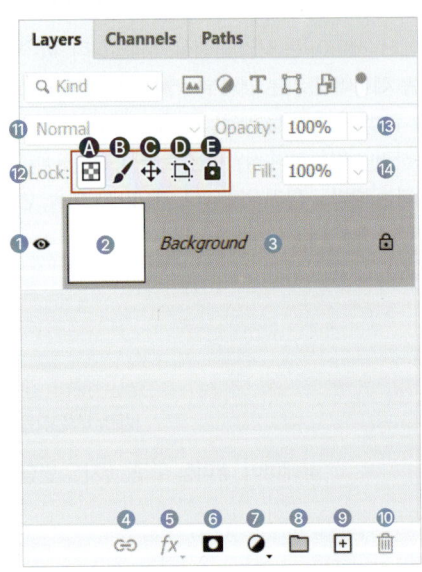

❶ Indicates Layer Visibility(레이어 보기) : 눈 모양 아이콘(👁)을 클릭하여 레이어를 표시하거나 숨길 수 있습니다.

❷ Layer Thumbnail(레이어 축소판) : 해당 레이어의 미리보기를 보여줍니다.

❸ 레이어 이름을 더블 클릭하면 이름을 변경할 수 있습니다.

❹ Link Layers(레이어 연결) : 두 개 이상의 레이어가 있는 경우 활성화 되며, 서로 묶어주는 역할을 합니다.

❺ Add a Layer Style(레이어 스타일 추가) : 다양한 레이어 스타일 효과를 추가합니다.

❻ Add a Mask(레이어 마스크 추가) : 레이어 마스크를 추가합니다.

❼ Create New Fill or Adjustment Layer(조정 레이어) : 새 칠 또는 조정 레이어를 추가합니다.

❽ Create a New Group(새 그룹 생성) : 그룹 폴더를 생성합니다. S Ctrl + G

❾ Create a New Layer(새 레이어 생성) : 새로운 투명 레이어를 생성합니다. S Ctrl + Alt + Shift + N

⑩ Delete Layer(레이어 삭제) : 선택한 레이어를 삭제합니다.

⑪ Blending Mode(혼합 모드 설정) : 선택한 레이어를 하위 레이어와 혼합합니다.

⑫ Lock(잠그기)

    Ⓐ ▨ Lock Transparent Pixels (투명 픽셀 잠금)

    Ⓑ ✎ Lock Image Pixels (이미지 픽셀 잠금)

    Ⓒ ✛ Lock Position (위치 잠금)

    Ⓓ ▥ Prevent Auto-Nesting Into and out of Artboards and Frames(자동 중첩 방지)

    Ⓔ 🔒 Lock All Attributes (모든 특성 잠금)

⑬ Opacity(불투명도) : 선택한 레이어의 불투명도를 0~100%까지 설정할 수 있으며, 설정값이 낮을수록 레이어는 투명해집니다. 마우스로 조절하거나 숫자 키를 눌러 설정할 수 있습니다.

Opacity 100%   Opacity 60%   Opacity 30%

> 레이어 패널에서 원하는 레이어를 선택한 상태에서 숫자 키를 누르면 해당 값이 불투명도(Opacity)로 적용됩니다. 단, 잠금 상태의 Background 레이어에는 적용되지 않습니다.

⑭ Fill(채우기) : 레이어 요소에만 불투명도 조절이 가능하며, 적용된 Layer Style에는 영향을 주지 않습니다.

T 레이어 스타일은 'Section 07. Layer Style'에서 자세히 학습합니다.

Layers Thumbnail 레이어 패널 섬네일 크기 조정

레이어 섬네일의 크기를 변경하려면, 레이어 패널 우측 상단의 더보기 아이콘(≡)을 클릭한 후 Panel Option(패널 옵션) 메뉴에서 설정할 수 있습니다.

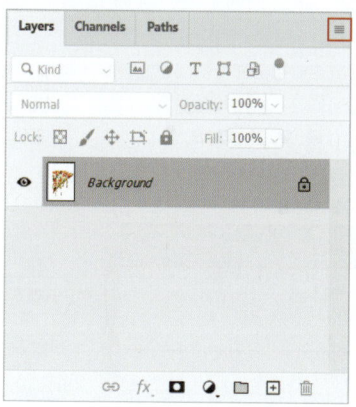

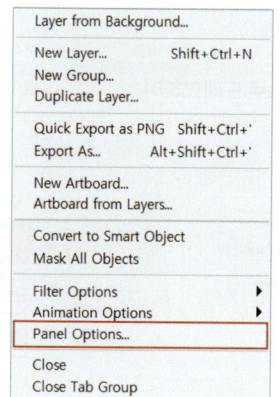

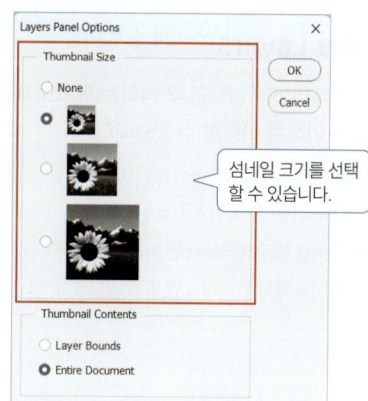

섬네일 크기를 선택할 수 있습니다.

01 Photoshop Basic

02 Layer & Move

03 Selection

04 Color & Gradient

05 Brush

06 Typography

07 Layer Style

08 Path

Select Layers 레이어 복수 선택하기

레이어 패널에서는 여러 개의 레이어를 동시에 선택할 수 있습니다.

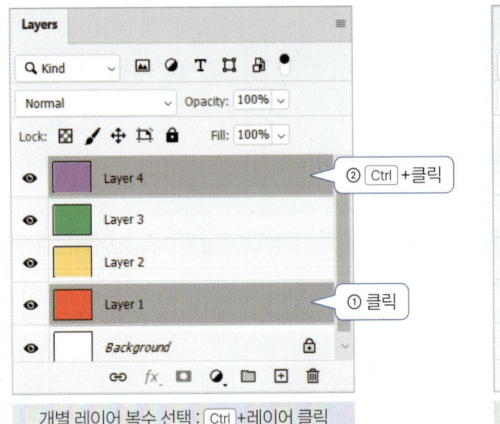
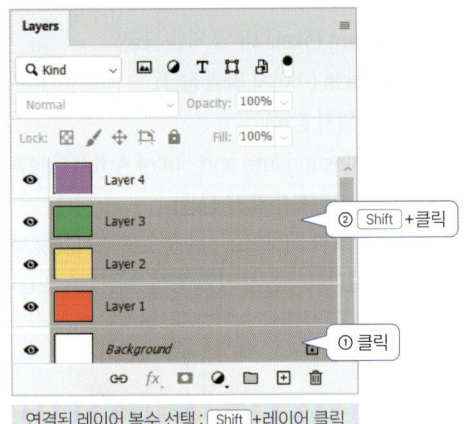

개별 레이어 복수 선택 : Ctrl +레이어 클릭   연결된 레이어 복수 선택 : Shift +레이어 클릭

Delete Layers 레이어 삭제

삭제할 레이어를 선택한 후 Delete 키를 누르거나, 해당 레이어를 마우스로 드래그하여 휴지통 아이콘(🗑) 위에 올려 삭제합니다.

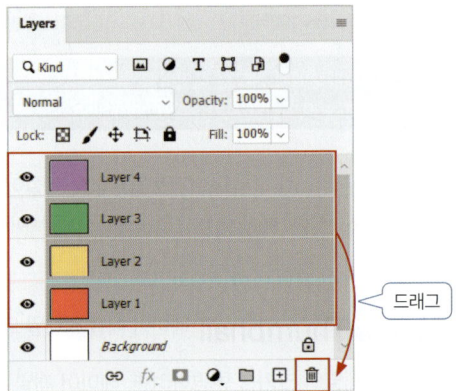

Move Layers 레이어 순서 이동

이동할 레이어를 선택한 후 원하는 위치로 마우스로 드래그하여 위 또는 아래로 이동할 수 있습니다.

S 레이어 한 칸 내리기 Ctrl + [
　 레이어 한 칸 올리기 Ctrl +]
　 레이어를 해당 영역에서 맨 아래로 배치하기 Ctrl + Shift + [
　 레이어를 해당 영역에서 맨 위로 배치하기 Ctrl + Shift +]

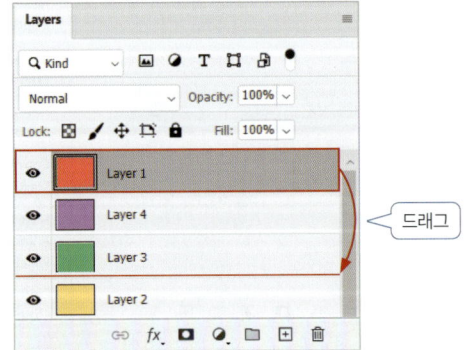

Layer Copy 레이어 복제 📁 S2_4.png

선택한 레이어를 새 레이어 만들기 아이콘(⊞) 위에 끌어다 놓으면 해당 레이어가 복제됩니다.

🅢 Layer Copy(레이어 복제) [Ctrl] + [J]

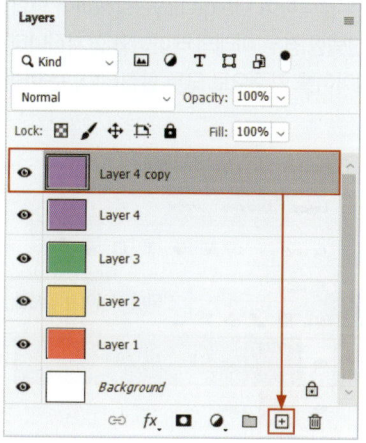

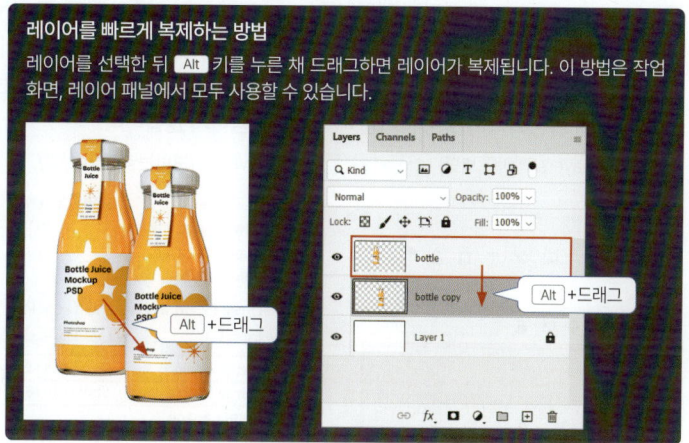

레이어를 빠르게 복제하는 방법

레이어를 선택한 뒤 [Alt] 키를 누른 채 드래그하면 레이어가 복제됩니다. 이 방법은 작업 화면, 레이어 패널에서 모두 사용할 수 있습니다.

Layer Via Cut 레이어 오려내기 📁 S2_5.psd

분리하고 싶은 레이어를 선택한 후, 작업 화면에서 분리할 영역을 지정합니다. 작업 화면에서 마우스 우클릭하여 Layer Via Cut을 선택하면 레이어를 오려낼 수 있습니다.

🅢 Layer Via Cut(레이어 오리기) [Ctrl] + [Shift] + [J]

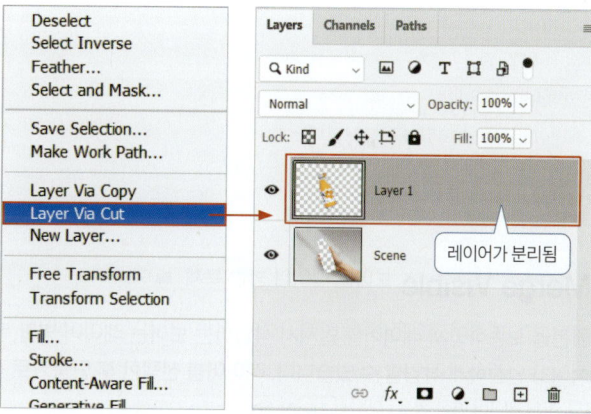

🆃 영역 도구의 다양한 활용 방법은 'Section 03. Selection'에서 자세히 학습합니다.

Layers Group 레이어 그룹 만들기

포토샵에서 PSD 파일을 정리된 상태로 저장하는 것은 매우 중요합니다. 실무에서는 다른 사용자가 파일을 열어 수정하는 경우가 많기 때문에, 레이어를 정리하여 저장하도록 합니다. 여러 개의 레이어를 [Shift] 키를 눌러 선택한 후 단축키 [Ctrl] + [G]를 누르면 레이어 그룹이 생성됩니다.

🅢 그룹 만들기 [Ctrl] + [G]

🅢 그룹 해제하기 [Ctrl] + [Shift] + [G]

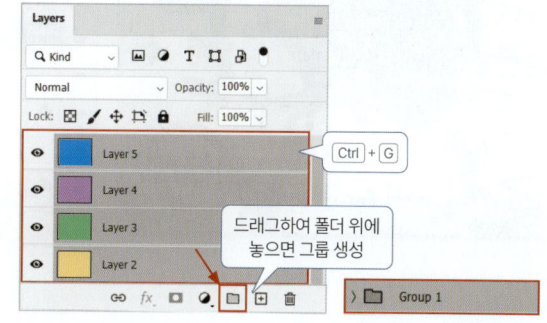

01 Photoshop Basic

02 Layer & Move

03 Selection

04 Color & Gradient

05 Brush

06 Typography

07 Layer Style

08 Path

Merge Layers & Merge Visible 레이어 병합 & 보이는 레이어 병합

Merge 기능은 그룹으로 묶어서 레이어를 관리하는 것과 다르게 레이어를 합치는 기능입니다. 레이어를 선택 후 마우스 우클릭하여 적용합니다. 단, 레이어는 합친 후 수정할 수 없습니다.

① Merge Layers는 병합하려는 레이어를 Shift 키를 눌러 다중 선택한 후 마우스 우클릭하여 Merge Layers(레이어 병합)를 선택하면 가장 상위에 있는 레이어를 기준으로 합쳐집니다. 하나의 레이어만 선택한 경우, 아래의 레이어와 합쳐집니다.

② Merge Visible은 Background를 포함한 보이는 레이어를 가장 상위에 있는 레이어를 기준으로 모두 합칩니다. 눈 아이콘(👁)을 활성화하지 않은 숨겨진 레이어는 포함하지 않습니다.

S Merge Layers(레이어 병합) Ctrl + E , S Merge Visible(보이는 레이어 병합) Ctrl + Shift + E

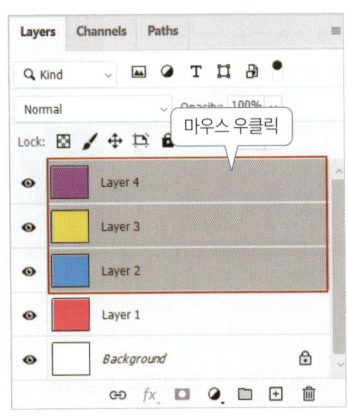

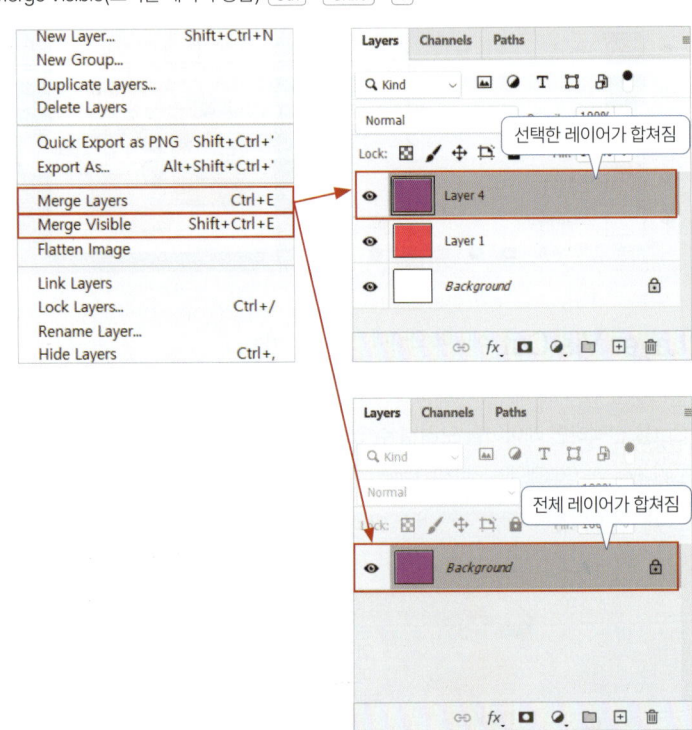

Merge Visible 보이는 레이어 병합 복제 ▪ S2_6.psd

원본을 보존하면서 레이어를 합쳐서 작업하는 보이는 레이어 병합 복제를 사용하면 언제든 다시 수정할 수 있어, 보다 효율적이고 안전하게 작업할 수 있습니다. 레이어를 선택한 후 단축키로 적용합니다.

S 전체 레이어 병합 복제 Ctrl + Alt + Shift + E

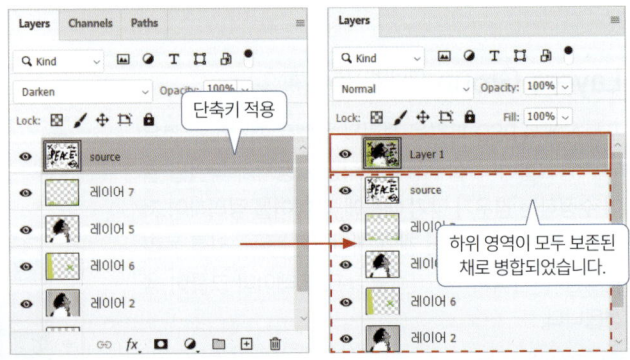

Smart Object

Smart Object의 개념과 특징을 이해하고, 일반 레이어를 스마트 오브젝트로 변환하거나 다시 래스터화하는 방법을 실습합니다. 다만, 스마트 오브젝트는 일반 레이어와 달리 Brush, Eraser, Selection 등 일부 기능에 제약이 있습니다.

Smart Object 스마트 오브젝트 ■ S2_7.psd

Smart Object(스마트 오브젝트)는 레이어를 비손실 편집이 가능한 객체로 변환하여 작업할 수 있는 방식입니다. 일반 레이어를 스마트 오브젝트로 변환하면 크기를 줄이거나 늘려도 이미지 품질이 저하되지 않으며, 색상 보정이나 효과 적용 후에도 수정이 가능하다는 장점이 있습니다. 같은 이미지를 여러 번 축소하거나 확대하더라도, 스마트 오브젝트는 품질 손실 없이 변형이 가능합니다.

여러 번 축소하고 확대해도 이미지 품질이 유지됩니다.

Smart Object

여러 번 축소하고 확대하면 이미지 품질이 떨어집니다.

변환 전 Layer

Convert to Smart Object 스마트 오브젝트로 변환 ■ S2_8.psd

합치고 싶은 레이어를 Shift 키를 눌러 다중 선택한 뒤, 마우스 우클릭하여 Convert to Smart Object(스마트 오브젝트로 변환)를 선택합니다. 선택한 레이어들이 하나의 스마트 오브젝트로 결합됩니다.

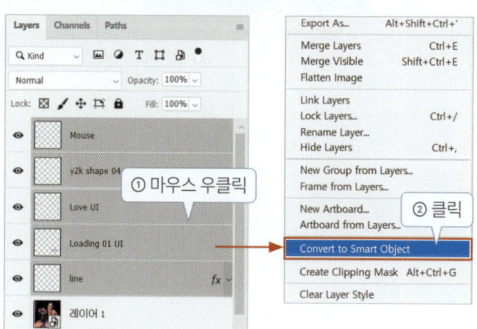

① 마우스 우클릭

② 클릭

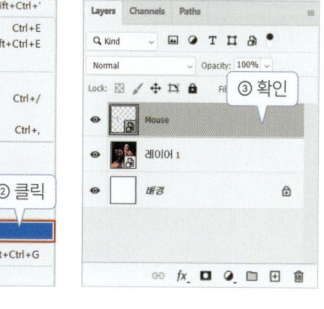

③ 확인

T Smart Object(스마트 오브젝트)로 레이어 합치기와 Merge Layers(레이어 병합)의 차이점
- Convert to Smart Object로 레이어 합치기 : 수정 가능(원본 레이어 정보가 내부에 보존됨)
- Merge Layers로 레이어 합치기 : 수정 불가(레이어에 적용된 마스크, 효과 또는 다중 선택한 레이어가 모두 합쳐져 픽셀화 됨)

01 Photoshop Basic

02 Layer & Move

03 Selection

04 Color & Gradient

05 Brush

06 Typography

07 Layer Style

08 Path

Edit Contents 고급 개체 수정하기

여러 레이어가 합쳐져 만들어진 스마트 오브젝트는 섬네일 아이콘()을 더블 클릭하여 수정할 수 있습니다. 이때, PSB 확장자를 가진 새로운 작업 화면이 열리며 합쳐졌던 레이어를 다시 수정할 수 있습니다. 수정 후 Psb 파일을 저장(Save)하면 작업 화면에 스마트 오브젝트 수정이 적용된 것을 확인할 수 있습니다.

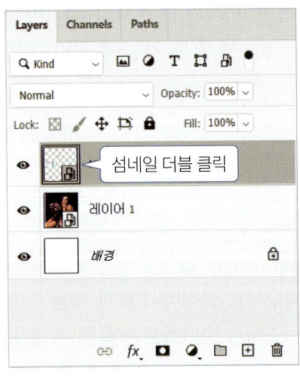

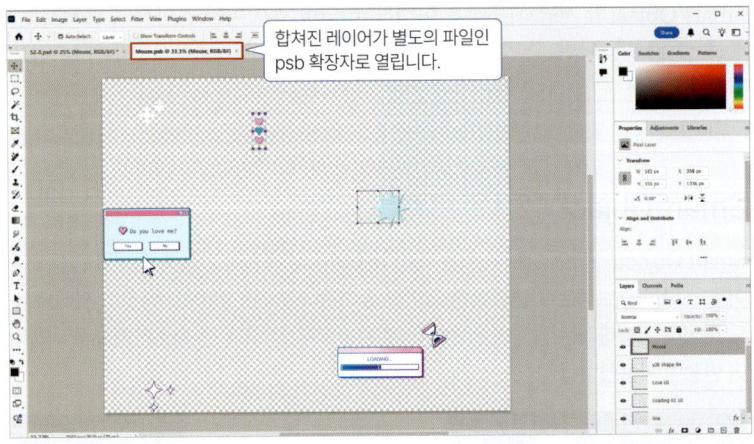

합쳐진 레이어가 별도의 파일인 psb 확장자로 열립니다.

섬네일 더블 클릭

Rasterize Layer 레이어 레스터화

텍스트 레이어나 스마트 오브젝트 효과가 적용된 레이어를 마우스 우클릭 후 Rasterize Layer를 선택하면 일반 레이어로 변환됩니다. 단, Rasterize(래스터화) 하면 원래 상태로 되돌릴 수 없으므로 원본 레이어를 복제한 뒤 Rasterize 기능을 사용하도록 합니다.

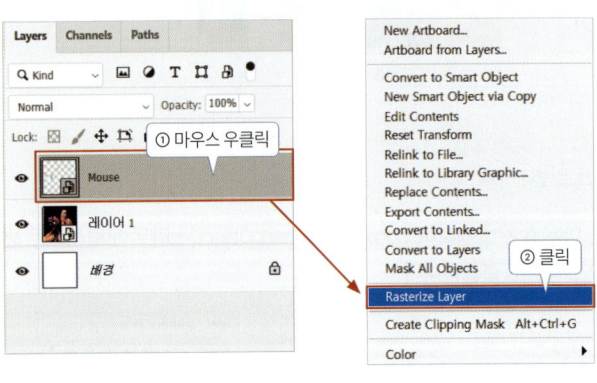

① 마우스 우클릭

② 클릭

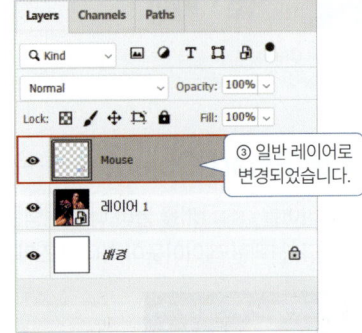

③ 일반 레이어로 변경되었습니다.

01 Photoshop Basic

02 Layer & Move

03 Selection

04 Color & Gradient

05 Brush

06 Typography

07 Layer Style

08 Path

이동 도구

Move Tool

포토샵에서 가장 기본적인 도구 중 하나인 Move Tool(이동 도구)은 레이어를 자유롭게 이동하거나 변형할 수 있도록 도와줍니다. 이를 통해 이미지 편집의 효율성을 높이고, 보다 정밀한 작업을 수행할 수 있습니다.

Move Tool 이동 도구

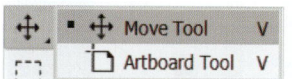

Move Tool(이동 도구)로 레이어를 이동시킬 때, Shift 키를 누른 상태에서 상하좌우로 이동하면 수직, 수평을 유지한 채 이동합니다. S Move Tool(이동 도구) V

Move Tool Option 이동 도구 옵션 ■ S2_9~10.psd

❶ Auto-Select(자동 선택) : 레이어를 직접 선택하지 않아도 작업 화면에서 바로 클릭하여 선택할 수 있습니다. 레이어(Layer)와 그룹(Group) 두 가지 옵션으로 설정할 수 있으며, Ctrl 키를 누르고 클릭하면 해당 레이어를 자동으로 선택할 수 있습니다. 단, 복잡한 작업일수록 레이어가 중첩되기 때문에 해당 기능이 불필요할 수 있습니다.

❷ Show Transform Controls(변형 컨트롤 표시) : 선택한 레이어의 경계 박스와 조절 핸들이 화면에 표시되어 크기나 회전 등의 변형 작업이 가능합니다.

❸ Align and Distribute(분포) or Distribute Spacing(균등 분포) : 두 개 이상의 선택된 레이어를 정렬하는 기능입니다.

❹ 더보기 아이콘(•••)을 누르면 맞춤 및 분포에 대한 기능을 사용할 수 있습니다.

❺ Option(옵션) : 이동 도구의 보기 옵션을 설정합니다.

Ⓐ ☑ Show layer bounds on hover
Ⓑ ☑ Expand layer group on click
Ⓒ ☑ Show hover bounds from Layers

Ⓐ Show layer bounds on hover : 마우스 커서를 가까이 가져가면 레이어의 경계가 표시됩니다.

Ⓑ Expand layer group on click : 자동 선택이 레이어 옵션으로 체크되어 있을 때 활성화됩니다. 그룹에 속해있는 레이어를 클릭하면 레이어 패널에서 그룹이 열립니다.

Ⓒ Show hover bounds from layers : 레이어 패널에 마우스를 올리면, 작업 화면에 해당하는 레이어의 경계가 표시됩니다.

Align and Distribute(맞춤 및 분포)
옵션 또는 속성 패널의 정렬에서 다양한 정렬 기능을 사용할 수 있습니다.

① Align(맞춤) : 오브젝트의 특정 부분을 기준으로 정렬합니다.

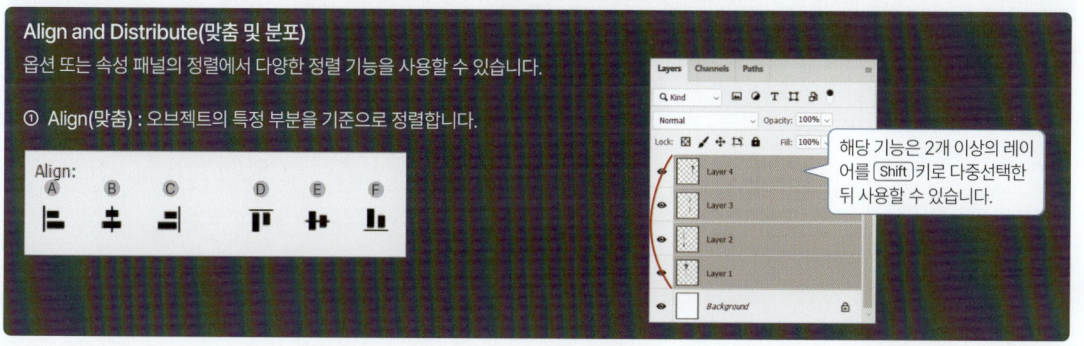

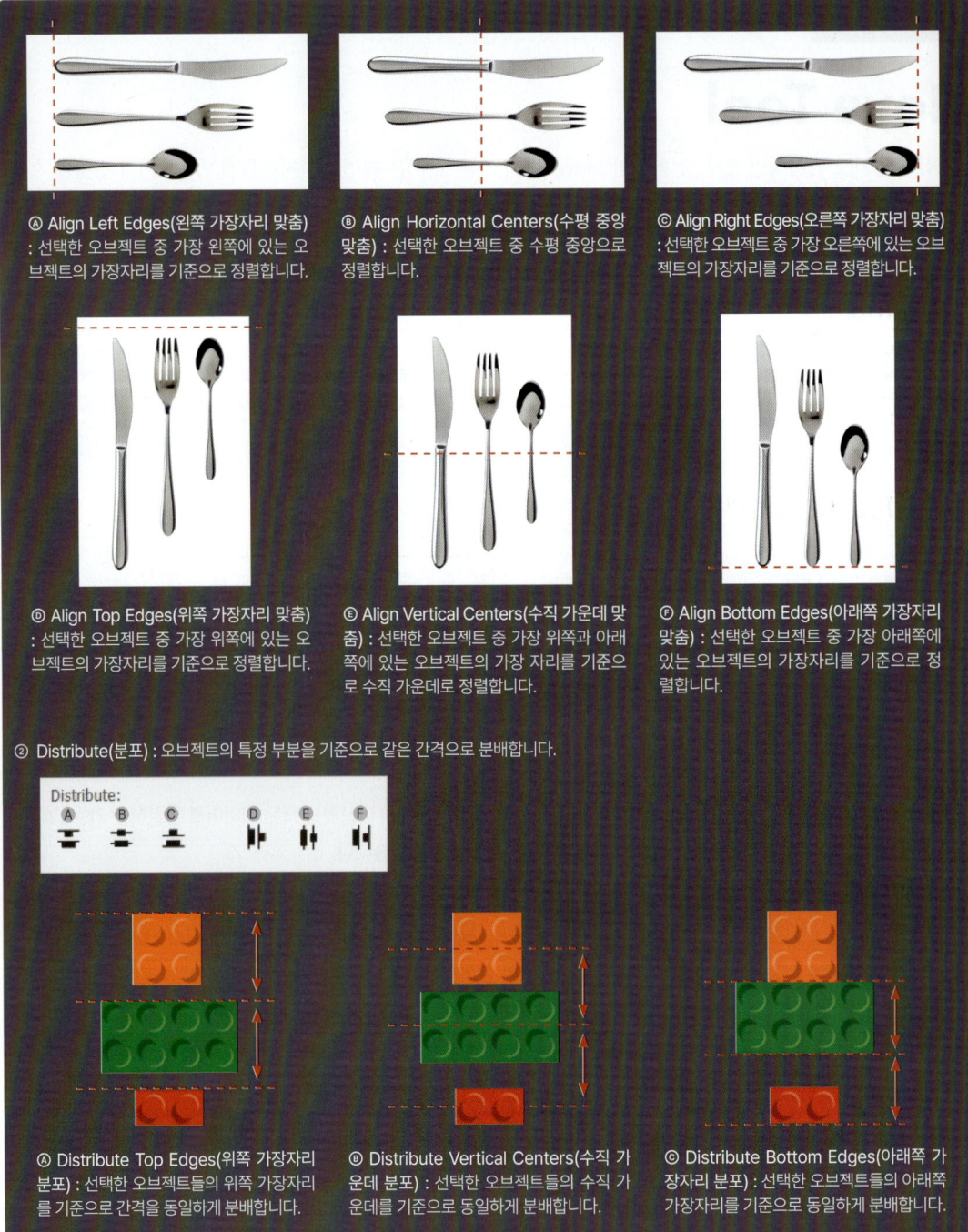

Ⓐ **Align Left Edges(왼쪽 가장자리 맞춤)** : 선택한 오브젝트 중 가장 왼쪽에 있는 오브젝트의 가장자리를 기준으로 정렬합니다.

Ⓑ **Align Horizontal Centers(수평 중앙 맞춤)** : 선택한 오브젝트 중 수평 중앙으로 정렬합니다.

Ⓒ **Align Right Edges(오른쪽 가장자리 맞춤)** : 선택한 오브젝트 중 가장 오른쪽에 있는 오브젝트의 가장자리를 기준으로 정렬합니다.

Ⓓ **Align Top Edges(위쪽 가장자리 맞춤)** : 선택한 오브젝트 중 가장 위쪽에 있는 오브젝트의 가장자리를 기준으로 정렬합니다.

Ⓔ **Align Vertical Centers(수직 가운데 맞춤)** : 선택한 오브젝트 중 가장 위쪽과 아래쪽에 있는 오브젝트의 가장 자리를 기준으로 수직 가운데로 정렬합니다.

Ⓕ **Align Bottom Edges(아래쪽 가장자리 맞춤)** : 선택한 오브젝트 중 가장 아래쪽에 있는 오브젝트의 가장자리를 기준으로 정렬합니다.

② **Distribute(분포)** : 오브젝트의 특정 부분을 기준으로 같은 간격으로 분배합니다.

Ⓐ **Distribute Top Edges(위쪽 가장자리 분포)** : 선택한 오브젝트들의 위쪽 가장자리를 기준으로 간격을 동일하게 분배합니다.

Ⓑ **Distribute Vertical Centers(수직 가운데 분포)** : 선택한 오브젝트들의 수직 가운데를 기준으로 동일하게 분배합니다.

Ⓒ **Distribute Bottom Edges(아래쪽 가장자리 분포)** : 선택한 오브젝트들의 아래쪽 가장자리를 기준으로 동일하게 분배합니다.

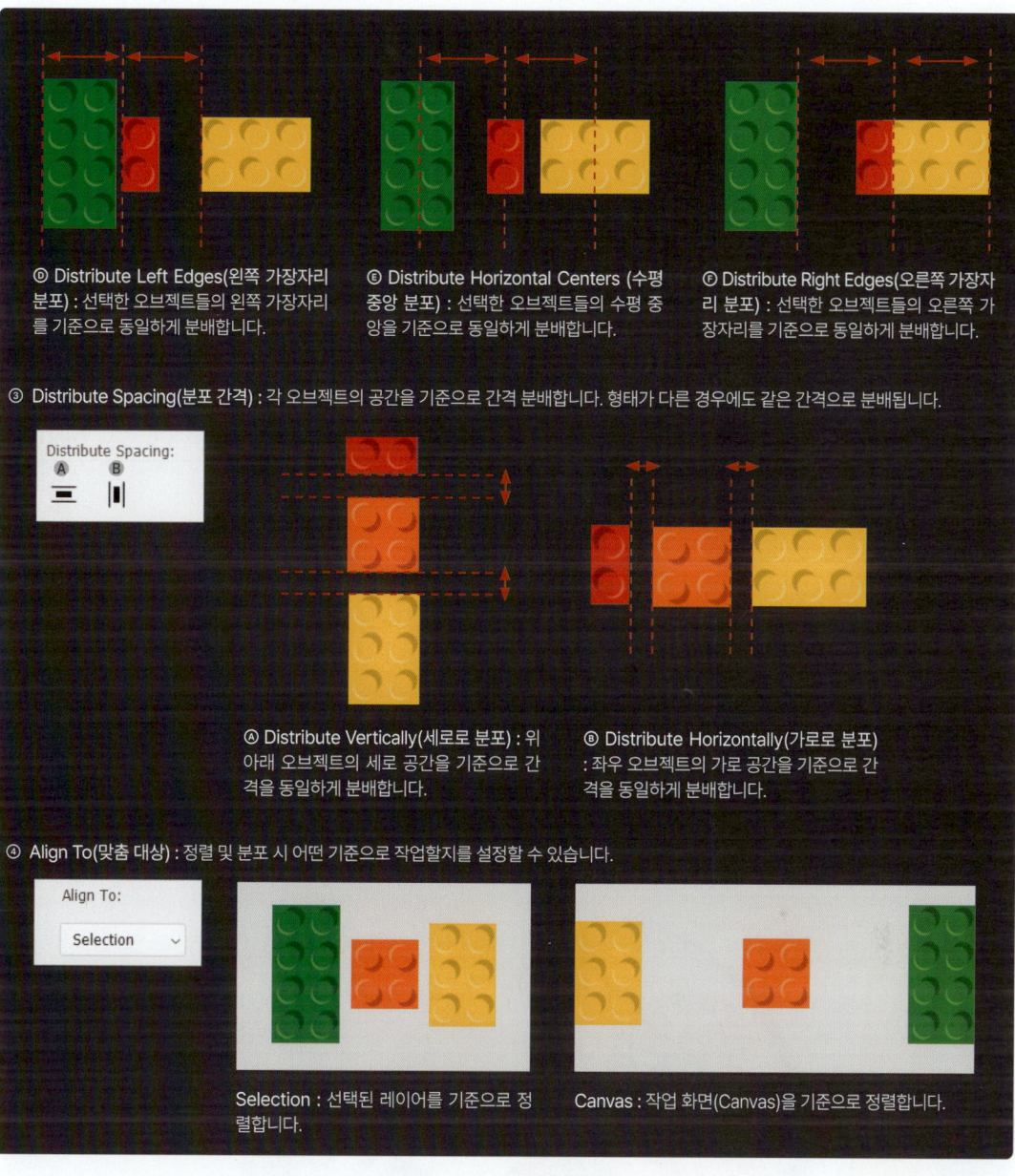

ⓓ Distribute Left Edges(왼쪽 가장자리 분포) : 선택한 오브젝트들의 왼쪽 가장자리를 기준으로 동일하게 분배합니다.

ⓔ Distribute Horizontal Centers (수평 중앙 분포) : 선택한 오브젝트들의 수평 중앙을 기준으로 동일하게 분배합니다.

ⓕ Distribute Right Edges(오른쪽 가장자리 분포) : 선택한 오브젝트들의 오른쪽 가장자리를 기준으로 동일하게 분배합니다.

③ Distribute Spacing(분포 간격) : 각 오브젝트의 공간을 기준으로 간격 분배합니다. 형태가 다른 경우에도 같은 간격으로 분배됩니다.

Ⓐ Distribute Vertically(세로로 분포) : 위 아래 오브젝트의 세로 공간을 기준으로 간격을 동일하게 분배합니다.

Ⓑ Distribute Horizontally(가로로 분포) : 좌우 오브젝트의 가로 공간을 기준으로 간격을 동일하게 분배합니다.

④ Align To(맞춤 대상) : 정렬 및 분포 시 어떤 기준으로 작업할지를 설정할 수 있습니다.

Selection : 선택된 레이어를 기준으로 정렬합니다.

Canvas : 작업 화면(Canvas)을 기준으로 정렬합니다.

01 Photoshop Basic
02 Layer & Move
03 Selection
04 Color & Gradient
05 Brush
06 Typography
07 Layer Style
08 Path

Move To File 파일 간 이동 ▪ S2_11.png, S2_12.psd, S2_13.png

두 개 이상의 파일이 동시에 열려 있을 경우, Move Tool(이동 도구)을 이용해 한 파일에서 다른 파일로 레이어를 옮길 수 있습니다.

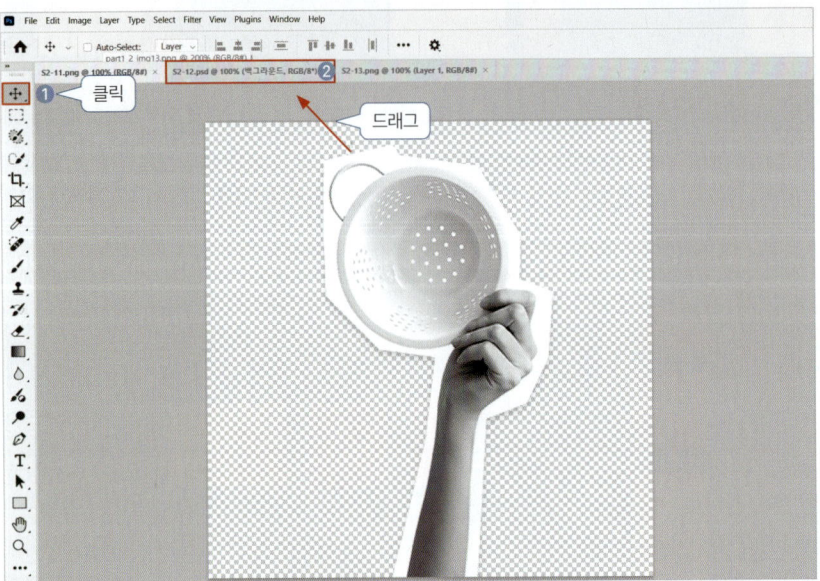

❶ Move Tool(이동 도구)을 클릭합니다.

❷ 작업 화면에서 이미지를 클릭한 후 이동할 파일 탭으로 드래그하여 3초간 유지합니다(클릭 유지).

❸ 이동시킬 파일 탭의 화면으로 전환되면 마우스 클릭을 유지한 채 새로운 작업 화면으로 이미지를 가져옵니다.

❹ 새로운 작업 화면의 대지 위에서 마우스 클릭을 해제합니다.

❺ 레이어 패널에서 이동된 레이어를 확인합니다.

01
Photoshop Basic

02
Layer & Move

03
Selection

04
Color & Gradient

05
Brush

06
Typography

07
Layer Style

08
Path

Practice 01 햄버거 배너 완성하기

Layer & Move

Move Tool로 파일 간 레이어를 이동하고, 레이어를 정리하여 햄버거 배너를 완성합니다. ■ 예제 폴더 : S2_Practice1

01 새로운 작업 화면 만들기

메뉴에서 [File] - [New] 또는 Ctrl + N 키를 눌러 W 700, H 1000Pixels, 해상도 72Pixels/Inch의 새로운 작업 화면을 만듭니다.

02 파일 열기

① 'S2_P1_1.psd' 파일을 불러옵니다(Ctrl + O).

② 레이어 이름을 더블 클릭하여 재료의 이름으로 변경합니다(눈 아이콘(👁)을 클릭 - 클릭하면 작업 화면에서 해당 레이어가 감춰졌다가 나타나면서 어떤 재료인지 확인하기 쉽습니다).

03 레이어 이동하기 1

'S2_P1_1.psd' 파일의 레이어를 새로운 작업 화면으로 이동하겠습니다. 먼저, 맨 아래 배치할 '빵 1' 레이어를 선택한 후 Move Tool(V)로 드래그하여 새 작업 화면으로 이동합니다.

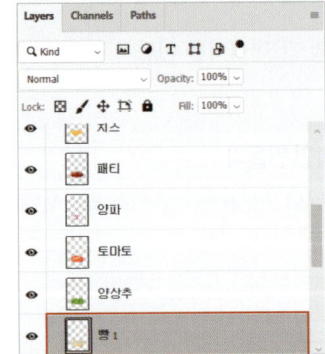

04 레이어 이동하기 2

다른 레이어들도 차례대로 이동하여 햄버거를 완성합니다. 작업 화면에서 직접 재료 위에 Ctrl키를 누른 채 클릭하면 해당 레이어가 자동으로 선택되어 빠르게 이동할 수 있습니다.

05 레이어 그룹 만들기

가져온 모든 레이어를 Shift 키를 눌러 다중 선택합니다. 선택한 레이어를 그룹(Ctrl + G)으로 지정하고 이름을 변경한 후, Free Transform(Ctrl + T) 기능을 이용하여 크기를 조절합니다.

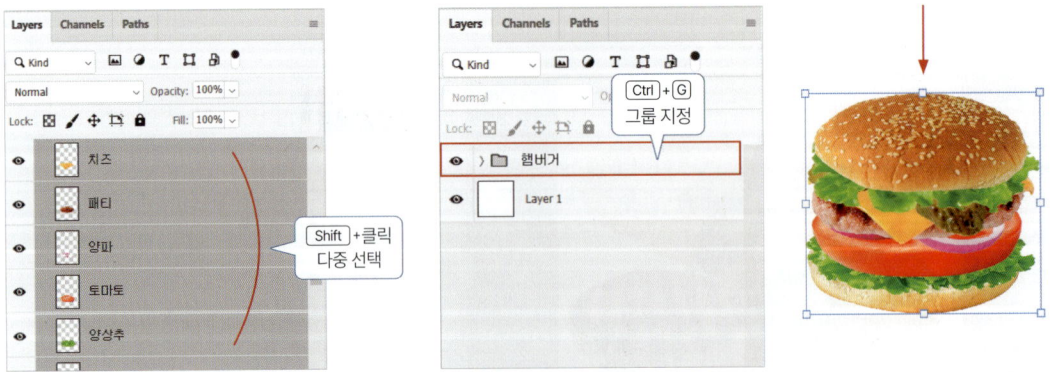

T 이미지 축소 방법
　　Free Transform(Ctrl + T)실행 후 수직으로 이미지를 축소합니다. 이미지 전체가 축소된다면, Shift 키를 눌러 이미지의 종횡비를 해제하고 축소할 수 있습니다.

06 새로운 파일의 레이어 이동하기

'S2_P1_2.psd' 파일을 열고([Ctrl]+[O]), Move Tool([V])을 이용해 레이어를 작업 화면으로 드래그하여 배치합니다.

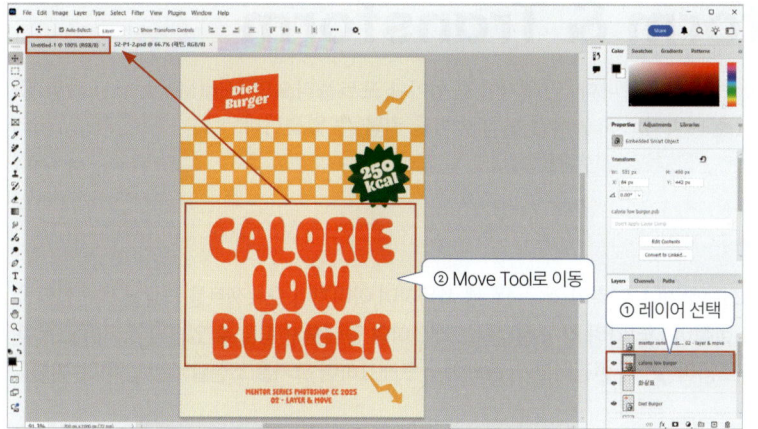

③ 작업 화면에 배치

② Move Tool로 이동

① 레이어 선택

07 저장하기

① 레이어 패널에서 소스 레이어들은 햄버거 그룹을 기준으로 앞 뒤로 순서를 변경하며 배치합니다.

② 완성된 배너는 [File] - [Save]([Ctrl]+[S])하여 수정 가능한 형식(psd)으로 저장한 뒤, 한번 더 [File] - [Save a Copy] ([Ctrl]+[Alt]+[S])로 이미지 형식(jpg)로 저장합니다.

③ 햄버거 홍보용 웹 배너 작업이 완료되었습니다.

01 Photoshop Basic

02 Layer & Move

03 Selection

04 Color & Gradient

05 Brush

06 Typography

07 Layer Style

08 Path

Free Transform & Transform

레이어의 형태를 변형하는 다양한 방법을 학습합니다. 인테리어 합성이나 포트폴리오의 목업(Mock-up) 작업 등, 실무에서 자주 활용되는 기법을 익혀 창의적이고 효율적인 편집 능력을 키울 수 있습니다.

★ Free Transform 자유 변형 ■ S2_14.jpg

메뉴에서 [Edit] - [Free Transform]을 선택하거나, 단축키 Ctrl + T 를 사용하여 이미지나 오브젝트를 자유롭게 변형할 수 있습니다. 변형이 시작되면 중심점과 조절점이 나타나며 각 조절점을 드래그하여 형태를 변형할 수 있습니다. 마우스를 이미지 가장자리의 코너로 이동하면 커서 모양이 ↗ 로 변경되고 이 상태에서 드래그하여 크기를 조절할 수 있습니다. 변형을 완료하려면 Enter 키를 누릅니다.

S Free Transform(자유 변형) Ctrl + T

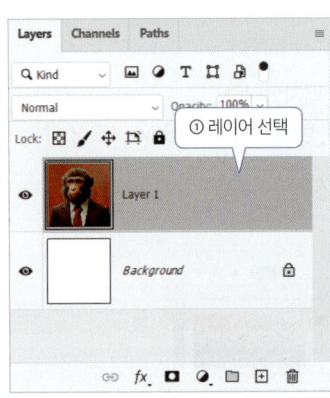

① 레이어 선택

② 단축키 Ctrl + T
③ 조절점을 드래그하여 형태를 변형합니다.

Transform Option 변형 옵션

Ctrl + T 를 눌러 변형 컨트롤을 실행한 후, 상단 옵션 바를 통해 정밀한 수치를 입력하여 변형할 수 있습니다.

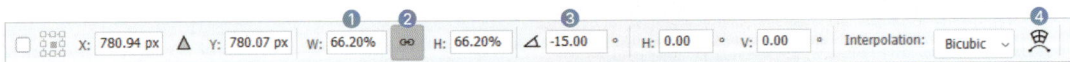

X: 780.94 px △ Y: 780.07 px W: 66.20% ∞ H: 66.20% ∠ -15.00 ° H: 0.00 ° V: 0.00 ° Interpolation: Bicubic

❶ **Width / Height(폭 / 높이)** : 기본 단위는 퍼센트(%)입니다. 크기를 50% 축소하는 등, 정확한 크기 조절에 사용합니다. 단위를 변경하려면, 값 위에서 마우스 우클릭하여 설정할 수 있습니다.

❷ **Maintain Aspect Ratio(종횡비)** : 종횡비 아이콘(∞)이 활성화되어 있으면 가로세로 비율이 유지됩니다. 체크를 해지하면 자유롭게 폭과 높이를 변경할 수 있습니다.

❸ **Angle(각도)** : 입력창에 수치를 직접 입력하여 정확한 각도로 회전할 수 있습니다.

❹ **Warp(뒤틀기)** : Warp 아이콘(☺)을 클릭하면 이미지에 Grid(격자)가 생기며 비틀기를 실행할 수 있습니다.

> **이미지의 종횡비 확인**
> Ctrl + T 를 눌러 변형 컨트롤이 실행되면 상단 옵션에서 종횡비를 확인합니다. 종횡비 아이콘(∞)이 해제되어 있으면 이미지를 변형할 때, 기존 비율이 깨질 수 있습니다. 일부 버전에 따라 종횡비 아이콘이 기본으로 해제되어 있을 수 있습니다. 실무에서는 이미지 비율 유지가 중요하니 이 점을 꼭 확인하세요.

Rotate ^{회전}

마우스를 이미지의 코너로 가져가면 커서 모양이 ⤵ 로 변경됩니다. 이 상태에서 드래그하면 자유롭게 오브젝트를 회전할 수 있습니다. Shift 키를 누른 채 회전하면 15°, 30°, 45°... 15° 간격으로 정밀하게 회전할 수 있습니다. 회전을 완료하려면 Enter 키를 누릅니다.

Shift 키를 함께 눌러 15° 회전합니다.

Shift 키를 누르지 않으면 자유롭게 회전됩니다.

Flip Horizontal / Vertical ^{가로/세로로 뒤집기}

❶ Flip Horizontal(가로로 뒤집기) : 변형 컨트롤이 실행되면 마우스 우클릭합니다. Flip Horizontal을 선택하면 레이어가 가로로 뒤집어집니다.

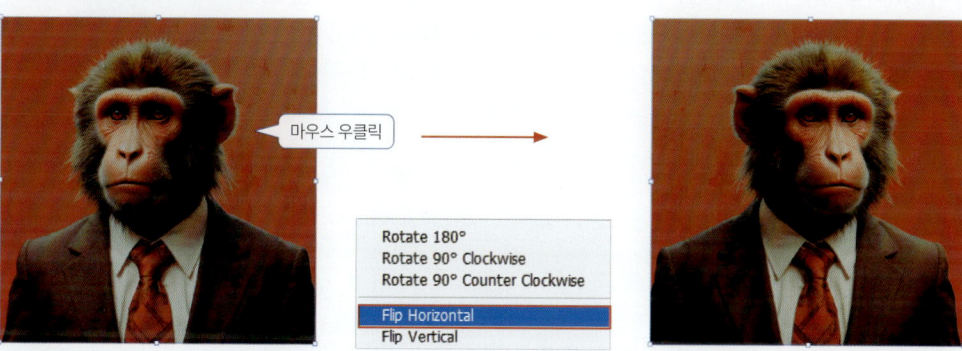

마우스 우클릭

```
Rotate 180°
Rotate 90° Clockwise
Rotate 90° Counter Clockwise

Flip Horizontal
Flip Vertical
```

❷ Flip Vertical(세로로 뒤집기) : 변형 컨트롤이 실행되면 마우스 우클릭합니다. Flip Vertical을 선택하면 레이어가 세로로 뒤집어집니다.

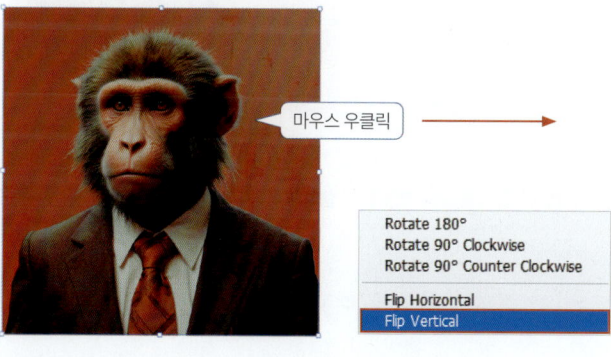

마우스 우클릭

```
Rotate 180°
Rotate 90° Clockwise
Rotate 90° Counter Clockwise

Flip Horizontal
Flip Vertical
```

01 Photoshop Basic
02 Layer & Move
03 Selection
04 Color & Gradient
05 Brush
06 Typography
07 Layer Style
08 Path

Distort 왜곡 📁 S2_15.jpg

조절점을 마우스로 드래그하면 레이어의 모양을 자유롭게 왜곡할 수 있습니다.
원하는 방향으로 쉽게 늘리거나 줄이는 등, 자유로운 형태 변형이 가능합니다.

S Distort(왜곡) `Ctrl` + `T` ➡ `Ctrl`

Perspective 원근

조절점을 마우스로 드래그하면 반대편 조절점이 함께 대칭으로 움직이며 원근
감있게 왜곡됩니다.

S Perspective(원근) `Ctrl` + `T` ➡ `Ctrl` + `Alt` + `Shift`

Skew 기울이기

조절점을 마우스로 드래그하면 레이어가 수직 또는 수평 방향으로 기울어지며
왜곡됩니다.

S Skew(기울이기) `Ctrl` + `T` ➡ `Ctrl` + `Shift`

Cross Distort 십자 왜곡

변형 컨트롤이 실행되면 `Ctrl` + `Alt` 키를 동시에 누른 채 마우스로 조절점을 드
래그하면 맞은편 조절점이 함께 움직이며 십자 형태로 왜곡됩니다.

S Cross Distort(십자 왜곡) `Ctrl` + `T` ➡ `Ctrl` + `Alt`

T 교재와 동일한 단축키를 사용했음에도 결과가 다르게 나타난다면, 사용자의 변형 옵션 설정과 일부 버전에 따라 단축키 `Shift` 의 사용 유
무가 달라질 수 있습니다.

Warp 뒤틀기 📁 S2_16.jpg, S2_17.psd

변형을 실행한 뒤 마우스 오른쪽 버튼을 클릭하여 Warp(뒤틀기)를 선택하거나 화면 상단 옵션 바에서 Warp 아이콘(🦘)을 선택하면 이미지 위에 Grid(격자)가 생성되며 뒤틀기 기능이 활성화됩니다. 격자의 조절점을 마우스로 드래그하면 이미지를 자유롭게 뒤틀 수 있습니다.

❶ **Split(분할)** : 분할 선을 추가합니다

십자형 뒤틀기 분할 : 코너에서 마우스로 클릭 후 드래그하면 십자 형태로 분할선이 추가됩니다.

수직으로 뒤틀기 분할 : 세로 가장자리에서 마우스로 클릭 후 드래그하여 분할선을 추가합니다.

수평으로 뒤틀기 분할 : 가로 가장자리에서 마우스로 클릭 후 드래그하여 분할선을 추가합니다.

❷ **Grid(격자)** : 격자에 선을 추가합니다. 옵션 외에도 사용자가 지정할 수 있습니다.

❸ **Warp(뒤틀기)** : 다양한 뒤틀기 형태를 선택할 수 있습니다.

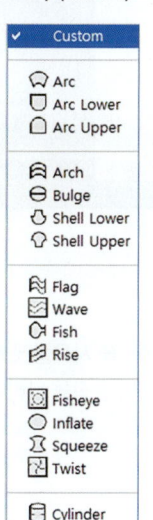

Flag 선택 예시

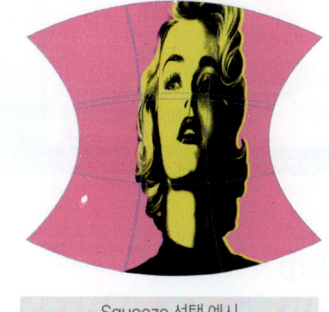

Squeeze 선택 예시

❹ **Options(가이드 옵션)** : 격자의 표시 여부 및 세부 옵션을 조절할 수 있습니다.

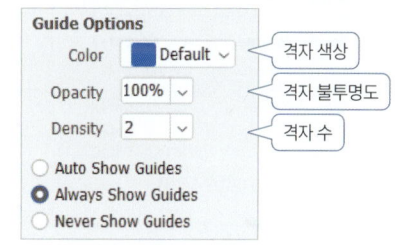

❺ **Reset Warp(뒤틀기 재설정)** : 뒤틀기 변형을 초기 상태로 되돌립니다.

01 Photoshop Basic

02 Layer & Move

03 Selection

04 Color & Gradient

05 Brush

06 Typography

07 Layer Style

08 Path

뒤틀기 활용

뒤틀기는 오브젝트를 왜곡하여 아트워크에 쓰이는 효과 외에도 자주 사용됩니다.

❶ 이미지를 오브젝트의 크기에 맞춰 조정합니다.

① Ctrl + T 크기 조정

❷ Ctrl 키를 누른 채 이미지의 모서리에 맞춰 왜곡합니다.

② Distort 왜곡(모서리 맞추기)

❸ 곡면을 왜곡합니다. 굴곡을 주고 싶은 위치에 분할선을 추가하여 섬세하게 수정합니다.

③ 분할 선 추가하여 곡면 조정

❹ 뒤틀기와 함께 그림자 및 빛 효과를 더하면 입체감 있는 라벨 목업 이미지를 만들 수 있습니다.

④ 완성

Puppet Warp 퍼펫 뒤틀기 📁 S2_18.psd

퍼펫 뒤틀기는 관절 인형처럼 오브젝트를 자연스럽게 변형할 수 있는 기능으로, 아트워크 작업 시 오브젝트를 자유롭게 조정할 수 있습니다. 메뉴에서 [Edit] - [Puppet Warp]을 클릭하여 실행할 수 있습니다. 관절의 형태를 뒤틀어 동작을 나타내는 과정을 살펴보겠습니다.

❶ 'S2_18.psd' 파일을 열고 메뉴에서 [Edit] - [Puppet Warp]을 실행합니다.

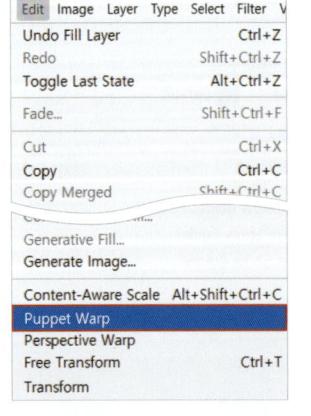

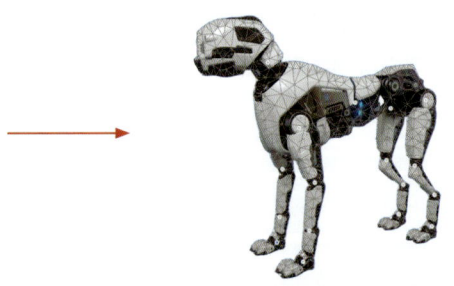

Puppet Warp을 실행하면 오브젝트 위에 Mesh(그물망)가 나타납니다. 옵션의 Expansion은 그물망의 범위를 조절하는 기능으로 값이 높을수록 오브젝트를 감싸는 Mesh(그물망)의 범위가 넓어집니다.

❷ 오브젝트에서 변형하고 싶은 부분에 Pin Point(핀 포인트)를 클릭해 추가합니다. 핀 포인트를 움직이거나 회전하면 이미지를 자유롭게 변형할 수 있습니다.

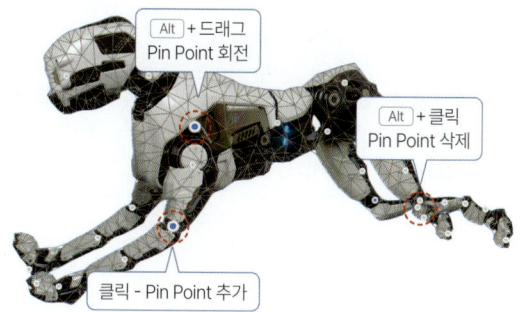

✖ Pin Point(핀 포인트)를 생성합니다.

➤ Pin Point(핀 포인트)를 기준으로 형태를 변형합니다.

✂ Pin Point(핀 포인트)를 삭제합니다.

❸ Enter 키 또는 옵션 바의 확인을 눌러 완료합니다.

Puppet Warp Option 퍼펫 뒤틀기 옵션

Puppet Warp을 실행한 뒤, 상단 옵션에서 그물망의 범위, 밀접도 등을 설정할 수 있습니다.

❶ Mode(모드) : 뒤틀기의 종류를 설정합니다.

❷ Density(밀도) : 메시의 밀도를 설정합니다. 밀도가 높을수록 세밀한 조정이 가능합니다.

❸ Expansion(확장) : 오브젝트와 메쉬 간의 밀접도를 설정합니다.

❹ Reset : 뒤틀기 변형을 재설정합니다.

Puppet Warp 사용 팁! 📁 S2_19.jpg
오브젝트와 배경이 분리된 레이어를 사용하는 것이 좋습니다. 손가락, 동물, 물고기, 관절 인형 등 움직임이 자유로운 형태에 효과적으로 활용할 수 있습니다.

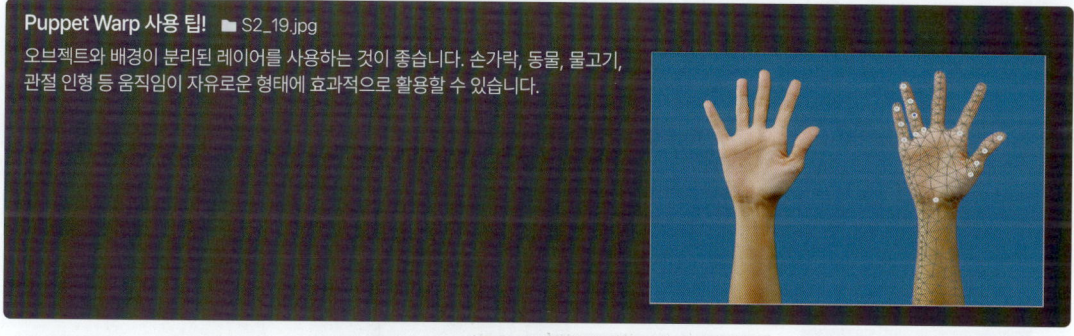

01 Photoshop Basic

02 Layer & Move

03 Selection

04 Color & Gradient

05 Brush

06 Typography

07 Layer Style

08 Path

Frame Tool

프레임 도구는 사진에 다양한 스타일의 프레임을 간편하게 추가할 수 있는 도구입니다. 액자처럼 이미지를 사각형 또는 원형 프레임 안에 담을 수 있습니다.

ⓣ 프레임 도구의 다양한 활용 방법은 'Section 10의 Theory 02'에서 자세히 학습합니다.

⊠ Frame Tool 프레임 도구 ■ S2_20.psd

Frame Tool(프레임 도구)을 선택한 후 작업 화면에서 드래그하면 프레임이 생성됩니다. 상단 옵션 바에서 사각형 또는 원형 중 원하는 형태를 선택할 수 있습니다. ⑤ Frame Tool(프레임 도구) Ⓚ

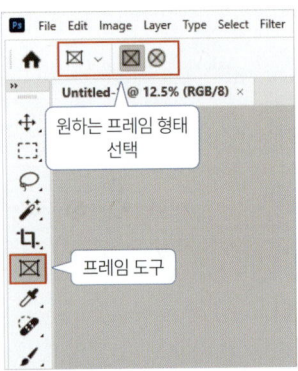

원하는 프레임 형태 선택

프레임 도구

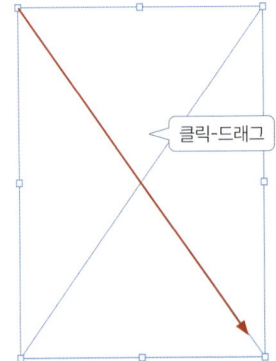

클릭-드래그

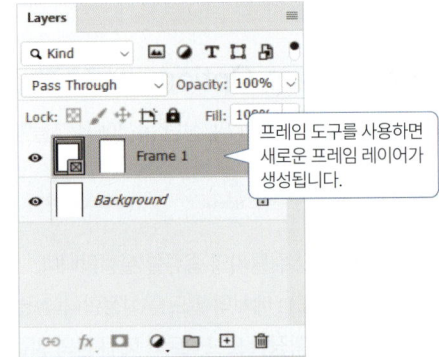

프레임 도구를 사용하면 새로운 프레임 레이어가 생성됩니다.

❶ 프레임에 이미지 삽입하기 : 메뉴에서 [File] - [Place Embedded(포함 가져오기)]를 클릭하거나 프레임에 삽입할 이미지를 폴더에서 직접 프레임 안으로 드래그하여 삽입할 수 있습니다.

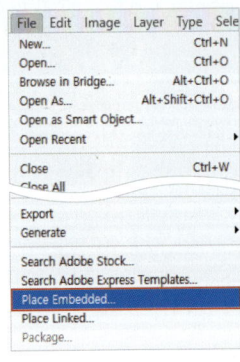

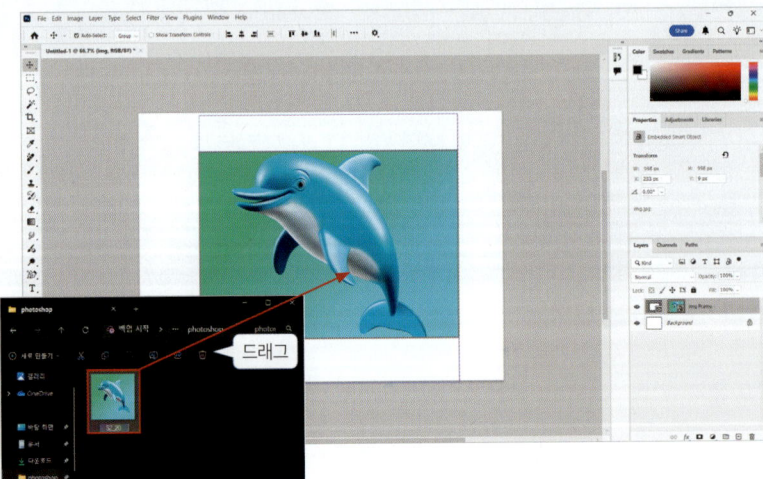

드래그

② 프레임 속 이미지 크기 조절하기

이미지 더블 클릭

클릭 후
Ctrl + T

ⓐ Frame Tool을 선택한 후, 상단 옵션에서 프레임 모양을 '원형'으로 설정합니다.

ⓑ 프레임에 이미지를 삽입합니다.

ⓒ 레이어 패널에서 프레임 레이어를 선택한 후, 작업 화면의 이미지를 더블 클릭하거나, 레이어 패널의 이미지 섬네일을 클릭한 후 Ctrl + T를 눌러 이미지의 크기를 조절합니다.

③ 프레임 크기 조절하기

프레임 클릭

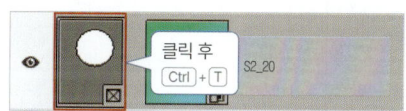

클릭 후
Ctrl + T

S2_20

ⓐ Frame Tool을 선택한 후, 상단 옵션에서 프레임 모양을 '원형'으로 설정합니다.

ⓑ 프레임에 이미지를 삽입합니다.

ⓒ 레이어 패널에서 프레임 레이어를 선택한 후, 작업 화면의 프레임이나 패널의 프레임 섬네일을 클릭한 후 Ctrl + T를 눌러 프레임의 크기를 조절합니다.

Properties Panel(Frame) 프레임 도구 속성 패널

프레임 레이어를 선택한 상태에서 Properties(속성) 패널을 열면 프레임의 테두리 설정과 정확한 크기를 설정할 수 있습니다.

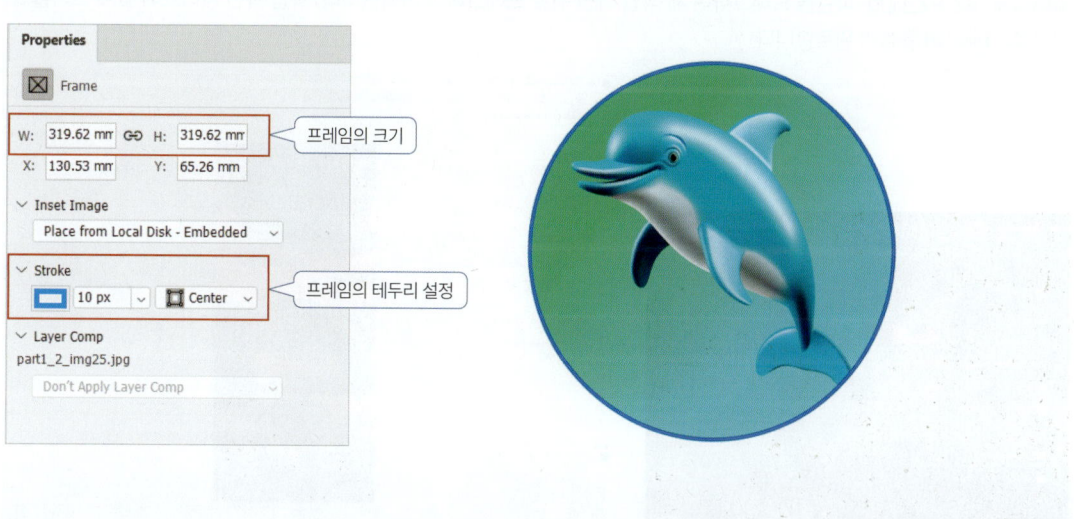

프레임의 크기

프레임의 테두리 설정

01
Photoshop Basic

02
Layer & Move

03
Selection

04
Color & Gradient

05
Brush

06
Typography

07
Layer Style

08
Path

Merge, Free Transform

자유 변형(Free Transform) 기능과 레이어 병합(Merge)을 활용하여 Mock-up 제작 방식을 실습합니다.

📁 예제 폴더 : S2_Practice2

01 새로운 작업 화면 만들기

메뉴에서 [File] - [New] 또는 Ctrl + N 키를 눌러 iPhone 화면 사이즈인 W 1179, H 2556Pixels, 해상도 72Pixels/Inch의 새로운 작업 화면을 만듭니다.

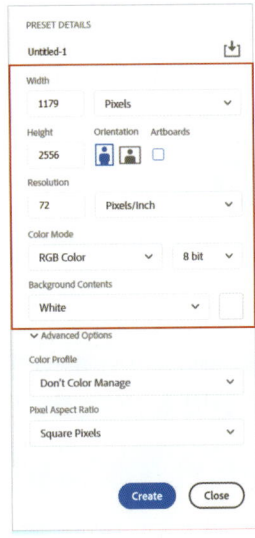

02 파일 열기

폴더에서 'S2_P2_1.jpg' 파일을 드래그하여 새 작업 화면 위로 드래그하여 가져옵니다. 작업 화면 사이즈에 맞게 크기를 조절한 후, Enter 키를 눌러 완료합니다.

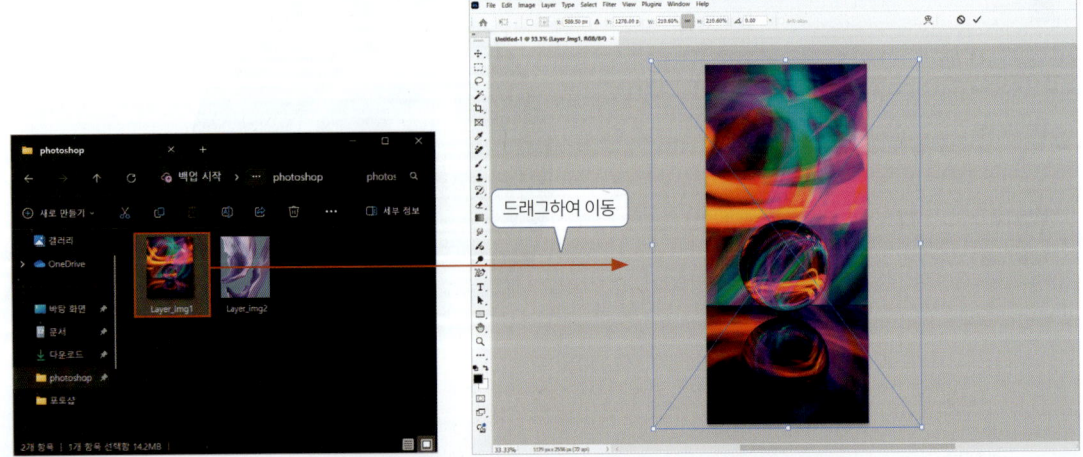

드래그하여 이동

03 레이어 합치기

불러온 레이어를 선택한 후 Ctrl + E 키를 눌러 하나의 레이어로 병합합니다.

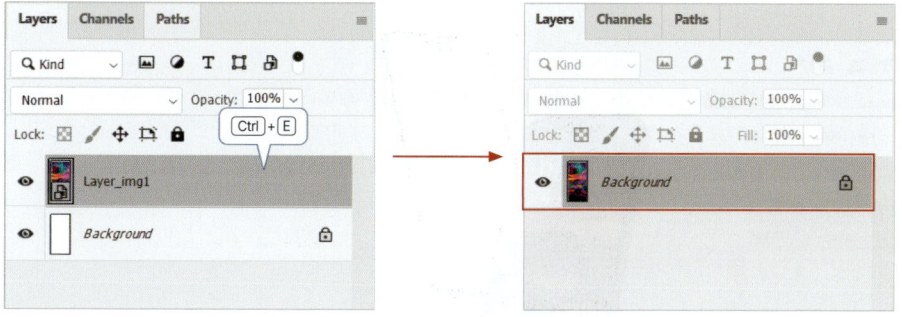

04 목업 파일에 소스 삽입하기

'S2_P2_2.psd' 파일을 열고, 03 과정에서 병합한 레이어를 Move Tool(V)로 드래그하여 가져옵니다. 레이어 패널에서 Phone 1 그룹을 열고, 병합된 레이어를 삽입할 위치를 확인한 후, 아이폰 프레임 위로 배치합니다.

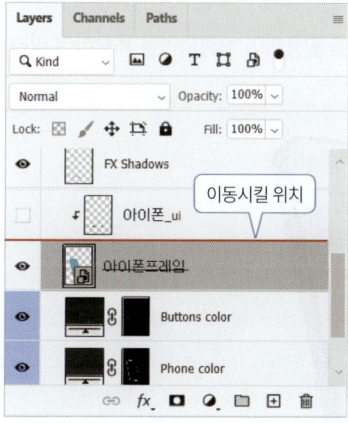

05 레이어 변형하기 1

Ctrl + T 를 눌러 Free Transform을 실행합니다. Ctrl 키를 누른 채 레이어의 네 모서리를 클릭하여 스마트폰 네 개의 변 기울기에 맞게 이미지를 변형합니다. Enter 키를 눌러 완료합니다.

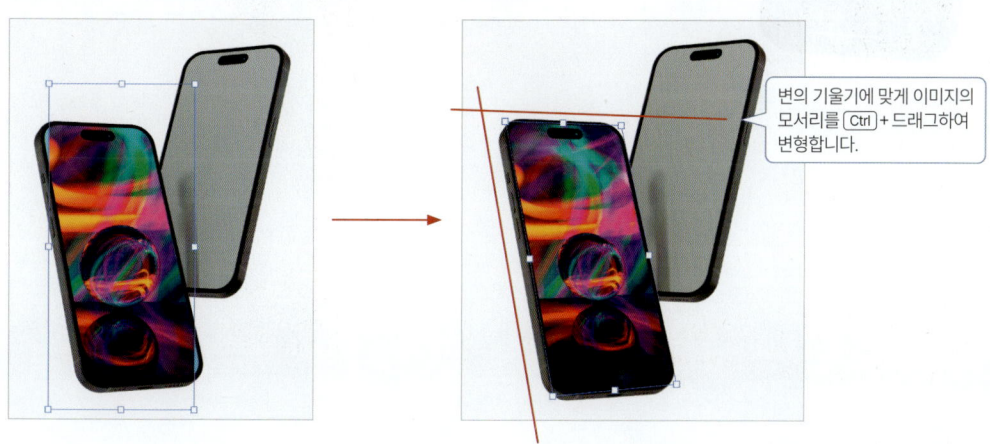

01 Photoshop Basic

02 Layer & Move

03 Selection

04 Color & Gradient

05 Brush

06 Typography

07 Layer Style

08 Path

06 레이어 변형하기 2

'아이폰_UI' 레이어의 눈 아이콘()을 켜고, 다시 Ctrl 키를 사용해 앞 단계와 마찬가지로 레이어를 변형하여 완료합니다.

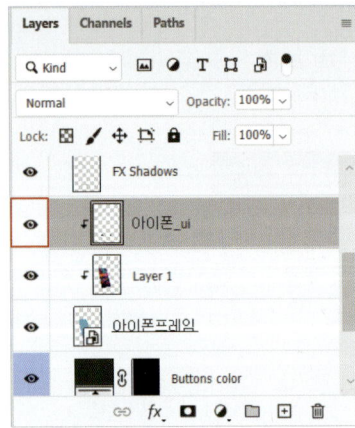

07 완성하기

Phone 2 그룹도 같은 방법으로 다른 이미지를 활용하여 배경화면을 제작하여 작업을 완성합니다.

Free Transform, Warp

Warp(뒤틀기) 기능을 활용하여 텍스트 레이어에 자유로운 곡면 형태를 적용하고, 다양한 모양의 스티커를 제작합니다.

📁 예제 폴더 : S2_Practice3

01 새로운 작업 화면 만들기

메뉴에서 [File] - [New] 또는 Ctrl + N 키를 눌러 W 1920, H 1080Pixels 크기로 설정하고 가로 형식의 아트보드 체크한 화면을 만듭니다. 이 작업 화면은 오브젝트를 자유롭게 변형할 스케치북 역할을 합니다.

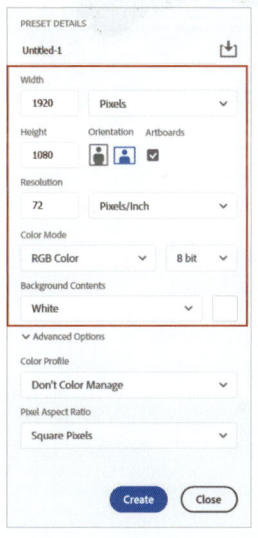

02 파일 열기

스티커 제작에 사용할 'S2_P3_1.psd' 파일을 열고(Ctrl + O) 소스 레이어와 로고 레이어를 확인합니다. '로고 4' 레이어를 선택한 후, Move Tool(V)로 새 작업 화면으로 드래그하여 이동합니다.

01 Photoshop Basic

02 Layer & Move

03 Selection

04 Color & Gradient

05 Brush

06 Typography

07 Layer Style

08 Path

03 로고 변형하기 1

작업 화면에 배치한 '로고 4' 레이어를 선택한 후 Ctrl+T를 눌러 변형(Free Transform)을 실행합니다. 상단 옵션 바에서
Warp 아이콘(釁)을 클릭한 후, Warp 스타일 중 원하는 형태를 선택하여 모양을 왜곡합니다.

T 본 교재는 Arc(부채꼴)을 적용했습니다.

04 영역 선택과 확장하기

로고 오브젝트가 있는 레이어 섬네일을 Ctrl+클릭하여 선택 영역을 불러옵니다. 메뉴에서 [Select] - [Modify] - [Expand]
를 선택하여 10Pixels 만큼 영역을 확장합니다.

T 사용자가 조절한 로고 오브젝트의 크기에 따라 결과가 다를 수 있습니다

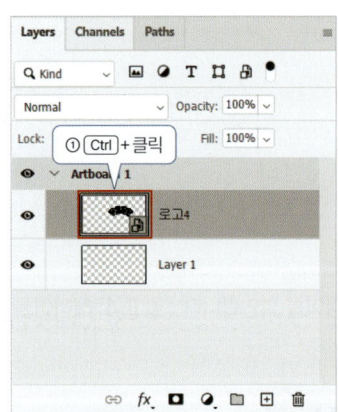

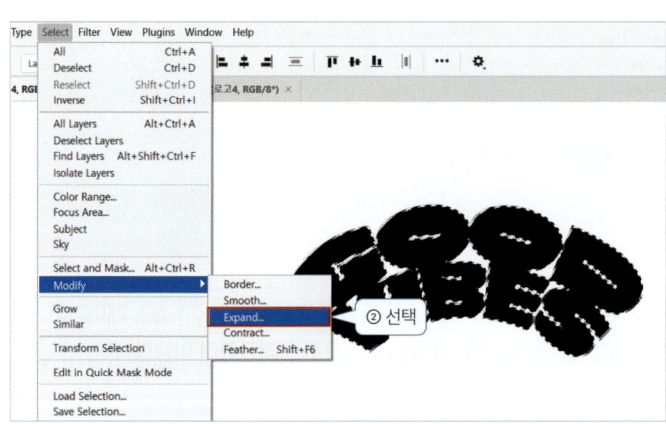

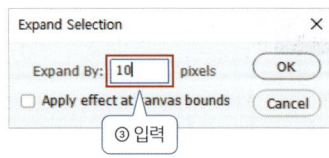

05 색 채우기

전경색이 흰색으로 설정된 것을 확인한 후 Paint Bucket Tool(G)로 'Layer 1'의 선택 영역을 클릭하여 색상을 채웁니다. 채우기 후 Ctrl + D를 눌러 선택 영역을 해제합니다. 로고 외곽에 흰색 배경이 추가되었습니다.

T Shift + G 를 눌러 색 채우기 도구로 전환해봅니다. 선택 영역과 색상을 채우는 다양한 활용 방법은 'Section 03. Selection과 Section 04. Color & Gradient'를 참고합니다.

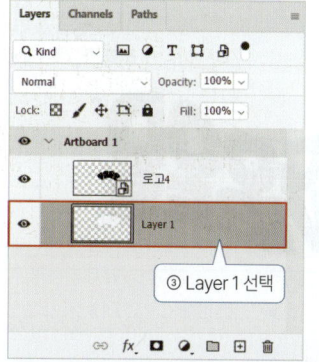

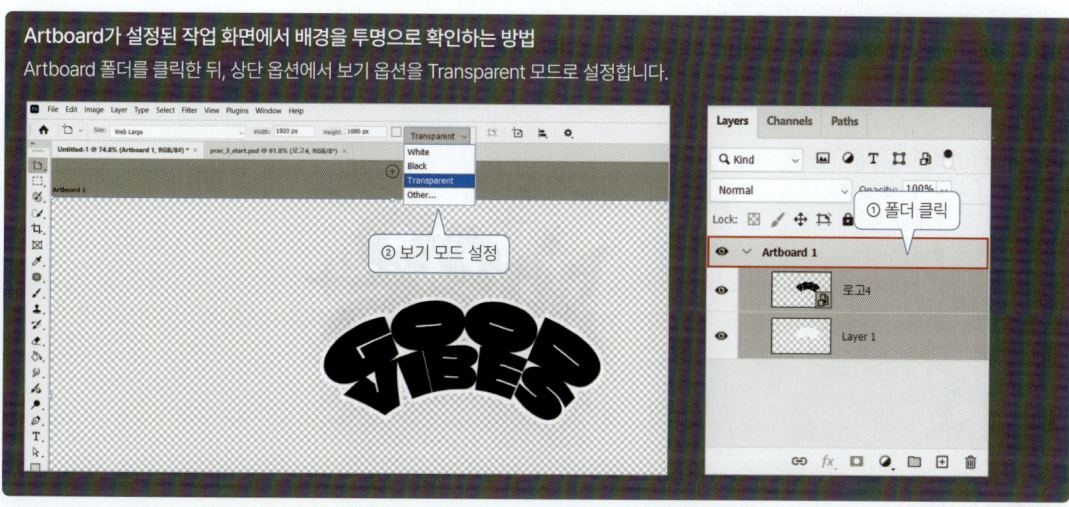

06 스마트 오브젝트로 병합하기

로고와 배경 레이어를 함께 선택한 후 마우스 우클릭합니다. 'Convert to Smart Object'를 선택하여 하나의 스마트 오브젝트로 만듭니다.

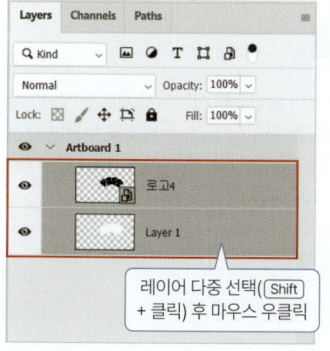

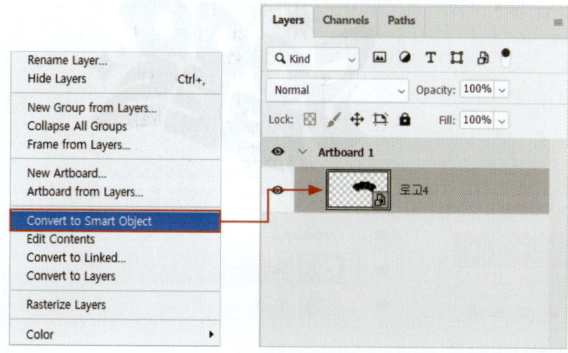

01 Photoshop Basic

02 Layer & Move

03 Selection

04 Color & Gradient

05 Brush

06 Typography

07 Layer Style

08 Path

07 로고 변형하기 2

새로운 로고 형태를 만들기 위해, 다시 소스 파일에서 '로고2' 레이어를 선택하여 작업 화면에 배치합니다. Free Transform
(Ctrl + T)을 실행하고 상단 옵션 바의 Warp 아이콘(⬚)을 클릭한 뒤, 마우스로 직접 드래그하여 모양을 변형합니다. 굴곡을
주고 싶은 위치에 분할선을 추가하면 더욱 섬세하게 왜곡할 수 있습니다.
이어서, 소스 레이어를 작업 화면으로 가져와 Free Transform(Ctrl + T)하여 크기를 변형하고 배치하여 완료합니다.

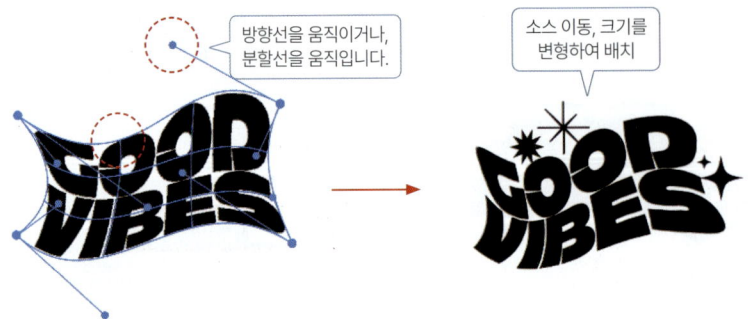

08 영역 선택과 확장하기

로고가 여러 레이어로 구성된 경우, 모든 레이어의 영역을 합쳐 배경 레이어를 만듭니다. 모든 레이어 섬네일을 Ctrl + 클릭
과 Ctrl + Shift + 클릭하여 로고 오브젝트의 전체를 선택 영역으로 불러옵니다.

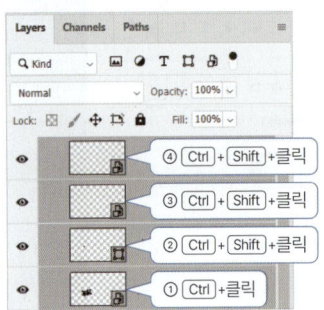

09 로고 완성하기

메뉴에서 [Select] - [Modify] - [Expand]를 선택하여 10Pixels 만큼 영역을 확장합니다.
새로운 레이어를 생성(Ctrl + Alt + Shift + N)하고 05~06 과정과 동일하게 흰색을 채운 후, 레이어 패널에서 로고 레이어
의 아래로 순서를 변경합니다. 스마트 오브젝트로 소스 레이어와 함께 병합하여 새로운 로고 스티커를 완성합니다.

T 영역이 활성화된 상태에서 새로운 레이어를
생성한 뒤, Alt + Delete 키를 누르면 전경
색이 채색됩니다. 색상 채우기에 대한 내용
은 132page에서 자세히 학습합니다.
S 전경색 채우기 Alt + Delete
S 배경색 채우기 Ctrl + Delete

T 새로운 레이어는 사용자가 선택한 레이어의 위로 생성됩니다.

10 로고 변형하기 3

다시 소스 파일에서 '로고1' 레이어를 이동 도구로 이동해 작업 화면에 배치합니다. Free Transform(Ctrl+T)을 실행하고, 상단 옵션 바의 Warp 아이콘()을 클릭한 뒤, Warp 스타일 중 Arch를 선택하여 곡면 형태로 변형합니다.

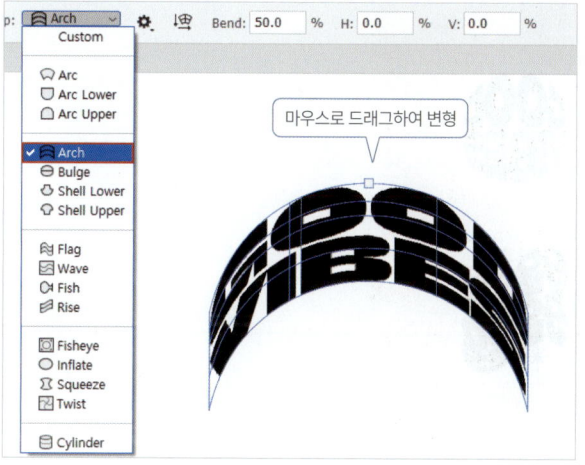

11 반사 효과 만들기

① 변형된 로고 레이어를 복제(Ctrl+J)하고, Opacity를 50%로 수정합니다.

② 복제된 레이어를 다시 Free Transform(Ctrl+T)을 실행하고, 마우스 우클릭하여 Flip Vertical(세로 뒤집기) 선택 후 반사된 형태를 만들어 배치합니다.

③ 04~06 과정(선택 영역 생성 → 색상 채우기 → 스마트 오브젝트 병합)을 반복하여 로고를 완성합니다.

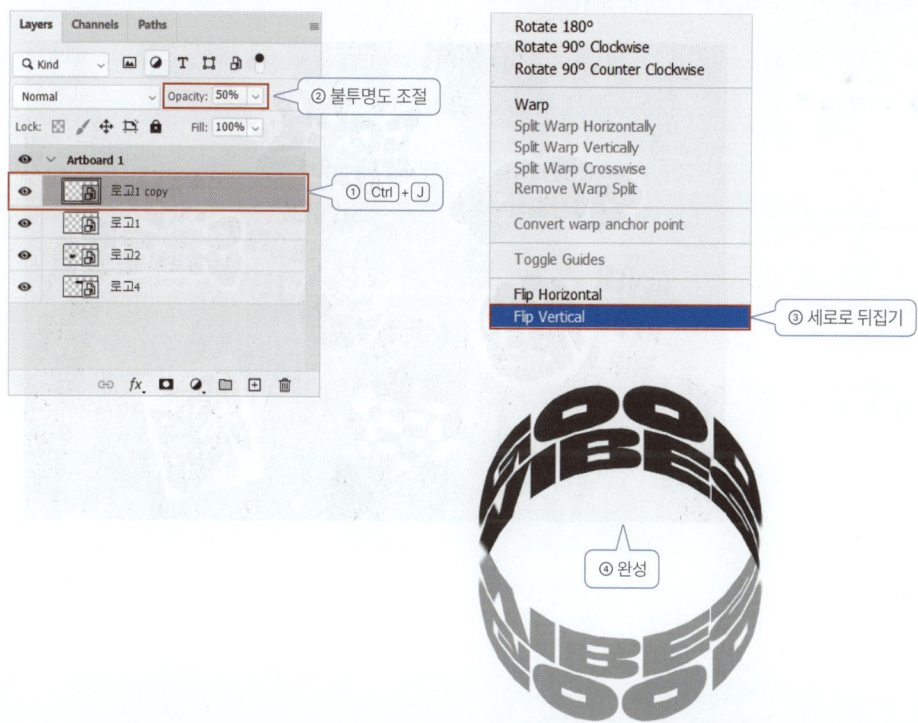

01 Photoshop Basic

02 Layer & Move

03 Selection

04 Color & Gradient

05 Brush

06 Typography

07 Layer Style

08 Path

12 스티커 팩 만들기

다양한 왜곡 효과를 활용해 여러가지 모양의 스티커 'S2_P3_2.psd'를 제작합니다. 작업한 오브젝트는 레이어를 정리한 뒤, PSD 원본 파일로 저장합니다.

T 스마트 오브젝트(Smart Object)로 병합한 레이어는 레이어 섬네일을 더블 클릭하면 오브젝트를 수정할 수 있습니다.

13 목업 화면으로 이동하여 완성하기

제공된 목업 파일 'S2_P3_3(목업)~4(목업).psd'을 불러옵니다(Ctrl + O). 작업한 스티커 레이어를 목업 파일로 드래그하여 이동합니다. 이때, 목업 파일의 레이어 패널을 확인하고, 효과가 적용된 폴더 안으로 레이어를 이동시킵니다. 해당 폴더에는 그림자와 두께가 적용된 레이어 스타일이 적용되어 있습니다.

T 레이어 스타일은 'Section 07. Layer Style'에서 자세히 학습합니다.

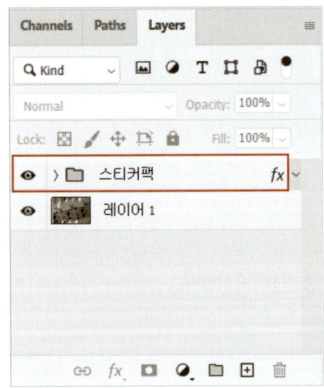

Exercise

📁 S2_Exercise 예제

뷰티 세일 포스터 완성하기

Move Tool과 Free Transform을 활용하여 상품을 장바구니에 담고 크기를 조절해 봅니다.

1. 작업 과정 확인

시작 파일을 열고 레이어 패널을 확인합니다. Move Tool을 사용하여 장바구니 안으로 오브젝트 레이어를 이동시켜 작업하는 방식입니다.

2. 오브젝트 이동

'E2_1.psd'과 'E2_2.psd' 파일을 불러옵니다. Move Tool을 선택 후 이동할 오브젝트를 클릭하여 작업 화면으로 드래그합니다. 2개 이상의 레이어를 이동할 때는 레이어 패널에서 Shift 키로 다중선택 후 이동합니다.

> Move Tool의 옵션 바에서 Auto-Select를 체크하면 레이어 패널에서 여러 번 레이어를 선택하지 않더라도 클릭하는 오브젝트가 빠르게 선택됩니다. Move Tool로 작업 화면에 마우스 우클릭하여 해당 레이어의 이름을 클릭하거나, Ctrl + 클릭하여 오브젝트를 선택해도 됩니다.

3. 자유 변형

선택한 오브젝트를 작업 화면으로 이동하여 크기와 비율에 맞게 Free Transform으로 크기를 조절하여 완료합니다.

4. 레이어 정리

레이어 수가 많아지면 작업 효율을 위해 레이어 패널을 정리하는 것이 좋습니다. 속성이 같거나 위치가 같은 레이어들은 그룹으로 묶어 관리하면 더 깔끔하게 정리할 수 있습니다.
'E2_3.psd' 파일을 불러와 포스터의 타이틀을 같은 방법으로 배치하고 완성합니다.

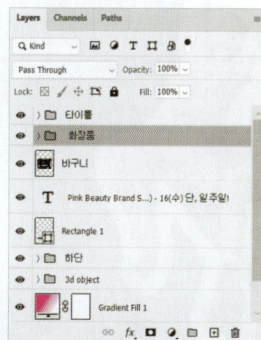

Selection

영역 선택

MISSION

선택 영역은 포토샵에서 특정 부분만을 편집하는 데 필수적인 기능입니다. 이 섹션에서는 다양한 선택 도구를 활용하여 이미지의 특정 영역을 선택하고, 이를 배경과 분리하는 방법을 배웁니다. 선택 영역을 정확히 활용하면 세밀한 작업이 가능해져 이미지 편집의 정확성과 효율성을 높일 수 있습니다. 이 과정에서 다양한 선택 기법을 익혀 실무에 바로 적용할 수 있도록 합니다.

KEYWORD

#선택도구 #올가미 #배경제거

Marquee Tool

선택 도구(Marquee Tool)는 이미지에서 원하는 부분만 선택하여 이동하거나 삭제할 때 사용합니다. Marquee Tool을 활용해 특정 영역을 지정하고 채색하거나 배경을 지우는 등의 작업을 학습하여 이미지 편집의 정밀도를 높일 수 있습니다.

선택 도구의 종류

Marquee Tool(선택 도구)을 사용하면 다양한 형태의 영역을 선택할 수 있습니다. 선택이 활성화된 상태에서 해제하려면 단축키 Ctrl + D 를 누르거나, 마우스 우클릭하여 Deselect(선택 해제)를 선택합니다.

🅣 숨겨진 다른 선택 도구를 선택하려면 Shift + M 키를 누른 후 변경된 선택 도구를 선택합니다.

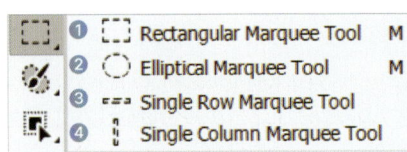

❶ Rectangular Marquee Tool(사각형 선택 도구) : 사각형 형태로 영역을 선택합니다.

❷ Elliptical Marquee Tool(원형 선택 도구) : 원형 또는 타원형 형태로 영역을 선택합니다.

❸ Single Row Marquee Tool(단일 행 선택 도구) : 가로 1픽셀 높이의 영역을 선택합니다.

❹ Single Column Marquee Tool(단일 열 선택 도구) : 세로 1픽셀 너비의 영역을 선택합니다.

★ ⬚ Rectangular Marquee Tool 사각형 선택 도구 📁 S3_1.jpg

Rectangular Marquee Tool(사각형 선택 도구)을 선택한 후, 이미지 위에서 클릭한 상태로 드래그하면 사각형 형태의 선택 영역이 활성화됩니다.

클릭-드래그

선택 도구로 영역을 자유롭게 이동할 수 있습니다.

이동 도구로 영역을 이동하면 영역만큼 이미지가 이동됩니다.

❶ **Marquee Tool(선택 도구)로 선택 영역 이동** : 사각형 선택 도구가 선택된 상태에서, 선택 영역 내부를 클릭 후 드래그하면 영역이 그대로 이동합니다.

🅣 Space bar 를 누른 채 마우스를 드래그하면, 선택 영역의 크기를 유지한 채 위치를 이동할 수 있습니다.

❷ **Move Tool(이동 도구)로 선택 영역 이동** : 사각형 선택 도구가 선택된 상태에서, 영역을 Move Tool(V)로 클릭 후 드래그하면, 활성화된 영역의 이미지가 분리되어 이동합니다.

Rectangular Marquee Tool Option 사각형 선택 도구 옵션

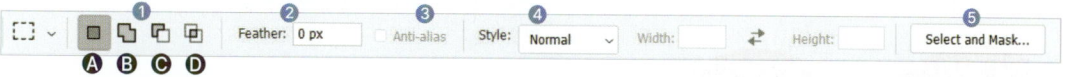

① 선택 영역 더하기 / 빼기 옵션

Ⓐ ▣ **New selection(새 선택 영역)** : 새로운 선택 영역을 만듭니다. 기존의 선택 영역은 해제됩니다.

Ⓑ ▣ **Add to selection(선택 영역에 추가/합집합)** : 기존 선택 영역에 새로운 영역을 추가합니다. 영역이 합쳐집니다.

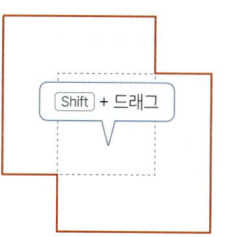

Ⓒ ▣ **Subtract from selection(선택 영역에서 빼기/차집합)** : 기존 선택 영역에서 새롭게 지정한 영역을 제외합니다.

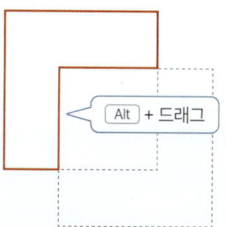

Ⓓ ▣ **Intersect with selection(선택 영역과 교차/교집합)** : 기존 영역과 새 영역이 겹치는 부분만 유지되고, 나머지는 제외됩니다.

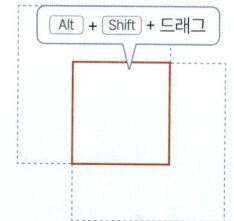

② **Feather(가장자리 부드럽게)** : 선택 영역의 가장자리를 부드럽게 처리합니다. 설정 값이 높을수록 테두리가 더 흐려지며 부드럽게 적용됩니다.

Feather 0px

Feather 10px

Feather 30px

🔳 Feather 값 변경 : Feather 값을 변경하려면 영역을 해제한 후 값을 다시 설정해야 합니다. 영역이 활성화된 상태에서는 변경되지 않으며, 영역이 설정된 상태에서는 [Select] - [Modify] - [Feather] 메뉴를 통해 변경할 수 있습니다.

01 Photoshop Basic

02 Layer & Move

03 Selection

04 Color & Gradient

05 Brush

06 Typography

07 Layer Style

08 Path

❸ Anti-alias(앤티 앨리어스) : 이미지 가장자리에 나타나는 계단 현상을 시각적으로 매끄럽게 보이도록 자연스러운 효과를 만들어줍니다. 사각형 선택 도구에서는 비활성화되며, 원형 선택 도구 옵션에서 활성화됩니다.

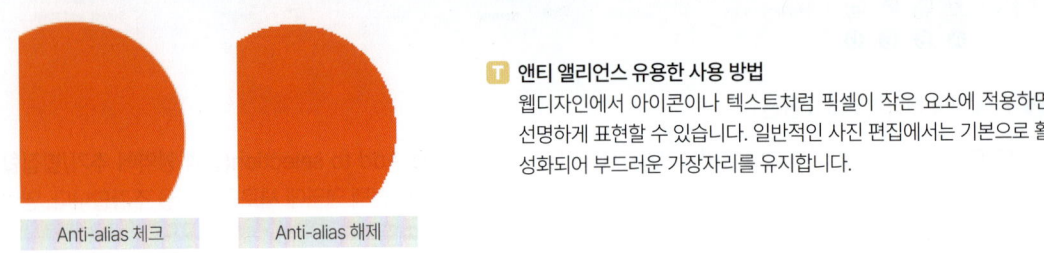

Anti-alias 체크   Anti-alias 해제

T **앤티 앨리언스 유용한 사용 방법**
웹디자인에서 아이콘이나 텍스트처럼 픽셀이 작은 요소에 적용하면 선명하게 표현할 수 있습니다. 일반적인 사진 편집에서는 기본으로 활성화되어 부드러운 가장자리를 유지합니다.

❹ Style(스타일) : 선택 영역의 크기나 비율을 지정할 수 있습니다.

❺ Select & Mask(선택 및 마스크) : 머리카락, 털 등 복잡한 가장자리를 배경과 손쉽게 분리할 수 있습니다.

Selection Tool

Selection Tool(자동 선택 도구)은 이미지의 특정 영역을 빠르고 정확하게 선택할 수 있는 도구들입니다. 이 섹션에서는 다양한 방식으로 이미지의 원하는 부분을 효과적으로 선택하는 방법을 배웁니다.

자동 선택 도구의 종류 ▪ S3_2.jpg

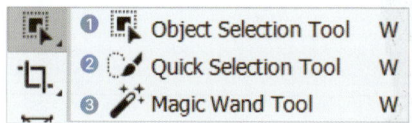

① Object Selection Tool   W
② Quick Selection Tool   W
③ Magic Wand Tool   W

❶ **Object Selection Tool(개체 선택 도구)** : 드래그 또는 클릭만으로 이미지 속 개체를 자동으로 인식해 선택합니다.

❷ **Quick Selection Tool(빠른 선택 도구)** : 브러시로 칠하듯이 드래그하여 비슷한 속성을 가진 개체를 자동으로 선택합니다.

❸ **Magic Wand Tool(자동 선택 도구)** : 클릭 한 번으로 비슷한 속성을 가진 개체를 자동으로 선택합니다.

🔲 Object Selection Tool 개체 선택 도구

Object Selection Tool(개체 선택 도구)은 이미지 속 개체를 포토샵이 자동으로 인식하여 클릭 또는 드래그만으로 선택할 수 있게 해줍니다. 정확도와 편의성이 높아 자주 활용되는 기능입니다.

❶ **선택 영역 더하기/빼기 옵션** : 영역을 더하거나 빼기합니다. 사각형 선택 도구의 옵션과 동일합니다.

❷ **Object Finder(개체 찾기)** : 자동으로 이미지 내 개체를 감지합니다. 체크 해제 시, 사용자가 Mode의 사각형 영역 또는 올가미 모드를 선택해 직접 개체를 찾을 수 있습니다.

❸ **Option(추가 옵션 설정)** : 오버레이 옵션, 겹치는 개체의 빼기를 설정하는 등 상세 옵션을 설정합니다.

❹ **Mode(모드)** : 선택 방식으로 Rectangle(사각형) 또는 Lasso(올가미) 중 선택할 수 있습니다. 올가미를 선택하면 규격화되지 않은 이미지를 자유롭게 그려서 선택할 수 있습니다.

❺ **Sample All Layers(모든 레이어 샘플링)** : 체크 시 모든 레이어에서 개체를 감지하고, 해제 시 선택된 레이어에서만 감지합니다.

❻ **Hard Edge(굵은 가장자리)** : 체크하면 선택 영역의 경계가 픽셀 단위로 또렷하게 선택됩니다. 체크를 해제하면 경계가 부드럽게 처리되어 자연스럽게 선택됩니다.

❼ **Select Subject(피사체 선택)** : 이미지 속 피사체를 자동으로 감지하여 영역으로 설정합니다.

01 Photoshop Basic
02 Layer & Move
03 Selection
04 Color & Gradient
05 Brush
06 Typography
07 Layer Style
08 Path

✏️ Quick Selection Tool 빠른 선택 도구 📁 S3_3.jpg

브러시로 칠하듯 클릭하고 드래그하는 동작만으로 이미지 속 개체를 빠르게 선택할 수 있는 도구입니다. 복잡한 영역에는 한계가 있지만 간단한 편집에는 효과적입니다.

Quick Selection Tool Option 빠른 선택 도구 옵션

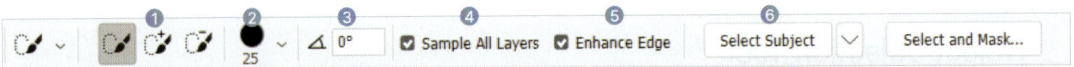

① 선택 영역 더하기/빼기 옵션 : 영역을 더하거나, 빼기합니다. 사각형 선택 도구의 옵션과 동일합니다.

② Brush Option(브러시 옵션) : 브러시의 형태를 설정할 수 있습니다.

③ Brush Angle(브러시 각도) : 브러시의 각도를 수정할 수 있습니다.

④ Sample All Layers(모든 레이어 샘플링) : 옵션을 선택한 경우에는 레이어를 구분하지 않고, 옵션을 해제하면 선택한 레이어의 영역만 선택합니다.

⑤ Enhance Edge(가장자리 향상) : 옵션을 체크하면, 영역의 가장자리가 다소 부드러워집니다.

⑥ Select Subject(피사체 선택) : 이미지의 피사체를 자동으로 찾아 영역으로 설정합니다.

🪄 Magic Wand Tool 자동 선택 도구 📁 S3_4.jpg

비슷한 색상의 픽셀을 자동으로 감지하여 선택합니다. 간단한 배경 제거나 균일한 색상 영역 선택에 적합합니다.

Magic Wand Tool Option 자동 선택 도구 옵션

① 선택 영역 더하기/빼기 옵션 : 영역을 더하거나, 빼기합니다. 사각형 선택 도구의 옵션과 동일합니다.

② Sample Size(샘플 크기) : 추출한 샘플 픽셀의 수를 설정합니다. 값이 클수록 더 넓은 영역이 선택됩니다.

③ Tolerance(허용치) : 도구로 이미지를 클릭했을 때 선택되는 픽셀과 인접한 컬러의 허용치를 나타내는 옵션으로 기본 값은 32이며, 값이 높을수록 색상의 허용 범위가 넓어집니다. 영역의 민감도를 낮추려면 값을 낮게 수정합니다.

④ Anti-alias(앤티 앨리어스) : 이미지 테두리에 나타나는 계단 현상을 시각적으로 부드럽게 보이도록 자연스러운 효과를 만들어줍니다.

⑤ Contiguous(인접) : 체크 시 마우스로 선택하는 영역만 선택되고, 해제 시 선택하는 픽셀과 동일한 컬러가 모두 선택됩니다.

클릭한 부분이 영역으로 선택됨

Contiguous 옵션 체크

클릭한 부분의 동일한 컬러가 모두 영역으로 선택됨

Contiguous 옵션 체크 해제

⑥ Sample All Layers(모든 레이어 샘플링) : 체크 시 레이어를 구분하지 않고, 해제 시 선택한 레이어의 영역만 선택합니다.

⑦ Select Subject(피사체 선택) : 이미지의 피사체를 자동으로 찾아 영역으로 설정합니다.

01 Photoshop Basic
02 Layer & Move
03 Selection
04 Color & Gradient
05 Brush
06 Typography
07 Layer Style
08 Path

Lasso Tool

포토샵에서는 이미지의 특정 부분을 선택해 편집할 수 있는 다양한 도구를 제공합니다. 이 섹션에서는 자유롭게 영역을 지정할 수 있는 Lasso Tools(올가미 도구)의 종류와 각각의 특징, 사용 방법에 대해 학습합니다.

올가미 도구의 종류

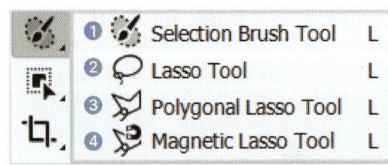

❶ Selection Brush Tool(선택 영역 브러시 도구) : 브러시로 칠하듯이 채색하면, 채색한 부분이 영역으로 선택됩니다.

❷ Lasso Tool(올가미 도구) : 마우스로 자유롭게 드래그하여 원하는 영역을 선택합니다.

❸ Polygonal Lasso Tool(다각형 올가미 도구) : 시작점을 클릭한 후 원하는 부분을 직선으로 연결해 선택 영역을 만듭니다.

❹ Magnetic Lasso Tool(자석 올가미 도구) : 색상이 분리되는 경계선을 자동으로 인식하여 선택 영역을 설정합니다.

Selection Brush Tool 선택 영역 브러시 도구 ▪ S3_5.jpg

이미지 속 개체를 브러시로 칠하듯 드래그하여 영역을 설정합니다. 다른 도구를 선택하면 영역 채색이 종료되어 영역으로 전환됩니다.

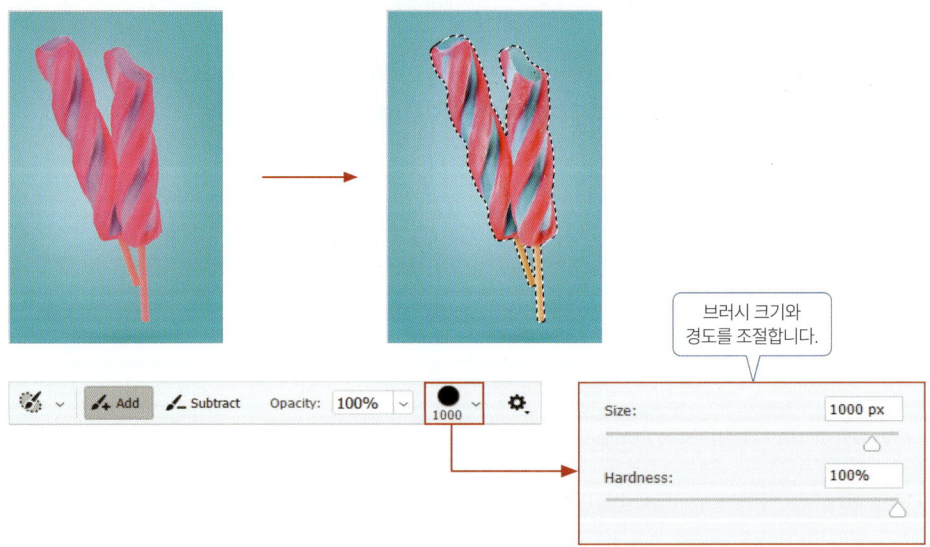

브러시 크기와 경도를 조절합니다.

🔲 Lasso Tool 올가미 도구 📁 S3_6.jpg

마우스로 자유롭게 드래그하여 원하는 형태의 영역을 지정할 수 있는 도구입니다. 배경이 단순하거나 경계가 뚜렷한 이미지에서 빠르게 영역을 선택할 수 있습니다.

❶ 선택 영역 더하기/빼기 옵션 : 영역을 더하거나 빼기합니다. 사각형 선택 도구의 옵션과 동일합니다.

❷ Feather(가장자리 부드럽게) : 설정값에 따라 이미지의 테두리를 부드럽게 만들어 줍니다.

❸ Anti-alias(앤티 앨리어스) : 이미지의 테두리에 나타나는 계단 현상을 시각적으로 부드럽게 보이도록 자연스러운 효과를 만들어줍니다.

🔲 Polygonal Lasso Tool 다각형 올가미 도구

시작점을 클릭한 후 선택하려는 영역을 연속적으로 클릭하여 다각형으로 선택 영역을 만듭니다. 직전에 클릭한 포인트를 취소하려면 Delete 키를 누르고 현재까지의 모든 선택 작업을 취소하려면 ESC 키를 누릅니다.

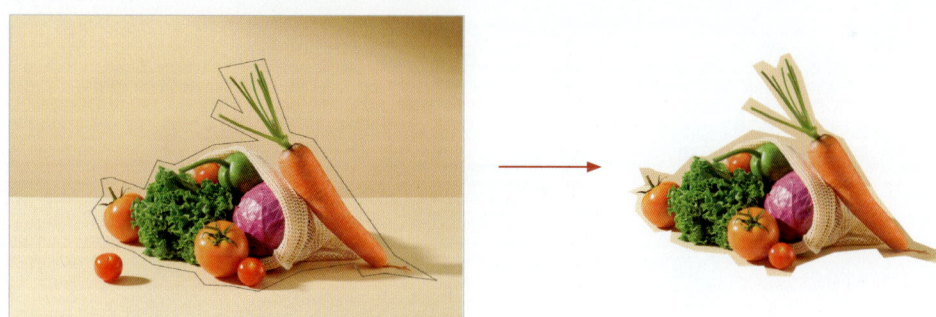

01 Photoshop Basic

02 Layer & Move

03 Selection

04 Color & Gradient

05 Brush

06 Typography

07 Layer Style

08 Path

 Magnetic Lasso Tool 자석 올가미 도구

색상이 분리되는 경계선을 자동으로 인식하며, 자석처럼 경계에 달라붙는 방식으로 선택 영역을 설정할 수 있습니다. 직전에 클릭한 포인트를 취소하려면 Delete 키를 누르고, 현재까지의 모든 선택 작업을 취소하려면 ESC 키를 누릅니다.

경계 색상 대비가 뚜렷한 이미지에는 유용하지만, 정교한 선택이 필요한 경우에는 주의해야 합니다.

❶ **Width(폭)** : 테두리를 분리하기 위해 검색할 너비를 설정합니다. 1~256px까지 지정 가능하며, 값이 높을수록 경계선을 찾는 범위가 넓어집니다.

❷ **Contrast(대비)** : 대비되는 경계선의 비율을 설정합니다. 1~100% 사이의 값을 설정할 수 있으며 값이 낮을수록 범위가 미세해집니다.

❸ **Frequency(빈도수)** : 영역을 설정할 때 만들어지는 포인터들의 빈도수를 설정합니다. 높을수록 더 촘촘하게 포인트가 설정되어 정밀한 선택이 가능합니다. 기본 값은 57이며 0~100까지 설정할 수 있습니다.

❹ 태블릿 펜을 사용하는 경우 펜의 압력을 이용해 펜 폭을 조절할 수 있습니다.

01 Photoshop Basic

02 Layer & Move

03 Selection

04 Color & Gradient

05 Brush

06 Typography

07 Layer Style

08 Path

THEORY 04 선택 영역 활용

Selection

포토샵에서는 다양한 방법으로 선택 영역을 지정하고 수정할 수 있습니다. 이 섹션에서는 색상 범위(Color Range) 기능을 활용해 원하는 색상의 영역을 선택하고, Quick Mask(퀵마스크) 모드로 선택 영역을 정밀하게 다듬는 방법을 학습합니다. 또한 선택 영역을 반전하거나 옵션을 조정하여 다양한 편집 작업을 효율적으로 수행하는 방법도 함께 익힙니다.

Select 선택 영역 메뉴 📁 S3_5.jpg

[Select] 메뉴에서는 선택 영역을 생성하거나 편집할 수 있는 다양한 기능을 제공합니다.

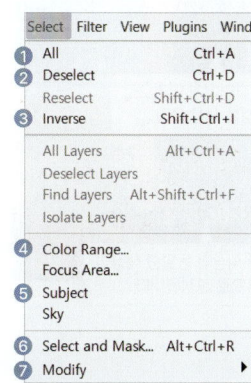

❶ All(모두) : 작업 화면 전체를 선택합니다. ⑤ All(모두) `Ctrl` + `A`

❷ Deselect(선택 해제) : 활성화된 영역을 해제합니다. ⑤ Deselect(선택 해제) `Ctrl` + `D`

❸ Inverse(반전) : 선택 영역을 반전시켜, 현재 선택되지 않은 부분을 선택합니다.
　⑤ Inverse(반전) `Ctrl` + `Shift` + `I`

❹ Color Range(색상 범위) : 특정 색상을 기준으로 선택 영역을 지정합니다.

❺ Subject(피사체) : 피사체를 자동으로 인식하여 영역으로 선택합니다.

❻ Select and Mask(선택 및 마스크) : 선택 및 마스크를 실행합니다.
　⑤ Select & Mask(선택 및 마스크) `Ctrl` + `Alt` + `R`

❼ Modify(수정) : 영역을 수정합니다.

Ⓐ Border(테두리) : 선택 영역을 테두리로 만듭니다. 테두리 폭을 설정할 수 있습니다.

Ⓑ Smooth(매끄럽게) : 테두리를 매끄럽게 만듭니다. 자석 도구나 자동 영역을 사용하여 일부 모서리의 각진 현상을 다듬을 때 사용합니다.

Ⓒ Expand(확대) : 선택 영역의 범위를 확대합니다.

Ⓓ Contract(축소) : 선택 영역의 범위를 축소합니다.

Ⓔ Feather(페더) : 테두리의 부드럽기를 설정합니다.

After Border

After Expand

After Contract

Color Range 색상 범위   ■ S3_7.jpg

Color Range(색상 범위)는 이미지에서 특정 색상을 기준으로 선택 영역을 지정할 수 있는 기능으로 메뉴에서 [Select] -
[Color Range]를 선택하면 대화 상자가 열립니다. 작업 화면의 이미지에서 영역으로 설정하고 싶은 색상을 클릭하면 해당
색상이 기준이 되어 영역이 선택됩니다. 대화 상자에서 Fuzziness(허용량) 슬라이더를 조정하면 선택 범위를 넓히거나 좁
힐 수 있습니다.

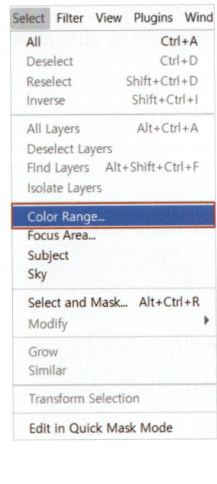  

Quick Mask Mode 빠른 마스크 모드   ■ S3_8.jpg

Quick Mask Mode(빠른 마스크 모드)는 선택 영역을 브러시로 정밀하게 편집할 수 있는 기능입니다. 도구 패널 하단의
(■)아이콘을 클릭하면 Quick Mask Mode(빠른 마스크 모드)로 전환되며, 다시 클릭하면 Standard Mode(표준 모드)로
돌아옵니다. 모드가 전환되면 작업 화면 상단의 파일명 오른쪽에 [Quick Mask] 문구가 표시됩니다. 이를 통해 현재 모드를
쉽게 확인할 수 있습니다.

❶ Quick Mask Mode(빠른 마스크 모드) 옵션 설정하기 : (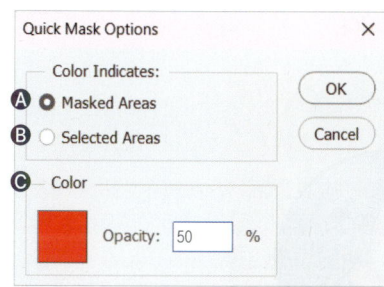)아이콘을 더블 클릭하면 옵션 대화 상자가 열립니다.

Ⓐ **Masked Areas(마스크 영역)** : 채색한 부분을 제외한 나머지를 선택 영역으로 설정합니다.

Ⓑ **Selected Areas(선택 영역)** : 채색한 부분을 선택 영역으로 설정합니다.

Ⓒ **Color(색상)** : 마스크로 표시되는 색상과 불투명도를 설정합니다. 불투명도는 일반적으로 50% 이상으로 설정해야 채색 여부가 잘 보이므로 기본값을 유지하는 것이 좋습니다.

❷ **Quick Mask Mode(빠른 마스크 모드)에서의 색상** : Quick Mask Mode(빠른 마스크 모드)에서는 색상을 사용할 수 없습니다. 채도가 없는 명도만 사용할 수 있기 때문에 전경색이 검정색이면 채색한 부분이 선택 영역으로 설정되고, 흰색이면 채색한 부분은 선택 영역에서 제외됩니다.

검은색은 영역을 채웁니다.

흰색은 영역을 지웁니다.

Inverse 선택 영역 반전 ■ S3_9.jpg

[Select] - [Inverse] 메뉴를 사용하면 원래 선택했던 영역을 제외한 나머지 부분이 반전되어 새로운 선택 영역으로 지정됩니다. Ⓢ Inverse(반전) Ctrl + Shift + I

배경을 영역으로 설정한 뒤
선택 영역을 반전합니다.

영역이 반전되며 오브젝트가
영역으로 활성화됩니다.

01 Photoshop Basic
02 Layer & Move
03 Selection
04 Color & Gradient
05 Brush
06 Typography
07 Layer Style
08 Path

Load Selection 레이어에서 선택 영역 불러오기

레이어에서 선택 영역을 빠르게 불러오려면 레이어의 섬네일을 Ctrl + 클릭합니다.

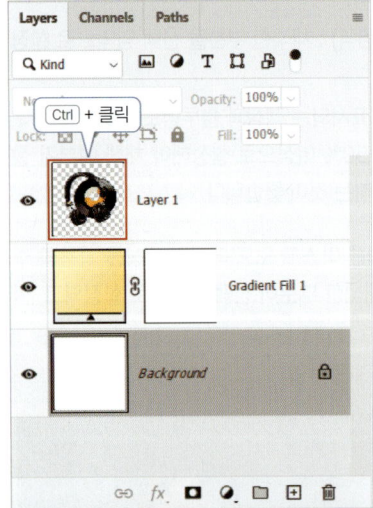

영역이 활성화되었습니다.

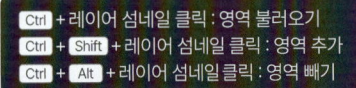

Ctrl + 레이어 섬네일 클릭 : 영역 불러오기
Ctrl + Shift + 레이어 섬네일 클릭 : 영역 추가
Ctrl + Alt + 레이어 섬네일 클릭 : 영역 빼기

01
Photoshop Basic

02
Layer & Move

03
Selection

04
Color & Gradient

05
Brush

06
Typography

07
Layer Style

08
Path

발레 아트웍 제작하기

Select

다양한 영역 도구로 이미지에 배경을 제거하여 아트웍 이미지를 제작합니다.　　　　　　■ 예제 폴더 : S3_Practice1

01 파일 열고 영역 선택하기

'S3_P1_1.jpg' 파일을 불러옵니다(Ctrl + O). 해당 이미지는 배경색과 오브젝트의 구분이 뚜렷하지 않고, 이미지마다 겹쳐지는 영역이 많으므로 배경과 분리하려면 여러 도구와 옵션을 함께 사용해야 합니다.

① Object Selection Tool(W)을 선택하고 옵션 바에서 Mode를 Rectangle로 설정한 후 인물 전체를 드래그하여 영역으로 지정합니다.

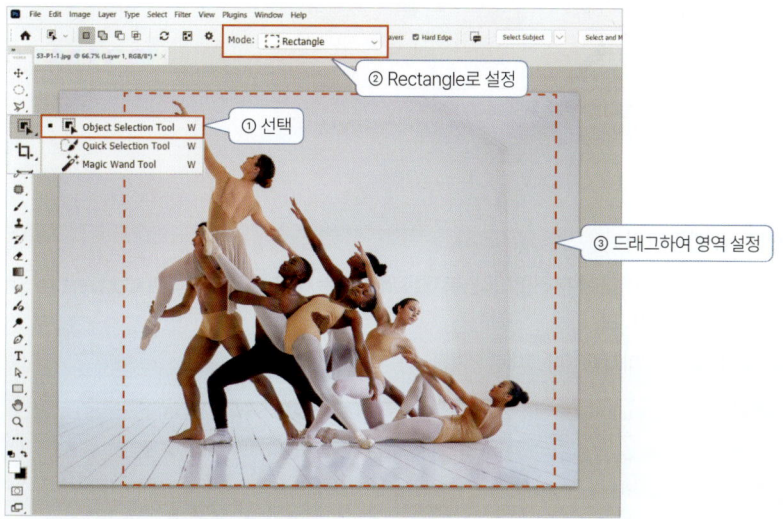

② 영역을 확대하여 세밀하게 조정합니다. 빠진 부분은 Quick Selection Tool(W)이나 Lasso Tool(L)을 사용해 '영역 추가' 옵션으로 추가하고, 불필요한 부분은 '영역 빼기' 옵션으로 제거합니다.

③ 빠른 선택 도구로 섬세한 작업이 어렵다면, Selection Brush Tool(□)을 사용합니다. 옵션 바에서 추가 및 빼기 옵션을 사용하여 영역을 직접 칠하고, 이동 도구로 전환하면 칠한 부분이 선택 영역이 됩니다.

빼야 할 영역(⬚) 선택 후 채색하듯 드로잉

02 영역 복제와 스마트 오브젝트로 변환하기

영역 선택이 완료되면, 레이어를 복제(Ctrl+J)하여 분리합니다. 복제된 레이어는 마우스 우클릭하여 Convert to Smart Object를 선택하여 스마트 오브젝트로 변환합니다.

🇹 스마트 오브젝트로 변환하면 크기를 조절해도 이미지 품질이 그대로 유지됩니다.

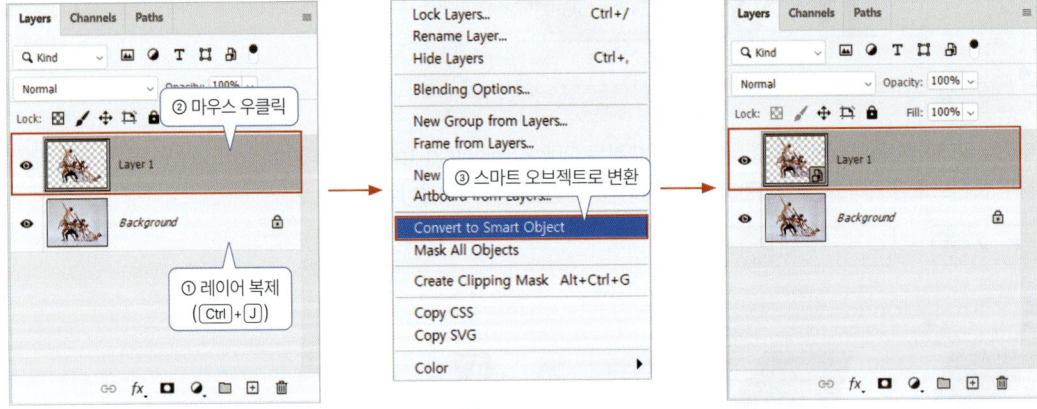

03 파일 열기

'S3_P1_2.psd' 파일을 열고 02 과정에서 스마트 오브젝트로 변환된 레이어를 Move Tool(V)을 사용해 작업 화면으로 드래그하여 가져온 뒤 화면에 맞게 크기를 조절(Ctrl+T)합니다. 작업을 위해 텍스트 레이어(Butterfly), 그림자(레이어 3), 빛 레이어(레이어 8)의 눈 아이콘(👁)을 클릭해 숨겨둡니다.

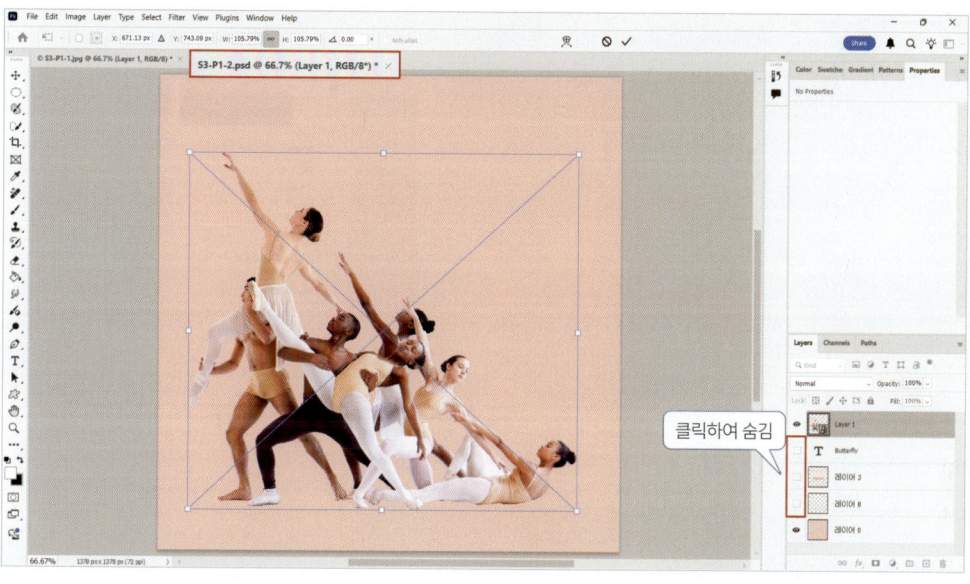

04 색상 범위로 영역 설정하기

'S3_P1_3.jpg' 파일을 열고 메뉴에서 [Select] - [Color Range]를 선택해 원단의 영역을 선택합니다. 색상 범위의 Fuzziness(허용량) 값을 조절하며 일부 이미지가 투명하게 비치는 효과를 만듭니다.

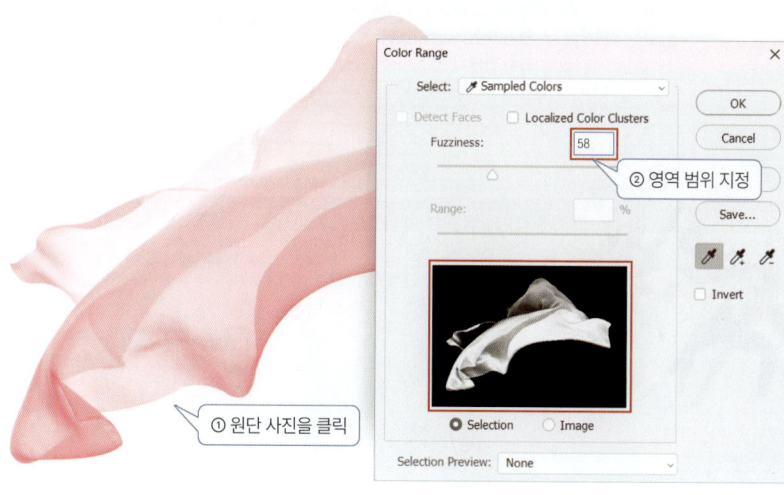

01 Photoshop Basic

02 Layer & Move

03 Selection

04 Color & Gradient

05 Brush

06 Typography

07 Layer Style

08 Path

05 레이어 복제하고 이동하기

① 영역이 설정되면 레이어를 복제(Ctrl + J)하여 원단을 별도 레이어로 분리합니다. 배경이 비치는 정도로 색상과 흰색 배경이 분리된 것을 확인할 수 있습니다.

② Move Tool(V)을 사용해 작업하던 화면으로 레이어를 이동합니다.

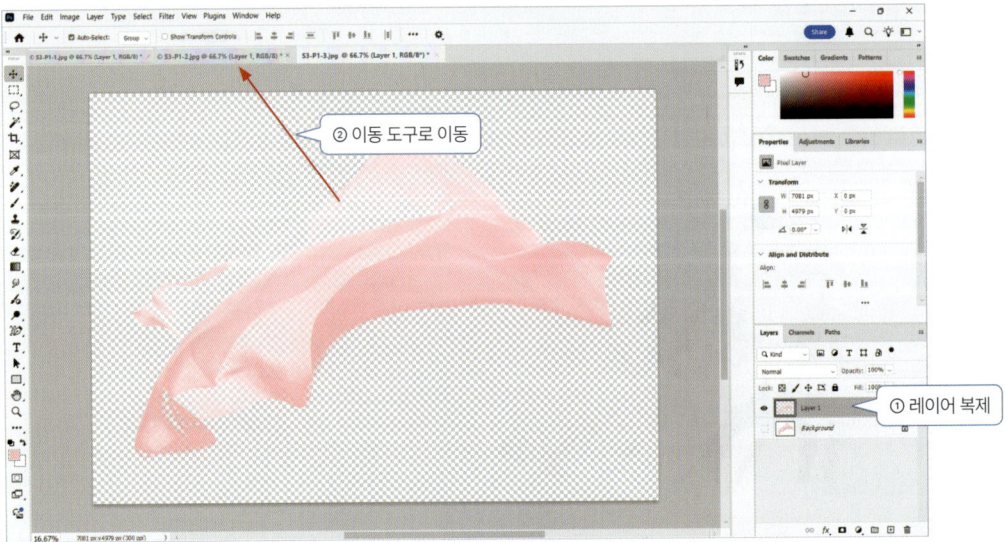

06 레이어 크기 조절하기

가져온 이미지가 너무 클 경우, Free Transform(Ctrl + T)을 실행한 후, 상단 옵션 바의 크기 조절 기능을 활용하면 원하는 크기로 간편하게 변경할 수 있습니다.

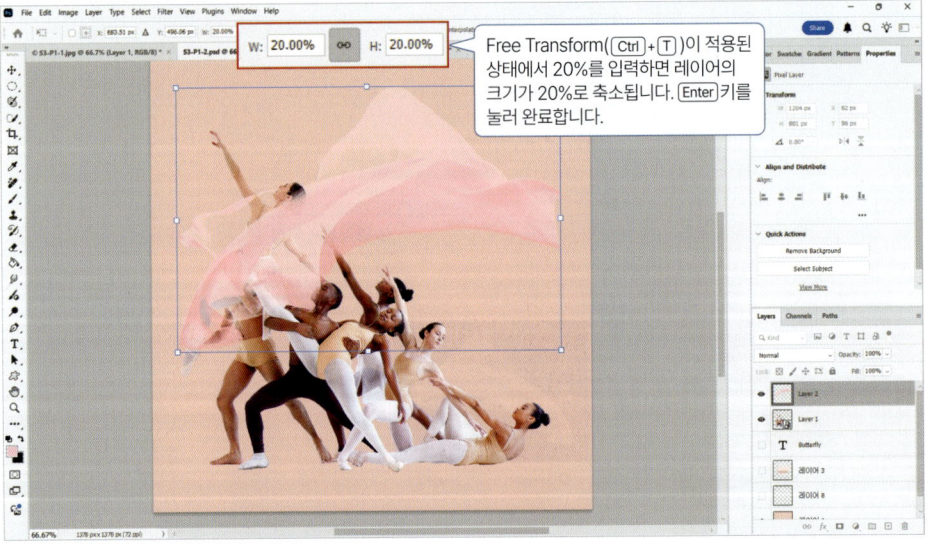

07 변형하기

① 원단 레이어에 Free Transform(Ctrl+T)을 적용하여 마우스 우클릭하고 Flip Horizontal(가로로 뒤집기)을 실행한 뒤, 상단 옵션 바에서 Warp 아이콘(✿)을 클릭하여 뒤틀기 모드를 활성화합니다.

② 이미지에 나타난 분할선을 마우스로 드래그하여 원단이 바람에 흘날리는 듯 자유롭게 변형합니다.

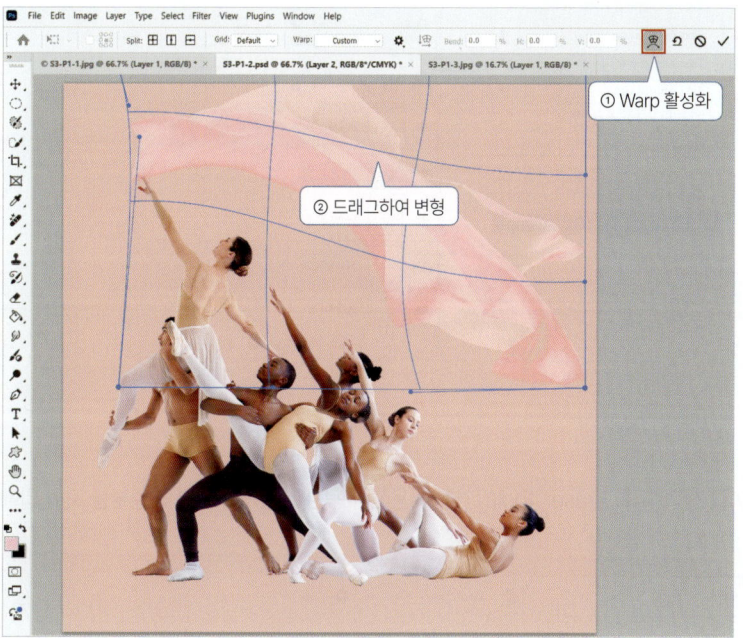

08 소스 배치하기

숨겨 두었던 레이어(텍스트, 그림자, 빛)의 눈 아이콘(👁)을 클릭해 표시하고, Move Tool(V)을 사용해 작업 화면에서 원하는 위치로 옮겨 배치합니다. 원단 레이어(Layer 2)를 무용수 레이어(Layer 1) 뒤로 순서를 이동합니다.

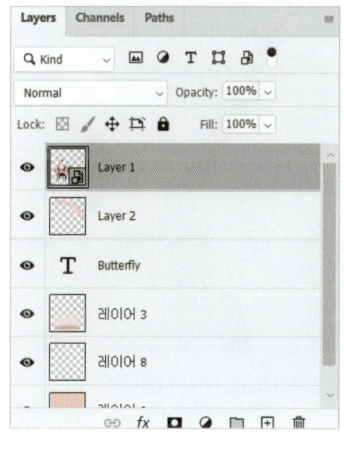

09 일반 레이어로 변환하기

텍스트 레이어를 마우스 우클릭한 후 'Rasterize Type(문자 래스터화)'을 선택하여 일반 레이어로 변환합니다. 변경된 레이어는 복제(Ctrl + J)하고 두 개의 레이어를 무용단 레이어(Layer 1)와 원단 레이어(Layer 3)의 위아래로 각각 배치합니다.

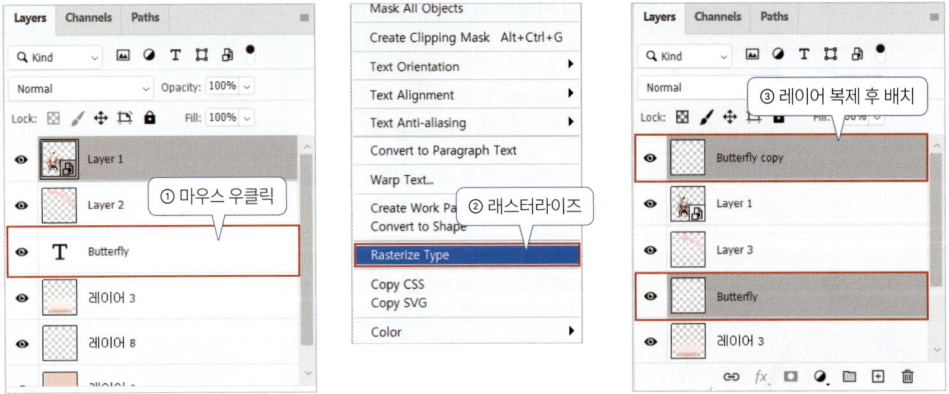

10 입체감 효과 적용하기

복제된 텍스트 레이어(Butterfly copy)를 선택한 후, Eraser Tool(E)을 이용해 무용단과 겹치는 부분의 일부를 지워 입체적인 효과를 연출합니다.

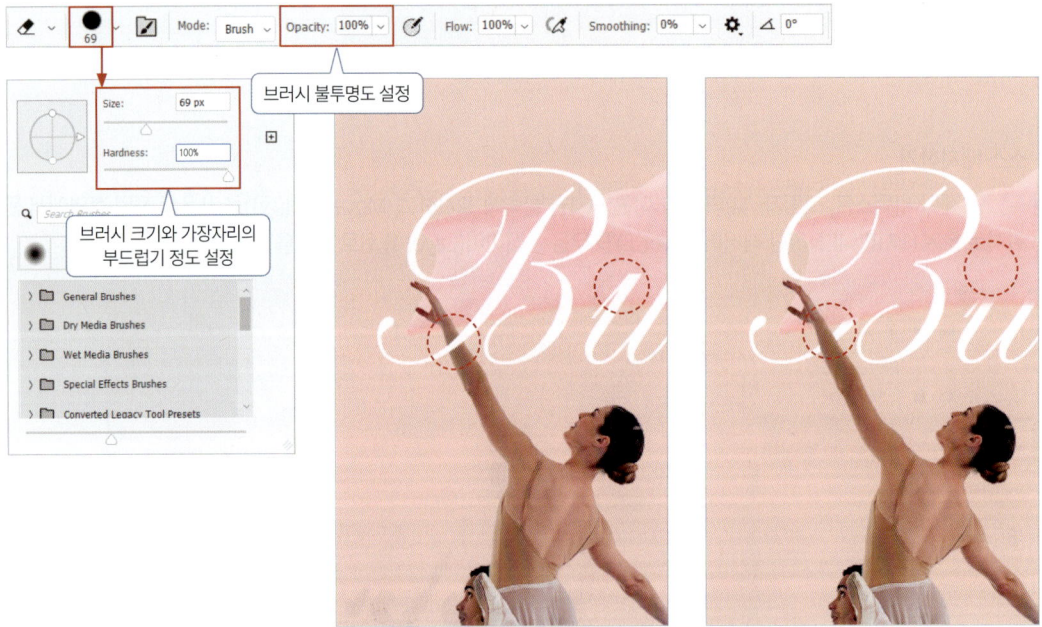

겹쳐진 부분을 지워 무용단, 텍스트, 원단 레이어가 유기적으로 어우러지게 함으로써 이미지에 입체감과 공간감을 더합니다.

11 불투명도 조절하기

복제된 텍스트 레이어와 원단 레이어의 Opacity(불투명도)를 조절하여 원단에 비치는 효과를 연출합니다.

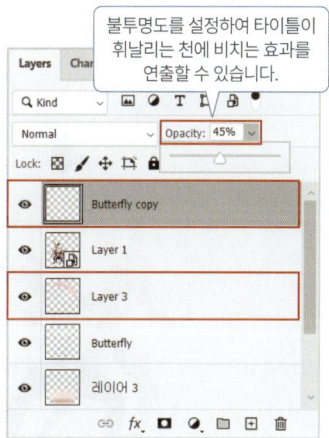

불투명도를 설정하여 타이틀이 휘날리는 천에 비치는 효과를 연출할 수 있습니다.

12 소스 배치하기

'S3_P1_4(깃털)' 폴더에서 '1. png'파일을 열고 Lasso Tool(□)을 사용해 깃털을 갈고리 형태로 드래그하여 영역으로 지정합니다. 선택되어진 깃털을 Move Tool(□)로 작업 화면으로 이동합니다.

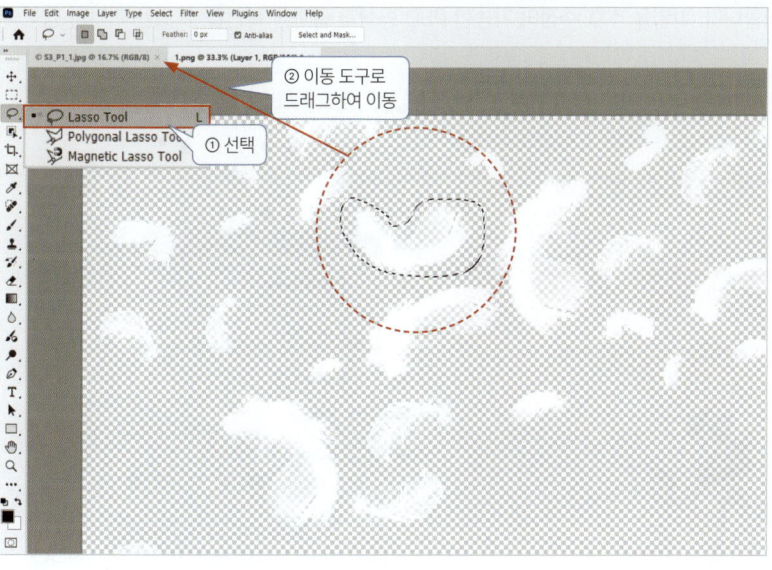

① 선택

② 이동 도구로 드래그하여 이동

01 Photoshop Basic

02 Layer & Move

03 Selection

04 Color & Gradient

05 Brush

06 Typography

07 Layer Style

08 Path

13 변형하기

옮겨진 깃털 레이어에 Free Transform(Ctrl+T)을 적용한 뒤 크기를 조절하고, 상단 옵션의 Warp 아이콘(⚇)을 클릭해 뒤틀기 모드를 활성화 합니다. 형태를 자유롭게 변형하여 Enter 키를 눌러 작업을 완료합니다. 12~13 과정을 반복해 크기와 형태가 다양한 깃털을 만들고, 각기 다른 불투명도를 적용하여 이미지를 연출해 봅니다.

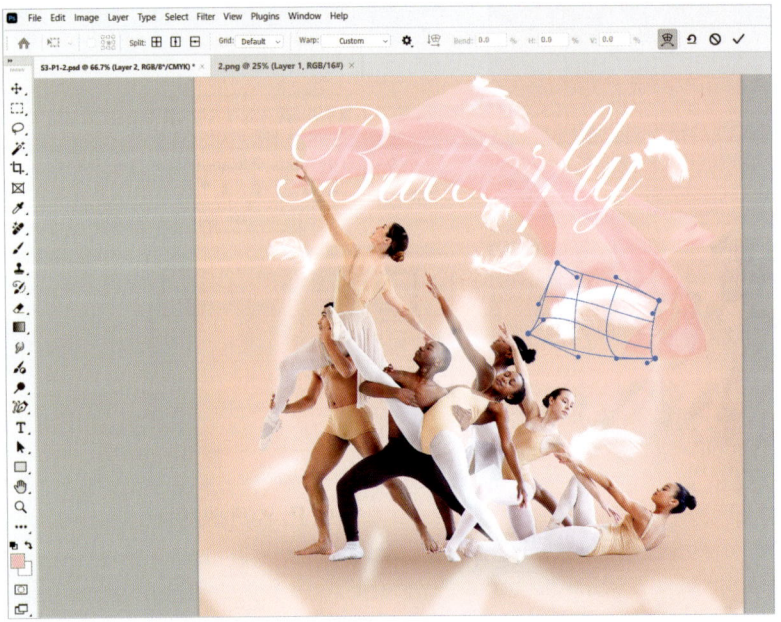

14 소스 배치 후 완성하기

레이어를 정리한 후 실습을 마무리합니다. 파일을 추후 수정이 가능한 PSD 형식과 결과를 확인할 수 있는 이미지 형식 두 가지로 저장합니다.

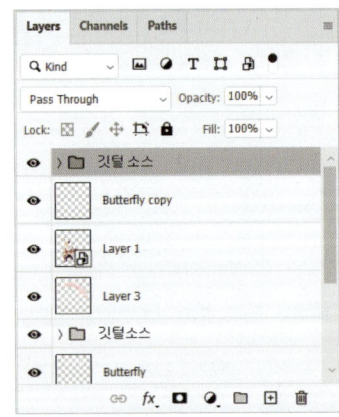

T 여러 개체를 Group(그룹)으로 묶어두면 복잡한 레이어들을 깔끔하게 정리할 수 있습니다. 그룹으로 만들 레이어를 다중 선택하고, 단축키 Ctrl+G를 누르거나 마우스 우클릭하여 New Group을 선택합니다.

Select

다양한 선택 도구로 여러 소스 이미지의 배경을 분리하고, 이를 활용해 생동감 넘치는 자연주의 콘셉트의 포스터를 제작합니다.

📁 예제 폴더 : S3_Practice2

01 새로운 작업 화면 만들기

메뉴에서 [File] - [New] 또는 [Ctrl]+[N]키를 눌러 A1 포스터 사이즈인 W 594, H 841mm, 해상도 72Pixels/Inch의 배경은 Black으로 새로운 작업 화면을 만듭니다.

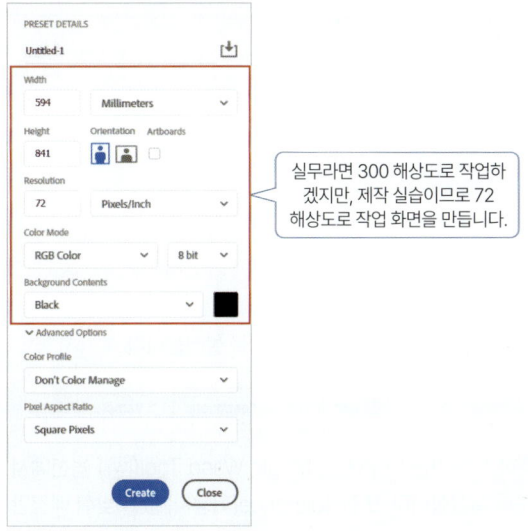

> 실무라면 300 해상도로 작업하겠지만, 제작 실습이므로 72 해상도로 작업 화면을 만듭니다.

02 파일 열기

'S3_P2_1.jpg' 파일을 열고([Ctrl]+[O]) Object Selection Tool([W])을 선택한 뒤, 마우스로 제품을 클릭해 선택 영역으로 지정합니다. 선택이 완료되면 Move Tool([V])로 전환하여 영역을 복사([Ctrl]+[C])합니다.

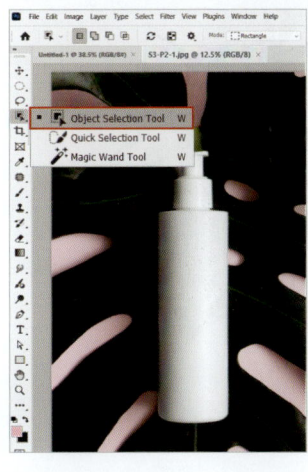

01 Photoshop Basic

02 Layer & Move

03 Selection

04 Color & Gradient

05 Brush

06 Typography

07 Layer Style

08 Path

03 제품 붙여넣고 배치하기

새로 만든 작업 화면에 복사한 제품을 붙여넣기(Ctrl+V)한 뒤, 크기를 조절(Ctrl+T)하여 화면의 중앙에 배치합니다.

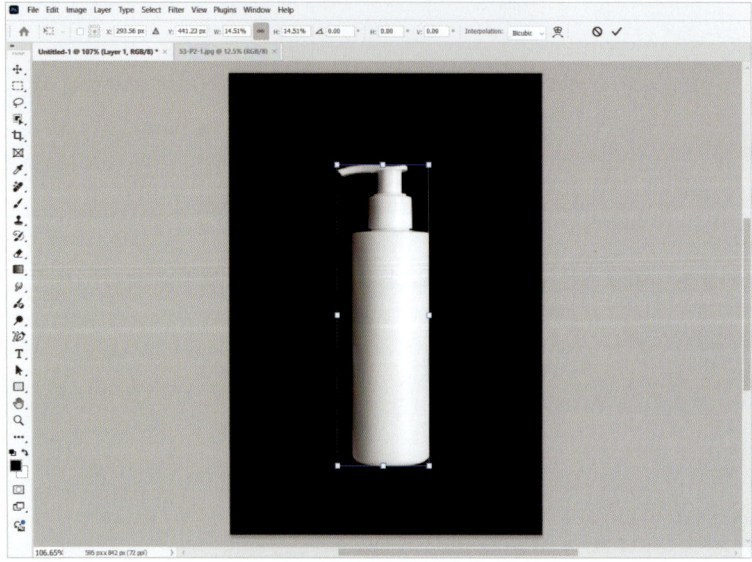

04 소스 배경 분리하기 1

각 이미지의 특성에 맞는 다양한 방법으로 배경을 분리해 보겠습니다. 먼저 'S3_P2_2.jpg' 파일을 불러옵니다.

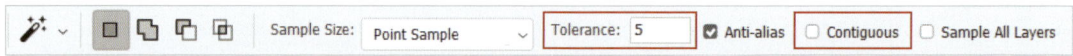

① 이미지 사이 사이에 흰색이 포함되어 있어 선택 영역을 선택하기 어려운 경우에는, Magic Wand Tool(W) 옵션에서 Contiguous(인접)를 체크 해제하여 같은 색을 모두 포함하도록 설정합니다. 또한 Tolerance(허용치) 값을 낮춰 배경만 선택되도록 조정합니다.

② 흰색 배경을 클릭하면 흰색이 모두 선택됩니다. 선택 영역을 반전(Ctrl+Shift+I)시켜 식물을 영역으로 설정한 뒤, 영역 복제(Ctrl+J)하여 레이어를 분리합니다.

③ 복제한 레이어는 메인 작업 화면으로 이동합니다.

> Ctrl+Shift+I를 눌러
> 반전시켜 배경이 아닌 식물을
> 선택 영역으로 설정합니다.

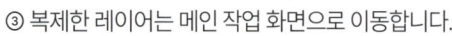

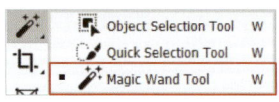

05 소스 배경 분리하기 2

'S3_P2_3.jpg' 파일을 불러옵니다. 나비의 더듬이처럼 얇고 섬세한 부분을 영역 도구로 선택하기는 어렵습니다. 메뉴에서 [Select]-[Subject]를 선택하면 피사체인 나비를 깔끔하게 선택해 줍니다. 영역이 선택되면, 이동 도구를 선택하고 영역을 복사(Ctrl+C)하여 메인 작업 화면으로 붙여넣기(Ctrl+V)합니다.

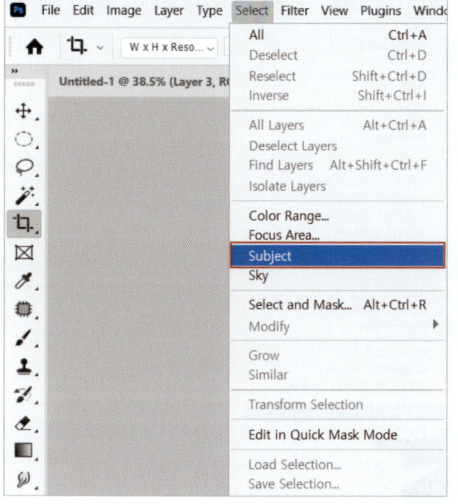

Subject 기능은 다른 조작없이 한 번에 대상을 영역으로 설정합니다.

06 소스 배경 분리하기 3

'S3_P2_4.jpg'와 'S3_P2_5.jpg' 파일을 불러옵니다. Object Selection Tool(W)을 선택하고 자몽은 클릭, 꽃은 드래그하여 각각의 피사체를 선택합니다. 선택이 완료된 이미지(자몽과 꽃)를 05 과정과 같이 이동 도구를 선택한 뒤, 영역을 복사하여 메인 작업 화면에 붙여넣습니다.

클릭하여 선택

드래그하여 선택

01 Photoshop Basic

02 Layer & Move

03 Selection

04 Color & Gradient

05 Brush

06 Typography

07 Layer Style

08 Path

07 오브젝트 배치하기

① 작업 화면에 배치된 소스 레이어(식물, 나비, 자몽)를 제품 용기 레이어 뒤쪽으로 이동시킵니다.

② 각 레이어를 선택하고 Free Transform(Ctrl+T)을 눌러 크기를 조절한 후 적절한 위치에 배치합니다.

③ 추가하고 싶은 소스 레이어를 자유롭게 복제(Ctrl+J)하여 이미지를 풍성하게 만들 수 있습니다.

④ 복제한 레이어를 자유 변형하고, 마우스 우클릭 후 Flip Horizontal(가로로 뒤집기)을 선택하여 다양한 형태로 배치합니다.

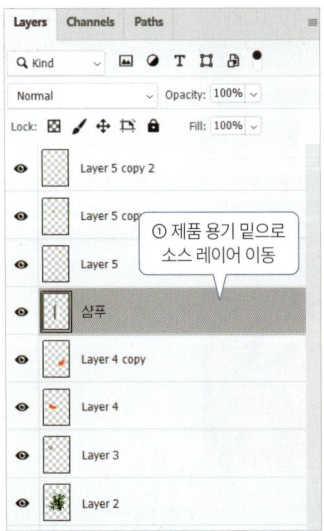

08 라벨 디자인하기 1

① 'S3_P2_6.jpg' 파일을 열고(Ctrl+O), 라벨로 사용할 영역을 Rectangular Marquee Tool(M)로 드래그 선택합니다.

② 영역이 활성화되면, 영역을 복사(Ctrl+C)하여 작업 화면에 붙여넣기(Ctrl+V)합니다. 이어서 라벨을 용기 크기에 맞게 크기를 조절(Ctrl+T)합니다.

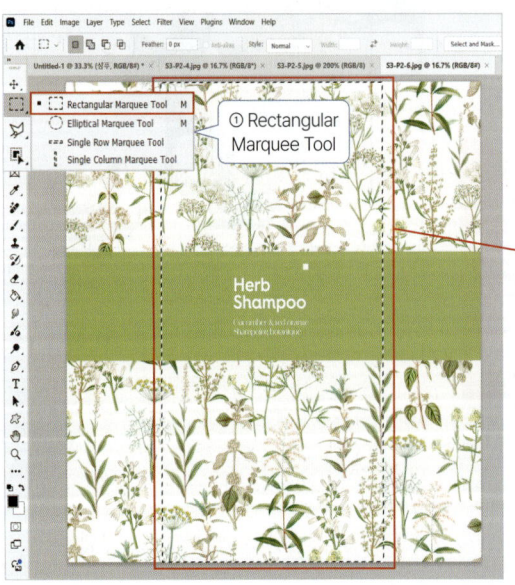

09 라벨 디자인하기 2

① 라벨 레이어에 Free Transform(Ctrl+T)을 적용하고, 상단 옵션의 Warp 아이콘(⚙)을 눌러 뒤틀기를 활성화합니다.

② Cylinder(원통)를 선택하여, 샴푸 용기에 자연스러운 곡면 왜곡을 적용한 뒤 Enter 키를 눌러 완료합니다.

③ 왜곡이 적용된 라벨 레이어의 블렌딩 모드를 Multiply(Alt+Shift+M)로 변경합니다.

10 소스 배치 후 완성하기

'S3_P2_7.psd' 파일을 열어 텍스트를 작업 화면에 붙여넣고 크기를 조절한 뒤, 레이어 순서에 맞게 배치합니다. 파일은 PSD 형식(수정 가능)과 이미지 형식(결과 확인용) 두 가지로 저장합니다.

01 Photoshop Basic

02 Layer & Move

03 Selection

04 Color & Gradient

05 Brush

06 Typography

07 Layer Style

08 Path

Select & Mask

포토샵에서 Select and Mask(선택 및 마스크) 기능은 머리카락이나 털과 같은 복잡한 테두리와 배경을 손쉽게 분리할 수 있도록 도와줍니다. 마스크를 사용해 정밀하게 선택 영역을 조정하고, 복잡한 이미지 편집을 보다 효율적으로 처리하는 방법을 학습합니다.

★ **Select and Mask** 선택 및 마스크 📁 S3_10.jpg

영역 도구로 선택 영역을 활성화한 후 상단 옵션 바에서 [Select and Mask]를 클릭하거나 메뉴에서 [Select] - [Select & Mask]를 선택하여 선택 및 마스크 작업 공간을 열 수 있습니다. ⑤ Select & Mask(선택 및 마스크) `Ctrl` + `Alt` + `R`

Select and Mask 인터페이스

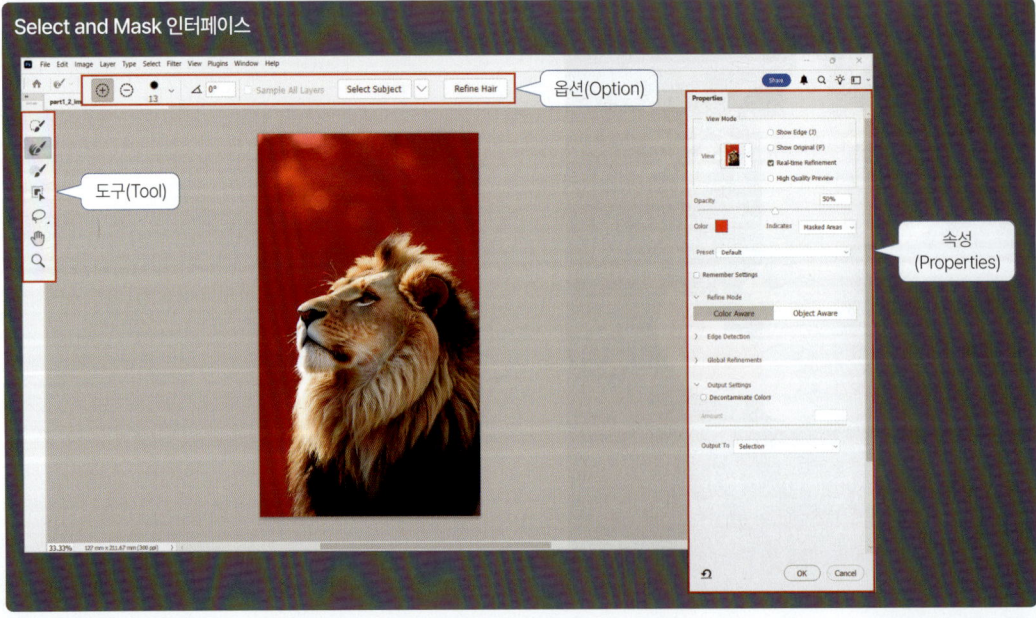

Select and Mask Tool 선택 및 마스크 도구

❶ Quick Selection Tool(빠른 선택 도구) : 영역을 브러시로 채색하듯 활성화합니다. 자동 선택 도구에서 빠른 선택 툴과 동일한 기능을 가지고 있습니다.

Ⓐ 영역을 추가로 칠하거나 지웁니다.

Ⓑ 브러시의 크기를 조정합니다.

Ⓒ Select Subject(피사체 선택) : 피사체를 자동으로 인식하여 선택합니다.

Ⓓ Refine Hair(가는 선 다듬기) : 머리카락이나 동물의 털처럼 가는 선을 자동으로 보정합니다.

❷ **Refine Edge Brush Tool(가장자리 다듬기 브러시 도구)** : 선택 영역의 가장자리에서 색상 경계가 불분명한 부분을 정리하는 데 사용됩니다. 지우개처럼 가장자리를 드래그하면 자동으로 부드럽게 다듬어집니다.

Ⓐ 가장자리 감지 영역을 확장합니다(가장자리를 추가로 지울 때 사용합니다).

Ⓑ 가장자리 영역을 원래대로 복원합니다.

❸ **Brush Tool(브러시 도구)** : 가장자리 다듬기로 인해 지워진 이미지를 채색한 만큼 복원합니다.

❹ **Object Selection Tool(개체 선택 도구)** : 사각형이나 올가미로 개체 주위를 그리면 자동으로 인식해 선택합니다.

❺ **Lasso Tool(올가미 도구)** : 자유롭게 드래그하여 선택 영역을 지정합니다.

❻ **Hand Tool(손 도구)** : 작업 화면을 마우스로 드래그하여 자유롭게 이동할 수 있습니다. Space bar 를 누르는 것과 같습니다.

❼ **Zoom Tool(돋보기 도구)** : 이미지를 확대하거나 축소합니다.

01 Photoshop Basic

02 Layer & Move

03 Selection

04 Color & Gradient

05 Brush

06 Typography

07 Layer Style

08 Path

Select and Mask Properties 선택 및 마스크 속성

Select and Mask(선택 및 마스크) 작업 공간에는 선택 영역을 세밀하게 조정할 수 있는 다양한 속성 설정이 제공됩니다.

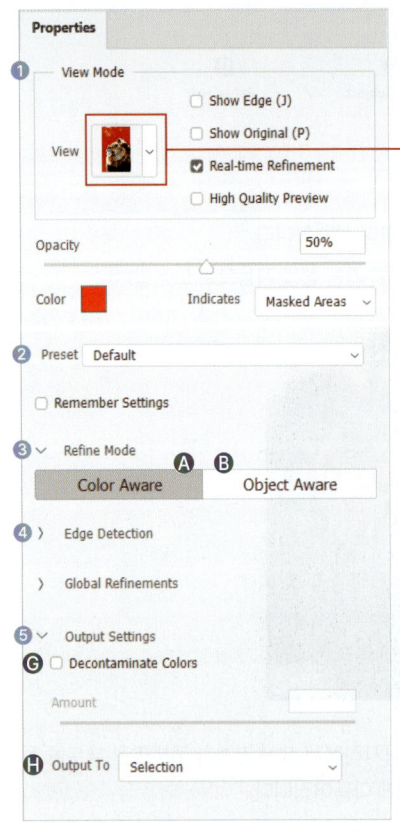

① **View Mode(보기 모드)** : 작업 화면의 보기 모드를 설정할 수 있습니다. 이미지의 배경이나 색상에 따라 적절한 보기 모드를 선택하면 가장자리를 다듬는 데 도움이 됩니다.

Overlay(오버레이) 모드를 사용하면 붉은색 마스크가 선택되지 않은 영역을 덮어 표시하므로 확인이 용이하며, Opacity(불투명도) 슬라이더를 함께 조절하면 배경과 피사체의 경계를 더 명확하게 확인할 수 있습니다.

② **Preset(사전 설정)** : 자주 사용하는 설정값을 저장하고 불러올 수 있습니다. Remember Setting(설정 저장)에 체크하면 설정값이 유지되어 다음 작업 시 초기화되지 않습니다.

③ **Refine Mode(다듬기 모드)** : 가장자리를 다듬을 때 기준이 되는 모드를 설정합니다. 색상과 개체 중 선택할 수 있습니다.

   Ⓐ 색상 인식 : 단순하고 대조되는 배경에 대해 이 모드를 선택합니다.

   Ⓑ 개체 인식 : 복잡한 배경의 머리카락이나 털에 대해 이 모드를 선택합니다.

④ **Edge Detection(가장자리 감지) / Global Refinements(전역 다듬기)** : 자동으로 다듬어진 가장자리를 추가로 보정하기 위해 사용자가 직접 수치를 수정할 수 있습니다.

   Ⓒ Radius(반경) : 가장자리 감지 범위를 조정합니다.

   Ⓓ Smooth(매끄럽게) : 가장자리를 매끄럽게 만듭니다.

   Ⓔ Feather(페더) : 가장자리에 흐림 효과를 주어 부드럽게 만듭니다.

   Ⓕ Contrast(대비) : 대비값을 수정하여 경계를 뚜렷하게 만듭니다.

T 원하는 결과가 나오지 않을 경우, Refine Edge Brush Tool(가장자리 다듬기 브러시 도구)을 직접 사용해 수정합니다.

❺ Output Settings(출력 설정)

ⓖ Decontaminate Colors(색상 정화) : Refine Edge Brush Tool(가장자리 다듬기 브러시 도구)로 다듬은 후에도 남아 있는 배경의 색상 잔여물을 대상 이미지의 색상으로 자동 변색해주는 기능입니다. 값이 낮아질수록 대상의 색상과 가깝게 조정됩니다.

ⓗ Output To(출력 위치) : 작업을 마친 후 출력 방법에 대한 설정입니다. 일반적으로 별도의 레이어가 분리되는 New Layer로 설정하며, Layer Mask에 대해 알고 있다면, 레이어 마스크가 적용된 새로운 레이어 New Layer With Layer Mask를 선택하여 작업 효율을 높일 수 있습니다.

선택 및 마스크 수정하기

New Layer With Layer Mask로 출력 설정한 레이어는 Select & Mask를 재적용할 수 있습니다. 레이어 마스크가 적용된 레이어를 선택한 후 Select & Mask를 재적용하면, 다시 Select & Mask 대화 상자가 열리면서 이전에 작업했던 효과를 수정할 수 있습니다.

01 Photoshop Basic

02 Layer & Move

03 Selection

04 Color & Gradient

05 Brush

06 Typography

07 Layer Style

08 Path

Remove Background

포토샵의 최신 기능인 '배경 제거(Remove background)'를 사용하면 이미지의 배경과 오브젝트를 쉽고 빠르게 분리할 수 있습니다. 이 기능은 포토샵 24.5 버전 이상에서 제공되는 상황별 작업 막대(Contextual Task Bar)를 통해 접근할 수 있습니다.

Contextual Task Bar 상황별 작업 막대 📁 S3_11.jpg

이미지를 선택하면 상황별 작업 막대가 활성화됩니다. 만약 작업 막대가 보이지 않는다면, 메뉴에서 [Window]-[Contextual Task Bar]를 선택해 활성화할 수 있습니다.

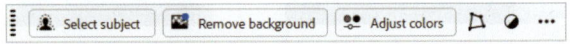

클릭 한 번으로 이미지의 배경이 제거되었습니다.

Remove Background(배경 제거) 기능을 사용하면 레이어 마스크가 적용된 상태로 배경이 제거됩니다. 레이어 마스크는 이미지를 완전히 삭제하는 것이 아니라, 필요 없는 부분을 '가려주는' 개념입니다. 배경이 삭제된 후에도 원본 이미지는 그대로 유지되므로, 언제든지 수정이 가능합니다.

ⓣ Layer Mask에 대한 내용은 'Section 10. Clipping Mask & Layer Mask'에서 자세히 학습합니다.

Search 검색 창 사용

포토샵 내의 검색(Search) 기능을 활용해서도 동일한 작업을 할 수 있습니다.

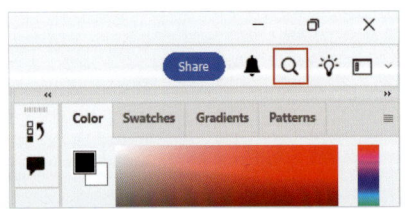

❶ 작업 화면 우측 상단의 검색 아이콘을 클릭하거나, 단축키를 눌러 검색 창을 활성화합니다. ⑤ Search(검색) Ctrl + F

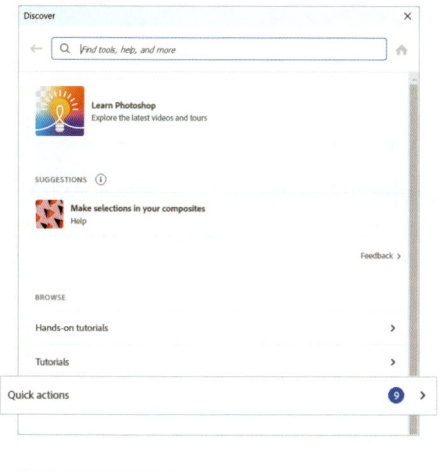

❷ 검색 창에서 BROWSE(찾아보기) → Quick actions(빠른 작업)를
선택합니다.

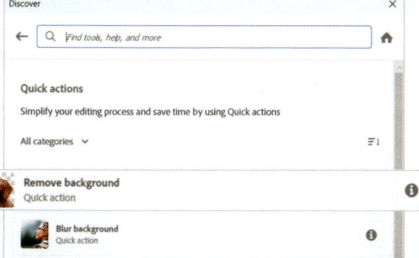

❸ Remove background(배경 제거)를 선택하면 이미지의 배경이
레이어 마스크로 적용되어 감춰집니다.

검색 창을 유용하게 사용하는 방법

포토샵 검색 창은 다양한 빠른 작업을 제공합니다. 배경 제거 외에도 배경 흐리
게 하기, 피사체 선택 등 여러 작업을 손쉽게 실행할 수 있습니다. 또한, 튜토리얼
(Tutorials) 탭을 통해 어도비에서 제공하는 다양한 실습을 따라해 볼 수도 있습니
다. 포토샵의 기능을 찾고 배우는 백과사전처럼 활용해 보세요.

한글로 언어를 설정하면 더욱 쉽게 이용할 수 있습니다.

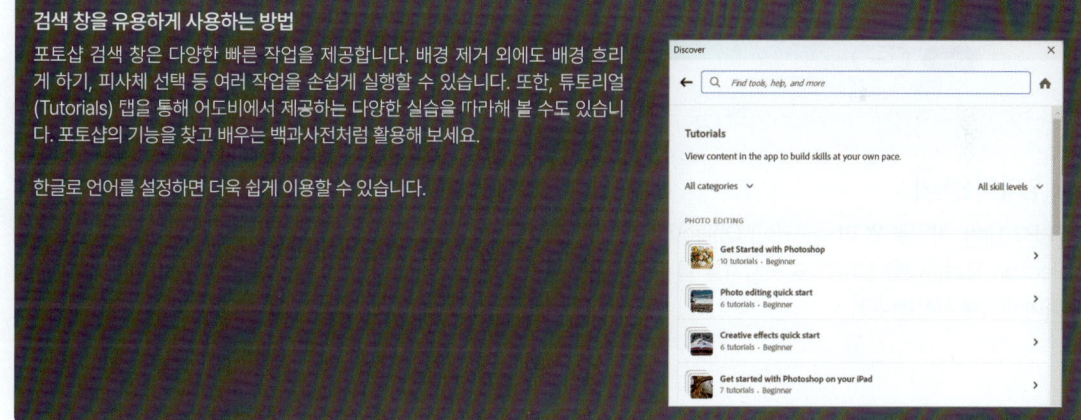

01 Photoshop Basic

02 Layer & Move

03 Selection

04 Color & Gradient

05 Brush

06 Typography

07 Layer Style

08 Path

Select & Mask

Select & Mask(선택 및 마스크) 기능을 활용해 복잡한 가장자리를 가진 이미지의 배경을 정교하게 분리해 봅니다.

📁 예제 폴더 : S3_Practice3

01 새로운 작업 화면 만들기

메뉴에서 [File] - [New] 또는 Ctrl + N 키를 눌러 A1 포스터 사이즈인 W 594, H 841mm, 해상도 72Pixels/Inch의 배경은 Black으로 지정하여 새로운 작업 화면을 만듭니다.

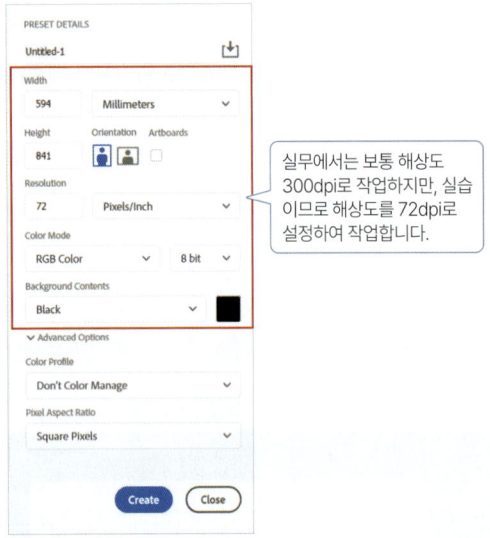

실무에서는 보통 해상도 300dpi로 작업하지만, 실습 이므로 해상도를 72dpi로 설정하여 작업합니다.

02 영역 지정하기

'S3_P3_1.jpg' 파일을 열고(Ctrl + O) Object Selection Tool(W)을 선택한 후 숫사자를 클릭하여 영역을 지정합니다.

03 선택 및 마스크 실행하기

선택 영역이 설정되면, 상단 옵션 바에서 Select & Mask를 클릭하여 선택 및 마스크 화면으로 진입합니다.

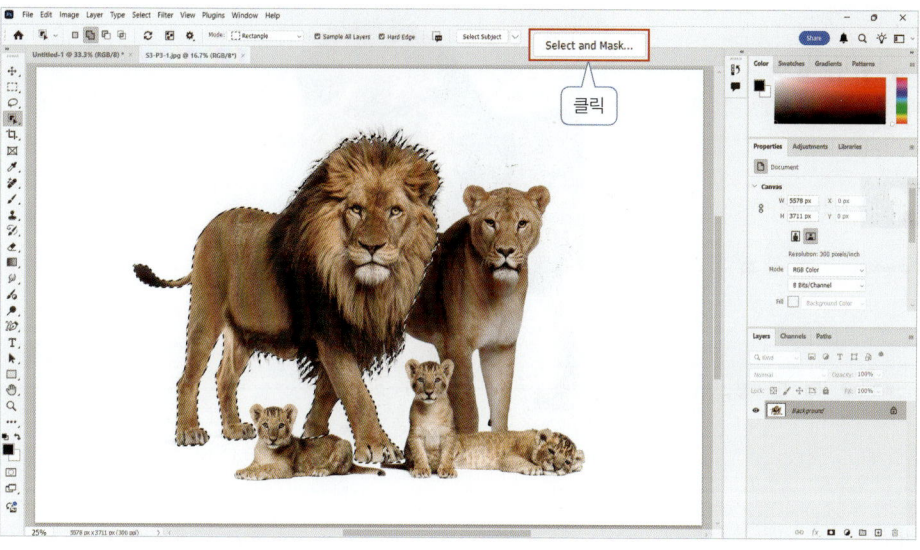

04 가는 선 다듬기

① View Mode 패널에서 View를 Overlay로 설정합니다.
② Refine Edge Brush Tool(R)을 선택하고 Refine Hair를 클릭하여 가는 선 다듬기를 실행합니다.
③ Decontaminate Colors(색상 정화)를 클릭하여 가장자리의 배경색을 제거하고, 출력 설정은 New Layer with Layer Mask(레이어 마스크가 있는 새 레이어)로 지정하여 완료합니다.

01 Photoshop Basic
02 Layer & Move
03 Selection
04 Color & Gradient
05 Brush
06 Typography
07 Layer Style
08 Path

05 적용 확인하기

숫사자가 배경이 제거되고, 레이어 마스크가 있는 새 레이어로 별도 분리되었는지 레이어 패널에서 확인합니다.

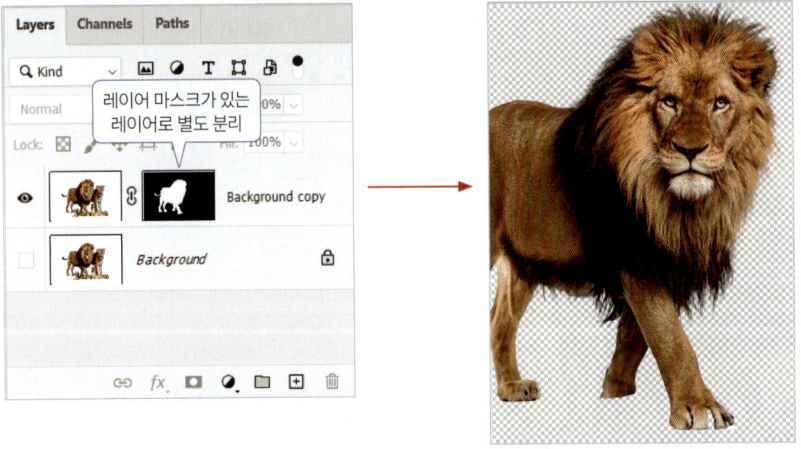

06 배경 분리하기

① 05 과정에서 작업한 숫사자 레이어의 눈 아이콘(👁)을 클릭하여 숨김하고, Background 레이어를 표시하고 선택합니다.

② Object Selection Tool(Ⓦ)을 선택하고 새끼 사자를 클릭하여 영역으로 설정합니다. 03~05 과정과 동일하게 Select & Mask를 적용하여 새끼 사자도 배경과 분리합니다.

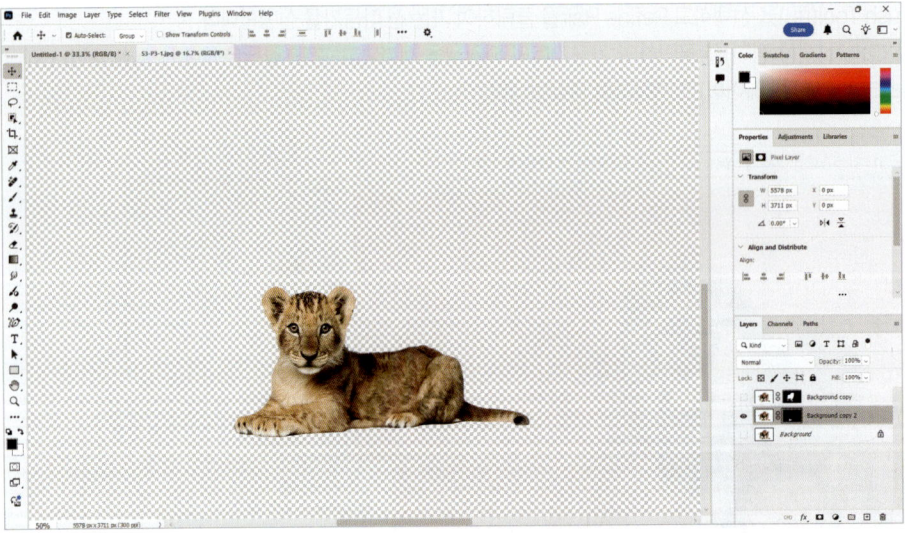

07 배치 및 크기 조절하기

01~06 과정에서 만든 두 마리의 사자를 01 과정에서 만든 새 작업 화면으로 이동하고, Free Transform(Ctrl+T)으로 크기를 조절합니다.

> 새끼 사자는 Free Transform(Ctrl+T) 하여 마우스 우클릭으로 Flip Horizontal (가로 뒤집기) 적용

08 내용 인식 채우기

① 'S3_P3_2.jpg' 파일을 열고 Crop Tool(C)을 선택한 후, 상단 옵션에서 Content-Aware Fill(내용 인식 채우기)을 설정합니다.

② 사진의 코너를 드래그하여 영역을 확장하고 Enter 키를 눌러 완료합니다. 이미지의 배경이 자동으로 생성되어 확장됩니다.

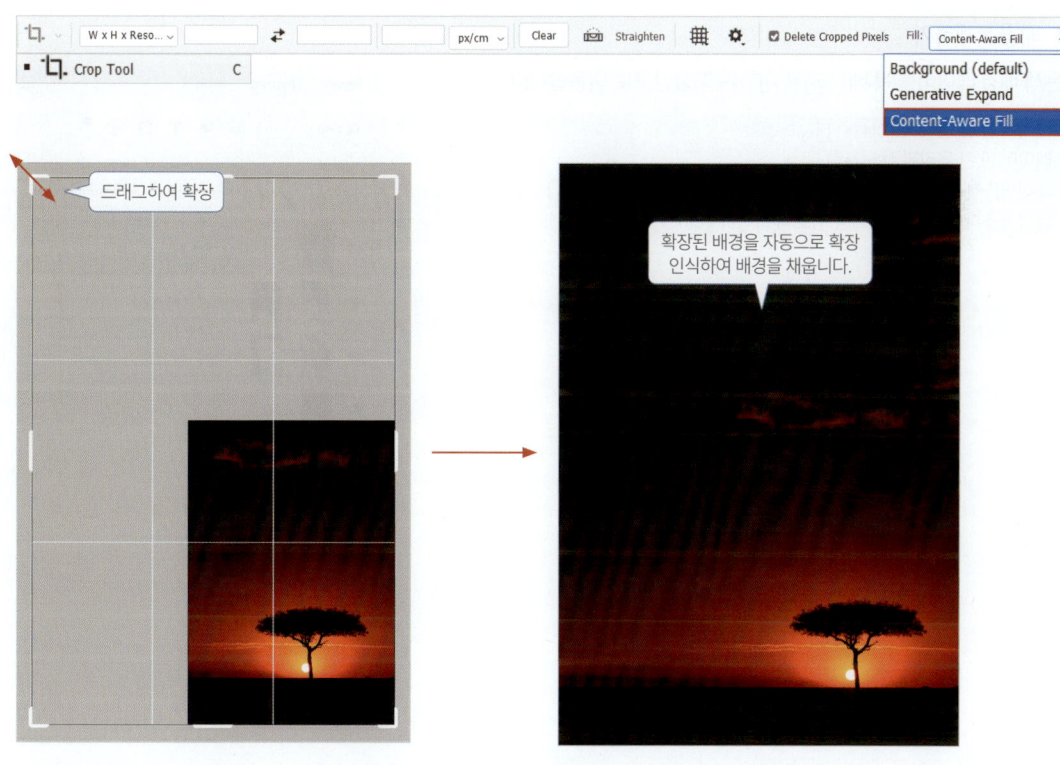

01 Photoshop Basic

02 Layer & Move

03 Selection

04 Color & Gradient

05 Brush

06 Typography

07 Layer Style

08 Path

09 오브젝트 배치하기

배경 이미지를 메인 작업 화면으로 가져와 레이어 순서를 조정합니다. 각 레이어의 비율을 맞추기 위해 Free Transform([Ctrl]+[T])으로 크기를 조정합니다.

10 배경 복제하기

검은색 배경 레이어를 복제([Ctrl]+[J])하여 최상단으로 이동합니다.

[T] 레이어 한 칸 내리기 [Ctrl]+[[ ]
레이어 한 칸 올리기 [Ctrl]+[ ]]
레이어를 해당 영역에서 가장 아래로 배치하기 [Ctrl]+[Shift]+[[ ]
레이어를 해당 영역에서 가장 위로 배치하기 [Ctrl]+[Shift]+[ ]]

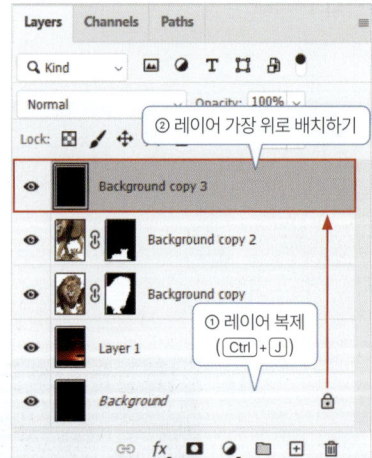

11 지우개 도구 사용하기

Eraser Tool(E)을 선택하고, Hardness를 0으로 설정하여 가장자리를 부드럽게 합니다. 화면의 중심을 두드리듯 클릭하여 검은색을 지워내면, 비네팅 효과를 연출할 수 있습니다.

🅣 Eraser Tool(지우개 도구) 사용법은 'Section 05의 Theory 03'에서 자세히 학습합니다.

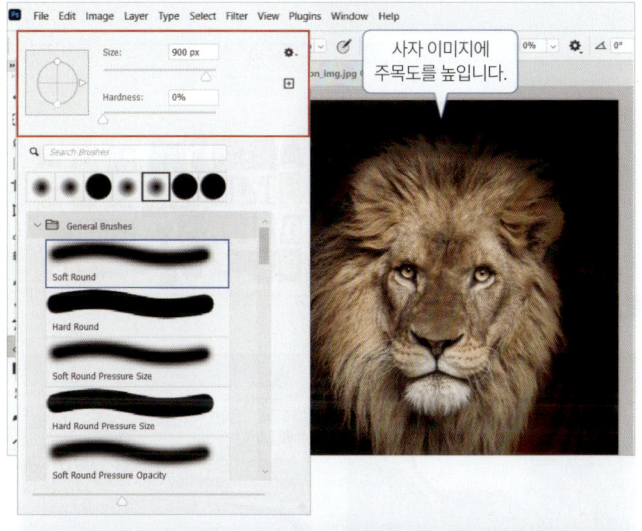

사자 이미지에 주목도를 높입니다.

비네팅 효과로 연출합니다.

*비네팅 효과 : 사진의 주변부가 어두워지는 현상으로, 중앙 피사체에 시선을 집중시키는 효과

12 소스 배치 후 완성하기

'S3_P3_3.psd' 파일을 열어 작업 화면에 붙여넣고, 레이어 순서에 맞춰 배치합니다. 파일은 PSD 형식(수정 가능)과 이미지 형식(결과 확인용) 두 가지로 저장합니다.

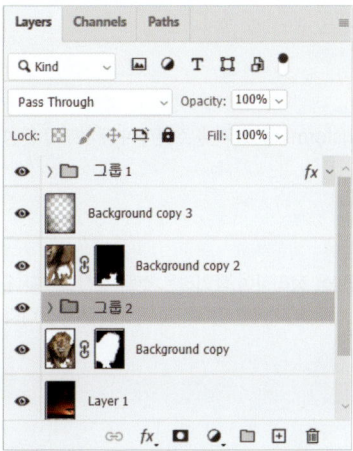

01 Photoshop Basic

02 Layer & Move

03 Selection

04 Color & Gradient

05 Brush

06 Typography

07 Layer Style

08 Path

Exercise

여행 다이어리 콜라주 만들기	📁 S3_Exercise 예제
영역 도구와 기능을 실습하고, 크기 조절과 배치를 학습합니다.	

1. 작업 과정 확인

시작 파일을 열고 제공된 다양한 여행 오브젝트 소스 파일을 확인합니다. 영역 도구들을 사용하여 오브젝트를 배경과 분리하여, 작업 화면으로 이동하여 배치하는 작업입니다.

2. 영역 도구 사용

각 사진마다 다른 영역 도구를 사용하게 됩니다. 배경이 단색일 경우, Magic Wand Tool을 사용하여 배경을 분리하고, 영역 반전 단축 키(Ctrl + Shift + I)를 사용해 오브젝트를 빠르게 선택할 수 있습니다. 또한 영역이 선택되고 마우스 우클릭하여 Layer Via Cut을 선택 하면 영역이 레이어와 분리됩니다. 영역 도구를 사용할 때 영역을 추가하거나 빼려면 상단 옵션의 영역 더하기(🔳), 영역 빼기(🔲)를 활용하여 작업하도록 합니다.

3. 자유 변형

이동시킨 레이어는 Free Transform으로 크기를 조절하여 배치하고 완성물을 보면서 레이어 순서 를 변경하며 정리합니다.

4. 레이어 정리

레이어가 늘어나면 레이어 패널을 정리하여 작업하는 것을 추천합니다. 같은 속성, 또는 같은 위치 에 있는 레이어끼리 그룹으로 묶어 레이어를 정리하고 작업을 완료합니다.

T 흰색 획이 적용된 오브젝트는 시작 파일 중 '흰색 테두리' 폴더에 오브젝트를 드래그 앤 드롭하면, 그룹에 레이어 스타일을 적용시켜 놓았으므로 획에 효과가 적용됩니다. 레이어 스타일에 대한 상세 해설은 'Section 07. Layer Style'을 참고합니다.

이미지를 Smart Object로 변환하게 되면 레이어의 크기를 줄이거나 늘려도 이미지의 손실이 없어 수정 작업에 유용합니다.

콜라주 디자인 작업은 개체의 크기가 큰 것(맨 아래)부터 작은 순서대로 레이어에 배치하면 보다 완성도 있게 제작할 수 있습니다.

Color & Gradient

색상과 그레이디언트

MISSION

포토샵은 풍부한 색상과 그레이디언트(Gradient) 기능을 통해 아름다운 시각적 효과를 구현할 수 있는 강력한 도구입니다. 이 섹션에서는 색상을 선택하고 적용하는 기본적인 방법부터 그레이디언트를 활용해 이미지에 깊이와 다채로운 분위기를 더하는 기술까지 배워봅니다.

KEYWORD

#채우기 #그레이디언트 #패턴

Color

포토샵에서 색을 다루는 방법을 알아봅니다. 전경색과 배경색을 설정하고, 색상 선택 도구를 사용하여 원하는 색상을 적용하는 기술을 배웁니다.

Foreground / Background Color 전경색과 배경색

포토샵 도구 모음 하단에 있는 전경색과 배경색 상자를 통해 작업에 사용할 색상을 지정할 수 있습니다.

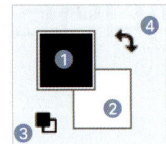

❶ **Foreground Color(전경색)** : 클릭하면 Color Picker가 열립니다.

Ⓢ 전경색 채우기 `Alt` + `Delete`

❷ **Background Color(배경색)** : 클릭하면 Color Picker가 열립니다.

Ⓢ 배경색 채우기 `Ctrl` + `Delete`

❸ **기본 전경색과 배경색** : 클릭하면 기본 색상(전경색은 검은색, 배경색은 흰색)으로 변경됩니다.

Ⓢ `D`

❹ **전경색과 배경색 전환** : 클릭하면 현재 설정된 전경색과 배경색이 교체됩니다. Ⓢ `X`

Color Picker 색상 피커

전경색 또는 배경색 상자를 클릭하면 열리는 Color Picker(색상 피커) 대화상자는 색상을 정교하게 선택할 수 있습니다.

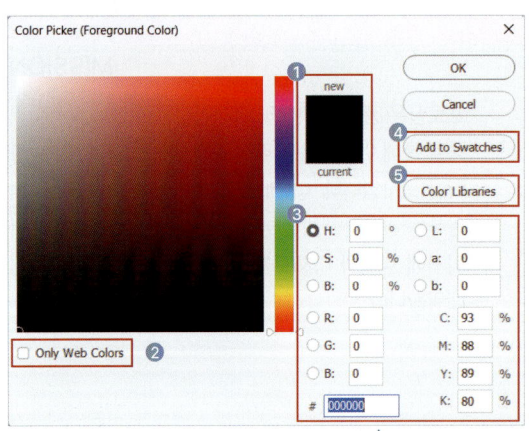

Adobe 색상 피커에서 색상을 선택하면 HSB, RGB, Lab, CMYK 및 16진수 숫자 값이 동시에 표시됩니다.

❶ **New / Current Color(선택 색 / 현재 색)** : 선택한 색상과 기존 색상을 비교해서 확인할 수 있습니다.

❷ **Only Web Colors(웹 색상 전용)** : 웹 환경에 최적화된 안전한 색상만 표시합니다.

❸ **색상 모드** : RGB, CMYK, HSB 등 다양한 색상 모드의 값을 직접 입력하거나, 웹 색상 코드(#)를 입력하여 정확한 색상을 설정할 수 있습니다.

❹ **Add to Swatches(색상 견본에 추가)** : Swatches(견본) 패널에 지정한 색을 추가하여 저장합니다.

❺ **Color Libraries(색상 라이브러리)** : 색상 견본집이 포함되어 있어 표준화된 색상을 선택하여 사용할 수 있습니다.

> 색상 표준화 시스템이란, 서로 다른 모니터, 프린터, 조명 등 때문에 색이 달라 보이는 문제를 최소화하기 위해, 전 세계적으로 약속된 색상 번호 체계를 말합니다. 대표적인 브랜드로는 DIC, HKS, FOCOLTONE, PANTONE이 사용됩니다. 2024년 버전부터 Pantone 컬러 제안이 삭제되었습니다.

01 Photoshop Basic
02 Layer & Move
03 Selection
04 Color & Gradient
05 Brush
06 Typography
07 Layer Style
08 Path

색상 피커에서 색상 견본과 라이브러리에 색상 추가하기

❶ Add to Swatches(색상 견본에 추가하기) : 색상 피커 대화상자에서 원하는 색상을 선택한 후 'Add to Swatches(견본에 추가)' 버튼을 클릭하여 나타나는 대화 상자에서 견본 이름을 지정하면 견본(Swatches) 패널에 해당 색상이 저장되어 언제든지 다시 사용할 수 있습니다.

❷ Color Libraries(색상 라이브러리에 추가하기) : 색상 견본 추가 시 견본 이름 지정 대화상자에서 'Add to Current Library(현재 라이브러리에 추가)'에 체크한 후 확인을 누르면 선택한 색상이 라이브러리(Libraries) 패널에 저장됩니다.

  * Libraries 패널에서 폴더를 생성한 후 색상을 추가합니다.

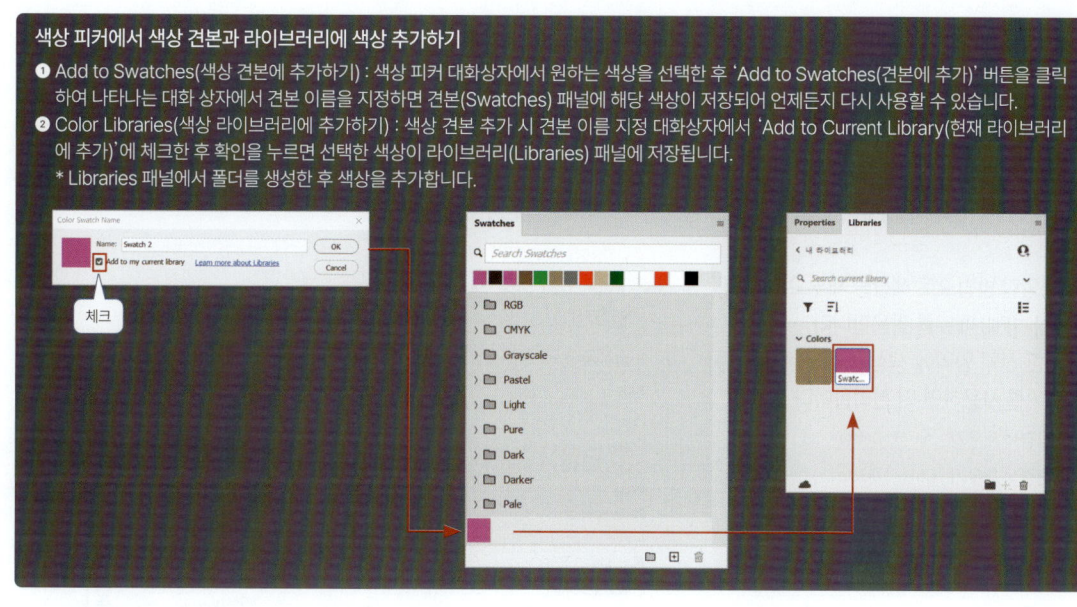

체크

Color panel 색상 패널

포토샵에서 사용할 전경색과 배경색을 직접 선택하여 사용할 수 있습니다.

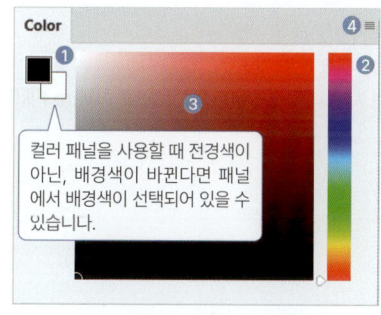

컬러 패널을 사용할 때 전경색이 아닌, 배경색이 바뀐다면 패널에서 배경색이 선택되어 있을 수 있습니다.

❶ Foreground(전경색) / Background Color(배경색) : 포토샵에서는 사용자가 대표 색상 두 가지를 지정해 사용할 수 있습니다. 주로 사용하는 색상을 전경색이라 하고, 보조로 사용하는 색상을 배경색이라 이해하면 쉽습니다.

❷ Spectrum Bar : 다양한 색상 스펙트럼 중에서 기본 색상을 지정합니다.

❸ Sample Color : 스펙트럼 바에서 선택한 색상 계열 내에서 상세 색상을 선택합니다.

❹ 숨겨진 기능 : 패널 오른쪽 상단의 더보기 아이콘(≡)을 클릭하면 색상 패널의 보기 방식을 변경할 수 있습니다.

Swatches Panel 색상 견본 패널

자주 사용하는 색상을 저장하고 저장된 색상을 사용할 수 있습니다.

❶ 색상 검색 : 저장된 색상이 많을 경우, 검색 창을 이용해 색상 이름을 검색하여 빠르게 찾을 수 있습니다.

❷ 최근 사용 색상 : 최근에 사용한 색상들이 자동으로 나열됩니다.

❸ 기본 제공 색상 : 포토샵에서 미리 제공하는 다양한 샘플 색상들이 있습니다.

❹ 새로운 색상 그룹 생성 : 관련된 색상들을 묶어서 관리합니다.

❺ 견본 등록 : 클릭하면 현재 전경색이 Swatches(견본) 패널에 저장됩니다.

  🅣 Color Picker에서 색상을 선택한 후, (⊡)아이콘을 클릭하면 색상이 저장되어 섬네일로 나타납니다. 파일을 저장하면,언제든지 저장된 색상을 사용할 수 있습니다.

❻ 견본 삭제 : 삭제할 견본을 선택하고 휴지통 아이콘(🗑)을 클릭하면 삭제됩니다.

Paint Bucket Tool 페인트 통 도구

레이어나 선택 영역에 색상을 채우는 도구로, Paint Bucket Tool(페인트 통 도구)을 선택한 후, 채우고 싶은 영역을 클릭하면 전경색이 채워집니다.

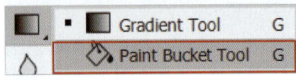

S Paint Bucket Tool(페인트 통 도구) G

더 다양한 방법으로 색상을 채우고 싶다면,
[Edit] - [Fill] 메뉴를 활용합니다.
단순한 선택 영역에 색상을 채우는 동작은
단축키를 사용하면 더 편리합니다.

S 전경색 채우기 Alt + Delete

S 배경색 채우기 Ctrl + Delete

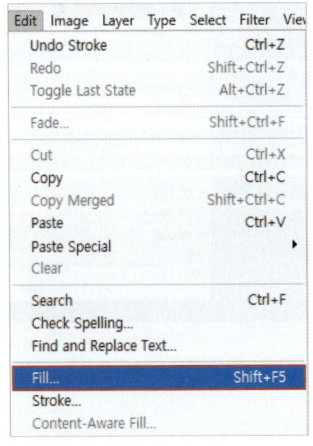

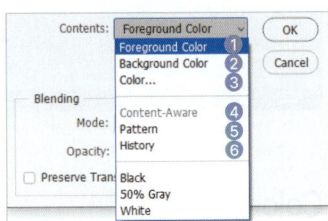

1 Foreground(전경색) : 전경색을 채웁니다.

2 Background Color(배경색) : 배경색을 채웁니다.

3 Color(색상) : Color Picker(색상 피커)를 열어 색상을 선택한 후 채웁니다.

4 Content-Aware(내용 인식) : 선택 영역을 주변 배경과 자연스럽게 합성하여 채웁니다. [Edit] - [Content Aware Fill] 메뉴와 동일한 기능입니다. 해당 기능은 490page에서 자세히 학습합니다.

5 Pattern(패턴) : 저장된 패턴으로 영역을 채웁니다.

6 History(작업 내역) : 직전에 사용된 채우기 작업 내역을 다시 적용합니다.

Eyedropper Tool 스포이드 도구 ■ S4_1.jpg

이미지의 특정 색상을 추출해 전경색이나 배경색으로 설정할 수 있습니다. 픽셀의 특성 상 같은 이미지라도 픽셀 위치에 따라 미세한 색상 차이가 발생할 수 있습니다.

S Eyedropper Tool(스포이드 도구) I

스포이드 도구를 선택하고, 이미지를 클릭하면, 클릭한 지점의 픽셀 색상이 전경색으로 추출됩니다.

Color(색상) 대화 상자에서 이미지로 마우스를 옮기면, Eyedropper Tool(스포이드 도구)을 자동으로 사용할 수 있습니다.

❶ Color 패널에서 전경색을 클릭합니다.

❷ Color Picker(색상 피커) 대화상자가 열린 상태에서 마우스 커서를 이미지 위로 가져가면 자동으로 Eyedropper Tool(스포이드 도구)로 변합니다.

❸ 원하는 색상을 클릭하면 해당 색상이 전경색으로 지정됩니다.

Color Sampler Tool 색상 샘플러 도구

사용자가 Color Sampler Tool(색상 샘플러 도구)로 이미지의 특정 부분을 클릭하면, 해당 픽셀의 색상 정보(RGB, CMYK 등)와 좌표가 Info(정보) 패널에 나타납니다. 여러 지점을 클릭하여 여러 색상 정보를 동시에 확인할 수 있으며, 지정 후에는 마우스 우클릭으로 Info 패널에 나타나는 색상 정보를 변경하거나 삭제할 수 있습니다.

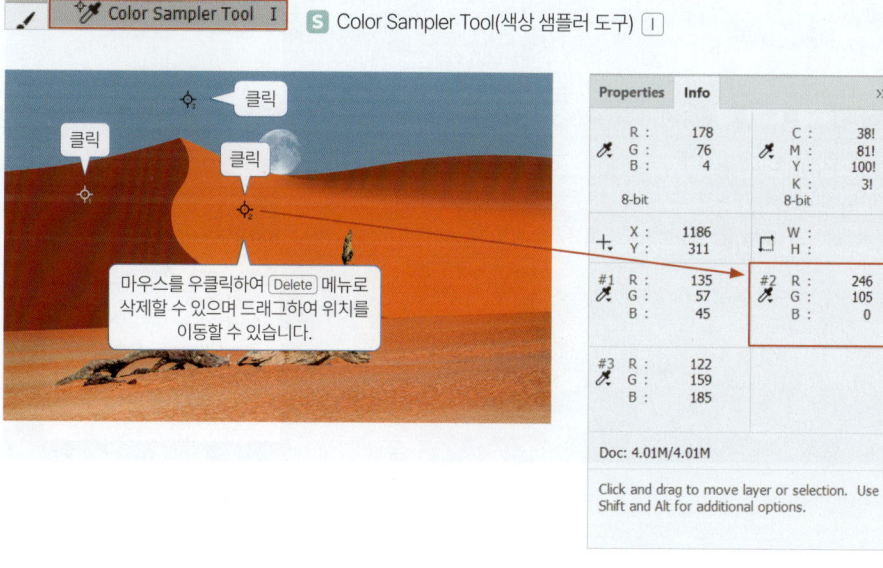

01 Photoshop Basic

02 Layer & Move

03 Selection

04 Color & Gradient

05 Brush

06 Typography

07 Layer Style

08 Path

★ Lock transparent pixels 레이어 투명 잠금 기능을 이용한 색상 변경

Lock transparent pixels(투명 픽셀 잠그기)는 레이어의 투명한 영역에는 색이 채워지지 않도록 투명한 영역을 잠그는 기능으로 기존 색상을 교체할 때 유용합니다.

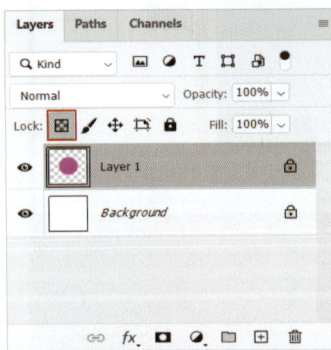

❶ 색상을 변경할 레이어를 선택합니다.

❷ 레이어 패널에서 Lock transparent pixels(▨)아이콘을 클릭합니다.

❸ 전경색 채우기 단축키를 사용해 색상을 변경합니다.

S 투명 픽셀 제외하고 전경색 채우기 `Alt` + `Shift` + `Delete`

S 투명 픽셀 제외하고 배경색 채우기 `Ctrl` + `Shift` + `Delete`

T 단축키를 사용하면 아이콘을 클릭하지 않아도 투명 픽셀 잠금 기능이 적용됩니다.

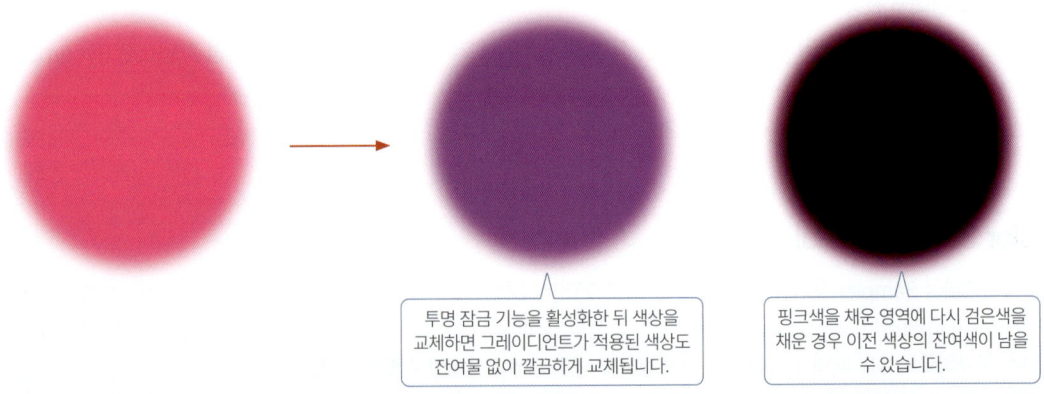

투명 잠금 기능을 활성화한 뒤 색상을 교체하면 그레이디언트가 적용된 색상도 잔여물 없이 깔끔하게 교체됩니다.

핑크색을 채운 영역에 다시 검은색을 채운 경우 이전 색상의 잔여색이 남을 수 있습니다.

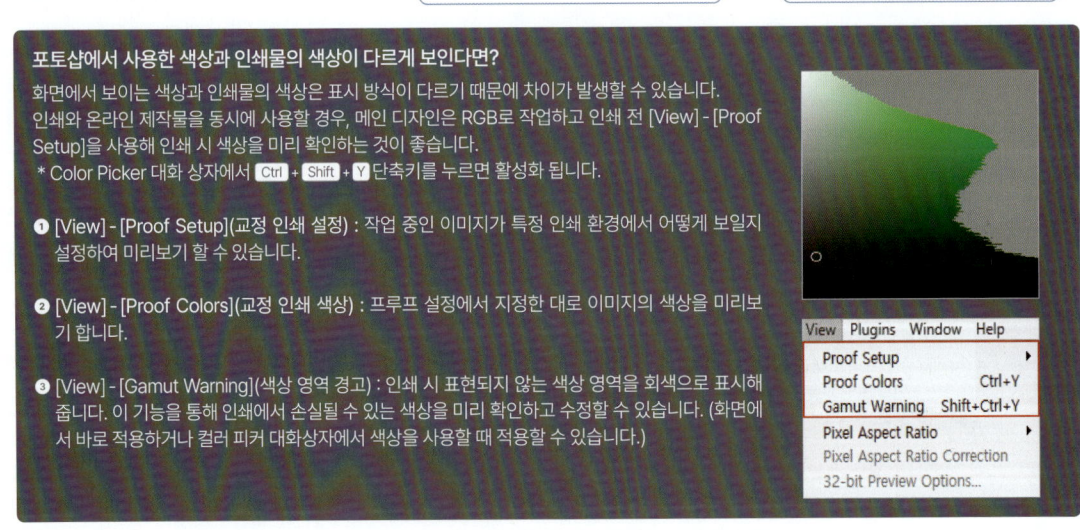

포토샵에서 사용한 색상과 인쇄물의 색상이 다르게 보인다면?

화면에서 보이는 색상과 인쇄물의 색상은 표시 방식이 다르기 때문에 차이가 발생할 수 있습니다.
인쇄와 온라인 제작물을 동시에 사용할 경우, 메인 디자인은 RGB로 작업하고 인쇄 전 [View] - [Proof Setup]을 사용해 인쇄 시 색상을 미리 확인하는 것이 좋습니다.
* Color Picker 대화 상자에서 `Ctrl` + `Shift` + `Y` 단축키를 누르면 활성화 됩니다.

❶ [View] - [Proof Setup](교정 인쇄 설정) : 작업 중인 이미지가 특정 인쇄 환경에서 어떻게 보일지 설정하여 미리보기 할 수 있습니다.

❷ [View] - [Proof Colors](교정 인쇄 색상) : 프루프 설정에서 지정한 대로 이미지의 색상을 미리보기 합니다.

❸ [View] - [Gamut Warning](색상 영역 경고) : 인쇄 시 표현되지 않는 색상 영역을 회색으로 표시해 줍니다. 이 기능을 통해 인쇄에서 손실될 수 있는 색상을 미리 확인하고 수정할 수 있습니다. (화면에서 바로 적용하거나 컬러 피커 대화상자에서 색상을 사용할 때 적용할 수 있습니다.)

01
Photoshop Basic

02
Layer & Move

03
Selection

04
Color & Gradient

05
Brush

06
Typography

07
Layer Style

08
Path

Practice 01 | 색 채우기

Layer, Eyedropper Tool

영역 선택 도구와 색채우기 도구를 활용해 이미지에서 원하는 색상을 추출합니다.　　📁 예제 폴더 : S4_Practice1

01 새로운 작업 화면 만들기

메뉴에서 [File] - [New] 또는 Ctrl + N 키를 눌러 W 1500, H 1200Pixels, 해상도 72Pixels/Inch의 작업 화면을 만듭니다.

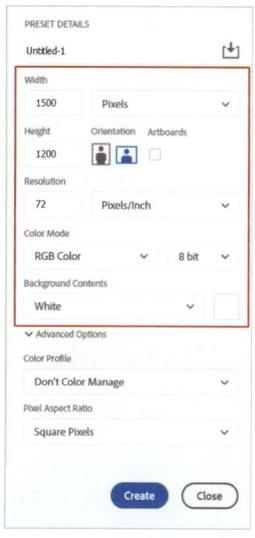

02 파일 열기

'S4_P1_1.jpg' 파일을 작업 화면으로 드래그하여 불러옵니다. 이미지 레이어가 스마트 오브젝트가 되었습니다.

🅣 메뉴에서 [View] - [Snap]을 선택하고 이미지를 이동하면 작업 화면의 끝에 정확히 맞춰집니다.

03 사각형 영역 지정하기

① Rectangular Marquee Tool(M)을 선택합니다.

② 상단 옵션 바에서 Style을 Fixed Size(크기 고정)로 선택하고 폭(W)과 높이(H)를 각각 250px, 350px로 입력합니다. ③ 작업 화면 왼쪽 하단에 클릭하여 사각형 영역을 만듭니다.

04 새로운 레이어에 색상 추출하기

새로운 레이어를 생성(Ctrl + Alt + Shift + N)하고 Eyedropper Tool(I)을 선택한 후 사진에서 원하는 색상 영역을 클릭합니다.

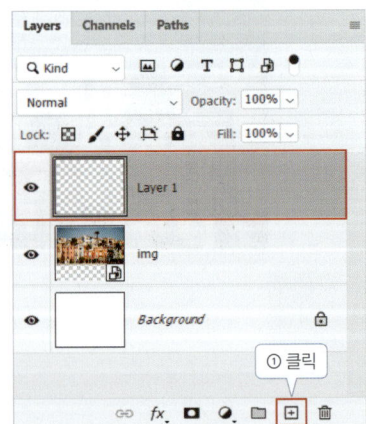

05 색상 채우기

새로 만든 레이어가 선택된 상태에서 전경색 채우기($\boxed{\text{Alt}}$+$\boxed{\text{Delete}}$)로 색상을 채운 후 영역을 해제($\boxed{\text{Ctrl}}$+$\boxed{\text{D}}$)합니다.

06 레이어 복제하기

색상이 채워진 레이어를 선택하고 복제($\boxed{\text{Ctrl}}$+$\boxed{\text{J}}$)합니다. 이 과정을 반복하여 총 6개의 레이어를 만듭니다.

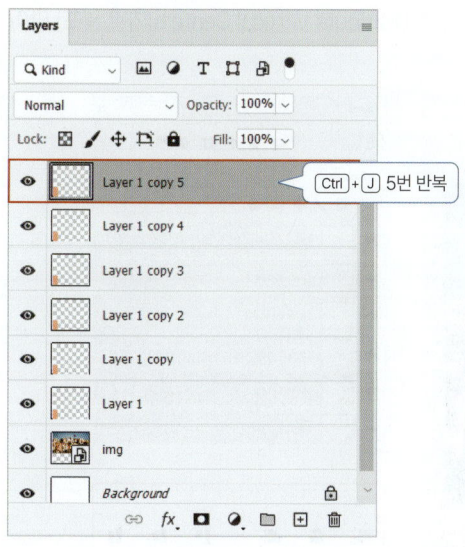

$\boxed{\text{Ctrl}}$+$\boxed{\text{J}}$ 5번 반복

01
Photoshop Basic

02
Layer & Move

03
Selection

04
Color & Gradient

05
Brush

06
Typography

07
Layer Style

08
Path

07 레이어 이동 및 정렬하기

Move Tool(V)을 선택하고 최상단 레이어를 오른쪽으로 드래그합니다. 또는 옵션 바에서 더보기 아이콘(•••)을 눌러 Align To(맞춤 대상)를 Canvas로 변경하고 오른쪽 정렬합니다.

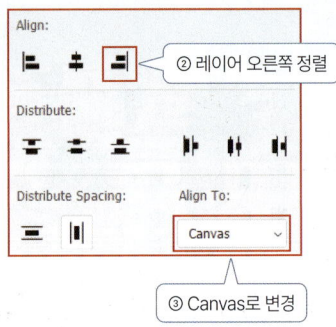

08 레이어 간격 정렬하기

6개의 모든 레이어를 선택하고 Align To(맞춤 대상)을 Canvas로 변경한 후 Distribute Vertical Centers(가로 분포) 아이콘을 클릭하여 레이어의 간격을 일정하게 정렬합니다.

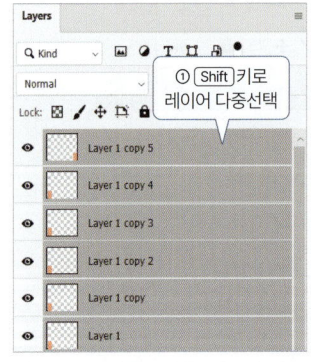

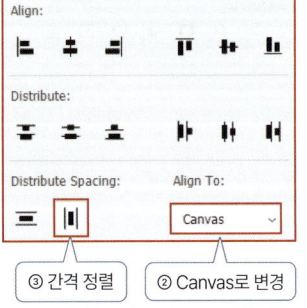

09 레이어 색상 교체하기

정렬된 레이어 중 하나를 선택하고 Eyedropper Tool(I)로 사진에서 다른 색상을 추출한 뒤, 투명 픽셀을 제외하고 전경색 채우기 단축키([Alt] + [Shift] + [Delete])를 사용하여 색상을 변경합니다.

S 투명 픽셀 제외하고 전경색 채우기 [Alt] + [Shift] + [Delete]
투명 픽셀 제외하고 배경색 채우기 [Ctrl] + [Shift] + [Delete]

10 색 채우고 완성하기

다른 레이어도 같은 방법으로 색상을 변경하여 실습을 완성합니다.

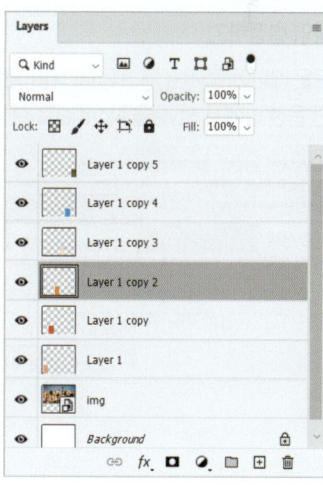

01 Photoshop Basic

02 Layer & Move

03 Selection

04 Color & Gradient

05 Brush

06 Typography

07 Layer Style

08 Path

Color, Wrap

색상 및 변형 기능을 활용하여 올림픽을 주제로 한 배경 화면을 제작합니다.　📁 예제 폴더 : S4_Practice2

01 새로운 작업 화면 만들기

메뉴에서 [File] - [New] 또는 Ctrl + N 키를 눌러 Web 템플릿에서 W 1920, H 1080Pixels, 해상도 72Pixels/Inch의 작업 화면을 만듭니다.

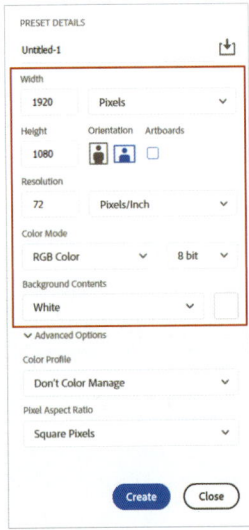

02 영역 설정하기

① 새로운 레이어(Ctrl + Alt + Shift + N)를 만들고 Rectangular Marquee Tool(M)을 선택합니다.
② 상단 옵션 바에서 Style을 Normal로 설정하고 작업 화면 가로에 꽉 차는 직사각형 영역을 그립니다.

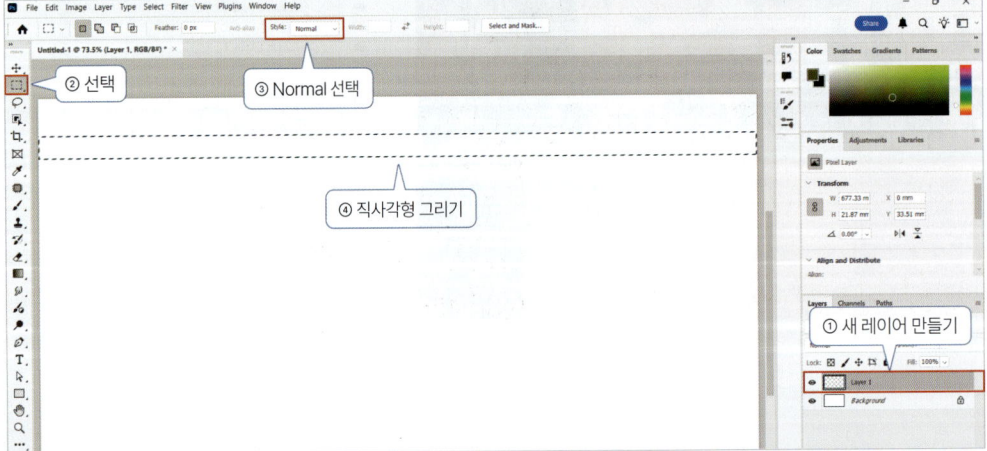

03 색 채우기

Color Picker 창을 열고, 2024년 파리 올림픽의 키 컬러 중 하나(#f292b7)를 Hex 컬러 코드에 입력하여 색상을 채우고 (Alt + Delete) 영역을 해제(Ctrl + D)합니다.

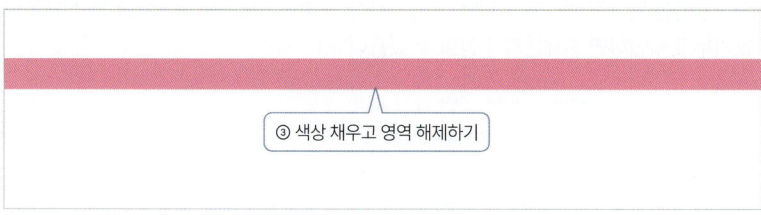

③ 색상 채우고 영역 해제하기

04 레이어 복제 및 색상 교체하기 1

Layer1을 복제(Ctrl + J)합니다. 복제한 레이어의 색상을 흰색으로 변경한 후 아래로 이동합니다.

S 투명 픽셀 제외하고 전경색 채우기 Alt + Shift + Delete / 투명 픽셀 제외하고 배경색 채우기 Ctrl + Shift + Delete

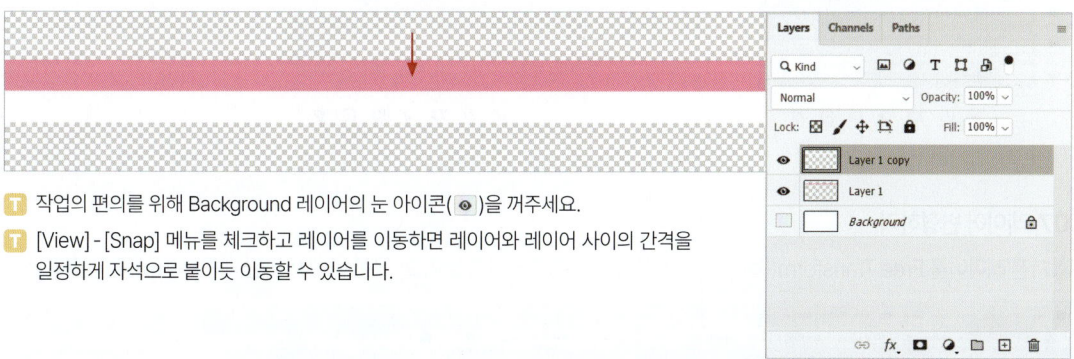

T 작업의 편의를 위해 Background 레이어의 눈 아이콘(👁)을 꺼주세요.

T [View] - [Snap] 메뉴를 체크하고 레이어를 이동하면 레이어와 레이어 사이의 간격을 일정하게 자석으로 붙이듯 이동할 수 있습니다.

05 레이어 복제 및 색상 교체하기 2

04 과정을 반복하여 5개의 올림픽 키 컬러 레이어와 4개의 흰색 레이어, 총 9개의 레이어를 만듭니다.

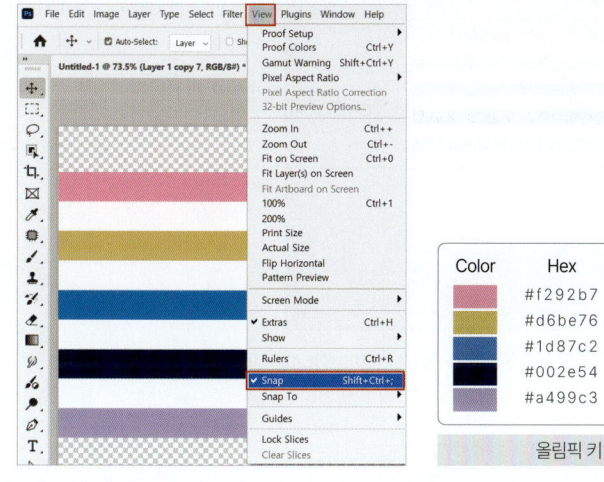

Color	Hex	RGB
	#f292b7	(242,146,183)
	#d6be76	(214,190,118)
	#1d87c2	(29,135,194)
	#002e54	(0, 46, 84)
	#a499c3	(164,153,195)

올림픽 키 컬러

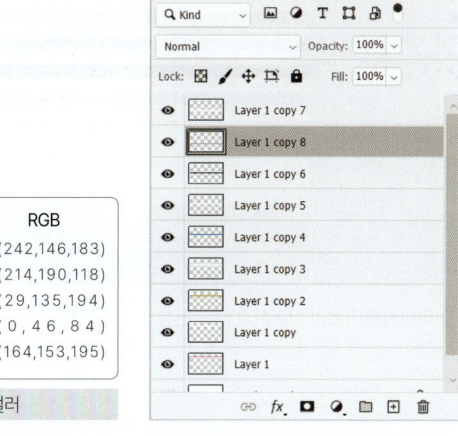

01 Photoshop Basic

02 Layer & Move

03 Selection

04 Color & Gradient

05 Brush

06 Typography

07 Layer Style

08 Path

06 레이어 합치기

① 9개의 레이어를 모두 선택하고 마우스 우클릭한 뒤 Convert to Smart Object(스마트 오브젝트로 변환)를 선택하여 하나의 레이어로 합칩니다. 합쳐진 레이어는 원본으로 복원할 수 있습니다.

② 스마트 오브젝트 레이어를 복제(Ctrl + J)한 뒤, 복제된 레이어에서 마우스 우클릭하여 'Rasterize Layer'를 선택합니다. (실습 시 선택사항으로 원본을 남겨두고 작업하면 언제든지 수정할 수 있습니다.)

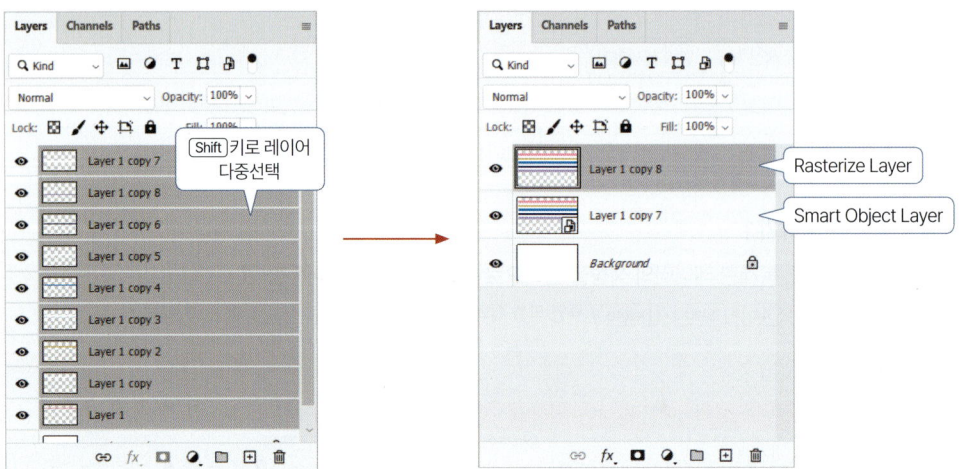

07 레이어 변형하기

합쳐진 레이어를 Free Transform(Ctrl + T)을 실행하여 가로 크기를 늘리고, 옵션 바에서 곡면 왜곡(Warp)을 실행합니다.

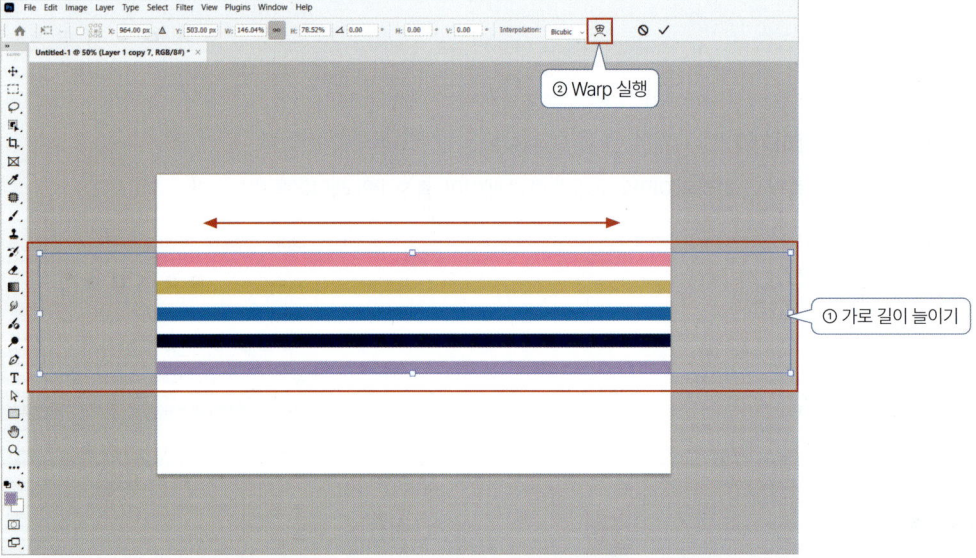

ⓣ 이미지의 가로만 길어지지 않고 전체 크기가 커진다면, Shift 키를 눌러 종횡비를 해제하고 변형합니다.

08 분할 선 추가하기

Warp로 형태를 자유롭게 변형하기 전, 세로 분할선을 추가하여 보다 정밀한 변형이 가능하도록 합니다. 상단 옵션 바에서
Split 세로 분할 선 옵션을 선택하고, 작업 화면의 가로 선 위를 클릭해 세로 분할선을 추가합니다.

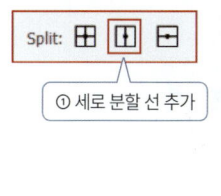

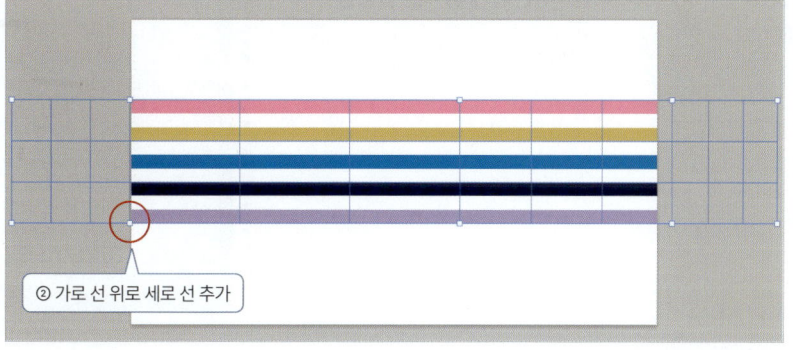

09 변형하기

마우스로 레이어의 선과 점을 자유롭게 움직여 굴곡이 있는 형태로 왜곡합니다.

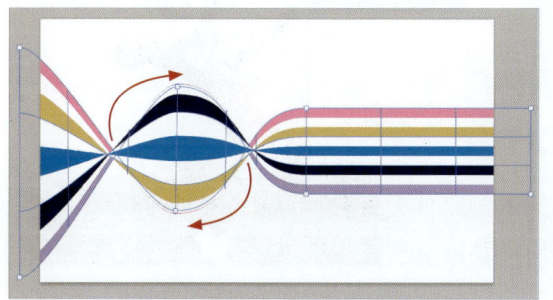

🅣 Warp의 곡면을 다양하게 만들고 싶다면, 원본을 복제하여 여러 번 다른 곡면으로 작업해보도록 합니다.

10 레이어 복제 후 변형하기

왜곡된 레이어를 복제(Ctrl+J)하고 레이어 순서를 아래로 내립니다. 이어서 레이어의 Opacity(불투명도)를 20%로 수정
한 뒤, Free Transform(Ctrl+T)을 실행하여 크기를 키우거나 반전, 기울기를 적용하여 배경으로 배치합니다.

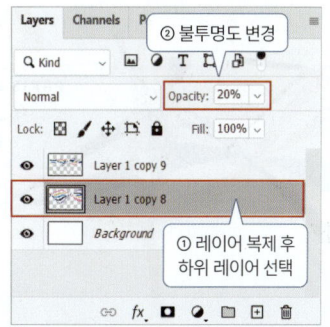

01 Photoshop Basic

02 Layer & Move

03 Selection

04 Color & Gradient

05 Brush

06 Typography

07 Layer Style

08 Path

11 배경과 분리하기

제공된 'S4_P2_2.jpg' ~ 'S4_P2_4.jpg' 파일을 열어 배경과 분리합니다. Object Selection Tool(W)을 사용하거나 메뉴에서 [Select] - [Subject]를 선택하면 쉽게 영역을 설정할 수 있습니다.

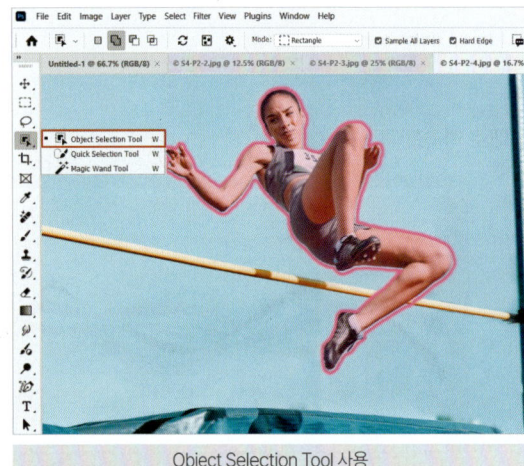

Object Selection Tool 사용

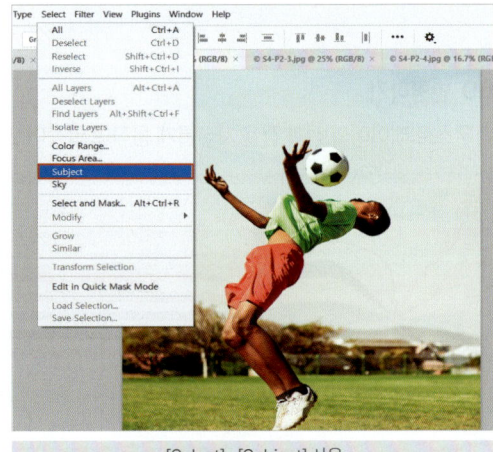

[Select] - [Subject] 사용

12 크기 조절 및 배치하기

배경을 제거한 인물 이미지와 'S4_P2_5.png' 파일을 작업 화면으로 가져와 크기를 조절(Ctrl+T)하고 배치합니다.

13 이미지 조정 : 그레이디언트 맵 적용하기

① 메뉴에서 [Image] - [Adjustments] - [Gradient Map]을 선택합니다. 해당 기능은 이미지에 그레이디언트를 합성하는 효과입니다. 이미지 보정은 'Section 13. Image Adjustments'를 참고합니다.

② Gradien Editer 창이 열리면, 컬러 스탑을 더블 클릭하여 올림픽 색상(#002e54)으로 변경하고 적용합니다.

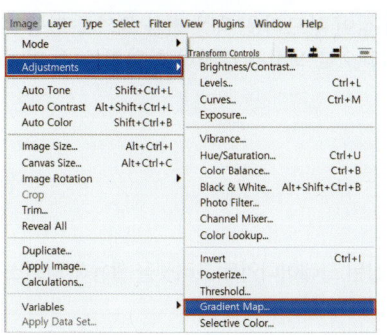

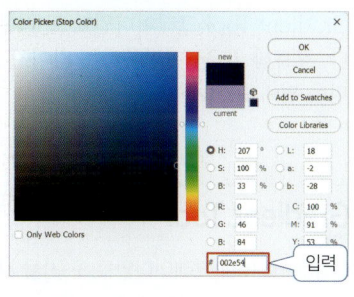

14 소스 효과 적용 후 완성하기

나머지 스포츠 이미지에도 동일한 방법으로 Gradient Map 효과를 적용하여 실습을 완성합니다.

01 Photoshop Basic

02 Layer & Move

03 Selection

04 Color & Gradient

05 Brush

06 Typography

07 Layer Style

08 Path

Gradient

Gradient Tool(그레이디언트 도구)는 두 가지 이상의 색상을 자연스럽게 섞어 부드러운 색상 전환 효과를 만듭니다. 포토샵 2023 버전부터는 라이브 그레이디언트 기능이 추가되어 실시간으로 색상을 수정하고 확인할 수 있어 더욱 편리해졌습니다.

Gradient Tool 그레이디언트 도구

Gradient Tool(그레이디언트 도구)을 사용하면 전경색과 배경색, 또는 미리 저장된 그레이디언트 프리셋을 활용해 자연스러운 색상 전환을 만들 수 있습니다.

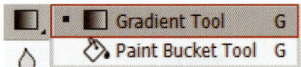

S Gradient Tool(그레이디언트 도구) ⌐G⌐

그레이디언트 도구를 선택한 후 작업 화면에 드래그하면 그레이디언트 위젯이 나타납니다. 위젯을 통해 색상을 수정하거나 색상 위치를 빠르게 수정할 수 있습니다. 옵션에서 색상을 지정하지 않으면 자동으로 전경색과 배경색이 그라데이션 됩니다.

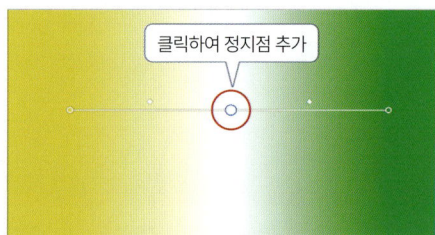

❶ **그레이디언트 색상 변경** : 색상 정지점을 더블 클릭하면 Color Picker가 나타나고, 원하는 색상으로 변경할 수 있습니다.

❷ **색상 혼합 위치 조정** : 위젯의 중간점을 드래그하여 위치를 조정하면 색상의 영역을 변경할 수 있습니다.

❸ **색상 추가 / 삭제** : 색상을 추가하려면 위젯의 빈 공간을 클릭하여 정지점을 추가하고, 삭제하려면 드롭 다운하여 정지점을 삭제합니다.

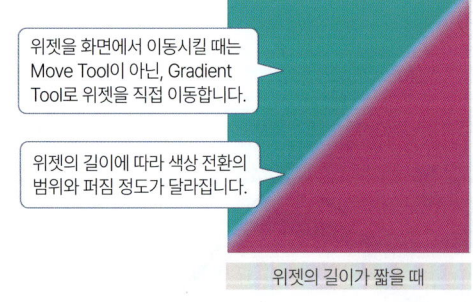

위젯을 화면에서 이동시킬 때는 Move Tool이 아닌, Gradient Tool로 위젯을 직접 이동합니다.

위젯의 길이에 따라 색상 전환의 범위와 퍼짐 정도가 달라집니다.

위젯의 길이가 짧을 때

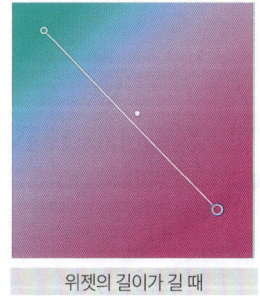

위젯의 길이가 길 때

Gradient Tool Option 그레이디언트 도구 옵션

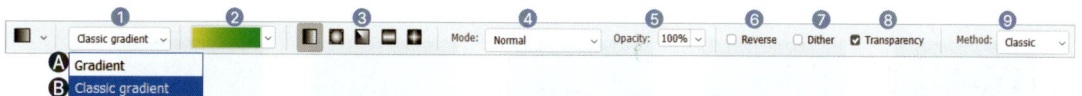

① Gradient / Classic gradient(그레이디언트 버전 선택) : 라이브 그레이디언트 기능은 2023년에 업데이트 된 기능으로, Classic gradient를 선택하면 2023 버전 이전의 작업 방식과 동일하게 사용할 수 있습니다.

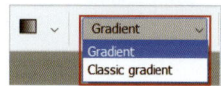

ⓐ Gradient(그레이디언트) : 그레이디언트의 종류를 선택합니다.

ⓑ Classic gradient(클래식 그레이디언트) : 그레이디언트 편집기를 활성화합니다.

② Gradient Preset & Gradient Picker(그레이디언트 사전 설정 선택 및 관리 & 편집기) : 포토샵에서 제공하는 샘플 그레이디언트를 간략하게 보거나 새로운 그레이디언트를 만들어 저장할 수 있습니다.

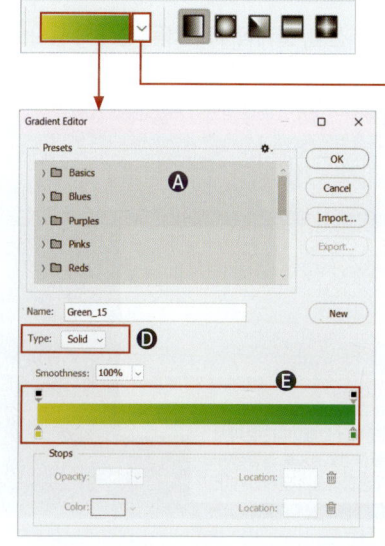

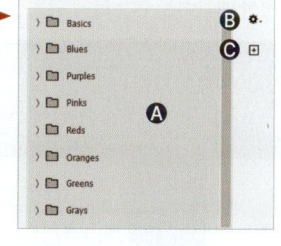

ⓐ Presets(사전 설정) : 그레이디언트 종류를 선택합니다.

ⓑ Setting(설정) : 그레이디언트 섬네일 크기를 설정하거나, 외부 그레이디언트 파일을 가져옵니다.

ⓒ New(새 사전 설정 만들기) : 현재 전경색과 배경색을 기반으로 새로운 그레이디언트를 저장합니다.

ⓓ Type(유형) : 그레이디언트 유형을 선택합니다. 단색 또는 노이즈로 지정할 수 있으며, 노이즈는 색상을 띠 형태로 만들어 임의 색상이 적용됩니다.

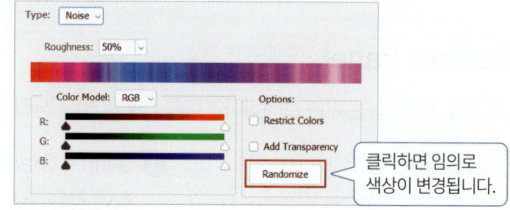

ⓔ Color Stop(색상 정지점) / Opacity Stop(불투명도 정지점)

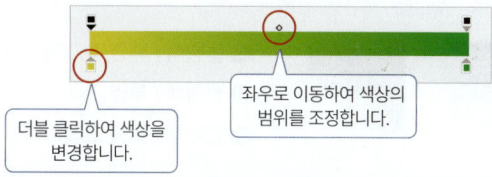

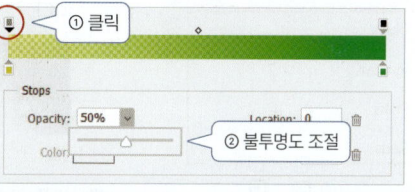

01 Photoshop Basic

02 Layer & Move

03 Selection

04 Color & Gradient

05 Brush

06 Typography

07 Layer Style

08 Path

❸ **Gradient Style(그레이디언트 스타일)** : 그레이디언트 스타일을 선택합니다. 선형, 방사형, 각진형, 반사형, 다이아몬드 형태로 사용할 수 있습니다.

| 선형 | 방사형 | 각진형 | 반사형 | 다이아몬드형 |

❹ **Mode(모드)** : 레이어와 그레이디언트와의 합성 모드를 선택합니다.

❺ **Opacity(불투명도)** : 그레이디언트의 불투명도를 설정합니다.

❻ **Reverse(반전)** : 그레이디언트 색상 조합을 반전합니다.

❼ **Dither(디더)** : 색상을 자연스럽게 혼합하고 투명 그레이디언트를 활성화시키기 때문에 항상 체크해 두는 것이 좋습니다.

❽ **Transparency(투명도)** : 투명 그레이디언트를 사용합니다.

❾ **Method(방법)** : 작업 화면에 그레이디언트가 표시되는 방식을 설정합니다. 선형, 클래식, 매끄러움, 줄무늬 등으로 설정할 수 있습니다. Smoothness 옵션에서 매끄러움 정도를 조절할 수 있습니다.

투명한 그레이디언트 사용 시 주의사항

투명도가 적용된 그레이디언트를 만들 때 불투명도(Opacity)를 0%로 설정하더라도 색상 정보가 완전히 사라지는 것은 아닙니다. 원하는 색상의 투명 그레이디언트를 깔끔하게 만들려면, 같은 색상을 설정한 뒤 불투명도를 0%로 조절하는 것이 좋습니다.

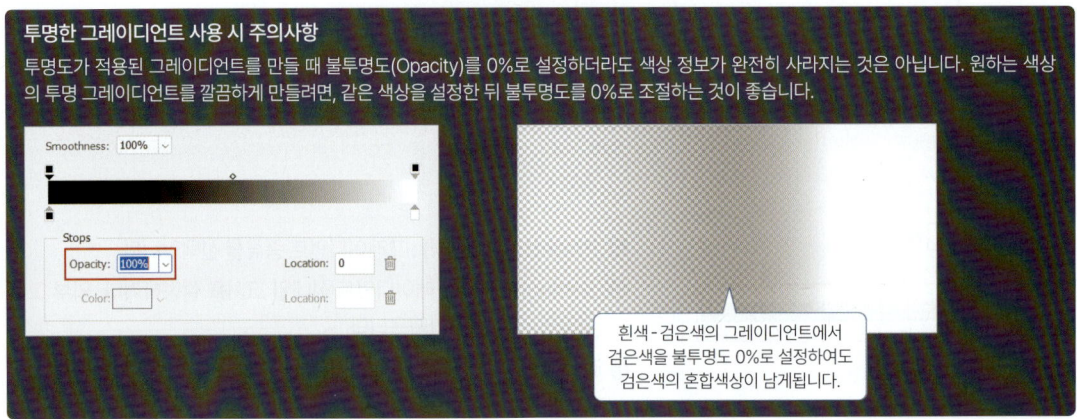

흰색 - 검은색의 그레이디언트에서 검은색을 불투명도 0%로 설정하여도 검은색의 혼합색상이 남게됩니다.

Gradient Panel 그레이디언트 패널

포토샵에서 제공하는 기본 그레이디언트를 사용하거나, 직접 만든 그레이디언트를 관리할 수 있는 공간입니다.

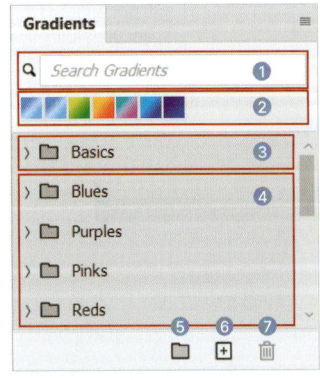

❶ **Search Gradient(그레이디언트 검색)** : 저장된 그레이디언트의 이름을 검색하여 찾을 수 있습니다.

❷ **Recents(최근목록)** : 최근에 사용한 그레이디언트 목록이 표시됩니다.

❸ **Basic Gradient(기본 그레이디언트)** : 기본 그레이디언트를 사용할 수 있습니다.

ⓐ 전경색 / 배경색 그레이디언트
ⓑ 전경색 / 투명 그레이디언트
ⓒ 검은색 / 흰색 그레이디언트

❹ **샘플 그레이디언트** : 포토샵에서 제공하는 다양한 샘플을 활용할 수 있습니다.

❺ **Create a new group(새 그룹 생성)** : 새로운 그레이디언트 그룹을 생성합니다.

⑥ Create new gradient(새 그레이디언트 생성) : 그레이디언트 편집기를 열어 새로운 그레이디언트를 직접 만들고 저장할 수 있습니다.

⑦ Delete gradient(그레이디언트 삭제) : 선택된 그레이디언트를 삭제합니다.

Properties Panel 그레이디언트 속성 패널

그레이디언트의 다양한 설정을 손쉽게 변경할 수 있는 곳입니다. 그레이디언트를 적용하면 활성화됩니다.

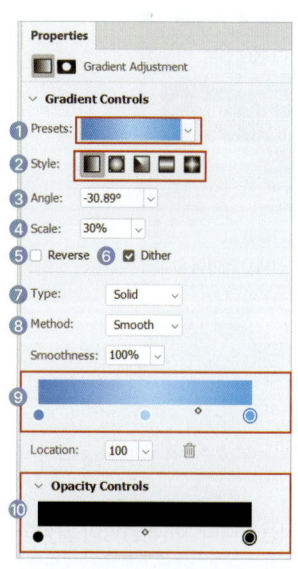

① Presets(사전 설정) : 그레이디언트 패널에서는 포토샵에서 제공하는 샘플 그레이디언트를 사용할 수 있습니다. 그레이디언트를 추가하여 저장하거나, 삭제할 수도 있습니다.

② Gradient Style(그레이디언트 스타일) : 그레이디언트 스타일을 선택합니다. 선형, 방사형, 각진형, 반사형, 다이아몬드 형태로 사용할 수 있습니다.

③ Angle(각도) : 그레이디언트와의 각도를 입력합니다.

④ Scale(크기) : 그레이디언트의 크기를 입력합니다.

⑤ Reverse(반전) : 그레이디언트 색상 조합을 반전합니다.

⑥ Dither(디더) : 색상을 자연스럽게 혼합하고 투명 그레이디언트를 활성화시키기 때문에 항상 체크 해두는 것이 좋습니다.

⑦ Type(유형) : 그레이디언트 유형을 선택합니다. 단색, 또는 노이즈로 선택할 수 있습니다. 노이즈 옵션의 경우, 색상을 띠형태로 만들어 임의 색상이 적용됩니다.

⑧ Method(방법) : 작업 화면에 그레이디언트가 표시되는 방식을 설정합니다. 선형, 클래식, 매끄러움, 줄무늬 등으로 설정할 수 있습니다. Smoothness 옵션에서 매끄러움 정도를 조절할 수 있습니다.

⑨ Live Gradient(실시간 그레이디언트) : 색상과 색상 범위를 속성패널에서도 조절할 수 있습니다.

⑩ Opacity(불투명도) : 그레이디언트에 불투명도를 설정합니다. 정지점을 선택해 투명도를 조절할 수 있습니다. 값이 낮을수록 투명해집니다.

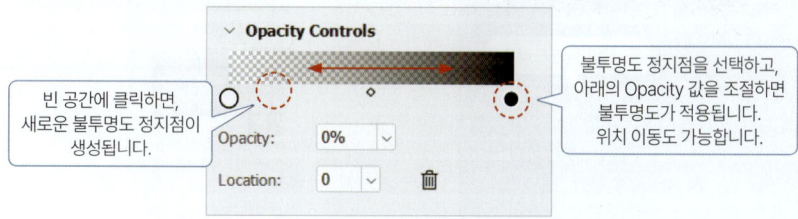

빈 공간에 클릭하면, 새로운 불투명도 정지점이 생성됩니다.

불투명도 정지점을 선택하고, 아래의 Opacity 값을 조절하면 불투명도가 적용됩니다. 위치 이동도 가능합니다.

Gradient Fill Layer 그레이디언트 칠 레이어

라이브 그레이디언트 기능을 사용하면 레이어 패널에 Gradient Fill Layer(그레이디언트 칠 레이어)가 생성됩니다. 레이어 패널의 섬네일을 더블 클릭하면 색상, 형태, 각도 등을 실시간으로 수정할 수 있으며, 레이어 마스크를 활용하면 그레이디언트의 일부를 가리거나 다시 보이게 할 수 있습니다.

레이어 마스크

T 레이어 마스크는 'Section 10. Clipping Mask & Layer Mask'에서 자세히 학습합니다.

01 Photoshop Basic
02 Layer & Move
03 Selection
04 Color & Gradient
05 Brush
06 Typography
07 Layer Style
08 Path

Gradient Fill Layer & Gradient Panel 그레이디언트 패널의 활용

그레이디언트 패널을 사용하면 Gradient Fill Layer가 생성되며 빠르게 그레이디언트를 적용할 수 있습니다.

❶ 레이어가 선택되어 있지 않다면 그레이디언트 패널에서 색을 선택하고 작업 화면에 그레이디언트 도구로 드래그하여 그레이디언트를 적용할 수 있습니다.

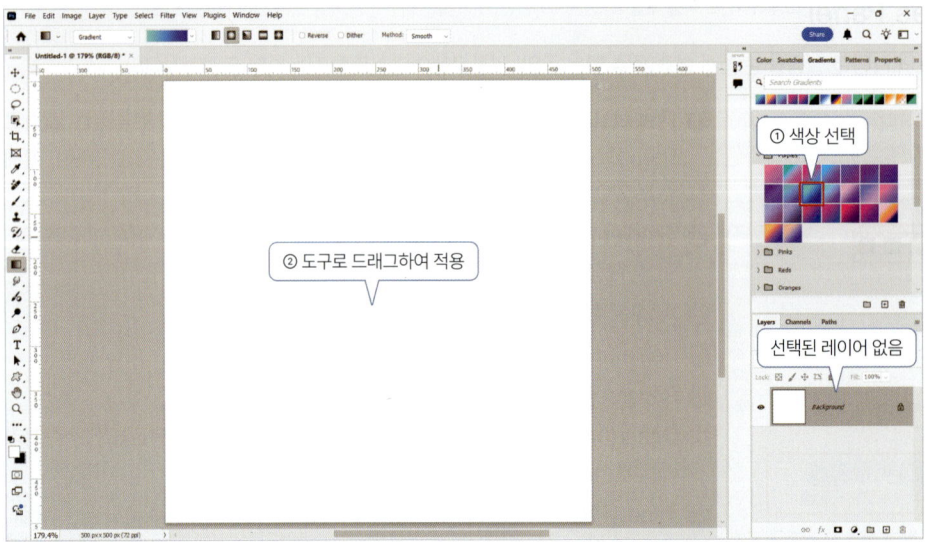

❷ 빈 레이어를 선택하고 그레이디언트 패널에서 색을 선택하면 빠르게 그레이디언트가 적용됩니다. 이때 영역이 활성화 되어있다면, 영역만큼 그레이디언트가 채색됩니다.

* 그레이디언트 수정은 Properties(속성)패널에서 변경합니다.

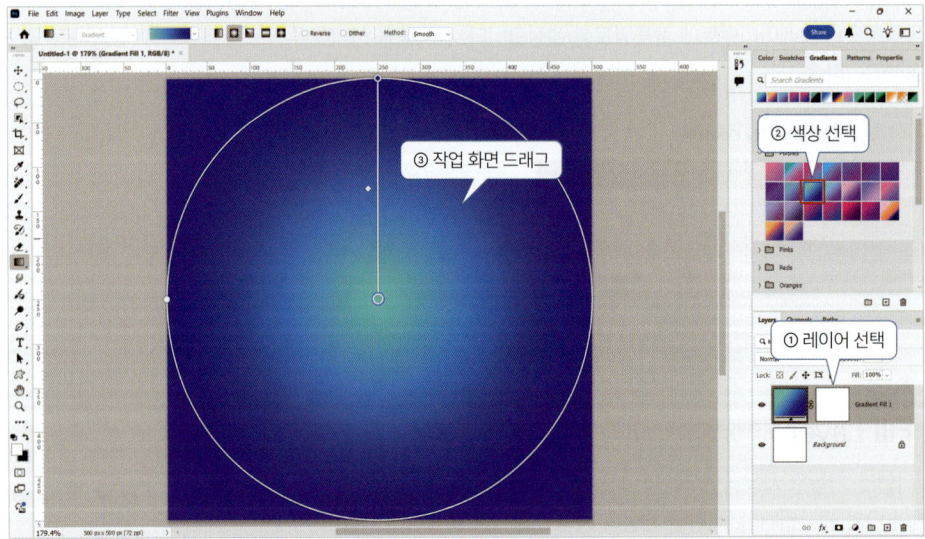

🇹 색이 채워진 레이어를 선택하고 그레이디언트 패널에서 색을 선택하면 레이어에 라이브 그레이디언트가 클리핑마스크되어 적용됩니다. Clipping Mask(클리핑 마스크)는 특정 레이어에 원하는 이미지를 액자처럼 끼워 넣는 기능입니다. 프레임이 될 레이어를 하위에 두고, 레이어와 레이어 사이에 Alt + 클릭하여 적용합니다. 클리핑 마스크에 대한 상세 해설은 'Section 10. Clipping Mask & Layer Mask'를 참고합니다.

01
Photoshop Basic

02
Layer & Move

03
Selection

04
Color & Gradient

05
Brush

06
Typography

07
Layer Style

08
Path

Color & Gradient

다양한 그레이디언트 도구와 옵션을 사용하여 실습합니다.

■ 예제 폴더 : S4_Practice3

01 파일 열기

'S4_P3_1.psd' 파일을 열고(Ctrl + O) 해당 레이어에 작업할 수 있도록 레이어 패널을 확인합니다. 컬러 1 그룹은 예시로 작업되어 있으므로 컬러 2 그룹부터 작업하겠습니다.

02 클래식 그레이디언트 적용하기

컬러2 그룹에 클래식 그레이디언트를 적용하겠습니다. 컬러2 그룹 내에 사각형 1 레이어를 선택하고, 레이어 패널의 투명 잠금 아이콘(⊠)을 클릭합니다. Gradient Tool(G)을 선택하고, 옵션 바에서 Classic gradient 를 선택합니다.

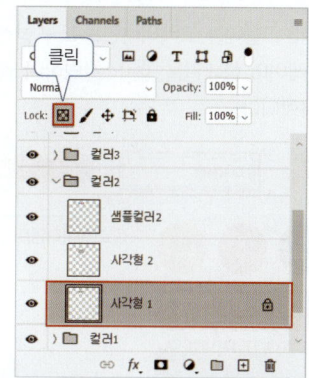

03 그레이디언트 적용하기

Gradient Tool(G)로 작업 화면에 드래그하여 적용합니다.

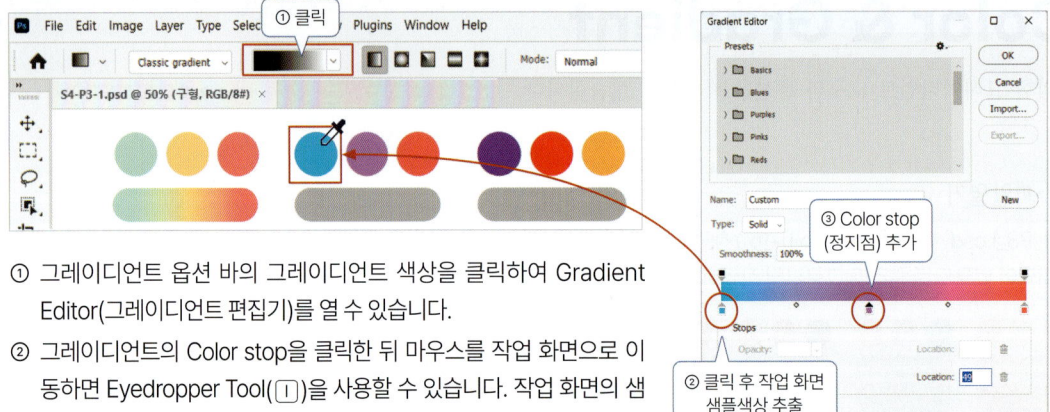

① 그레이디언트 옵션 바의 그레이디언트 색상을 클릭하여 Gradient Editor(그레이디언트 편집기)를 열 수 있습니다.

② 그레이디언트의 Color stop을 클릭한 뒤 마우스를 작업 화면으로 이동하면 Eyedropper Tool(I)을 사용할 수 있습니다. 작업 화면의 샘플 컬러를 클릭하여 색을 적용합니다.

③ 컬러 슬라이드의 빈 공간을 클릭하여 컬러 스탑을 추가합니다. 완료 후 작업 화면에 드래그하여 채색합니다.

04 그레이디언트 스타일 적용하기

컬러 2 폴더에 사각형 2 레이어를 선택하고, 그레이디언트 스타일을 방사형으로 선택하여 채색합니다. 이때 레이어에 투명 잠금 기능을 적용하여 그레이디언트를 적용해야 합니다.

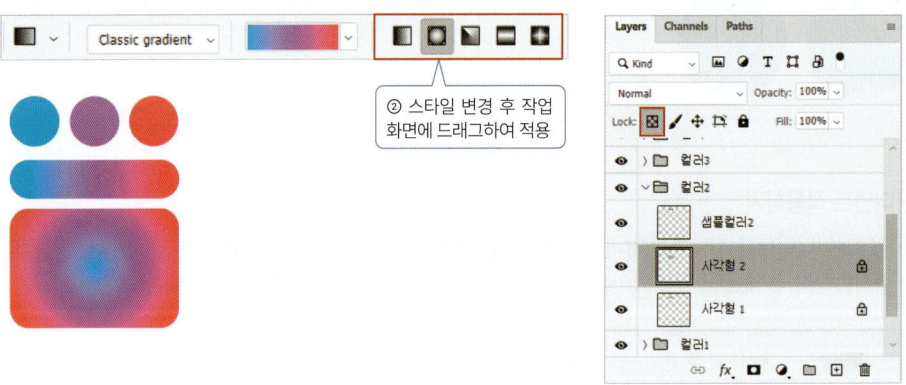

05 그레이디언트 적용하기

컬러3 그룹에는 그레이디언트 도구 옵션 중 Live Gradient를 사용하는 방법을 실습합니다. 먼저, 옵션을 Gradient로 설정한 뒤, 레이어 섬네일을 Ctrl + 클릭하여 영역을 불러오기합니다. 영역이 활성화되었다면, 화면에 드래그하여 그레이디언트를 적용합니다.

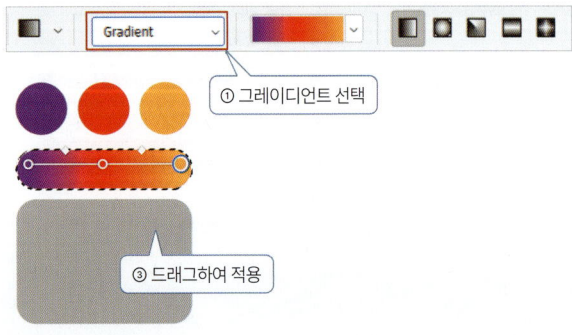

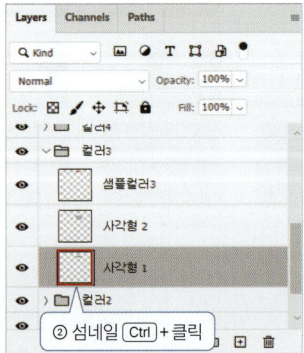

06 색상 변경하기 1

Live Gradient는 화면에서 직접 색상을 변경할 수 있습니다. 컬러 스탑을 더블 클릭하여 컬러 피커가 열리면, 작업 화면으로 마우스를 이동하여 Eyedropper(I)로 작업 화면의 샘플 컬러를 클릭하여 색을 적용합니다. 사각형 1에 색상이 적용되었습니다.

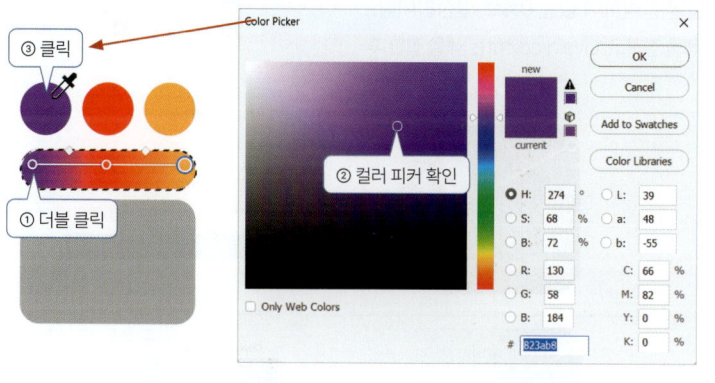

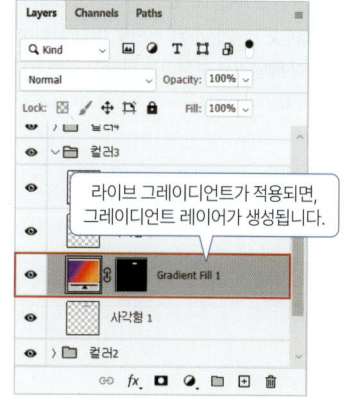

07 색상 변경하기 2

06 과정과 같은 방법으로 사각형 2에 라이브 그레이디언트를 적용합니다. 속성 패널에서 Radial Gradient(방사형)나 Diamond Gradient 적용 후 나타나는 라인을 움직여 스타일을 변형합니다. 컬러 4, 5, 6 그룹도 다양한 색상과 스타일로 그레이디언트를 적용해봅니다.

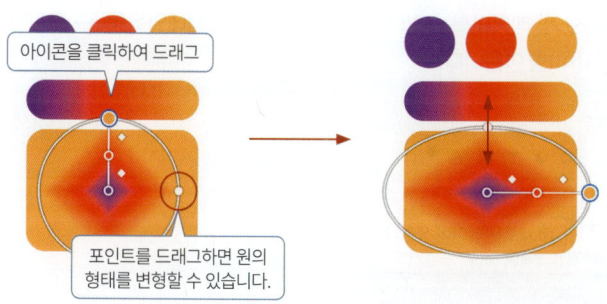

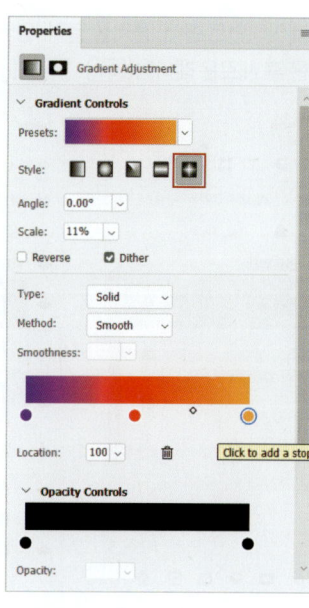

08 투명 그레이디언트 적용하기

컬러 7 그룹에서는 05 과정과 같이 옵션을 Live Gradient로 놓고, 영역을 불러오기 한 뒤, 작업 화면에 드래그하여 그레이디언트를 적용합니다. 그레이디언트가 먼저 적용되고 난 뒤, 속성 패널을 확인합니다. 속성 패널에서 컬러 스탑을 더블 클릭하여 동일한 색으로 변경하고, Opacity 스탑을 클릭하여 값을 0%로 설정합니다.

🅣 Classic gradient는 속성을 먼저 설정한 후 색을 칠하고, Live gradient는 색을 칠한 후 속성 패널에서 수정하는 방법이 효율적입니다.

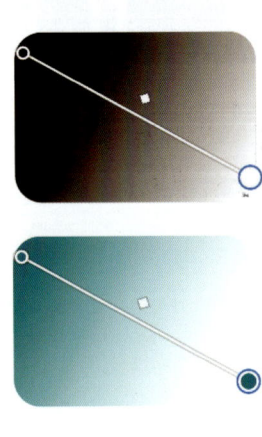

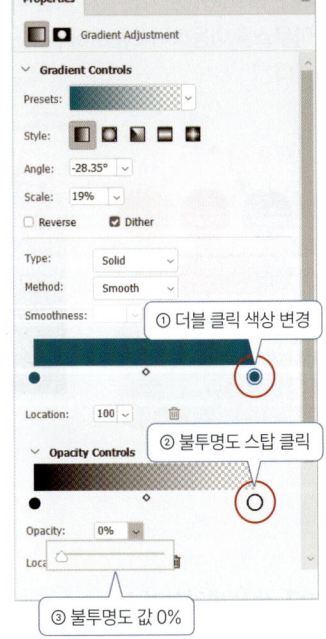

09 투명 그레이디언트 중복 적용하기

레이어에서 '그레이디언트 형태' 폴더를 열어 '영역 불러오기' 레이어를 숨깁니다. 숨겨진 레이어의 섬네일을 Ctrl + 클릭하여 영역을 불러온 후 새로운 레이어(Ctrl + Alt + Shift + N)를 만듭니다.

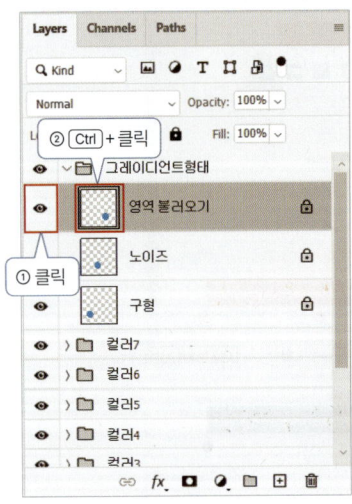

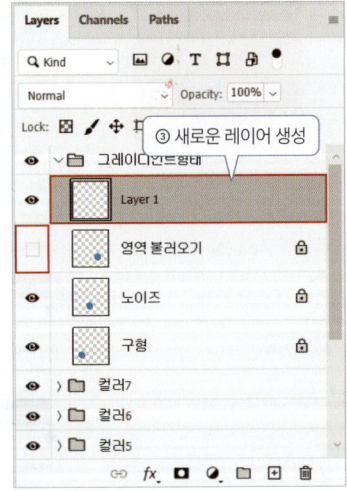

10 투명 그레이디언트 적용하기

활성화된 영역안으로 Classic gradient 옵션에서 색상 - 투명 그레이디언트로 설정하고, Style은 Radial Gradient(방사형)으로 선택합니다. 활성화된 영역 안으로 작업 화면에 드래그하여 채색해봅니다. 색을 바꿔 재적용하면서 색을 채워갑니다. 영역을 해제하고([Ctrl]+[D]) 적용된 그레이디언트를 확인합니다.

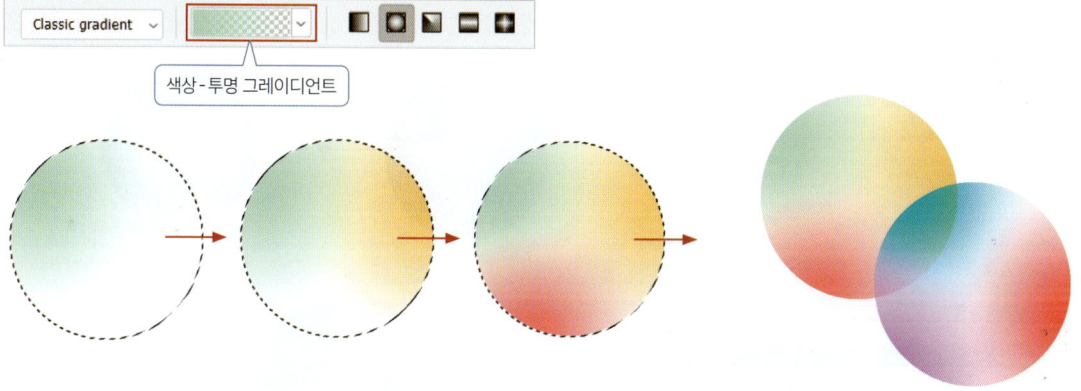

색상 - 투명 그레이디언트

11 노이즈 그레이디언트 적용하기

노이즈 레이어를 선택 후 투명 잠금 기능을 활성화시킨 후 작업합니다.
① Classic gradient 옵션을 선택하고 ② 사전 설정을 클릭하여 그레이디언트 편집기를 엽니다.
③ Type을 Noise로 변경하면 랜덤 색상의 노이즈 그레이디언트를 사용할 수 있습니다.
④ Randomize 버튼을 누르면 색상을 변경할 수 있습니다.
⑤ Style을 Angle Gradient로 설정한 뒤 ⑥ 작업 화면에 드래그하여 그레이디언트를 적용합니다.

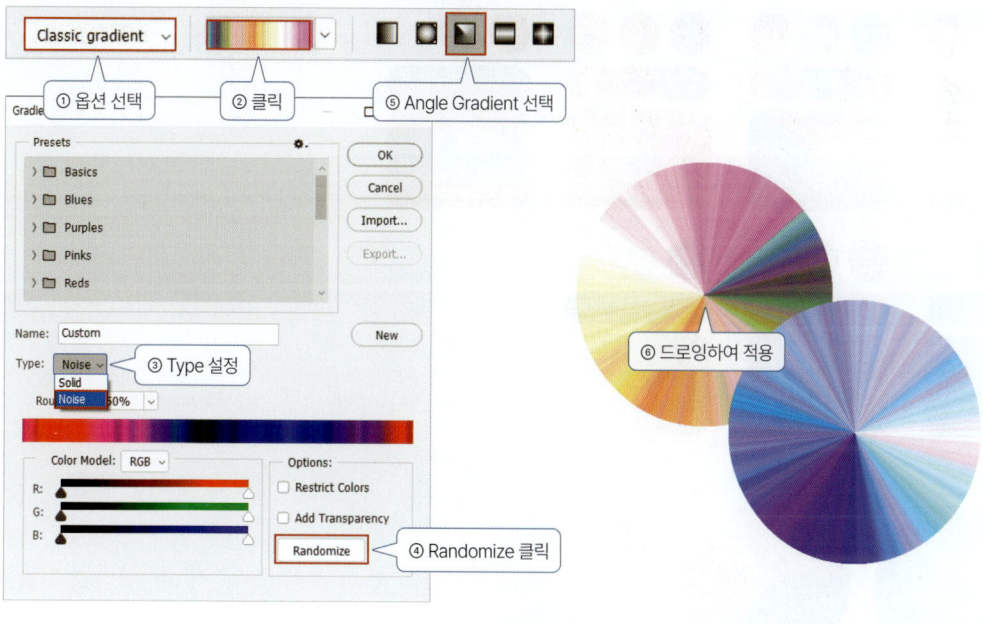

① 옵션 선택
② 클릭
⑤ Angle Gradient 선택
③ Type 설정
④ Randomize 클릭
⑥ 드로잉하여 적용

01 Photoshop Basic

02 Layer & Move

03 Selection

04 Color & Gradient

05 Brush

06 Typography

07 Layer Style

08 Path

12 구형 만들기

노이즈 레이어를 선택 후 투명 잠금 기능을 활성화시킨 후 작업합니다. 색을 점점 더 진하게 설정하고, 원형 그레이디언트 형태로 채색합니다. 투명 그레이디언트를 사용하여 그림자도 함께 적용하여 입체감이 느껴지는 구형 그레이디언트를 만들어봅니다.

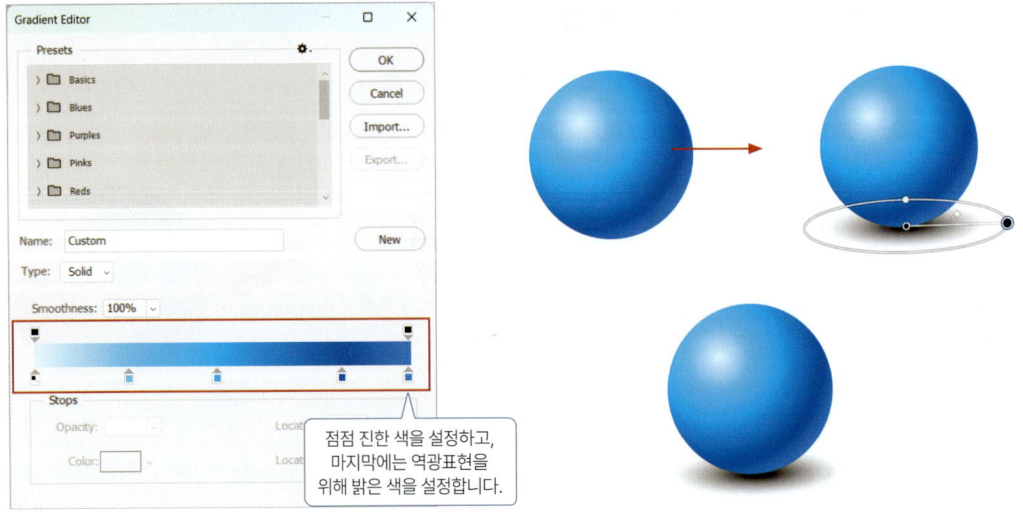

점점 진한 색을 설정하고,
마지막에는 역광표현을
위해 밝은 색을 설정합니다.

13 완성하기

다양한 그레이디언트 유형과 옵션을 사용해보고 작업을 완성합니다.

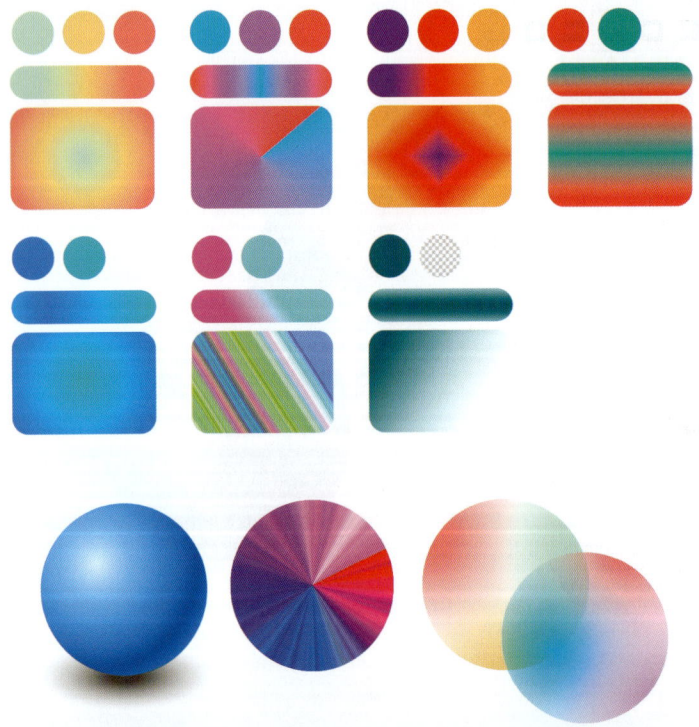

Pattern

패턴은 동일한 이미지가 타일 형태로 반복되어 배경이나 텍스처로 사용하는 기법입니다. 포토샵에서 제공하는 다양한 기본 패턴뿐만 아니라, 사용자가 직접 제작하여 등록하는 방법까지 익혀 실무에서 효과적으로 활용할 수 있도록 학습합니다.

Patterns panel 패턴 패널

패턴을 저장하고 관리하는 공간입니다. 저장된 패턴을 선택하여 사용할 수 있습니다.

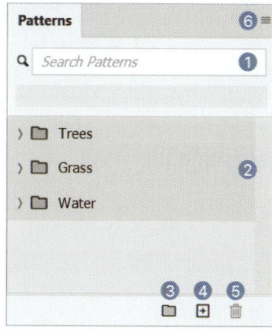

❶ Search Patterns(패턴 검색) : 검색 창에서 '패턴 이름'을 검색하여 찾을 수 있습니다.

❷ Sample Patterns(샘플 패턴) : 포토샵에서 기본으로 제공하는 다양한 패턴을 사용할 수 있습니다.

❸ Create new group(새 그룹 만들기) : 새로운 패턴 그룹을 생성합니다.

❹ Create new pattern(새 패턴 만들기) : 선택한 레이어를 패턴 패널에 등록(저장)합니다.

❺ Delete Pattern(패턴 삭제) : 선택한 패턴을 삭제합니다.

❻ 더보기 메뉴(≡)에서 'Lagacy Patterns And More'을 선택하면 포토샵 이전 버전에서 제공하던 패턴들도 사용할 수 있습니다.

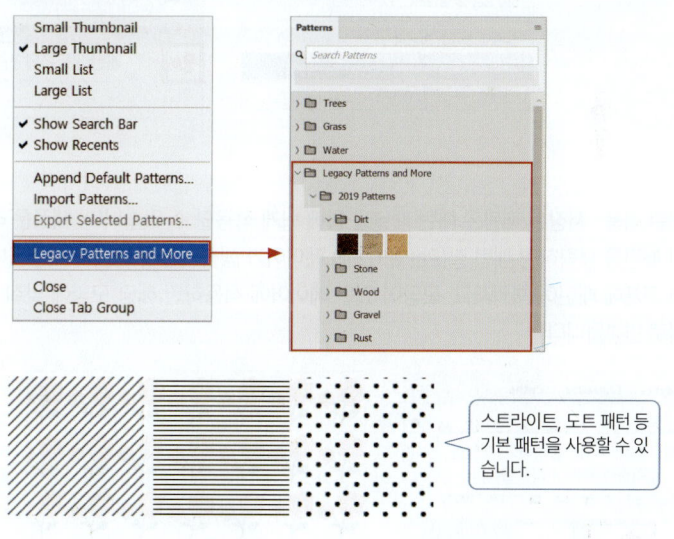

스트라이트, 도트 패턴 등 기본 패턴을 사용할 수 있습니다.

T 버전 차이 알아보기

Pattern 패널은 Photoshop cc 2020 버전부터 새롭게 추가된 패널입니다. Photoshop cc 2019 이하 버전 사용자는 Layer Style이나 [Edit] - [Fill] - [Pattern] 메뉴를 통해 패턴을 확인할 수 있습니다.

패턴 만들기와 적용 방법 ■ S4_2.jpg

원하는 이미지를 패턴으로 등록한 뒤, 크기와 각도를 수정할 수 있습니다.

❶ 패턴 등록 1 : 패턴으로 만들고 싶은 영역을 선택한 후 패턴 패널 하단의 Create new pattern(새 패턴 만들기) 아이콘을 클릭합니다. 저장된 패턴은 패널에 섬네일 형태로 나타납니다.

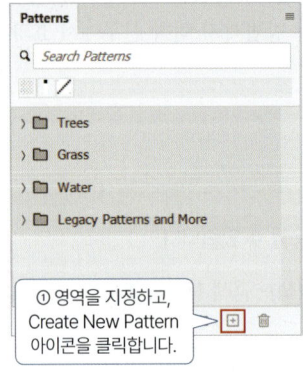

❷ 패턴 등록 2 : 패턴으로 만들고 싶은 영역을 선택한 후 메뉴에서 [Edit] - [Define Pattern]을 선택합니다.

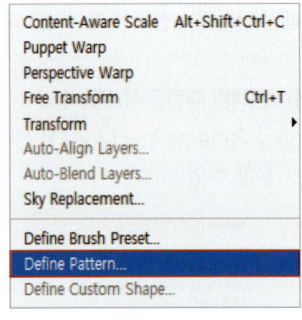

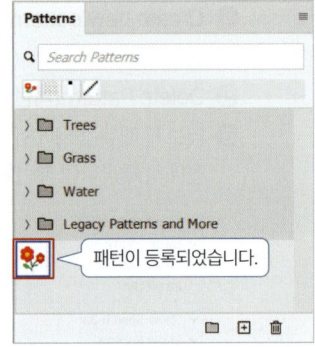

❸ 패턴 적용 : 저장된 패턴은 패턴 패널을 통해 쉽게 적용할 수 있습니다. 새로운 레이어를 생성한 후, 패턴 패널에서 저장된 패턴을 클릭하면 패턴 칠(Pattern Fill) 레이어가 생성되면서 패턴이 적용됩니다. 비어 있는 레이어에 적용하면 레이어 전체에 패턴이 채워지고, 모양이 있는 레이어에 적용하면 해당 모양에 맞춰 패턴이 채워집니다(레이어가 패턴 레이어로 변경됩니다).

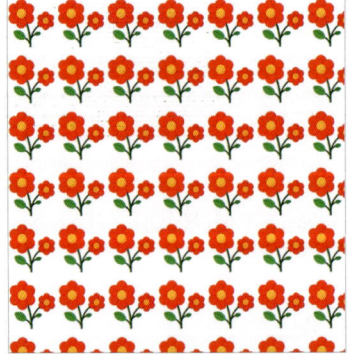

❹ **패턴 변형** : 패턴이 적용된 후에도 패턴이 적용된 레이어의 섬네일을 더블 클릭하면 Pattern Fill 대화상자가 나타나 패턴을 다양하게 변형할 수 있습니다.

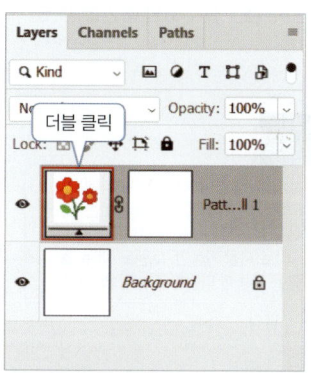

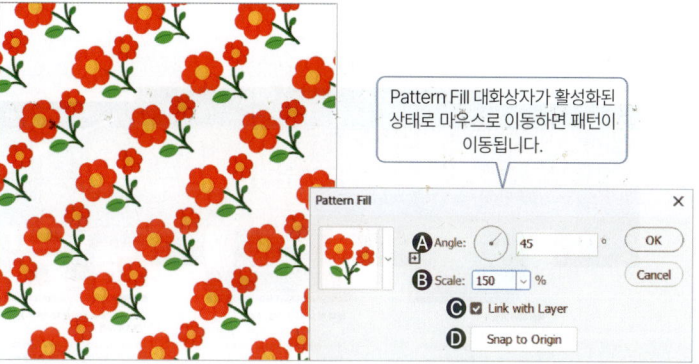

Ⓐ **Angle(각도)** : 패턴의 각도를 설정합니다.

Ⓑ **Scale(비율)** : 패턴의 크기를 조절합니다.

Ⓒ **Link with layer(레이어에 연결)** : 패턴을 레이어를 기준으로 정렬합니다.

Ⓓ **Snap to origin(원래 위치로 복귀)** : 패턴을 처음 적용된 위치로 되돌립니다.

Advice　　**색상을 센스있게 사용하는 꿀팁!**

1. Color Picker 대화상자에서 색상, 명도, 채도를 사용하는 방법

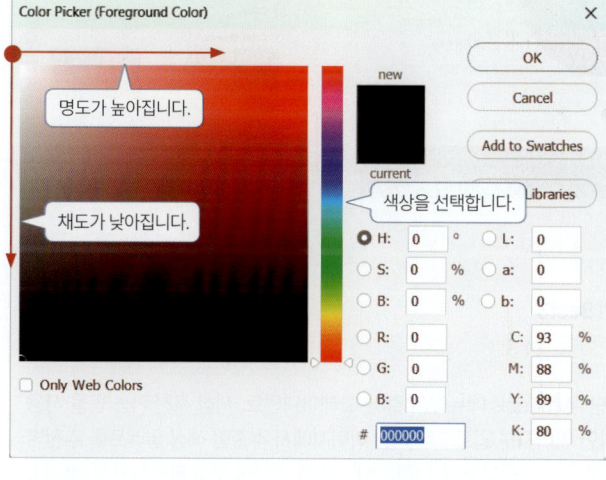

❶ **Hue(색상)** : 빨강, 파랑, 노랑과 같은 색의 종류를 의미합니다.
다양한 색상을 활용하면 풍부하고 다채로운 이미지를 연출할 수 있으며, 특정 색상은 보는 이에게 특정한 감정이나 분위기를 전달하는 데 효과적입니다.

❷ **Value / Lightness(명도)** : 색의 밝고 어두운 정도를 의미합니다.
명도 차이가 클수록 중심 요소가 선명하게 대비되어 보이며, 강조하고 싶은 이미지를 더욱 눈에 띄게 만들 수 있습니다.

❸ **Saturation(채도)** : 색의 순수성과 선명도를 의미합니다.
채도가 높을수록 색이 선명하고 강렬하게 느껴지며, 낮을수록 부드럽고 탁한 느낌을 줍니다. 채도 조절을 통해 이미지에 생동감을 주거나 차분한 분위기를 연출할 수 있습니다.

01 Photoshop Basic
02 Layer & Move
03 Selection
04 Color & Gradient
05 Brush
06 Typography
07 Layer Style
08 Path

2. Adobe Color 서비스 200% 활용하기

어도비에서 제공하는 색상 정보 페이지(https://color.adobe.com/ko/)에 접속하면, 다양한 컬러 조합을 만들 수 있습니다.

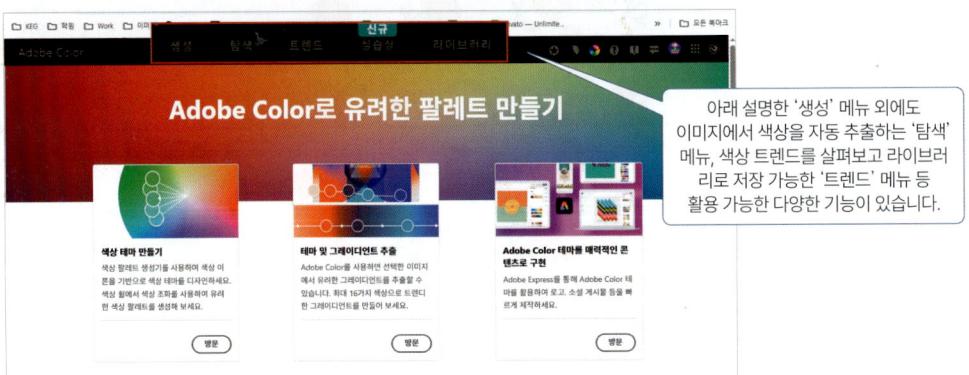

아래 설명한 '생성' 메뉴 외에도 이미지에서 색상을 자동 추출하는 '탐색' 메뉴, 색상 트렌드를 살펴보고 라이브러리로 저장 가능한 '트렌드' 메뉴 등 활용 가능한 다양한 기능이 있습니다.

[생성] 메뉴에서 색상 팔레트 생성기를 사용하여 나만의 색상 테마를 만들 수 있습니다.

❶ 색상 휠에서 유사색, 단색, 보색 등 조화로운 색상을 생성합니다.

❷ 휠을 하나씩 움직여 원하는 유사 색상 팔레트를 만들고, 라이브러리에 저장합니다.

❸ 포토샵의 Libraries 패널을 열면, 사용자가 저장한 색상 팔레트를 사용할 수 있습니다.

🅣 이 기능은 온라인 연결 상태에서, 포토샵 계정이 있는 정품 사용자만 이용할 수 있습니다.

3. 컬러 고민은 이제 그만! 색조합 사이트 추천 Best3

❶ Coolors(https://coolors.co/colors)

다양한 색상 팔레트를 제안하는 사이트로, 상단 우측 Tools 메뉴에서 컬러, 그레이디언트, 색상 추천 기능 등을 사용할 수 있습니다. Image Picker 기능을 이용하면 이미지를 업로드해 해당 이미지에서 추출한 색상 팔레트를 추천받을 수 있습니다. 기능이 다양하고 제공하는 색상 정보가 풍부하여, 여러 카테고리를 체험해 보며 활용하기 좋습니다.

❷ Ui gradients(https://uigradients.com/#petrichor)

다양한 그레이디언트를 생성해 주는 사이트입니다. 좌측 상단의 Show All Gradients를 선택하면 색상 분류별 그레이디언트가 제안되며, 클릭 시 전체 화면에 색상 코드가 표시됩니다. 상단 아이콘을 이용해 이미지를 바로 다운로드할 수 있습니다.

❸ Color hunt(https://colorhunt.co/)

초보자도 쉽게 사용할 수 있는 색상 조합 사이트입니다. 화면 왼쪽 하단에서 컬러 컨셉을 선택해 색상을 고를 수 있으며, 원하는 조합을 클릭하면 각 색상의 코드와 값이 표시됩니다. 이미지를 다운로드하여 바로 활용할 수 있습니다.

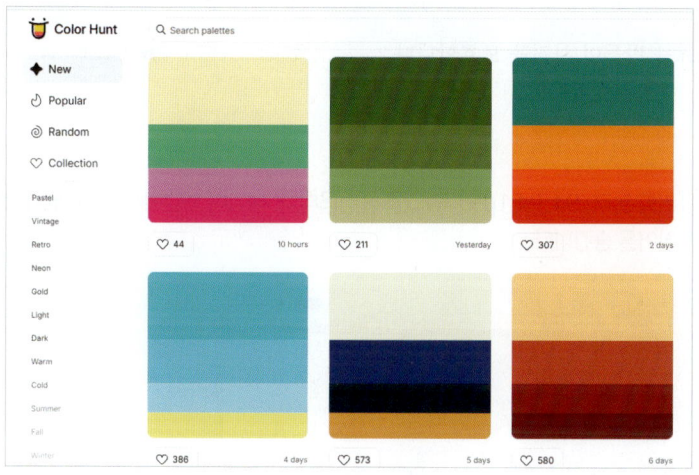

4. 디자인에서 컬러의 중요성!

색상은 각각 고유한 메시지와 이미지를 담고 있습니다. 예를 들어, 경고·안전·따뜻함·청량함·어두움 등과 같은 인상을 줄 수 있습니다. 이러한 색상에 대한 인식은 다소 주관적일 수 있지만, 많은 사람들이 같은 방식으로 사용함으로써 사회적 합의로 자리 잡았습니다.

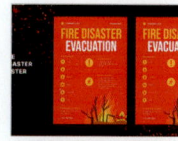

RED 빨강색 : 사랑, 열정, 경고, 위험, 긴급
눈에 잘 띄는 색상으로 중요한 정보를 신속하게 전달하거나 강렬한 시각적 자극을 줄 때 사용됩니다. 단, 채도가 높은 빨강을 과도하게 사용하면 시각적 피로를 유발하거나 세련되지 못하고 촌스러운 인상을 줄 수 있으므로 주의해야 합니다.

GREEN 초록색 : 자연, 신선함, 안정, 건강
자연을 상징하는 색상으로 신선한 이미지나 안전한 분위기를 전달할 때 효과적으로 사용됩니다. 다만 디지털 기기나 AI 신기능처럼 세련되고 날카로운 이미지를 전달하는 용도로는 적합하지 않습니다.

BLUE 파란색 : 시원함, 평화, 신뢰, 여유
하늘, 호수, 바다처럼 넓은 자연에서 쉽게 인지되는 색상이며, 심리학적으로는 긍정적인 감정과 밀접한 색으로 분류됩니다. 여유, 안전, 고요함을 전달할 때 효과적입니다. 다만 계절감이 뚜렷해 겨울에 사용하면 다소 차가운 인상을 줄 수 있습니다.

YELLOW 노란색 : 에너지, 희망, 주의, 기쁨
활력을 불어넣고 자신감을 높이는 대표적인 색상으로, 명도가 높아 대비되는 검은색과 함께 사용하면 위험이나 경고의 의미를 강조할 수 있습니다. 친근하고 접근하기 쉬운 이미지를 전달할 때 효과적이나, 신뢰와 무게감이 필요한 진중한 이미지에는 적합하지 않을 수 있습니다.

01 Photoshop Basic
02 Layer & Move
03 Selection
04 Color & Gradient
05 Brush
06 Typography
07 Layer Style
08 Path

Pattern

패턴을 활용하여 사진 위에 워터마크를 만들어 사진을 보호합니다.

▣ 예제 폴더 : S4_Practice4

01 파일 열기

메뉴에서 [File] - [Open] 또는 Ctrl + O 키를 눌러 'S4_P4_1.psd' 파일을 불러옵니다. 레이어 패널에서 Background 레이어의 눈 아이콘(👁)을 클릭하여 배경 레이어를 숨깁니다.

02 패턴 등록하기

메뉴에서 [Window] - [Patterns]을 선택하여 패턴 패널을 열고, 패턴 등록 아이콘(⊞)을 클릭하여 패턴으로 등록합니다. 또는 메뉴에서 [Edit] - [Define Pattern]을 선택하여 등록할 수도 있습니다.

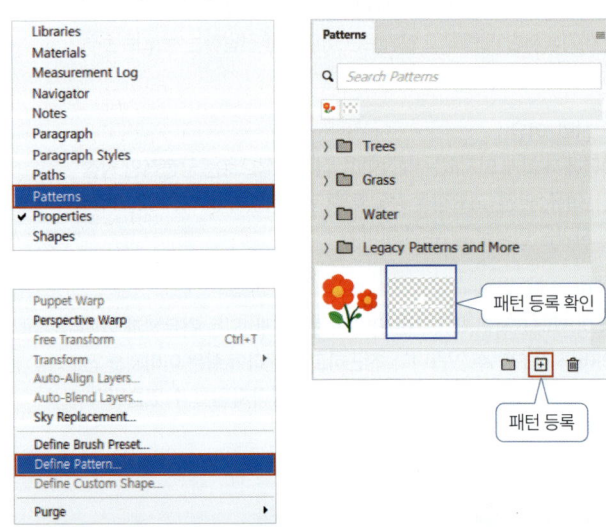

패턴 등록 확인

패턴 등록

03 파일 열기

메뉴에서 [File] - [Open] 또는 Ctrl + O 키를 눌러 'S4_P4_3.jpg' 파일을 열고 새 레이어(Ctrl + Alt + Shift + N)를 만듭니다.

04 패턴 적용하기

패턴 패널에서 방금 등록한 로고 패턴을 클릭하면, 새로운 레이어에 패턴 칠 레이어로 적용됩니다.

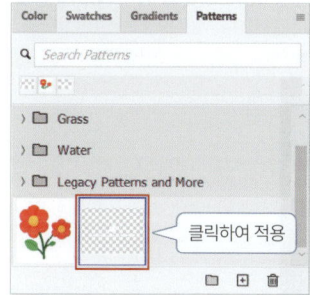
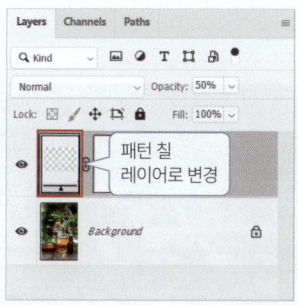

01 Photoshop Basic

02 Layer & Move

03 Selection

04 Color & Gradient

05 Brush

06 Typography

07 Layer Style

08 Path

05 패턴 수정하기

로고 패턴이 적용된 '패턴 칠' 레이어의 섬네일을 더블 클릭합니다. 이어서 Pattern Fill 대화상자에서 각도와 크기를 조절합니다.

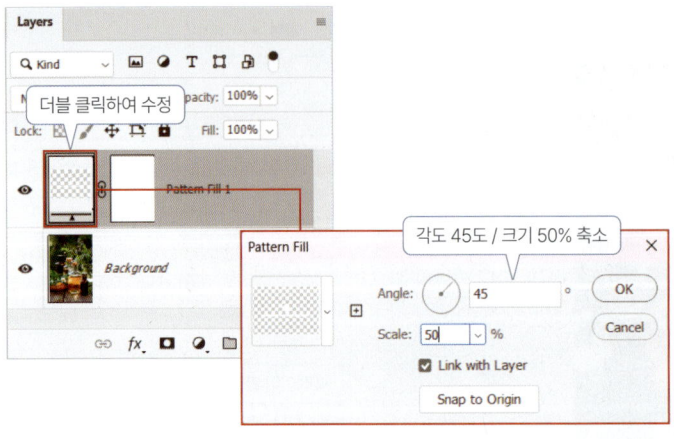

06 완성하기

이미지에 워터마크가 적용되었습니다. 레이어 패널에서 패턴 레이어의 Opacity(불투명도)를 50%로 낮춰 워터마크처럼 보이도록 만듭니다.

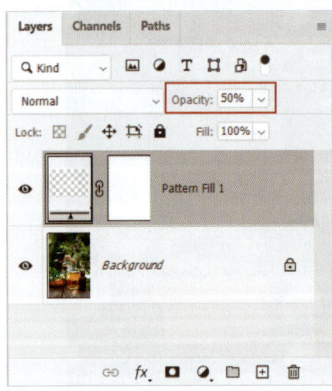

Exercise

화병 아트웍 제작하기	📁 S4_Exercise 예제
컬러와 그레이디언트를 활용하여 꽃잎을 채색하고 아트웍을 제작합니다.	

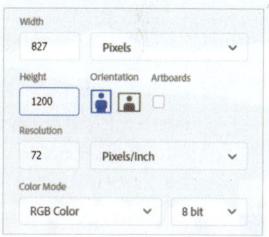

1. 작업 과정 확인 및 새로 만들기

작업 화면에 다양한 이미지를 콜라주하여 배치한 뒤, 영역을 불러온 후 색을 채워 만드는 작업입니다. 가로 827, 세로 1200Pixels, 해상도 72, 색상 모드 RGB로 새로운 작업 화면을 만듭니다. 배경 레이어는 Gradient Tool로 색을 채웁니다(Classic gradient 적용 #292b73-#7789c1).

2. 이미지 콜라주

'E4_1.~7.jpg' 파일을 불러온 후 영역 도구로 배경과 분리하여 작업 화면으로 이동합니다. 꽃, 화병, 잎사귀를 각각 작업 화면으로 이동하여 크기와 비율에 맞게 Free Transform을 실행하여 배치합니다. 각 레이어의 영역을 불러와 그레이디언트를 적용하는 작업이므로 가장자리가 깔끔하게 영역으로 설정되어야 합니다. 배치된 '원본' 오브젝트는 그룹을 지어 준비합니다.

3. 영역 불러오기 및 채색

그룹을 열어 소스 레이어의 섬네일을 Ctrl+클릭하여 영역을 불러옵니다. 새로운 레이어를 생성하고, Classic gradient를 적용합니다. 도구 옵션에서 그레이디언트의 모양을 변경하여 채색할 수 있고, 전경색 - 투명 그레이디언트를 선택하여 적용하면 반투명한 채색 효과로도 연출할 수 있습니다. 색을 채색할 때, '원본' 레이어의 눈 아이콘(👁)을 끄고 색을 채색하면 사용자가 칠하는 색상을 정확히 볼 수 있습니다.

T 각 오브젝트 별로 레이어를 만들고 레이어를 묶어 그룹을 만들어 관리합니다. 채색이 모두 끝난 뒤에는 레이어 패널의 투명 픽셀 잠그기 아이콘(▨)을 클릭하여 색상을 자유롭게 변경할 수 있습니다. '원본' 레이어는 삭제하지 않고 눈 아이콘(👁)을 클릭하고 숨김하여 사용하도록 합니다.

MENTOR

BRUSH TOOL OPTION
ADOBE BRUSH

PENCIL TOOL
COLOR REPLACEMENT

MIXER BRUSH
HISTORY BRUSH
ART HISTORY
BACKGROUND ERASER
MAGIC ERASER

Torn
Papaer

Ps

Brush

브러시

MISSION

포토샵의 브러시 도구는 다양한 질감과 효과를 만들어내는 강력한 기능입니다. 이 섹션에서는 브러시의 종류와 설정 방법을 학습하고, 이를 활용하여 창의적인 작업을 진행할 수 있는 방법을 익힙니다. 브러시를 활용해 세밀한 디테일을 추가하고, 독특한 텍스처와 효과를 만들 수 있습니다.

KEYWORD

#브러시 #드로잉 #아트웍

Brush

Brush Tool(브러시 도구)은 포토샵에서 다양한 질감과 효과를 적용할 수 있는 중요한 도구입니다. 브러시 도구의 기본적인 사용법을 학습하고, 브러시의 크기와 형태를 조정하여 창의적인 작업에 활용하는 방법을 익힙니다.

★ 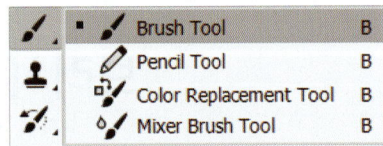 Brush Tool 브러시 도구

Brush Tool(브러시 도구)은 작업 화면에서 색을 칠하거나 붓으로 그리는 작업을 할 때 사용하며, 브러시 스타일을 적용하여 다양한 느낌을 연출할 수 있습니다. **S** Brush Tool(브러시 도구) B

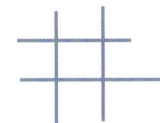

Brush Tool(B)을 선택 후 작업 화면에 자유롭게 드로잉하며 채색할 수 있습니다.

Brush Tool(B)을 선택 후 Shift 키를 눌러 그리면 수평/수직으로 드로잉할 수 있습니다.

브러시 커서 모양 변경
Caps Lock 키를 누르면 브러시 커서가 십자선 모양으로 변경됩니다. 작업 중 브러시 크기를 확인하기 위해서는 Caps Lock 키를 해제하여 브러시 크기가 표시되는 원형 커서로 선택합니다.

Default   Caps Lock

Brush Tool Option 브러시 도구 옵션

❶ **Brush Preset Picker(브러시 사전 설정)** : 브러시의 종류와 크기, 경도 등을 설정합니다.

❷ **Brush Settings Panel(브러시 설정 패널)** : 브러시의 속성을 세부적으로 설정할 수 있는 브러시 설정 패널입니다.
   S Brush Settings(브러시 설정) 패널 F5

❸ **Mode(모드)** : 브러시를 채색할 때 하위에 있는 레이어에 Blending Mode(합성 모드)를 적용하는 기능입니다.
   Blending Mode는 'Section 12. Blending Mode'를 참고합니다.

❹ **Opacity(불투명도)** : 브러시의 불투명도를 조절합니다.

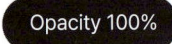

⑤ Pressure for Opacity(필압 불투명도) : 태블릿 사용 시 펜 압력에 따라 브러시의 불투명도를 조절하는 옵션입니다. 마우스를 사용할 경우 기능이 활성화되지 않습니다.

⑥ Flow(흐름) : 브러시의 흐름, 즉 브러시 간의 간격을 나타내는 기능입니다. Opacity(투명도) 적용 후 효과가 적용됩니다.

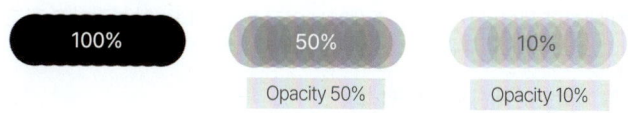

⑦ Airbrush-Style Build-Up Effects(에어 브러시 스타일 강화 효과) : 브러시 사용 시 스프레이 효과를 더해주는 기능입니다. 마우스나 태블릿의 펜을 누르고 있으면, 색이 지속적으로 뿌려지듯 표현됩니다.

⑧ Smoothing(보정) : 브러시 획의 흔들림을 보정합니다. 값을 높이면 브러시 획의 흔들림이 줄어들어 드로잉 작업 시 펜의 떨림이 줄어듭니다.

⑨ Smoothing Options(보정 옵션) : 브러시 획을 조정할 수 있는 옵션을 제공합니다.

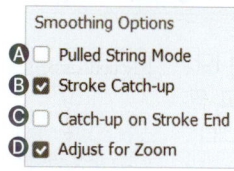

ⓐ Pulled String Mode(보조선 당기기 모드) : 설정된 보정 반경을 초과할 때 그리기 기능이 적용되지 않습니다. 체크를 해제하면 자유롭게 드로잉할 수 있습니다.

ⓑ Stroke Catch-up(획 캐치업) : 체크하면 사용자가 드로잉을 멈출 때, 브러시가 멈춰집니다. 체크를 해제하면, 마우스가 멈춰도 마우스의 궤적을 따라 브러시가 채색됩니다.

ⓒ Catch-up on Stroke End(획 끝에서 캐치업) : 마지막 획이 커서의 끝으로 자동완성됩니다.

ⓓ Adjust for Zoom(확대/축소 조정) : 자동으로 보정 양을 조정하여 낮은 확대/축소 환경에서 Jitter값을 조정합니다. 켜두는 것이 좋습니다.

⑩ Brush angle(각도) : 브러시의 각도를 설정할 수 있으며 마우스로 브러시의 방향을 직접 회전할 수 있습니다.

⑪ Pressure for Size(브러시 필압 크기 설정) : 태블릿 사용 시 펜 압력에 따라 브러시의 굵기(두께)를 조절하는 옵션입니다. 이 기능은 마우스를 사용할 경우 활성화되지 않습니다.

⑫ Set symmetry options for Painting(대칭 그리기 옵션 설정) : 대칭인 드로잉을 위해 대칭선을 설정합니다.

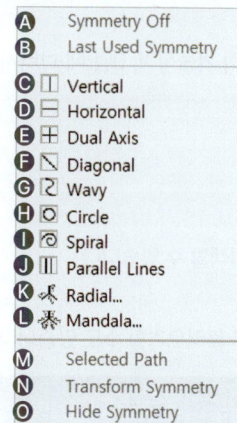

ⓐ Symmetry Off(대칭 끄기) : 대칭 기능 없이 일반 브러시 모드로 설정됩니다.

ⓑ Last Used Symmetry(마지막으로 사용한 대칭선) : 이전에 사용했던 대칭 모드를 그대로 불러와 적용합니다.

ⓒ Vertical(수직선) : 세로축을 기준으로 좌우가 동일하게 그려집니다.

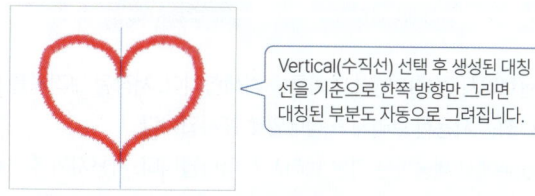

Vertical(수직선) 선택 후 생성된 대칭선을 기준으로 한쪽 방향만 그리면 대칭된 부분도 자동으로 그려집니다.

ⓓ Horizontal(수평선) : 가로축을 기준으로 위·아래가 대칭으로 그려집니다.

ⓔ Dual Axis(십자선) : 수직과 수평 축을 동시에 적용하여 4분할 대칭을 만듭니다.

ⓕ Diagonal(대각선) : 대각선을 기준으로 대칭이 이루어집니다

ⓖ Wavy(물결) : 물결 모양의 축을 기준으로 대칭이 적용됩니다.

ⓗ Circle(원) : 원 둘레를 기준으로 대칭이 적용됩니다.

01 Photoshop Basic
02 Layer & Move
03 Selection
04 Color & Gradient
05 Brush
06 Typography
07 Layer Style
08 Path

Ⓘ Spiral(나선형) : 나선 경로를 따라 대칭이 그려집니다.

Ⓙ Parallel Lines(평행선) : 일정 간격의 평행선을 기준으로 같은 패턴이 반복됩니다.

Ⓚ Radial Symmetry(방사형 대칭) : 중심에서 여러 방향으로 동일한 패턴을 방사형으로 배치합니다.

Ⓛ Mandala Symmetry(만다라 대칭) : 방사형 대칭의 세분화 버전으로 중심에서 여러 분할로 나누어 복잡하고 정교한 패턴이 생성됩니다.

Ⓜ Selected Path(선택한 패스) : 경로나 패스를 기준으로 대칭을 적용합니다.

Ⓝ Transform Symmetry(대칭 변형) : 설정한 대칭선을 회전, 이동, 확대·축소하여 맞춤형 대칭 구조를 만듭니다.

Ⓞ Hide Symmetry(대칭선 숨기기) : 대칭선은 숨기지만, 대칭 효과는 그대로 유지됩니다.

Brush Preset Picker 브러시 사전 설정

❶ Angle(각도) : 브러시의 각도를 설정합니다. 마우스로 클릭-드래그하여 회전할 수 있고, 원형률(브러시의 높낮이)을 수정할 수 있습니다.

❷ Size(크기) : 브러시의 크기를 조절합니다. 단축키를 사용하면 더 빠르게 브러시 크기를 조절할 수 있습니다.

Ⓢ 브러시 크기 줄이기 [Ⓢ 브러시 크기 키우기]

❸ Hardness(경도) : 브러시의 가장자리를 부드럽게 조절합니다. 값은 0~100%까지 설정이 가능하며, 0일 때 브러시의 가장자리가 가장 부드러운 값입니다.

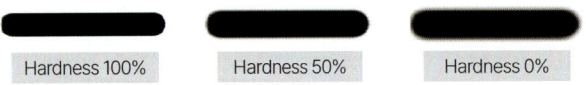

Hardness 100%　　Hardness 50%　　Hardness 0%

❹ Search Brushes(브러시 검색) : 브러시 이름을 검색합니다. 저장된 브러시를 편리하게 검색할 수 있습니다.

❺ 직전 사용 브러시 : 최근 사용한 브러시가 섬네일로 표시됩니다.

❻ 브러시 종류 : Adobe에서 제공하는 기본 브러시가 나타납니다. 사용자가 추가로 브러시를 불러오기할 수도 있습니다.

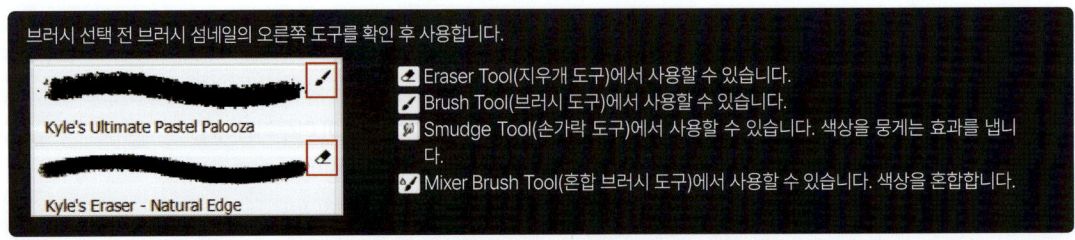

브러시 선택 전 브러시 섬네일의 오른쪽 도구를 확인 후 사용합니다.

Eraser Tool(지우개 도구)에서 사용할 수 있습니다.
Brush Tool(브러시 도구)에서 사용할 수 있습니다.
Smudge Tool(손가락 도구)에서 사용할 수 있습니다. 색상을 뭉게는 효과를 냅니다.
Mixer Brush Tool(혼합 브러시 도구)에서 사용할 수 있습니다. 색상을 혼합합니다.

Kyle's Ultimate Pastel Palooza

Kyle's Eraser - Natural Edge

Ⓣ 브러시의 모양이 울퉁불퉁하거나 변경되었다면 다음 이론에서 학습할 '브러시 제작'에서 브러시 모양을 변형하거나 초기화할 수 있습니다.

⑦ 브러시 종류 축소판의 크기를 조절할 수 있습니다.

⑧ 브러시 추가 설정

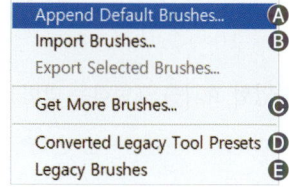

Ⓐ **Append Default Brushes(기본 브러시 첨부)** : 브러시 기본 설정이 훼손된 경우, 초기화 합니다.

Ⓑ **Import Brushes(브러시 가져오기)** : 외부 브러시 가져오기를 통해 불러오기 할 수 있습니다.

Ⓒ **Get More Brushes(추가 브러시 다운로드)** : Adobe 홈페이지에서 질감이 있는 다양한 추가 브러시를 사용할 수 있습니다. 홈페이지에서 다운로드한 브러시는 브러시 패널에 추가할 수 있습니다.

Ⓓ **Converted Legacy Tool Presets(변환된 레거시 도구 사전 설정)** : Photoshop 22년도 이하 버전의 기본 브러시가 첨부됩니다.

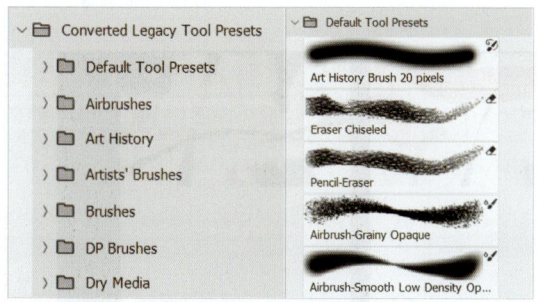

Ⓔ **Legacy Brushes(레거시 브러시)** : Photoshop 2019 이하 버전의 기본 브러시가 첨부됩니다.

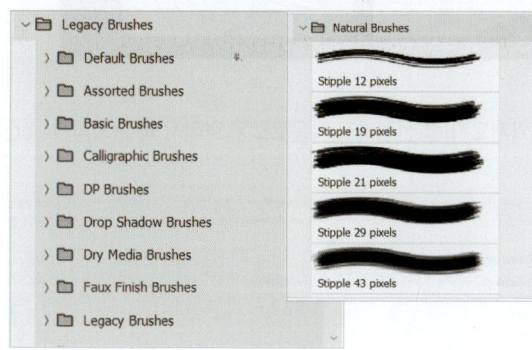

⑨ **Create a new preset from this brush(브러시에서 새 사전 설정 만들기)** : 설정을 변경한 브러시를 새로운 브러시로 등록합니다.

자격증 시험을 준비하는 학습자는 모든 브러시들을 다양하게 사용해보고 준비하면 도움이 됩니다.

01 Photoshop Basic
02 Layer & Move
03 Selection
04 Color & Gradient
05 Brush
06 Typography
07 Layer Style
08 Path

Import Brushes

이번 학습에서는 외부 브러시를 다운로드하여 포토샵에 불러오고, 이를 활용해 다양한 효과를 표현하는 방법을 중점적으로 다룹니다.

Adobe Brush Download 어도비 추가 브러시 다운로드

❶ 브러시 추가 설정에서 Get More Brushes(추가 브러시 다운로드)를 선택하거나, https://www.adobe.com/kr/products/photoshop/photoshop-brushes.html 에 접속합니다. 브러시 리스트 중 원하는 브러시를 다운로드합니다.

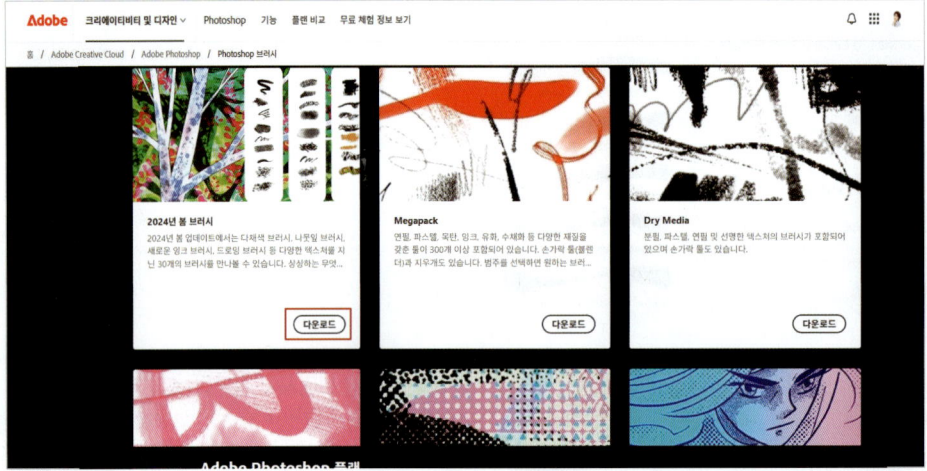

❷ 브러시 옵션의 설정에서, Import Brushes(브러시 가져오기)를 선택하고 다운로드된 브러시 파일(확장자.abr)을 열기합니다.

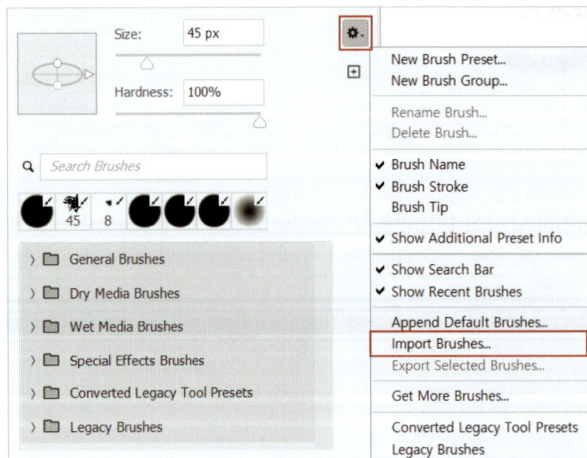

❸ 브러시 종류에 다운로드한 브러시를 확인할 수 있습니다.

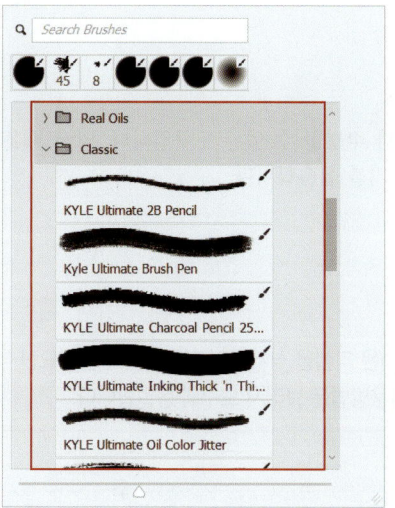

01 Photoshop Basic

02 Layer & Move

03 Selection

04 Color & Gradient

05 Brush

06 Typography

07 Layer Style

08 Path

Eraser Tool

Eraser Tool(지우개 도구)은 이미지에서 원하지 않는 부분을 지우거나 수정할 수 있는 도구입니다. 앞서 배운 브러시 옵션을 응용하고 다양한 지우개 도구들을 학습하여 세밀한 지우기를 실습합니다.

Eraser Tool 지우개 도구 S5_1.jpg

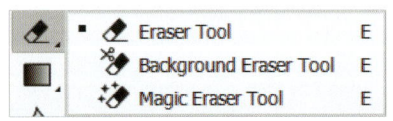

Eraser Tool(지우개 도구)은 픽셀을 삭제하여 이미지에서 불필요한 부분을 지우는 도구입니다. 사용방법은 브러시 도구와 동일합니다.

❶ **Erase Preset Picker(지우개 사전 설정)** : 지우개 브러시의 종류를 선택합니다. 일반 브러시 또는 ( )아이콘이 있는 브러시만 선택 가능합니다.

❷ **Mode(모드)** : Brush, Pencil, Block 중에서 선택 가능합니다.

❸ **Opacity(불투명도)** : 지우개 도구의 불투명도를 설정합니다. 값이 높을수록 깨끗하게 지워집니다.

❹ **Erase to History(작업 내역으로 지우기)** : 체크시 픽셀은 삭제되지 않고 지운 부분을 현재 작업의 History State(히스토리 상태)로 되돌려 주고, 체크 해제 시 기본 Eraser Tool처럼 픽셀을 투명하게 만듭니다.

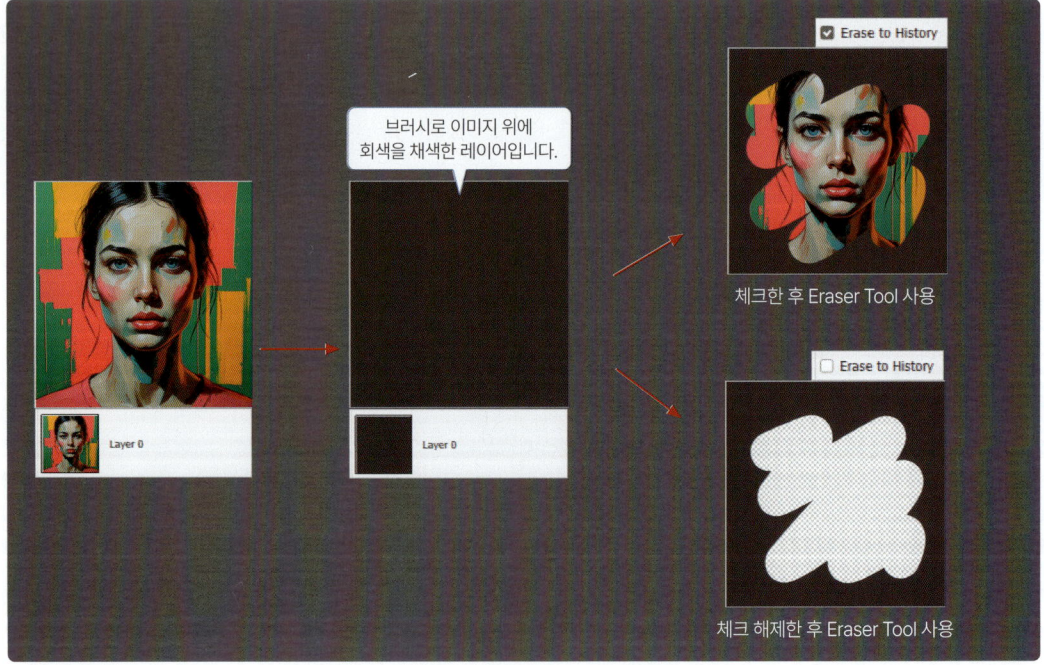

✏️ Background Eraser Tool 배경 지우개 도구 📁 S5_2.jpg

Background Eraser Tool(배경 지우개 도구)은 이미지의 지울 곳에 십자(⊕)표시가 생성되면 클릭 또는 드래그로 지울 수 있는 도구입니다. 십자(⊕)표시를 기준으로 지워지는 특성이 Color Replacement Tool(색상 대체 도구)와 유사합니다.

클릭+드래그
Before

After

✏️ Magic Eraser Tool 자동 지우개 도구

Magic Eraser Tool(자동 지우개 도구)은 오브젝트와 배경을 인식해 클릭 한 번으로 배경을 지웁니다. Tolerance(허용치)와 Contiguous(인접) 값에 따라 인식범위를 조정할 수 있으며, 배경이나 단색 영역을 빠르게 제거할 수 있습니다.

클릭
Before

After

01 Photoshop Basic
02 Layer & Move
03 Selection
04 Color & Gradient
05 Brush
06 Typography
07 Layer Style
08 Path

Brush

브러시 도구를 활용하여 인물의 특징을 살린 라인 드로잉을 실습합니다.

■ 예제 폴더 : S5_Practice1

01 새로운 작업 화면 만들기

메뉴에서 [File] - [New] 또는 Ctrl + N 키를 눌러 Art & Illustration 템플릿에서 4×6 인치 Postcard를 선택하여 새로운 작업 화면을 만듭니다.

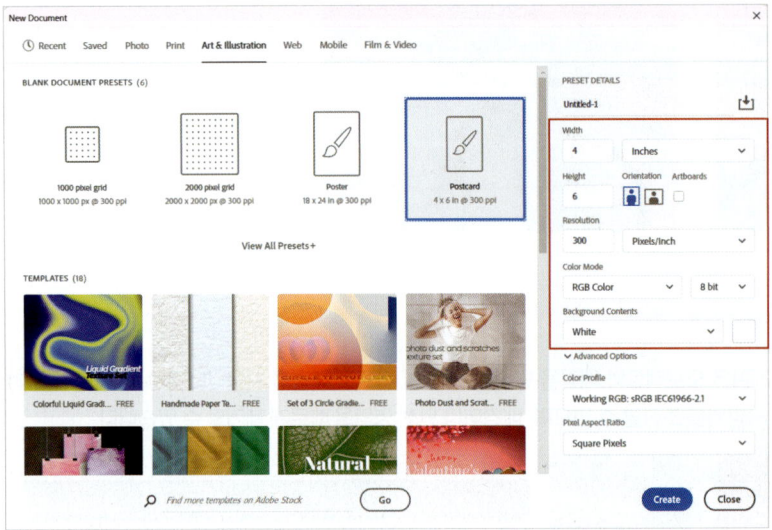

02 밑그림 배치하기

'S5_P1_1.jpg' 파일을 새로운 작업 화면으로 드래그하여 가져옵니다. 작업 화면에 맞게 크기를 조절하여 배치합니다.

03 새로운 레이어 생성하기

① 밑그림으로 배치한 'S5_P1_1.jpg' 이미지에 Opacity를 30%으로 수정합니다.

② 스케치할 새로운 레이어를 생성(Ctrl + Alt + Shift + N)합니다.

04 브러시 설정하기

스케치를 위해 Brush Tool(B)을 선택 후 크기와 경도를 셋팅하고, 드로잉할 때 브러시가 흔들리지 않도록 Smoothing (보정) 값을 100%로 조정합니다.

전경색에 따라 브러시 색상이 달라지므로 드로잉 전 색상을 확인합니다.

01 Photoshop Basic

02 Layer & Move

03 Selection

04 Color & Gradient

05 Brush

06 Typography

07 Layer Style

08 Path

05 그리기

밑그림을 따라 드로잉합니다. Eraser Tool(E)을 사용해 지우고 새로 그리기하며 캐릭터 드로잉을 완성해봅니다.

T 드로잉 중 잘못된 부분은 Ctrl+Z로 직전 작업을 취소하거나, Eraser Tool(E)로 원하는 부분만 지울 수 있습니다.

06 색 채우기

색을 채울 새 레이어를 생성(Ctrl+Alt+Shift+N)하고, 스케치 레이어(Layer1) 아래로 배치합니다. Selection Brush Tool(L)로 색을 칠할 영역을 브러시로 칠하듯 지정합니다. S 브러시 크기 줄이기 [S 브러시 크기 키우기]

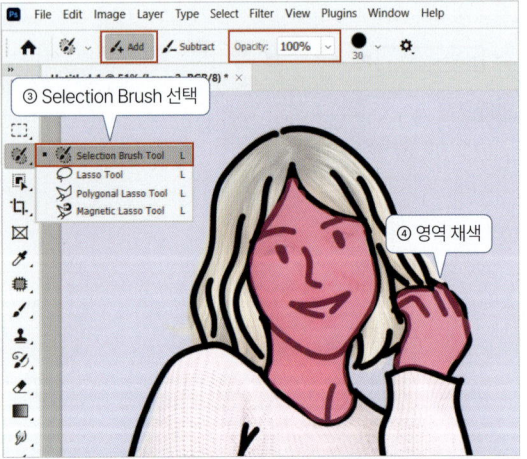

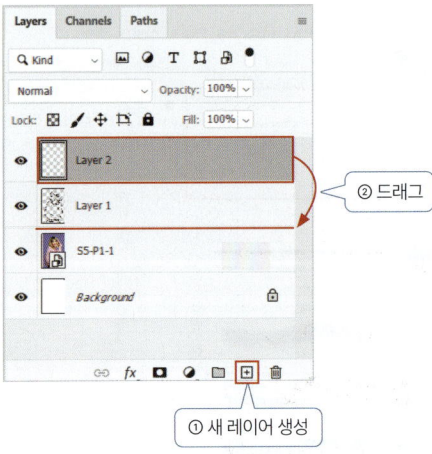

07 채색하기

Brush Tool(B)을 선택하여 활성화된 영역을 채색합니다. 이때 Selection Brush Tool(L)로 칠해진 영역에만 채색되므로 브러시 크기와 색상은 자유롭게 설정합니다. 채색이 완료되었다면 영역 해제(Ctrl + D) 후, 다시 새 레이어를 만들어 06 과 정과 같이 채색할 영역을 칠한 후 브러시로 채색합니다. 피부, 머리, 옷 그리고 배경색과 같이 채색할 영역에 각각의 이름을 지정하면 수정이 편리합니다.

T Lock Transparent Pixels(투명 픽셀 잠그기)기능을 사용하여 이미지에 그림자 색을 넣어 더욱 완성도를 높일 수 있습니다.

  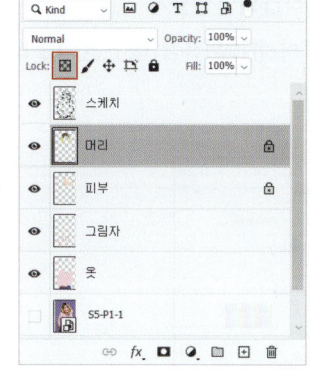

Lock Transparent Pixels기능으로
옷의 입체감을 연출할 수 있습니다.

08 완성하기

레이어를 정리하여 완성합니다. 제공된 다양한 예제 이미지로 드로잉하여 활용해 봅니다.

01 Photoshop Basic

02 Layer & Move

03 Selection

04 Color & Gradient

05 Brush

06 Typography

07 Layer Style

08 Path

Brush

질감 브러시를 다운로드하여 그래피티 아트웍을 제작합니다.

📁 예제 폴더 : S5_Practice2

01 새로운 작업 화면 만들기

메뉴에서 [File] - [New] 또는 Ctrl + N키를 눌러 W 1500, H 1500 Pixels, 해상도 72의 정사각형의 작업 화면을 만듭니다.

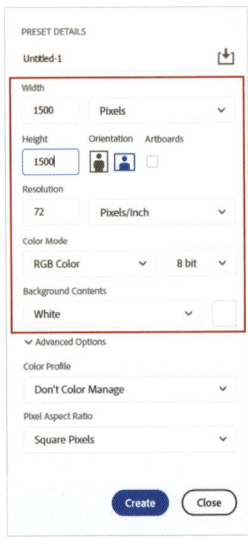

02 밑그림 배치하기

'S5_P2_1.jpg' 파일을 작업 화면으로 드래그하여 가져옵니다. 작업 화면에 맞게 크기를 조절하여 배치합니다.

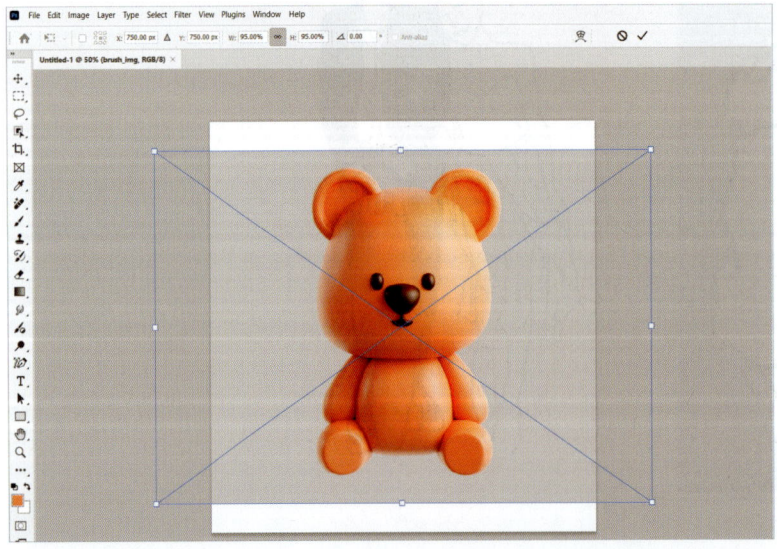

03 브러시 대칭 만들기

Brush Tool(B)을 선택한 뒤, 상단 옵션에서 Symmetry(대칭) - Vertical(수직선)로 선택하고 Enter 를 눌러 적용합니다. 곰돌이 가운데에 수직선이 만들어졌습니다.

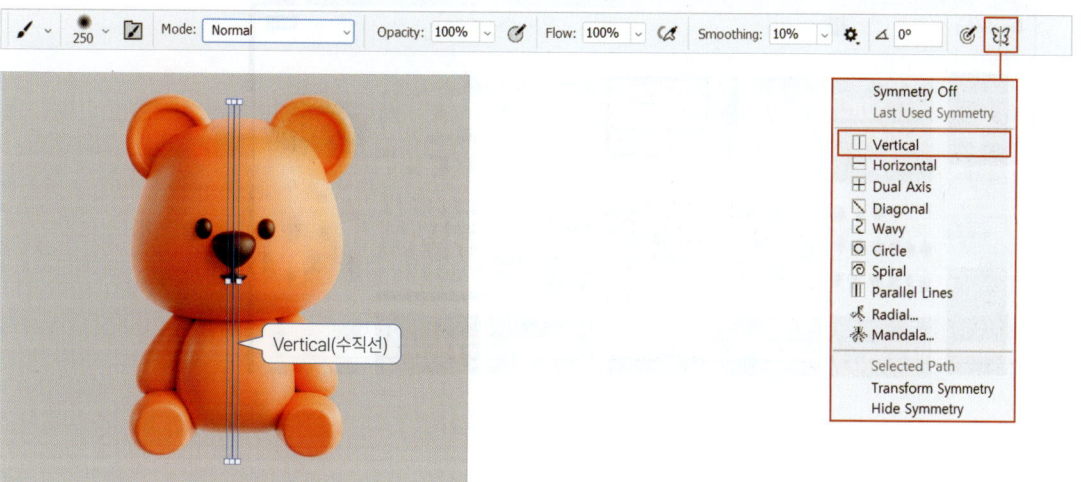

Vertical(수직선)

04 질감 브러시 다운로드하기

Adobe 홈페이지 또는 무료 브러시 사이트에서 그래피티 스타일의 브러시를 다운로드하여 포토샵 프로그램에 불러와 사용할 수 있도록 준비합니다.

① Adobe 브러시 다운로드 : Brush Preset picker(브러시 설정 옵션)에서 Get More Brushes(추가 브러시 다운로드)를 클릭하면 Adobe 브러시 다운로드 페이지로 연결됩니다. 로그인 후 스크롤을 내려 원하는 브러시를 다운로드할 수 있습니다.

T 외부 브러시는 브러시마다 제공되는 기본 크기가 다르니 사용 전 확인 후 조절하여 사용합니다.

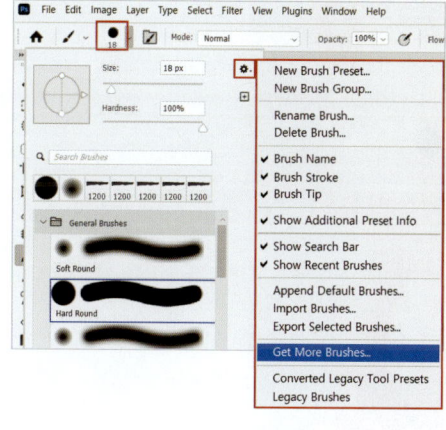

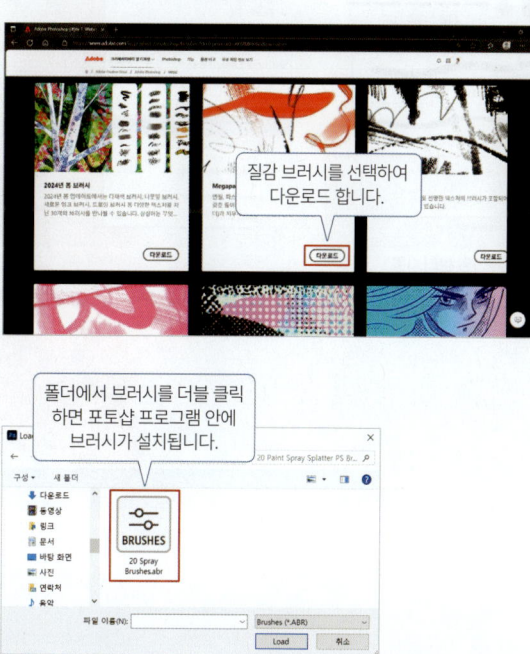

질감 브러시를 선택하여 다운로드 합니다.

폴더에서 브러시를 더블 클릭하면 포토샵 프로그램 안에 브러시가 설치됩니다.

01 Photoshop Basic

02 Layer & Move

03 Selection

04 Color & Gradient

05 Brush

06 Typography

07 Layer Style

08 Path

② 브러시 다운로드 : 무료 브러시 사이트(www.brusheezy.com)에 접속하여 'Graffiti'를 검색하여 스프레이 브러시 중 원하는 브러시를 선택하여 다운로드합니다.

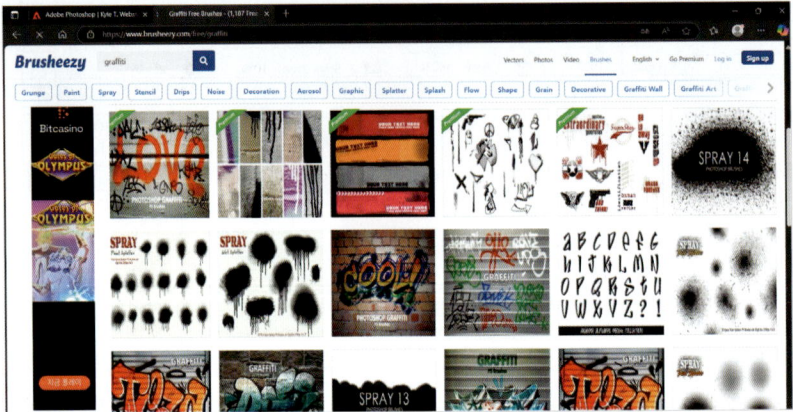

05 브러시 가져오기

파일이 다운로드 되었다면 압축을 해제합니다(파일이 다운로드된 경로를 확인합니다). Brush Preset picker(브러시 설정 옵션)에서 Import Brushes(브러시 가져오기)를 선택하여 다운로드한 브러시를 가져오면 포토샵 프로그램 내부에 브러시들이 첨부됩니다.

06 브러시 그리기 1

새로운 레이어를 생성(Ctrl+Alt+Shift+N)합니다. 다운로드한 질감있는 브러시를 선택 후 크기와 색상을 확인하고 ,
Vertical(수직선)을 기준으로 곰돌이 이미지를 따라 그립니다. S 브러시 크기 줄이기 [S 브러시 크기 키우기]

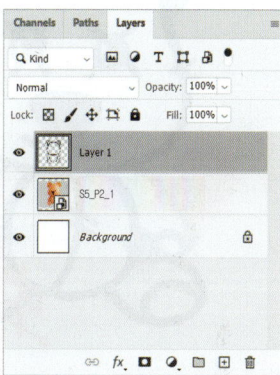

드로잉 시 브러시가
흔들리지 않도록 보정값을
100%로 설정합니다.

07 브러시 그리기 2

다양한 종류의 브러시로 변경해 가면서 이미지를 완성합니다. Vertical(수직선)을 지우기 하려면 다시 상단 옵션에서
Symmetry(대칭) - Symmetry Off(대칭 끄기) 합니다.

눈 아이콘( )을 끄고
드로잉만 확인합니다.

01 Photoshop Basic

02 Layer & Move

03 Selection

04 Color & Gradient

05 Brush

06 Typography

07 Layer Style

08 Path

08 브러시 칠하기

이미지 위에 새로운 레이어(Ctrl + Alt + Shift + N)를 만들어 다운로드한 다양한 질감 브러시로 색상별로 나누어 실습해 봅니다. 색상이나 종류별로 구분된 레이어는 수정 및 관리가 편리합니다.

09 완성하기

브러시 드로잉이 모두 완료되었다면 마무리하고 저장합니다. 파일을 저장할 때는 언제든지 수정이 가능한 PSD 확장자 파일과 이미지를 확인할 수 있는 이미지 확장자로 저장합니다.

Brush Settings

Brush Settings(브러시 설정)을 통해 사용자가 직접 자신만의 브러시를 만들고, 다양한 형태와 스타일을 조합하여 작업에 활용할 수 있습니다. 브러시의 설정을 조정하고, 개별적인 브러시를 Customize(사용자 정의)하여 창의적인 작업을 할 수 있는 방법을 학습합니다.

★ Brush Settings Panel 브러시 설정 패널

브러시 설정 패널은 브러시의 세부 속성을 설정하고 다양한 브러시 형태로 변형하여 사용할 수 있습니다.

S Brush Settings(브러시 설정) 패널 F5

❶ **Brush Tip Shape(브러시 모양)**

Ⓐ Size(크기) : 브러시 크기를 설정합니다.

Ⓑ Flip X / Flip Y(X 뒤집기 / Y 뒤집기) : 브러시를 가로/세로로 반전합니다.

Ⓒ Angle(각도) : 브러시 각도를 설정합니다.

Ⓓ Roundness(원형률) : 브러시 높낮이를 조절합니다.

Ⓔ Hardness(경도) : 브러시의 경계 흐림 정도를 조절합니다.

Ⓕ Spacing(간격) : 브러시가 그려지는 거리값을 설정합니다.

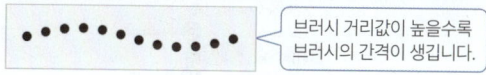

> 브러시 거리값이 높을수록 브러시의 간격이 생깁니다.

Ⓖ 브러시 설정을 미리보기로 보여줍니다.

❷ **Shape Dynamics(모양)**

브러시의 형태를 다양하게 설정합니다. 브러시의 간격 값을 높인 후 설정하면 효과적으로 사용할 수 있습니다.

Ⓐ Size Jitter(크기 지터) : 붓 터치 형태를 다양한 크기로 설정합니다.

> 값이 높을수록 브러시의 크기가 다양하게 설정됩니다.

Ⓑ Minimum Diameter(최소 직경) : 붓 터치의 가장 작은 형태의 사이즈로 조절합니다.

Ⓒ Tilt scale(타일 비율) : 브러시 기울이기 비율을 설정합니다.

Ⓓ Angle Jitter(각도 지터) : 붓 터치를 다양한 각도로 조절합니다.

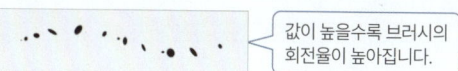

> 값이 높을수록 브러시의 회전율이 높아집니다.

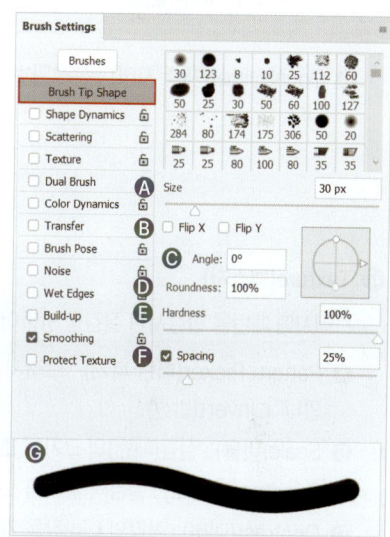

01 Photoshop Basic

02 Layer & Move

03 Selection

04 Color & Gradient

05 Brush

06 Typography

07 Layer Style

08 Path

ⓔ Roundness Jitter(원형률 지터) : 브러시 높낮이를 조절합니다.

ⓕ Minimum Roundness(최소 원형률) : 가장 높이가 낮은 형태의 높이를 조절합니다.

ⓖ Control(조절) : 태블릿 사용자의 경우 펜의 압력으로 2차 옵션을 설정할 수 있습니다.

❸ Scattering(분산)

브러시를 흩뿌립니다.

ⓐ Scatter(분산) : 브러시의 상하 분산 정도를 설정합니다.

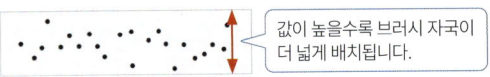

값이 높을수록 브러시 자국이 더 넓게 배치됩니다.

ⓑ Both Axes(양 축) : 상하좌우 분산 정도를 설정합니다.

ⓒ Count(개수) : 분산된 브러시의 양을 조절합니다.

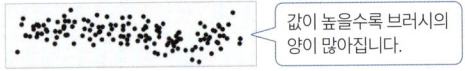

값이 높을수록 브러시의 양이 많아집니다.

ⓓ Count Jitter(개수 지터) : 분산된 브러시 양의 거리값을 조절합니다.

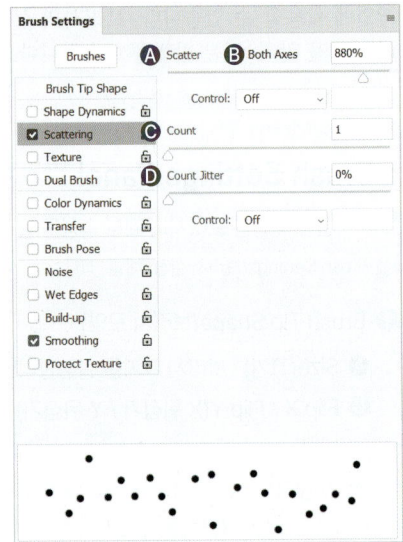

❹ Texture(텍스처)

브러시에 패턴을 합성시켜 질감을 만들어 줍니다.

ⓐ Pattern Picker(패턴 피커) : 브러시에 합성할 질감(패턴)을 선택합니다. Invert(반전)

ⓑ Scale(비율) : 질감(패턴)의 크기를 조절합니다.

ⓒ Brightness(명도) : 질감의 밝기를 조절합니다.

ⓓ Contrast(대비) : 질감의 대비값을 조절합니다.

값이 높을수록 브러시와 합성된 패턴의 대비가 심해집니다.

ⓔ Mode(모드) : 기본 브러시와 질감 합성 모드를 설정합니다.(질감의 색상에 따라 합성 모드가 달라지므로 선택한 질감이 나타나는 합성 모드로 변경)

ⓕ Depth(깊이) : 브러시와 합성된 패턴의 깊이를 조절합니다.

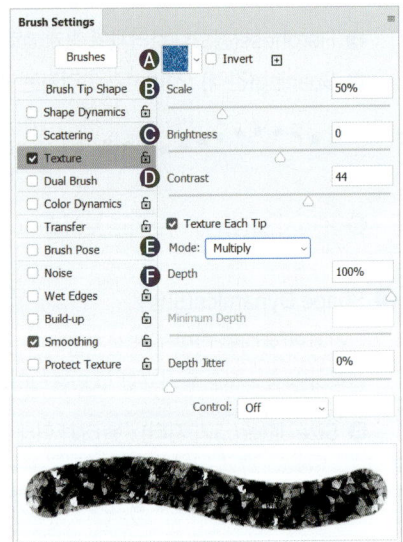

❺ Dual Brush(이중 브러시)

Brush Tip Shape(브러시 모양)에서 첫 번째 브러시를 선택한 후
Dual Brush(이중 브러시)에서 두 번째 브러시의 옵션을 설정합니다.

Ⓐ Mode(모드) : 첫 번째 설정한 브러시를 바탕으로 두 번째 브러
시의 합성 모드를 선택합니다.

Ⓑ Size(크기) : 첫 번째 브러시 내부에서 두 번째 브러시의 크기를
조절합니다.

Ⓒ Spacing(간격) : 첫 번째 브러시 내부에서 두 번째 브러시의 거
리값을 조절합니다.

Ⓓ Scatter(분산) : 첫 번째 브러시 내부에서 두 번째 브러시의 분산
도를 조절합니다.

Ⓔ Count(개수) : 첫 번째 브러시 내부에서 두 번째 브러시의 분산
된 양을 조절합니다.

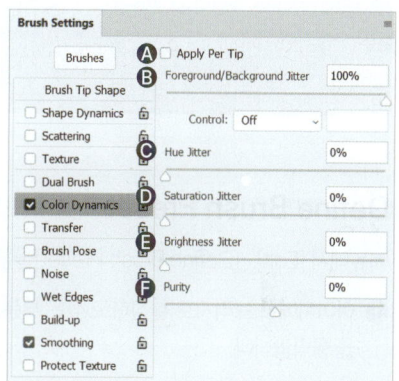

❻ Color Dynamics(색상)

브러시에 다양한 색상 변화를 설정합니다.

Ⓐ Apply Per Tip(끝 당 적용) : 브러시 채색 시, 한 번의 움직임에
변수 값이 적용됩니다.(체크 해제 시, 움직임의 횟수에 따라 변수
값이 적용됨)

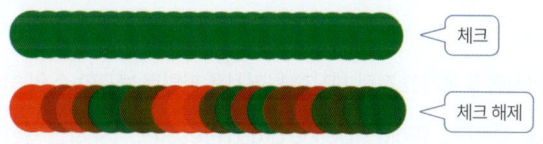

체크

체크 해제

Ⓑ Foreground / Background Jitter(전경 / 배경 지터) : 전경색과
배경색의 비율을 설정합니다.(0%인 상태에서는 전경색 100%만
채색되며 배경색의 값이 높아질수록 배경색의 색상이 추가됨)

 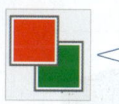

전경색과 배경색을 설정한 뒤, 전경 / 배경
지터의 값을 높이면 전경색에 배경색 물감
의 비율을 높이는 방식으로 설정됩니다.
색은 랜덤으로 채색됩니다.

Ⓒ Hue Jitter(색조 지터) : 색조 혼합을 설정합니다.

Ⓓ Saturation Jitter(채도 지터) : 값이 높을수록 색상의 채도값이 낮아집니다.

Ⓔ Brightness Jitter(명도 지터) : 값이 높을수록 명도값이 낮아집니다.

Ⓕ Purity(순도) : 전체 색상의 순도를 조절합니다.

01 Photoshop Basic

02 Layer & Move

03 Selection

04 Color & Gradient

05 Brush

06 Typography

07 Layer Style

08 Path

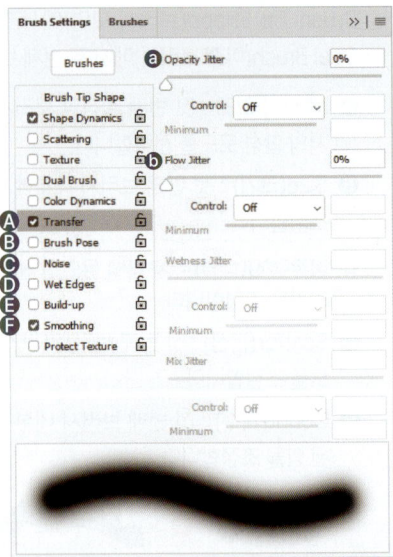

❼ 기타 기능

Ⓐ Transfer(전송) : 불투명도와 흐름을 조절합니다.

> **ⓐ Opacity Jitter** : 전체 불투명도 설정입니다.
>
> **ⓑ Flow Jitter** : 색상이 중첩되었을 때의 농도 설정입니다.

Ⓑ Brush Pose(브러시 포즈) : 태블릿 펜 사용 시 작업자가 펜의 각도나 기울기 등을 조절할 수 있는 기능입니다.

Ⓒ Noise(노이즈) : 체크 후 테두리에 노이즈를 추가합니다(부드러운 브러시 설정의 경우 효과가 더 잘 드러남).

Ⓓ Wet Edges(젖은 가장자리) : 체크 후 물에 젖은 효과를 표현합니다.

Ⓔ Build-Up(강화) : 에어브러시(Airbrush) 효과와 동일한 스프레이 효과입니다.

Ⓕ Smoothing(보정) : 브러시를 더 자연스럽게 보정합니다(기본값으로 체크하는 것을 권장).

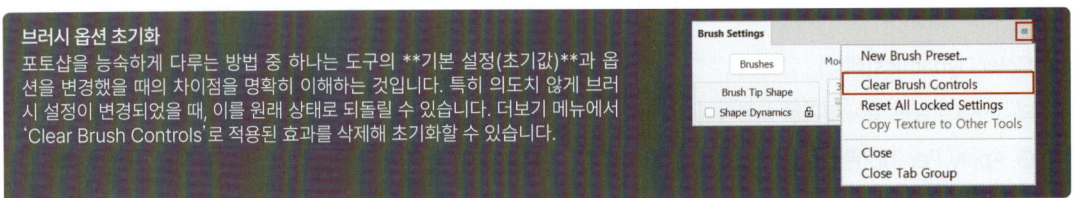

브러시 옵션 초기화
포토샵을 능숙하게 다루는 방법 중 하나는 도구의 **기본 설정(초기값)**과 옵션을 변경했을 때의 차이점을 명확히 이해하는 것입니다. 특히 의도치 않게 브러시 설정이 변경되었을 때, 이를 원래 상태로 되돌릴 수 있습니다. 더보기 메뉴에서 'Clear Brush Controls'로 적용된 효과를 삭제해 초기화할 수 있습니다.

Define Brush Preset 브러시 등록 ■ S5_3.psd, S5_4.jpg

메뉴에서 [Edit] - [Define Brush Preset]을 클릭해 브러시를 등록하고 직접 제작한 브러시를 파일로 보관할 수 있습니다.

❶ 이미지에서 브러시로 설정하고 싶은 부분을 영역으로 설정하고 [Edit] - [Define Brush Preset(브러시 사전 설정 정의)]을 클릭합니다.

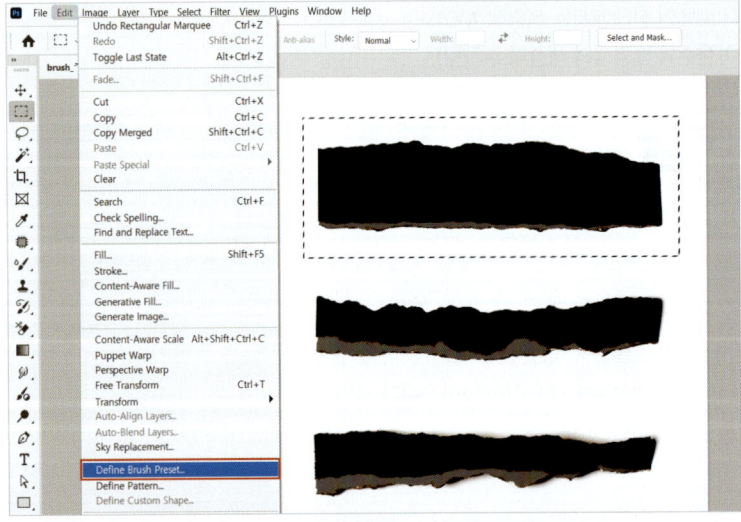

❷ 브러시 이름을 입력한 후 등록합니다.

❸ Brush Tool(브러시 도구)을 클릭한 후 작업 영역에서 마우스 우클릭하거나, 상단 브러시 옵션에서 등록된 새로운 브러시를 확인할 수 있습니다. 등록된 브러시는 다양한 색상으로 사용할 수 있으며, Eraser Tool(지우개 도구)의 브러시 형태로도 사용이 가능합니다.

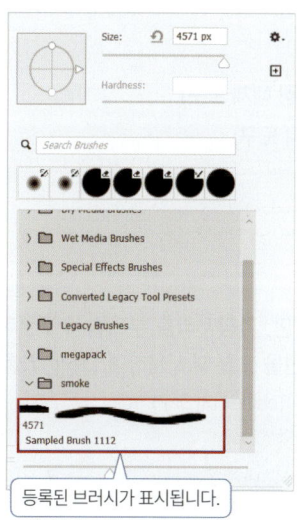

등록된 브러시가 표시됩니다.

테두리를 질감이 있는 지우개로
지워 빈티지한 이미지로 연출

Advice | **브러시 등록 시 기억해야 할 포인트**

- 브러시 등록 시 최대 5000px까지 등록되며, 이미지 크기가 5000px을 넘을 경우 등록되지 않습니다.
- 브러시는 명도를 인식하며, 흰색은 등록되지 않으며, 검은색에 가까워질수록 브러시는 진하게 등록됩니다.

작업자가 전경색으로 선택한 색상이 브러시에서도 그대로 채색
되도록 하기 위해서는 브러시를 검은색으로 등록해야 합니다.

브러시 등록 시 이미지의 명도가 높을수록 작업자가 선택하는
색상보다 연하게 채색됩니다. 이때, 작업자가 브러시로 등록하
고자 하는 이미지가 컬러일 경우, 이미지를 흑백으로 전환하여
확인하는 방법도 있습니다.

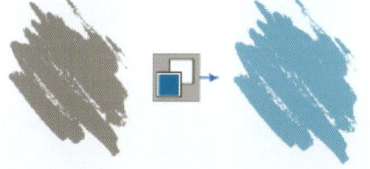

01 Photoshop Basic

02 Layer & Move

03 Selection

04 Color & Gradient

05 Brush

06 Typography

07 Layer Style

08 Path

Drawing Tool

포토샵에는 Brush Tool 외에도 연필, 색상 대체 도구, 혼합 브러시 등 다양한 그리기 도구들이 있습니다. 이들 도구를 활용하면 이미지 작업을 더 세밀하게 표현할 수 있으며, 각 도구의 특성과 사용법을 학습합니다.

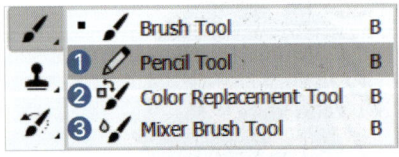

❶ Pencil Tool(연필 도구)

❷ Color Replacement Tool(색상 대체 도구)

❸ Mixer Brush Tool(혼합 브러시 도구)

✏ Pencil Tool 연필 도구

Pencil Tool(연필 도구)은 Brush Tool(브러시 도구)과 사용하는 방법은 유사하지만, 가장자리를 부드럽게 조절하는 Hardness(경도) 옵션을 지원하지 않습니다. 주로 작은 아이콘을 제작하거나 깔끔한 선을 그릴 때 사용하며, Shift 키를 누른 상태에서 좌우상하로 이동하면 수직, 수평을 유지한 채로 이동하게 됩니다. ⓢ Brush Tool(브러시 도구) Ⓑ

Pencil Tool Option 연필 도구 옵션

❶ Smoothing(보정) : 보정값을 조절하여 마우스의 떨림을 보정하는 기능입니다. 값이 낮을수록 마우스를 움직일 때 섬세하게 감지합니다.

❷ Auto Erase(자동 지우기) : Pencil Tool(연필 도구)의 옵션은 Brush Tool(브러시 도구)과 다르게 Auto Erase(자동 지우기) 기능의 차이가 있습니다. 전경색과 배경색을 설정한 상태에서 Pencil Tool을 사용하면, 첫 번째 획은 전경색으로 칠해지고, 같은 영역을 다시 그을 경우 배경색으로 칠해집니다.

1차 획　　　　2차 획　　　　3차 획　　　　4차 획

 Color Replacement Tool 색상 대체 도구 📁 S5_5jpg

Color Replacement Tool(색상 대체 도구)은 이미지의 일부 색상을 사용자가 설정한 색상으로 변경하여 채색하는 도구입니다. Color Replacement Tool을 선택 후 색상을 변경할 부분에 십자(⊕)표시가 생성되면 클릭 또는 드래그로 색상을 교체할 수 있습니다. 색을 빠르게 변경하기에는 적합하나 흑백 또는 어두운 색상으로 작업하거나 섬세한 색상 변화가 필요한 작업에는 적합하지 않습니다.

Color Replacement Tool Option 색상 대체 도구 옵션

❶ **Mode(모드)** : Color(색상), Hue(색조), Saturation(채도), Luminosity(명도) 중 사용할 합성 모드를 선택합니다.

❷ **Sampling(샘플링)** : 어떤 색상을 기준으로 바꿀지 옵션에서 선택합니다.

    Ⓐ **Continuous(연속)** : 드래그하는 동안 계속해서 색상을 샘플링합니다.

    Ⓑ **Once(한 번만)** : 클릭한 첫 지점을 기준으로 색상을 대체합니다.

    Ⓒ **Background Swatch(배경 색상 견본)** : 현재의 배경 색상이 포함된 영역만 대체합니다.

❸ **Limits(제한)** : 픽셀의 위치에 관계없이 포인터 아래에 있는 샘플링된 색상을 대체합니다.

    Ⓐ **Contiguous(인접)** : 연결된 영역만 색상 대체합니다.

    Ⓑ **Discontiguous(비연결)** : 떨어진 영역도 모두 대체합니다.

    Ⓒ **Find Edges(가장자리 찾기)** : 모양 가장자리의 선명도를 효과적으로 유지하면서 샘플 색상을 포함하는 연결 영역을 대체합니다.

❹ **Tolerance(허용치)** : 선택한 픽셀과 매우 유사한 색상을 대체하려면 비율을 낮게 하고, 넓은 범위의 색상을 대체하려면 비율을 높입니다.

❺ **Anti-alias(앤티 앨리어스)** : 수정된 영역에 매끄러운 가장자리를 만들려면 앤티 앨리어스를 선택합니다.

❻ **Angle(각도)** : 브러시의 각도를 설정합니다.

❼ **Pressure For Size(브러시 필압 설정)** : 태블릿 사용 시, 펜을 누르는 힘에 따라 브러시의 굵기가 달라지도록 설정하는 기능입니다. 마우스를 사용할 때는 기능이 작동되지 않습니다.

01 Photoshop Basic

02 Layer & Move

03 Selection

04 Color & Gradient

05 Brush

06 Typography

07 Layer Style

08 Path

✍ History Brush Tool 작업 내역 브러시 도구

History Brush Tool(작업 내역 브러시 도구)은 작업 내역을 채색하여 원본으로 복구하는 도구입니다. Color Replacement Tool(색상 대체 도구)처럼 원본에 채색을 하는 경우 주로 사용합니다.

✍ Art History Brush Tool 미술 작업 내역 브러시 도구

Art History Brush Tool(미술 작업 내역 브러시 도구)은 이미지를 다양한 색상과 예술적인 스타일의 페인팅 텍스처로 표현합니다. 회화적인 느낌, 예술적 효과(수채화·유화 같은 질감)를 낼 때 활용됩니다.

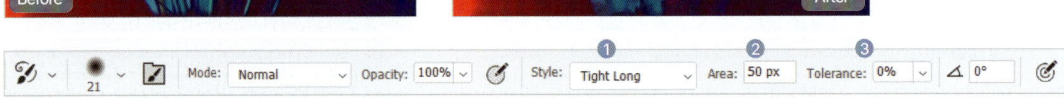

❶ Style(스타일) : 스타일을 지정하여 이미지를 그림의 느낌으로 연출할 수 있습니다.

❷ Area(영역) : 페인트 영역의 직경을 설정합니다. 크기가 클수록 페인팅 영역이 넓어지고 획의 수가 많아집니다.

❸ Tolerance(허용치) : 페인트 획을 적용할 수 있는 영역을 제한합니다. 허용치가 낮으면 이미지의 모든 부분을 페인팅할 수 있고, 허용치가 높으면 소스 상태나 스냅숏의 색상과 다른 영역에 페인트 획이 적용됩니다.

✒️ Mixer Brush Tool 혼합 브러시 도구

Mixer Brush(혼합 브러시)는 작업 화면에서 색상 혼합, 브러시의 색상 결합, 선의 페인트 젖은 정도 변화 등과 같은 사실적인 드로잉 기법을 구현합니다.

❶ **혼합 브러시 채색하는 방법** : 처음으로 색을 칠한 뒤, 추가로 채색을 하거나 배경색이 있는 레이어 위로 채색을 할 때 특징이 나타납니다.

배경 레이어가 없을 때
칠하는 경우

색상이 있는 배경 레이어 위로
칠하는 경우

채색된 브러시 위로
다른 색상을 칠하는 경우

❷ **혼합 브러시 종류** : Mixer Brush Tool(혼합 브러시 도구)을 선택하고 기본 브러시를 사용하거나, 브러시 종류에서 혼합 브러시를 선택하여 사용합니다. 브러시 종류 중 일반 브러시 또는 혼합 브러시 도구 아이콘(✒️)이 있는 브러시만 Mixer Brush로 사용가능합니다.

Mixer Brush Tool Option 혼합 브러시 도구 옵션

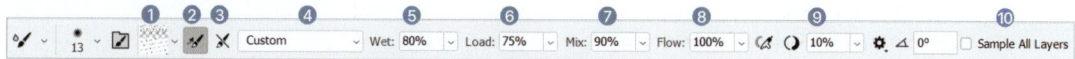

❶ **Current brush load(현재 브러시 불러오기)** : 현재 브러시를 불러올 수 있습니다.

   Ⓐ **Load Brush(브러시 불러오기 옵션 창)** : 전경색을 페인트 브러시로 불러옵니다.

   Ⓑ **Clean Brush(브러시 정리)** : 브러시 색상 또는 브러시에 남아 있는 잔여 색상을 제거합니다.

   Ⓒ **Load Solid Colors only(단색만 불러오기)** : 단색만 불러오기 합니다.

❷ **Load the brush after each stroke(각 선 처리 후 브러시를 불러오기)** : 체크 시 설정된 색상과 혼합하여 채색됩니다.

❸ **Clean the brush after each stroke(각 선 처리 후 브러시를 정리)** : 체크 해제 시 선을 그을 때마다 색상이 혼합됩니다.

01 Photoshop Basic
02 Layer & Move
03 Selection
04 Color & Gradient
05 Brush
06 Typography
07 Layer Style
08 Path

❹ Useful mixer brush combinations(유용한 혼합 브러시 혼합) : 색상의 혼합 양과 농도를 선택할 수 있습니다. 드라이, 축축함, 습함 정도를 설정합니다.

❺ Wet(축축함) : 물과의 혼합 양을 조절할 수 있습니다.

❻ Load(불러오기) : 캔버스의 색과 페인트의 혼합 양을 조절합니다.

❼ Mix(혼합) : 페인트의 색상과 이미지의 혼합 비율을 조절합니다.

❽ Flow(흐름) : 브러시 색상이 흘러나오는 정도를 설정합니다.

❾ Smoothing(보정) : 브러시 획의 흔들림을 보정합니다.

❿ Sample All Layers(모든 레이어 샘플링) : 옵션을 선택한 경우에는 레이어를 구분하지 않고, 옵션을 해제하면 선택한 레이어의 영역만 선택합니다.

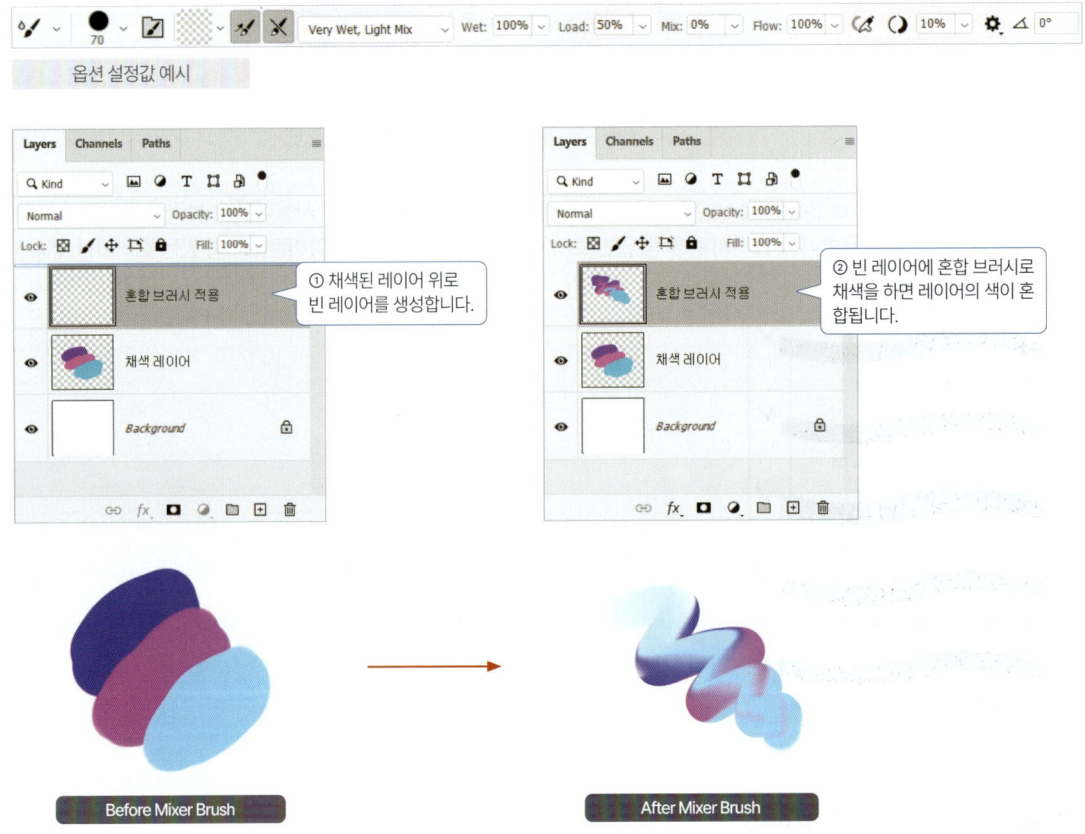

옵션 설정값 예시

① 채색된 레이어 위로 빈 레이어를 생성합니다.

② 빈 레이어에 혼합 브러시로 채색을 하면 레이어의 색이 혼합됩니다.

Before Mixer Brush

After Mixer Brush

01 Photoshop Basic

02 Layer & Move

03 Selection

04 Color & Gradient

05 Brush

06 Typography

07 Layer Style

08 Path

Practice 03 혼합 브러시 드로잉하기

Mixer brush

추상적인 형태로 디자인 포스터를 제작합니다.   📁 예제 폴더 : S5_Practice3

01 새로운 작업 화면 만들기

메뉴에서 [File] - [New] 또는 Ctrl + N 키를 눌러 A1 포스터 사이즈인 W 594, H 841mm, 해상도 72, Black 배경의 새로운 작업 화면을 만듭니다.

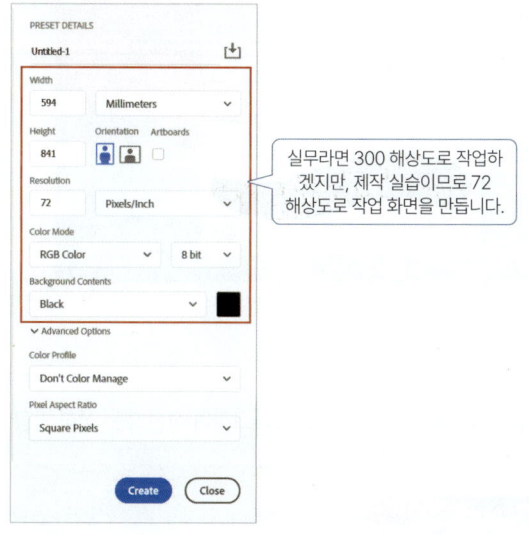

실무라면 300 해상도로 작업하겠지만, 제작 실습이므로 72 해상도로 작업 화면을 만듭니다.

02 밑그림 배치하기

'S5_P3_1.jpg' 파일을 새로운 작업 화면으로 드래그하여 가져온 후 크기를 조절하여 배치합니다.

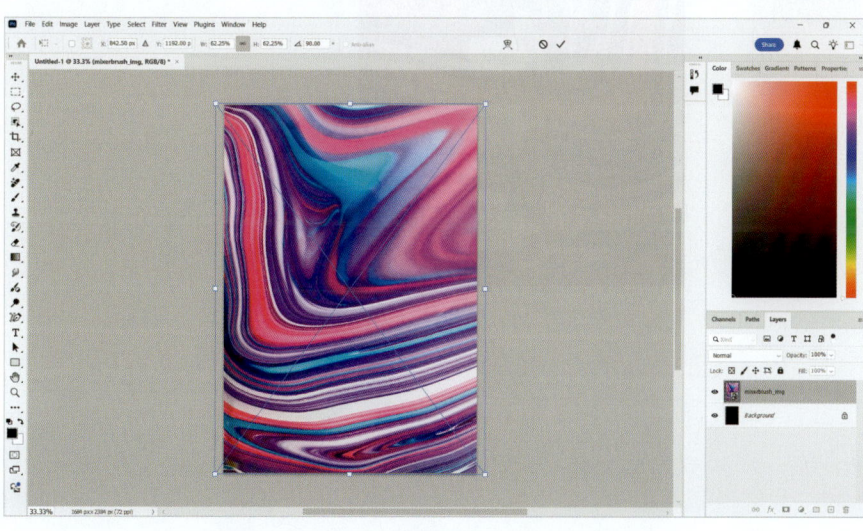

03 혼합 브러시 설정하기

스케치하기 전 전경색을 변경하고(#be47b8) Mixer Brush Tool([B])을 선택 후 브러시 설정 옵션을 세팅합니다. 브러시 크기, 경도, 혼합 정도(Wet, Heavy Mix), 브러시 간격까지 모두 설정 후 Sample All Layers를 체크합니다.

S Brush Settings(브러시 설정) 패널 [F5]

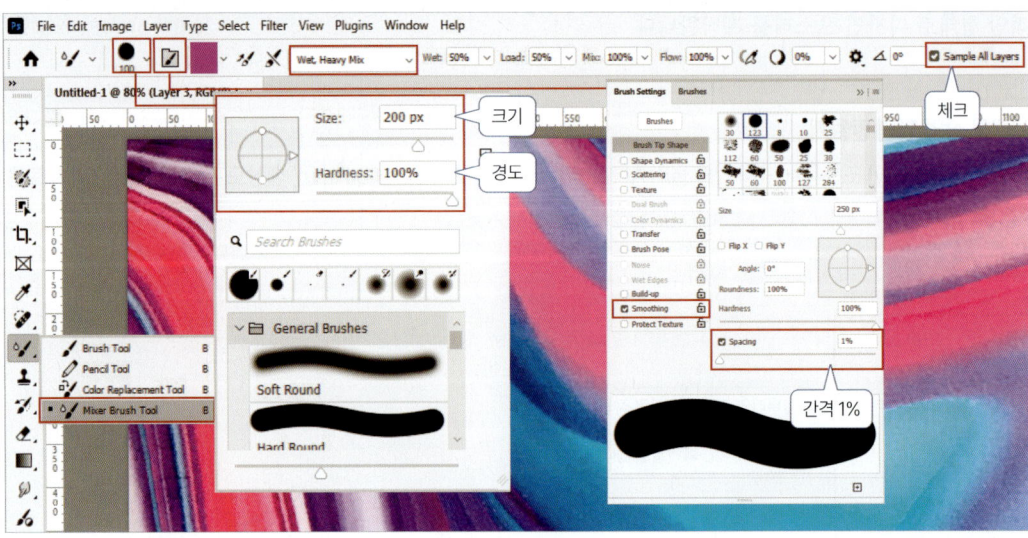

04 혼합 브러시 드로잉하기

새로운 레이어를 생성([Ctrl]+[Alt]+[Shift]+[N])하고 혼합 브러시([B])로 [Shift]키를 누르고 드래그하여 직선 또는 상하 방향으로 드로잉합니다. 클릭하면 원형이 찍히듯 그려집니다.

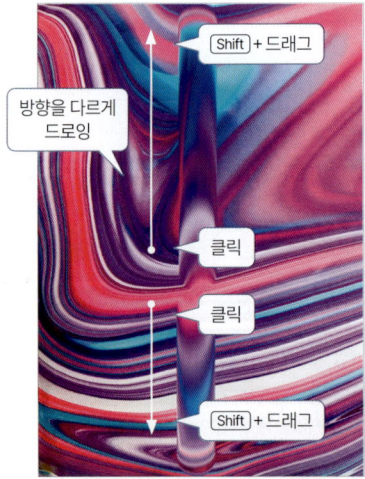

05 1차 이미지 완성하기

혼합 브러시로 채색된 이미지가 완성되었습니다(작업 결과물은 'S5_P3_1' 레이어의 눈 아이콘(👁)을 끄고 확인합니다).

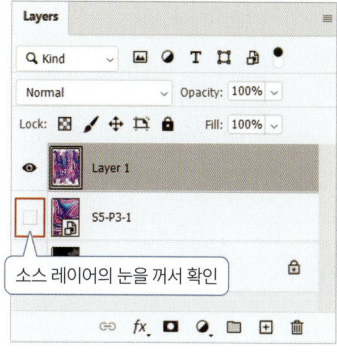

소스 레이어의 눈을 꺼서 확인

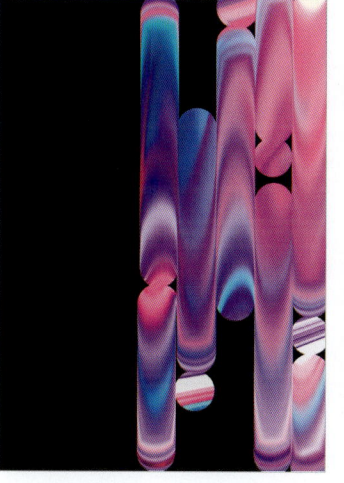

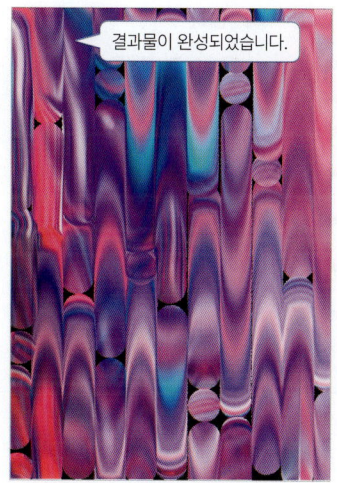

결과물이 완성되었습니다.

06 브러시 재적용하기

① 'S5_P3_1' 이미지를 Free Transform(Ctrl+T)하여 마우스 우클릭한 뒤, Flip Vertical(세로 뒤집기)합니다.

② 혼합 브러시를 선택하고, 상단 옵션 중 다른 색이 혼합되지 않도록 이전 색을 정리하는 Clean Brush(브러시 정리)를 클릭합니다.

③ Layer1의 눈 아이콘(👁)을 끄고 새로운 레이어를 생성(Ctrl+Alt+Shift+N)하고 Shift+드래그하여 직선 가로로 드로잉합니다. 브러시의 크기를 조절하여 다양한 직선을 만들고, 05에서 완성한 세로형 직선이 비칠 수 있도록 여백이 많은 이미지로 만들어줍니다.

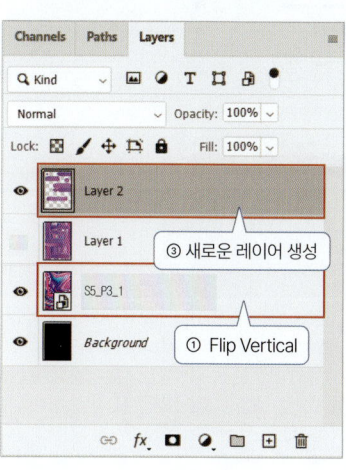

③ 새로운 레이어 생성

① Flip Vertical

② 혼합 브러시 옵션 변경

④ 방향을 다르게 드로잉

01 Photoshop Basic

02 Layer & Move

03 Selection

04 Color & Gradient

05 Brush

06 Typography

07 Layer Style

08 Path

07 레이어 합치기

Layer1의 눈 아이콘()을 다시 켜고, Merge Visible([Ctrl]+[Shift]+[E])로 모든 이미지를 하나로 합칩니다.

08 필터 적용하기

메뉴에서 [Filter] - [Filter Gallery] 를 실행합니다. Distort(왜곡) - Ocean Ripple(바다 물결)을 적용하여 이미지에 물결 필터를 적용합니다. 다른 필터에 대한 내용은 'Section 11. Filter'에서 배웁니다.

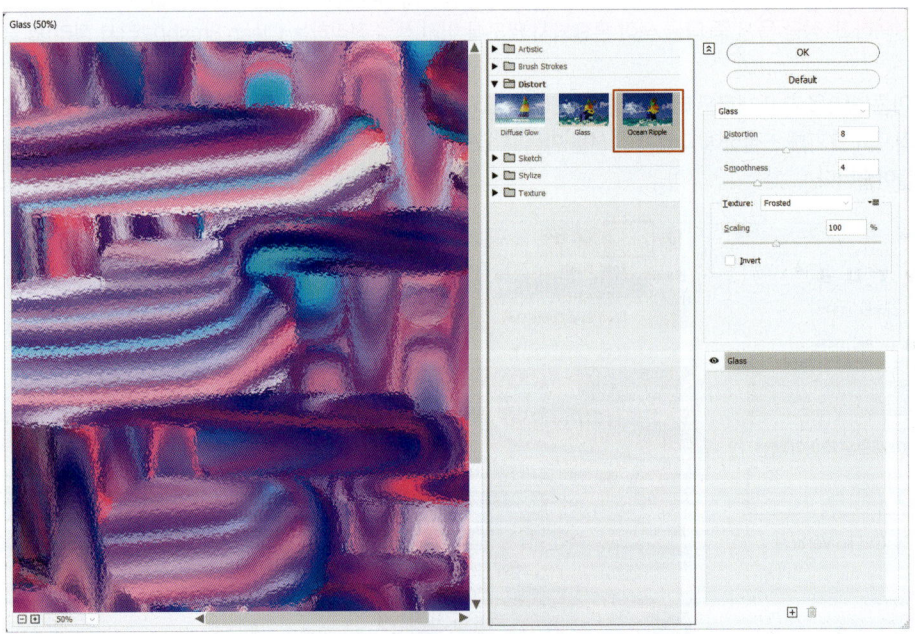

09 완성하기

① 제공된 매거진 소스 'S5_P3_2.psd'파일을 열고, '그룹1'을 선택하여 Move Tool(V)을 사용해 작업 화면으로 이동합니다.

② 그룹1을 Free Transform하여 작업 화면에 맞춰 크기를 조절합니다.

③ 2번 그룹1을 선택하고 이동 도구의 옵션창에서 Align To - Canvas 기준으로 가로/세로 중심 정렬하여 완료합니다.

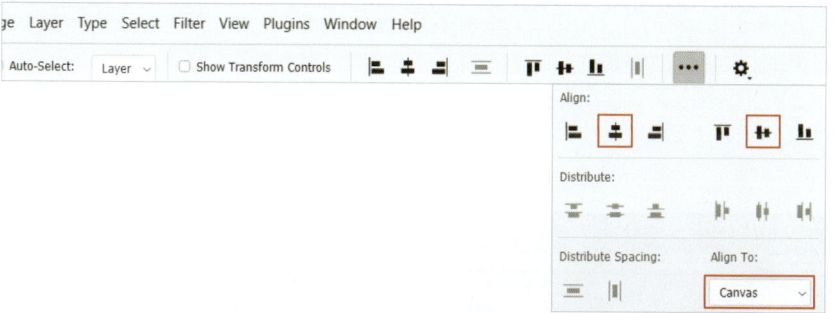

혼합 브러시로 곡선을 그려도 아트적인 이미지를 연출할 수 있으며, 완성한 이미지 위로 [Filter] - [Liquify]를 적용하게 되면 마블링 이미지를 만들 수 있습니다. 'Section 11. Filter'를 학습한 후 왜곡과 다양한 변형을 사용하여 예술적인 효과를 연출해봅니다.

01 Photoshop Basic

02 Layer & Move

03 Selection

04 Color & Gradient

05 Brush

06 Typography

07 Layer Style

08 Path

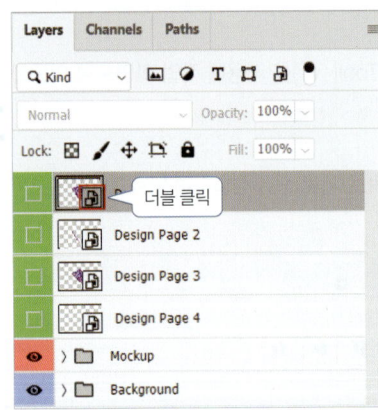

T 첨부된 목업 파일 'S5_P3_5.psd'를 열어 원본 레이어를 확인합니다.
① 스마트 오브젝트의 섬네일을 더블 클릭합니다.
② 위 과정에서 만든 매거진 표지 이미지(jpg)파일을 열기 합니다.
③ 새로 열린 psb 파일에 이동 도구로 작업한 이미지를 이동하여 작업 화면에 맞게 배치합니다.
④ psb파일에 Layer 1이 추가되었으면, Ctrl + S 하여 저장합니다.
⑤ 목업 파일에 이미지가 자연스럽게 합성되었는지 확인합니다.

Advice ● 목업(Mock-up)

목업이란, 시각적 목적으로 제작되는 제품 또는 아이디어의 초기 형태를 실체화한 샘플 모델을 의미합니다.
목업은 재료의 색상이나 비율을 직관적으로 전달하여 디자인 시안 검토, 전시회, 마케팅 자료 또는 포트폴리오 제작에서 많이 활용되고 있습니다.
본 교재에서 학습한 자유 변형을 통해 이미지를 각도에 맞춰 변형하고 추가로 학습한 합성 모드와 색 보정 등의 기능을 사용하면 목업 제작의 완성도가 높아집니다.

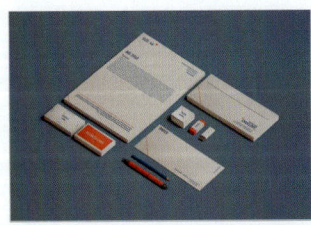  

Exercise

매거진 표지 제작하기	📁 S5_Exercise 예제
찢어진 종이 질감 브러시를 활용해 매거진 표지를 제작합니다.	

1. 작업 과정 확인 및 새로 만들기

두 개의 이미지를 겹치고, 질감이 있는 브러시로 상위 레이어를 지워 하위 레이어와의 입체감을 만드는 작업입니다.

Print 템플릿의 A4 사이즈를 선택하고, 해상도 72, 색상 모드 RGB로 새로운 작업 화면을 만듭니다. 'E5_1.jpg' 파일을 열어 작업 화면으로 이동하고, 레이어를 복제하여 작업을 시작합니다.

2. 인물 사진 보정

둘 중 하위 레이어 이미지에 [Image] - [Adjustments] - [Black&White]를 선택하여 흑백으로 보정합니다. 이미지에 Red가 많이 포함되어 있기 때문에 Red의 값을 이동하여 보정합니다. 사진 보정에 대한 상세 해설은 'Section 13. Image Adjustments'에서 학습합니다.

3. 종이 질감

① [Select] - [Color Range] 기능으로 검은색(종이)을 클릭하여 찢어진 종이 이미지를 영역으로 활성화할 수 있습니다.

② 영역과 배경을 분리한 뒤, 원하는 질감을 선택하여 Lasso Tool로 영역을 선택하고, [Edit] - [Define Brush Preset] 메뉴에서 브러시로 등록합니다.

③ 상위에 있는 컬러 레이어를 선택 후 Eraser Tool을 사용하여 등록한 종이 질감 브러시로 이미지의 가운데를 지워냅니다.

🅣 해당 과정은 원본으로 돌아갈 수 없으므로 원본 레이어를 추가로 복제하여 눈 아이콘(👁)을 클릭하여 숨김해 놓아도 좋습니다.

4. 찢어진 효과

① 구멍이 난 모델 레이어 아래로 새로운 레이어를 생성합니다. 흰색 브러시(등록한 종이 질감)로 찍어내듯 채색하여 찢어진 사진 효과를 연출합니다.

② 새로운 레이어를 생성하여 Hardness가 0%인 검은색 브러시로 채색하면 그림자를 표현할 수 있습니다.

5. 배치 및 마무리

매거진 소스를 작업 화면으로 이동하여 배치합니다. 매거진 소스는 모두 Smart Object로 구성되어 있으므로 크기를 자유롭게 조절할 수 있습니다. 이미지의 모자 부분을 영역으로 설정하고 Ctrl + J 하여 텍스트 레이어 위로 순서를 변경하여 입체감을 표현합니다.

🅣 Smart Object에서 마우스 우클릭하여 일반 레이어로 변경하면, 투명 잠금 기능을 통해 색상을 변경할 수 있습니다.

Signature salad

PLAIN SALAD $12
신선한 양상추와 치커리로
가볍게 즐기는 베이직 샐러드

COMBINATION SALAD $19
다양한 색과 식감이 살아있는
알찬 채소 믹스 샐러드

RICOTTA SALAD $15
부드럽고 고소한 리코타 치즈의
진한 풍미가 느껴지는 샐러드

CHICKEN BREAST SALAD $12
담백한 닭가슴살로 단백질을
듬뿍 채운 든든한 한끼

The Best Menu

Special salad

MORNING SANDWICH $12
고소한 계란과 신선한 채소가
아침을 깨우는 에너지 한 접시

TUNA SALAD $19
고단백 참치로 든든하게 즐기는
영양 만점 샐러드

SALMON SALAD $15
담백한 연어가 주는 깊은 맛,
한 접시에 담은 바다의 향기

TOFU CHEESE SALAD $12
채식주의자도 안심하고 즐길 수
있는 담백한 두부 치즈 샐러드

토마그린 샐러드

선샤인 바질 샐러드

EXPERIENCE THE ART OF SALAD

EST 1984

GOURMET

A PLATE FULL OF NATURE'S FLAVOR

Typography

타이포그래피

MISSION

문자와 기호 등 활자 서체의 배열을 뜻하는 타이포
그래피는 그림과 사진까지 구성된 그래픽 디자인 전
체를 의미합니다. 이번 섹션에서는 포토샵의 Type
Tool(문자 도구)과 사진 편집 기술을 이용해 감각적
인 타이포그래피를 완성해 보겠습니다.

KEYWORD

#문자 디자인 #폰트 #정렬

Type Tool

Type Tool(문자 도구)을 이용해 문자를 입력하면 자동으로 텍스트 레이어가 생성되며, 입력한 문자는 언제든지 수정할 수 있습니다. 이 텍스트 레이어는 벡터(Vector) 속성을 가지고 있어, 크기를 확대하거나 축소해도 화질의 손상이 없는 것이 큰 장점입니다.

Type Tool 문자 도구

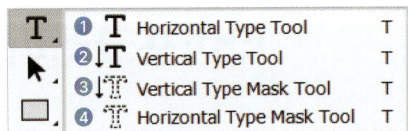

Type Tool(문자 도구)을 선택한 후 Shift + T 키를 누르면 Type Tool(문자 도구)의 다른 도구도 선택할 수 있습니다.

S Type Tool(문자 도구) T

❶ Horizontal Type Tool(가로쓰기 문자 도구) : 가장 많이 사용하는 도구로 문자를 가로형으로 입력하는 도구입니다.

❷ Vertical Type Tool(세로쓰기 문자 도구) : 세로형으로 문자를 입력하는 도구입니다.

Adobe에서 영문 세로쓰기는 가로쓰기로 회전하여 쓰여집니다.

❸ Vertical Type Mask Tool(세로쓰기 마스크 도구) : 세로형으로 입력된 문자를 영역으로 활성화하는 도구입니다.

❹ Horizontal Type Mask Tool(가로쓰기 마스크 도구) : 가로형으로 입력된 문자를 영역으로 활성화하는 도구입니다.

문자 도구 사용방법

문자를 입력하는 방법은 Type Tool(문자 도구)을 선택한 후, 작업 화면에서 클릭하여 직접 입력하거나 드래그하여 텍스트 상자를 만든 뒤 입력할 수 있습니다.

❶ 직접 입력하기 : 가장 많이 사용하는 방법으로 제목 또는 짧은 문장과 단어 입력 시 주로 사용합니다.

 클릭 후 입력 **타이포그래피**

❷ 텍스트 상자를 만든 후 입력하기 : 긴 문장을 입력할 때 주로 사용되며 문장이 영역의 범위를 넘지 않습니다. 텍스트 상자에 문자를 입력하면 상단 옵션의 단락 패널에서 정렬 기능을 사용할 수 있습니다.

드래그

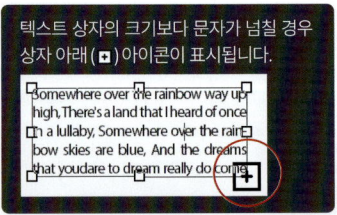

텍스트 상자의 크기보다 문자가 넘칠 경우 상자 아래(⊞)아이콘이 표시됩니다.

❸ **텍스트 입력 종료하기** : 텍스트 입력을 마친 후에는 다른 도구를 선택하거나, `Ctrl` + `Enter` 키 또는 `ESC` 키를 눌러 입력을 종료할 수 있습니다.

> 🅣 환경 설정에서 [Type] - Use ESC key to commit text 옵션을 체크하면 텍스트 입력 중 `ESC` 키를 눌렀을 때 텍스트 입력이 확정됩니다. 반대로 옵션을 체크 해제 시 `ESC` 키를 누르면 텍스트 입력이 취소됩니다. 🅢 Preferences(환경설정) `Ctrl` + `K`

❹ **텍스트 수정하기** : 텍스트 레이어의 섬네일을 더블 클릭하거나, Move Tool(이동 도구)로 문자를 더블 클릭하면 텍스트 레이어를 선택하지 않아도 수정할 수 있습니다. 간단한 크기 조절은 Move Tool을 선택하고, Free Transform(자유변형)으로 조절할 수 있습니다.

타이포그래피 ⟵ 더블 클릭 후 수정

> 🅣 텍스트 상자를 만들어 입력한 문자를 수정할 때에는 다시 문자 도구를 사용합니다. 클릭하여 문자의 내용을 수정하거나, 텍스트 상자의 가장자리를 클릭 - 드래그하여 크기를 조절할 수 있습니다.

Type Tool Option 문자 도구 옵션

❶ **Search and select fonts(글꼴 검색 및 선택)** : 글꼴을 쉽게 찾고 선택할 수 있도록 글꼴 종류별 필터 기능을 제공합니다.

Ⓐ **Your Fonts(내 글꼴)** : 내 컴퓨터에 설치된 글꼴을 선택합니다.

Ⓑ **More Fonts(기타 글꼴)** : Adobe Fonts 라이브러리에서 필터링(분류, 태그, 언어)하여 검색할 수 있습니다.

Ⓒ **Fonts Classes(글꼴 분류)** : San-Serif(고딕체) 또는 Handwritten(손글씨)과 같은 분류로 글꼴 목록을 필터링합니다.

Ⓓ 글꼴을 선택합니다.

Ⓔ **글꼴 검색 도구**

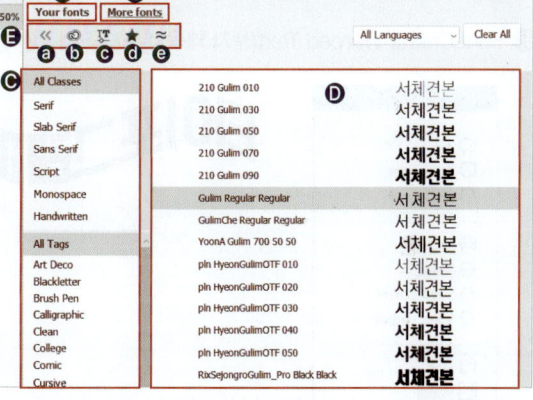

≪ **목록 축소** : 글꼴 검색창 목록을 축소합니다.

◎ **Adobe Font 표시** : Adobe Font를 선택합니다.

🅣 **가변 글꼴 표시** : 폭, 굵기, 기울기가 변형 가능한 가변 글꼴이 필터링됩니다.(문자를 입력한 후 Properties 패널에서 변형할 수 있습니다.)

★ **자주 사용하는 글꼴 표시** : 자주 사용하는 글꼴을 표시합니다. 글꼴 이름 옆의 별(☆) 아이콘을 클릭하여 즐겨찾기에 추가할 수 있습니다.

≈ **유사한 글꼴 표시** : 선택한 글꼴과 시각적으로 유사한 글꼴을 표시합니다.

❷ **Set font style(글꼴 스타일 설정)** : 글꼴의 굵기나 기울기를 선택할 수 있습니다. 시리즈가 없는 경우 활성화되지 않습니다.

❸ **Set font size(글꼴 크기 설정)** : 글꼴의 크기를 선택하거나 직접 입력할 수 있습니다.

01 Photoshop Basic
02 Layer & Move
03 Selection
04 Color & Gradient
05 Brush
06 Typography
07 Layer Style
08 Path

❹ Font Anti-aliasing(앤티 앨리어싱) : 글꼴의 테두리 처리 방법을 선택할 수 있습니다. 'None'으로 설정하면 글꼴이 선명해 보이는 효과를 줄 수 있습니다.

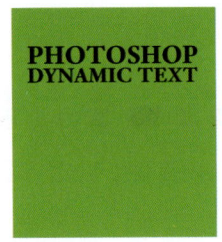

Anti-aliasing : None   Anti-aliasing : Smooth

❺ Font Align(글꼴 정렬) : 문단의 정렬 방식을 선택합니다. Left align text(텍스트 왼쪽 맞춤), Center text(텍스트 중앙 정렬), Right align text(텍스트 오른쪽 맞춤) 정렬이 있으며, 문단 스타일을 세부적으로 설정하려면 [Window] - [Paragraph] 메뉴를 클릭합니다.

❻ Font Color(글꼴 색상) : 문자의 색상을 변경합니다.

❼ Dynamic Text(동적 문자) : 문자 입력 후 텍스트 상자의 크기를 조절하면 텍스트 경계 모양에 맞게 자동으로 크기가 조정됩니다.

텍스트를 입력 후 텍스트 상자를 조절하면 자동으로 글자 크기가 조절됩니다.

❽ Font Create Warped Text(문자 왜곡) : 문자를 지정된 형태로 왜곡하여 변형할 수 있습니다.

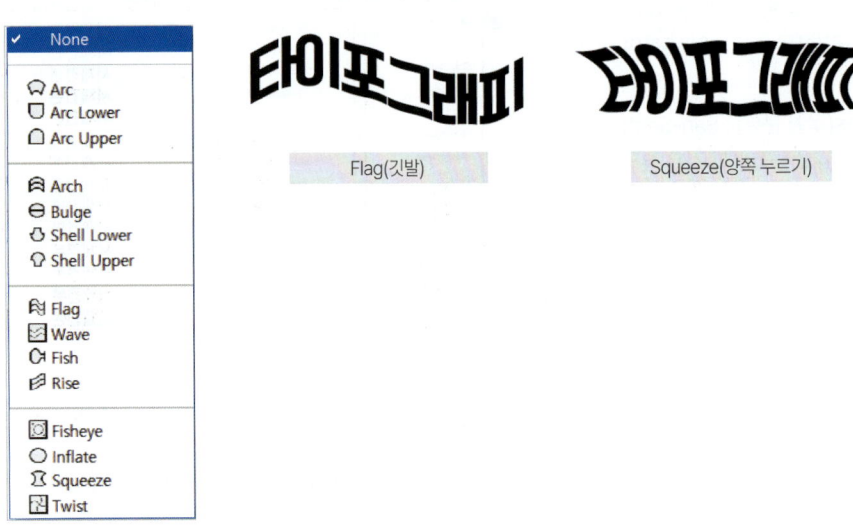

Flag(깃발)   Squeeze(양쪽 누르기)

❾ Toggle the Character and Paragraph Panels(문자 및 단락 패널) : Character(문자)와 Paragraph(단락) 속성 패널을 화면에 나타내거나 숨길 수 있습니다.

Character Panel 문자 패널

Character(문자) 패널은 문자를 입력하면 Properties(속성) 패널에 활성화되며, [Window] - [Character] 메뉴를 통해 열 수 있습니다.

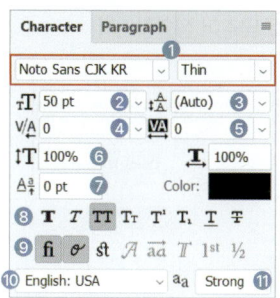

❶ **Search and select fonts / Set font style(글꼴 검색 및 선택)** : 글꼴의 종류, 두께, 기울기를 선택합니다.

❷ **Set font size(글꼴 크기)** : 글꼴의 크기를 선택하거나 직접 입력합니다.

❸ **Set leading(행간 설정)** : 줄 간격을 설정합니다. 값을 선택하거나 직접 입력할 수 있습니다.

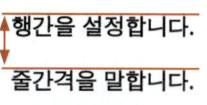

행간을 설정합니다.	행간을 설정합니다.
줄간격을 말합니다.	줄간격을 말합니다.
Set the Leading 72	Set the Leading 30

❹ **Kerning(커닝)** : 두 문자 사이의 간격을 조절하며, 영문자의 불안정한 자간을 교정합니다. 예를 들어, 영문자 'VA'와 'BD'를 비교하면 간격 차이가 발생하는데, 커닝을 통해 이러한 불균형을 보정할 수 있습니다. 잘 제작된 폰트의 경우 스펠링이나 자·모음 조합에 따라 커닝이 자동 적용되며, 주로 영문 편집 시 활용됩니다.

❺ **Tracking(자간 설정)** : 선택된 문자의 간격을 비율로 넓히거나 좁힐 수 있습니다.

| 타이포그래피 | 타 이 포 그 래 피 |
| Tracking -100 | Tracking 100 |

❻ **Vertically / Horizontally Scale(세로 / 가로 비율(장평))** : 기준값은 100%이며, 문자의 세로/가로 비율을 지정하거나 직접 입력할 수 있습니다.

| 장평 | 장평 |
| 장평 100% | 가로 장평 80% |

❼ **Set baseline shift(기준선 이동 설정)** : 문자의 기준선을 위아래로 이동시킵니다. 위 첨자, 아래 첨자를 만들 때 기준이 될 높이를 조절하는 형태로도 사용됩니다.

| 타이포 typo | 타이포 typo |

T 서로 다른 글꼴을 함께 사용하거나 한글과 영문을 혼용할 경우, 폰트 크기에 따라 기준선이 달라져 문자가 안정적으로 보이지 않으므로 기준선을 조절합니다.

❽ **글꼴 속성** : 진하게, 기울기, 전체 대문자, 작은 대문자, 위 첨자, 아래 첨자, 밑줄, 취소줄을 적용합니다.

❾ **영문 글꼴 속성** : 영문의 경우 표준 합자, 문맥 대체, 임의 합자, 스와시, 스타일 대체, 제목 대체, 서수, 분할을 사용하며, 폰트마다 달라집니다.

❿ **Language(언어)** : 영어를 기본으로 합니다.

⓫ **Anti-aliasing(앤티 앨리어싱)** : 글꼴의 테두리 처리 방법을 지정합니다. 글자가 12pt 이하처럼 작은 경우 None으로 설정하면 더 선명한 효과를 얻을 수 있습니다.

01 Photoshop Basic
02 Layer & Move
03 Selection
04 Color & Gradient
05 Brush
06 Typography
07 Layer Style
08 Path

Paragraph Panel 단락 패널

문단 정렬의 속성 패널로 Character(문자) 패널을 활성화하면 오른쪽 상단 탭으로 보여집니다. [Window] - [Paragraph] 메뉴에서도 열 수 있습니다.

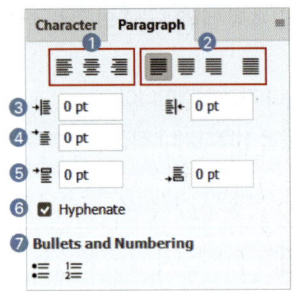

❶ Align(문자 정렬) : 문자를 왼쪽/가운데/오른쪽으로 맞추어 정렬합니다.

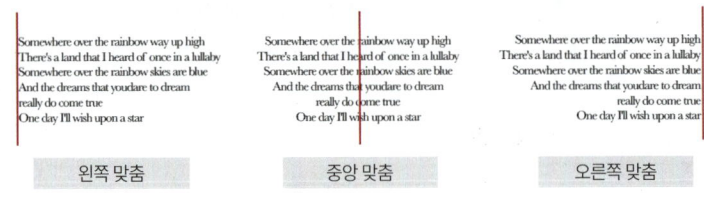

❷ Justify(문단 정렬) : 문단의 마지막 행을 왼쪽/가운데/오른쪽으로 강제 정렬하거나, 지정된 범위 내에서 정렬합니다. 텍스트 상자를 만들어 문자가 입력된 경우에만 해당 기능을 사용할 수 있습니다.

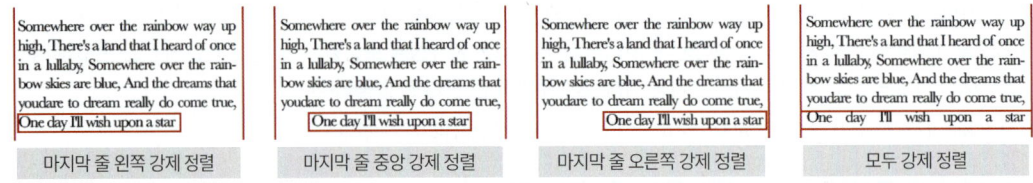

❸ Indent left / Right margin(여백 들여쓰기) : 문단의 왼쪽, 오른쪽 여백을 들여쓰기합니다.

❹ Indent first line(첫 줄 들여쓰기) : 문단의 첫 줄을 들여쓰기합니다.

❺ Add space before / After paragraph(단락 앞뒤에 공간 추가) : 문단 앞과 뒤의 공백을 설정합니다.

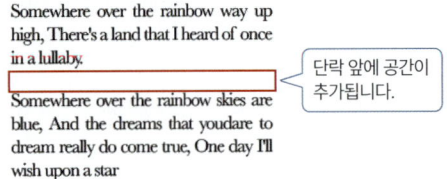

❻ Hyphenate(하이픈) : 단어가 줄바꿈될 때 하이픈을 넣어 문자를 연결합니다.

❼ Bullets and numbering(글머리 기호) : 글 머리에 기호를 넣습니다. 숫자 또는 구분점을 선택할 수 있습니다.

- Somewhere over the rainbow way up high
- There's a land that I heard of once in a lullaby
- Somewhere over the rainbow skies are blue
- And the dreams that youdare to dream
- really do come true
- One day I'll wish upon a star

01 Photoshop Basic

02 Layer & Move

03 Selection

04 Color & Gradient

05 Brush

06 Typography

07 Layer Style

08 Path

THEORY 02 가이드(안내선)

Guides

포토샵에서 정확한 크기로 작업하기 위해 필요한 기능으로 Guide(안내선)가 있습니다. 안내선을 활용하면 오차 없이 작업할 수 있으며, 밀림 없는 출력물을 만드는 데 유용합니다. 안내선은 [View]-[Guides] 메뉴를 통해 활성화할 수 있습니다.

Guides Option 가이드 옵션 ⑤ 안내선 보기 Ctrl + ;

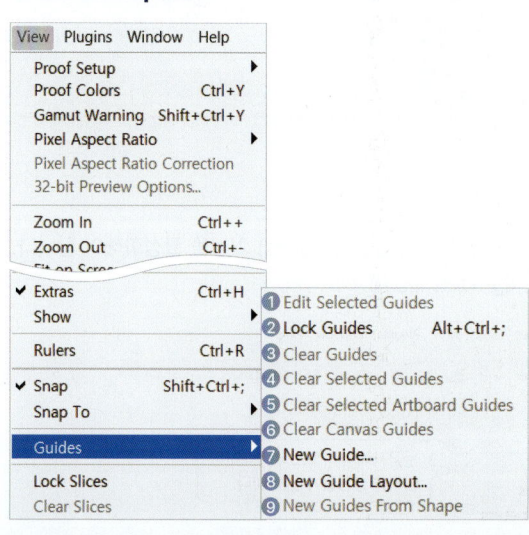

❶ **Edit Selected Guides**(선택한 안내선 편집) : 선택한 안내선을 편집할 수 있으며, 안내선 하나의 색상만 별도로 수정할 수 있습니다.

❷ **Lock Guides**(안내선 잠그기) : 안내선을 잠그기하여 이동할 수 없게 합니다.

⑤ Lock Guides(안내선 잠그기/풀기) Ctrl + Alt + ;

❸ **Clear Guides**(안내선 지우기) : 만든 안내선을 캔버스, 아트보드와 관계없이 전체 삭제합니다.

❹ **Clear Selected Guides**(선택한 안내선 지우기) : 선택한 안내선만 삭제합니다.

❺ **Clear Selected Artboard Guides**(선택한 아트보드 안내선 지우기) : 아트보드를 사용하는 경우, 선택한 아트보드의 안내선만 삭제됩니다.

❻ **Clear Canvas Guides**(캔버스 안내선 지우기) : 캔버스에 안내선이 있는 경우에만 활성화되며, 해당 안내선만 삭제합니다.

❼ **New Guide**(새 안내선) : 새로운 안내선을 추가합니다. 가로, 세로의 정확한 값을 입력하고 각 안내선마다 색상을 지정하여 사용할 수 있습니다.

❽ **New Guide Layout**(새 안내선 레이아웃) : 열과 행을 기준으로 레이아웃을 만듭니다.

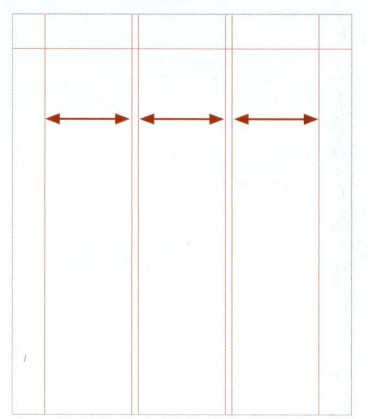

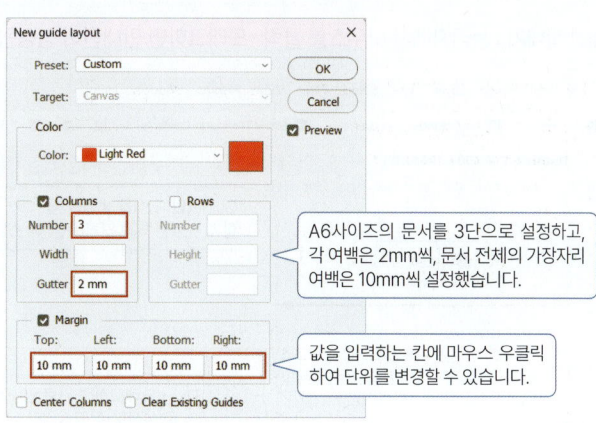

A6사이즈의 문서를 3단으로 설정하고, 각 여백은 2mm씩, 문서 전체의 가장자리 여백은 10mm씩 설정했습니다.

값을 입력하는 칸에 마우스 우클릭하여 단위를 변경할 수 있습니다.

❾ New Guides From Shape(모양에서 새 안내선) : Shape Tool(모양 도구)을 기준으로 가로/세로 안내선이 생성됩니다.

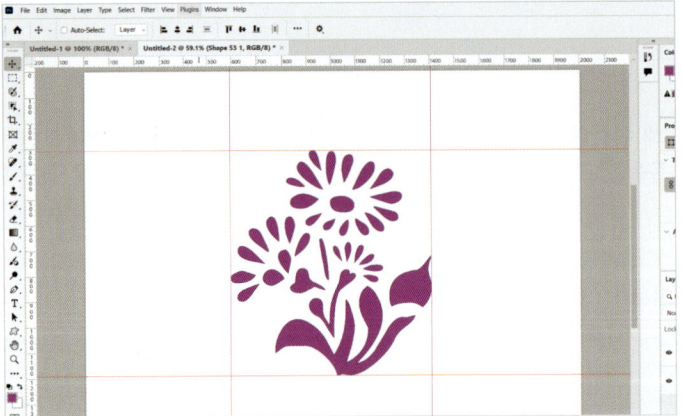

Rulers 눈금자

Guide(안내선)을 사용하기 위해서는 메뉴에서 [View] - [Rulers]를 선택하여 눈금자(Rulers) 기능을 활성화해야 합니다. 눈금자 위에서 마우스를 우클릭하면 단위를 변경할 수 있습니다. **S** Rulers(눈금자) Ctrl + R

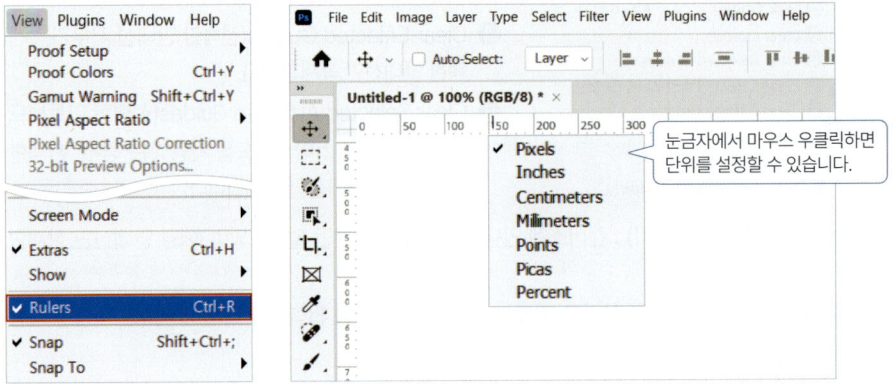

❶ 안내선 꺼내기 : 눈금자에서 마우스를 클릭 - 드래그하면 안내선이 생성됩니다.

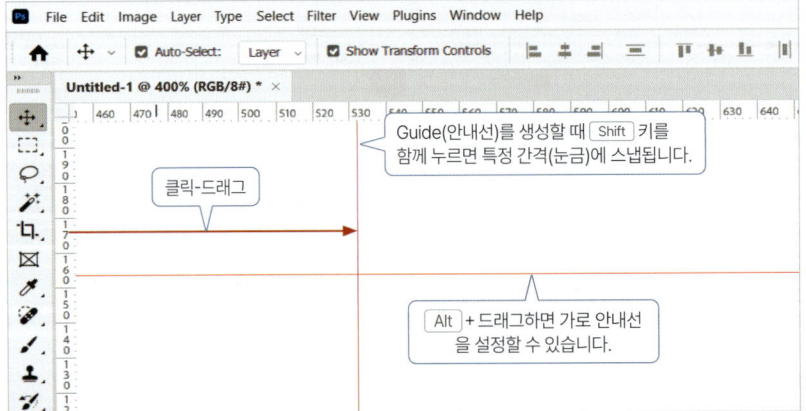

❷ 안내선 지우기 : 안내선을 클릭하고 화면 밖으로 던지듯 마우스를 놓으면 안내선이 삭제됩니다.

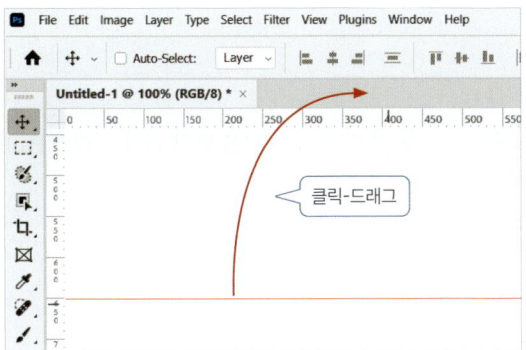

❸ 안내선 설정하기 : 안내선을 더블 클릭하면 안내선의 전체 색상을 변경할 수 있습니다. 제작물의 색상에 따라 안내선의 색상 변경이 필요한 경우 사용합니다.

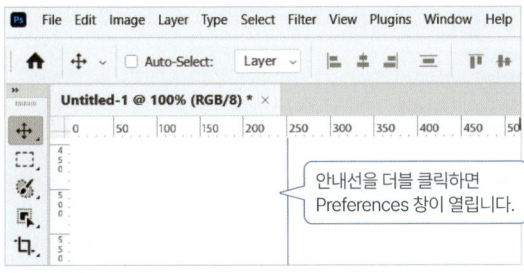

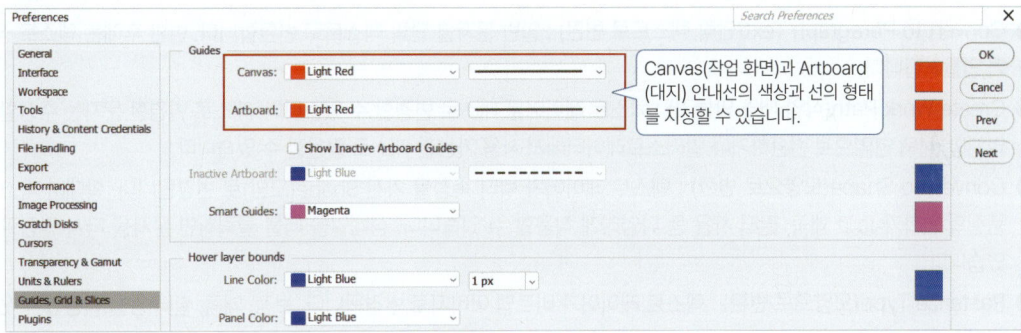

❹ 가이드 스냅 걸기 : 안내선을 눈금자의 단위에 맞춰 자석이 붙듯 스냅을 설정합니다. [View] - [Snap To] - [Guides] 메뉴를 활성화하면 정확한 간격에 맞춰 자동으로 정렬됩니다.

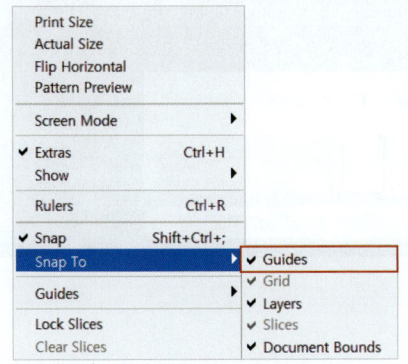

01 Photoshop Basic

02 Layer & Move

03 Selection

04 Color & Gradient

05 Brush

06 Typography

07 Layer Style

08 Path

Typography

포토샵의 문자(Text)는 벡터 속성을 가지고 있어 해상도에 영향을 받지 않습니다. 같은 벡터 기반의 패스(Path)나 모양 도구(Shape Tool)와 함께 활용하면 문자를 더욱 다양한 형태로 변형할 수 있습니다.

Type Function 문자 속성

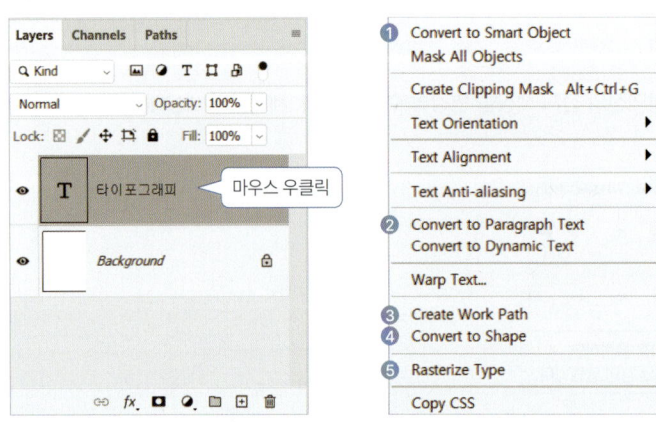

① **Convert to Smart Object(고급 개체로 변환)** : 텍스트 레이어가 고급 개체로 변환되며 벡터 속성은 유지됩니다.

② **Convert to Paragraph Text(단락 텍스트로 변환)** : 일반 문자를 단락 텍스트로 변환합니다. 변환 후에는 텍스트 상자가 만들어집니다.

③ **Create Work Path(작업 패스 만들기)** : 텍스트 레이어를 패스로 변경할 수 있습니다. 패스로 변경한 문자는 수정할 수 없지만, 선택 영역으로 변환하거나 일러스트레이터에서 사용 가능한 패스로 활용할 수 있습니다.

④ **Convert to Shape(모양으로 변환)** : 텍스트 레이어가 벡터 속성을 가진 Shape(모양)로 변경됩니다. 확대나 축소 시 품질의 변화가 없고 왜곡, 필터 사용 등 다양하게 적용할 수 있습니다. 섬네일을 더블 클릭하면 문자를 다시 편집할 수 있습니다.

⑤ **Rasterize Type(모양으로 변환)** : 텍스트 레이어가 비트맵 이미지로 변경됩니다. 보정, 왜곡, 필터 등을 적용할 수 있습니다.

텍스트 레이어의 특징
텍스트 레이어는 벡터 속성을 가지므로, 일반적인 비트맵 이미지에 적용되는 왜곡, 보정, 필터 효과 등은 직접 사용할 수 없습니다. 디자인적인 변형이 필요할 경우, 텍스트 레이어에서 마우스 우클릭하여 이미지로 속성 변경(레스터화)할 수 있지만, 이때, 문자 속성이 사라져 더 이상 편집할 수 없게 됩니다. 또한 텍스트 레이어에 일부 효과를 적용할 때 경고 창에서 '확인'을 누르면, 해당 레이어는 고급 개체나 일반 이미지 레이어로 변환되어 이후에는 왜곡이나 변형이 가능해집니다.

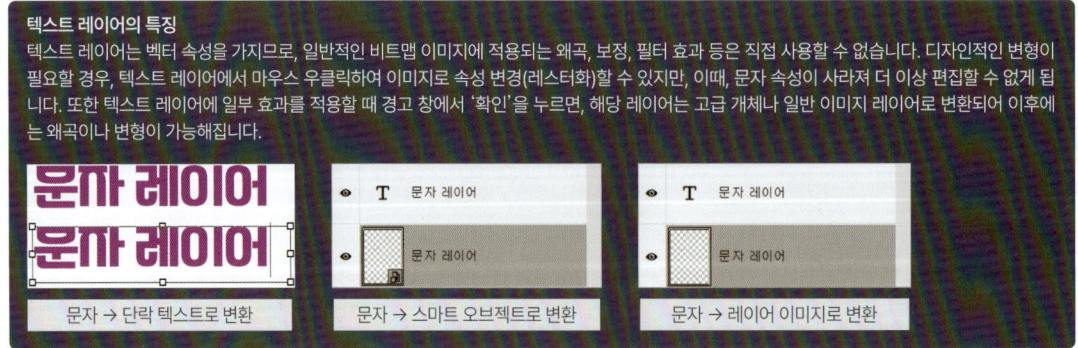

Path Tool 패스 도구

포토샵에서 사용할 수 있는 벡터 기능은 Pen Tool(펜 도구)과 Shape Tool(모양 도구)로 나눌 수 있습니다. 이 두 도구는 이동 및 수정할 수 있는 Path Selection Tool(패스 선택 도구)과 함께 사용합니다. 이 섹션에서는 문자 도구와 함께 활용할 수 있는 간단한 패스 기능을 학습하고, 펜 도구와 모양 도구의 자세한 내용은 'Section 08. Path'와 'Section 09. Shape'에서 다루겠습니다.

01 Photoshop Basic

02 Layer & Move

03 Selection

04 Color & Gradient

05 Brush

06 Typography

07 Layer Style

08 Path

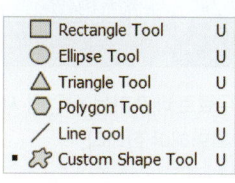

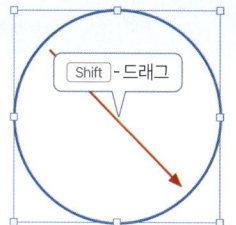

❶ **Shape Tool(모양 도구)** : Shape Tool을 작업 화면에 드래그하여 다양한 도형을 그릴 수 있습니다. Shift 키를 누르고 드래그하면 정사각형과 정원을 그릴 수 있습니다.

> Path를 따라 문자를 입력하려면 옵션의 Shape에서 Path 모드로 선택해야 합니다.

Ⓐ **패스 따라 문자 쓰기** : 패스를 그린 후 문자 도구를 패스 위에 올리면 커서 모양이 변합니다. 이때 클릭하면 패스를 따라 문자를 입력할 수 있습니다.

Ⓑ **패스 안에 문자 쓰기** : 문자 도구를 패스 안에 클릭한 후 커서의 모양이 바뀌면 클릭하고 패스 안으로 문자를 입력합니다. 주로 문단에 특정 모양을 넣을 때 사용합니다.

Ⓒ **문자 위치 수정** : 패스 위로 쓰여진 문자의 위치를 ▶ Path Selection Tool(패스 선택 도구)로 수정합니다.

Ⓢ Path Selection Tool(패스 선택 도구) Ⓐ

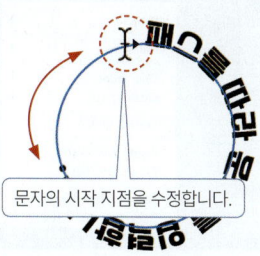

> 문자의 시작 지점을 수정합니다.

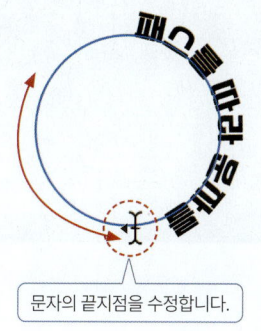

> 문자의 끝지점을 수정합니다.

> 도형의 안쪽 방향으로 드래그하여 문자의 방향을 바꿉니다.

Font Download 폰트 다운로드와 설치

포토샵에서는 사용자 컴퓨터에 설치된 시스템 폰트를 사용합니다. 외부 폰트는 TTF(True Type Font) 또는 OTF(Open Type Font) 형식의 파일을 다운로드해 설치한 후 사용할 수 있습니다.

> **TTF와 OTF 차이**
> TTF(True Type Font)와 OTF(Open Type Font)는 포맷 방식과 구현 방식에서도 차이가 있습니다. OTF는 벡터 방식 기반, TTF는 픽셀 방식 기반으로 만들어졌으며, 일반적으로 macOS에서는 OTF, Windows에서는 TTF가 보다 안정적으로 작동합니다. TTF는 2차원 베지어 방식인데 비해 OTF는 3차원 베지어 방식으로 고해상도 인쇄, 그래픽 디자인에 주로 사용됩니다.

❶ 외부 폰트 다운로드 방법 : 폰트는 유료 폰트 사이트에서 구매하거나, 기업이나 브랜드에서 무료로 배포하는 상업적 사용이 가능한 폰트를 다운로드할 수 있습니다. 사용 전에는 반드시 각 폰트의 라이선스 조건을 확인해야 합니다.

❷ 폰트 설치 방법 : 다운로드 한 파일 중 TTF나 OTF 파일을 더블 클릭한 후 [설치] 버튼을 누릅니다. Type Tool(문자 도구)을 선택한 후 옵션 또는 Character 패널에서 설치된 폰트를 찾아 적용할 수 있습니다.

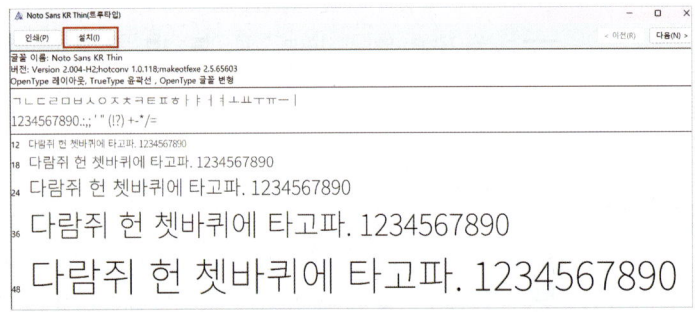

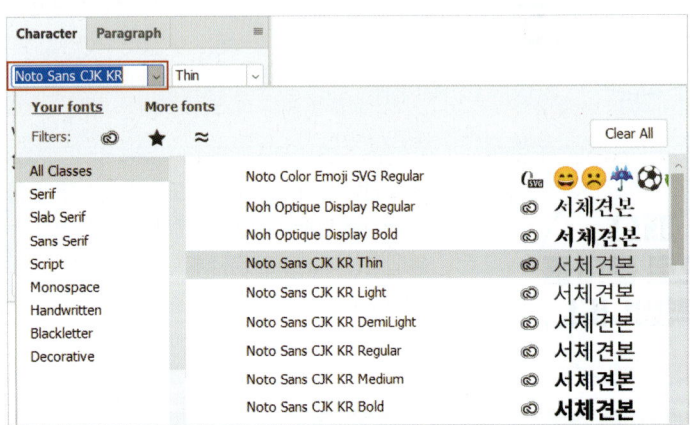

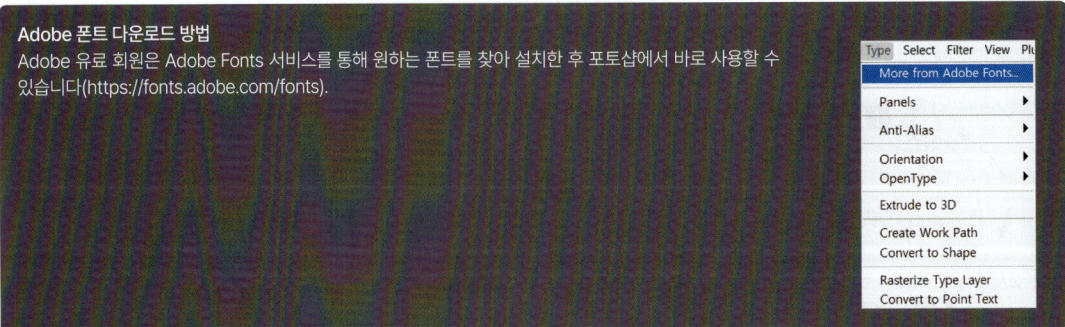

> **Adobe 폰트 다운로드 방법**
> Adobe 유료 회원은 Adobe Fonts 서비스를 통해 원하는 폰트를 찾아 설치한 후 포토샵에서 바로 사용할 수 있습니다(https://fonts.adobe.com/fonts).

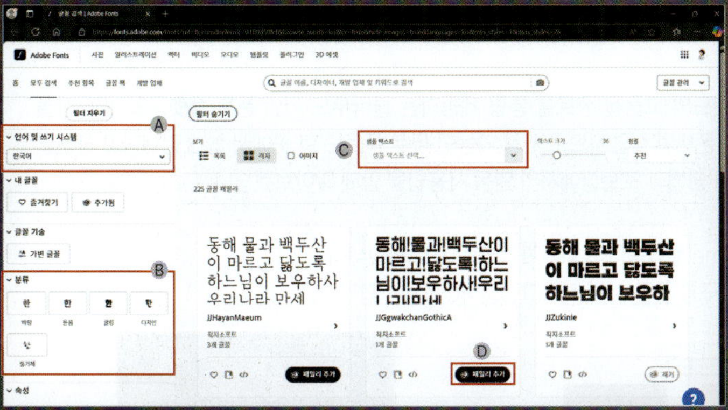

01 Photoshop Basic

02 Layer & Move

03 Selection

04 Color & Gradient

05 Brush

06 Typography

07 Layer Style

08 Path

Ⓐ 언어를 선택합니다. 한국어를 선택하면 한글 폰트 종류만 볼 수 있습니다.

Ⓑ 태그를 통해 폰트 스타일을 분류해서 볼 수 있습니다.

Ⓒ 디자인에 적용하고 싶은 문자가 있다면 샘플 텍스트를 입력하여 미리보기할 수 있습니다.

Ⓓ 사용할 폰트를 선택하고 '패밀리 추가' 버튼을 누릅니다.

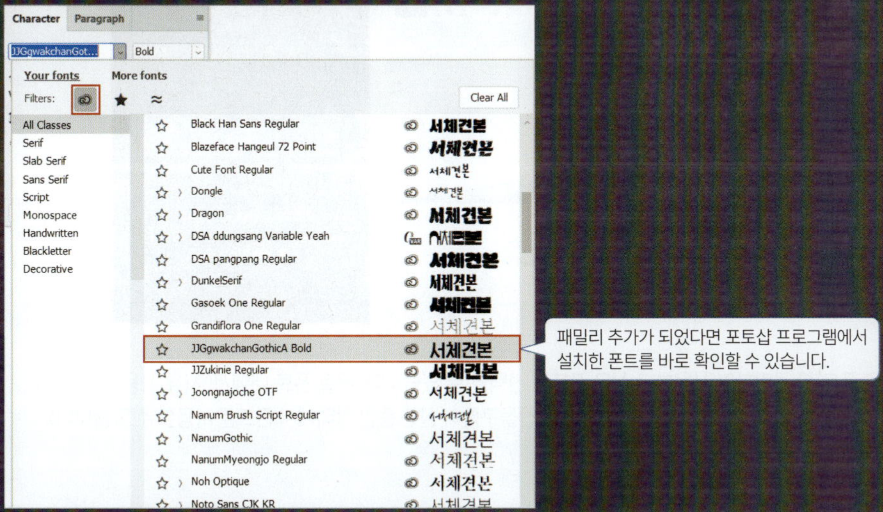

패밀리 추가가 되었다면 포토샵 프로그램에서 설치한 폰트를 바로 확인할 수 있습니다.

Glyph Panel 글리프 패널

포토샵에서 간단하게 특수문자나 기호를 사용할 수 있는 패널입니다. 23년 이후 버전에서는 스마트폰에서 사용하는 이모지도 디자인에 활용할 수 있습니다. [Window] - [Glyphs] 메뉴에서 패널 창을 활성화할 수 있습니다.

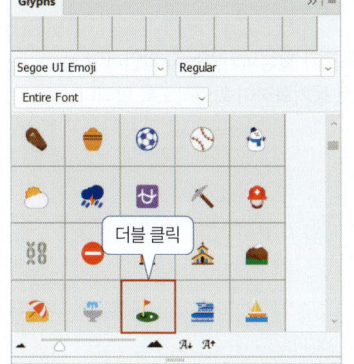

Type Tool(문자 도구)로 작업 화면을 클릭하고, Glyphs 패널에서 사용하고 싶은 Glyphs를 선택해 더블 클릭하면 해당 문자가 입력됩니다.

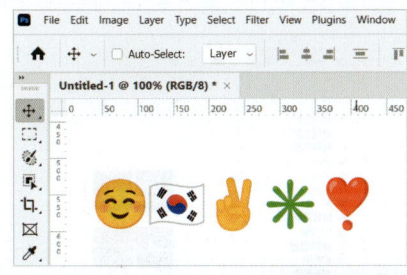

더블 클릭

🅣 만약 Noto Color Emoji 폰트가 보이지 않는다면, 구글 폰트 https://fonts.google.com/에서 검색 후 다운로드합니다.

산돌구름(SandollCloud)은 다양한 브랜드의 고품질 폰트를 통합 제공하는 클라우드 기반 폰트 플랫폼입니다. 산돌 자체 폰트는 물론, 다양한 외부 브랜드의 폰트와 상업적으로 사용 가능한 무료 폰트도 한 곳에서 쉽게 검색하고 사용할 수 있습니다. '산돌구름 클라우드'의 설치 방법과 포토샵에서의 연동 사용법을 함께 알아보겠습니다.

- https://www.sandollcloud.com/home에 접속하여 회원가입 또는 로그인합니다.
- 메뉴에서 '다운로드'를 클릭하여 '산돌구름 클라우드' 프로그램을 PC에 설치합니다.

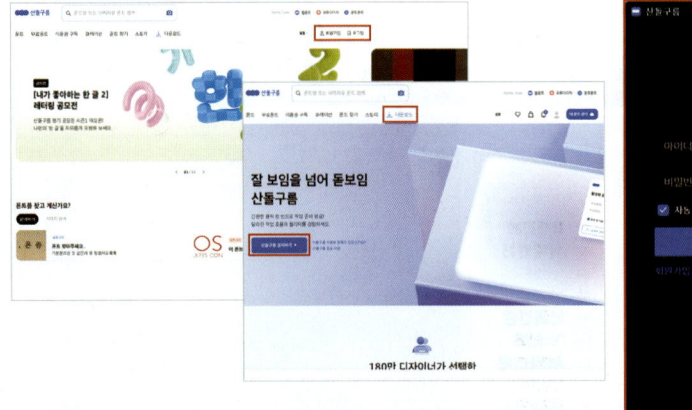
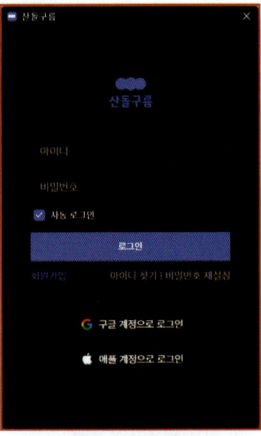

- 메뉴에서 '무료 폰트'를 클릭하여 사용하고 싶은 폰트를 선택할 수 있습니다. 무료 폰트 내에서 '자유 사용'의 경우에는 상업적 이용을 포함해 자유롭게 사용할 수 있습니다(산돌구름이 실행 중인 상태에서 폰트를 사용할 수 있습니다).

- 폰트가 활성화되면 '내 폰트 관리'에서 폰트를 확인할 수 있습니다. 포토샵에도 폰트가 활성화되었는지 확인하여 사용합니다. 비활성화가 되었다면 '산돌구름 클라우드'를 종료하고 재로그인 후 폰트 동기화하여 확인하도록 합니다.

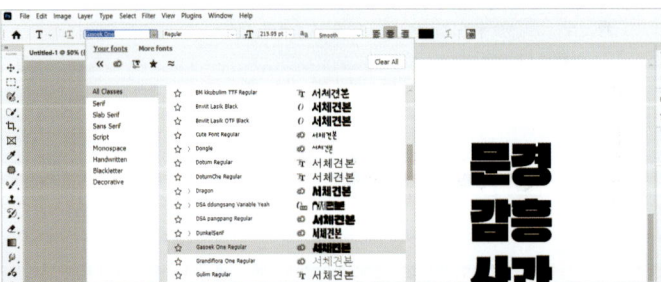

폰트 선택은 디자인의 분위기를 결정하는 중요한 요소입니다. 어떤 폰트를 사용하느냐에 따라 작품의 전체적인 인상이 크게 달라집니다. 따라서 메시지와 상황에 맞는 폰트를 올바르게 선택하는 방법을 익히는 것이 필요합니다.

1. 고딕체 San-serif

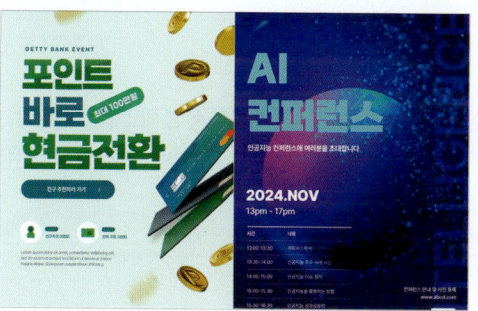

고딕체는 글자의 끝에 장식이 없는 직선 형태의 서체입니다. 산세리프(Sans Serif) 폰트라고도 불리며, 글자 획의 굵기가 거의 일정해 깔끔하고 현대적인 인상을 줍니다. 가독성이 뛰어나 제목, 본문, 부제목, 캡션 등 다양한 용도로 폭넓게 사용됩니다.

#보편적 #깨끗한 #깔끔한 #현대적인 #가독성 #안정적

2. 명조체 Serif

명조체는 글자의 끝에 장식선이 있는 서체로, 세리프(Serif) 폰트라고도 합니다. 일반적으로 부드럽고 우아한 인상을 주며, 선의 두께가 얇을수록 감성적인 분위기를 연출할 수 있습니다. 전통적이고 공식적인 이미지로 자주 사용되며, 글자 간 구분이 명확하고 가독성이 뛰어나 잡지, 책, 신문 등 본문용 서체로도 널리 활용됩니다.

#전통적 #신뢰 #권위 #감성적 #편안함

3. 손글씨체 Calligraphic

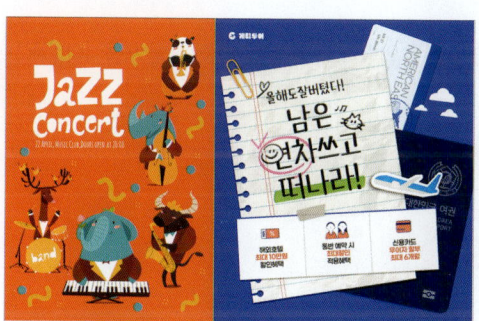

손글씨체는 자연스럽고 개성 있는 분위기를 전달하며, 활기차고 유쾌한 느낌을 줍니다. 개인적인 정서 표현에 적합하며, 제목의 일부 강조나 장식용 텍스트에 자주 사용됩니다. 다만, 가독성이 떨어질 수 있어 본문용 서체로는 적합하지 않습니다.

#흥미로움 #기발한 #행복 #개인적

01 Photoshop Basic
02 Layer & Move
03 Selection
04 Color & Gradient
05 Brush
06 Typography
07 Layer Style
08 Path

Guide, Typography

폰트를 다운로드하고 설치한 후 Guide Line을 사용하여 인쇄용 사원증 앞면과 뒷면을 제작합니다.

■ 예제 폴더 : S6-Practice1

01 새로운 작업 화면 만들기

[File] - [New] 또는 Ctrl+N을 눌러 W 89, H 127mm, 해상도 300Pixels/Inch의 새로운 작업 화면을 만듭니다.

T 실무에서 작업하는 방식(재단 여백 상하좌우 각 2mm씩 포함)으로 실습하며, 실제 사원증 사이즈는 W 85, H 123mm로 제작됩니다.

02 배경색 채우기

전경색 아이콘을 클릭하여 Color Picker 창이 열리면 #0d308f 색상을 입력하고, 배경 레이어에 색을 채웁니다(Alt + Delete).

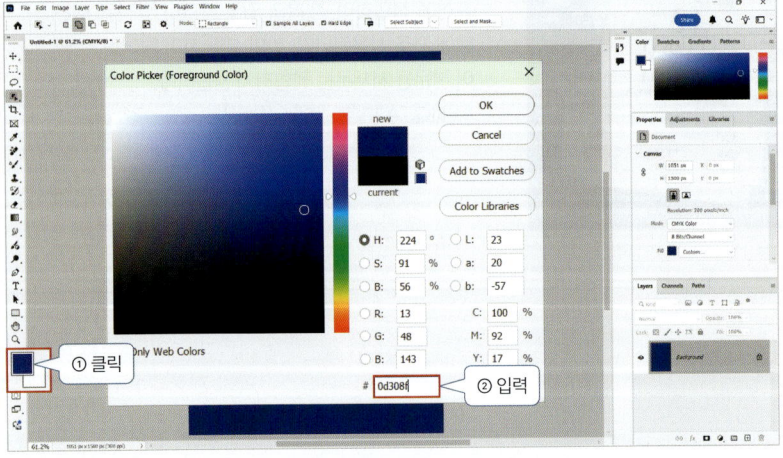

03 가이드 레이아웃 생성하기

메뉴에서 [View] - [Guides] - [New Guide Layout]을 선택해 작업 화면의 레이아웃을 제작합니다.

① 드롭다운 메뉴에서 Color를 변경합니다.

② Columns의 Number 2, Gutter 0으로 설정하면 중앙에 간격 없는 안내선이 생성됩니다.

③ 실제 인쇄물에서는 여백 2mm가 잘리게 되므로 Margin을 모두 2mm로 설정합니다.

④ Clear Existing Guides를 체크하여 기존 안내선을 삭제합니다.

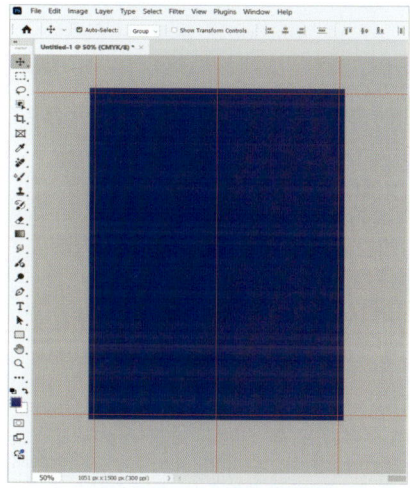

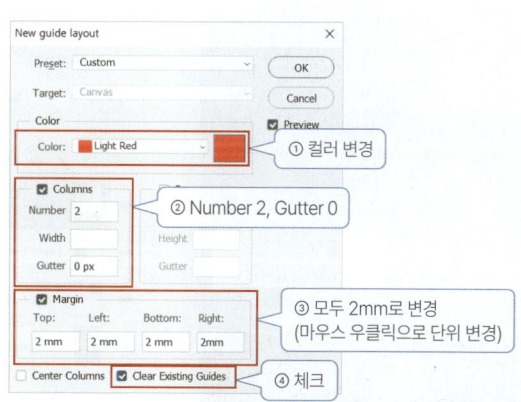

04 배경 소스 제작하기 1

① 새로운 레이어를 생성(Ctrl + Alt + Shift + N)합니다.

② Elliptical Marquee Tool(M)을 선택하고 작업 화면에 정원을 그립니다. 이때 정원의 색상을 #163c90로 채운 뒤 (Alt + Delete) 선택 영역을 해제(Ctrl + D)합니다.

③ 원형 레이어를 복제(Ctrl + J)하고, Move Tool(V)로 두 개의 정원을 배치합니다.

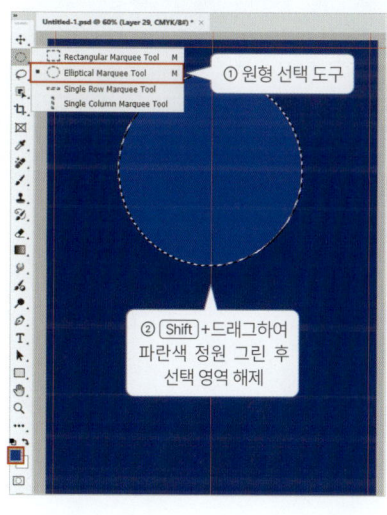

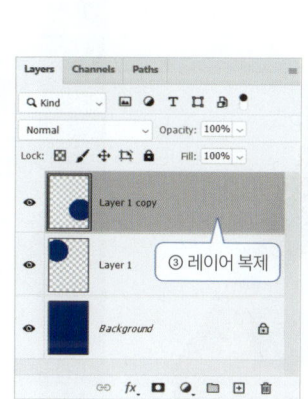

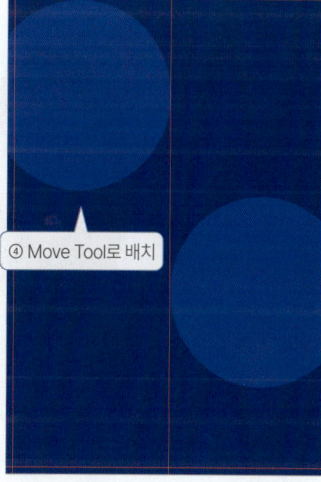

05 배경 소스 제작하기 2

① 새로운 레이어를 생성(Ctrl + Alt + Shift + N)합니다. Rectangular Marquee Tool(M)로 작업 화면 하단에 사각형을 그립니다. 사각형 색상을 #0e211a로 채운 뒤(Alt + Delete) 선택 영역을 해제(Ctrl + D)합니다.

② 레이어를 최상단으로 배치(Ctrl + Shift +])합니다.

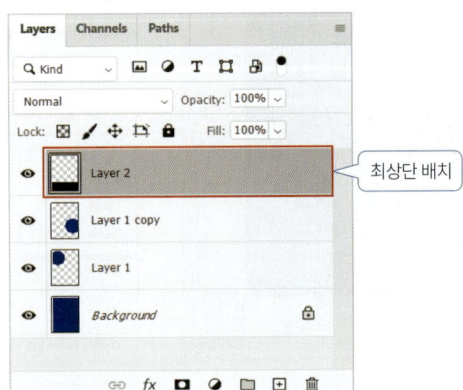

06 피사체 선택하기

'S6_P1_1.jpg' 파일을 불러옵니다(Ctrl + O). Object Selection Tool(W) 또는 메뉴에서 [Select] - [Subject]를 선택하여 인물을 영역으로 설정합니다.

07 선택 및 마스크 실행하기

Select & Mask([Ctrl]+[Alt]+[R])를 실행합니다. 옵션에서 Refine Hair(가는 선 다듬기)를 클릭하고, Properties 패널의 Output Settings에서 Decontaminate Colors를 체크하고 New Layer with Layer Mask를 선택한 후 [OK]를 누릅니다. 인물이 새로운 레이어로 복제되어 배경이 제거되었습니다. 레이어에서 마우스 우클릭하여 Convert to Smart Object로 변환합니다.

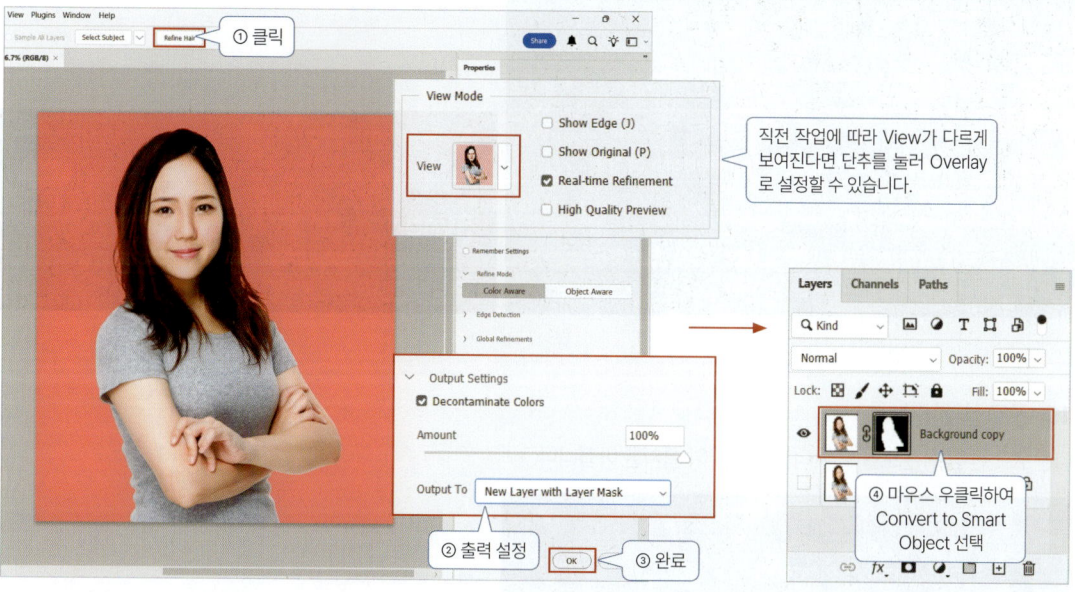

08 이동 및 크기 조절하기

스마트 오브젝트로 변환한 이미지를 Move Tool([V])로 드래그하여 작업 화면으로 이동합니다. Free Transform([Ctrl]+[T]) 으로 크기를 조절하여 작업 화면에 맞게 배치하고, [Enter]키를 눌러 완료합니다. 레이어 위치는 05 과정에서 만든 Layer 2 아래로 배치합니다.

01 Photoshop Basic
02 Layer & Move
03 Selection
04 Color & Gradient
05 Brush
06 Typography
07 Layer Style
08 Path

09 폰트 다운로드하기

fonts.google.com에서 Syne 폰트를 검색합니다. Get font 버튼을 클릭합니다.

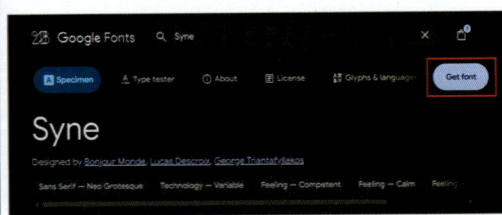

10 폰트 설치하기

다운로드 된 TTF 폰트를 모두 더블 클릭하여 설치를 마칩니다.

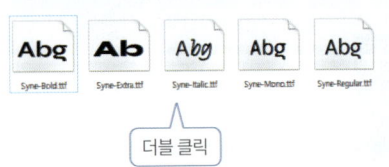

더블 클릭

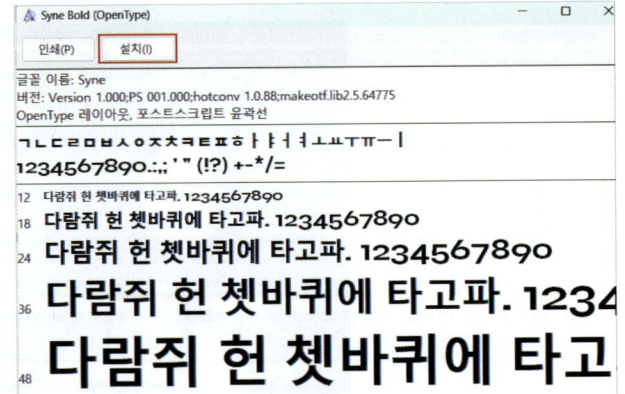

11 문자 입력하기

① Type Tool(T)로 작업 화면 하단에 드래그하여 텍스트 상자를 만든 뒤 문자를 입력합니다. 어두운 배경이므로 문자 색상을 흰색으로 변경합니다.

② [Window] - [Character(문자 패널)]를 열어 다운로드한 서체로 변경합니다. 이때 텍스트 레이어는 패널 창 최상단에 있어야 합니다.

③ 이름(18pt)/직함(13pt)/입사년도(8pt)의 문자 크기를 각각 다르게 변경하고, 두께 시리즈를 변경하여 차이를 둡니다.

④ 입력한 문자를 모두 드래그하여 [Window] - [Paragraph(정렬)] 패널에서 가운데 정렬합니다.

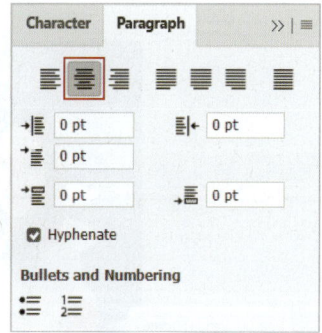

12 소스 배치하기

① 첫 번째 소스 'S6_P1_2.psd' 파일을 열고, Move Tool(V)을 사용하여 로고 레이어를 작업 화면으로 이동합니다.

② 두 번째 소스 'S6_P1_3.png' 파일을 열고, Lasso Tool(L)로 도형 소스를 드래그하여 영역으로 선택합니다. Move Tool(V)을 선택하고 복사(Ctrl+C)하여 작업 화면으로 붙여넣기(Ctrl+V)한 후 크기를 조절하여 배치합니다.

③ 이때 레이어 순서는 인물 레이어 아래로 이동시켜 인물 뒤로 배치합니다. 같은 방법으로 다양한 소스를 추가합니다.

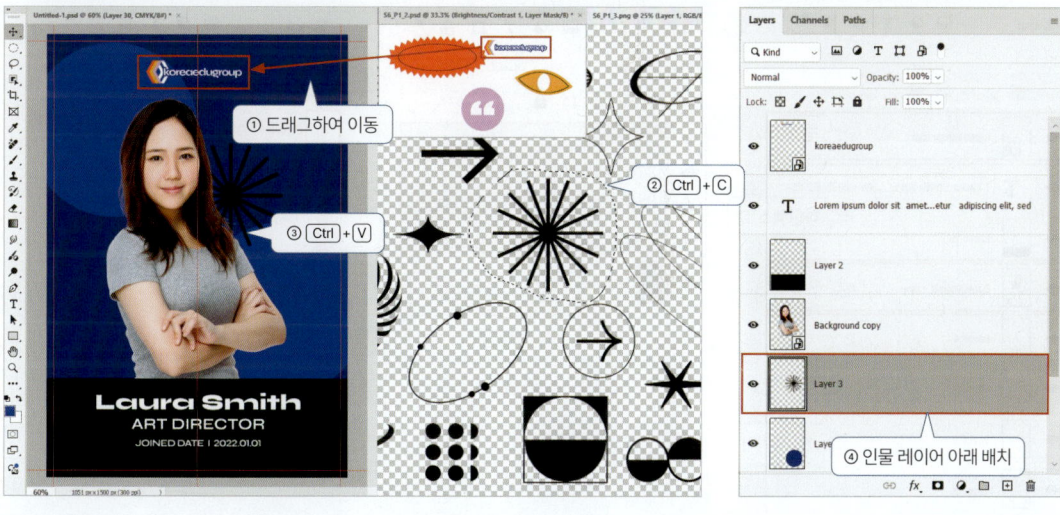

01 Photoshop Basic

02 Layer & Move

03 Selection

04 Color & Gradient

05 Brush

06 Typography

07 Layer Style

08 Path

13 소스배치 및 색상 변경하기

가져온 소스들을 투명 픽셀 제외하고 배경 채우기를 통해 색을 변경합니다. 회사 로고에 사용된 색상을 조합하여 사용하면
회사의 독자성을 나타내기 좋습니다.

① 각 소스의 크기를 변경하고 인물 레이어 아래로 배치합니다.

② Eyedropper Tool(ⅠＩ)을 선택한 후 로고 소스에서 색상을 추출합니다.

③ 투명 픽셀을 제외하고 전경색을 채워(Alt + Shift + Delete) 소스 색상으로 변경합니다.

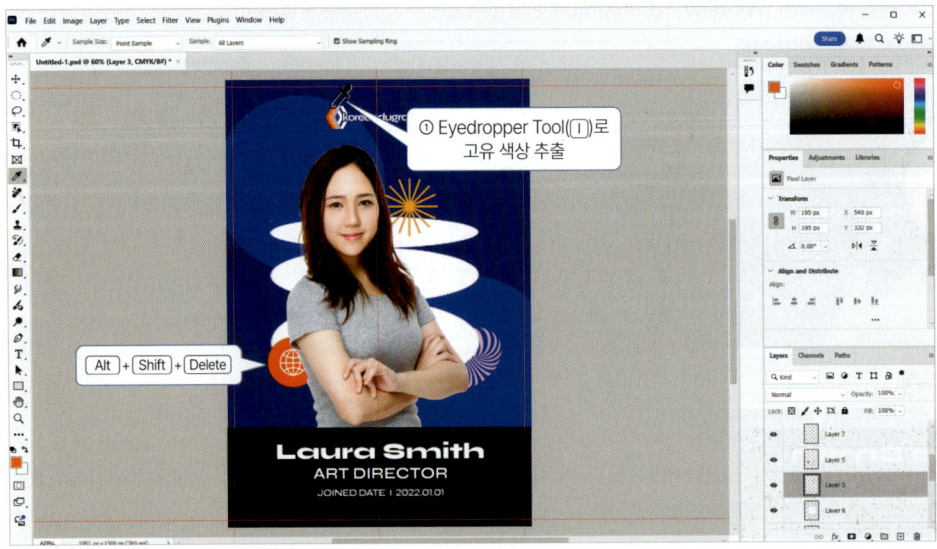

14 레이어 정리하기

① 사원증 앞면의 레이어들을 로고, 하단 텍스트, 인물, 소스레이어로 비슷한 유형별로 그룹을(Ctrl + G) 만듭니다.

② Shift 키로 모든 그룹을 다중 선택한 후 하나의 전체 그룹으로 생성하여 레이어를 정리합니다.

③ 생성된 그룹 레이어는 사원증 뒷면 제작 과정을 위해 눈 아이콘(👁)을 클릭하여 숨김합니다.

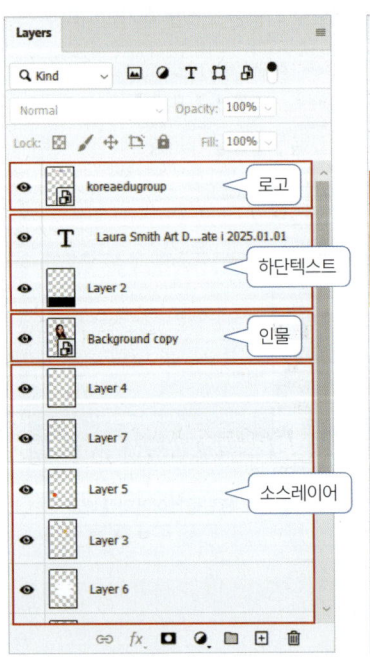
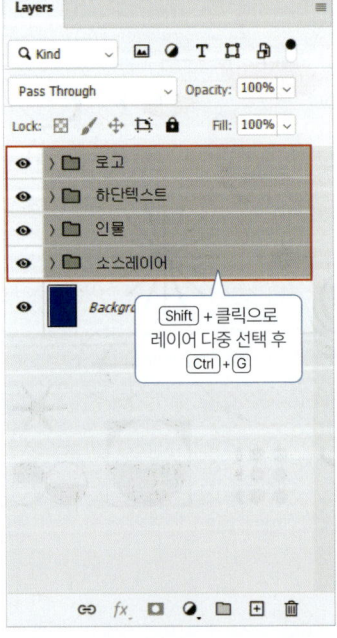
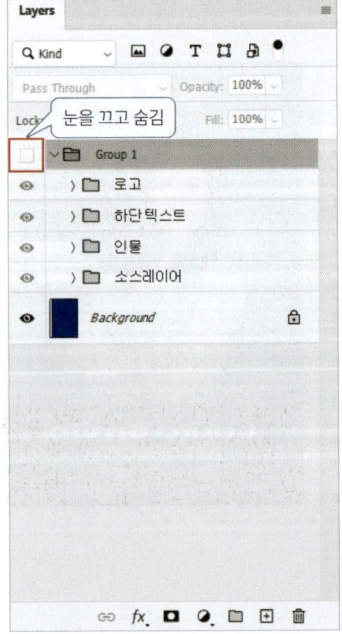

15 안내선 추가하기

안내선 레이아웃은 변경하지 않고 안내선을 추가합니다.

① [View] - [Rulers] 메뉴를 클릭하여 눈금자(Ctrl+R)를 생성합니다.

② [View] - [Snap] 메뉴를 클릭하여 스냅(Ctrl+Shift+;)을 활성화합니다.

③ Background 레이어를 선택한 뒤 상단 눈금자에서 안내선을 작업 화면 가운데로 드래그하면 자석처럼 붙게 됩니다.

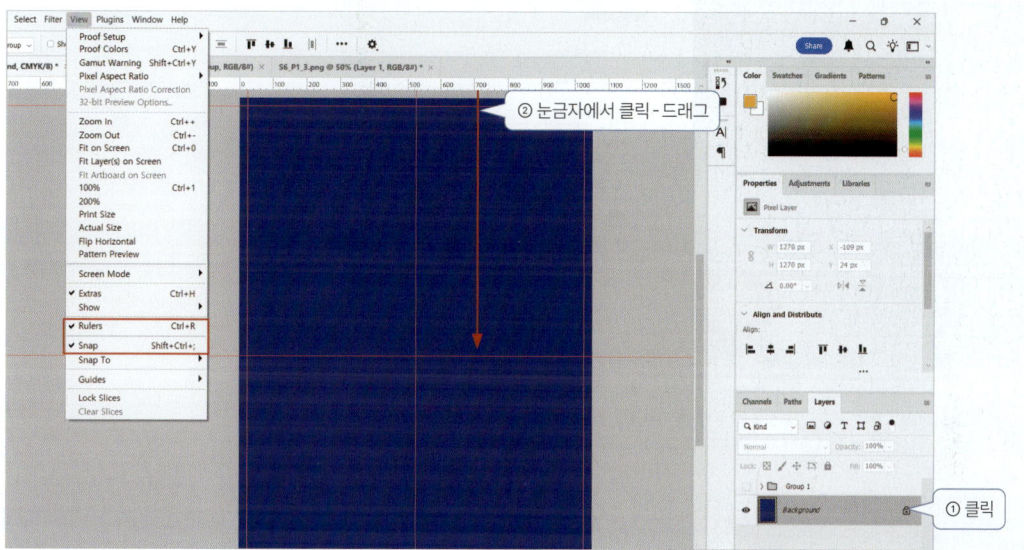

16 새로운 배경 소스 만들기

① 새로운 레이어를 생성(Ctrl+Alt+Shift+N)하고, 빈 레이어를 그룹화(Ctrl+G)하여 Group 1 위로 배치합니다.

② 빈 레이어를 선택하고 Rectangular Marquee Tool(M)로 가로 안내선 아래로 사각형을 그린 후, 색상(#0e211a)을 채웁니다(Alt+Delete).

③ 작업이 완료되면 선택 영역을 해제(Ctrl+D)합니다.

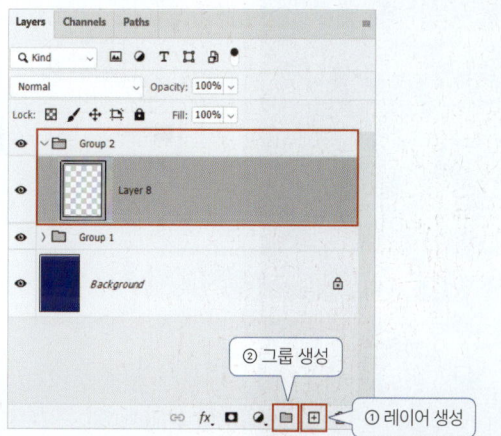

01 Photoshop Basic

02 Layer & Move

03 Selection

04 Color & Gradient

05 Brush

06 Typography

07 Layer Style

08 Path

17 안내선 추가하기 1

[View] - [Guides] - [New Guide] 메뉴를 클릭한 뒤, 'Vertical(수직)'을 선택하고 Position에 10mm를 입력합니다. 작업 화면의 왼쪽에 새로운 안내선이 추가되었습니다.

ⓣ 안내선의 색상은 재단선 여백과 내부 페이지 여백을 명확하게 구분할 수 있도록 03 과정에서 설정한 색상과 다르게 지정하는 것이 좋습니다.

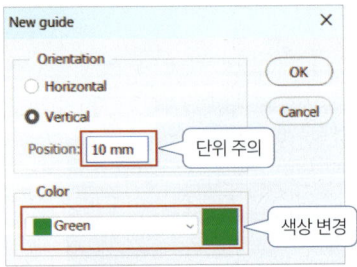

18 안내선 추가하기 2

이번 과정에서는 작업 화면의 오른쪽 끝에 안내선이 그려질 수 있도록 설정합니다.

① 가로 눈금자와 세로 눈금자가 만나는 모서리를 클릭 - 드래그하여 작업 화면의 오른쪽 끝으로 '0점'을 이동합니다.

② [View] - [Guides] - [New Guide] 메뉴를 클릭한 뒤, Position에 -10mm를 입력합니다. 작업 화면 오른쪽에 새로운 안내선이 추가되었습니다.

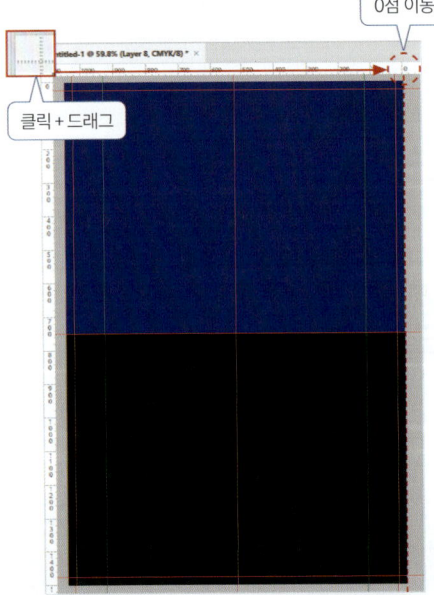
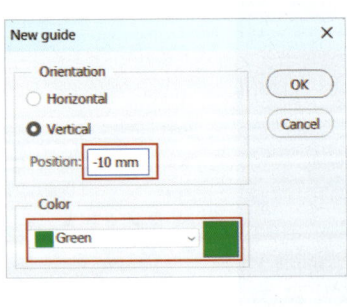

19 문자 입력하기

Type Tool(T)을 선택하여 안내선 안쪽으로 텍스트 상자를 만든 후 'Syne' 폰트 시리즈로 사원증 정보를 입력합니다. 폰트 크기와 색상, 위치는 텍스트 상자 안에서 자유롭게 조절합니다. 입력한 문자는 [Window] - [Paragraph] 패널을 열어 마지막 줄 왼쪽 강제 정렬을 설정합니다('S6_P1 사원증 정보.txt' 파일 제공).

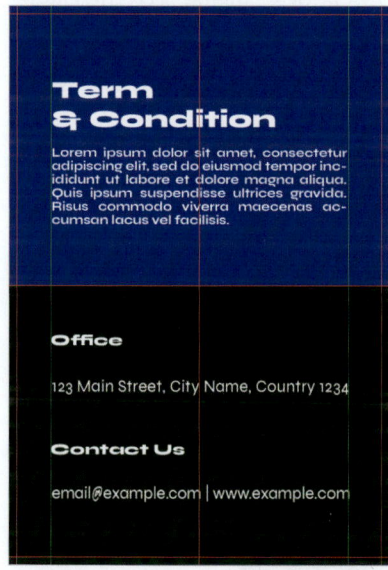

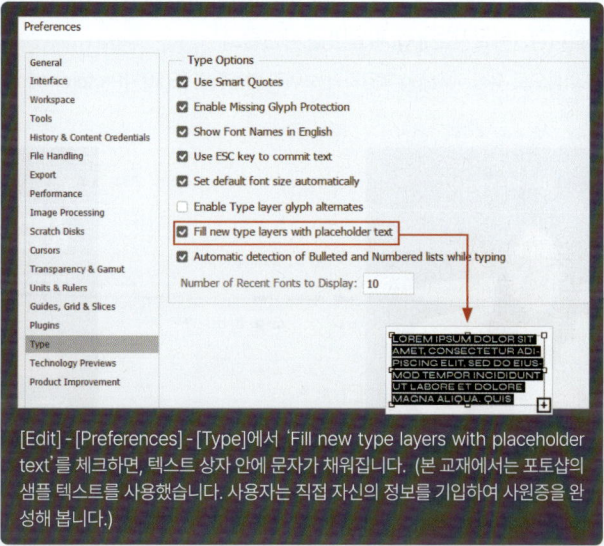

[Edit] - [Preferences] - [Type]에서 'Fill new type layers with placeholder text'를 체크하면, 텍스트 상자 안에 문자가 채워집니다. (본 교재에서는 포토샵의 샘플 텍스트를 사용했습니다. 사용자는 직접 자신의 정보를 기입하여 사원증을 완성해 봅니다.)

20 소스 배치 및 레이어 정리하기

① 'S6_P1_2.psd' 파일에서 Move Tool(V)을 사용해 소스 레이어들을 작업 화면으로 가져와 배치합니다.
② Group 2 안의 레이어들을 다시 '소스레이어'와 '내용'으로 그룹을 만들어(Ctrl + G) 정리합니다.

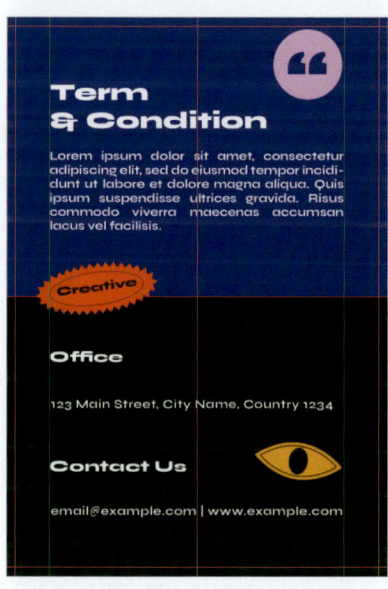

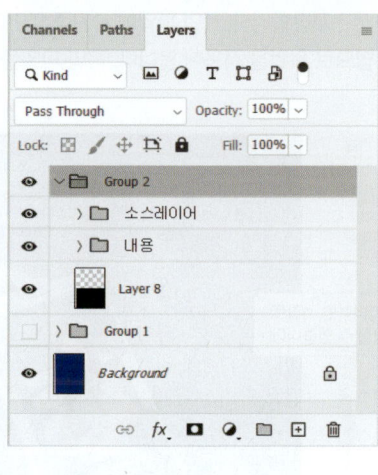

01 Photoshop Basic

02 Layer & Move

03 Selection

04 Color & Gradient

05 Brush

06 Typography

07 Layer Style

08 Path

21 완성 및 저장하기

① 완성된 사원증(Group1, Group2)을 psd 원본 파일로 저장합니다.

② 사원증 앞면 목업 제작을 위해 레이어 패널에서 Group2의 눈 아이콘은 끄고, Group1의 눈 아이콘을 켜서 이미지 파일로 저장합니다. (확장자는 jpg, 파일명은 사원증1)

③ 사원증 뒷면 목업 제작을 위해 레이어 패널에서 Group2의 눈 아이콘은 켜고, Group1의 눈 아이콘을 꺼서 이미지 파일로 저장합니다. (확장자는 jpg, 파일명은 사원증2)

🅣 '다른 이름으로 저장'에서 jpg 확장자가 보이지 않는다면 [Edit] - [Preferences] - [File Handling]에서 Enable legacy "Save As"를 체크합니다.

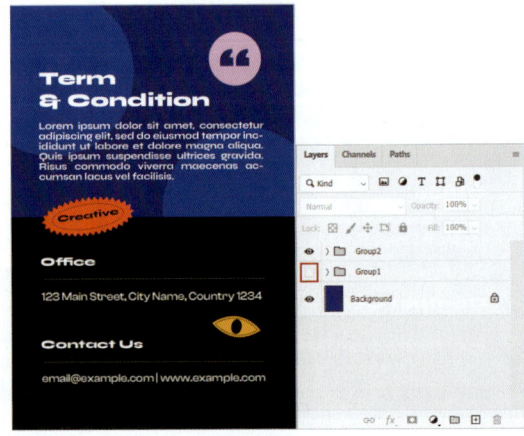

22 목업 완성하기

① 'S6_P1_7(목업).psd' 파일을 불러와 레이어 패널에서 Group 1의 스마트 오브젝트 섬네일을 더블 클릭합니다.

② Smart Object.psb 탭이 생성되었습니다. 여기에 '사원증1.jpg' 파일을 드래그하여 가져온 후 크기와 위치를 조절합니다. 이어서 psb 파일로 (Ctrl+S) 저장합니다. 목업 파일에 사원증 앞면이 적용되었습니다.

③ '사원증2.jpg' 파일도 같은 방법으로 목업을 적용해 봅니다. 목업 파일을 활용하는 방법은 'Section 05의 Mixer Brush 실습'을 참고합니다.

🅣 실습은 직접 손을 움직여 보는 것이 가장 중요합니다. 교재에서 제공하는 샘플을 참고하는 것도 좋지만, 다양한 폰트와 이미지를 직접 찾아 적용하며 자신만의 결과물을 만들어 보세요.

01 Photoshop Basic

02 Layer & Move

03 Selection

04 Color & Gradient

05 Brush

06 Typography

07 Layer Style

08 Path

Practice 02 랜딩 페이지 디자인하기

Guide, Frame, Typography

자동차 브랜드 홈페이지의 랜딩 페이지를 제작합니다.　　　　　　　■ 예제 폴더 : S6_Practice2

작업 과정 파악하기

❶ 레이아웃 : 정해진 레이아웃을 사용하지 않는 경우도 있지만, 작업을 시작하기 전에 레이아웃을 확정하면 훨씬 효율적입니다. 이번 작업은 총 3개의 레이아웃(1단 중앙 정렬, 2단 열, 3단 열)을 활용하여 구성합니다.

❷ 문자 스타일 : 문자 스타일은 제목, 부제, 본문, 속성으로 구분하여 사용합니다. 반복되는 서체, 서체 크기, 레이어 스타일은 매번 새로 설정하는 대신, 레이어를 복제한 후 내용만 수정하는 방법으로 작업하면 일관성을 유지할 수 있습니다.

❸ 사용될 모든 텍스트는 제공된 'S6_P2_텍스트 소스.txt' 파일을 열고, 문자를 복사한 후 작업 파일에 붙여넣기하여 사용합니다.

Group1 : 1단 - 중앙 정렬로 구성된 레이아웃

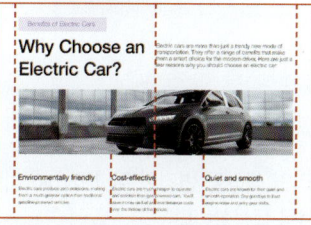

Group2 : 3단 - 왼쪽 정렬로 구성된 레이아웃

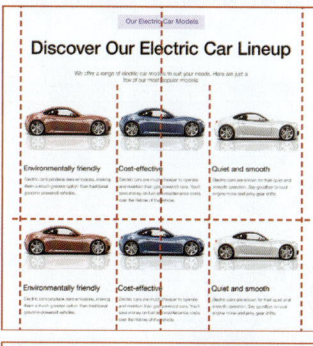

Group3 : 3단 - 중앙 정렬 + 왼쪽 정렬로 구성된 레이아웃

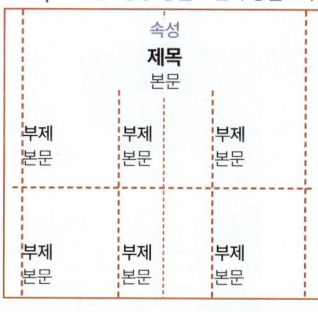

Group4 : 2단 - 왼쪽 정렬로 구성된 레이아웃

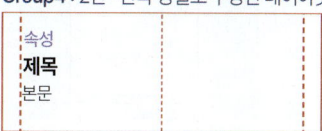

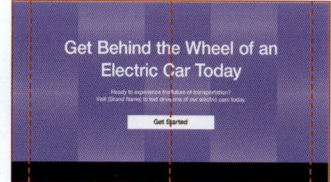

Group5 : 1단 - 중앙 정렬로 구성된 레이아웃

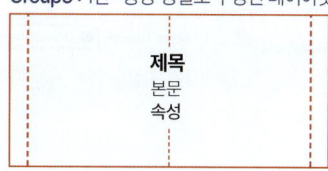

01 새로운 작업 화면 만들기

[File] - [New] 또는 Ctrl + N 키를 눌러 웹 화면에 맞는 W 1440, H 5200Pixels, 해상도 72Pixels/Inch의 새로운 작업 화면을 만듭니다.

T Height(세로) 크기는 사용자의 작업에 따라 자유롭게 조절할 수 있습니다.

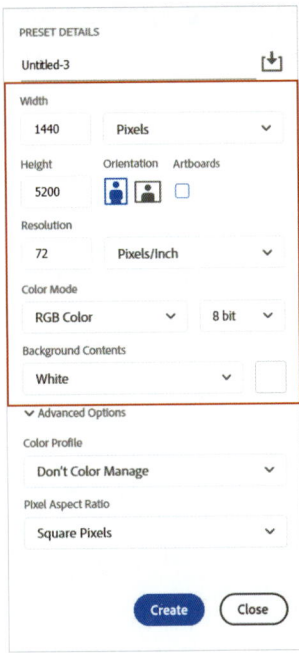

02 가이드 레이아웃 생성하기

메뉴에서 [View] - [Guides] - [New Guide Layout]을 선택합니다. 옵션 창이 열리면 색상을 변경한 뒤, Margin(여백)은 100px, Columns(열)은 3개, Gutter(간격)은 30px로 설정하여 작업 화면에 안내선을 생성합니다.

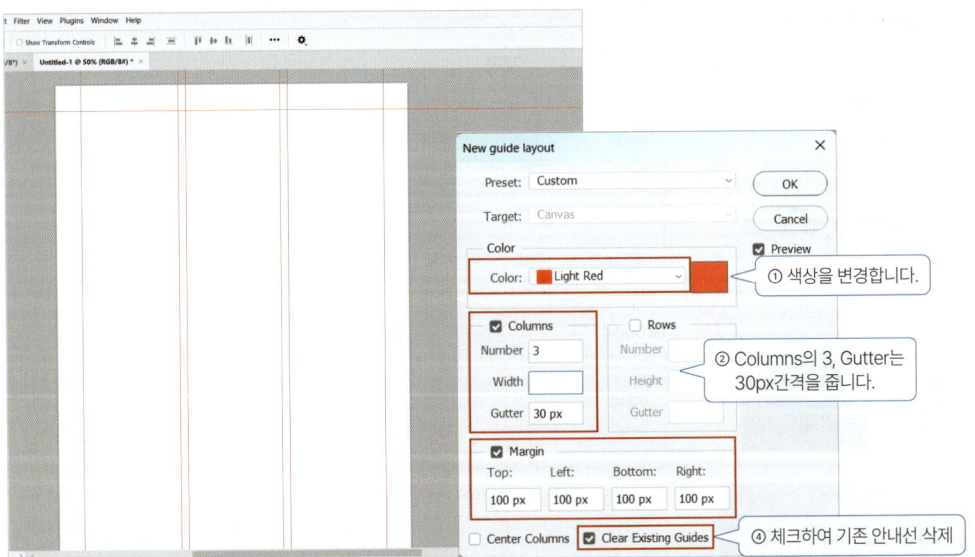

03 Group-1 : 제목과 본문 입력하기

fonts.google.com 또는 font.adobe.com에서 San-Serif(고딕체) 폰트를 다운로드합니다. Type Tool(T)을 이용해 안내선을 벗어나지 않도록 드래그하여 텍스트 상자를 만듭니다. 문자 패널에서 다운로드한 폰트를 선택해 제목과 본문을 각각 입력하고, 단락 패널에서 가운데 정렬하여 배치합니다.

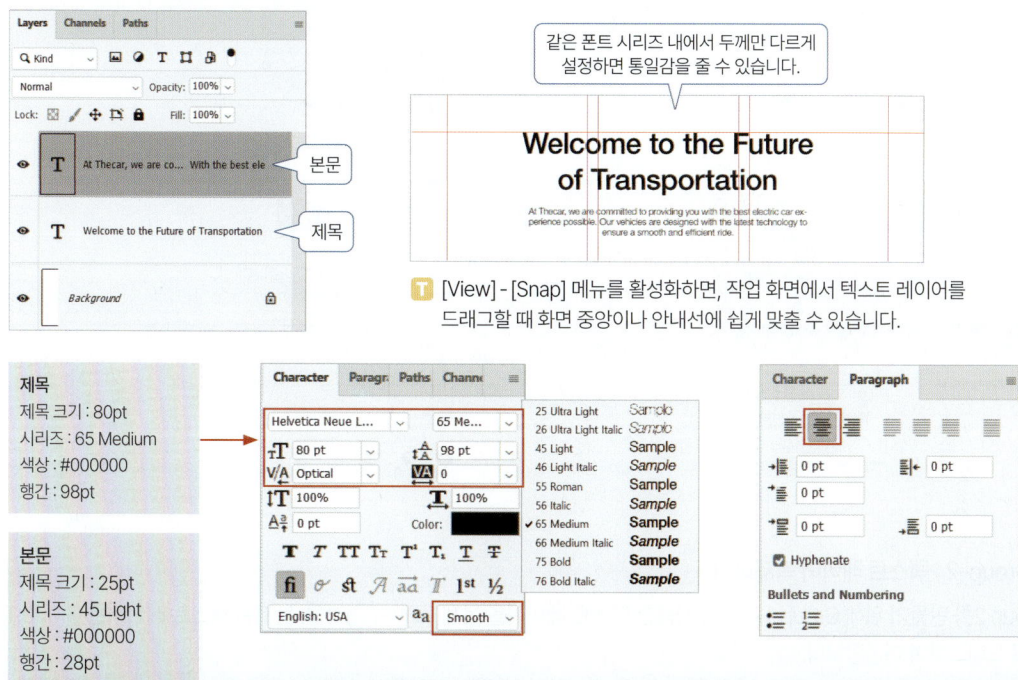

같은 폰트 시리즈 내에서 두께만 다르게 설정하면 통일감을 줄 수 있습니다.

[View] - [Snap] 메뉴를 활성화하면, 작업 화면에서 텍스트 레이어를 드래그할 때 화면 중앙이나 안내선에 쉽게 맞출 수 있습니다.

제목
제목 크기 : 80pt
시리즈 : 65 Medium
색상 : #000000
행간 : 98pt

본문
제목 크기 : 25pt
시리즈 : 45 Light
색상 : #000000
행간 : 28pt

본 교재에서는 Adobe font 중 Helvetica 패밀리를 사용하였습니다. Adobe Creative Cloud 서비스를 사용하지 않는 사용자는 fonts.google.com 에서 'Roboto' 시리즈 서체를 다운로드하여 사용하는 것을 추천합니다. 폰트의 크기, 행간, 색상은 동일합니다.

04 Group-1 : 프레임 생성하기

Frame Tool(K)을 선택하고 안내선에 맞춰 드래그하여 프레임을 만듭니다. 'S6_P2_2.jpg' 파일을 프레임 안으로 드래그 앤 드롭하여 이미지를 삽입합니다. 삽입된 이미지는 Free Transform(Ctrl+T)으로 크기를 조절하고, 마우스 우클릭하여 Flip Horizontal(가로 뒤집기)로 배치합니다.

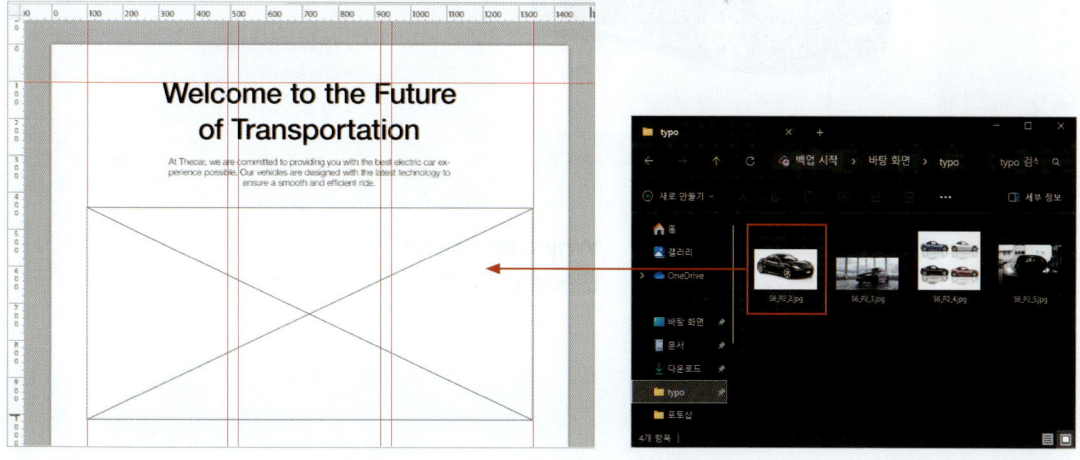

05 Group-1 : 그룹 생성하기

Background 레이어를 제외한 모든 레이어를 선택하여 Group 1로 그룹을 생성합니다. 이때 단축키($Ctrl$+G)를 사용하면 편리합니다.

> 앞으로 작업 과정이 끝날 때마다 해당 레이어들을 그룹으로 묶어 관리하면 작업 효율이 높아집니다. 각 과정에 맞는 그룹 이름을 지정해 레이어를 체계적으로 정리하세요.

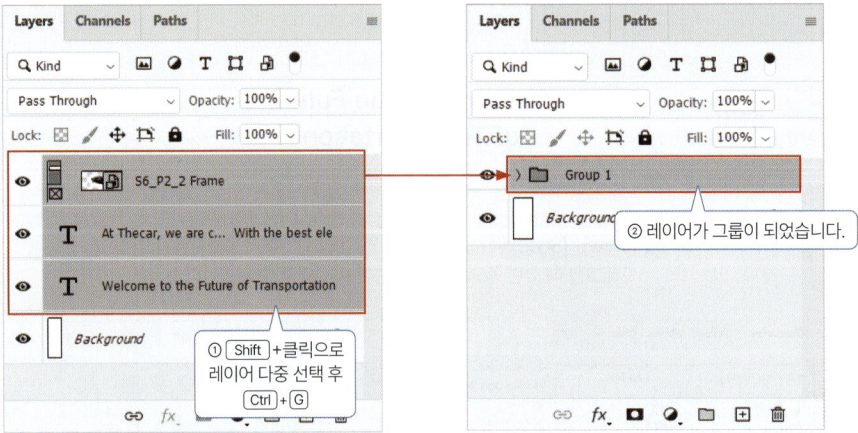

06 Group-2 : 텍스트 레이어 복제하기

① Group 2를 만들기 위해 Group 1을 열어 사용한 텍스트 레이어를 복제($Ctrl$+J)하고, 복제된 텍스트 레이어를 Group 1 위로 드래그하여 이동합니다.

② 작업 화면에서 Move Tool(V)로 복제된 레이어를 선택하여 아래로 이동합니다.

③ 이동된 텍스트를 Type Tool(T)로 클릭하여 내용을 수정하고 왼쪽 정렬합니다.

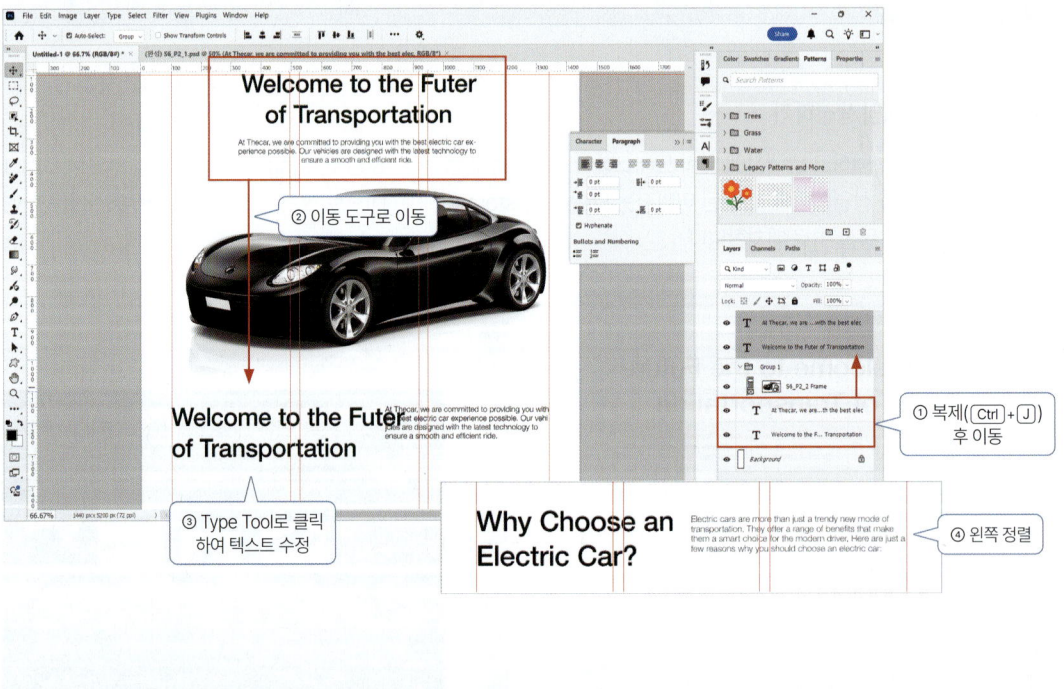

01 Photoshop Basic
02 Layer & Move
03 Selection
04 Color & Gradient
05 Brush
06 Typography
07 Layer Style
08 Path

07 Group-2 : 속성 / 부제 만들기

① 속성 : 새로운 레이어(Ctrl + Alt + Shift + N)를 만들고, 06 과정에서 작업한 제목 위에 Rectangular Marquee Tool(M)로 사각형 영역을 그린 후 전경색(#e3dffc)을 채웁니다(Alt + Delete). 선택 영역을 해제(Ctrl + D)한 후 사각형 레이어 위로 텍스트를 입력하고 크기를 조절합니다. 이어서 텍스트 박스를 그려 부제를 제작하겠습니다.

② 부제 1 : 같은 폰트의 두께 시리즈를 활용하여 부제 텍스트를 입력합니다.

③ 부제 2~3 : 부제 1에서 설정한 텍스트 레이어를 Alt + 드래그하여 복제합니다. 복제된 레이어는 더블 클릭하여 내용을 수정할 수 있습니다.

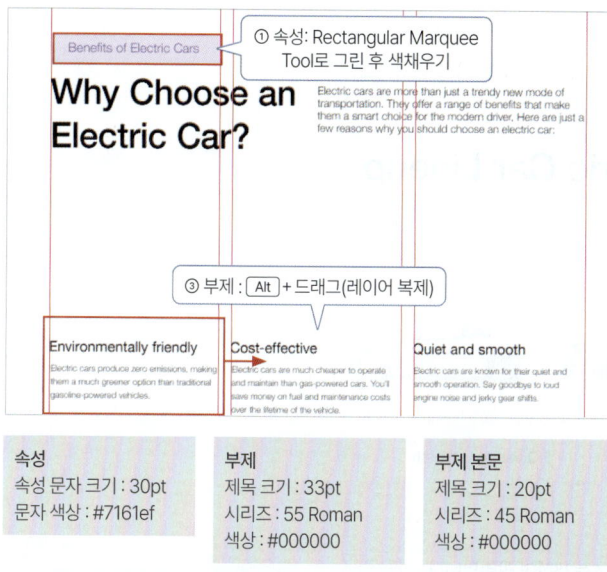

① 속성: Rectangular Marquee Tool로 그린 후 색채우기

③ 부제 : Alt + 드래그(레이어 복제)

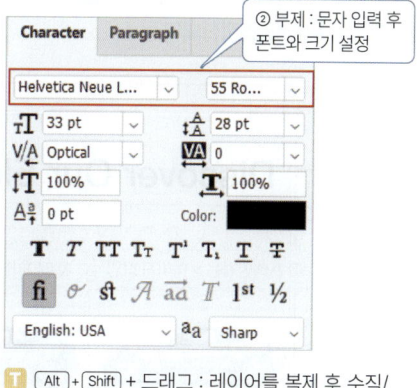

② 부제 : 문자 입력 후 폰트와 크기 설정

T Alt + Shift + 드래그 : 레이어를 복제 후 수직/수평 방향으로만 이동합니다.

속성
속성 문자 크기 : 30pt
문자 색상 : #7161ef

부제
제목 크기 : 33pt
시리즈 : 55 Roman
색상 : #000000

부제 본문
제목 크기 : 20pt
시리즈 : 45 Roman
색상 : #000000

08 Group-2 : 프레임 만들기

Frame Tool(K)을 선택하고 안내선에 맞춰 드래그하여 프레임을 만듭니다. 'S6_P2_3.jpg' 파일을 만들어진 프레임 위로 드래그 앤 드롭하여 이미지를 삽입한 후, 05 과정과 동일하게 해당 레이어들을 그룹으로 묶어줍니다.

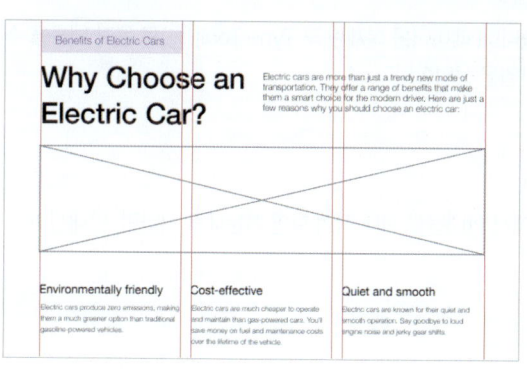

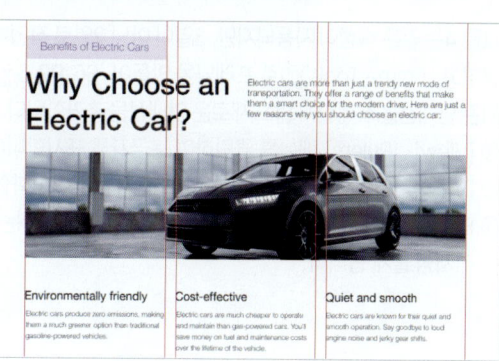

09 Group-3 : 텍스트 레이어 복제 / 프레임 만들기

Group2의 과정과 동일한 방법으로 텍스트 레이어를 복제하고 이동한 뒤, 텍스트를 수정하여 작업합니다.

Group 3은 Group 1과 Group 2의 요소를 활용하여 제작합니다. 세로 여백은 작업자가 자유롭게 조절하여 작업합니다.

① 속성, 제목, 본문, 부제 순으로 반복되는 레이어는 06 과정과 동일하게 복제(Ctrl + J)한 후 Move Tool(V)로 이동하여 작업합니다.

② 복제한 레이어의 텍스트는 Type Tool(T)을 사용해 수정할 수 있습니다.

③ 안내선의 1열에 맞게 프레임을 만들고, 'S6_P2_4.jpg' 파일을 삽입한 뒤 Free Transform(Ctrl + T)으로 안내선에 맞게 크기와 위치를 조절합니다.

🅣 프레임 + 부제 + 본문 구성은 1열을 완성한 후, 2열과 3열은 복제하여 작업합니다.

10 Group-4 : 텍스트 레이어 복제 / 프레임 만들기 / 안내선 만들기

Group2의 과정과 동일하게 텍스트 레이어를 복제하고 이동한 뒤, 텍스트를 수정하여 작업합니다.

그룹 4는 같은 속성이 사용되지만, 3열이 아닌 2열로 작업하겠습니다. 레이어를 복제한 후 Type Tool(T)로 문자 내용을 수정하고, Frame Tool(K)로 프레임을 만들어 'S6_P2_5.jpg' 파일을 삽입합니다.

기존 안내선을 삭제하지 않고 새로운 안내선을 추가합니다.

① [View] - [Rulers] 메뉴를 클릭하여 눈금자를 표시합니다.

② [View] - [Snap] 메뉴를 클릭하여 스냅 기능을 활성화합니다.

③ Background 레이어를 선택한 뒤 작업 화면의 세로 눈금자에서 안내선을 꺼내 작업 화면 가운데를 지나면, 안내선이 자석처럼 붙게 됩니다.

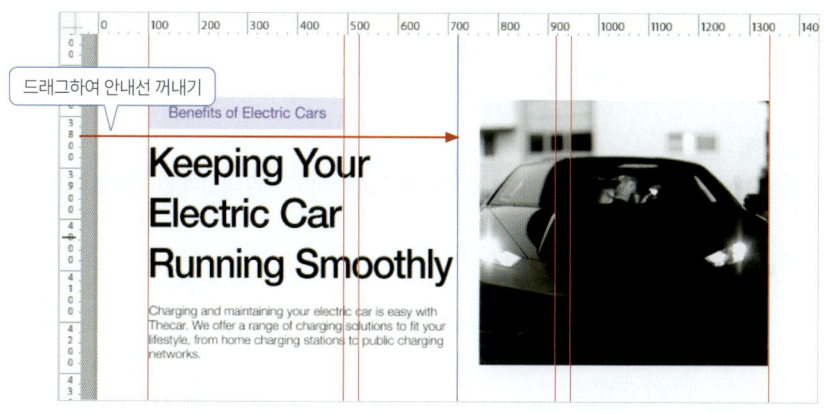

드래그하여 안내선 꺼내기

11 Group-5 : 레이어 생성과 색 채우기

Group 5를 만들기 위해 두 개의 레이어를 생성하고 Rectangular Marquee Tool(M)로 영역을 지정하여 각각 색을 채워 제작합니다(#7161ef, #000000).

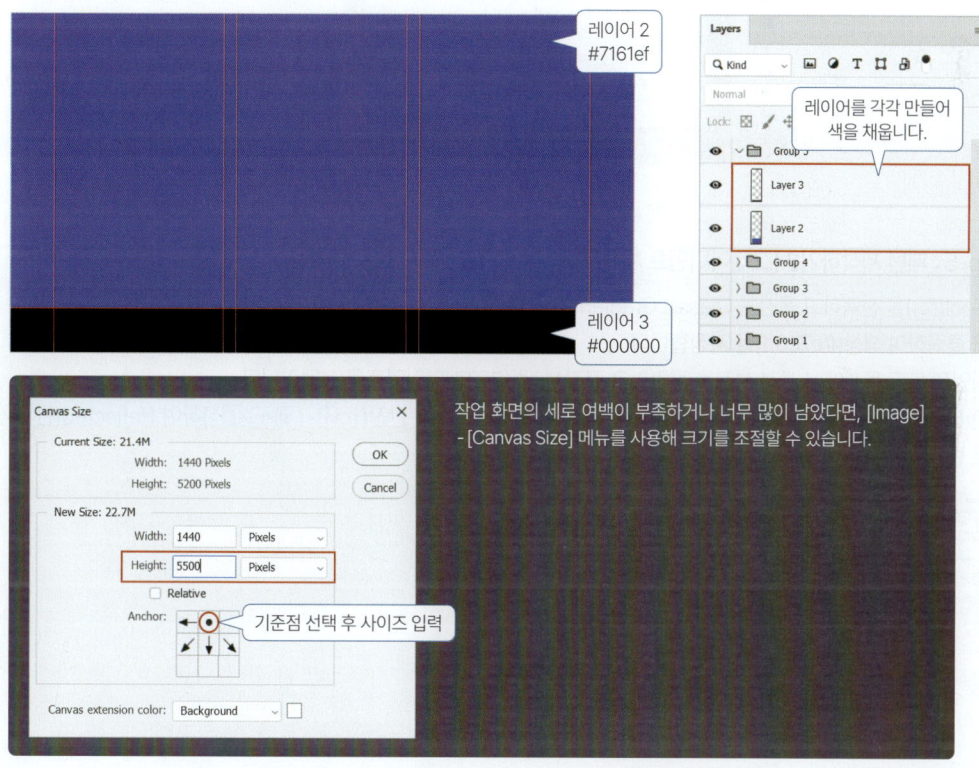

레이어 2
#7161ef

레이어 3
#000000

레이어를 각각 만들어
색을 채웁니다.

작업 화면의 세로 여백이 부족하거나 너무 많이 남았다면, [Image] - [Canvas Size] 메뉴를 사용해 크기를 조절할 수 있습니다.

기준점 선택 후 사이즈 입력

01 Photoshop Basic

02 Layer & Move

03 Selection

04 Color & Gradient

05 Brush

06 Typography

07 Layer Style

08 Path

12 Group-5 : 패턴 제작하기1 (안내선과 영역 지정)

① 메뉴에서 [File] - [New] 또는 단축키([Ctrl]+[N])를 눌러 Width/Height 500Pixels, 해상도 72Pixels/Inch 사이즈의 새로운 작업 화면을 만듭니다.

② 작업 화면의 가운데에 안내선을 만듭니다.

③ 새로운 레이어([Ctrl]+[Alt]+[Shift]+[N])를 만든 후, Rectangular Marquee Tool([M])로 작업 화면의 왼쪽을 영역으로 지정합니다.

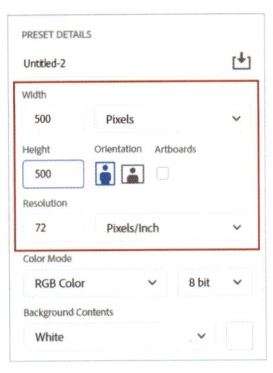

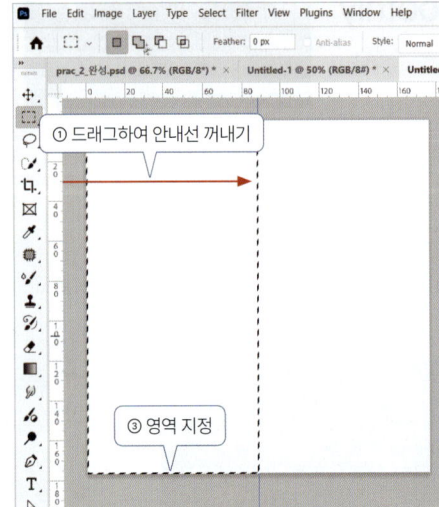

① 드래그하여 안내선 꺼내기

③ 영역 지정

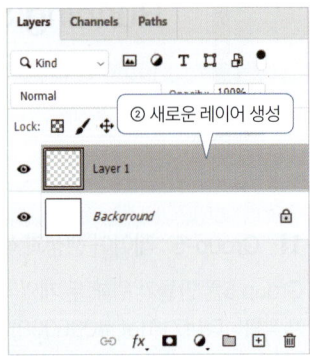

② 새로운 레이어 생성

13 Group-5 : 패턴 제작하기2 (그레이디언트 채색)

Gradient Tool([G])을 선택하고 옵션을 Classic Gradient로 지정합니다.

① 전경색을 클릭하여 색상(#e7c0ff)을 지정합니다.

② 그레이디언트 도구 옵션에서 사전 설정을 클릭하고 전경색 - 투명 그레이디언트를 선택합니다.

③ 활성화된 영역에는 스타일을 Linear(선형)로 설정하여 채색하고, 영역을 반전([Ctrl]+[Shift]+[I])하여 Reflected(반사) 스타일로 변경하여 채색합니다.

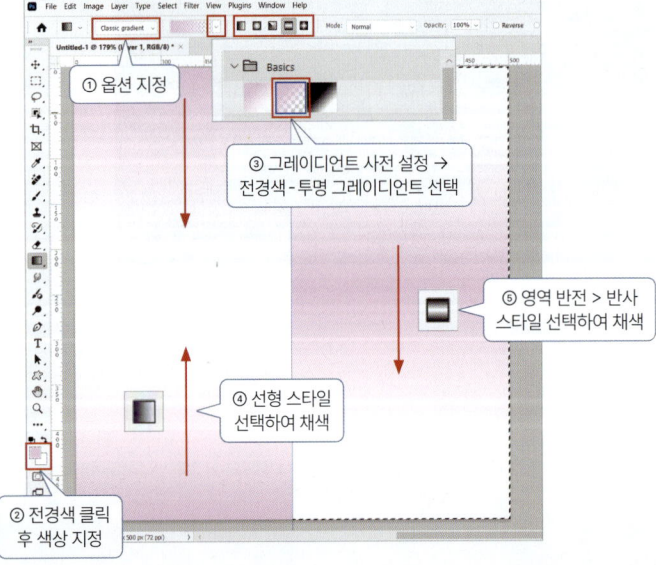

① 옵션 지정

③ 그레이디언트 사전 설정 →
전경색 - 투명 그레이디언트 선택

⑤ 영역 반전 > 반사
스타일 선택하여 채색

④ 선형 스타일
선택하여 채색

② 전경색 클릭
후 색상 지정

14 Group-5 : 패턴 제작하기3 (패턴 등록)

작업된 그레이디언트 작업 화면은 영역을 해제(Ctrl+D)하고 패턴으로 등록합니다. 이때, Background 레이어의 눈 아이콘(👁)을 숨김하여 배경을 투명하게 만들고, [Window] - [Patterns] 메뉴에서 패턴 패널을 열어 패턴으로 등록합니다.

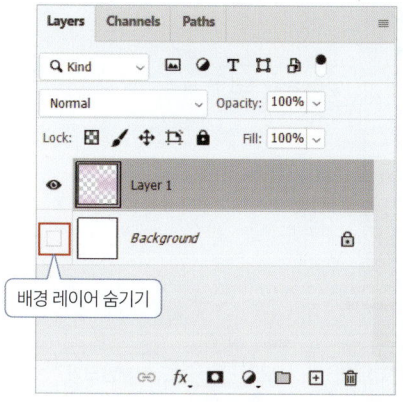

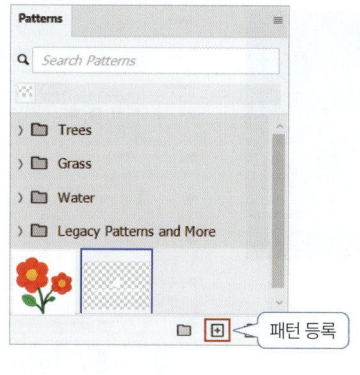

15 Group-5 : 패턴 적용하기1 (영역 불러오기)

작업 화면으로 돌아와 새로운 레이어(Layer 4)를 만든 후, 색을 채운 레이어(Layer 2)의 섬네일을 Ctrl+클릭하여 영역을 불러옵니다. 영역이 활성화되면 패턴 패널에서 등록된 패턴을 클릭하여 적용합니다.

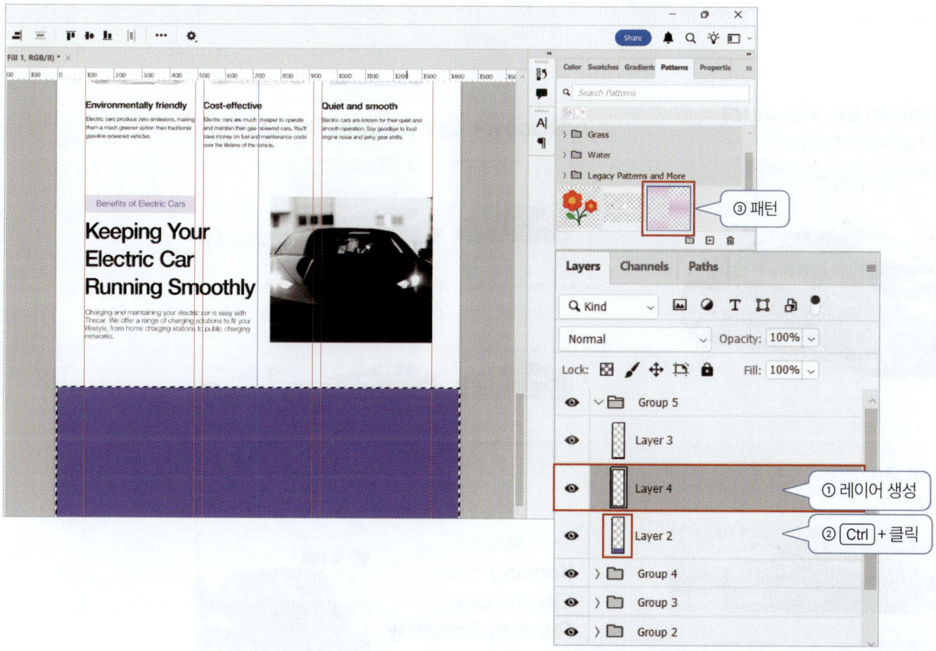

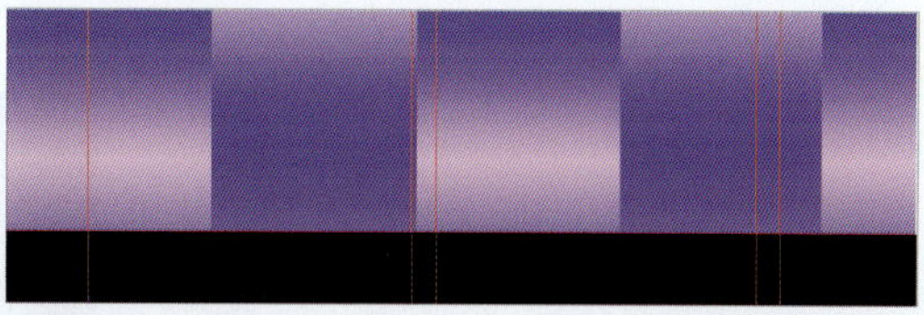

01 Photoshop Basic

02 Layer & Move

03 Selection

04 Color & Gradient

05 Brush

06 Typography

07 Layer Style

08 Path

16 Group-5 : 패턴 적용하기2

패턴이 적용된 레이어의 섬네일을 더블 클릭하면 [Pattern Fill] 대화상자가 열리며, Scale 옵션을 조정하여 패턴 크기를 변경할 수 있습니다. 레이어의 Opacity를 조절하여 작업을 마무리합니다.

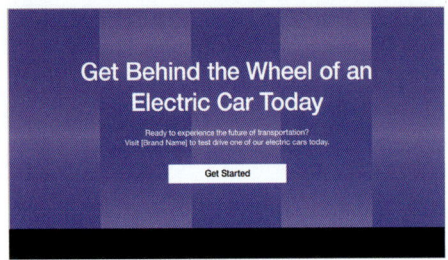
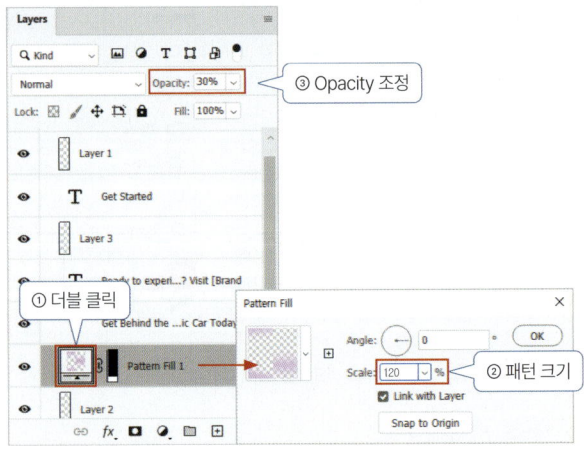

17 완성하기

작업이 모두 완료되었다면 파일을 저장합니다. 파일을 저장할 때는 언제든지 수정 가능한 PSD 확장자 파일과 결과물을 확인할 수 있는 이미지 확장자 파일로 저장합니다.

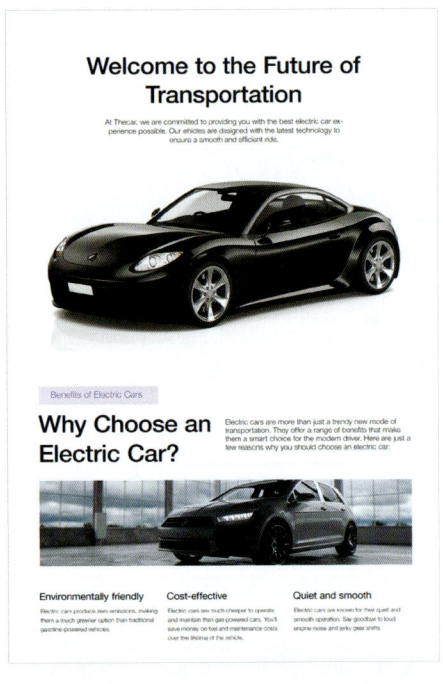
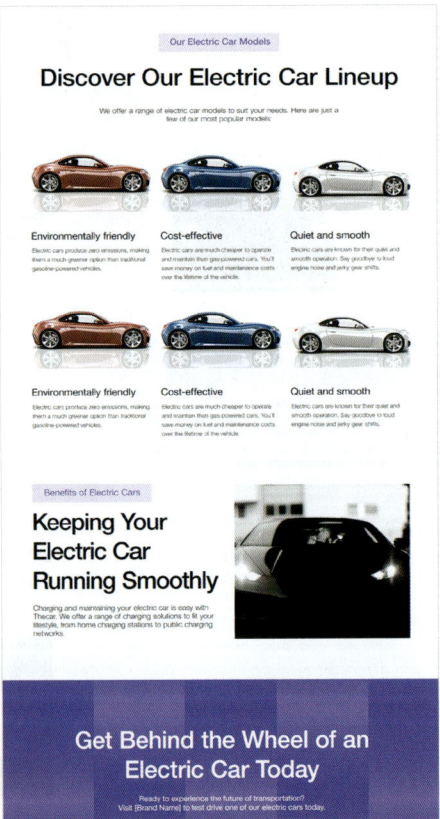

Exercise

브런치 메뉴판 제작하기

■ S6_Exercise 예제

패스 위에 텍스트 작성, 문단 정렬, 문자 옵션을 다양하게 사용하여 포스터 제작을 완료합니다.

1. 작업 과정 확인 및 새로 만들기

완성 파일을 확인하고 psd 파일 내에 생성된 이미지와 오브젝트를 배치하여 메뉴판 디자인을 완성하는 작업입니다.

① 'E6_시작.psd' 파일의 레이어 패널을 확인하여 각 그룹에 해당하는 이미지들을 Move Tool로 이동합니다.

② Free Transform을 실행하여 화면 크기에 맞게 조절하고 배치합니다.

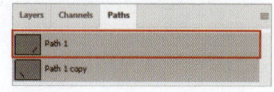

시작 파일의 레이어 패널을 확인합니다.

2. 패스 따라 문자 입력하기

① Paths 패널에서 'Path 1(오른쪽 방향)'을 선택하고, Type Tool로 패스 위를 클릭하면 문자를 입력할 수 있습니다. 문자가 가려진다면, Path Selection Tool로 문자의 시작 지점과 마지막 지점을 드래그하여 조정합니다.

② Character 패널 또는 Properties 패널에서 문자의 크기, 자간을 설정합니다.

3. 다양한 문자 입력하기

타이틀, 메뉴, 가격 등을 입력합니다. 무료 폰트 사이트에서 원하는 폰트를 다운로드하고 적용하여 작업합니다.(사용된 폰트 : ViaodaLibre, ImperialScript, Cafe24 ClassicType, 학교안심 산뜻바탕, Pretendard, 속초바다 바탕)

타이틀 텍스트는 문자를 단락 텍스트로 입력하여 Warp Text로 형태를 변형하여 만들고, 가격의 달러 기호($)는 특수 문자로 입력 후 위첨자 기능을 사용합니다.

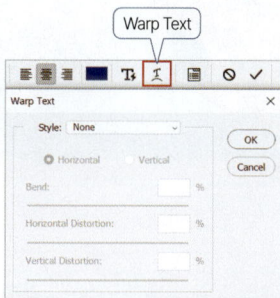

Warp Text

COOKIE FAIR
SAT, FEB 14 20TH

Are you ready to embrace the new flavor?
Feel the experience that will captivate your taste buds.

Valentine's Day

발렌타인데이의 특별한 만남!

 20th 쿠키 페어

주최 | SBS ACADEMY
시즌1   2090. 2. 14
시즌2   2091. 2. 14

Layer Style

레이어 스타일

MISSION

레이어 스타일은 포토샵에서 레이어에 다양한 효과를 빠르게 적용할 수 있는 강력한 기능입니다. 색상 변경, 패턴 적용, 입체 효과 등 다양한 스타일을 사용하여 레이어를 더욱 돋보이게 만들 수 있습니다. 이 섹션에서는 레이어 스타일을 활용한 다양한 기법을 학습하고 창의적인 디자인을 위한 기술을 익힙니다.

KEYWORD

#레이어 스타일   #입체 효과   #투명 효과 적용

Layer Style

레이어 스타일의 종류(그림자, 윤곽선, 광선, 입체 등)를 이해하고 각 스타일의 효과를 적용하여 레이어를 보다 창의적이고 효과적으로 디자인할 수 있습니다. 또한 스타일 저장 및 복사 기능을 활용해 일관된 디자인을 완성할 수 있습니다.

레이어 스타일 사용 방법

레이어 스타일은 레이어 패널 하단의 아이콘(fx)을 클릭하거나 레이어의 빈 공간을 더블 클릭하여 적용합니다. 단, 레이어에 색상이나 텍스트가 있어야 적용되며 빈 레이어에는 적용되지 않습니다.

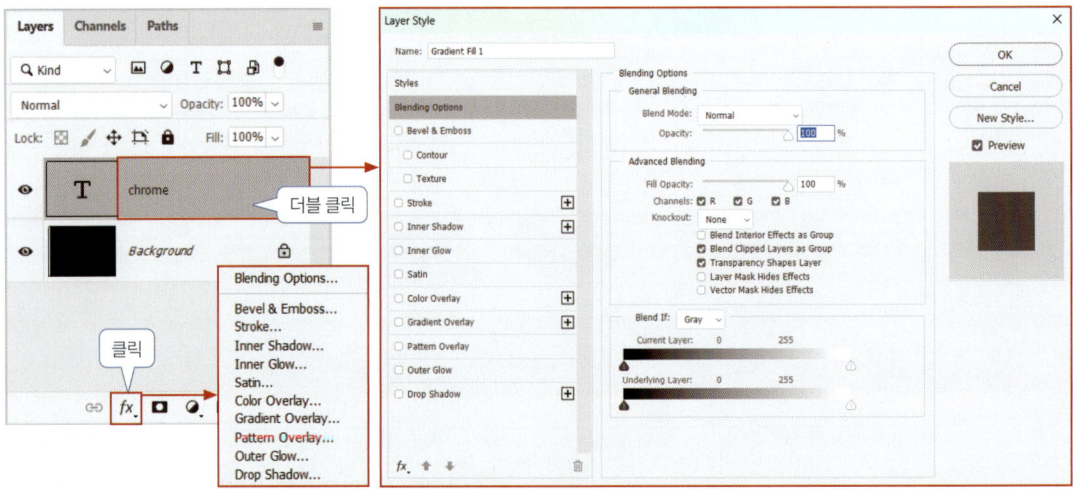

'Section 07. Layer Style' 에서 사용된 이미지의 효과는 레이어의 크기에 따라 달라질 수 있으니, 직접 값을 조절해가며 효과의 차이를 학습해 보세요.

레이어 스타일 수정 및 삭제, 복제 ■ S7_1.psd

레이어 스타일을 적용하면 해당 레이어에 Layer Style 아이콘(fx)이 생성됩니다. 레이어의 빈 공간을 더블 클릭하거나 생성된 아이콘을 더블 클릭하면 레이어 스타일을 재적용할 수 있습니다. 아이콘(fx)에서 마우스 우클릭하여 효과를 수정하거나 삭제할 수도 있습니다.

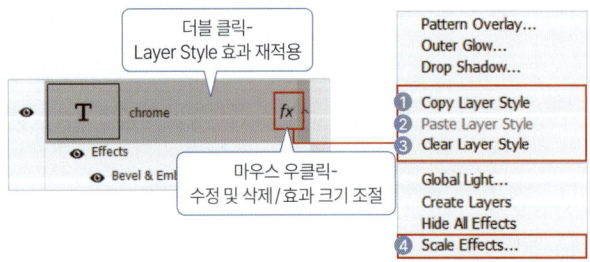

❶ Copy Layer Style : 레이어 스타일을 복제합니다.

❷ Paste Layer Style : 복제한 레이어 스타일을 붙여넣기합니다.

❸ Clear Layer Style : 레이어 스타일을 삭제합니다.

④ Scale Effects : 레이어 효과의 비율을 조정합니다.

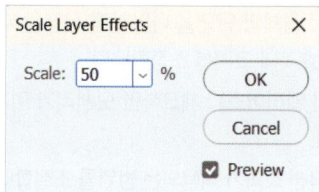

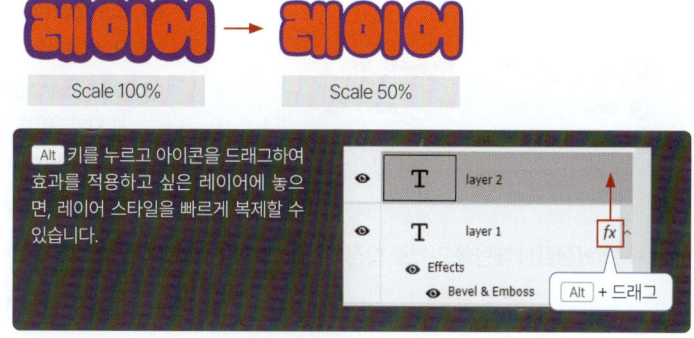

Scale 100% Scale 50%

Alt 키를 누르고 아이콘을 드래그하여 효과를 적용하고 싶은 레이어에 놓으면, 레이어 스타일을 빠르게 복제할 수 있습니다.

레이어 스타일의 종류

❶ Bevel & Emboss(경사와 엠보스) : 레이어에 빛과 높이를 설정하여 입체로 만듭니다.

Ⓐ Structrue(구조)

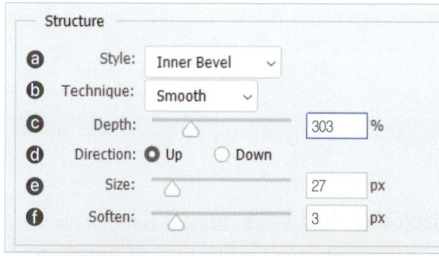

ⓐ Style(스타일) : 입체 스타일을 설정합니다. 내부 경사, 외부 경사, 엠보스, 쿠션 엠보스, 획 엠보스 옵션을 선택할 수 있습니다.

ⓑ Technique(기법) : 부드러운 모서리, 각진 모서리 등을 설정합니다.

ⓒ Depth(깊이) : 입체의 깊이 정도를 조절합니다.

ⓓ Direction(방향) : 돌출 방향을 설정합니다.

ⓔ Size(크기) : 돌출의 높이를 설정합니다.

ⓕ Soften(부드럽게) : 돌출의 부드럽기 정도를 설정합니다.

Ⓑ Shading(음영 처리)

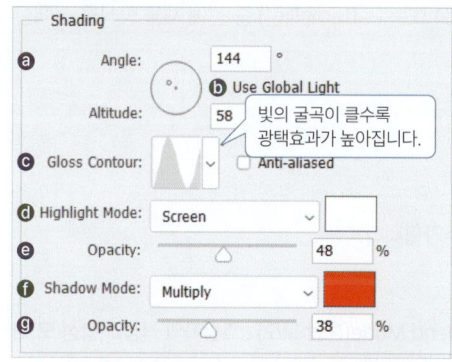

ⓐ Angle(각도) : 빛의 방향을 설정합니다.

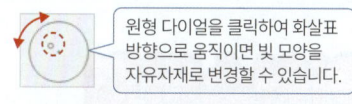

원형 다이얼을 클릭하여 화살표 방향으로 움직이면 빛 모양을 자유자재로 변경할 수 있습니다.

ⓑ Use Global Light(전체 조명 사용) : 다른 레이어와 빛의 위치를 동일하게 설정합니다.

ⓒ Gloss Contour(광택 윤곽선) : 입체의 단면을 다양하게 설정할 수 있고 Anti-aliased(앤티 앨리어스)를 체크하면 모서리가 미세하게 부드러워집니다.

ⓓ Highlight Mode(밝은 영역 모드) : 빛을 받은 쪽의 색상과 합성 모드를 설정합니다.

　🄣 합성 모드는 'Section 12. Blending Mode'에서 상세히 설명합니다.

ⓔ Opacity(불투명도) : 빛의 불투명도를 설정합니다.

ⓕ Shadow Mode(그림자 모드) : 그림자의 색상과 합성 모드를 설정합니다.

ⓖ Opacity(불투명도) : 그림자의 불투명도를 설정합니다.

01 Photoshop Basic
02 Layer & Move
03 Selection
04 Color & Gradient
05 Brush
06 Typography
07 Layer Style
08 Path

❷ Contour(윤곽선) : 단면의 입체 형태를 추가합니다. Bevel & Emboss 효과를 적용한 후 추가로 적용할 수 있습니다.

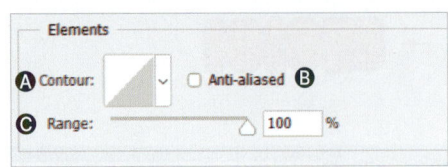

ⓐ Contour(윤곽선) : 입체의 단면을 다양하게 설정할 수 있고, 범위 설정으로 효과의 크기를 조정합니다.

ⓑ Anti-aliased(앤티 앨리어스) : 체크하면 모서리가 미세하게 부드러워집니다.

ⓒ Range(범위) : 윤곽선 효과가 적용되는 범위를 조절합니다.

❸ Texture(질감) : 패턴을 입체로 합성하여 질감을 표현합니다.

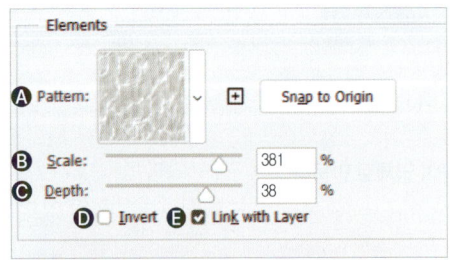

ⓐ Pattern(패턴) : 패턴을 선택합니다.

ⓑ Scale(비율) : 패턴의 크기를 설정합니다.

ⓒ Depth(깊이) : 패턴의 음영 깊이 정도를 조절합니다.

ⓓ Invert(반전) : 패턴의 음영을 반전합니다.

ⓔ Link with Layer(레이어와 연결) : 레이어와 패턴 음영을 함께 이동할 수 있게 링크를 걸어줍니다.

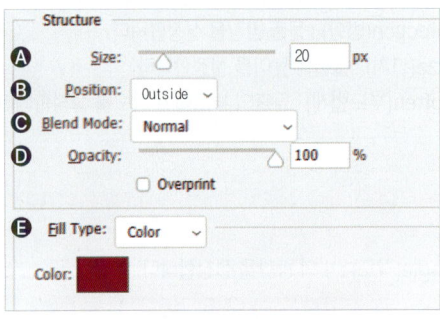

❹ Stroke(선) : 레이어에 선을 추가합니다.

ⓐ Size(크기) : 선의 두께를 설정합니다.

ⓑ Position(위치) : 선을 레이어의 Inside(안쪽), Outside(바깥쪽) 또는 Center(중앙)에 적용할지 선택합니다.

ⓒ Blend Mode(혼합 모드) : 선의 합성 모드를 설정합니다.

ⓓ Opacity(불투명도) : 선의 불투명도를 설정합니다.

ⓔ Fill Type(칠 유형) : Color(색상), Gradient(그레이디언트) 또는 Pattern(패턴) 중 선에 채울 방식을 선택합니다.

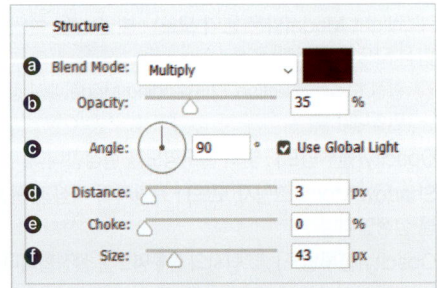

❺ Inner Shadow(내부 그림자) : 레이어의 안쪽으로 그림자를 추가합니다.

ⓐ Structure(구조)

ⓐ Blend Mode(혼합 모드) : 그림자의 색상과 합성 모드를 설정합니다.

ⓑ Opacity(불투명도) : 그림자의 불투명도를 설정합니다.

ⓒ Angle(각도) : 그림자의 방향을 설정합니다.

ⓓ Distance(거리) : 그림자와 레이어의 거리값을 설정합니다.

ⓔ Choke(경계 감소) : 그림자의 퍼짐 정도를 조절합니다.

ⓕ Size(크기) : 그림자의 크기를 조절합니다.

ⓑ Quality(품질)

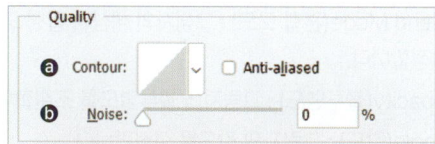

- **ⓐ Contour(윤곽선)** : 그림자의 모양을 설정합니다.
- **ⓑ Noise(노이즈)** : 모래알이 퍼진 듯한 거친 질감 효과를 줍니다.

❻ Inner Glow(내부 광선) : 레이어의 안쪽으로 빛을 추가합니다.

ⓐ Structrue(구조)

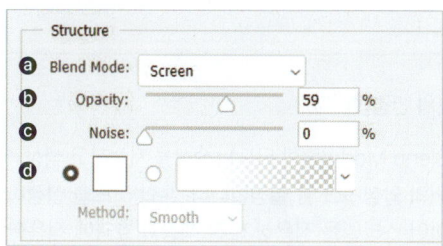

- **ⓐ Blend Mode(혼합 모드)** : 내부 광선의 합성 모드를 설정합니다.
- **ⓑ Opacity(불투명도)** : 내부 광선의 불투명도를 설정합니다.
- **ⓒ Noise(노이즈)** : 내부 광선을 모래알이 퍼진 듯한 거친 질감 효과를 줍니다.
- **ⓓ Color(색상)** : 내부 광선의 색상과 그레이디언트를 설정할 수 있습니다.

ⓑ Elements(요소)

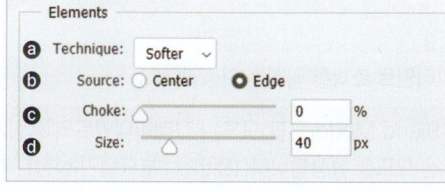

- **ⓐ Technique(기법)** : 내부 광선의 테두리를 부드럽게 (Softer) 퍼지게 할지, 정확하게(Precise) 퍼지게 할지 선택합니다.
- **ⓑ Source(소스)** : 내부 광선을 레이어의 Center(중심)에서 시작할지 가장자리(Edge)에서 시작할지 선택합니다.
- **ⓒ Choke(경계 감소)** : 내부 광선의 퍼짐 정도를 조절합니다.
- **ⓓ Size(크기)** : 내부 광선의 크기를 조절합니다.

ⓒ Quality(품질)

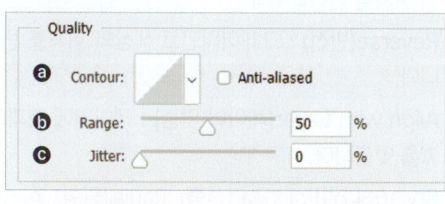

- **ⓐ Contour(윤곽선)** : 내부 광선의 모양을 설정합니다.
- **ⓑ Range(범위)** : 내부 광선의 변동 가능한 범위를 설정합니다.
- **ⓒ Jitter(파형)** : 내부 광선의 흐트러짐 정도를 설정합니다.

01 Photoshop Basic
02 Layer & Move
03 Selection
04 Color & Gradient
05 Brush
06 Typography
07 Layer Style
08 Path

❼ Satin(새틴) : 레이어의 안쪽으로 그림자를 추가합니다. 실크처럼 부드럽고 매끄러운 광택 효과를 나타냅니다.

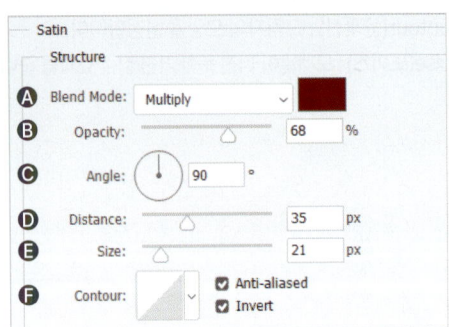

Ⓐ Blend Mode(혼합 모드) : 그림자의 색상과 합성 모드를 설정합니다.

Ⓑ Opacity(불투명도) : 그림자의 불투명도를 조절합니다.

Ⓒ Angle(각도) : 그림자의 각도를 설정합니다.

Ⓓ Distance(거리) : 그림자의 거리 값을 설정합니다.

Ⓔ Size(크기) : 그림자의 크기를 설정합니다.

Ⓕ Contour(윤곽선) : 그림자의 모양을 설정합니다.

❽ Color Overlay(색상 오버레이) : 레이어 원본에 색상을 덮어씌워 변경합니다.

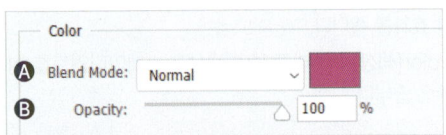

Ⓐ Blend Mode(혼합 모드) : 색상을 지정하고 색상과 레이어의 합성 모드를 설정합니다. 혼합 모드를 설정하면 레이어 스타일을 적용하기 전 색상과 효과에 적용한 색상이 혼합됩니다.

Ⓑ Opacity(불투명도) : 색상의 불투명도를 설정합니다.

❾ Gradient Overlay(그레이디언트 오버레이) : 레이어에 그레이디언트 효과를 입히는 기능입니다.

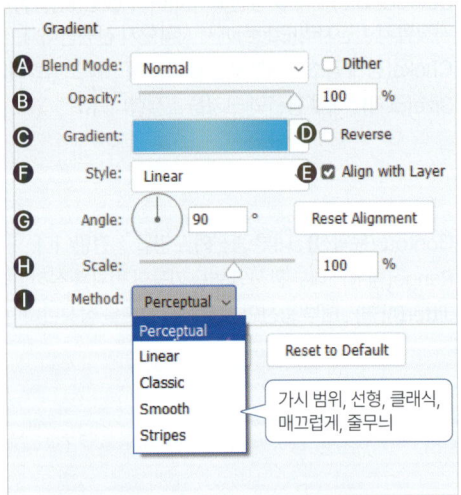

Ⓐ Blend Mode(혼합 모드) : 그레이디언트의 색상과 합성 모드를 설정합니다. (Dither : 부드럽기 설정)

Ⓑ Opacity(불투명도) : 그레이디언트의 불투명도를 조절합니다.

Ⓒ Gradient(그레이디언트) : 그레이디언트 색상과 색상의 위치를 변경합니다.

Ⓓ Reverse(반전) : 그레이디언트 색상의 위치를 반전합니다.

Ⓔ Align with Layer(레이어 맞춤) : 레이어에 효과의 크기를 맞춥니다.

Ⓕ Style(스타일) : Linear(선형), Radial(원형), Angle(각도), Reflected(반사), Diamond(다이아몬드) 형태를 선택할 수 있습니다.

Ⓖ Angle(각도) : 그레이디언트의 각도를 설정합니다.

Ⓗ Scale(비율) : 그레이디언트의 크기를 조절합니다.

Ⓘ Method(방법) : 더 매끄러운 색상 연결을 위해 색상을 연결하는 방법을 선택합니다.

🇹 작업 화면에서 마우스로 클릭하고 드래그하여 그레이디언트의 중심 및 위치를 조절할 수도 있습니다.

⑩ Pattern Overlay(패턴 오버레이) : 레이어에 특정 패턴을 덮어씌워 질감이나 디자인 효과를 적용하는 기능입니다.

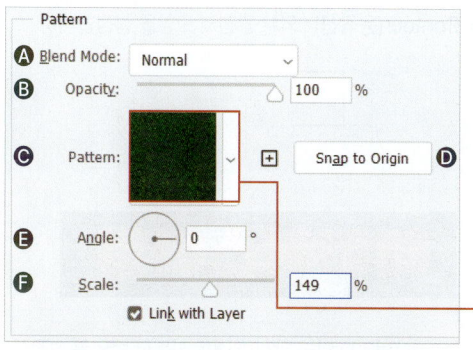

Ⓐ **Blend Mode(혼합 모드)** : 기존 레이어와 효과로 적용한 패턴과 합성 모드를 설정합니다.

Ⓑ **Opacity(불투명도)** : 패턴의 불투명도를 조절합니다.

Ⓒ **Pattern(패턴)** : 패턴의 모양을 선택합니다. 패턴 패널에 있는 패턴을 동일하게 사용할 수 있으며, 설정 아이콘을 통해 레거시 패턴을 첨부하거나 새로운 패턴을 추가하여 사용할 수도 있습니다.

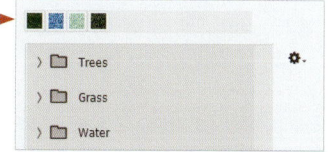

Ⓓ **Snap to Origin(원본에 스냅)** : 옵션을 클릭하면 패턴의 원점을 기준 위치에 정렬할 수 있습니다. Link with Layer가 선택되어 있는 경우에는 패턴의 원점을 문서의 원점과 같도록 배치하고, Link with Layer 옵션이 해제된 경우에는 패턴의 원점을 레이어의 왼쪽 위 모서리에 배치합니다.

Ⓔ **Angle(각도)** : 패턴의 각도를 변경할 수 있습니다.

Ⓕ **Scale(비율)** : 패턴의 크기를 조절합니다.

⑪ Outer Glow(외부 광선) : 레이어의 바깥으로 빛을 추가합니다.

Ⓐ **Structrue(구조)**

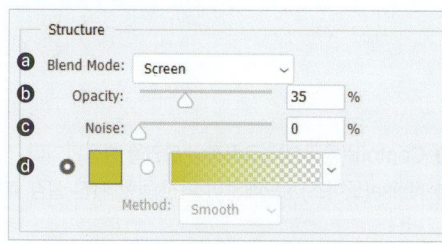

ⓐ **Blend Mode(혼합 모드)** : 외부 광선의 합성 모드를 설정합니다.

ⓑ **Opacity(불투명도)** : 외부 광선의 불투명도를 설정합니다. 불투명도가 높아질수록 광선의 색상이 진해집니다.

ⓒ **Noise(노이즈)** : 외부 광선을 모래알이 퍼진 듯한 거친 질감 효과를 줍니다.

ⓓ 외부 광선의 색상을 단색으로 설정하거나 그레이디언트로 설정할 수 있습니다.

Ⓑ **Elements(요소)**

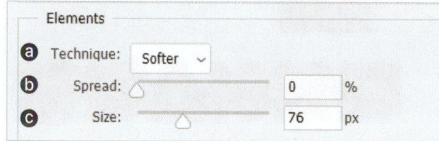

ⓐ **Technique(기법)** : 외부 광선의 테두리를 부드럽게(Softer) 퍼지게 할지, 정확하게(Precise) 퍼지게 할지 선택합니다.

ⓑ **Spread(스프레드)** : 외부 광선의 퍼짐 정도를 조절합니다.

ⓒ **Size(크기)** : 외부 광선의 크기를 조절합니다.

01 Photoshop Basic
02 Layer & Move
03 Selection
04 Color & Gradient
05 Brush
06 Typography
07 Layer Style
08 Path

ⓒ Quality(품질)

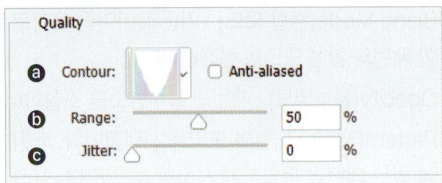

ⓐ Contour(윤곽선) : 외부 광선의 모양을 설정합니다.

ⓑ Range(범위) : 외부 광선의 변동 가능한 범위를 설정합니다.
ⓒ Jitter(파형) : 외부 광선의 흐트러짐 정도를 설정합니다.

⑫ 외부 그림자(Drop Shadow) : 레이어의 바깥쪽으로 그림자를 추가합니다.

Ⓐ Structrue(구조)

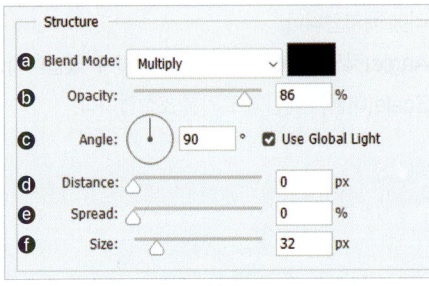

ⓐ Blend Mode(혼합 모드) : 그림자의 색상과 합성 모드를 설정합니다.
ⓑ Opacity(불투명도) : 그림자의 불투명도를 설정합니다.
ⓒ Angle(각도) : 그림자의 방향을 설정합니다.
ⓓ Distance(거리) : 그림자와 레이어의 거리값을 설정합니다.
ⓔ Spread(스프레드) : 그림자의 퍼짐 정도를 조절합니다.
ⓕ Size(크기) : 그림자의 크기를 조절합니다.

Ⓑ Quality(품질)

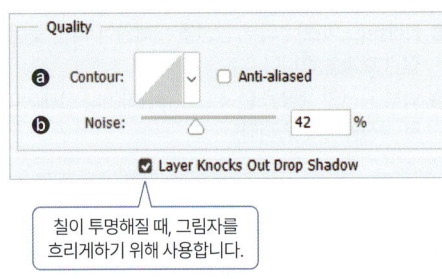

칠이 투명해질 때, 그림자를
흐리게하기 위해 사용합니다.

ⓐ Contour(윤곽선) : 그림자의 모양을 설정합니다.
ⓑ Noise(노이즈) : 모래알이 퍼진 듯한 거친 질감 효과를 줍니다.

Leveraging Layer Style

이 섹션에서는 Layer Style(레이어 스타일)에서의 Fill(채우기)과 Opacity(불투명도)의 차이를 이해하고, 이를 활용해 투명한 오브젝트 제작, 그림자 효과 추가 등 실무에서 바로 적용할 수 있는 기법을 학습합니다. 또한, 레이어 패널을 통해 다양한 Layer Style을 적용하는 방법을 학습합니다.

Fill & Opacity 채우기와 불투명도 ■ S7_2.jpg

레이어 스타일에서 Opacity는 레이어의 내용과 스타일 효과를 포함한 전체 불투명도를 조절합니다. 반면 Fill은 레이어 내용만의 불투명도를 조절하며 스타일 효과에는 영향을 주지 않습니다. 따라서 Fill 값을 0%로 설정하면 레이어의 색상은 사라지고 스타일 효과만 남아 투명한 오브젝트처럼 표현됩니다.

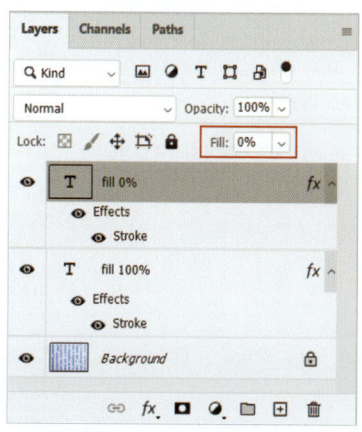

효과 추가 적용하기

레이어 스타일에서 ⊞ 아이콘을 클릭하면 효과가 추가됩니다. 여러 효과를 중복으로 적용할 수 있으며, 휴지통 아이콘(🗑)을 클릭하면 선택된 효과가 삭제됩니다.

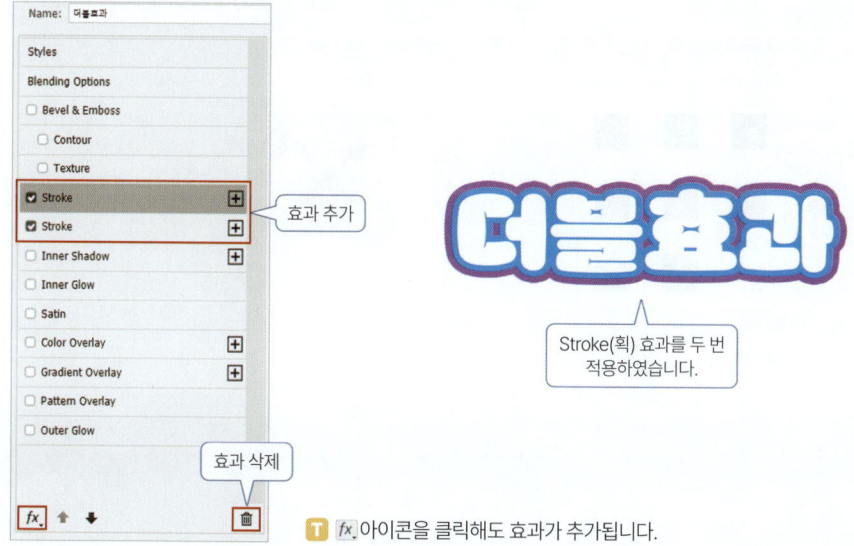

효과 추가

효과 삭제

Stroke(획) 효과를 두 번
적용하였습니다.

🅣 *fx.* 아이콘을 클릭해도 효과가 추가됩니다.

01 Photoshop Basic

02 Layer & Move

03 Selection

04 Color & Gradient

05 Brush

06 Typography

07 Layer Style

08 Path

레이어 스타일에서의 블렌딩 모드 사용

레이어 스타일에서의 Blending Mode(혼합 모드)나 Opacity(불투명도)는 아래 위치한 레이어와의 혼합 모드가 아닌, 해당 레이어와 적용된 효과 간의 혼합을 의미합니다.

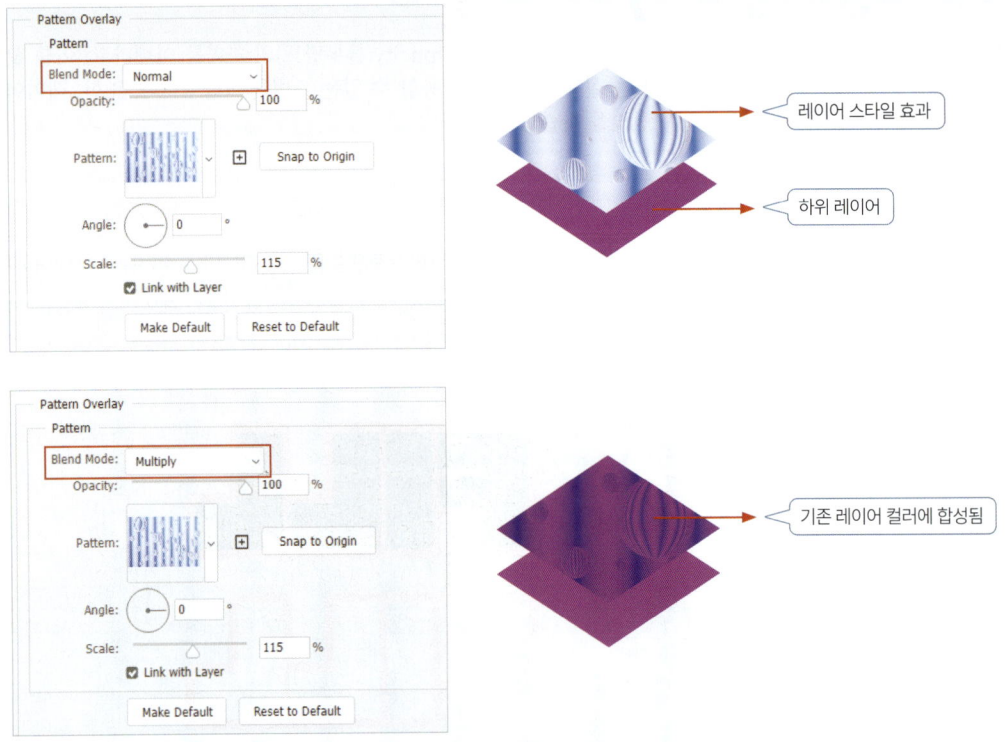

샘플 레이어 스타일

샘플 스타일을 선택하면 레이어에 효과가 바로 적용되며, 적용된 효과는 사용자가 세부 옵션을 수정하여 사용할 수 있습니다.

그룹에 적용하는 레이어 스타일

여러 개의 레이어에 동일한 효과를 적용하려면, 그룹으로 묶은 후 레이어 스타일을 적용합니다.

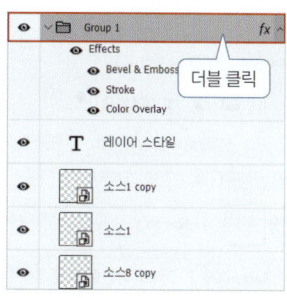

문자, 소스로 이루어진 레이어 전체를 그룹([Ctrl]+[G])으로 묶고, 그룹 레이어를 더블 클릭하여 레이어 스타일을 적용합니다. 그룹 안 레이어에 통일된 효과가 적용되었습니다.

전체 조명 조절하기

전체 작업 화면에서 빛의 방향을 레이어마다 다르게 설정할 수 있습니다. 📁 S7_3.psd

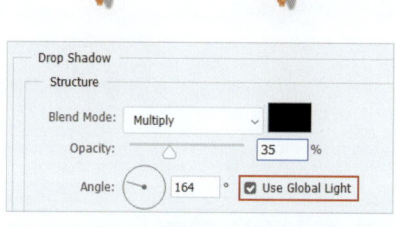

옵션을 체크한 경우 :
두 그림자는 같은 방향으로만 설정할 수 있습니다.

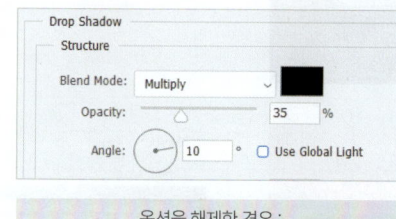

옵션을 해제한 경우 :
두 그림자가 각기 다른 방향으로 설정됩니다.

Blend if 활용 📁 S7_4~6.jpg

레이어 스타일에서 Blend If는 레이어의 일부를 선택적으로 투명하게 하거나 합성할 수 있는 기능입니다. 즉, 상단의 Current Layer(현재 레이어) 슬라이더와 하단의 Underlying Layer(하위 레이어) 슬라이더를 조절하여 선택한 레이어의 명도(광도) 값을 기준으로 일부 영역을 숨기거나, 하위 레이어의 특정 부분을 상위 레이어에 보여지게 함으로써 보다 정교하고 자연스러운 효과를 만들 수 있습니다.

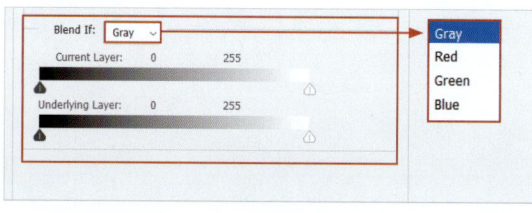

[T] 채널(Channel)기능을 학습한 후, Blend If의 채널을 활용할 수 있습니다.

01 Photoshop Basic

02 Layer & Move

03 Selection

04 Color & Gradient

05 Brush

06 Typography

07 Layer Style

08 Path

❶ 레이어 스타일 적용

겹쳐진 두 개의 레이어가 필요합니다. 상위 레이어를 흑백 그레이디언트로 준비합니다. 상위 레이어의 조정 레이어에서 그레이디언트를 적용합니다.

❷ 현재 레이어 수정

Blend If를 Gray(회색)로 설정하고, 현재 슬라이드의 흰색 슬라이드를 왼쪽으로 이동하면 흰색부터 점점 색이 가려지게 됩니다. 이때, 색은 지워지지 않고 가려지는 개념입니다.

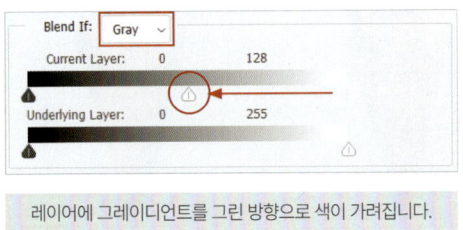

레이어에 그레이디언트를 그린 방향으로 색이 가려집니다.

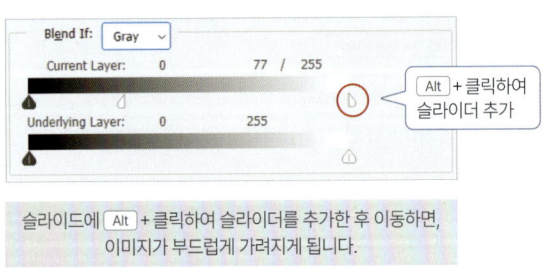

슬라이드에 Alt + 클릭하여 슬라이더를 추가한 후 이동하면,
이미지가 부드럽게 가려지게 됩니다.

❸ 하위 레이어 수정

겹쳐진 두 개의 레이어가 필요합니다. 하위 레이어의 일부 이미지가 상위 레이어 위로 보여지게 됩니다. 상위 레이어에
레이어 스타일을 적용합니다.

  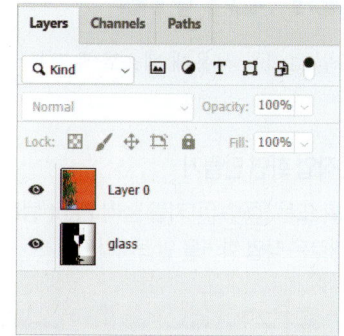

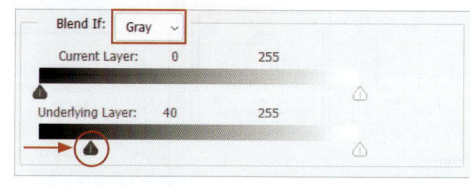

하단 레이어의 슬라이드를 이동합니다. Black 슬라이더를
이동하면 하위 레이어의 어두운 영역이 보여지게 됩니다.

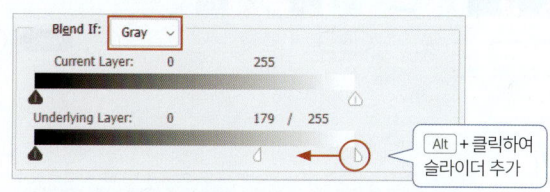

아래에 있는 레이어의 슬라이드를 이동합니다. White 슬라이더
를 이동하면 하위 레이어의 밝은 영역이 보여지게 됩니다.

Advice │ 디자이너 추천 무료 사이트 모음

- **Flaticon(www.flaticon.com/kr)** : 트랜디한 아이콘을 무료로 다운로드하여 사용할 수 있으며, PNG 형식으로 제
공됩니다.
- **Pixabay(pixabay.com)** : 트랜디한 사진을 무료로 다운로드하여 사용할 수 있으며, 사이트 내에 vector, video,
music 소스도 함께 제공합니다.
- **Freepik(www.freepik.com)** : 무료 이미지 또는 vector 소스, 아이콘 등을 무료로 다운로드 할 수 있습니다.
- **Fonts.google(Ui)(fonts.google.com/icons)** : 구글에서 스탠다드하게 쓰여지는 아이콘을 다운로드 할 수 있습
니다.

01 Photoshop Basic
02 Layer & Move
03 Selection
04 Color & Gradient
05 Brush
06 Typography
07 Layer Style
08 Path

Layer Style

레이어 스타일 효과를 사용해 텍스트에 크롬 질감의 효과를 제작합니다.

📁 예제 폴더 : S7-Practice1

01 새로운 작업 화면 만들기

[File] - [New] 또는 Ctrl + N 키를 눌러 Print 템플릿에서 A4를 선택한 후, 해상도 300Pixels/Inch의 가로 방향, 배경은 Black으로 새로운 작업 화면을 만듭니다.

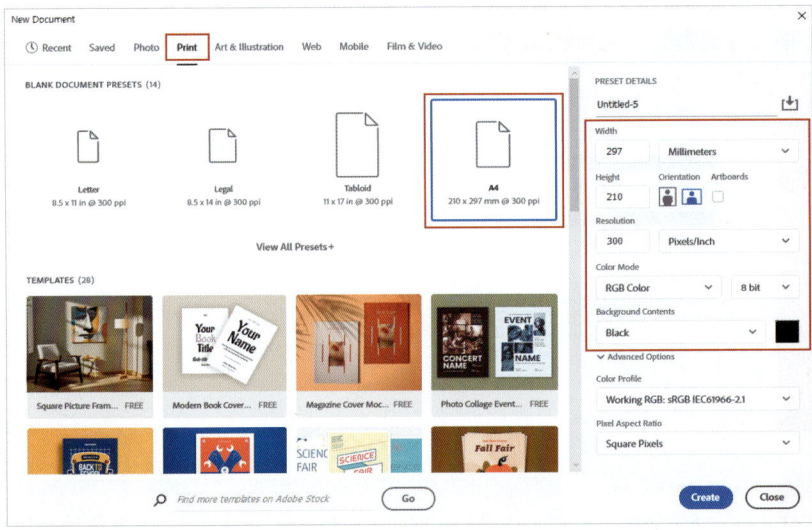

02 폰트 다운로드하기

fonts.adobe.com에서 'Ironwood' 폰트를 검색한 뒤, 폰트 페이지에서 '패밀리 추가'를 선택합니다(Creative Cloud를 통해 다운로드한 폰트가 자동으로 활성화되어 Adobe 프로그램에서 바로 사용할 수 있습니다).

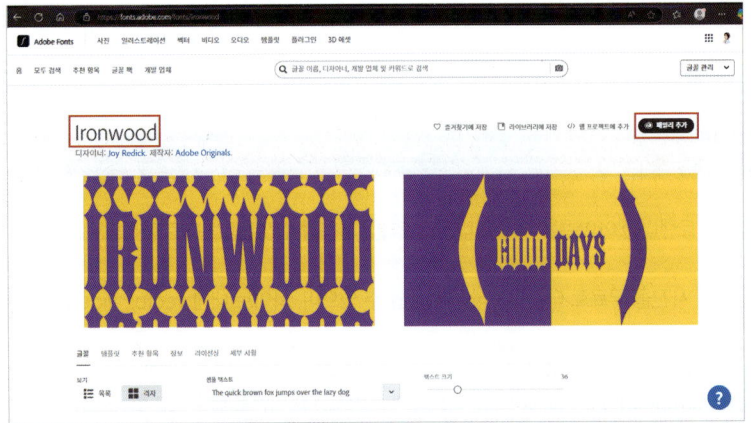

Adobe Creative Cloud 서비스를 사용하지 않는 사용자는 'S7_P1_1(1). png' 파일을 사용자의 폴더에서 작업 화면으로 직접 드래그하고 배치합니다. 실습은 04번부터 진행할 수 있습니다.

03 문자 입력하기

① Type Tool(T)을 선택해 'CHROME'을 입력합니다.

② 다운로드한 폰트로 설정하고 색상(#ffffff)을 변경합니다. 이어서 Free Transform(Ctrl+T)으로 크기를 조절하고, 작업 화면의 가운데로 배치합니다. 이때 정렬 기준을 'Canvas'로 설정해야 작업 화면 기준으로 정렬할 수 있습니다.

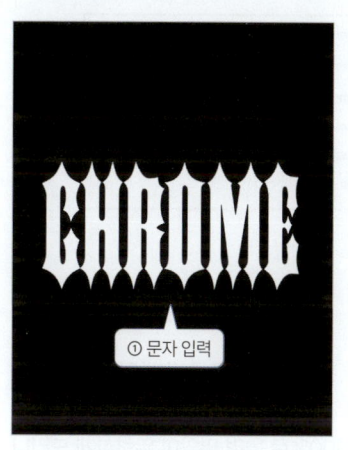

① 문자 입력

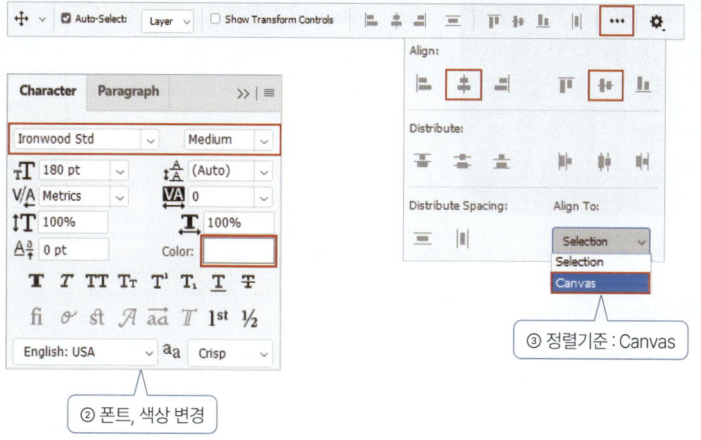

② 폰트, 색상 변경

③ 정렬기준 : Canvas

T Align and Distribute 옵션은 상단 옵션바의 더보기 메뉴에서 설정할 수 있습니다.

04 레이어 스타일 적용하기

텍스트 레이어를 더블 클릭하여 Layer Style 창이 열리면, Color Overlay를 체크하고 색상(#696969)을 변경합니다.

① 더블 클릭

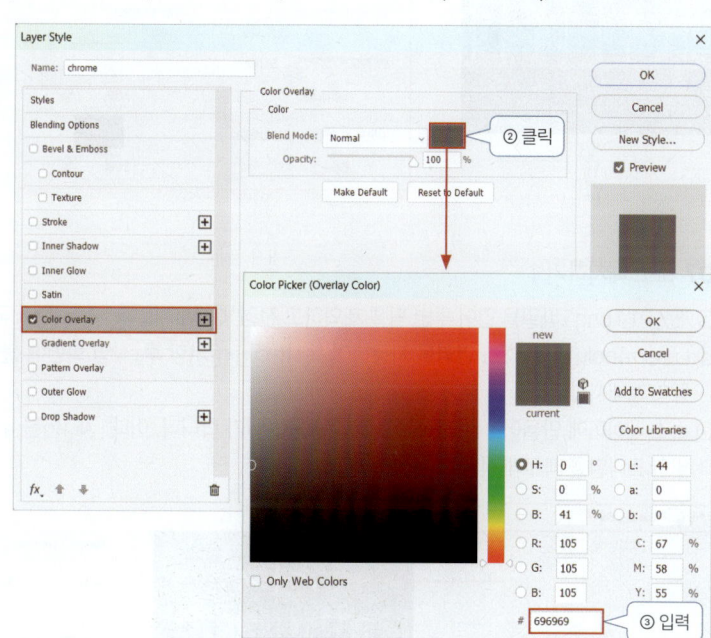

② 클릭

③ 입력

01 Photoshop Basic
02 Layer & Move
03 Selection
04 Color & Gradient
05 Brush
06 Typography
07 Layer Style
08 Path

05 Bevel & Emboss(구조)

Bevel & Emboss의 Structure를 설정합니다. Style은 Inner Bevel, Technique은 Smooth, Depth 261%, Size 21px, Soften 1px로 입력하여 설정합니다. 이어서 Shading을 적용해 그림자를 설정하겠습니다.

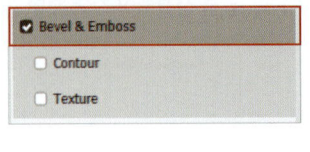
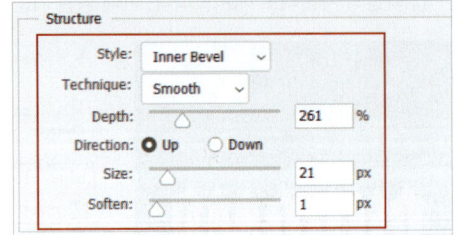

06 Bevel & Emboss(그림자)

Shading에서는 빛을 만드는 음영 처리를 설정합니다. Angle 66°, Altitude 37°로 조절하여 크롬 효과가 연출되는 각도를 설정하고, Gloss Contour는 가장 낙폭이 강한 Ring-Double 옵션을 선택하여 강한 효과가 적용되도록 수정합니다. Highlight Mode는 흰색, Shadow Mode는 검은색으로 설정하고, Opacity는 모두 100%로 올려 명암이 뚜렷하게 드러나도록 설정합니다.

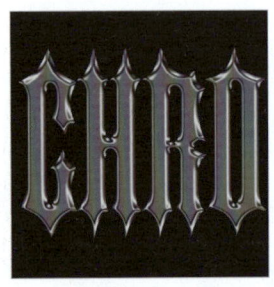
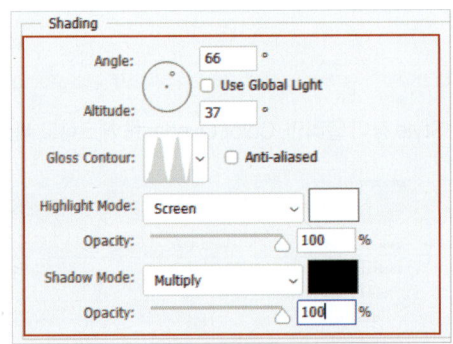

07 소스 배치하기 1

① 'S7_P1_1.png' 파일을 열어 투명 픽셀 제외하고 전경색 채우기(Alt + Shift + Delete)로 흰색을 채웁니다.

② Lasso Tool(L)로 소스 영역을 지정하여 복사(Ctrl + C)한 후, 작업 화면에 붙여넣고(Ctrl + V) Move Tool(V)로 이동하여 배치합니다.

③ 소스 레이어에 만들어놓은 레이어 스타일을 붙여넣기 합니다. 이때 Alt 키를 누른 채 드래그하여 레이어를 복제하면 동일한 스타일을 빠르게 적용할 수 있습니다.

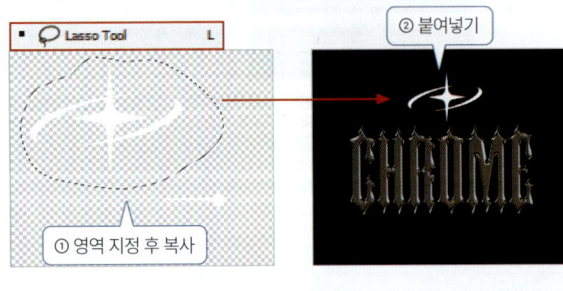
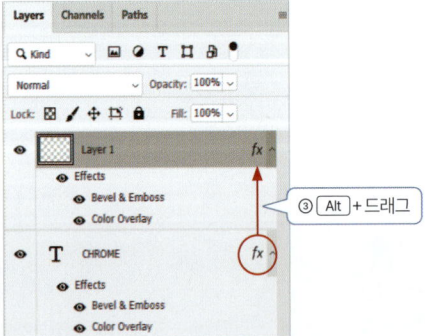

08 소스 배치하기 2

'S7_P1_1.png' 파일의 두 번째 소스를 동일한 방법으로 가져와 배치합니다.

① 레이어를 복제(Ctrl+J)하여 대칭된 소스를 하나 더 만듭니다. 이때 Free Transform(Ctrl+T)을 실행하고 우클릭하여 Flip Horizontal(가로 뒤집기)을 선택한 후 배치합니다.

② Type Tool(T)로 아래쪽에 배치할 문자를 입력합니다. 폰트는 Adobe 폰트인 'Termina' 서체를 사용했습니다.

③ 작업한 소스 레이어 2개와 텍스트 레이어를 Shift 키로 다중 선택하여 그룹으로 생성(Ctrl+G)합니다.

④ 기존 레이어에 적용된 레이어 스타일을 Alt 키를 누른 채 드래그하여 Group 1에 적용합니다.

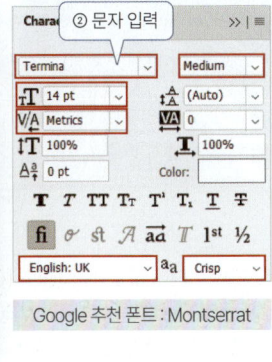

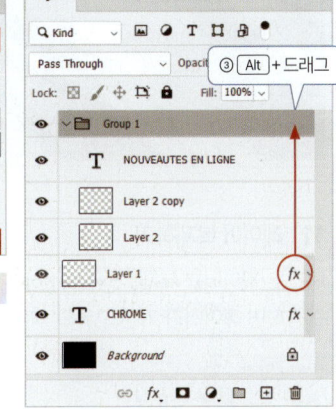

① Flip Horizontal

T Adobe 폰트 다운로드 방법은 214page를 참고합니다.

09 효과의 크기 조정하기

붙여넣은 레이어 스타일은 오브젝트의 크기가 다르기 때문에 효과의 크기를 조정해야 합니다. Group 1에 적용된 레이어 스타일 아이콘(fx) 위에서 마우스 우클릭하여 'Scale Effects'를 선택한 후, 크기를 34%로 설정합니다.

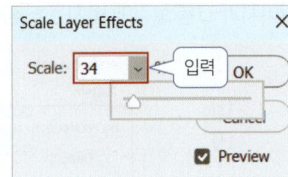

01 Photoshop Basic
02 Layer & Move
03 Selection
04 Color & Gradient
05 Brush
06 Typography
07 Layer Style
08 Path

10 패턴 등록하기

'S7_P1_2.jpg' 파일을 불러옵니다(Ctrl+O). 패턴으로 등록하기 위해 [Window] - [Patterns] 메뉴에서 패턴 패널을 열고 패턴 등록 아이콘(⊞)을 눌러 패턴을 등록합니다. [Edit] - [Define Pattern]을 통해서도 패턴을 등록할 수 있습니다.

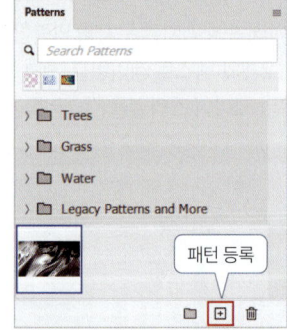

11 레이어 복제하기

텍스트 레이어를 복제(Ctrl+J)하고, 복제된 레이어의 Fill 값을 0%로 조절하여 투명한 레이어를 만듭니다. Fill 값을 0으로 조정하면 레이어가 가진 고유의 색은 가려지고 효과만 남게 됩니다.

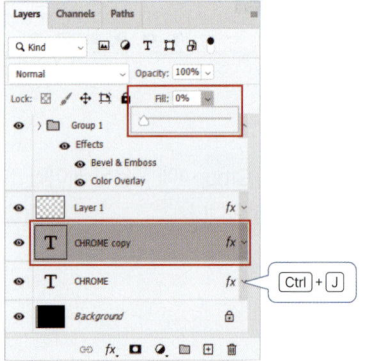

12 패턴 오버레이 적용하기

복제한 레이어의 레이어 스타일 아이콘을 더블 클릭하여 효과를 재적용합니다. 기존에 적용된 효과는 모두 해제하고 Pattern Overlay를 적용합니다. 합성 모드인 Blend Mode를 Hard Light로 설정하고 등록한 패턴을 선택합니다. 불투명도와 크기를 조절하여 이미지가 크롬 질감에 비치는 느낌으로 연출합니다.

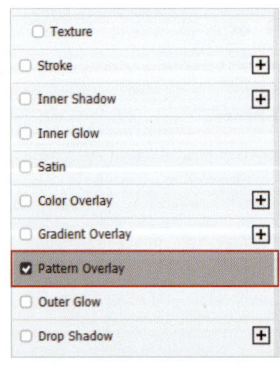
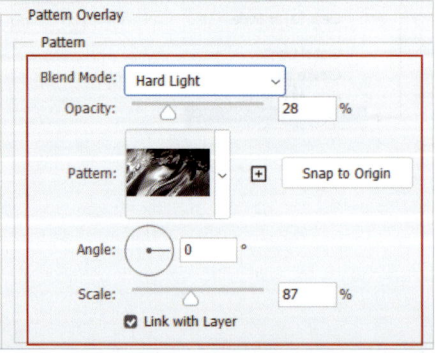

Before

After

13 완성하기

'S7_P1_3.jpg' 파일을 사용자의 폴더에서 드래그하여 배치합니다. 레이어의 Opacity를 30%로 조절하고, 마무리하여 완성합니다.

01 Photoshop Basic

02 Layer & Move

03 Selection

04 Color & Gradient

05 Brush

06 Typography

07 Layer Style

08 Path

Layer Style

레이어 스타일 효과를 사용해 텍스트에 물 질감 효과를 제작합니다.

📁 예제 폴더 : S7-Practice2

01 새로운 작업 화면 만들기

[File]-[New] 또는 Ctrl+N 키를 눌러 Print 템플릿에서 A4를 선택한 후, 해상도 300Pixels/Inch의 가로 방향, 배경은 Black으로 새로운 작업 화면을 만듭니다.

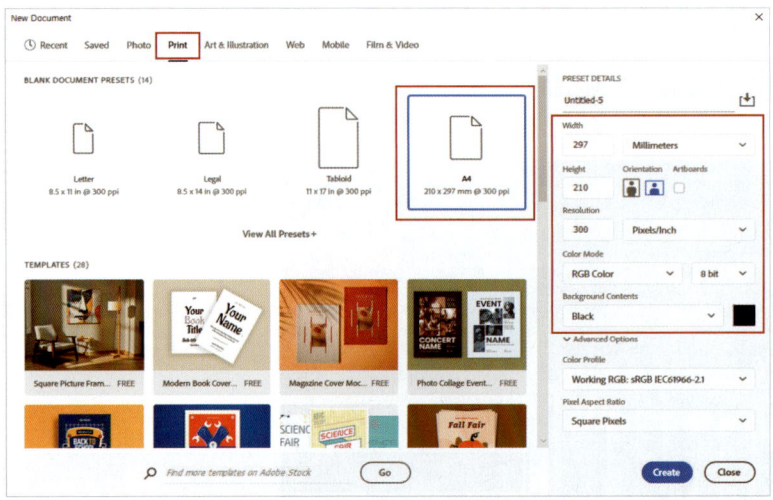

02 파일 열기

'S7_P2_1.jpg' 파일을 폴더에서 작업 화면으로 드래그하여 불러온 후, 작업 화면에 맞게 크기를 조절합니다.

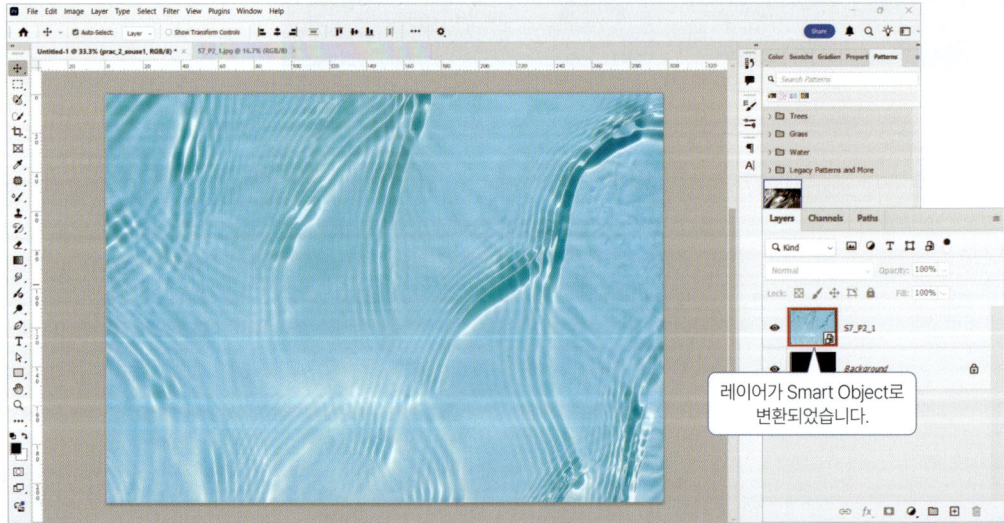

레이어가 Smart Object로 변환되었습니다.

03 폰트 다운로드하기

fonts.adobe.com에서 'Solvent' 폰트를 검색하여 '패밀리 추가'를 선택합니다(Creative Cloud를 통해 다운로드한 폰트가 활성화되어 Adobe 프로그램에서 바로 사용할 수 있습니다).

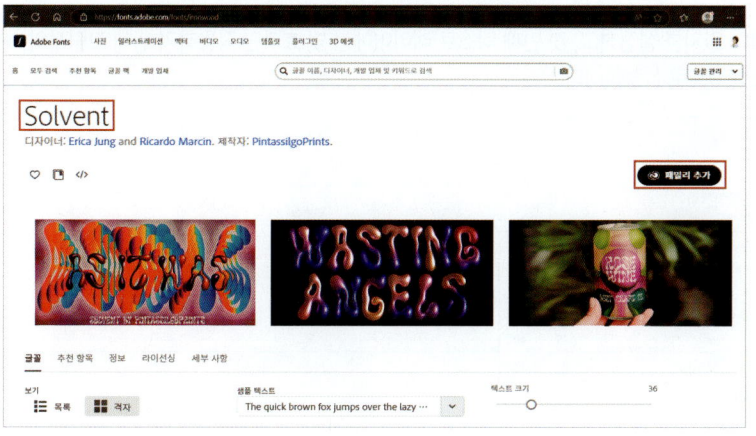

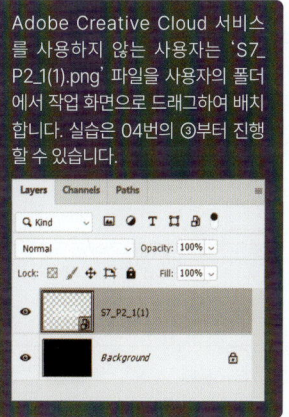

Adobe Creative Cloud 서비스를 사용하지 않는 사용자는 'S7_P2_1(1).png' 파일을 사용자의 폴더에서 작업 화면으로 드래그하여 배치합니다. 실습은 04번의 ③부터 진행할 수 있습니다.

04 문자 입력하기

① Type Tool(T)을 선택해 다운로드한 폰트로 문자를 입력합니다.

② Free Transform(Ctrl + T)으로 크기를 조절하고 작업 화면의 가운데로 배치합니다. 이때 정렬 기준을 'Canvas'로 설정해야 작업 화면을 기준으로 정렬할 수 있습니다.

③ 정렬된 레이어는 레이어 패널에서 Fill 값을 0%로 조절하여 색상은 숨기고 효과만 남게 합니다.

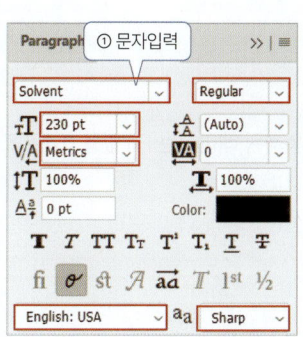

① 문자입력

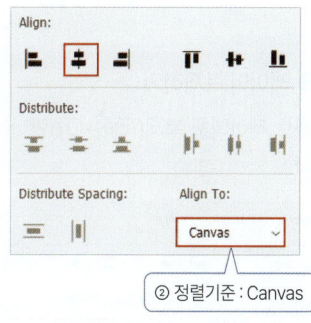

② 정렬기준 : Canvas

01 Photoshop Basic
02 Layer & Move
03 Selection
04 Color & Gradient
05 Brush
06 Typography
07 Layer Style
08 Path

05 Bevel & Emboss

텍스트 레이어를 더블 클릭하여 레이어 스타일의 Bevel & Emboss 효과를 적용합니다.

① Structure를 설정합니다. Style은 Emboss, Technique는 Smooth로 설정하고, Depth와 Size 값을 조절하여 꺾이는 효과를 연출합니다.

② Shading을 설정합니다. 빛의 모양과 위치를 설정하고, 첫 번째 텍스트 레이어에는 빛 효과만 적용하기 위해 그림자의 색상(#3ddfff)을 변경한 후 불투명도는 0%로 설정합니다.

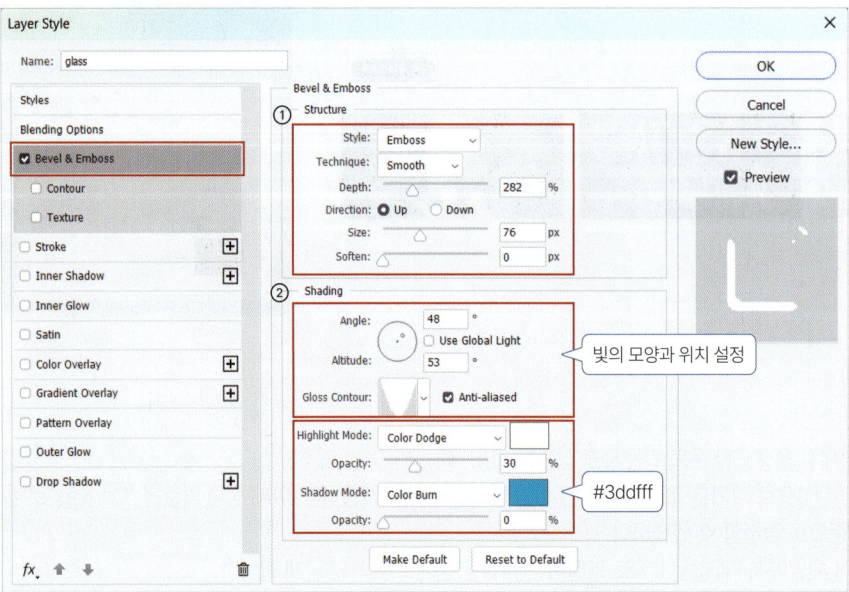

06 레이어 복제하기

텍스트 레이어를 복제(Ctrl + J)합니다. 복제된 레이어는 Fill 값을 0%로 조절하여 투명한 레이어로 만들어 효과만 남게합니다.

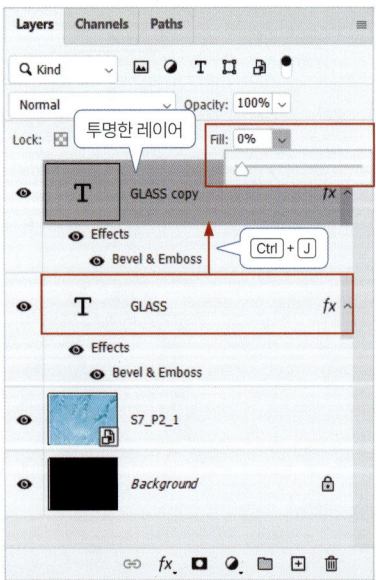

07 레이어 스타일 재적용하기

복제된 레이어의 빈 공간을 더블 클릭하여 적용된 레이어 스타일 효과를 추가합니다. Bevel & Emboss 효과를 재적용합니다.

① Structure의 Style을 Inner Bevel로 수정하여 설정합니다.

② Shading에서 빛의 위치와 모양을 수정하여 설정합니다.

③ 그림자의 색은 유지하고 Opacity는 재설정합니다.

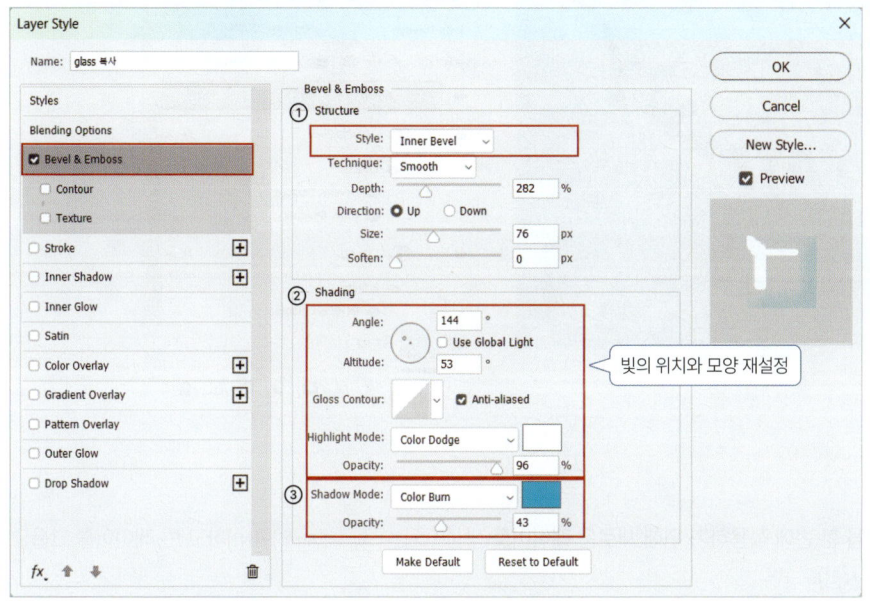

08 Inner Shadow 적용하기

Inner Shadow 효과를 추가로 적용합니다. 오브젝트의 안쪽으로 그림자를 설정하고 색상(#2b5c69)을 수정합니다. 그림자의 Distance, Choke, Size를 수정하여 완료합니다.

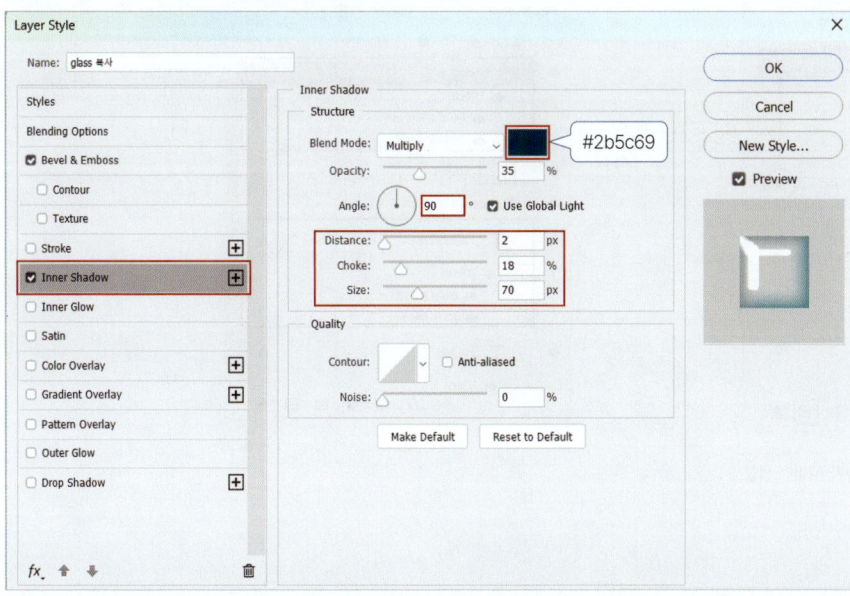

01 Photoshop Basic

02 Layer & Move

03 Selection

04 Color & Gradient

05 Brush

06 Typography

07 Layer Style

08 Path

09 문자 완성하기

투명한 문자에 두께와 빛 효과가 적용되어 물 질감의 효과가 완성되었습니다. 두 텍스트 레이어를 그룹으로 만듭니다
([Ctrl] + [G]).

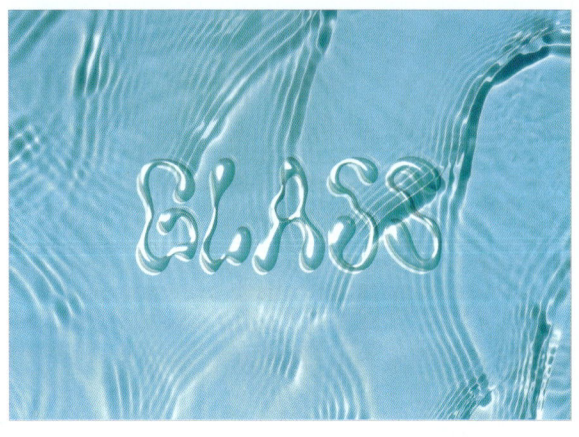
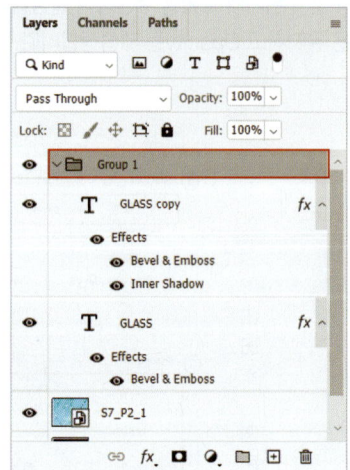

10 소스 만들기

① 소스에 레이어 스타일을 한 번에 적용하기 위해 새로운 레이어를 생성([Ctrl] + [Alt] + [Shift] + [N])하고 빈 레이어를 그룹으로 만들어둡니다([Ctrl] + [G]).

② 그룹의 Fill 값을 0%로 조정합니다.

③ 복제한 텍스트 레이어에 적용된 레이어 스타일 아이콘을 [Alt] 키를 누른 채 드래그하여 Group 2 위로 올리면, 그룹에 레이어 스타일이 적용됩니다.

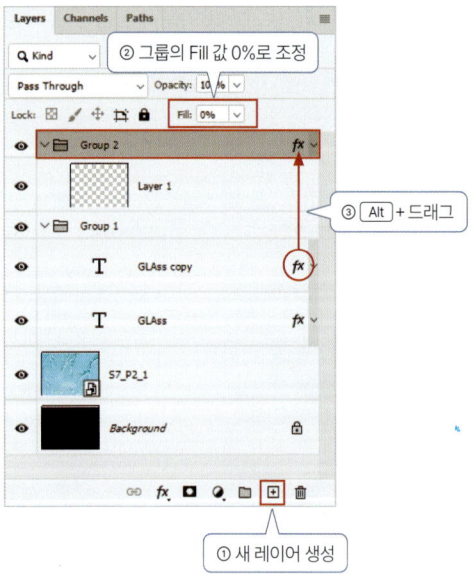
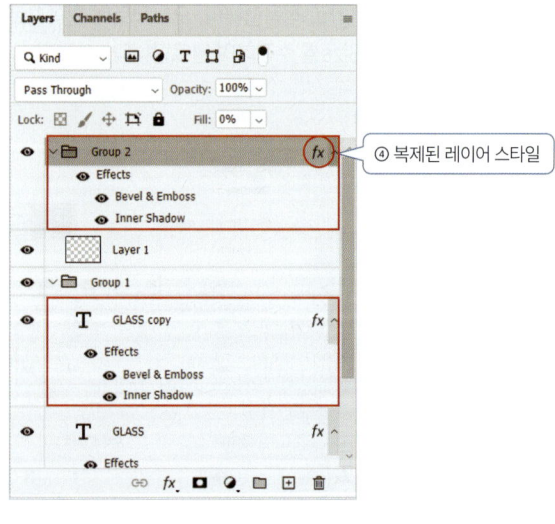

11 브러시 세팅하기

Brush Tool(B)을 선택합니다. Hardness를 100%로 조정하여 단단한 브러시로 설정하고, Opacity와 Flow 값 모두 100%로 조정합니다.

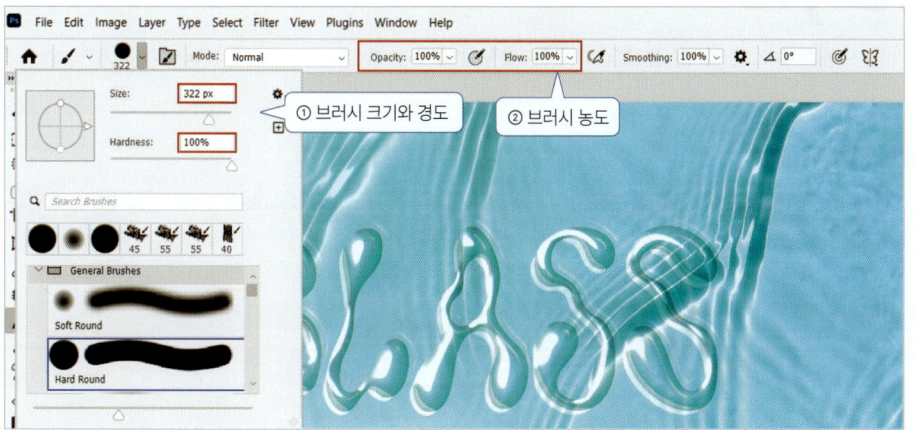

12 물방울 변형하기

설정한 브러시로 작업 화면에 클릭하여 찍어내듯 물방울을 그립니다. Group 2에 레이어 스타일이 적용되어 있으므로 효과가 바로 적용됩니다. 물방울 하나마다 별도의 레이어를 생성하고 Free Transform(Ctrl+T)을 실행한 후, 상단 옵션의 Warp 기능을 적용해 그물망을 움직여 물방울의 모양을 변형합니다.

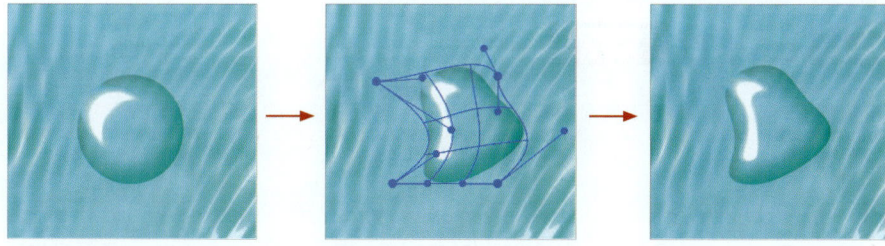

13 완성하기

다양한 모양의 물방울 소스를 만들어 배치하고 완성합니다.

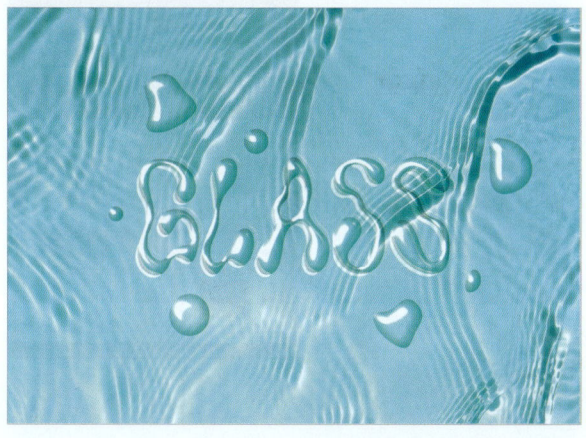

01 Photoshop Basic
02 Layer & Move
03 Selection
04 Color & Gradient
05 Brush
06 Typography
07 Layer Style
08 Path

Layer Style

레이어 스타일 효과를 사용해 텍스트에 돌 질감의 효과를 제작합니다.

📁 예제 폴더 : S7-Practice3

01 새로운 작업 화면 만들기

[File] - [New] 또는 Ctrl + N 키를 눌러 Print 템플릿에서 A4를 선택한 후, 해상도 300Pixels/Inch의 가로 방향, 배경은 Black으로 새로운 작업 화면을 만듭니다.

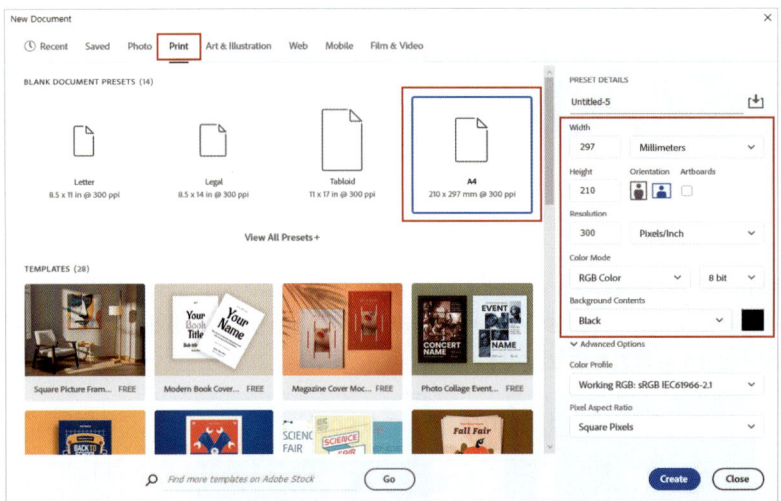

02 폰트 다운로드하기

fonts.adobe.com에서 'Cinzel Decorative' 폰트를 검색하여 '패밀리 추가'를 선택합니다(Creative Cloud를 통해 다운로드한 폰트가 자동으로 활성화되어 Adobe 프로그램에서 바로 사용할 수 있습니다).

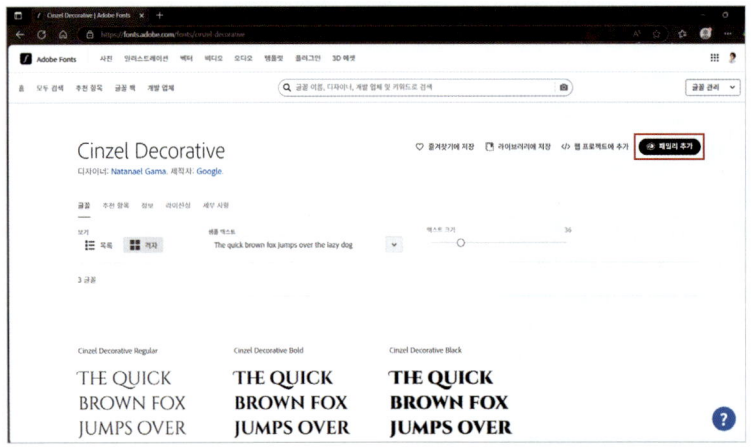

Adobe Creative Cloud 서비스를 사용하지 않는 사용자는 'S7_P3_1(1).png' 파일을 사용자의 폴더에서 작업 화면으로 직접 드래그하고 배치합니다. 실습은 04번부터 진행할 수 있습니다.

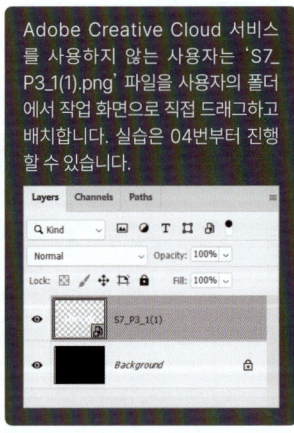

03 문자 입력하기

① Type Tool(T)을 선택해 다운로드한 폰트로 문자를 입력합니다.
② 글자의 색은 흰색으로 변경하고 Free Transform(Ctrl+T)으로 크기를 조절하여 작업 화면의 가운데로 정렬합니다.
　 이때 정렬 기준을 'Canvas'로 설정해야 작업 화면을 기준으로 정렬할 수 있습니다.

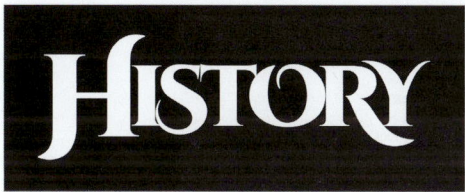

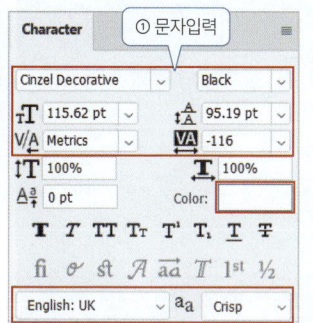

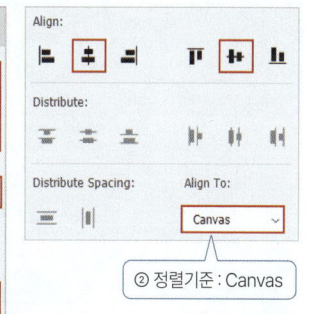

T 서체의 특성 상 스펠링 i와 T를 제외한 나머지 문자는
　 모두 대문자로 설정하여 디자인했습니다.

04 레이어 스타일 적용하기(Color Overlay)

텍스트 레이어를 더블 클릭하여 Layer Style 창이 열리면, Color Overlay를 체크하고 색상(#ab9d7b)을 변경합니다.

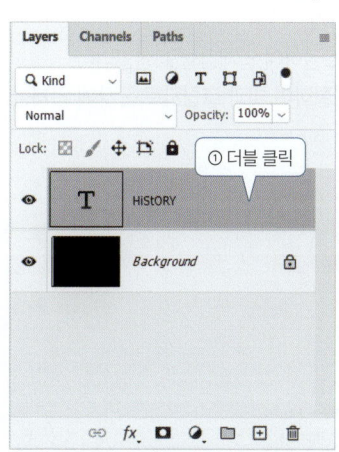

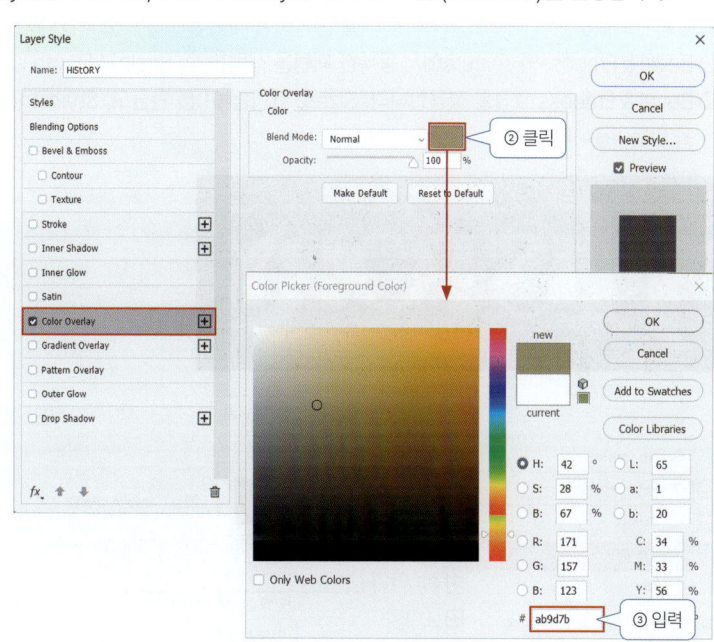

01 Photoshop Basic
02 Layer & Move
03 Selection
04 Color & Gradient
05 Brush
06 Typography
07 Layer Style
08 Path

05 패턴 적용하기 1 (패턴 등록)

'S7_P3_1.jpg' 파일을 불러옵니다(Ctrl + O). 패턴으로 등록하기 위해 [Window] - [Patterns] 메뉴에서 패턴 패널을 열고 패턴 등록 아이콘(⊞)을 눌러 패턴을 등록합니다. [Edit] - [Define Pattern]을 통해서도 패턴을 등록할 수 있습니다.

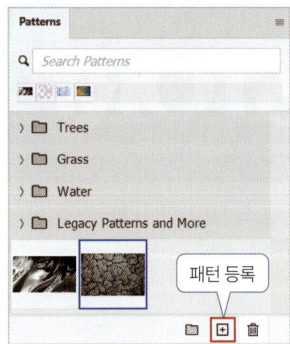

06 패턴 적용하기 1 (Bevel & Emboss / Texture)

작업 화면으로 돌아와 텍스트 레이어를 더블 클릭하여 레이어 스타일 효과를 추가합니다.

① Bevel & Emboss의 Texture에서 등록한 패턴을 선택한 후, Scale과 Depth 값을 조절하여 입체감을 표현합니다.

② Bevel & Emboss 효과를 적용합니다. Size로 크기(높이)를 만들고, Shading을 조절하여 빛과 그림자로 문자에 입체감을 만들어줍니다.

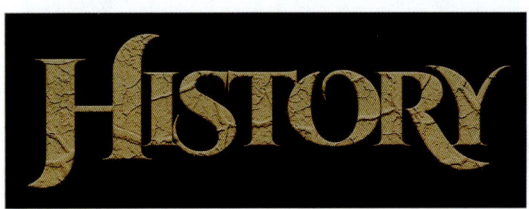

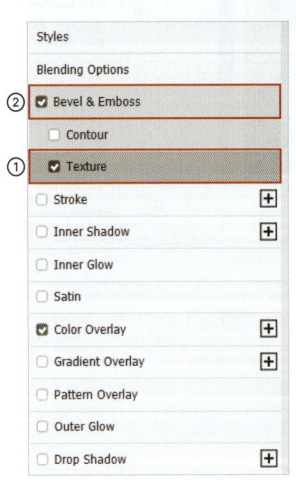

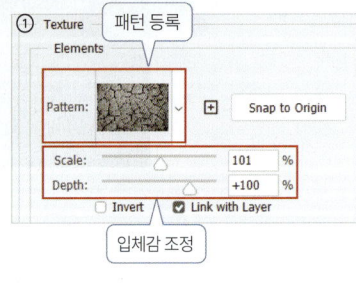

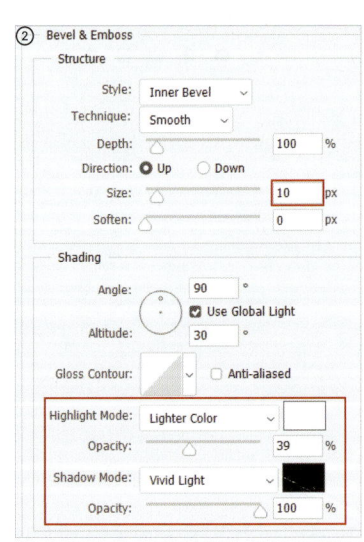

07 높이와 그림자 적용하기 (레이어 복제)

텍스트 레이어를 복제(Ctrl + J)합니다. 복제된 레이어는 Fill 값을 0%로 조절하여 투명한 레이어를 만듭니다.

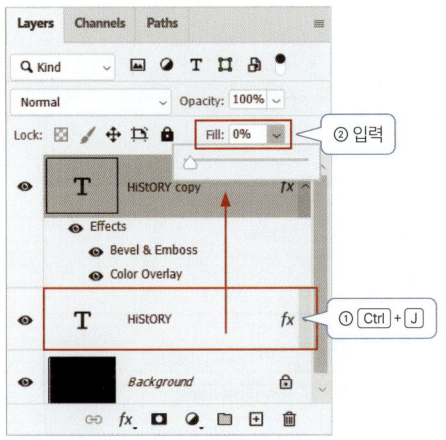

08 높이와 그림자 적용하기 (Bevel & Emboss / Satin)

복제된 레이어에 적용한 효과를 모두 해제하고 새로운 효과를 다시 적용합니다.

① Bevel & Emboss를 적용합니다. Technique를 Chisel Hard로 체크하면 거칠게 깎이는 효과가 적용되며, Depth와 Size 값을 조절하여 뾰족하게 꺾이는 효과를 연출합니다.

② Satin을 적용하여 빛 효과가 단순하게만 적용되지 않도록 Contour를 조정합니다. 그림자의 거리나 크기를 조절해가며 문자에 효과가 적용되도록 합니다.

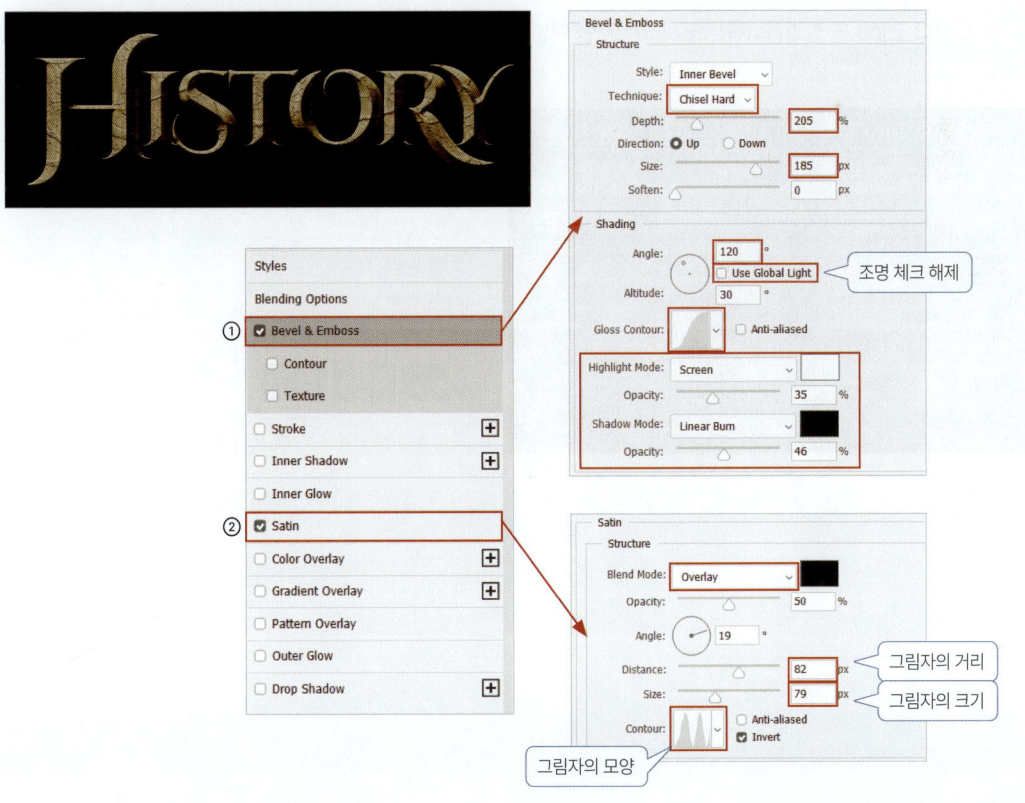

01 Photoshop Basic

02 Layer & Move

03 Selection

04 Color & Gradient

05 Brush

06 Typography

07 Layer Style

08 Path

09 하이라이트 적용하기 (Bevel & Emboss)

08 과정의 텍스트 레이어를 복제(Ctrl + J)합니다. 레이어를 더블 클릭하여 레이어 스타일을 재적용합니다. 이전에 적용한 Satin 효과는 해제하고, Bevel & Emboss의 Shading 효과만 수정합니다.

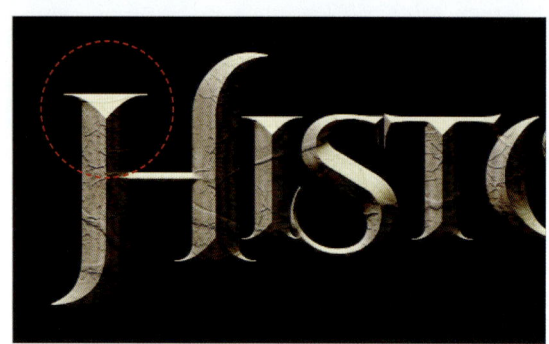

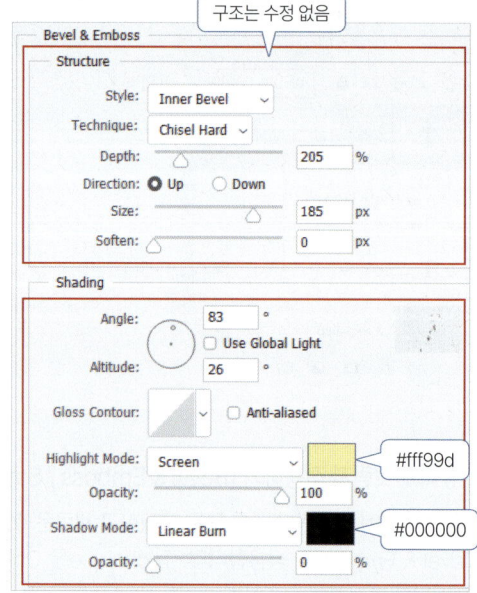

10 패턴 적용하기 2 (패턴등록)

소스 파일 'S7_P3_2.jpg'를 불러옵니다(Ctrl + O). 패턴 패널에서 새로운 패턴 등록 아이콘(⊞)을 클릭하여 패턴으로 등록합니다.

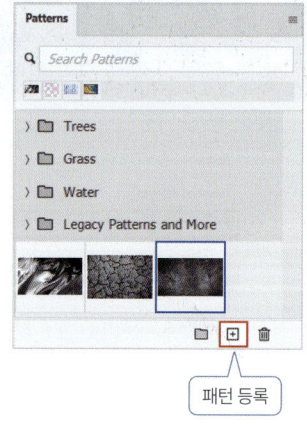

패턴 등록

11 패턴 적용하기 2 (Pattern Overlay)

① 작업 화면으로 돌아와 첫 번째 텍스트 레이어를 복제(Ctrl + J)하고, 복제된 레이어를 최상단으로 이동한 후 Fill 값을 0%로 조절하여 투명한 레이어를 만듭니다.

② 이전에 적용한 효과는 해제하고 Pattern Overlay를 설정합니다. 10 과정에서 등록한 패턴을 적용합니다.

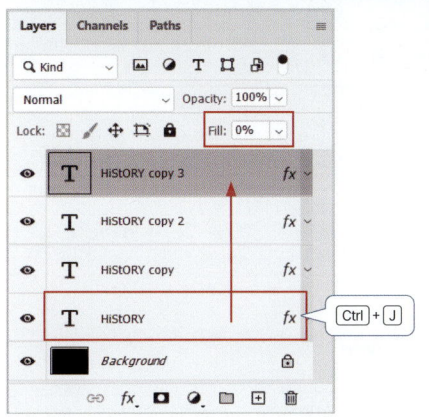

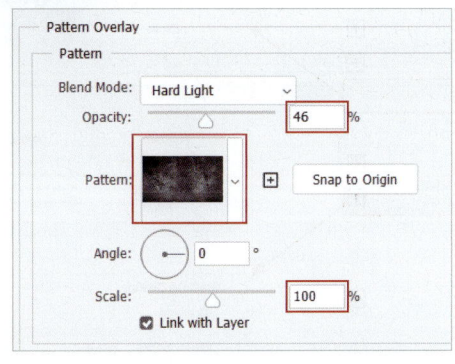

12 하이라이트 적용하기 2 (Bevel & Emboss)

① 텍스트 레이어를 복제합니다(Ctrl + J). 복제된 레이어는 Fill 값이 0%인 투명한 레이어입니다.

② 이전에 적용한 Pattern Overlay 효과는 해제하고, Bevel&Emboss를 재적용합니다. 문자 아래에 피어오르는 불꽃을 반사하는 빛 효과를 만듭니다. 그림자의 불투명도는 0%로 설정하여 그림자를 없애고, 하이라이트에는 붉은 계열의 색 (#96551c)을 적용합니다.

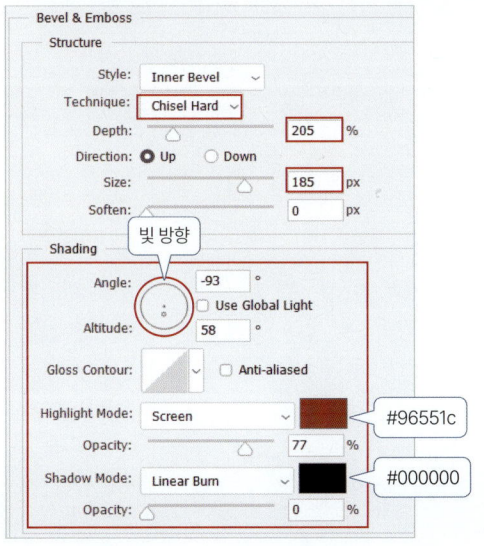

01 Photoshop Basic

02 Layer & Move

03 Selection

04 Color & Gradient

05 Brush

06 Typography

07 Layer Style

08 Path

13 효과 추가 적용하기

레이어에 Inner Glow와 Gradient Overlay 효과를 추가로 적용하여 하이라이트 수정을 완료합니다.

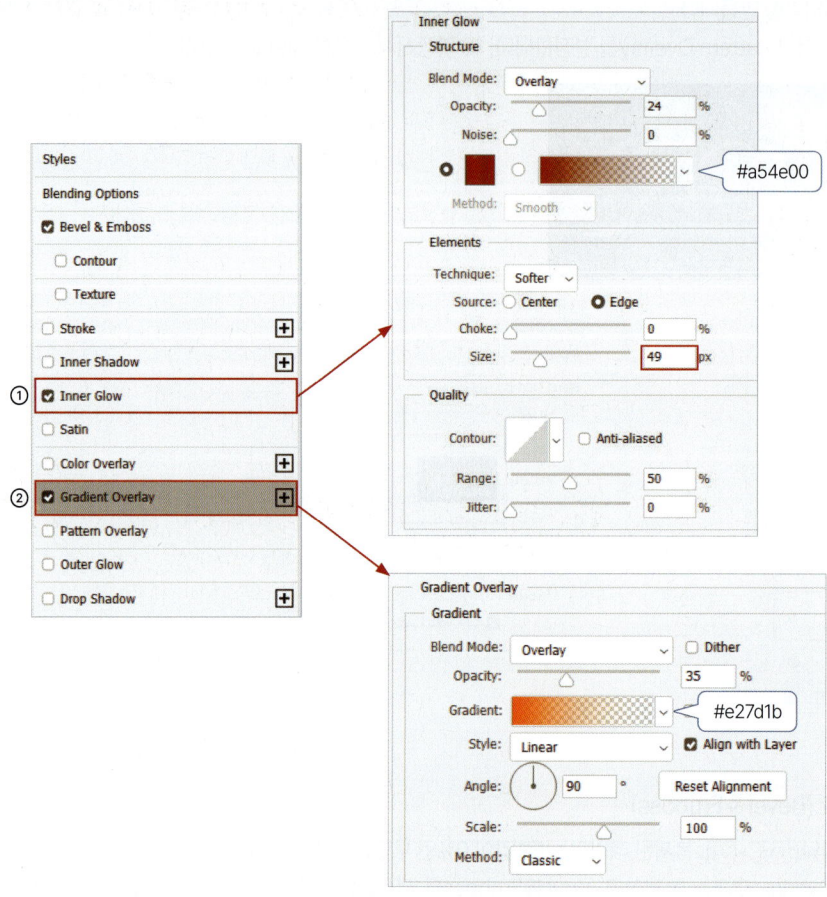

14 효과 적용 완료하기

레이어 스타일 적용을 완료했다면 효과별로 레이어를 정리합니다.

그림자 효과는 두 개 이상 중복으로 사용할 수 있지만, Bevel & Emboss와 같은 입체감 효과는 두 개이상 사용할 수 없으므로 레이어를 복제하고 효과를 적용하는 반복 기법을 사용합니다. 다양한 빛 효과와 질감을 함께 사용하면 크롬 질감이 더욱 디테일하고 사실적인 표현으로 완성됩니다.

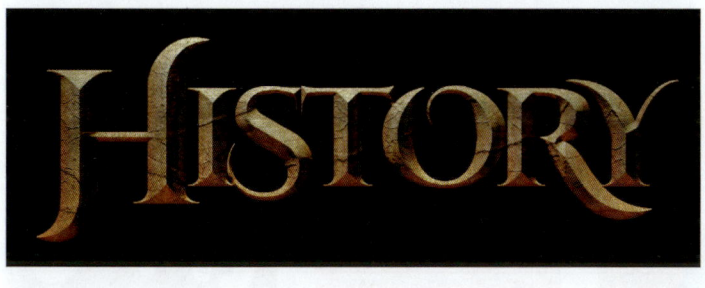

레이어 이름을 효과별로 정리
하면 수정이 편리합니다.

15 소스 삽입 후 완성하기

배경 소스 'S7_P3_3.jpg' 파일을 삽입하고, 브러시로 빛 효과를 추가한 후 실습을 완료합니다.

T 제공된 완성 이미지에는 추가 디테일 효과가 적용되었습니다.

01 Photoshop Basic
02 Layer & Move
03 Selection
04 Color & Gradient
05 Brush
06 Typography
07 Layer Style
08 Path

Exercise

크림 레이어 스타일 초대장 제작하기	📁 S7_Exercise 예제
크림 레이어 스타일을 제작하여 광고 이미지를 완성합니다.	

1. 작업 과정 확인

시작 파일 위에 여러가지 소스를 배치하고, 오브젝트에 레이어 스타일을 적용하여 입체적인 포스터를 완성하는 작업입니다. 'E7_1. psd(쿠키)'와 'E7_2.psd(타이틀)' 파일을 열어 Move Tool을 사용해 시작 파일로 이동합니다. Free Transform을 실행하여 화면에 맞게 크기와 위치를 조절합니다.

2. 레이어 스타일 적용

'E7_2.psd' 레이어를 더블 클릭하여 Layer Style을 적용합니다. 다음 순서대로 적용하면 단계별 변화를 확인할 수 있습니다.

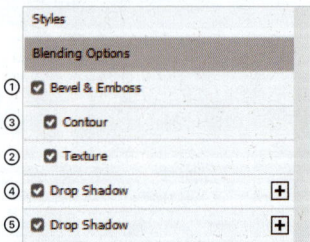

- Color Overlay → Bevel & Emboss(입체감 효과) → Texture(크림 질감) → Contour(자연스러운 음영) → Drop Shadow(그림자 효과)
- Texture는 물 질감과 같은 정형화되지 않는 패턴을 사용하므로 설정 아이콘을 눌러 Legacy Pattern을 불러와 사용할 수 있습니다.
- Drop Shadow는 그림자의 영역을 세분화하여 효과를 추가로 사용하면 더욱 자연스럽게 표현됩니다.

3. 레이어 스타일 복제

'E7_2.psd' 레이어의 Layer Style을 복제합니다. 레이어 스타일 아이콘(fx)을 마우스 우클릭하여 Copy Layer Style을 선택합니다. 스타일을 붙여넣을 레이어에 마우스 우클릭하여 Paste Layer Style을 선택하면 동일한 스타일이 복제됩니다(fx 을 Alt + 클릭 - 드래그하면 더 빠르게 레이어 스타일이 복제됩니다).

4. 스프링클 제작

① 새 레이어를 생성하고 Ellipse Tool로 [Shift] 키를 눌러 작은 정원을 그리고 색을 채웁니다. 영역을 해제한 뒤, 레이어에 Bevel & Emboss와 Drop Shadow 효과를 적용하여 입체감을 표현합니다.

② 완성된 레이어는 Move Tool을 이용하여 [Alt]+ 드래그로 복제하면서 원하는 위치에 배치합니다.

③ 각 레이어마다 레이어 스타일 아이콘(fx)을 더블 클릭하여 Color Overlay 효과를 수정하면, 다양한 색상의 스프링클을 완성할 수 있습니다.

Pop Up Store

in SEOUL

Seongsu
서울특별시 성동구 행운동 행운길 10
Haengwoon-dong Haengwoon-gil 10, Gangdong-gu, Seoul
2025.3.5 - 7

Hapjeong
서울특별시 마포구 행운동 행운길 10
10 Haengwoon-gil, Haengwoon-dong, Mapo-gu, Seoul
2026.3.10 - 15

Open

POP-UP STORE
AM 10 - PM 6
행사 사정에 따라 운영시간이 변동 될 수 있습니다.

Euljiro
서울특별시 중구 행운동 행운길 10
10 Haengwoon-dong Haengwoon-gil, Jung-gu, Seoul
2025.3.16 - 20

Path

패스

MISSION

패스는 벡터 기반의 경로로, 정밀한 형태와 선을 만들 수 있는 도구입니다. 이 섹션에서는 패스의 기본 개념과 선택 영역으로 전환하는 기능을 학습합니다. 패스를 활용하면 보다 정확한 선택과 편집이 가능하며, 이를 실제 작업에 적용하는 방법까지 익힐 수 있습니다.

KEYWORD

#패스 #포토샵 벡터 #배경 분리

Path

패스는 포토샵에서 활용 가능한 강력한 벡터 도구로, 정확한 도형 제작 및 선택 영역 생성에 사용됩니다. 실무 디자인에서 자주 활용되는 핵심 기능으로, 작업의 정밀도와 효율성을 높입니다. 이번 학습을 통해 패스의 이론을 익히고 실무에 바로 적용할 수 있는 능력을 키우는 것을 목표로 합니다.

Path Term 패스 용어

패스는 다음과 같은 기본 요소들로 이루어져 있습니다. 이 구성 요소들을 조절하여 패스의 모양을 자유롭게 변형할 수 있습니다.

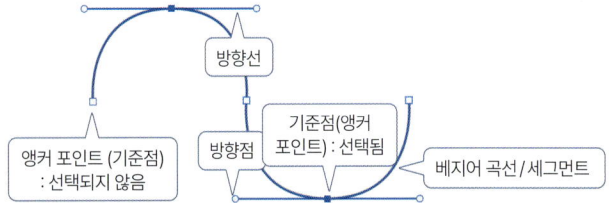

패스는 하나 이상의 직선 또는 곡선으로 구성됩니다. 곡선은 두 개의 방향선으로 구성되며, 방향선과 방향점의 위치에 따라 곡선의 크기와 형태가 달라집니다. 따라서 방향선을 이동하면 패스의 곡선 모양도 함께 변경됩니다.

Path Tool 패스 관련 도구

❶ Pen Tool(펜 도구)의 특징

패스를 만들고 수정하기 위한 도구입니다. 패스 패널과 함께 사용되며, 기준점을 추가하거나 삭제해 패스를 수정·변형할 수 있습니다. Pen Tool(펜 도구)을 선택한 후 Shift + P 키를 누르면 다른 펜 도구로 전환할 수 있습니다.

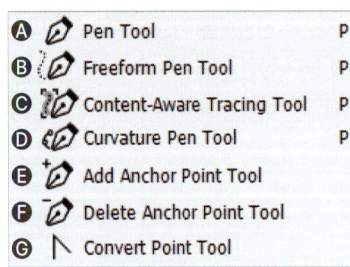

- Ⓐ Pen Tool(펜 도구)
- Ⓑ Freeform Pen Tool(자유 형태 펜 도구)
- Ⓒ Content-Aware Tracing Tool(내용 인식 추적 도구)
- Ⓓ Curvature Pen Tool(곡률 펜 도구)
- Ⓔ Add Anchor Point Tool(기준점 추가 도구)
- Ⓕ Delete Anchor Point Tool(기준점 삭제 도구)
- Ⓖ Convert Point Tool(기준점 변환 도구)

❷ Path Panel(패스 패널)

메뉴에서 [Window] - [Paths]를 클릭해 패널을 열 수 있습니다. 패스를 저장하거나 새로운 패스를 만들고, 패스를 선택 영역으로 변환하는 등 다양한 작업을 할 수 있습니다.

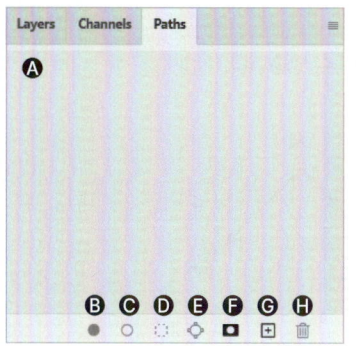

Ⓐ Path Layer(패스 레이어) : 패스를 그리면 패스 레이어가 생성됩니다.

Ⓑ Fill path with foreground color(전경색으로 패스 칠하기) : 패스에 전경색을 채웁니다.

Ⓒ Stroke path with brush(브러시로 획 패스 만들기) : 패스를 따라 브러시를 적용합니다.

Ⓓ Load path as a selection(선택 영역으로 패스 불러오기) : 패스를 선택 영역으로 불러옵니다.

Ⓔ Make work path from selection(선택 영역으로 작업 패스 만들기) : 영역을 패스로 전환합니다.

Ⓕ Add A mask(마스크 추가하기) : 선택된 패스를 마스크로 추가합니다.

Ⓖ Create new path(새 패스 만들기) : 새로운 패스를 생성합니다.

Ⓗ Delete current path(패스 삭제) : 선택된 패스를 삭제합니다.

✏ Pen Tool 펜 도구

Pen Tool(펜 도구)은 기본적으로 연속성을 가지고 있으며, 작업자가 Path(패스)를 종료하지 않는다면 계속해서 그릴 수 있습니다.

❶ 자유 직선 그리기

Pen Tool(펜 도구)을 선택한 후 시작점을 클릭하고, 이어서 다음 지점을 클릭하면 기준점(앵커 포인트)이 생성되며 직선을 그릴 수 있습니다.

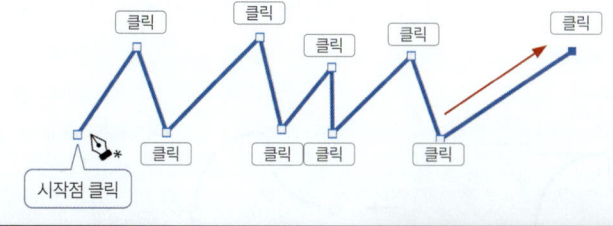

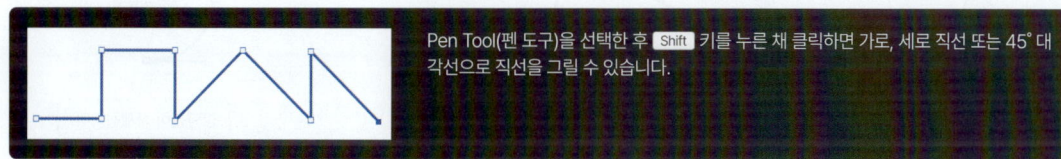

Pen Tool(펜 도구)을 선택한 후 [Shift] 키를 누른 채 클릭하면 가로, 세로 직선 또는 45° 대각선으로 직선을 그릴 수 있습니다.

❷ 그리던 패스 종료하기

Path(패스) 작업을 종료하려면, [Ctrl] 키를 누른 채 작업 화면의 빈 공간을 클릭하면 기준점이 사라져 종료됩니다.

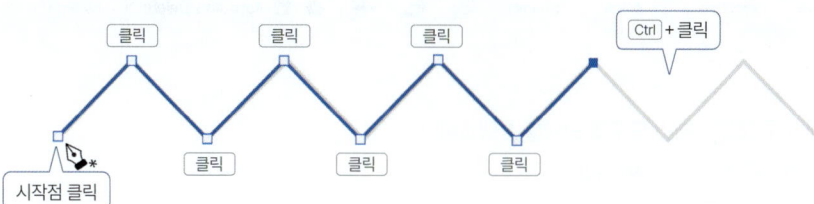

01 Photoshop Basic
02 Layer & Move
03 Selection
04 Color & Gradient
05 Brush
06 Typography
07 Layer Style
08 Path

❸ 패스 연결하기

종료된 패스의 마지막 기준점을 다시 클릭하면, 해당 패스를 이어서 계속 그릴 수 있습니다.

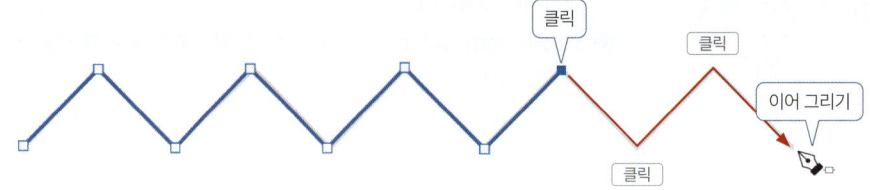

❹ 곡선 그리기

직선을 그릴 때는 클릭 - 클릭 동작으로, 곡선을 그릴 때는 클릭 - 드래그 동작으로 패스를 만듭니다. 곡면을 그릴 때 나타나는 방향선은 다음 선의 방향과 직전 선의 방향을 나타냅니다.

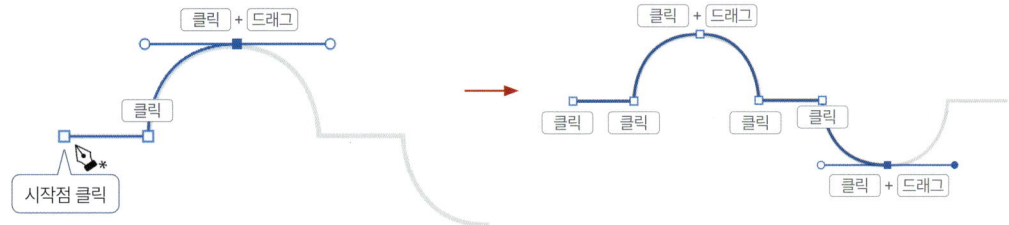

❺ 방향선 조절하기

Pen Tool(펜 도구)로 곡선을 그리다 방향을 바꾸고 싶을 때는 Alt 키를 누르고 다음 그릴 선의 방향으로 방향선을 이동합니다. Alt 키를 누르고 기준점을 클릭하면 방향선을 제거할 수도 있습니다. 방향선을 제거하면 직선 또는 자유롭게 다음 선을 그릴 수 있습니다.

Pen Tool Option 펜 도구 옵션

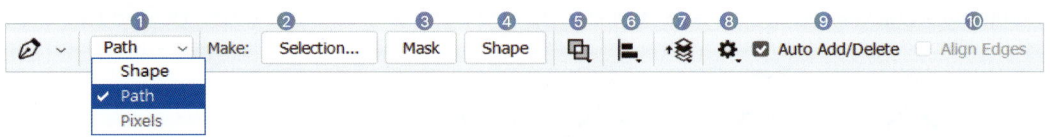

❶ **Pick Tool Mode(선택 도구 모드)** : 패스 도구의 모드를 선택합니다.

   Ⓐ **Shape(모양)** : 색상과 레이어, 패스가 생성됩니다.

   Ⓑ **Path(패스)** : 패스만 생성됩니다.

   Ⓒ **Pixels(픽셀)** : 패스는 생성되지 않으며, 색상만 채워집니다.

❷ **Selection(선택 영역 만들기)** : 작업된 패스를 선택 영역으로 전환합니다.

❸ **Make New Vector Mask(새 벡터 마스크 만들기)** : 패스를 기준으로 마스크가 생성됩니다.

❹ **Make New Shape Layer(새 모양 레이어 만들기)** : 선택한 패스가 모양으로 변경됩니다.

❺ **Path Operations(패스 작업)** : 2개 이상의 패스를 선택했을 때 활성화되며, 패스 모양을 합치거나 빼는 등의 작업을 할 수 있습니다.

> ☐ New Layer
> Ⓐ ☐ Combine Shapes
> Ⓑ ☐ Subtract Front Shape
> Ⓒ ☐ Intersect Shape Areas
> Ⓓ ☐ Exclude Overlapping Shapes
> Ⓔ ☐ Merge Shape Components

Ⓐ **Combine Shapes(모양 결합)** : 새로 그리는 패스를 기존 패스 모양과 합칩니다.

Ⓑ **Subtract Front Shape(전면 모양 빼기)** : 선택한 패스에서 새로 그리는 패스의 모양을 제외합니다.

Ⓒ **Intersect Shape Areas(모양 영역 교차)** : 두 패스가 교차하는 영역만 남깁니다.

Ⓓ **Exclude Overlapping Shapes(모양 오버랩 제외)** : 교차되는 부분을 제외한 나머지 영역만 남깁니다.

Ⓔ **Merge Shape Components(모양 병합 구성 요소)** : 다수의 패스를 하나의 패스로 합칩니다.

❻ **Path Alignment(패스 맞춤)** : 다수의 패스를 정렬할 수 있습니다.

> 🇹 자세한 정렬 기능은 'Section 02의 Theory 03'을 참고합니다.

❼ **Path Arrangement(패스 배열)** : 하나의 패스 레이어에 2개 이상의 패스가 있을 경우, 패스 순서를 변경할 수 있습니다.

> Ⓐ ☰ Bring Shape To Front
> Ⓑ ☰ Bring Shape Forward
> Ⓒ ☰ Send Shape Backward
> Ⓓ ☰ Send Shape To Back

Ⓐ **Bring Shape To Front(모양 맨 앞으로 가져오기)** : 선택한 패스를 맨 앞으로 순서를 이동합니다.

Ⓑ **Bring Shape Forward(모양 앞으로 가져오기)** : 선택한 패스를 한 단계 앞으로 순서를 이동합니다.

Ⓒ **Send Shape Backward(모양 뒤로 보내기)** : 선택한 패스를 한 단계 뒤로 순서를 이동합니다.

Ⓓ **Send Shape To Back(모양 맨 뒤로 보내기)** : 선택한 패스를 맨 뒤로 순서를 이동합니다.

❽ **Path Option(패스 옵션)** : 패스는 이미지에서 실제로 보여지는 영역이 아닌 가상의 선입니다. 사용자가 선택한 형태로 패스의 두께와 색상을 설정합니다.

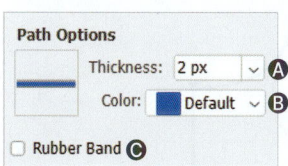

Ⓐ **Thickness(두께)** : 패스의 두께를 설정합니다.

Ⓑ **Color(색상)** : 패스의 색상을 설정합니다.

Ⓒ **Rubber Band(고무 밴드)** : 패스를 그릴 때, 다음 선이 그려질 방향을 미리 확인할 수 있습니다.

❾ **Auto Add / Delete(자동 추가 / 삭제)** : 패스를 경과할 때 앵커 포인트를 자동으로 추가하거나 삭제합니다.

❿ **Align Edge(가장자리 맞춤)** : 픽셀 그리드에 패스를 맞춥니다.

01 Photoshop Basic
02 Layer & Move
03 Selection
04 Color & Gradient
05 Brush
06 Typography
07 Layer Style
08 Path

✑ Add Anchor Point Tool 기준점 추가 도구_수정 도구

패스 위에 새로운 기준점을 추가하여 패스를 수정할 때 사용합니다.

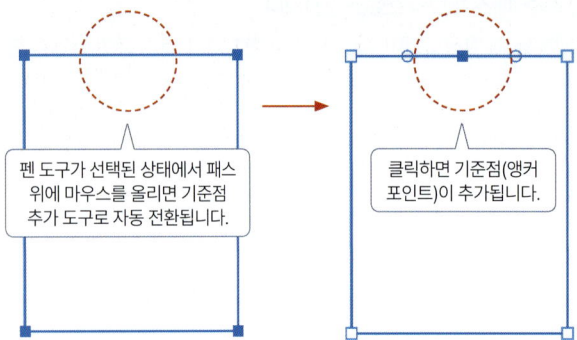

펜 도구가 선택된 상태에서 패스 위에 마우스를 올리면 기준점 추가 도구로 자동 전환됩니다.

클릭하면 기준점(앵커 포인트)이 추가됩니다.

✑ Delete Anchor Point Tool 기준점 삭제 도구_수정 도구

패스 위의 기준점을 삭제하여 패스를 단순화하거나 수정할 때 사용합니다.

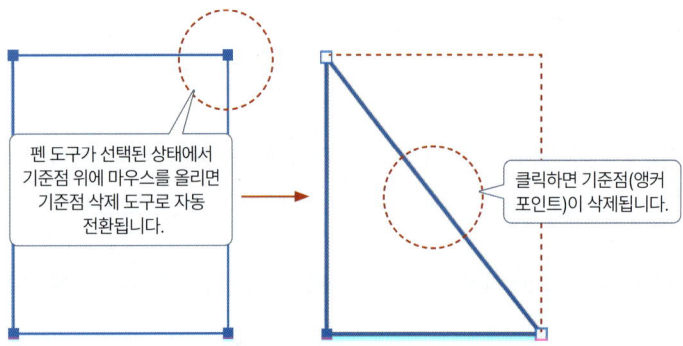

펜 도구가 선택된 상태에서 기준점 위에 마우스를 올리면 기준점 삭제 도구로 자동 전환됩니다.

클릭하면 기준점(앵커 포인트)이 삭제됩니다.

⌐ Convert Point Tool 기준점 변환 도구_수정 도구

방향선이 없는 직선을 곡선으로 변환하거나, 곡선을 직선으로 바꿀 수 있는 도구입니다.

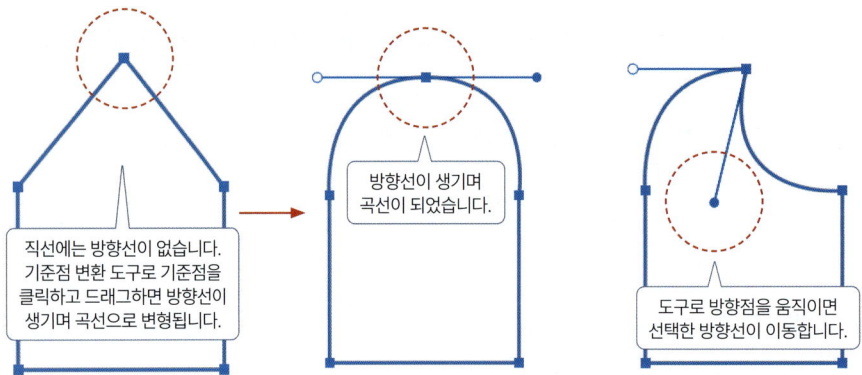

직선에는 방향선이 없습니다. 기준점 변환 도구로 기준점을 클릭하고 드래그하면 방향선이 생기며 곡선으로 변형됩니다.

방향선이 생기며 곡선이 되었습니다.

도구로 방향점을 움직이면 선택한 방향선이 이동합니다.

Selection Tool(선택 도구) 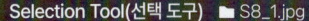 S8_1.jpg

Move Tool(이동 도구)은 패스를 직접 이동할 수 없습니다. 패스를 선택하고 이동하거나 회전하려면 Path Selection Tool(패스 선택 도구)을, 수정하려면 Direct Selection Tool(직접 선택 도구)을 사용해야 합니다. S A

①	► Path Selection Tool	A
②	► Direct Selection Tool	A

① Path Selection Tool(패스 선택 도구)
② Direct Selection Tool(직접 선택 도구)

• 일부 삭제하기

그려진 패스 위로 지우고 싶은 패스 영역을 Direct Selection Tool(직접 선택 도구)로 드래그하여 선택합니다. 선택된 패스의 기준점(앵커 포인트) 색이 채워져 표시됩니다. Delete 키를 누르면 선택된 패스가 삭제됩니다.

드래그하여 선택

• 곡선 패스 수정하기

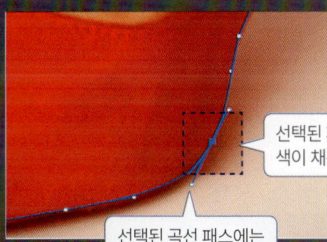

그려진 패스 위로 수정하고 싶은 패스 영역을 Direct Selection Tool(직접 선택 도구)로 드래그하여 선택합니다. 선택된 곡선 패스에는 방향선이 생성됩니다. Direct Selection Tool로 방향점을 이동하면 곡선이 수정됩니다.

선택된 패스 기준점에 색이 채워집니다.

선택된 곡선 패스에는 방향선이 나타납니다.

• 크기 조절하기

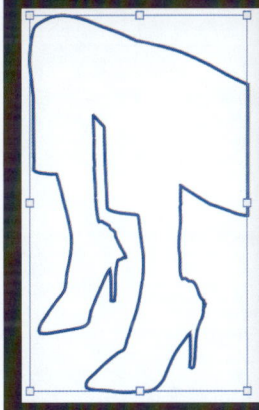

그려진 패스의 크기를 조절하고 싶을 때는 Path Selection Tool(패스 선택 도구)로 패스를 선택하고 Free Transform(자유 변형)을 실행합니다. 패스에 변형 컨트롤이 표시되면 크기를 자유롭게 변형하고 회전할 수 있습니다. S Free Transform(자유 변형) Ctrl + T

01 Photoshop Basic

02 Layer & Move

03 Selection

04 Color & Gradient

05 Brush

06 Typography

07 Layer Style

08 Path

✏️ Freeform Pen Tool 자유 형태 펜 도구 📁 S8_2.jpg

그림을 그리듯 패스로 자유롭게 곡선을 그릴 수 있는 패스 그리기 도구입니다. 상단 옵션에서 Magnetic(자석) 기능을 활성화하면 Magnetic Lasso Tool(자석 올가미 도구)을 사용하는 것과 동일하게 색상이 분리되는 경계선을 따라 패스가 자동으로 생성됩니다.

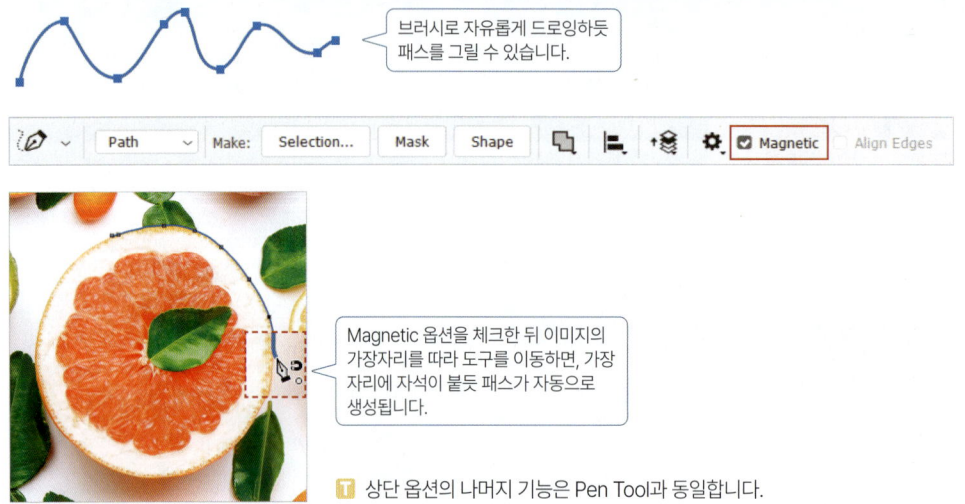

브러시로 자유롭게 드로잉하듯 패스를 그릴 수 있습니다.

Magnetic 옵션을 체크한 뒤 이미지의 가장자리를 따라 도구를 이동하면, 가장자리에 자석이 붙듯 패스가 자동으로 생성됩니다.

🇹 상단 옵션의 나머지 기능은 Pen Tool과 동일합니다.

✏️ Content-Aware Tracing Tool 내용 인식 추적 도구 📁 S8_3.jpg

이미지 테두리에 커서를 가져가면 자동으로 이미지 테두리를 감지하여 점선이 활성화됩니다. 원하는 위치를 클릭하면 감지된 경계를 따라 패스가 생성됩니다.

1 Create paths from detected edges(감지된 가장자리에서 경로 만들기) : 감지된 테두리를 기준으로 패스를 생성합니다.

2 Extend currently selected path with detected edges(감지된 가장자리로 현재 선택된 패스 확장) : 감지된 테두리로 패스를 확장합니다.

3 Trim traced paths(추적 경로 재단) : 감지된 테두리로 패스를 잘라냅니다.

4 Tracing(추적) : 감지할 테두리의 유형을 선택할 수 있습니다.[자세히(Detailed) / 표준(Normal) / 단순화(Simplified)]

5 Detail(세부) : 감지된 테두리의 정밀도를 조절할 수 있습니다. 값이 높을수록 더 정밀하게 감지됩니다.

6 Auto Trim(자동 재단) : 자동으로 패스를 추가하거나 잘라내는 기능입니다.

Content-Aware Tracing Tool(내용 인식 추적 도구) 활성화 방법
[Edit] - [Preferences] 메뉴의 Technology Previews(기술 미리보기)에서 [Technology Previews] 항목의 Enable Content-Aware Tracing Tool을 체크하면, 도구를 활성화할 수 있습니다(활성화 후에는 포토샵을 재시작하여 도구 바에 도구가 추가되었는지 확인합니다).

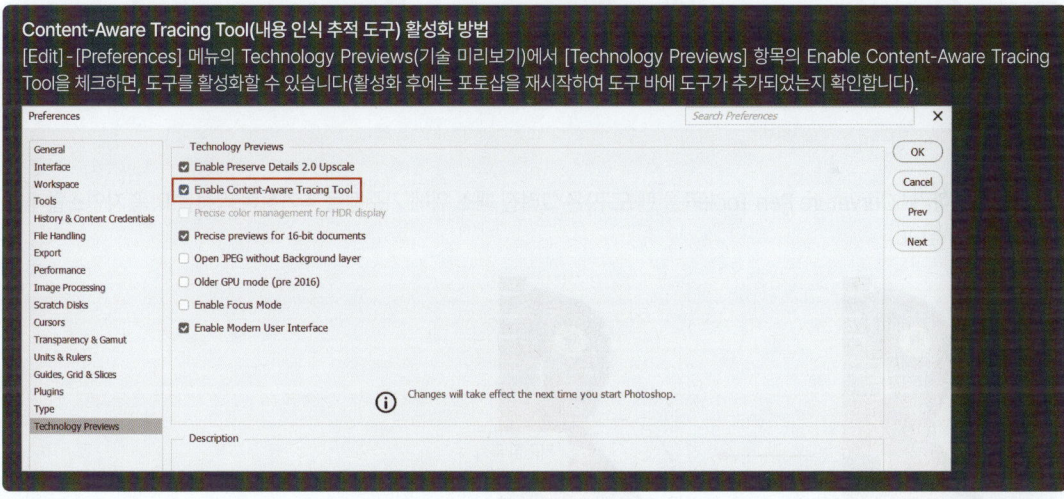

01 Photoshop Basic

02 Layer & Move

03 Selection

04 Color & Gradient

05 Brush

06 Typography

07 Layer Style

08 Path

🖊 Curvature Pen Tool 곡률 펜 도구 📁 S8_4.jpg

Curvature Pen Tool(곡률 펜 도구)은 곡선을 보다 자연스럽게 그릴 수 있는 도구로, 자동으로 패스의 곡면을 생성하며 세 그먼트를 밀고 당겨 수정할 수 있습니다.

❶ 직선 그리기 : 기본적으로 모든 선이 곡선으로 그려지며, 더블 클릭 또는 Alt + 클릭으로 직선을 그릴 수 있습니다.

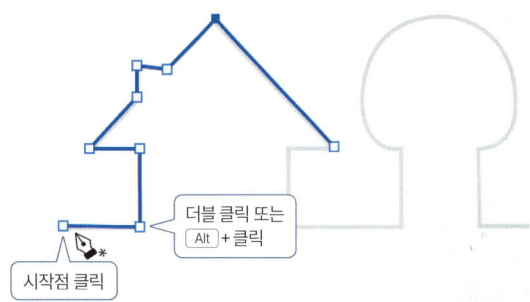

❷ 곡선 그리기 : 시작점을 지정한 뒤, 곡선으로 표현할 위치에 기준점을 추가하고 드래그하면 곡선이 생성됩니다.

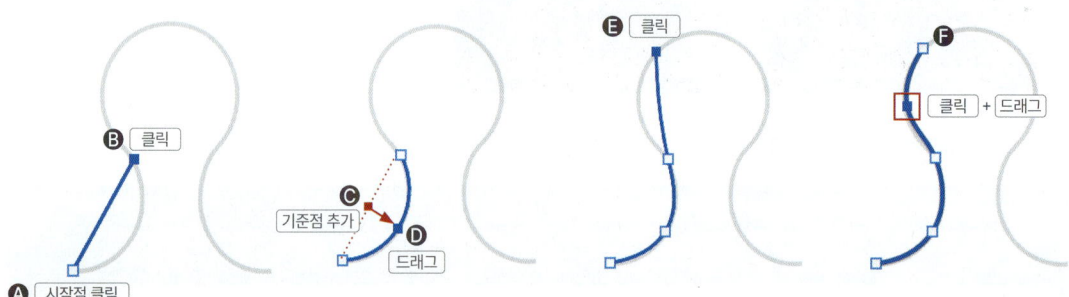

❸ 곡선 수정하기 : Curvature Pen Tool(곡률 펜 도구)은 그려진 패스 위에 기준점을 추가하여 곡선을 더욱 자연스럽게 수정할 수 있습니다.

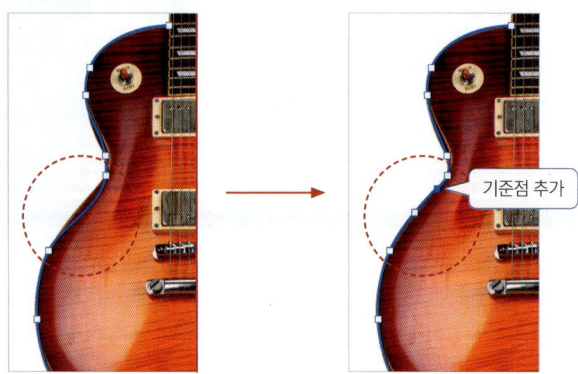

Path With Color 패스에 색 넣기 ■ S8_5.psd

패스 패널 또는 작업 화면에서 마우스 우클릭하여 선택한 패스에 색을 채우거나 브러시를 적용할 수 있습니다.

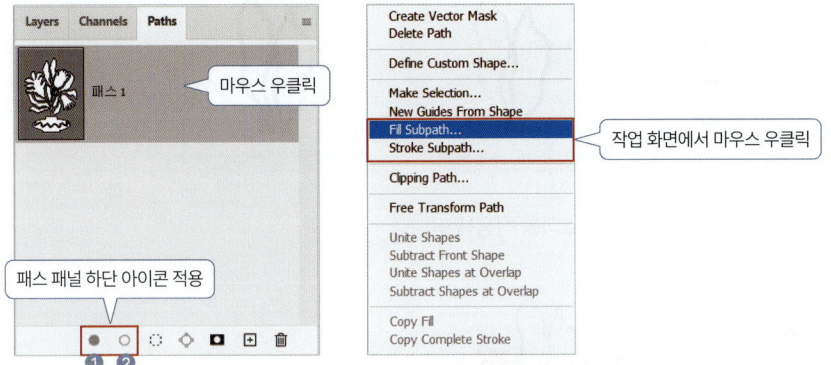

T 패스 레이어에서 하나 이상의 패스가 그려진 경우 Fill Subpath 라고 표기됩니다. Fill Path와 기능은 동일합니다.

❶ Fill Path With Foreground Color(패스 색 채우기)

이미지에서 색을 채울 패스를 선택합니다. Path Selection Tool(패스 선택 도구)로 작업 화면에서 마우스 우클릭 후 Fill Subpath를 선택하면 해당 패스에 색이 채워집니다.

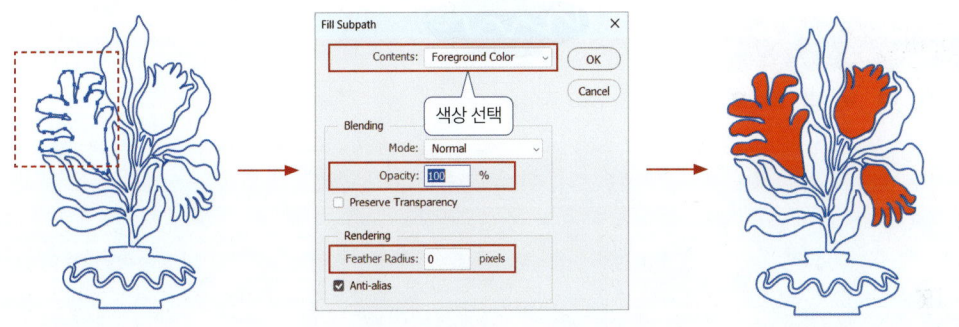

T 패스에 색을 채우거나 선을 적용할 때는 새로운 레이어를 생성하여, 원본 레이어에 덮어쓰지 않고 원본을 보존하는 것이 좋습니다.

❷ Stroke Path With Brush(패스 선 넣기)

선을 따라 그릴 패스를 선택한 후 브러시를 설정합니다. 선에 압력 시뮬레이션을 설정하려면, 압력이 적용되는 브러시를 선택해야 합니다. Path Selection Tool(패스 선택 도구)로 마우스 우클릭하여 Stroke Subpath를 선택합니다.

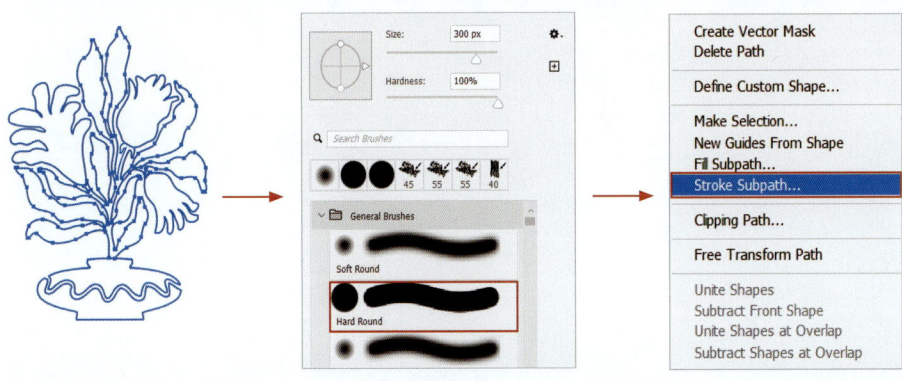

01 Photoshop Basic
02 Layer & Move
03 Selection
04 Color & Gradient
05 Brush
06 Typography
07 Layer Style
08 Path

패스에 선을 적용할 도구(Brush)를 선택하고 압력 시뮬레이션(Simulate Pressure) 옵션을 체크한 뒤 확인을 누르면 패스를 따라 선이 적용됩니다.

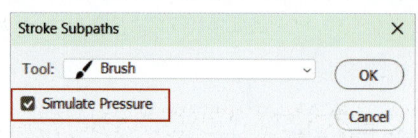

압력 시뮬레이션 옵션 체크

압력 시뮬레이션 옵션 해제

면과 선에 따라 별도의 레이어를 만들고, 색을 변경하거나 효과를 적용해 봅니다.

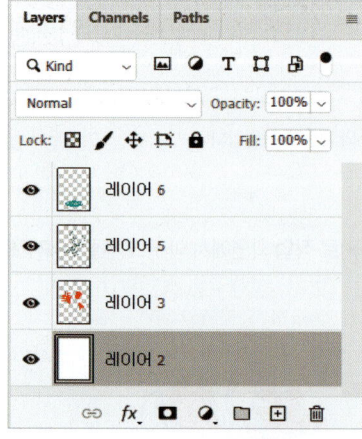

01 Photoshop Basic

02 Layer & Move

03 Selection

04 Color & Gradient

05 Brush

06 Typography

07 Layer Style

08 Path

Practice 01 패스 실습하기

Pen Tool

패스를 자유자재로 그릴 수 있도록 기본 라인 그리기를 실습합니다.

■ 예제폴더 : S8-practice1

01 파일 열어 직선 그리기

'S8_P1_1.psd' 파일을 불러옵니다(Ctrl + O). Pen Tool(P)을 선택한 후 시작점을 클릭하고, 기준점을 만들어가며 패스를 이어 그립니다. Shift 키를 누른 채 클릭하면 가로, 세로 직선 또는 45° 대각선으로 직선이 그려집니다.

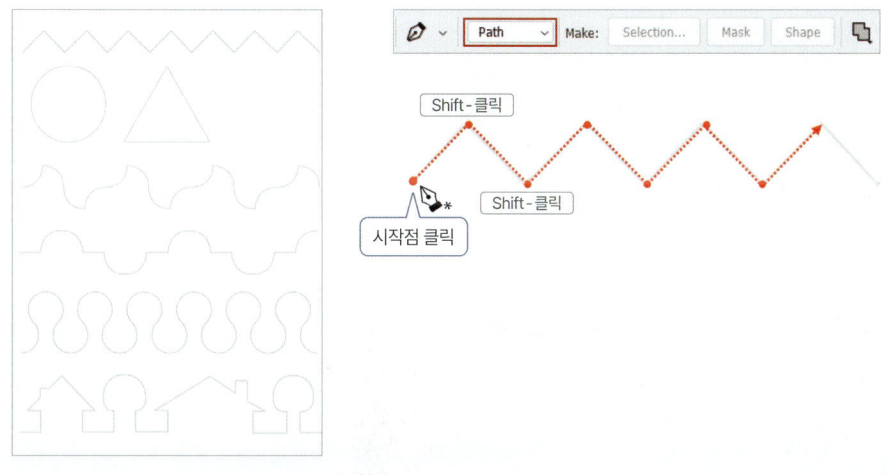

02 패스 종료와 저장하기

작업 화면의 빈 공간에서 Ctrl +클릭하여 패스 그리기를 종료합니다. 패스가 종료되면 패스 패널을 열어 더블 클릭하여 패스 레이어를 저장합니다.

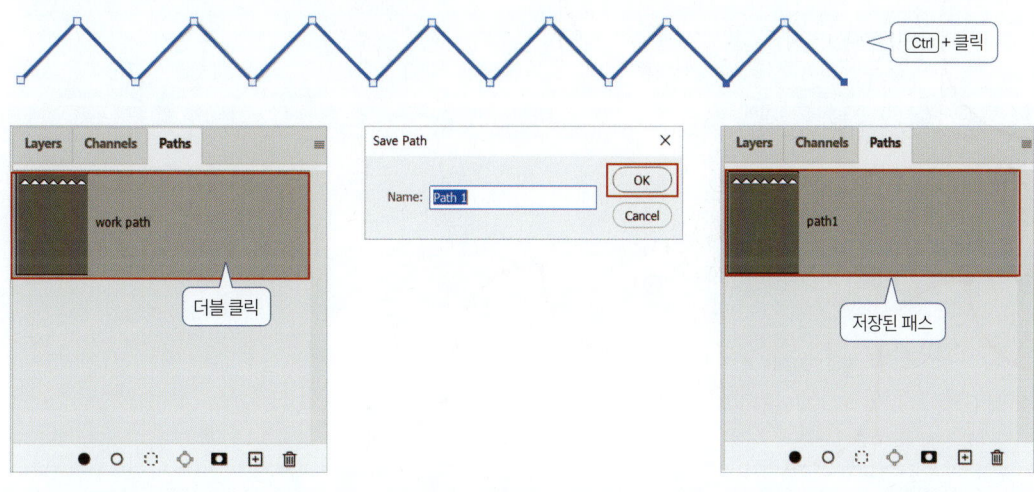

03 원형 그리기

원형을 그릴 때는 4등분하여 기준점을 찍어 연결하면 더욱 자연스러운 곡선을 만들 수 있습니다. [View] - [Show] - [Guides] 메뉴에서 안내선(Ctrl + ;)을 활성화하고, 이미지 위로 안내선을 그어 가이드를 만든 후 작업합니다.

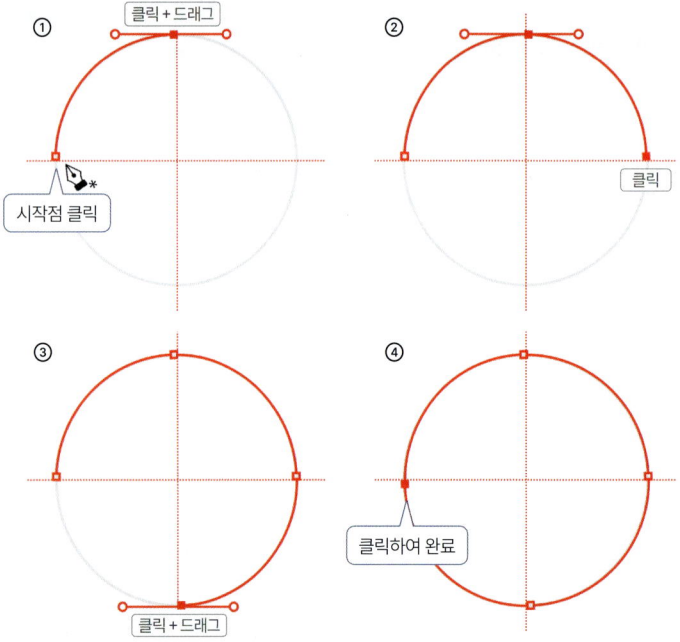

04 파도 곡선 그리기

곡선을 그리면서 각도가 변화되는 곡선은 Alt +클릭으로 방향선을 삭제하고 그릴 수 있습니다. 다음 과정을 반복하여 파도 곡선을 마무리합니다.

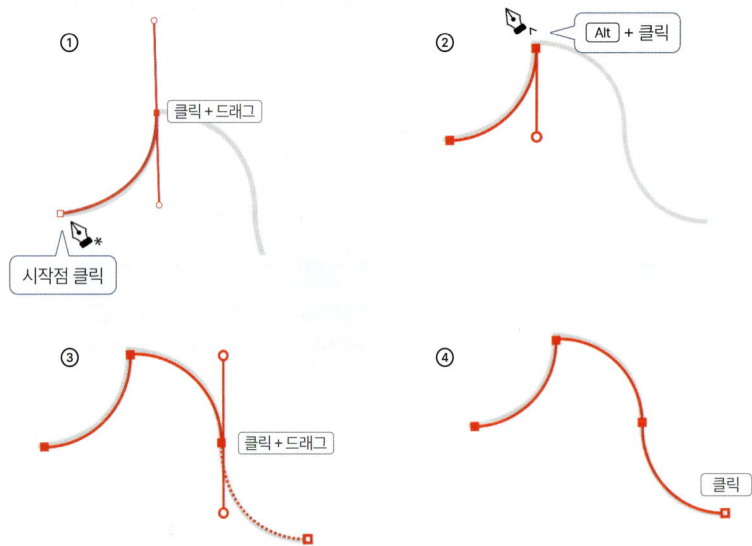

05 곡률 펜 도구로 곡선 그리기

Curvature Pen Tool(ℙ)로 곡선을 이어 그립니다. 시작점을 만들고 다음 기준점을 클릭하여 첫 번째 직선을 만듭니다. 이어서 기준점 사이를 클릭한 후 드래그하여 곡선을 만들어갑니다.

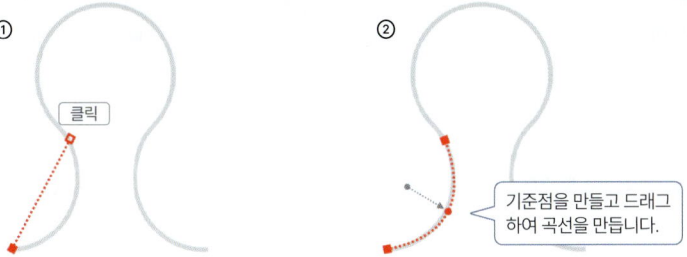

06 이어 그리기

Pen Tool(ℙ)을 선택하고 클릭하여 직선을 그립니다. 직선을 모두 그리면 Ctrl+클릭하여 패스를 종료합니다.

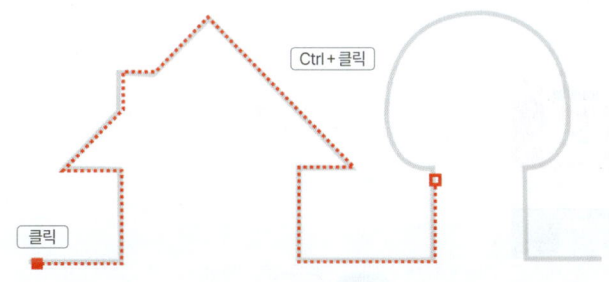

07 Curvature Pen Tool(곡률 펜 도구)로 곡선 그리기

① 직선을 그리던 패스의 끝점을 클릭하여 이어 그립니다.
② 다음 지점을 클릭해 직선을 먼저 생성합니다.
③ 그려진 패스의 기준점과 기준점 사이를 클릭하여 드래그하면 직선이 곡선으로 변환됩니다.

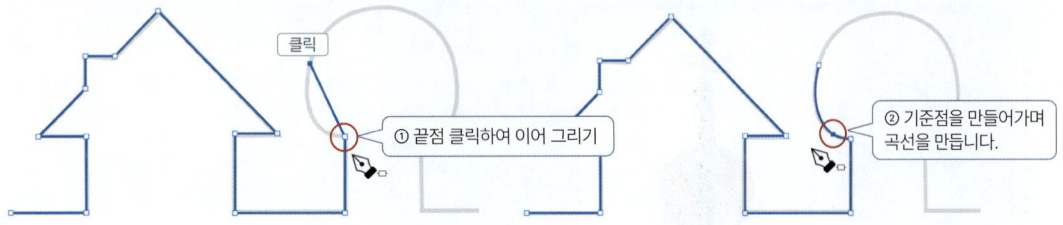

01 Photoshop Basic
02 Layer & Move
03 Selection
04 Color & Gradient
05 Brush
06 Typography
07 Layer Style
08 Path

Stroke Subpaths

패스를 그리고 패스에 브러시를 적용합니다.

■ 예제폴더 : S8-Practice2

01 파일 열기

메뉴에서 [File] - [New] 또는 Ctrl + N 을 눌러 A4 포스터 사이즈인 W 210, H 297mm, 해상도 300Pixels/Inch의 새로운 작업 화면을 만듭니다.

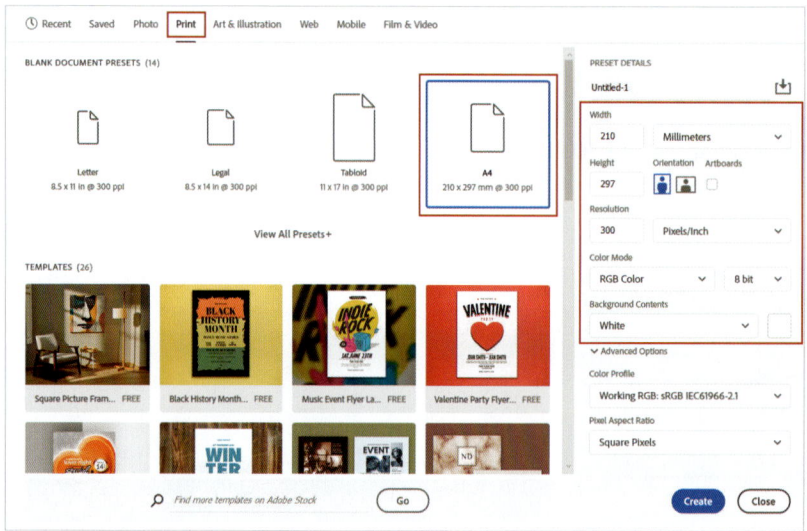

02 밑그림 배치하기

'S8_P2_1.jpg' 파일을 폴더에서 작업 화면으로 드래그하여 가져온 후 크기를 조절하고 배치합니다.

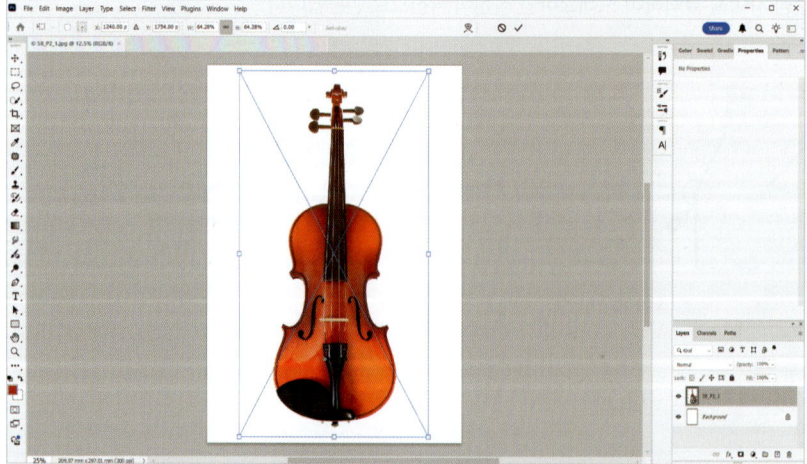

03 안내선 그리기

① [View] - [Rulers] 메뉴를 클릭하여 눈금자를 생성(Ctrl+R)하고, [View] - [Snap] 메뉴를 클릭하여 스냅(Ctrl+Shift +;)을 활성화합니다.

② Background 레이어를 선택한 뒤 눈금자에서 안내선을 꺼내어 화면 중앙에 위치시키면, 안내선이 자동으로 중앙에 맞춰집니다.

③ Free Transfrom(Ctrl+T)을 실행하여 이미지를 안내선 중앙에 배치합니다.

안내선 드래그하여 열기

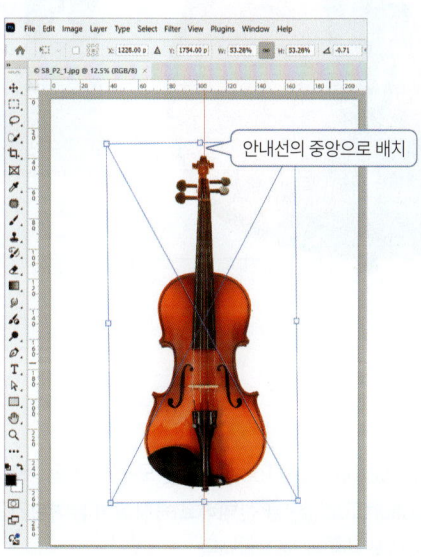
안내선의 중앙으로 배치

04 패스 그리고 저장하기

① Pen Tool(P)을 선택한 뒤 이미지를 확대하고, 이미지의 가장자리에서 1px 정도 안쪽에 가깝게 패스를 그립니다. 처음 클릭한 패스의 앵커 포인트로 돌아와 클릭하여 패스를 종료합니다.

② 패스 패널을 열어 Path 1을 더블 클릭하여 저장합니다.

T Screen Mode를 눌러 포토샵 화면의 도구나 패널을 모두 감추기할 수 있습니다.

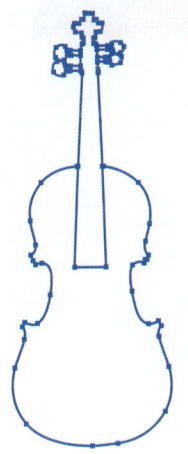

더블 클릭하여 패스 저장

S 화면 조정 단축키
- Zoom Tool(돋보기 도구) Z
- Zoom In Ctrl + +
- Zoom Out Ctrl + -
- 100% 보기 Ctrl + 1
- Fit on Screen Ctrl + 0
- Screen Mode F

01 Photoshop Basic
02 Layer & Move
03 Selection
04 Color & Gradient
05 Brush
06 Typography
07 Layer Style
08 Path

05 패스 그리기

패스 패널에서 새로운 패스를 생성하고 악기 안쪽을 패스로 그립니다. 모두 닫힌 패스로 그릴 필요는 없으며, 연필로 그리듯 이미지를 따라 그려줍니다.

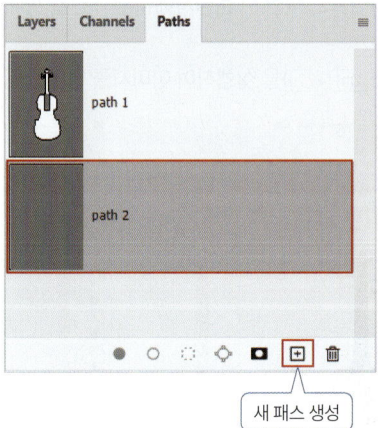

새 패스 생성

06 곡률 패스 사용하기

악기의 안쪽 곡면에는 Curvature Pen Tool(곡률 펜 도구)을 사용하면 편리합니다. 이미지의 대칭된 부분은 먼저 한 쪽 패스를 그린 후 Path Selection Tool(A)을 선택하고 복사하여 붙여넣기합니다. Free Transform(Ctrl+T)을 실행하여 Flip Holizontal(가로 뒤집기)로 반대쪽에 배치합니다.

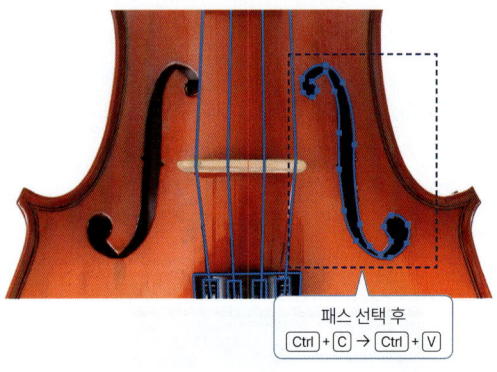

패스 선택 후
Ctrl+C → Ctrl+V

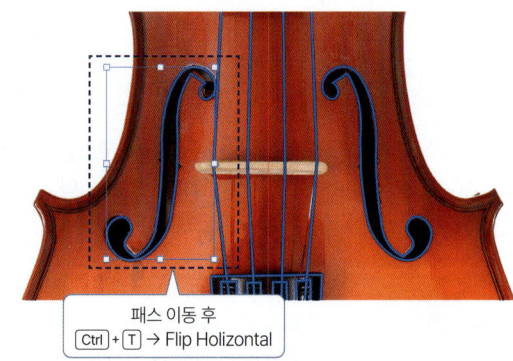

패스 이동 후
Ctrl+T → Flip Holizontal

07 레이어 생성하기

Path 1과 Path 2를 완성했습니다. 레이어 패널을 열어 바이올린의 바디 레이어와 오브젝트가 올라갈 레이어로 총 2개의 새로운 레이어를 생성(Ctrl + Alt + Shift + N)합니다. 소스 파일의 눈 아이콘을 끄고 패스가 그려진 레이어를 확인합니다.

T 패스를 수정하고 다듬는 도구들을 사용하면 모양을 더 깔끔하게 다듬을 수 있습니다.

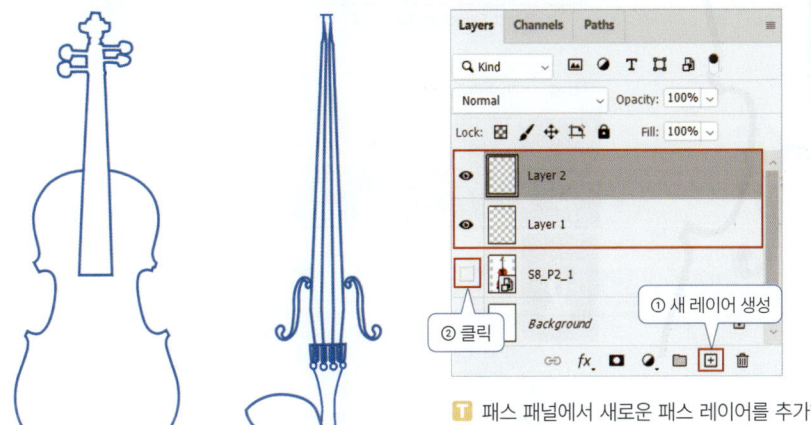

Path 1   Path 2

T 패스 패널에서 새로운 패스 레이어를 추가하여 패스를 그린 경우 자동 저장됩니다.

08 브러시 세팅하기

Brush Tool(B)을 선택하여 악기 라인을 따라 그려질 브러시의 종류와 크기를 설정합니다. 패스 획 아이콘(○)에 드래그하거나 클릭하여 적용한 뒤 레이어 패널에서 브러시가 적용된 이미지를 확인합니다.

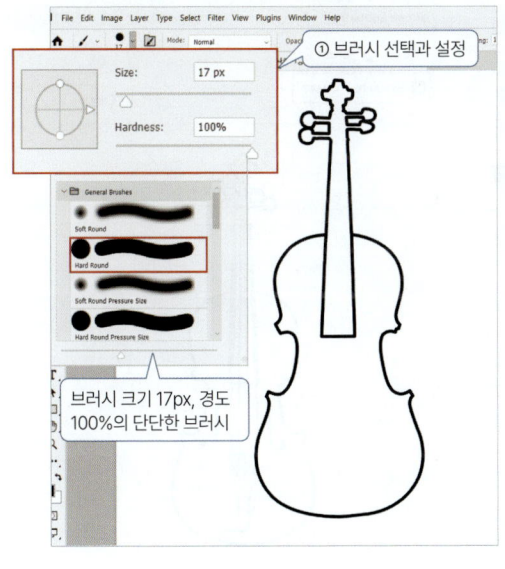

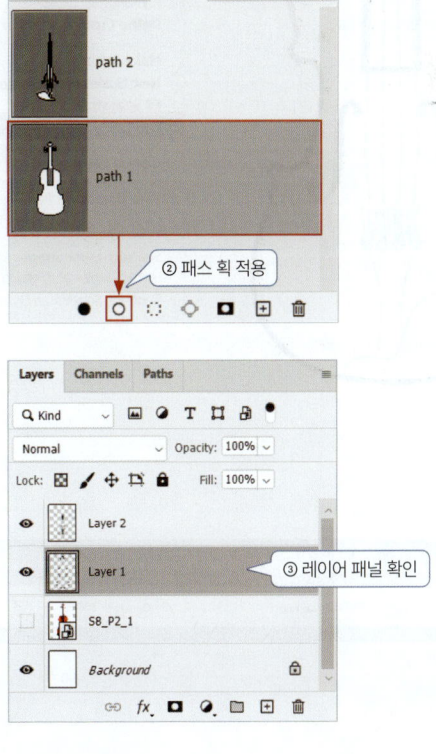

01 Photoshop Basic

02 Layer & Move

03 Selection

04 Color & Gradient

05 Brush

06 Typography

07 Layer Style

08 Path

09 패스 일부 색 채우기

일부 패스에는 별도의 색을 채울 수 있습니다. Path Selection Tool(Ⓐ)로 색을 채울 패스를 선택한 후 색 채우기 아이콘(●)을 눌러 색을 채웁니다.

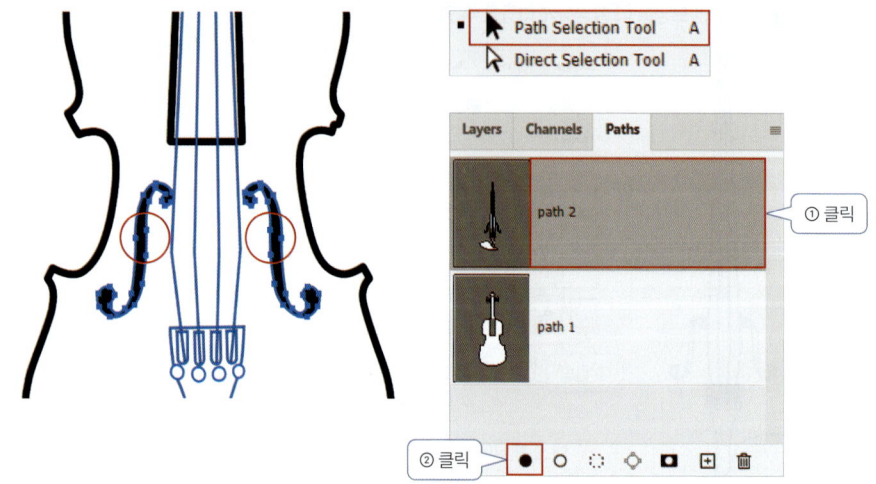

10 패스에 브러시 적용하기

Path 2를 선택하고 패스에 브러시를 적용합니다. 이번에는 일반 브러시가 아닌 압력이 적용된 브러시로 적용합니다.
① Path Selection Tool(Ⓐ)로 적용할 패스를 선택하고 마우스 우클릭합니다.
② Stroke Subpaths를 선택합니다.
③ Brush를 선택하고 Simulation Pressure 옵션을 체크하여 확인합니다.

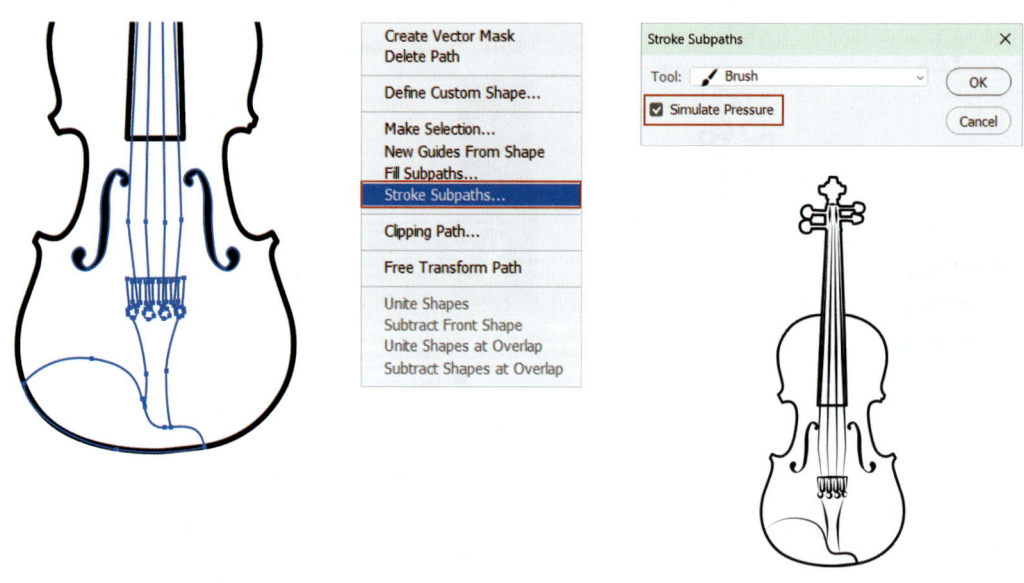

패스에 브러시가 적용되지 않는 경우, 브러시 옵션에서 브러시 압력이 활성화되었는지 확인합니다.

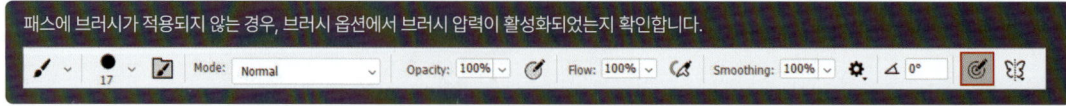

11 이미지 배경 분리하기

'S8_P2_2.jpg' 파일을 열고 [Select] - [Subject] 메뉴를 선택해 한 번에 이미지(꽃)를 선택합니다. 배경 픽셀이 포함되지 않도록 [Select] - [Modify] - [Contract]를 선택하고, 5px로 설정하여 선택 영역을 안쪽으로 축소한 후 [OK] 버튼을 눌러 완료합니다. 영역이 활성화 되었으면 꽃 영역을 복사(Ctrl + C)합니다.

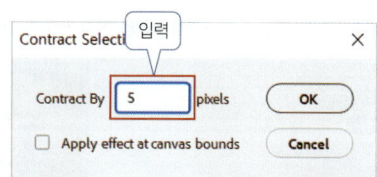

12 소스 배치 및 완성하기

① 11 과정에서 작업한 이미지(꽃)를 작업 화면에 붙여넣기(Ctrl + V)한 후 Free Transform(Ctrl + T)을 실행해 바이올린 패스 주변으로 배치합니다.

② Background 레이어에 배경색(#fff5dd)을 채색합니다.

③ 새로운 레이어를 생성한 뒤 정원을 그립니다. 전경색을 설정(#fddeb7)한 뒤, Gradient Tool(G)에서 Foreground to Transparent(투명 그레이디언트)를 선택해 일부 영역만 채우고 가장자리가 서서히 투명해지도록 적용합니다.

④ '정원' 레이어를 '바이올린' 레이어 아래로 이동한 뒤, 레이어 정리를 마치고 Type Tool(T)로 문자를 입력해 포스터를 완성합니다.

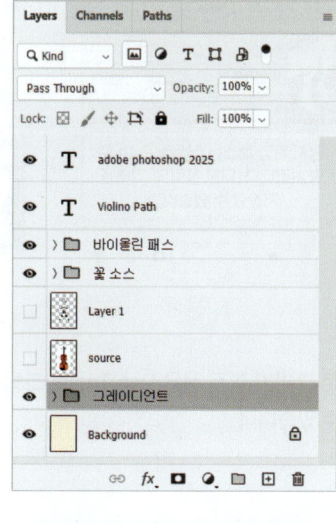

🅣 교재 완성본에는 두 개의 바이올린 라인 모두 브러시 압력을 적용한 라인으로 제작하였습니다.

01 Photoshop Basic
02 Layer & Move
03 Selection
04 Color & Gradient
05 Brush
06 Typography
07 Layer Style
08 Path

Path & Selection

패스는 이미지의 대상과 배경을 분리하는 작업에 주로 사용됩니다. 이미지의 대상과 배경을 분리할 때 사용되는 패스와 선택 영역의 작업 방법에 대해 배워 보겠습니다.

★ Path Tool 패스 사용 범위 📁 S8_6.jpg

❶ 대상과 배경을 더 깔끔하게 분리하기

이미지의 대상과 배경이 명확하게 분리되지 않은 경우, 자동 선택 기능만으로는 정확한 라인을 얻기 어렵습니다. 정확하고 깔끔한 라인을 위해 Pen Tool(펜 도구)을 사용하여 작업합니다.

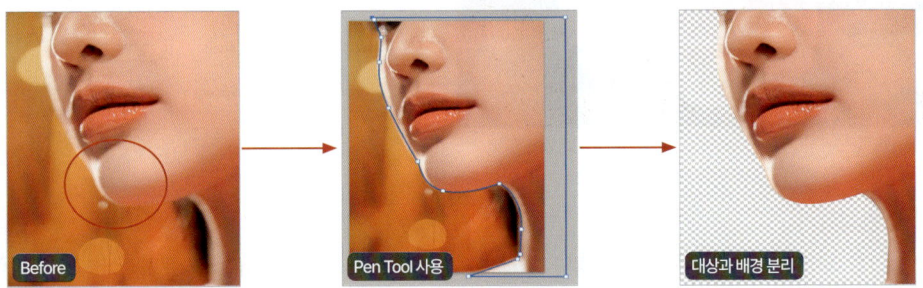

🇹 실제 인쇄물을 제작하는 경우, 정확하고 깔끔한 Out Line(아웃라인)을 그리기 위해 자동 도구보다 패스를 사용합니다.

❷ 저장한 선택 영역 다시 불러오기 📁 S8-1.jpg

한 번 사용한 패스는 패스 패널에서 더블 클릭하여 저장할 수 있으며, 저장된 패스는 사용자가 임의로 삭제하지 않는다면 파일에 남게 됩니다. psd 파일이 아닌 jpg 파일에도 패스는 저장됩니다.

❸ 브러시보다 정교한 라인 그리기

손 떨림으로 인해 브러시나 연필로 그리기 힘든 선은 Pen Tool로 그립니다. Pen Tool로 그린 패스는 브러시 속성을 설정한 후 브러시 획으로 변환할 수 있습니다.

★ 패스를 영역으로 전환하는 방법 ■ S8_7.jpg

패스를 활용한 배경 분리 작업은, 먼저 이미지 위에 패스를 만든 뒤 이를 선택 영역으로 전환하고 해당 영역만 오려내어 배경과 분리할수 있습니다. 패스를 영역으로 전환하는 여러 가지 방법을 알아봅니다.

선택 영역이 활성화되면 배경과 분리할 수 있습니다.

패스를 선택합니다.

① 도구 옵션에서 선택 영역 적용하기

작업한 패스를 선택한 후 Pen Tool(펜 도구)의 옵션에서 Selection 설정을 클릭하고 Feather Radius(테두리 부드럽기) 값을 설정하여 완료합니다.

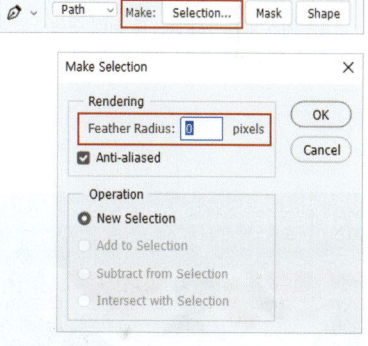

② 패스 패널에서 선택 영역 적용하기

패스 패널에서 영역 전환 아이콘(⬚)을 클릭합니다. 다른 옵션 선택 없이 영역으로 전환됩니다. 패스 작업 옵션이 Subtract Front Shape(전면 모양 빼기)로 설정되어 있다면 작업한 패스 바깥쪽으로 영역이 표시됩니다.

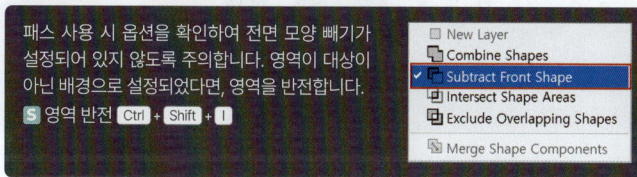

패스 사용 시 옵션을 확인하여 전면 모양 빼기가 설정되어 있지 않도록 주의합니다. 영역이 대상이 아닌 배경으로 설정되었다면, 영역을 반전합니다.
S 영역 반전 Ctrl + Shift + I

전면 모양 빼기로 설정한 패스는 영역으로 전환하면 대상이 아닌 배경이 영역으로 설정됩니다.

패스를 영역으로 전환

01 Photoshop Basic
02 Layer & Move
03 Selection
04 Color & Gradient
05 Brush
06 Typography
07 Layer Style
08 Path

❸ 단축키로 선택 영역 적용하기

패스 패널의 섬네일을 단축키와 함께 클릭하면 선택 영역으로 전환되며, 영역을 더하거나 뺄 수도 있습니다.

Ⓐ 🖱 : Ctrl + 섬네일 클릭으로 영역 전환하기

Ⓑ 🖱 : Ctrl + Alt + 섬네일 클릭으로 영역 빼기

Ⓒ 🖱 : Shift + Ctrl + 섬네일 클릭으로 영역 더하기

❹ 마우스 우클릭으로 선택 영역 적용하기

패스를 선택한 후 작업 화면에서 Pen Tool(펜 도구) 혹은 Path Selection Tool(패스 선택 도구)이 선택된 상태에서 마우스 우클릭합니다. Make Selection을 선택한 후 창이 열리면 Feather Radius 값을 입력하고, [OK] 버튼을 누르면 작업 화면에 패스가 영역으로 전환됩니다.

Ⓣ 패스 패널에서 패스를 선택 영역으로 전환한 후 Ctrl + J 단축키를 사용하면, 선택 영역만큼 새로운 레이어로 복제할 수 있습니다.

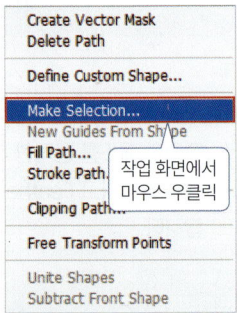

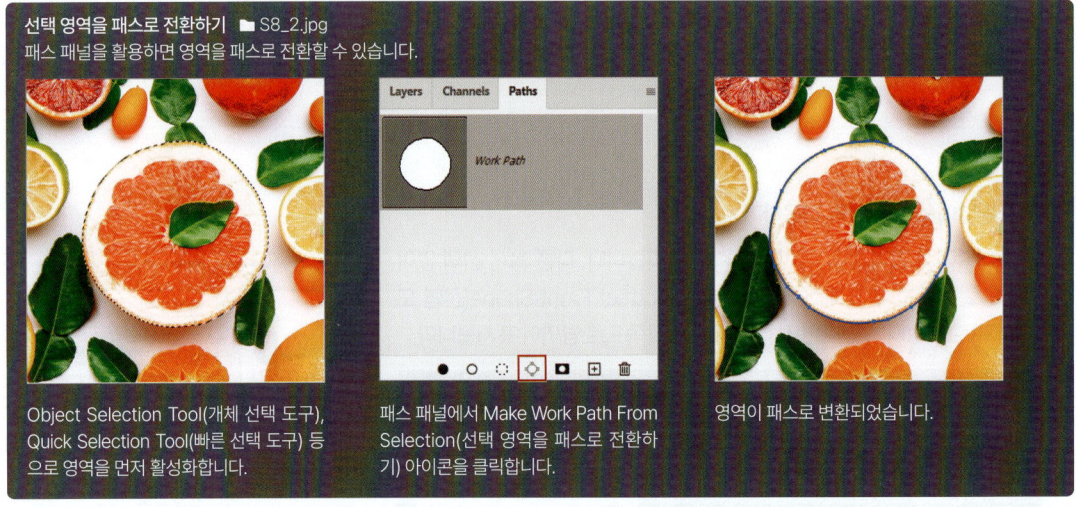

선택 영역을 패스로 전환하기 📁 S8_2.jpg
패스 패널을 활용하면 영역을 패스로 전환할 수 있습니다.

Object Selection Tool(개체 선택 도구), Quick Selection Tool(빠른 선택 도구) 등으로 영역을 먼저 활성화합니다.

패스 패널에서 Make Work Path From Selection(선택 영역을 패스로 전환하기) 아이콘을 클릭합니다.

영역이 패스로 변환되었습니다.

패스 빼기와 더하기 ■ S8_8.jpg

패스를 그린 후 교차되는 모양을 빼고 선택 영역으로 전환하는 방법을 알아봅니다.

❶ 소화기 전체가 그려진 아웃라인의 패스를 선택
하고, 도구 옵션 바에서 Combine Shapes(모양
결합)를 기본 옵션으로 설정합니다.

❷ 소화기의 뚫린 부분을 패스로 그립니다. 패스
를 다 그린 후, 도구 옵션에서 Subtract Front
Shape(전면 모양 빼기)를 선택합니다.

> 패스의 모양을 합치거나 빼기 할때
> 패스가 다 그려진 후 패스의 옵션을
> 변경하고 수정합니다.

❸ 뚫린 영역까지 패스가 제대로 적용되었는지 패스 패널을 확인합니다.

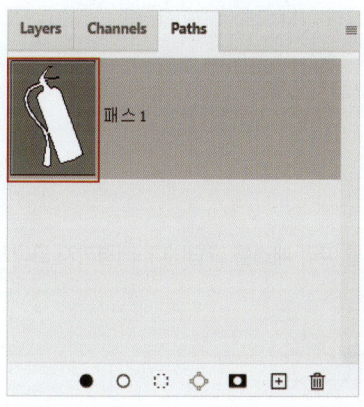

01 Photoshop Basic
02 Layer & Move
03 Selection
04 Color & Gradient
05 Brush
06 Typography
07 Layer Style
08 Path

Path

패스로 제품을 따라 그려 배경과 분리합니다.

■ 예제폴더 : S8-Practice3

01 파일 열기

메뉴에서 [File] - [Open] 또는 Ctrl + O 키를 눌러 'S8_P3_1.jpg' 파일을 불러옵니다.

02 패스 그리기

Pen Tool(P)을 선택하고 화면을 확대(Ctrl + +)합니다. 이미지의 가장자리를 따라 패스를 그립니다. 배경까지 그려지지 않도록 이미지의 1px 정도 안쪽을 따라 그립니다.

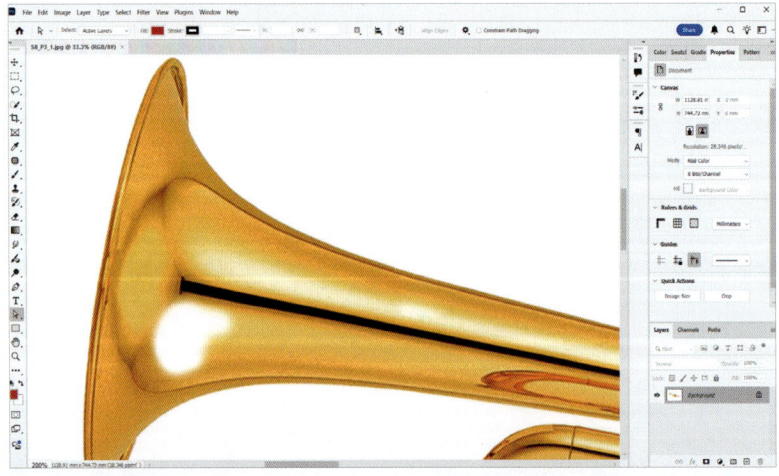

03 패스 저장하기

처음 클릭한 패스의 앵커 포인트로 돌아와 패스를 종료합니다. 패스 패널을 열어 Work Path를 더블 클릭하여 패스를 저장합니다.

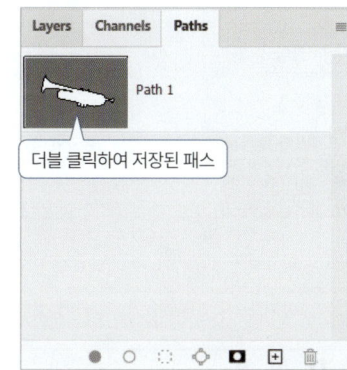

더블 클릭하여 저장된 패스

04 패스 그리기

패스 패널에서 새로운 패스를 생성하여 패스를 그립니다. 이미지 안쪽 가장자리를 따라 모두 닫힌 패스로 그립니다.

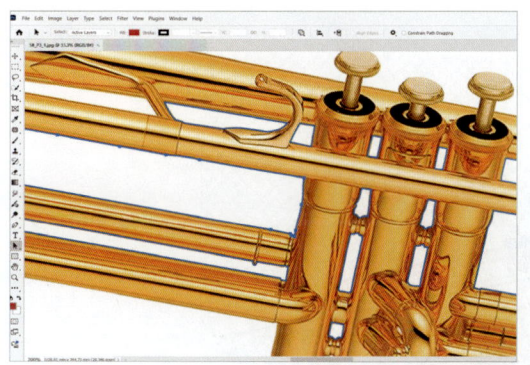

새로운 패스 생성

05 패스 저장하기

안쪽 패스를 저장합니다. 총 두 개의 패스가 생성되었습니다.

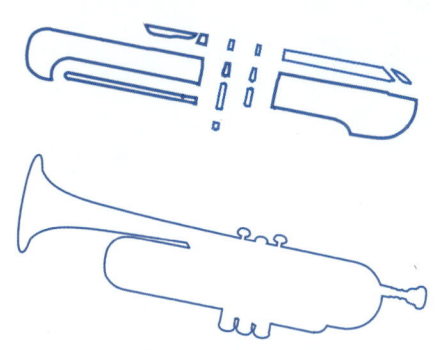

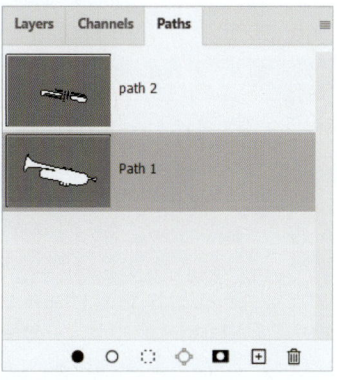

01 Photoshop Basic

02 Layer & Move

03 Selection

04 Color & Gradient

05 Brush

06 Typography

07 Layer Style

08 Path

06 영역으로 전환하기

Path 1의 섬네일을 [Ctrl]+클릭하여 영역을 설정하고, Path 2의 섬네일을 [Ctrl]+[Alt]+클릭하여 Path 1에서 Path 2 영역을 빼기합니다.

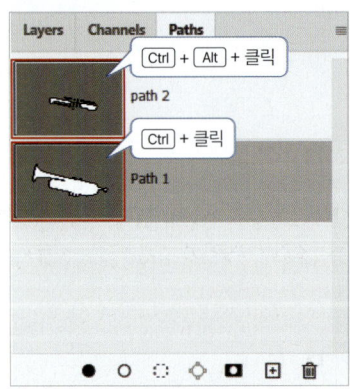
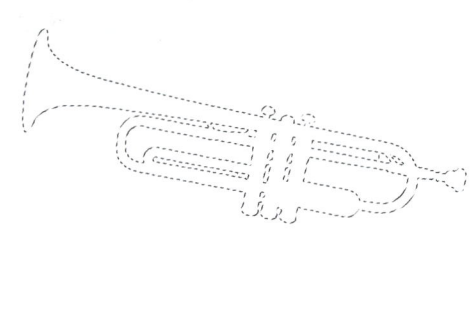

07 이미지 복제하여 완료하기

영역이 활성화되었으면 레이어를 복제([Ctrl]+[J])하고 실습을 완료합니다.

Exercise

팝업 스토어 포스터 제작하기

■ S8_Exercise 예제

Pen Tool을 사용하여 패스를 그리고, 선택 영역으로 전환하는 연습을 통해 팝업 스토어 포스터를 제작합니다.

1. 작업 과정 확인 및 새로 만들기
Pen Tool을 사용하여 패스를 그린 후 영역으로 전환하고, 소스의 배경을 분리하여 작업 화면에 배치합니다. 문자는 자유롭게 입력하고 배치하여 트렌디한 팝업 스토어 포스터를 완성하는 작업입니다.

① Print 템플릿 A4, 해상도 150ppi / RGB의 새로운 작업 화면을 만듭니다.
② 'E8_1.jpg' 파일을 열어 Move Tool을 사용해 작업 화면으로 이동합니다. Free Transform으로 화면에 맞는 사이즈로 조절하여 배치합니다.

2. 패스 그리기
'E8_2~5.jpg' 파일을 불러옵니다. Pen Tool을 선택하고 색이 적용되지 않는 패스로 이미지의 가장자리를 따라 그립니다. 이때 이미지의 1px 안쪽으로 그려 배경 색상이 남지 않도록 합니다.

T 이미지 형태가 불규칙하면 자동 선택 도구는 한계가 있습니다. 실제 대형 출력물 작업시에는 Pen Tool로 가장자리를 정밀하게 그려줍니다.

3. 패스 영역 전환
패스를 모두 그린 후 패스 패널에서 섬네일을 Ctrl+클릭하거나, 그려진 패스 위로 마우스 우클릭하여 패스를 영역으로 전환합니다. 영역은 복사하고 작업 화면으로 붙여넣기하여 이동할 수 있습니다. 모든 오브젝트가 배치되면 텍스트를 입력합니다.(사용된 폰트: Anatomical, Distrampler, Behind The Nineties, 본명조, Pretendard)

4. 점선 만들기
Pen Tool의 상단 옵션을 Shape로 변경하고 Fill은 없음, Stroke는 흰색으로 설정 후 포물선을 그립니다. 옵션의 선 속성은 점선으로 변경하고, 점선의 끝점은 Elliptical Marquee Tool로 원을 그린 후 색을 채워 마무리합니다.

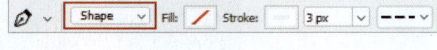

5. 보정하기
[Layer] - [New Adjustment Layer] - [Color Lookup] 메뉴를 선택하여 새 레이어 이름을 저장한 후 Properties에서 필름 카메라 필터를 설정하여 적용합니다.

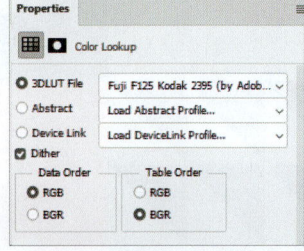

Winter
Festival

MENTOR PHOTOSHOP CC 2025 - KOREA EDUCATION GROUP

Magical Snowfall
Taking a Sleigh Ride

December 15, 2023
6:00 PM - 11:00 PM

The Winter Market
Ice Sculpture

Snowflake Pavilion
Your City Name

Live Acoustic Winter
Hot Cocoa Bar

www.example.com
+00 0 0000 0000

Free Entry
Open to All Ages

Win Exciting
Christmas Prizes!

Shape

모양

MISSION

패스 속성의 다양한 모양 도구들을 활용하여 직선, 원, 다각형 등 기본적인 형태를 만들고, 이를 합치거나 빼는 방법을 학습합니다. 이 섹션에서는 여러 모양을 결합하고 교차시키거나 빼기를 사용하여 창의적인 형태를 만들어내는 기술을 익힙니다. 다양한 형태를 조합하여 복잡한 디자인을 손쉽게 구현할 수 있습니다.

KEYWORD

#모양 레이어 #포토샵 벡터 #패스

Shape Tool

Shape Tool(모양 도구)은 패스를 기반으로 다양한 도형을 만들 때 사용합니다. Rectangle Tool(사각형 도구), Ellipse Tool(원형 도구), Polygon Tool(다각형 도구)과 같은 기본 도형 외에도, 포토샵에서 제공하는 다양한 도형이나 외부 소스를 통한 벡터 아이콘을 등록해 모양 도구로 사용할 수 있습니다.

Shape Tool 모양 도구

❶ 모양 도구 사용

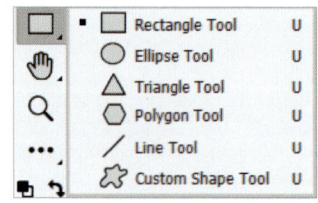

Toolbar에서 Shape Tool을 길게 클릭하면 다양한 모양 도구를 확인할 수 있습니다.

🅣 Shape Tool을 선택한 후 [Shift]+[U]를 누르면 모양 도구가 순차적으로 전환됩니다.

❷ Edit Toolbar(툴바 설정)

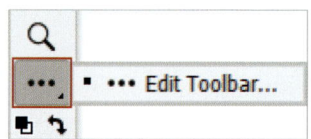

Toolbar의 도구 모음 편집 아이콘(•••)을 길게 클릭하면 나타나는 Edit Toolbar에서 모양 도구를 추가하거나 삭제할 수 있습니다.

❸ 도형을 그리는 방법

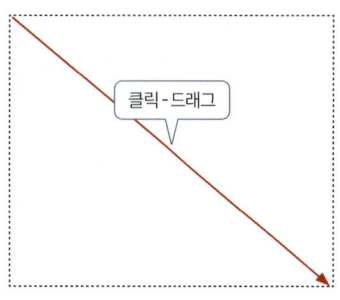

클릭 - 드래그

🅐 Shape Tool(모양 도구)을 선택하고 작업 화면에 드래그하면, 도형을 그릴 수 있습니다.

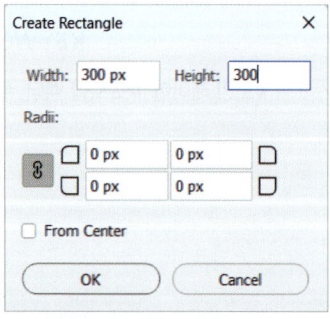

🅑 Shape Tool(모양 도구)을 선택하고, 작업 화면을 클릭하면 옵션창이 나타납니다. 원하는 속성을 입력한 후 [Enter] 또는 [OK]를 누르면 도형을 그릴 수 있습니다.

Shape Tools 모양 도구 종류

❶ Rectangle Tool(사각형 도구) : 사각형으로 벡터 도형을 만듭니다.

   Ⓐ 모서리에 있는 ◉ 아이콘을 화살표 방향으로 드래그하면 모든 모서리가 둥글게 적용됩니다.

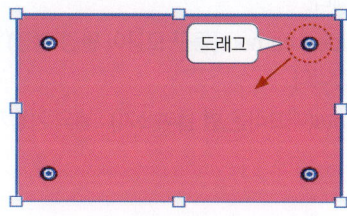
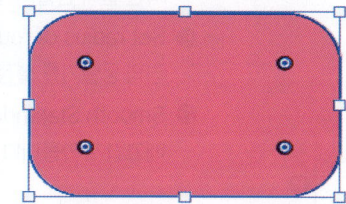

   Ⓑ 모서리에 있는 ◉ 아이콘을 더블 클릭하여 파란색으로 활성화한 후, 화살표 방향으로 드래그하면 해당 모서리에만
   둥근 효과가 적용됩니다.

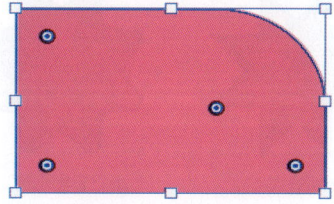

   T `Alt` + 드래그로 각 모서리를 개별적으로 수정할 수 있습니다.

❷ Ellipse Tool(타원 도구) : 타원형으로 벡터 도형을 만듭니다.

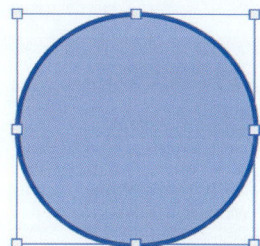

❸ Triangle Tool(삼각형 도구) : 삼각형으로 벡터 도형을 만듭니다.

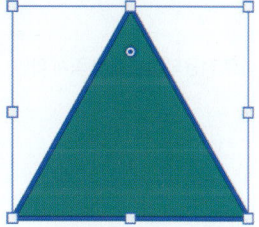

09
Shape

10 Clipping Mask
& Layer Mask

11
Filter

12
Blending Mode

13
Image Adjustments

14
Adjustment Layer

15
Healing Brush / Liquify

16
Channel

❹ Polygon Tool(다각형 도구) : 속성 패널을 사용하여 다양한 형태로 모양을 설정하고 변형할 수 있습니다.

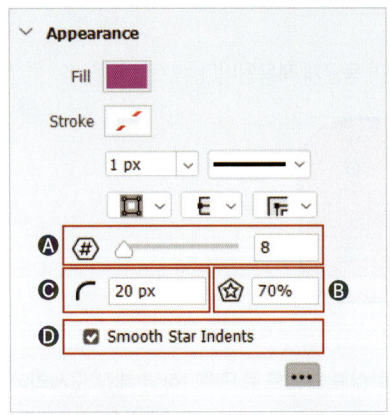

Ⓐ Set number of sides(면의 수 설정) : 모서리의 개수를 설정합니다.

Ⓑ Set star ratio(별 비율 설정) : 별 비율 설정으로 값이 낮을수록 뾰족한 별이 만들어집니다.

Ⓒ Set radius of rounded corners(둥근 모퉁이 반경 설정) : 모서리의 둥글기를 설정합니다.

Ⓓ Smooth Star Indents(매끄러운 별 들여쓰기) : 별의 가장자리를 매끄럽게 만듭니다.

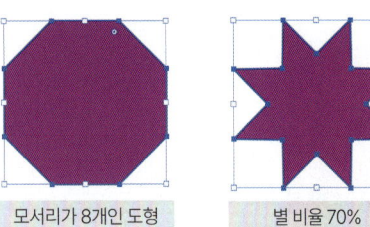
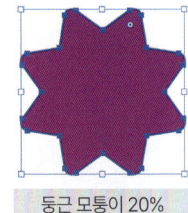
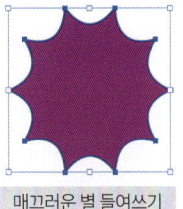

| 모서리가 8개인 도형 | 별 비율 70% | 둥근 모퉁이 20% | 매끄러운 별 들여쓰기 |

❺ Line Tool(선 도구) : 작업 화면에 선을 그립니다. 속성 패널을 사용하여 선의 모양과 두께를 조절할 수 있습니다.

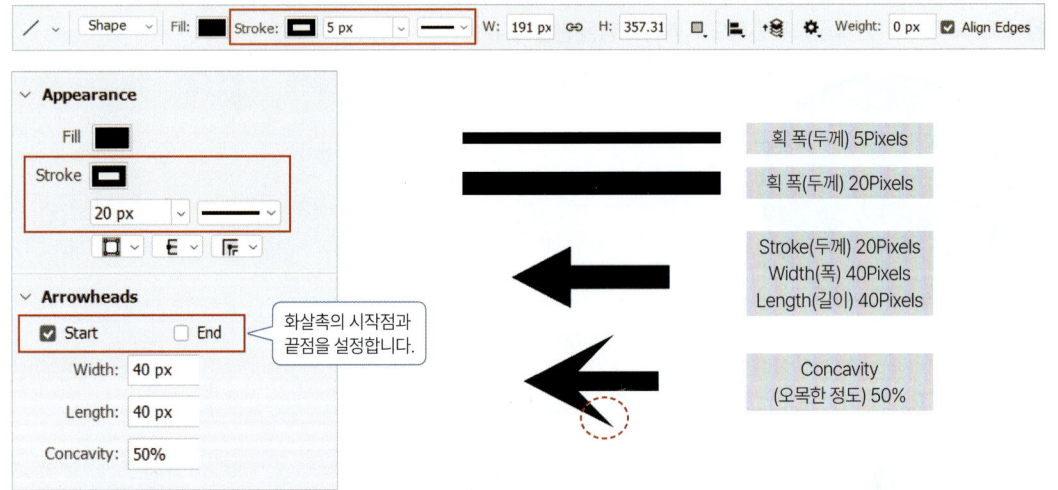

🇹 Line Tool로 선을 그리면 속성 패널이 활성화됩니다. 옵션 값을 변경하면 선의 모양과 두께가 바로 적용되어 변화를 즉시 확인할 수 있습니다.

❻ Custom Shape Tool(사용자 정의 모양 도구) : Custom Shape Tool을 선택한 뒤 옵션 바에서 Shape 드롭다운 버튼을 열면 다양한 벡터 도형을 선택할 수 있습니다.

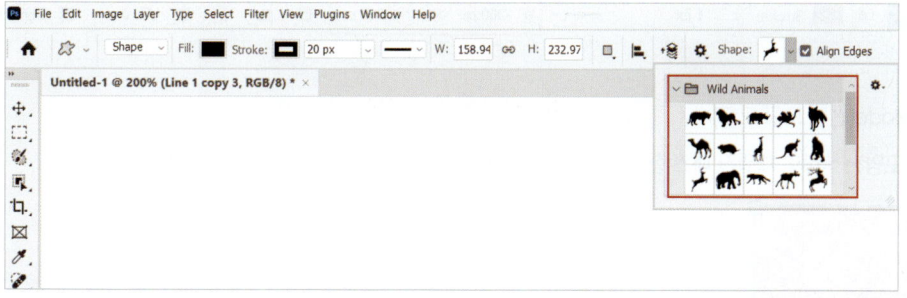

메뉴에서 [Window] - [Shapes] 패널을 열고 더보기 아이콘(☰)을 클릭한 후, Legacy Shapes and More(레거시 모양 및 기타)를 설정하면 모양 도구를 추가할 수 있습니다.

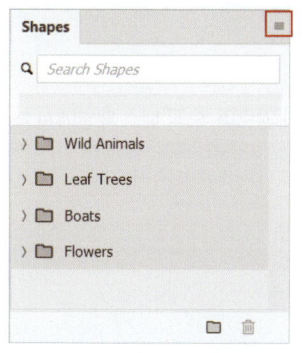

Custom Shape Tool(사용자 정의 모양 도구)의 Shape는 Adobe Photoshop CC 2020 버전부터 종류별로 분류되었고, 새로운 모양들도 추가되었습니다. Photoshop CC 2020 버전 이상 사용자가 2019 버전 이하의 벡터 도형을 사용하려면, 패턴 패널의 더보기 메뉴에서 Legacy Pattern and More를 클릭해 하위 버전 도형들을 사용할 수 있습니다.

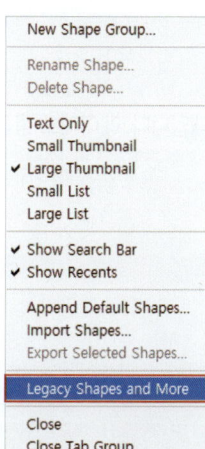

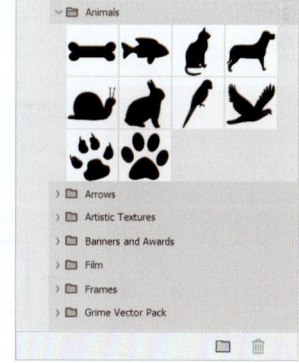

09 Shape

10 Clipping Mask & Layer Mask

11 Filter

12 Blending Mode

13 Image Adjustments

14 Adjustment Layer

15 Healing Brush / Liquify

16 Channel

Shape Tool Option ^{모양 도구 옵션}

1 Pick Tool Mode(선택 도구 모드)

Ⓐ Shape(모양) : 색상이 채워진 패스 형태로, 패스와 색상이 모두 적용된 새로운 레이어가 생성됩니다.

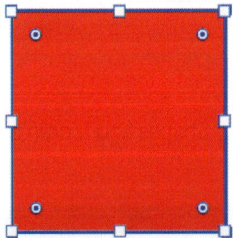

Ⓑ Path(패스) : 색상이 채워지지 않고 패스만 있는 형태입니다. 레이어도 생성되지 않으며, 오직 패스 패널에서 패스만 생성됩니다.

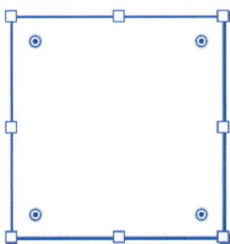

Ⓒ Pixels(픽셀) : 색상은 채워지고 패스가 없는 형태입니다. 레이어가 없으면 실행되지 않으며, 선택된 레이어에 직접 채색됩니다.

 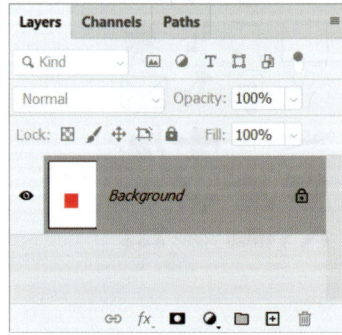

❷ Fill(칠) : 모양의 칠 유형을 설정합니다.

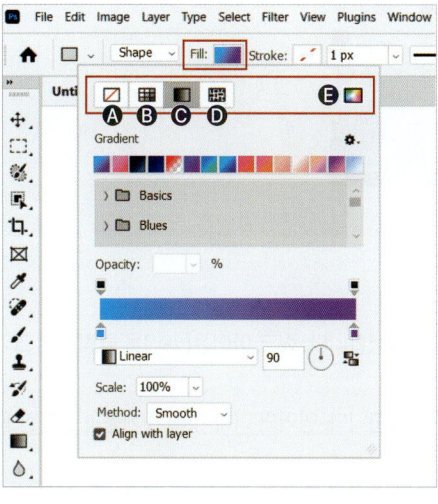

ⓐ None(없음) : 색상을 채우지 않습니다.

ⓑ Solid Color(단색) : 단색 패널에서 색상을 선택합니다.

ⓒ Gradient(그레이디언트) : 그레이디언트로 색상을 채웁니다.

ⓓ Pattern(패턴) : 패턴 패널에서 원하는 패턴을 선택합니다.

ⓔ Color Picker(색상 피커) : 색상 피커를 열어 색상을 선택할 수 있습니다.

❸ Stroke(획) : 획의 색상을 선택합니다. Fill(칠)과 색상 선택 옵션은 동일합니다. 색상을 선택한 뒤, 획 두께를 조절하여 설정합니다.

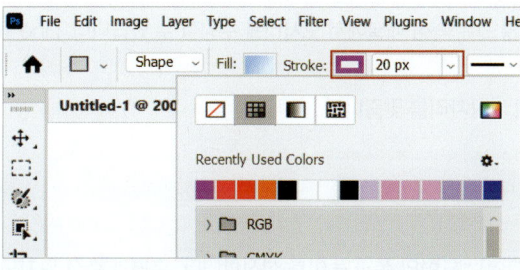

❹ Stroke Options(획 유형 설정) : 획의 종류와 정렬 방식을 설정합니다.

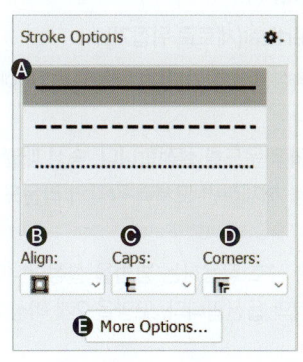

ⓐ 직선과 점선 형태 중 선택할 수 있습니다.

ⓑ Align(맞춤) : 선과 패스의 정렬을 선택합니다. 패스를 기준으로 어디에 적용할지 설정합니다.

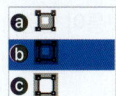

　　ⓐ 패스의 안으로 선의 두께를 적용합니다.
　　ⓑ 패스를 중심으로 선의 두께를 적용합니다.
　　ⓒ 패스의 밖으로 선의 두께를 적용합니다.

ⓒ Caps(단면) : 선의 끝점 형태를 설정합니다.

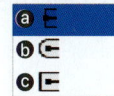

　　ⓐ 선의 끝과 패스의 끝을 맞춤으로 처리합니다.
　　ⓑ 선의 끝을 둥글게 처리합니다.
　　ⓒ 선의 끝을 패스의 끝보다 여유 있게 처리합니다.

ⓓ Corners(모서리) : 선의 모서리 형태를 설정합니다.

　　ⓐ 선의 모서리를 각지게 처리합니다.
　　ⓑ 선의 모서리를 둥글게 처리합니다.
　　ⓒ 선의 모서리를 사선으로 잘라낸 듯 처리합니다.

09
Shape

10 Clipping Mask
& Layer Mask

11
Filter

12
Blending Mode

13
Image Adjustments

14
Adjustment Layer

15
Healing Brush / Liquify

16
Channel

ⓔ More Option(옵션 확장) : 점선의 길이(Dash)와 간격(Gap)을 직접 설정할 수 있습니다.

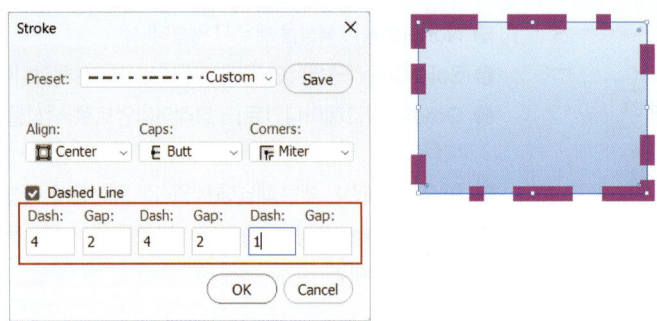

❺ Set Shape Width / Height(폭 및 높이 설정) : 도형의 폭과 높이를 설정합니다. 링크 아이콘(⊙)을 클릭하면 크기를 변경할 때 가로세로 비율이 고정됩니다.

❻ Path Operations(패스 작업) : 모양이 서로 상호 작용하는 방법을 설정합니다. 영역의 더하기/빼기 기능과 동일한 옵션 입니다.

❼ Path Alignment(패스 맞춤) : 다수의 패스를 정렬할 수 있습니다.

❽ Path Arrangement(패스 배열) : Shape가 2개 이상일 경우, 패스의 순서를 변경할 수 있습니다.

❾ Path Option(패스 옵션) : 패스 도구마다 별도 옵션을 설정할 수 있습니다.

❿ Set radius of rounded corners(둥근 모퉁이 반경 설정) : 모서리의 둥글기를 설정합니다. 단, 도형을 그리기 전에 미리 설정해야 적용됩니다. 이미 만들어진 패스에는 적용되지 않으며, 속성 패널에서 모서리를 수정할 수 있습니다. Line Tool 에서는 활성화되지 않습니다.

⓫ Align Edge(가장자리 맞춤) : 픽셀 그리드에 벡터 모양의 가장자리를 맞춥니다.

Properties 모양 도구 속성 패널

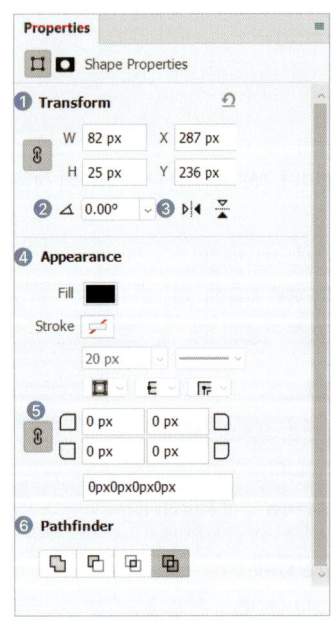

❶ Transform(변형) : 도형의 폭과 높이를 설정합니다. 수평과 수직 위치도 설 정할 수 있습니다.

❷ Rotate(회전) : 도형의 각도를 설정합니다.

❸ Flip horizontal(가로로 뒤집기), Flip vertical(세로로 뒤집기)

❹ Appearance(모양) : 도형의 모양과 속성을 수정합니다. Fill(칠)과 Stroke (획)의 설정 옵션과 동일하게 적용됩니다.

❺ Corner radius(모퉁이 반경) : 모퉁이의 라운드를 설정합니다. 속성 패널의 해당 옵션은 ⑧ 아이콘을 클릭해 링크를 해제하면 모서리 각각의 라운드를 설정할 수 있습니다.

❻ Pathfinder(패스파인더) : 모양이 서로 상호 작용하는 방법을 설정합니다. 영역의 더하기/빼기 기능과 비슷한 개념의 옵션입니다. 모양을 2개 이상 그 릴 때 적용됩니다.

THEORY 02 모양 레이어

Shape Layer

포토샵에서 Shape Layer(모양 레이어)의 개념과 특성을 이해하고 생성 방법을 학습합니다. Shape Layer의 속성을 활용하여 다양한 벡터(Vector) 형태를 자유롭게 편집하고 디자인에 적용하는 방법을 익힙니다.

Shape Layer 특징

❶ 도형을 그린 후 레이어를 확인합니다. 레이어 패널에서 모양 레이어는 일반 이미지 레이어와 섬네일이 다르게 표시됩니다.

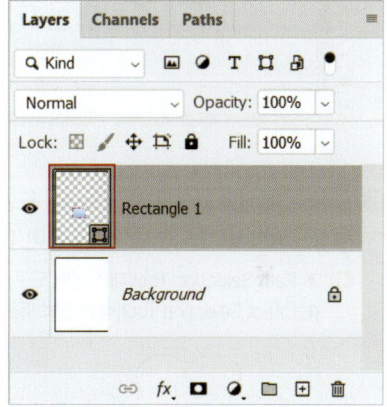

❷ 패스 패널을 확인합니다. 사용자가 그린 모양의 패스가 생성된 것을 확인할 수 있습니다.

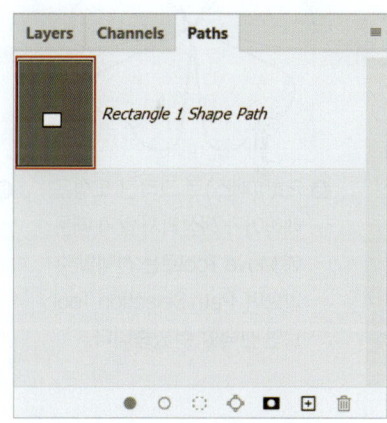

❸ 도형은 Free Transform(자유 변형)을 적용하여 크기를 조절할 수 있으며, 크기가 변형되더라도 레이어의 품질은 변하지 않습니다.

❹ 레이어 섬네일을 더블 클릭하면 실시간으로 색상을 수정할 수 있습니다.

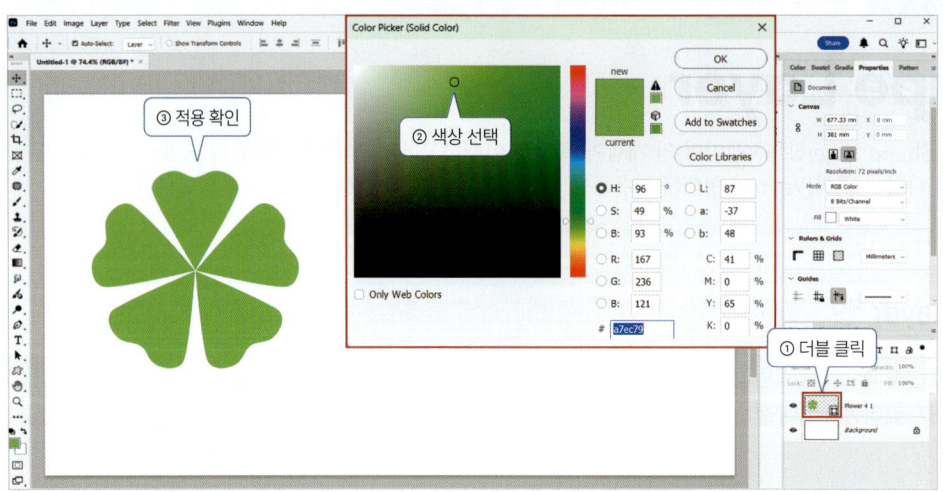

❺ Shape Tool(모양 도구)로 만들어진 도형은 패스와 동일하게 Move Tool(이동 도구)이나 Path Selection Tool(패스 선택 도구)을 사용해 이동시킬 수 있으며, Direct Selection Tool(직접 선택 도구)로 패스를 수정할 수 있습니다.

T ▶ Path Selection Tool(패스 선택 도구) : 패스를 선택합니다.
　▷ Direct Selection Tool(직접 선택 도구) : 패스를 수정합니다.

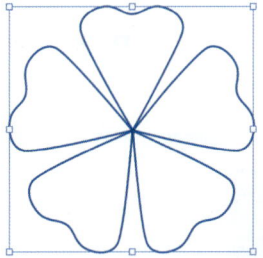

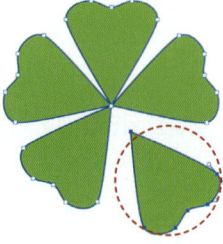

Ⓐ Path(패스)로 그려진 도형은 레이어가 생성되지 않기 때문에 Move Tool로는 선택할 수 없으며, Path Selection Tool로만 선택할 수 있습니다.

Ⓑ 색이 채워진 도형은 레이어가 생성되기 때문에 Move Tool로 선택, 이동, 변형이 가능합니다.

Ⓒ 색이 채워진 도형의 수정은 Direct Selection Tool을 선택하고, 모서리를 클릭하거나 더블 클릭하면 선택한 패스를 수정할 수 있습니다.

09
Shape

10 Clipping Mask & Layer Mask

11 Filter

12 Blending Mode

13 Image Adjustments

14 Adjustment Layer

15 Healing Brush / Liquify

16 Channel

Shape Tool

Shape Tool(모양 도구)을 활용하여 다양한 도형을 그려보고, 실습을 통해 사용법을 익힙니다.

■ 예제 폴더 : S9-Practice1

● 파일 열기

메뉴에서 [File] - [Open] 또는 Ctrl + O 키를 눌러 'S9_P1_1.psd' 파일을 불러옵니다.

도형1 - Rectangle Tool(사각형 도구)

01 사각형 그리기

Rectangle Tool로 스케치된 도형의 크기만큼 드래그하여 직사각형을 만듭니다. 도구 상단 옵션의 Pick Tool Mode(선택 도구 모드)를 Shape로 선택합니다.

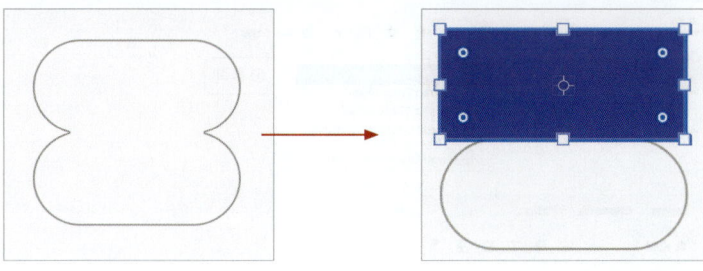

02 면 색상 수정

색을 선택한 후 도형을 만들거나, 반대로 도형을 만든 후 색상을 수정해도 됩니다. 속성 패널 또는 도구의 옵션에서 샘플 색상을 선택해 변경하고 적용합니다.

Eyedropper Tool로 선택

03 모퉁이 수정하기

Rectangle Tool이 선택된 상태에서 도형의 모서리를 클릭하고, ◉ 아이콘을 안쪽 방향으로 드래그하여 모퉁이의 라운드를 최대값으로 설정합니다.

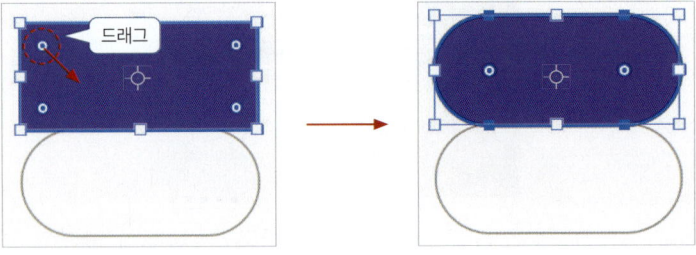

04 모양 결합 옵션과 도형 복제하기

① Path Selection Tool(Ⓐ)로 도형을 선택한 후, 옵션에서 Combine Shapes를 선택합니다.

② Alt 키를 누른 채 도형을 클릭 - 드래그하면 도형이 복제되면서 레이어가 합쳐집니다.

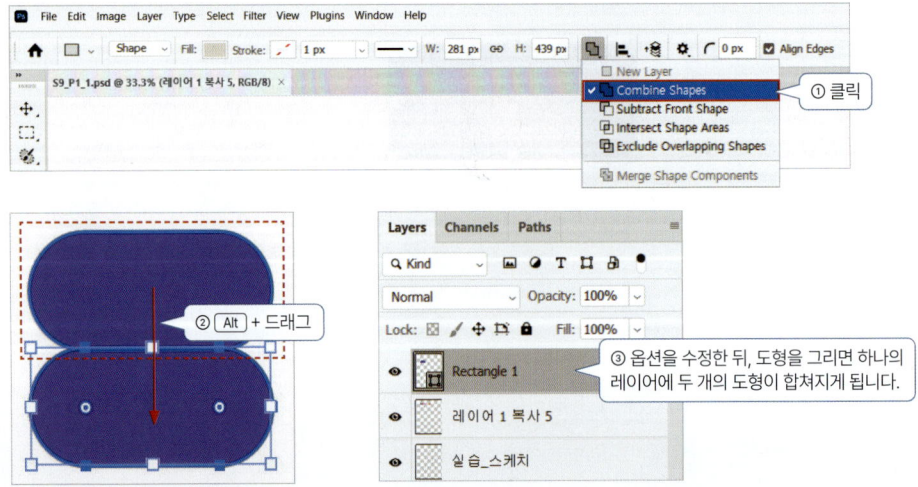

도형2 - Polygon Tool(다각형 도구)

01 도구 선택 후 클릭하기

Polygon Tool을 선택하고 스케치 위에 클릭합니다. 도형 만들기 대화상자에서 값을 입력합니다.

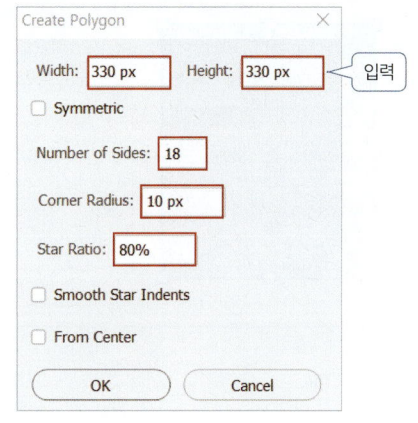

02 면 색상 수정하기

도형을 선택한 상태에서 Eyedropper Tool(ⅰ)로 샘플 컬러를 찍으면 색상이 교체됩니다.

03 선 적용하기

[Window] - [Properties] 패널에서 도형의 옵션을 설정합니다. 선 색상을 변경한 후 두께를 10Pixels로 조절합니다.

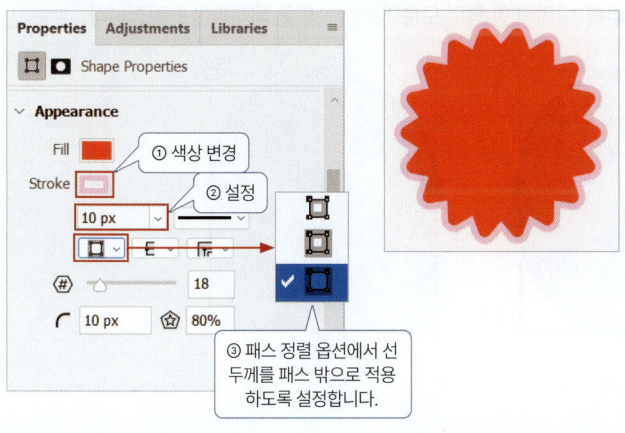

09
Shape

10 Clipping Mask
& Layer Mask

11
Filter

12
Blending Mode

13
Image Adjustments

14
Adjustment Layer

15
Healing Brush / Liquify

16
Channel

도형3 - Rectangle Tool(사각형 도구)

01 사각형 그리기

Rectangle Tool로 스케치된 도형의 크기만큼 드래그하여 직사각형을 만듭니다.

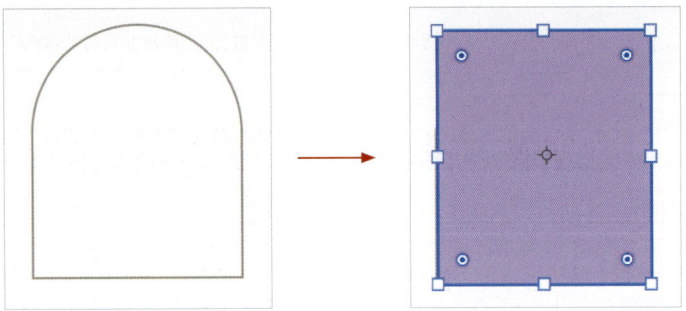

02 모퉁이 수정하기 1

Rectangle Tool이 선택된 상태에서 도형의 모서리를 클릭하고, ◉ 아이콘을 안쪽 방향으로 드래그하여 모퉁이 라운드를 설정합니다.

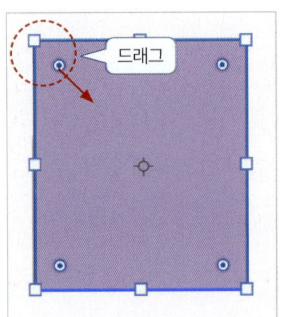
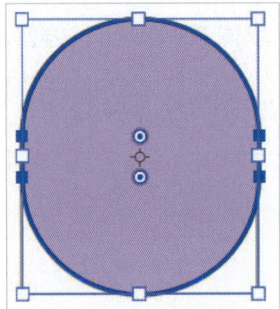

03 모퉁이 수정하기 2

Path Selection Tool로 도형의 ◉ 아이콘을 더블 클릭하면 ◉ 표시로 색상이 변경됩니다. 이때 ◉ 표시를 바깥 방향으로 드래그하면 선택한 모퉁이만 라운드를 해제할 수 있습니다. 나머지 한 쪽의 모퉁이도 라운드를 해제하여 완료합니다.

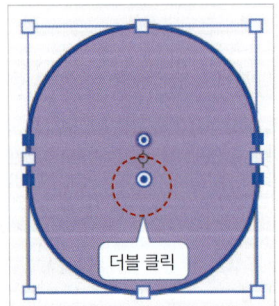
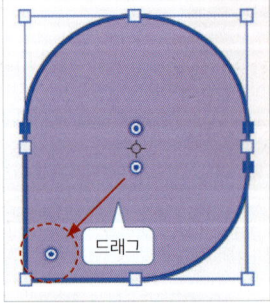
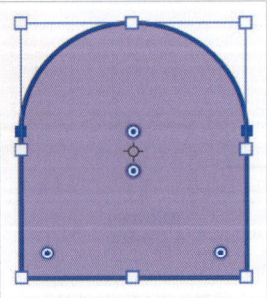

T `Alt` + 드래그하면 선택된 하나의 모퉁이를 수정할 수 있습니다.

도형4 - Ellipse Tool(타원 도구)

01 타원 그리기

Ellipse Tool로 스케치된 도형의 크기만큼 벡터 도형을 만듭니다. Shift 키를 누르고 드래그하면 정원을 그릴 수 있습니다.

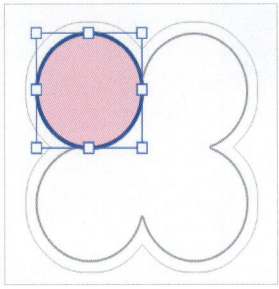

02 모양 결합 옵션과 도형 복제하기

Path Selection Tool로 도형을 선택합니다. 옵션에서 Combine Shapes로 선택한 후, Alt 키를 누른 채 도형을 클릭하고 드래그하면 도형이 복제되면서 레이어가 합쳐집니다.

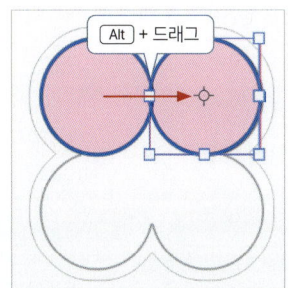 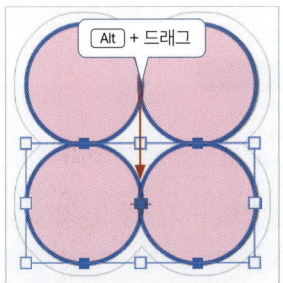 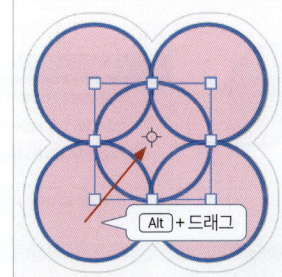

도형5 - Rectangle Tool(사각형 도구)

01 사각형 그리기

Rectangle Tool로 스케치된 도형의 크기만큼 벡터 도형을 만듭니다. 도형의 3분의 1 만큼만 드래그하여 그립니다.

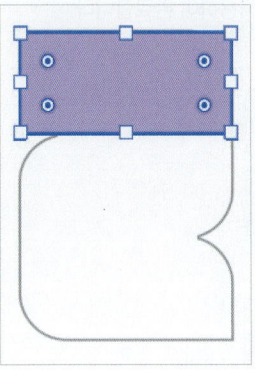

09
Shape

10 Clipping Mask
& Layer Mask

11
Filter

12
Blending Mode

13
Image Adjustments

14
Adjustment Layer

15
Healing Brush / Liquify

16
Channel

02 모퉁이 수정하기

Rectangle Tool이 선택된 상태로 도형의 모서리를 클릭하고 ◉ 아이콘을 더블 클릭하여 모퉁이를 각각 조절합니다.

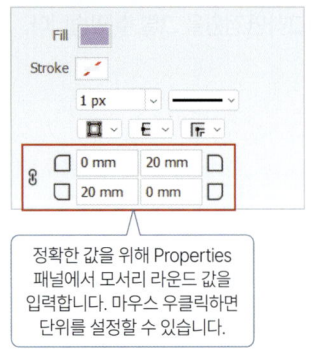

정확한 값을 위해 Properties 패널에서 모서리 라운드 값을 입력합니다. 마우스 우클릭하면 단위를 설정할 수 있습니다.

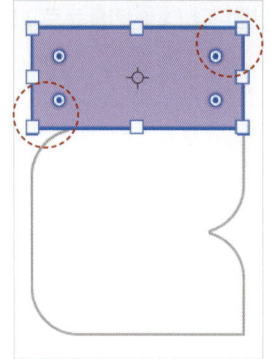

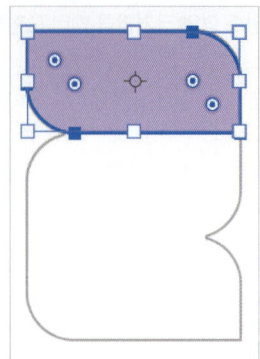

03 모양 결합 옵션과 도형 복제하기 1

Path Selection Tool로 도형을 선택합니다. 옵션에서 Combine Shapes를 선택하고, Alt 키를 누른 채 도형을 클릭하고 드래그하면 도형이 복제되면서 레이어가 합쳐집니다.

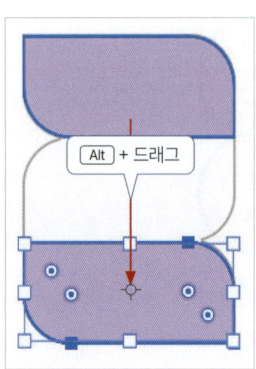

Alt + 드래그

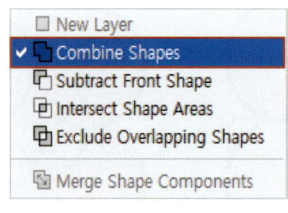

04 모양 결합 옵션과 도형 복제하기 2

도형을 한 번 더 복제해 배치한 뒤, Transform 패널에서 Flip Vertical(세로로 뒤집기) 옵션을 적용하여 완료합니다.

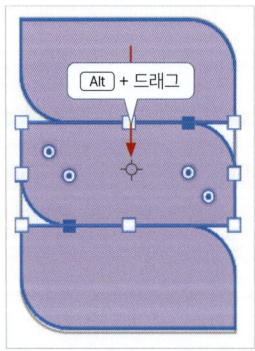

Alt + 드래그

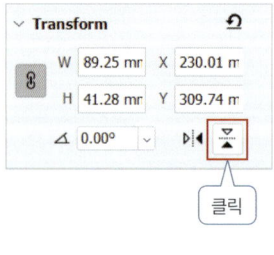

클릭

도형6 - Polygon Tool(다각형 도구)

01 다각형 그리기

Polygon Tool을 선택하고 스케치 위로 도형을 드래그하여 그립니다. 직전에 설정한 옵션 값으로 설정됩니다.

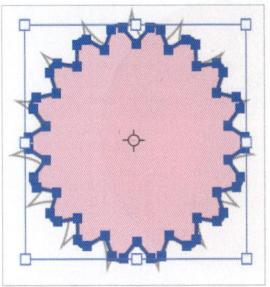

02 옵션 수정하기

[Window] - [Properties] 패널에서 도형의 면 개수, 별 모양의 비율, 색상 등의 옵션을 설정할 수 있습니다.

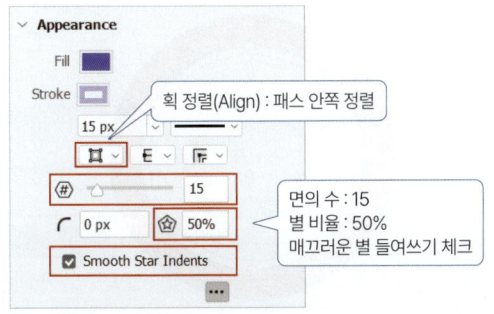

도형7 - Ellipse & Custom Shape Tool(타원 & 사용자 정의 모양 도구)

01 숨겨진 안내선 표시하기

[View] - [Show] - [Guides]를 선택하거나 단축키 Ctrl + ; 를 눌러 숨겨진 안내선을 표시합니다.

09
Shape

10 Clipping Mask
& Layer Mask

11
Filter

12
Blending Mode

13
Image Adjustments

14
Adjustment Layer

15
Healing Brush / Liquify

16
Channel

02 클릭하여 도형 생성하기

Ellipse Tool을 선택하고 안내선의 중심을 클릭하여 중심으로부터 도형을 생성합니다. 원의 크기는 지름 380px로 입력합니다.

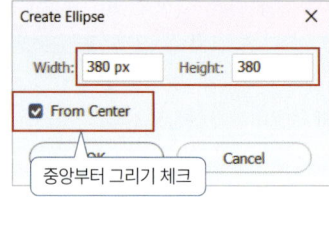
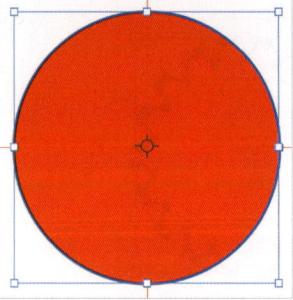

03 모양 오버랩 제외하기

도형의 옵션을 Exclude Overlapping Shapes로 변경하고 작업 화면에 클릭합니다. 원의 크기를 지름 300px로 설정합니다.

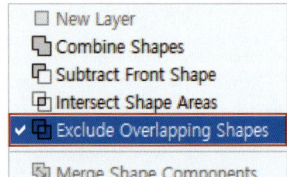
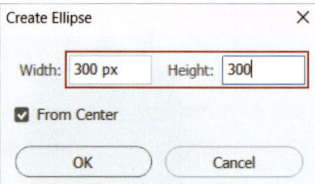
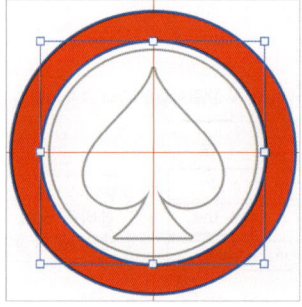

04 패스 정렬하기

정렬되지 않은 패스를 정렬합니다. Path Selection Tool로 드래그하여 두 개의 도형을 모두 선택합니다. 옵션 바의 Align에서 세로 중심 정렬과 가로 중심 정렬을 차례로 선택해 도형을 가운데 정렬합니다.

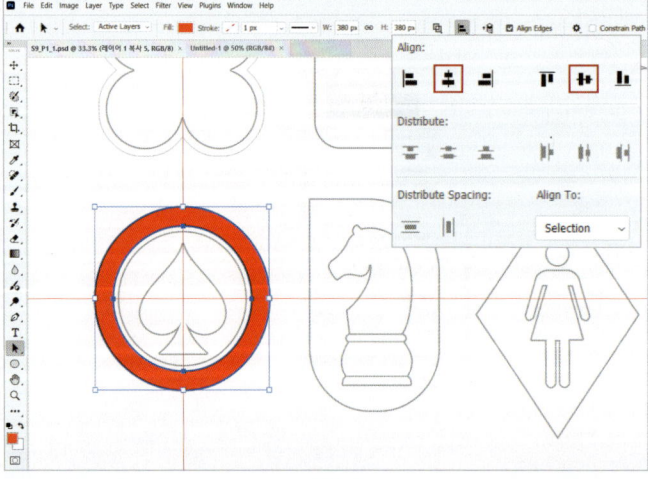

05 모양 결합하기

Ellipse Tool을 선택하고 옵션을 Combine Shapes로 선택합니다. 단, 직전에 만든 두 번째 원형 패스의 옵션이 바뀔 수 있으므로, 이때 Ctrl + Z 를 눌러 변경을 취소합니다. 다시 안내선의 중심을 클릭하여 중심으로부터 도형을 생성합니다. 원의 크기는 지름 280px로 입력합니다.

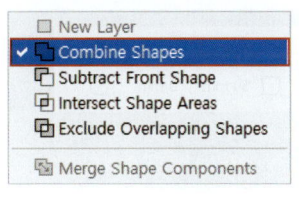

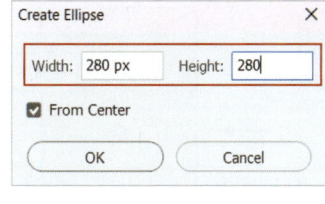

06 Custom Shape Tool 사용하기

먼저, 옵션을 Exclude Overlapping Shapes로 선택합니다. Path Selection Tool로 도형을 전체 선택하고 정렬하여 완성합니다.

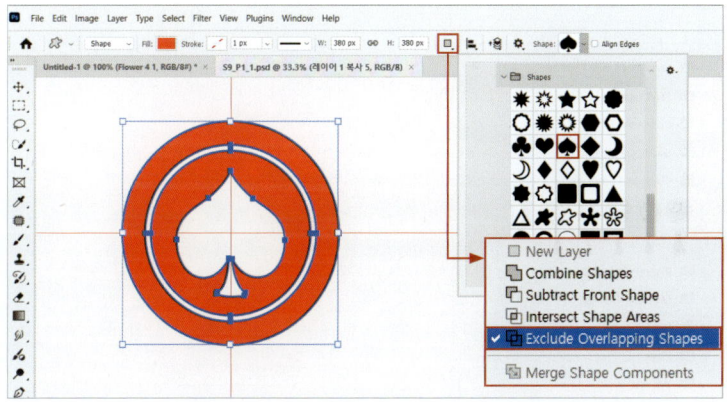

T Shapes 패널의 더보기 메뉴(☰)에서 Legacy Shapes and More(레거시 모양 및 기타)를 클릭하면 하위 버전의 도형을 사용할 수 있습니다.

T 실습의 도형은 [모든 레거시 기본 모양] - [모양] - [스페이드 모양 카드]에서 찾을 수 있습니다.

도형8 - Custom Shape Tool(사용자 정의 모양 도구)

01 사각형 그리기

Rectangle Tool로 스케치된 도형의 크기에 맞춰 벡터 도형을 만듭니다.

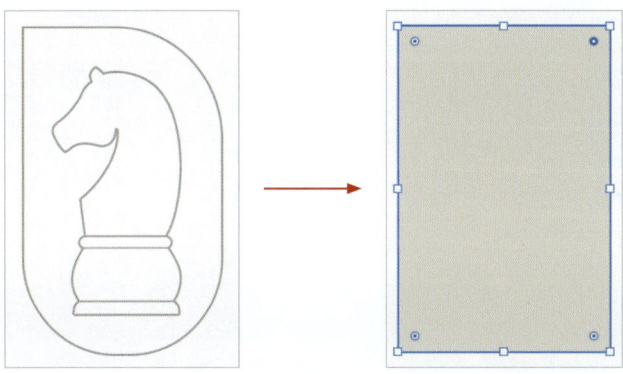

09
Shape

10 Clipping Mask & Layer Mask

11 Filter

12 Blending Mode

13 Image Adjustments

14 Adjustment Layer

15 Healing Brush / Liquify

16 Channel

02 모퉁이 수정하기

Path Selection Tool을 사용하여 도형의 ◉ 아이콘을 더블 클릭합니다. 색이 변경되면, 해당 ◉ 표시를 안쪽으로 드래그하여 도형의 모서리를 스케치에 맞게 둥글게 조절하고, 반대편 모서리도 동일한 방법으로 수정합니다. 정확한 값을 설정하려면 Properties 패널을 사용합니다.

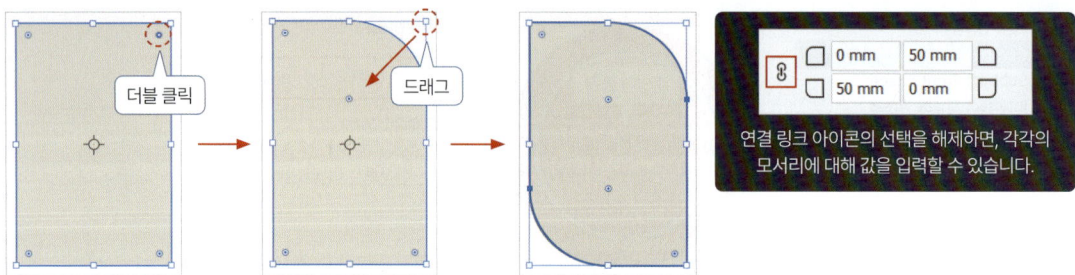

연결 링크 아이콘의 선택을 해제하면, 각각의
모서리에 대해 값을 입력할 수 있습니다.

03 Custom Shape Tool 사용하기

도구 옵션에서 Exclude Overlapping Shapes를 선택합니다. Shapes 패널의 더보기(≡) 메뉴에서 'Legacy Shapes and More'를 클릭하면, 이전 버전의 도형을 불러올 수 있습니다. '2019 Shapes'에서 'Chess and Checkers'를 선택하여 체스 아이콘 모양을 만듭니다.

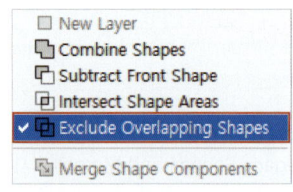
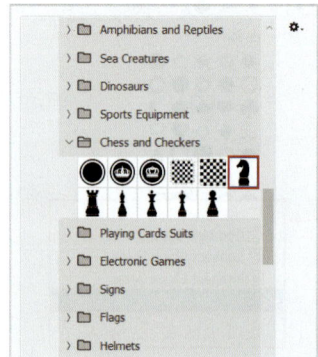

04 정렬 후 완성하기

Path Selection Tool로 모든 도형을 선택한 뒤 정렬하여 작업을 마무리합니다.

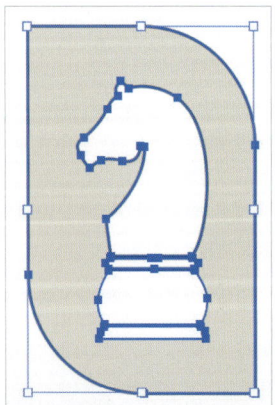

Exercise

시즌 포스터 제작하기

📁 S9_Exercise 예제

모양 도구로 도형을 그리고 Properties(속성) 패널에서 모양을 수정하여 포스터를 제작합니다.

 무료 다운로드

1. 작업 과정 확인 및 새로 만들기

도형을 그려 모양 도구의 Properties 패널에서 다양한 형태로 변형하여 시즌 포스터를 완성하는 작업입니다. 모양 도구의 옵션 중 모양 결합 / 빼기 / 영역 교차 / 오버랩 기능을 활용하여 제작합니다.

Print 템플릿 A4, 해상도 150ppi, RGB의 새로운 작업 화면을 만듭니다.

2. 도형 정렬

Rectangle Tool을 선택하고 [Shift] 키를 눌러 정사각형을 그립니다. 완성된 레이어를 복제하여 첫 번째 만든 도형 옆에 간격 없이 배치합니다([View] - [Snap to] - [Layers]를 선택하여 레이어를 이동할 때 스냅이 걸리도록 체크합니다). 같은 방법으로 총 4개의 정사각형을 만들어 그룹으로 묶어줍니다. 그룹을 2회 복제하여 세로로 배치하면, 총 12개의 정사각형 배열이 완성됩니다.

3. 사용자 정의 모양 도구

⑩과 ⑫ 도형은 Custom Shape Tool(사용자 정의 모양 도구)을 사용합니다. [Window] - [Shapes] 메뉴를 클릭해 패널을 열고 더보기 메뉴(≡)에서 Legacy Shapes and More를 클릭하면, 하위 버전 도형들을 사용할 수 있습니다.

4. 매끄러운 별 들여쓰기

⑦ 도형은 Polygon Tool로 4개의 포인트를 가진 사각형을 그린 후, [Properties] 패널 옵션에서 '매끄러운 별 들여쓰기'를 체크합니다. 옵션이 보이지 않는다면, 더보기 아이콘(⋯)을 눌러 확인합니다.

🅣 패스는 Path Selection Tool을 사용하여 자유롭게 이동하거나 변형할 수 있습니다.

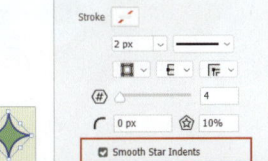

BEST IN THE CITY
Since 2000
BURGER
Restaurant

SPECIAL BURGER SET

₩8,500

100% AUSTRALIAN BEEF

NEW CIABATTA BURGER

Clipping Mask & Layer Mask

클리핑 / 레이어 마스크

MISSION

클리핑 마스크와 레이어 마스크는 이미지를 비파괴적으로 편집할 수 있는 도구입니다. 클리핑 마스크는 특정 레이어에 원하는 이미지를 액자처럼 끼워 넣는 기능으로, 이미지를 제한된 영역에 맞춰 적용할 수 있습니다. 이 섹션에서는 두 마스크의 개념과 사용 방법을 학습하고, 이를 활용하여 복잡한 이미지 편집을 효율적으로 진행하는 방법을 익히도록 합니다.

KEYWORD

#클리핑 마스크 #레이어 마스크 #프레임 도구

Clipping Mask

Clipping Mask(클리핑 마스크)는 하단 레이어를 액자 틀처럼 사용하여 원하는 이미지를 그 영역 안에만 표시하는 기능입니다. 이를 통해 이미지를 깔끔하게 정리하거나 텍스트·도형 안에 이미지를 넣는 등 다양한 디자인 효과를 쉽게 구현할 수 있습니다. 이번 학습에서는 Clipping Mask의 기본 개념과 다양한 활용 방법을 익혀 보겠습니다.

Clipping Mask ■ S10_2.psd

❶ Clipping Mask 적용

Clipping Mask를 적용하기 위해서는 프레임이 될 레이어와 그 안에 끼워 넣을 레이어가 필요합니다. 생성한 두 레이어 사이에서 [Alt] 키를 누르고, 커서 모양이 ↓□로 변경되면 클릭합니다. 단, 프레임이 될 레이어는 하위에 있어야 합니다.

🅢 Clipping Mask(클리핑 마스크)실행/취소 [Ctrl] + [Alt] + [G]

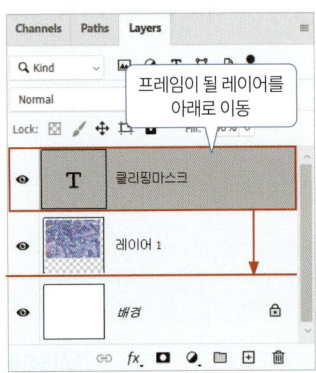
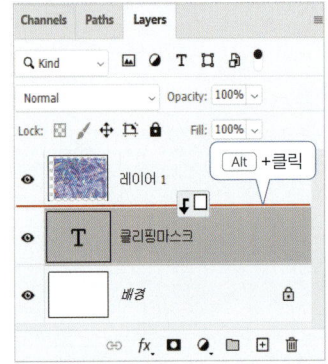

Clipping Mask가 적용되어 텍스트 레이어(틀) 안에 레이어 1의 질감이 들어갔습니다.

❷ Clipping Mask 해제

Clipping Mask를 해제하는 방법은 적용할 때와 동일합니다. 두 레이어 사이에서 [Alt] 키를 누르고, 커서 모양이 ↓□로 변경되면 클릭하여 해제합니다.

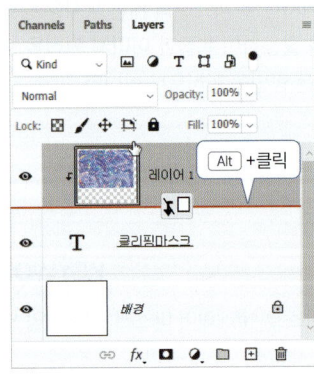

Clipping Mask가 해제되어 이미지가 각각 분리되었습니다.

Clipping Mask 활용 방법 ■ S10_3.jpg, S10_4.psd

❶ 여러 이미지에 Clipping Mask 적용하기

Clipping Mask의 상위 레이어는 여러 개의 이미지를 동시에 적용할 수 있습니다. 2개 이상의 이미지를 Clipping Mask 하는 경우, 프레임 레이어를 가장 하위에 두고 `Alt` + 클릭하여 적용합니다.

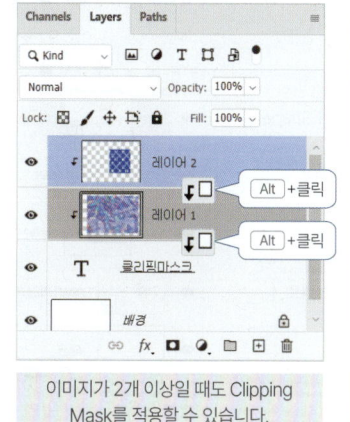

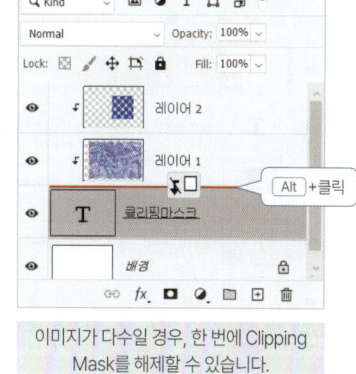

이미지가 2개 이상일 때도 Clipping Mask를 적용할 수 있습니다.

이미지가 다수일 경우, 한 번에 Clipping Mask를 해제할 수 있습니다.

❷ 그룹에 Clipping Mask 적용하기 ■ S10_5.psd, S10_6.jpg

프레임 레이어가 여러 개인 경우 그룹을 활용할 수 있습니다. 원하는 레이어들을 그룹으로 묶으면 그룹 전체가 하나의 프레임처럼 인식되며, 그 위에 Clipping Mask를 적용할 수 있습니다. **S** Group Layers(레이어 그룹화) `Ctrl` + `G`

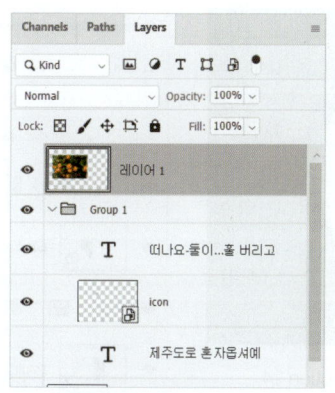

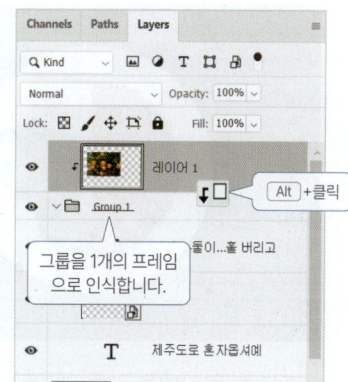

포함시킬 이미지를 준비합니다.

다수의 레이어에 프레임을 적용하기 위해 그룹으로 묶어줍니다.

그룹에 Clipping Mask가 적용되었습니다.

09 Shape

10 Clipping Mask & Layer Mask

11 Filter

12 Blending Mode

13 Image Adjustments

14 Adjustment Layer

15 Healing Brush / Liquify

16 Channel

❸ 모든 레이어에 적용 가능한 Clipping Mask 📁 S10_7.psd

Clipping Mask 기능은 텍스트 레이어, 스마트 오브젝트, 일반 레이어, 모양 레이어(벡터) 등 모든 레이어에 적용할 수 있습니다. 레이어 종류와 관계없이 서로 속할 수 있으며 제약이 없습니다.

❹ 특정 레이어에만 효과 적용하기 📁 S10_8.psd

Clipping Mask 기능은 Adjustment Layer(조정 레이어)를 사용할 때 유용합니다. 특정 레이어에만 조정 효과를 사용하는 경우 꼭 필요한 기능입니다. Adjustment Layer 사용 후 Clipping Mask를 적용하면 선택한 레이어에만 조정 효과가 반영됩니다.

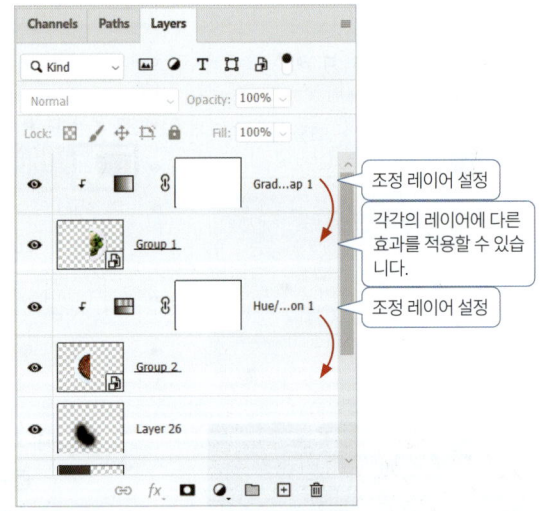

🅣 Adjustment Layer에 대한 내용은 'Section 14. Adjustment Layer'를 참고합니다.

Clipping Mask

Image Adjustments(이미지 조정)를 사용하여 실루엣 소스를 만들고 Clipping Mask를 실습합니다.

📁 예제 폴더 : S10-Practice1

01 새로운 작업 화면 만들기

메뉴에서 [File] - [New] 또는 Ctrl + N 키를 눌러 W 1000, H 1000Pixels, 해상도 300Pixels/Inch의 새로운 작업 화면을 만듭니다.

02 실루엣 소스 만들기

'S10_P1_1.jpg' 파일을 불러옵니다. [Image] - [Adjustments] - [Threshold] 메뉴를 선택해 대화상자에서 값을 조절하여 이미지를 판화 형식으로 수정합니다. 이미지에 흰색과 검은색이 적절히 나타나도록 값을 조절하여 완료합니다.

값이 높을수록 더 많은 영역이 검은색으로 바뀝니다.

Threshold

Threshold Level: 97

OK

Cancel

☑ Preview

슬라이더를 이동하여 효과를 조절합니다.

🅣 Image Adjustments에 대한 상세 해설은 'Section 13. Image Adjustments'에서 다룹니다.

09 Shape
10 Clipping Mask & Layer Mask
11 Filter
12 Blending Mode
13 Image Adjustments
14 Adjustment Layer
15 Healing Brush / Liquify
16 Channel

03 영역 설정하기

Magic Wand Tool(W)을 선택한 뒤, 옵션에서 Contiguous의 체크를 해제하고 이미지를 클릭하면 검은색 영역이 모두 선택됩니다.

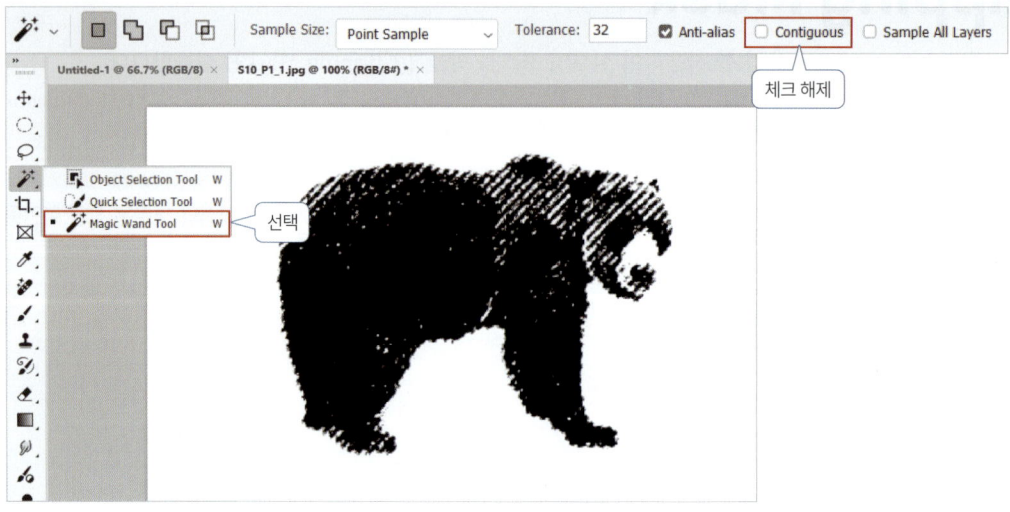

04 영역 복사 후 붙여넣기

영역을 복사(Ctrl+C)한 후, 활성화된 영역을 작업 화면에 붙여넣기(Ctrl+V)합니다. 크기를 조절(Ctrl+T)하여 배치합니다.

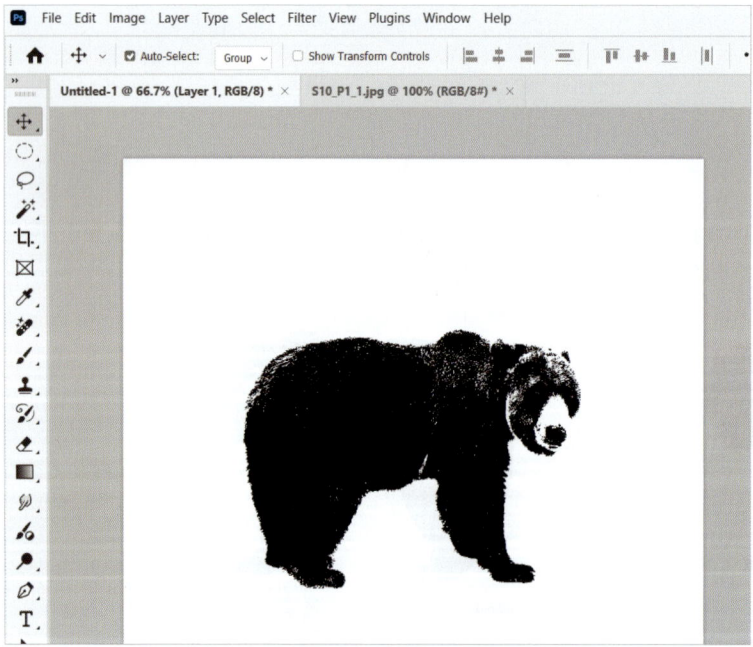

05 클리핑 마스크 만들기

'S10_P1_2.jpg' 파일을 불러와 곰 실루엣 레이어 위에 배치하고, 두 레이어 사이에 `Alt` + 클릭하여 Clipping Mask
(`Ctrl` + `Alt` + `G`)를 적용합니다.

06 소스 배치하기

'S10_P1_3.jpg'와 'S10_P1_4.psd' 파일을 불러와 소스 레이어를 작업 화면으로 이동시키고, 크기를 조절(`Ctrl` + `T`)하여
배치합니다.

09
Shape

10 Clipping Mask
& Layer Mask

11
Filter

12
Blending Mode

13
Image Adjustments

14
Adjustment Layer

15
Healing Brush / Liquify

16
Channel

07 레이어 스타일 적용하기

곰 실루엣 레이어를 더블 클릭하거나 레이어 패널 하단의 fx. 아이콘을 눌러 Layer Style을 적용합니다. 오브젝트의 안쪽으로 그림자가 생성되는 Inner Shadow를 선택하고 Structure 값을 조절합니다.

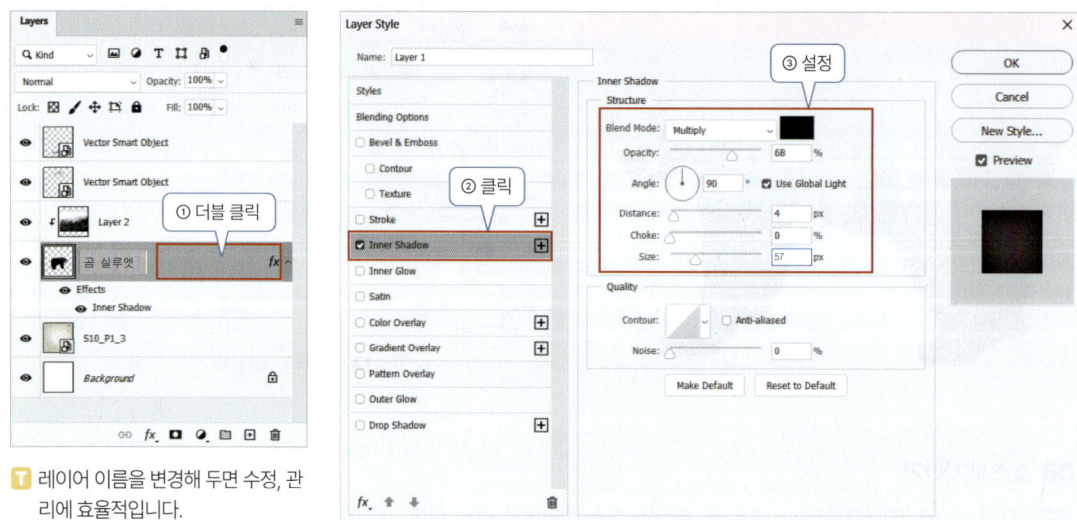

T 레이어 이름을 변경해 두면 수정, 관리에 효율적입니다.

08 완성하기

모든 소스를 적절히 배치하고 레이어 스타일 적용을 완료하여 이미지를 완성합니다.

Utilizing the Frame Tool

Frame Tool(프레임 도구)은 사진에 다양한 스타일의 프레임을 간편하게 추가할 수 있는 도구입니다. 모양이나 텍스트를 프레임으로 변환한 뒤, 그 안에 이미지를 채우는 방법을 학습합니다.

T 프레임 도구의 기본 사용법은 'Section 02의 Theory 05'에서 확인합니다.

텍스트 레이어를 프레임으로 만들기

레이어 패널에서 텍스트 레이어를 마우스 우클릭한 후, Convert to Frame을 선택하여 프레임으로 변환할 수 있습니다.

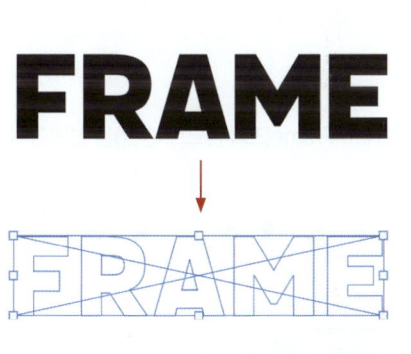
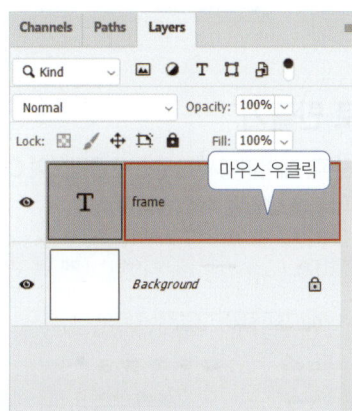

프레임에 이미지 채우기 ■ S10_1.jpg

프레임에 삽입할 이미지를 폴더에서 프레임 위로 드래그 앤 드롭하면 이미지가 삽입됩니다.

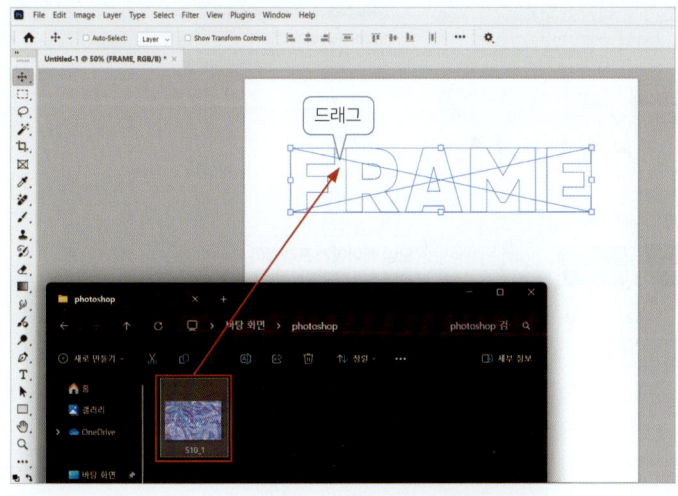
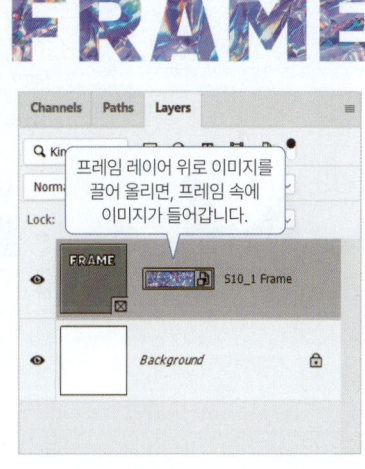

09 Shape
10 Clipping Mask & Layer Mask
11 Filter
12 Blending Mode
13 Image Adjustments
14 Adjustment Layer
15 Healing Brush / Liquify
16 Channel

프레임 삭제하기

레이어 패널에서 프레임 레이어 섬네일에 마우스 우클릭하여 'Delete Frame(프레임 삭제)'을 선택하면, 프레임만 제거할 것인지, 콘텐츠와 함께 제거할 것인지 선택할 수 있습니다.

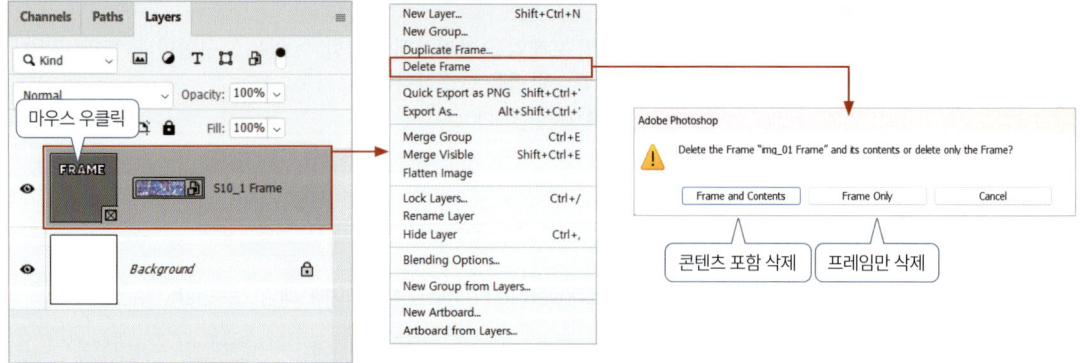

모양 레이어를 프레임으로 만들기

Custom Shape Tool로 모양을 그린 후, 레이어에서 마우스 우클릭하여 Convert to Frame(프레임으로 변환)을 선택합니다. 모양 레이어가 프레임이 되어 이미지를 삽입할 수 있습니다.

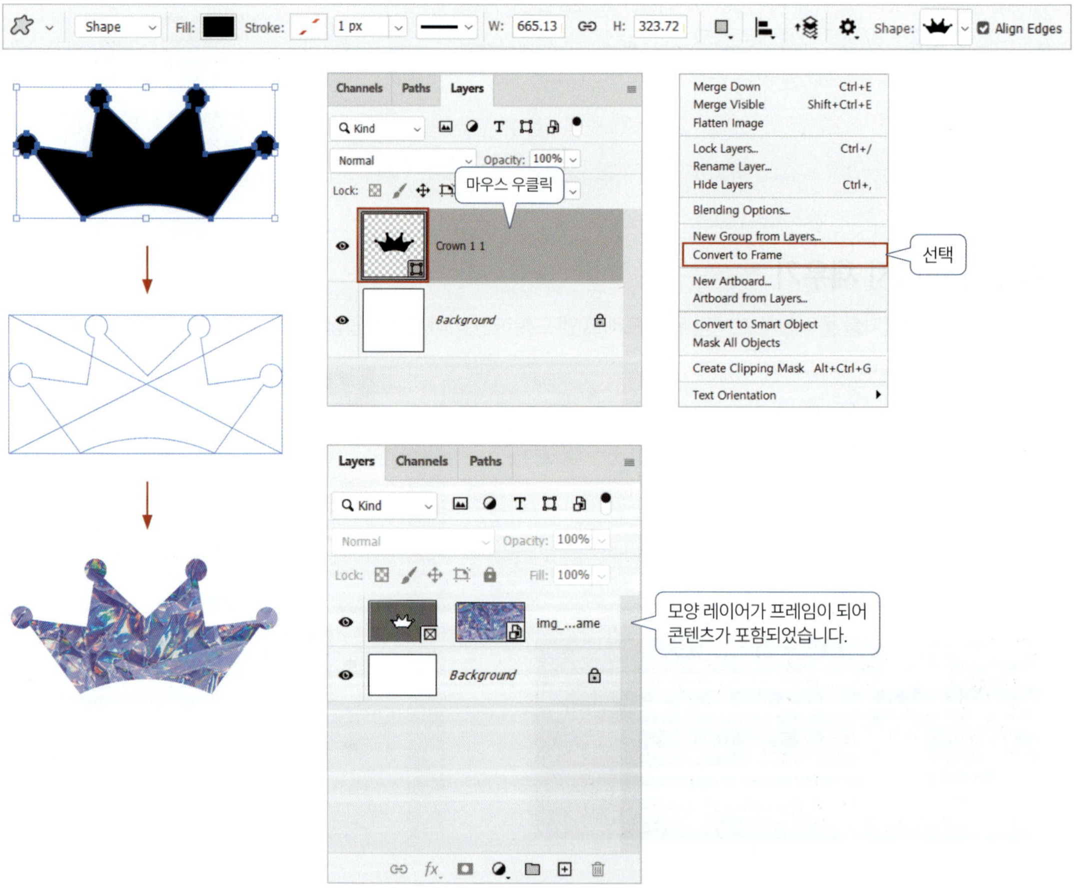

프레임 속성 패널 활용하기

Properties(속성) 패널에서는 프레임 레이어의 획과 이미지를 설정할 수 있습니다.

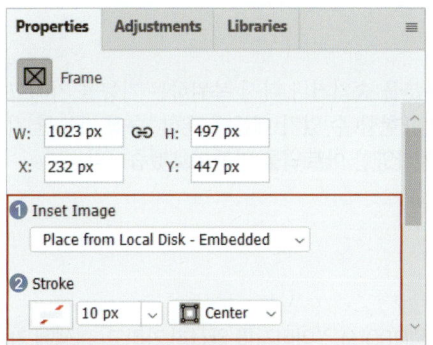

1 Inset Image(인세트 이미지)

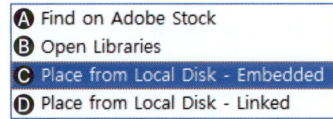

- **A** Find On Adobe Stock : 어도비 이미지 사이트인 Adobe Stock을 열어 이미지를 검색합니다. 어도비 모든 프로그램을 사용할 수 있는 플랜을 선택한 사용자는 무료로 이용할 수 있습니다.
- **B** Open Libraries : 라이브러리를 열어 이미지를 검색합니다. 라이브러리는 사용자가 온라인에 등록한 파일을 어디서든 사용할 수 있는 기능입니다.
- **C** Place from Local Disk - Embedded : 사용자의 컴퓨터에 있는 파일을 작업 파일 내에 포함시켜 사용합니다.
- **D** Place form Local Disk - Linked : 사용자의 컴퓨터에 있는 파일을 링크로 연결하여 사용합니다.

2 Stroke(획) : 프레임에 획을 추가할 수 있으며, 선의 색상, 두께, 정렬을 설정합니다.

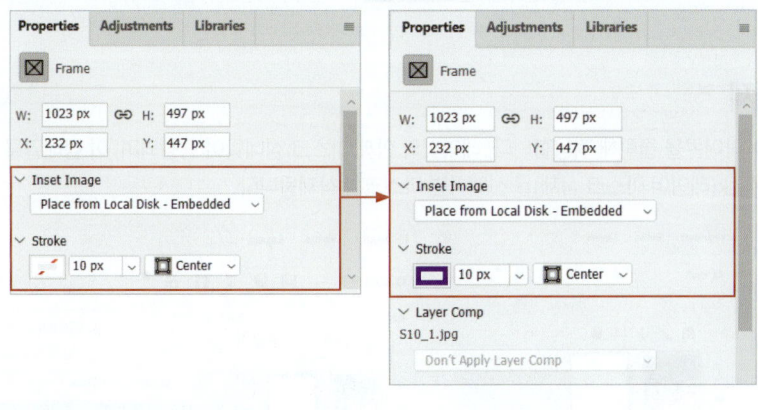

왕관 모양 레이어(Shape Layer)가
프레임 레이어로 변환되고, 사용자
의 컴퓨터에서 'S10_1.jpg' 파일을
포함시킨 뒤 획을 적용하였습니다.

09
Shape

10 Clipping Mask
& Layer Mask

11
Filter

12
Blending Mode

13
Image Adjustments

14
Adjustment Layer

15
Healing Brush / Liquify

16
Channel

Layer Mask

Layer Mask(레이어 마스크)는 레이어에 '마스크'를 적용하여 특정 부분을 숨기거나 다시 복원하는 기능을 가지고 있습니다. 이미지를 실제로 잘라내거나 지우지 않아도 잘라낸 것처럼 표현할 수 있기 때문에 흔히 '수정 가능한 지우개'라고도 불립니다. 이번에는 이러한 레이어 마스크 기능을 활용해 다양한 아트웍을 만들어보겠습니다.

Layer Mask ■ S10_9.psd

Layer Mask(레이어 마스크)는 색상이 아닌 명도 단계를 인식합니다. 검은색(100%)은 이미지를 완전히 가리고, 흰색에 가까울수록 이미지가 점점 더 드러납니다.

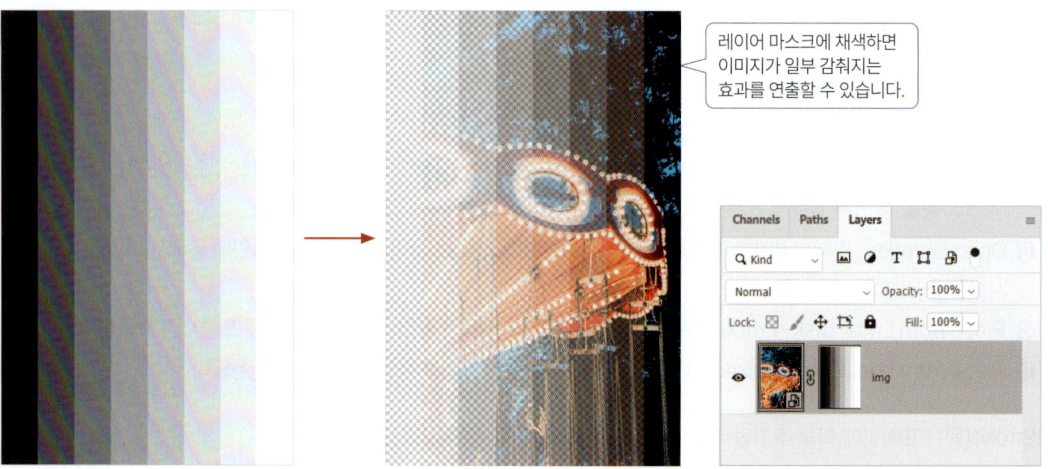

> 레이어 마스크에 채색하면 이미지가 일부 감춰지는 효과를 연출할 수 있습니다.

Layer Mask 적용과 해제 ■ S10_10.jpg

Layer Mask는 레이어 패널의 ▣ 아이콘을 클릭해 적용합니다. 레이어와 함께 마스크 섬네일이 생성되며, 이 섬네일을 마우스 우클릭하여 Delete Layer Mask(레이어 마스크 삭제)를 선택하면 마스크가 삭제됩니다.

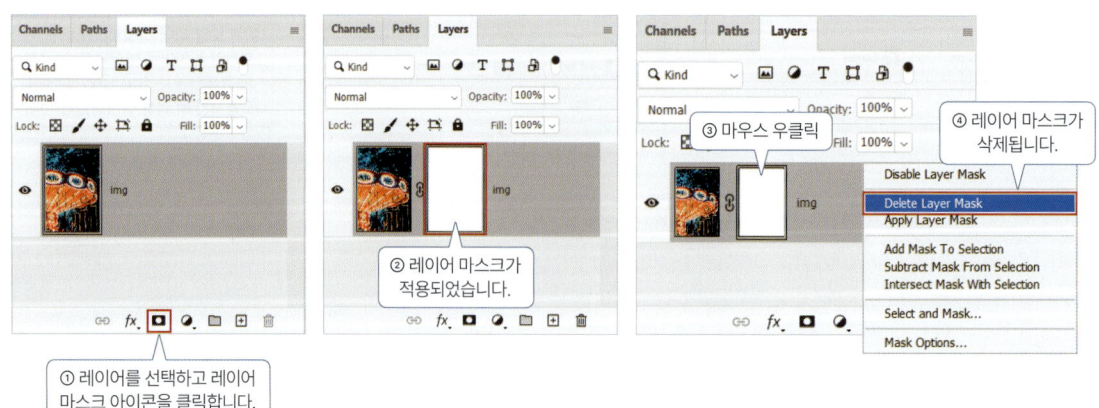

① 레이어를 선택하고 레이어 마스크 아이콘을 클릭합니다.

② 레이어 마스크가 적용되었습니다.

③ 마우스 우클릭

④ 레이어 마스크가 삭제됩니다.

Layer Mask 활용 방법 ■ S10_11.jpg

❶ 레이어 100% 감추기

Layer Mask를 적용하여 사진을 완전히 숨길 수 있습니다. 레이어 마스크 섬네일을 클릭한 후 검은색으로 채우면, 레이어 마스크가 검은색으로 채색되고 이미지는 완전히 감춰집니다.

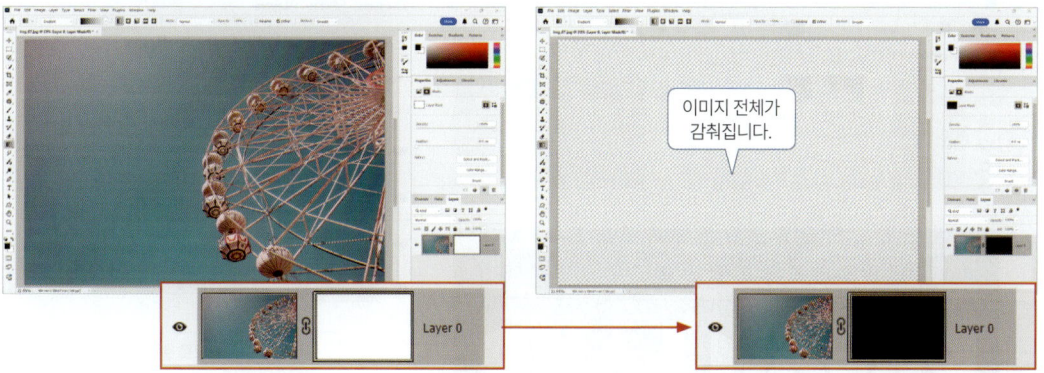

❷ 감춰진 레이어 복원하기

Layer Mask에서 감춰진 사진을 다시 복원할 수 있습니다. 레이어 마스크 섬네일을 클릭한 후 흰색으로 채우면, 레이어 마스크가 흰색으로 채색되고 숨겨진 이미지가 복원됩니다.

❸ 레이어 일부 감추기

Layer Mask에서 브러시나 도형 도구를 사용해 레이어 마스크에 일부만 검은색으로 칠하면, 해당 부분의 이미지만 감춰집니다.

S Brush Tool(브러시 도구) B

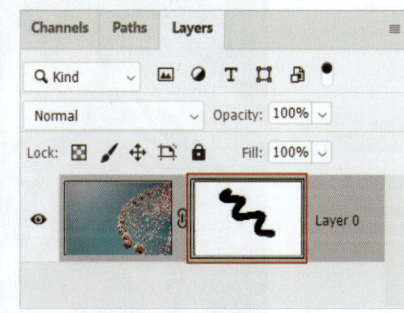

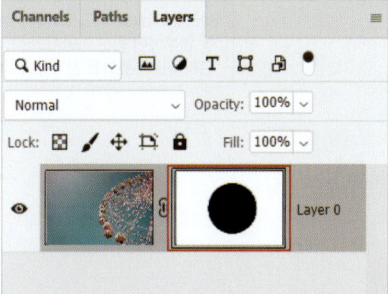

09
Shape

10 Clipping Mask
& Layer Mask

11
Filter

12
Blending Mode

13
Image Adjustments

14
Adjustment Layer

15
Healing Brush / Liquify

16
Channel

❹ 텍스트 레이어 일부 감추기 ▪ S10_12.psd

텍스트 레이어에도 마스크를 적용할 수 있습니다. 브러시, 그레이디언트 등 다양한 도구로 채색하여 원하는 부분만 드러내거나 숨길 수 있습니다.

S Gradient(그레이디언트) ⒢

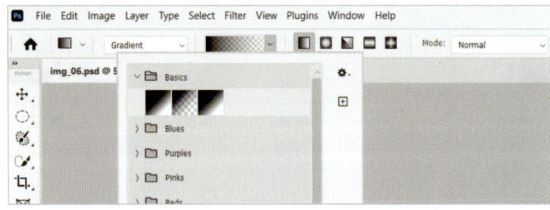

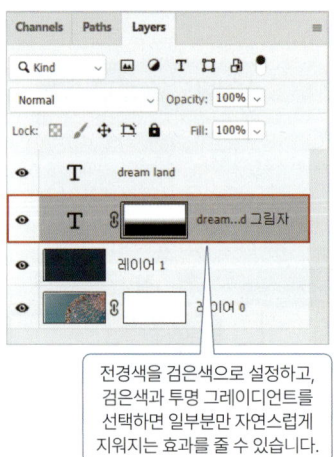

전경색을 검은색으로 설정하고, 검은색과 투명 그레이디언트를 선택하면 일부분만 자연스럽게 지워지는 효과를 줄 수 있습니다.

❺ 효과 일부 감추기 ▪ S10_13.jpg

레이어 마스크는 사진 보정에도 유용하게 사용됩니다. Adjustment Layer(조정 레이어)에는 레이어 마스크가 자동으로 함께 만들어지며, 조정 레이어에서 레이어 마스크를 사용하면 이미지의 특정 부분만 보정할 수 있습니다.

T Adjustment Layer에 대한 상세 설명은 'Section 14. Adjustment Layer'에서 학습합니다.

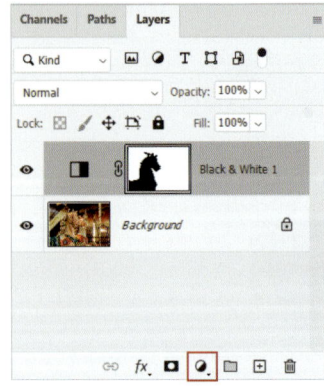

Black&White(흑백) 효과를 적용한 후, 일부에만 원본 이미지의 색상이 드러나도록 효과를 감추었습니다.

❻ 레이어 마스크 이동하기

Layer Mask(레이어 마스크)는 Adjustment Layer Thumbnail(조정 레이어 섬네일), Link(링크), Layer Mask Thumbnail(레이어 마스크 섬네일)의 3가지 요소로 이루어집니다. 조정 레이어와 레이어 마스크를 연결해 주는 링크를 끊으면, 레이어 마스크의 검은색(지워진 영역) 부분을 자유롭게 움직일 수 있습니다.

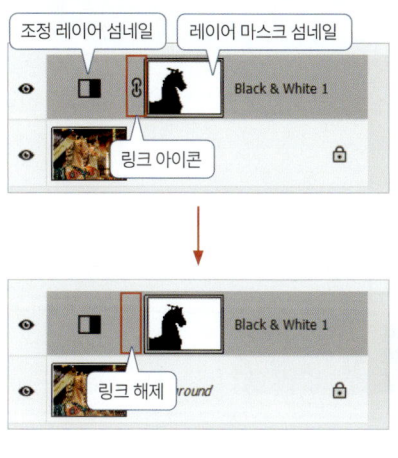

링크 아이콘을 클릭하여 조정 레이어와 레이어 마스크의 연결을 해제하면, 감춰진 영역을 이동할 수 있습니다.

❼ 영역 활성화 후 레이어 마스크 적용하기 📁 S10_14.jpg

숨기고 싶은 영역을 먼저 지정한 후 레이어 마스크를 적용하면 선택 영역을 제외한 나머지 이미지가 빠르게 숨겨집니다.

영역 지정 후 레이어 마스크 적용

09 Shape

10 Clipping Mask & Layer Mask

11 Filter

12 Blending Mode

13 Image Adjustments

14 Adjustment Layer

15 Healing Brush / Liquify

16 Channel

Layers(레이어) 패널에서 레이어 마스크 섬네일을 [Alt] , [Shift] , [Ctrl] 키와 함께 누르면 다양한 보기 모드로 변경할 수 있습니다.

- [Alt] +클릭 : 레이어 마스크를 작업 화면에서 확인합니다.

- [Shift] +클릭 : 레이어 마스크 적용 효과를 감춥니다.

- [Ctrl] +클릭 : 레이어 마스크에 채색된 영역을 불러오기 합니다.

Clipping & Layer Mask

Layer Mask 효과를 적용하여 텍스트에 다양한 시각적 효과를 줄 수 있습니다.　　　📁 예제 폴더 : S10-Practice2

01 새로운 작업 화면 만들기

메뉴에서 [File] - [New] 또는 Ctrl + N 키를 눌러 W 1500, H 1500Pixels, 해상도 72Pixels/Inch의 검은색 배경의 새로운 작업 화면을 만듭니다.

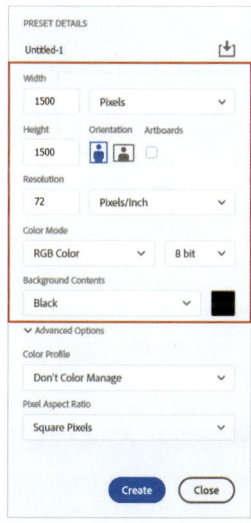

02 폰트 다운로드하기

fonts.adobe.com에서 사용할 폰트 3종(Termina, Nautica, Manofa)을 다운로드하거나, 메뉴에서 [Type] - [More from Adobe Fonts]를 눌러 Adobe 홈페이지로 직접 연결된 후 로그인하여 다운로드할 수 있습니다.

> 본 교재에서는 Adobe font를 사용하였으나 Adobe Creative Cloud 서비스를 사용하지 않는 사용자는 fonts.google.com에서 'Montserrat, Fleur De Leah, Quantico' 서체를 다운로드해 사용하는 것을 추천합니다.

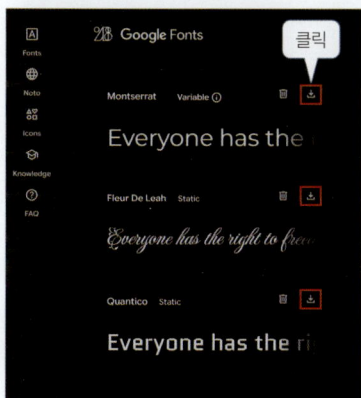

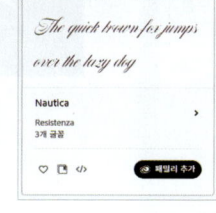

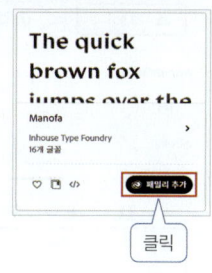

09 Shape

10 Clipping Mask & Layer Mask

11 Filter

12 Blending Mode

13 Image Adjustments

14 Adjustment Layer

15 Healing Brush / Liquify

16 Channel

03 문자 입력하기

Type Tool(T)로 문자를 입력한 후, 다운로드한 폰트로 변경하여 화면에 배치합니다.

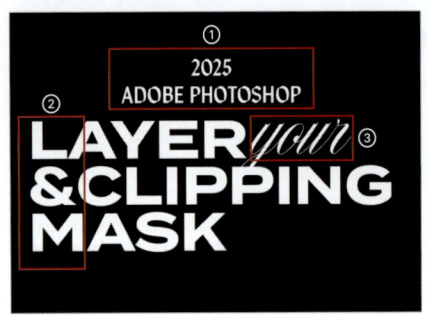

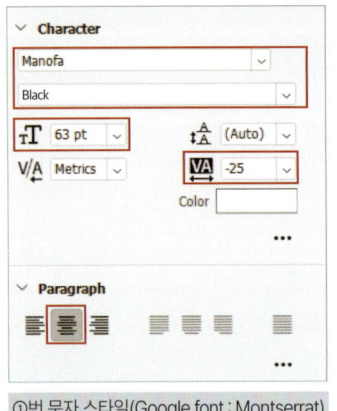

①번 문자 스타일(Google font : Montserrat)

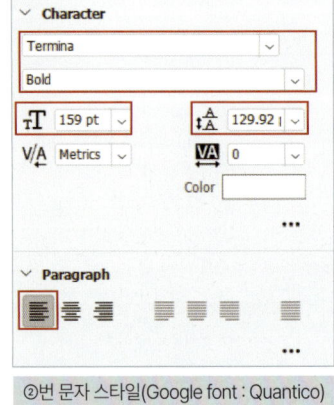

②번 문자 스타일(Google font : Quantico)

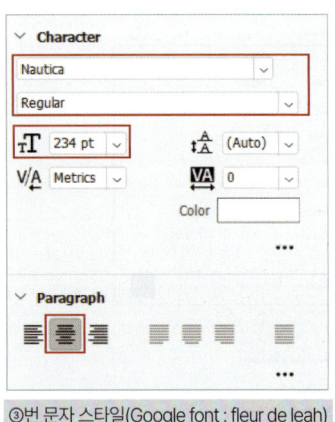

③번 문자 스타일(Google font : fleur de leah)

T Google 폰트를 사용하는 사용자도 폰트의 크기, 행간, 색상은 동일합니다.

04 모양 만들기

Polygon Tool(U)을 선택하여 다각형을 그린 뒤, Properties 패널에서 모양 속성을 수정합니다.

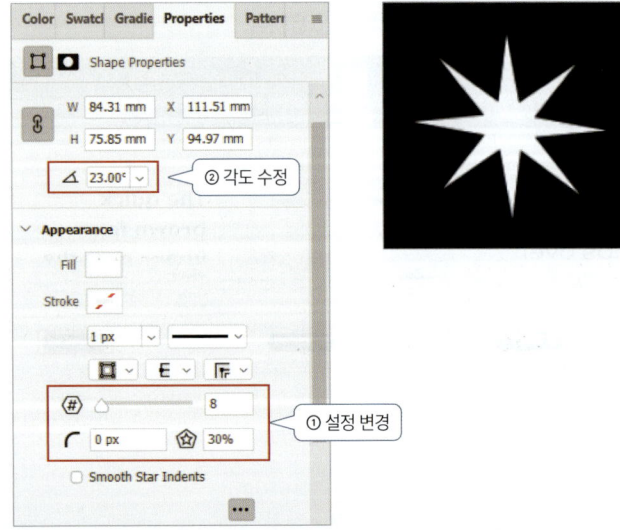

05 모양 수정하기

Direct Selection Tool(Ⓐ)을 선택하고, 다각형의 왼쪽 중앙 포인트를 클릭한 후 왼쪽으로 드래그하여 늘려줍니다. 같은 방법으로 오른쪽 포인트도 수정합니다.

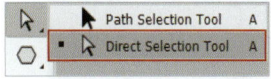

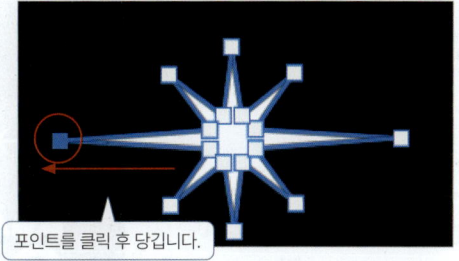

포인트를 클릭 후 당깁니다.

06 배치하기

05 과정에서 변형한 다각형을 Move Tool(Ⓥ)로 선택하고 Free Transform(Ctrl+Ⓣ)으로 크기를 조절합니다. 레이어를 복제(Ctrl+Ⓙ)하여 문자의 양옆에 배치합니다.

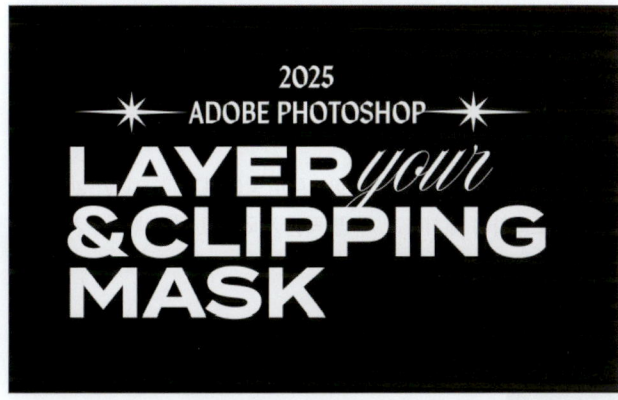

07 패스 위로 문자 입력하기

① Ellipse Tool(Ⓤ)을 선택하고 작업 화면 위로 원을 그립니다. 이때, 도구의 옵션은 색이 없는 Path로 설정합니다.
② Type Tool(Ⓣ)을 선택하고 패스 위에 클릭하여 문자를 입력합니다.

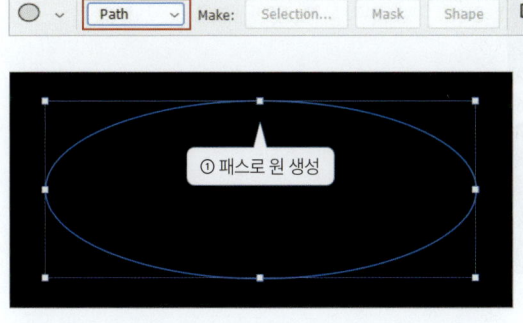

① 패스로 원 생성

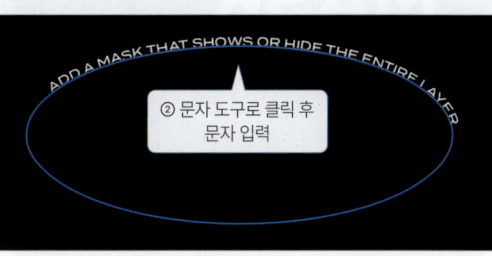

② 문자 도구로 클릭 후 문자 입력

09 Shape

10 Clipping Mask & Layer Mask

11 Filter

12 Blending Mode

13 Image Adjustments

14 Adjustment Layer

15 Healing Brush / Liquify

16 Channel

08 문자 정렬하기

Path Selection Tool(ⒶⒶ)로 문자의 시작 지점 포인터를 클릭 - 드래그하여 문자의 위치를 중앙으로 배치하고 폰트는 자유롭게 설정합니다.

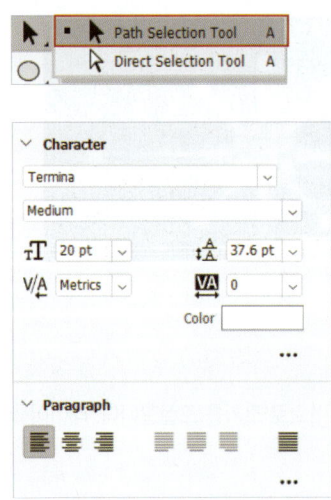

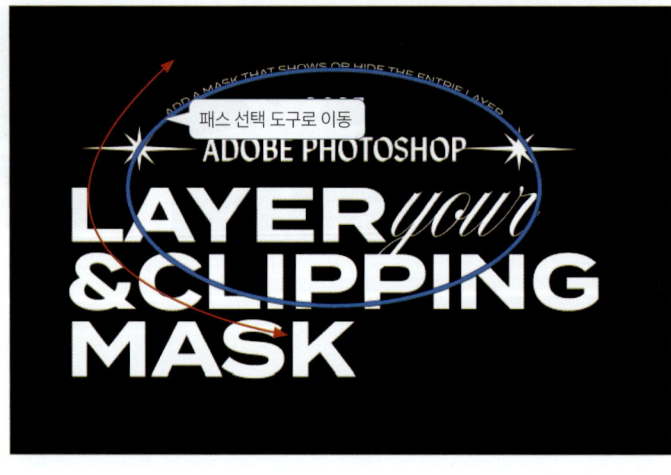

09 문자, 소스 배치하기

① 'Section 06'에서 사용된 'S6_P1_1.png' 파일을 불러옵니다(Ctrl + O).
② Lasso Tool(Ⓛ)을 사용하여 사용할 영역을 드래그하여 복사(Ctrl + C) 후, 작업 화면으로 붙여넣기(Ctrl + V)합니다.
③ 각 소스는 Free Transform(Ctrl + T)을 사용해 크기를 조절하여 배치하고, 투명 픽셀 제외하고 전경색 채우기(Alt + Shift + Delete)로 흰색을 채웁니다.

10 레이어 정리하기

① Shift 키를 누르고, 첫 번째 레이어와 마지막 레이어를 선택해 전체 레이어를 한 번에 선택합니다. 이어서, 하나의 그룹 (Ctrl + G)으로 생성합니다.

② 그룹 레이어에 레이어 마스크를 적용합니다.

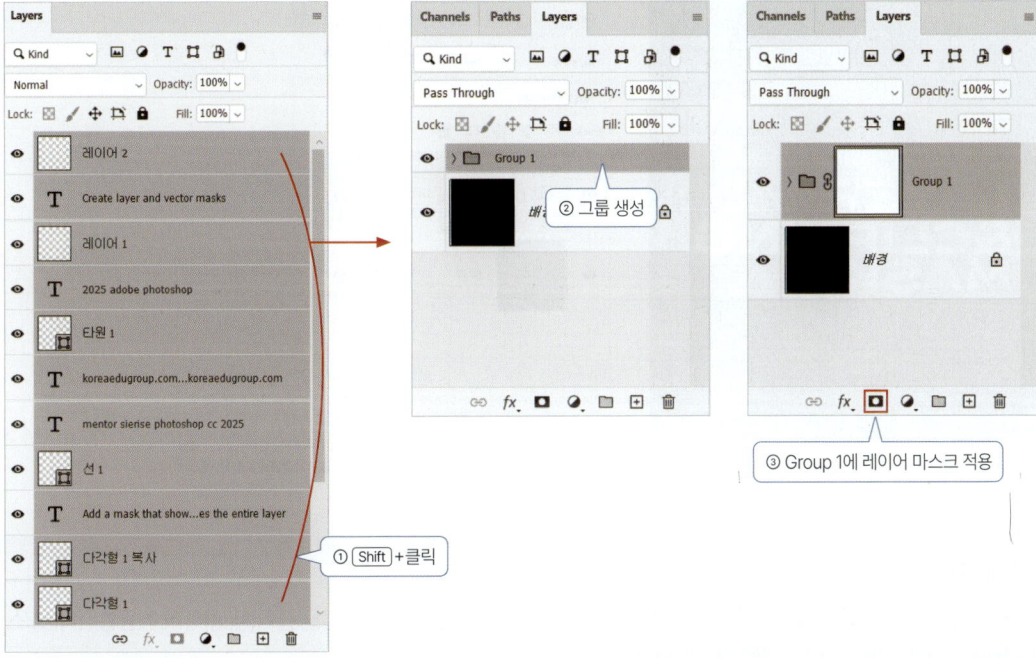

① Shift +클릭

② 그룹 생성

③ Group 1에 레이어 마스크 적용

11 브러시 등록하기

'S10 Brush' 폴더의 소스를 불러와 [Edit] - [Define Brush Preset] 메뉴에서 새로운 브러시로 모두 등록합니다.

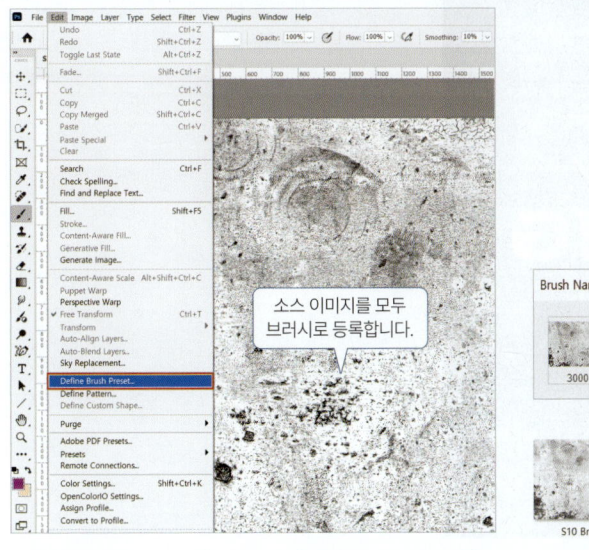

소스 이미지를 모두 브러시로 등록합니다.

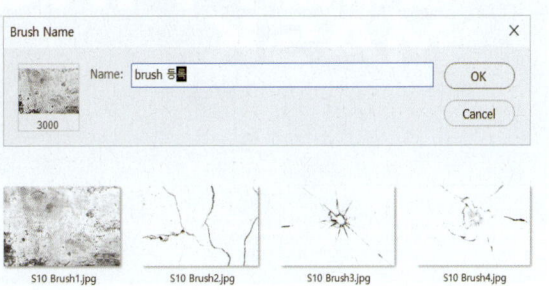

Brush Name

Name: brush 등록

OK

Cancel

3000

S10 Brush1.jpg   S10 Brush2.jpg   S10 Brush3.jpg   S10 Brush4.jpg

09 Shape

10 Clipping Mask & Layer Mask

11 Filter

12 Blending Mode

13 Image Adjustments

14 Adjustment Layer

15 Healing Brush / Liquify

16 Channel

12 레이어 마스크에 질감 추가하기

① Group 1의 레이어 마스크 섬네일을 클릭합니다.
② Brush Tool(B)을 선택하고, 등록한 브러시(S10 Brush1)를 검은색으로 채색하여 질감을 입힙니다.
③ 지우고 싶지 않은 부분은 흰색 브러시로 다시 채색하여 복원합니다.

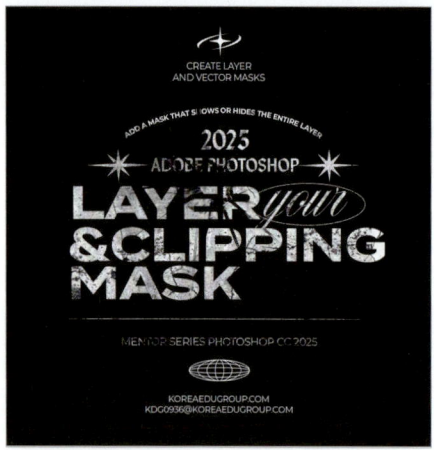
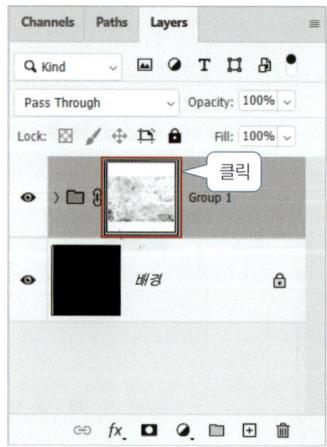

T 전경색에 따라 브러시의 역할이 바뀌기 때문에 브러시 도구를 사용하기 전에는 항상 전경색을 확인하는 것이 좋습니다.

13 완성하기

새로운 레이어를 생성(Ctrl + Alt + Shift + N)하고 등록한 브러시로 깨진 유리창 질감을 클릭(채색)하며 적용합니다. 소스를 자유롭게 이동하고 배치하여 작업을 완성합니다.

Layer Mask, Pen Tool

레이어 마스크와 패스를 활용해 문자 디자인을 실습합니다.

■ 예제 폴더 : S10-Practice3

01 새로운 작업 화면 만들기

메뉴에서 [File] - [New] 또는 Ctrl + N 키를 눌러 W 1300, H 1500Pixels, 해상도 72Pixels/Inch의 새로운 작업 화면을 만듭니다.

02 배경색 채우기

색상 패널에서 전경색을 클릭하고 색상 코드(#dfeada)를 입력합니다. 전경색 채우기(Alt + Delete)를 사용해 배경 레이어를 채웁니다.

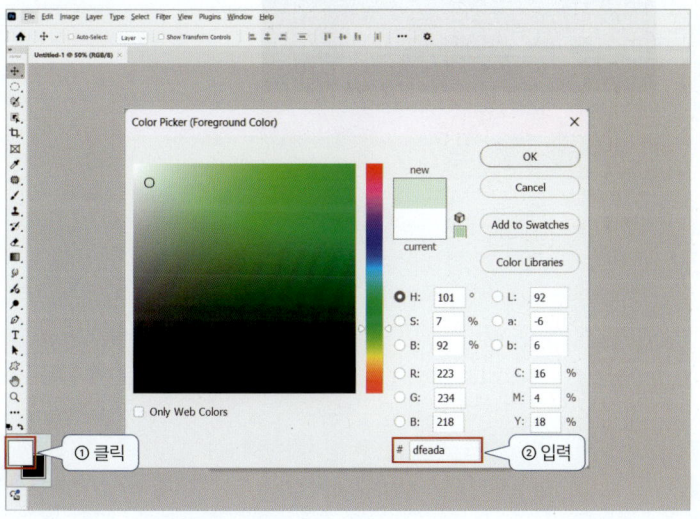

03 문자 입력하기

Type Tool(T)로 작업 화면을 클릭하여 'A'를 입력합니다. Free Transform(Ctrl+T)을 실행하고, 문자를 화면에 맞추어 크기를 조절합니다.

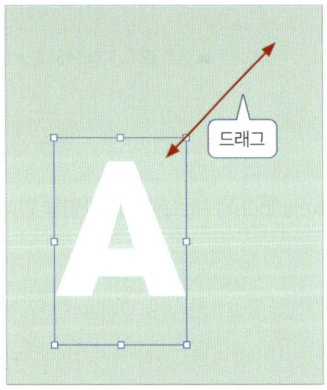

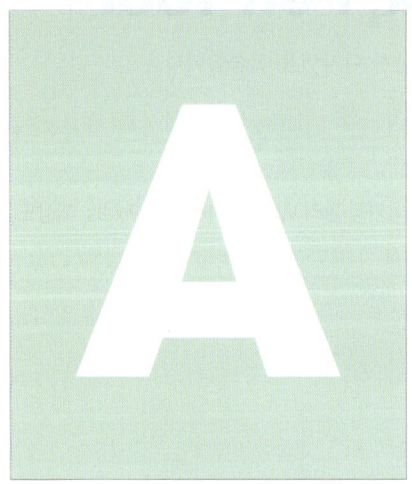

T 폰트는 자유롭게 선택합니다. 교재에서는 Helvetica 서체를 사용했습니다.

04 불투명도 변경하기

텍스트 레이어의 Opacity를 30%로 조절하고, 'S10_P3_1.jpg' 파일을 사용자의 폴더에서 작업 화면으로 드래그하여 불러옵니다. 이미지를 작업 화면의 사이즈에 맞게 조절하여 배치한 후 텍스트 레이어 아래로 이동합니다.

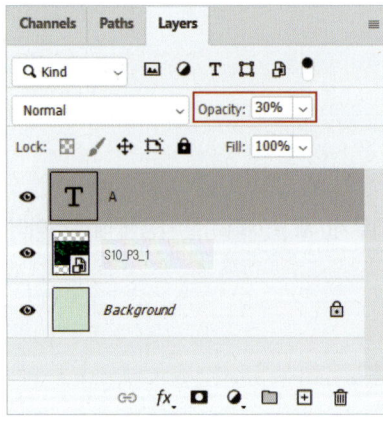

05 패스 그리기

문자 위로 나뭇잎이 올라온 듯한 효과를 연출할 수 있도록 Pen Tool(P)을 선택하고, 문자 경계에 있는 나뭇잎 모양을 따라 그려줍니다. 이때, 옵션에서 Combine Shapes를 선택합니다.

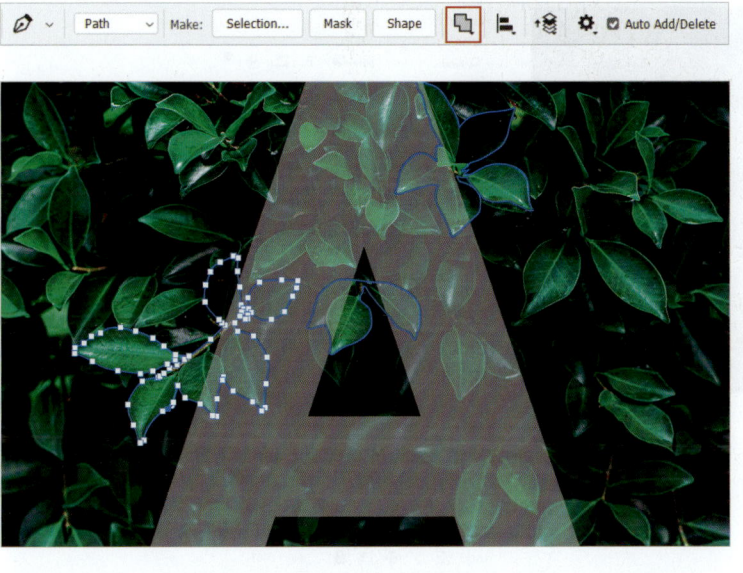

06 레이어 배치하기

패스 패널을 열고 영역 아이콘( )을 클릭하거나, 섬네일을 Ctrl+클릭하여 패스를 영역으로 전환합니다.

09 Shape

10 Clipping Mask & Layer Mask

11 Filter

12 Blending Mode

13 Image Adjustments

14 Adjustment Layer

15 Healing Brush / Liquify

16 Channel

07 레이어 복제 후 이동하기

영역으로 전환된 나뭇잎을 복제([Ctrl]+[J])합니다. 패스로 그려 놓은 나뭇잎이 별도의 레이어가 되어 복제됩니다. 문자 위로 두 레이어 위치를 이동합니다.

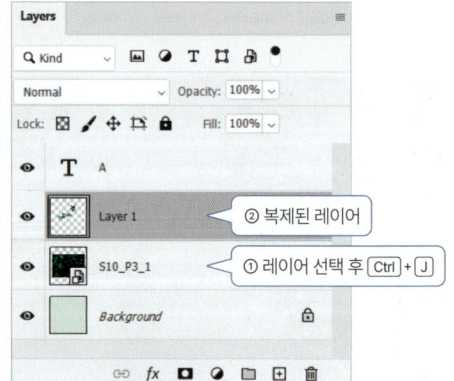

② 복제된 레이어

① 레이어 선택 후 [Ctrl]+[J]

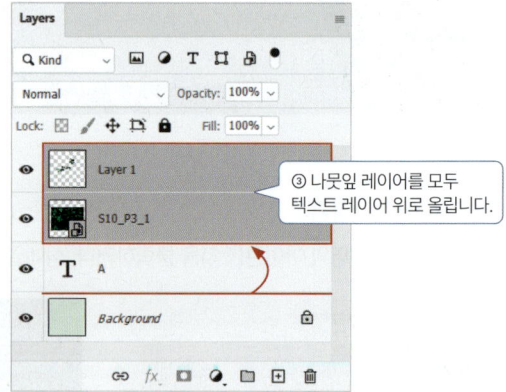

③ 나뭇잎 레이어를 모두 텍스트 레이어 위로 올립니다.

08 클리핑 마스크 적용하기

나뭇잎 레이어를 텍스트 레이어와 클리핑 마스크를 적용합니다. 텍스트 레이어의 Opacity를 100%로 조절합니다.

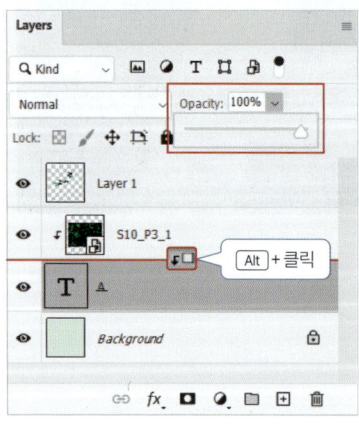

[Alt]+클릭

09 레이어 스타일 적용 후 완성하기

복제된 레이어와 텍스트 레이어의 빈 공간에 더블 클릭하여 레이어 스타일을 적용합니다. 복제된 레이어는 Drop Shadow 를 적용하고, 텍스트 레이어는 Inner Shadow를 적용해 입체감 효과를 설정하고 작업을 마무리합니다.

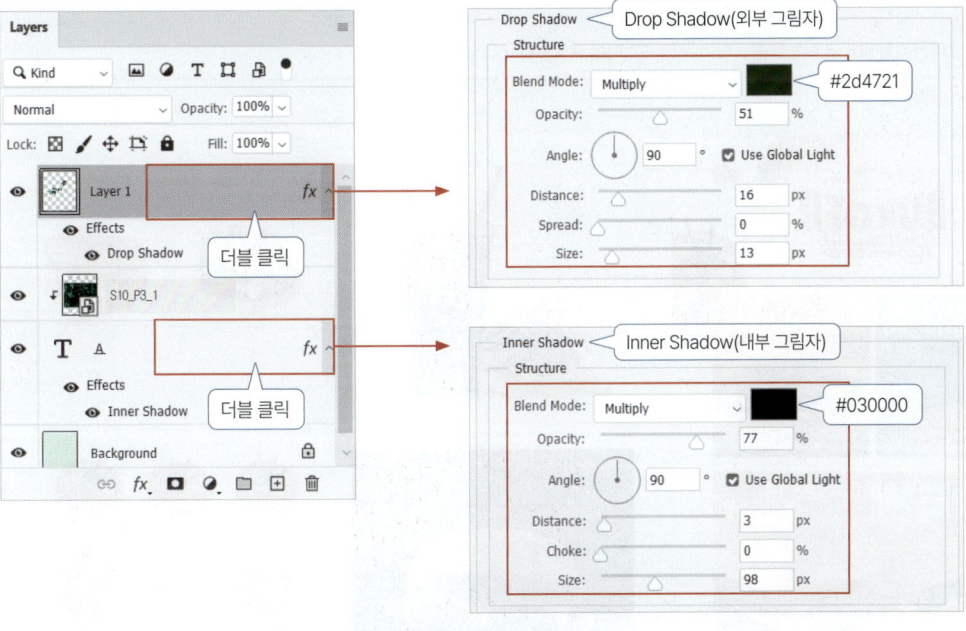

09
Shape

10 Clipping Mask
& Layer Mask

11
Filter

12
Blending Mode

13
Image Adjustments

14
Adjustment Layer

15
Healing Brush / Liquify

16
Channel

Exercise

📁 S10_Exercise 예제

푸드 포스터 제작하기

레이어 마스크와 클리핑 마스크 기능을 활용하여 푸드 포스터를 제작합니다.

1. 작업 과정 확인 및 작업 준비

Clipping Mask를 사용해 프레임 안에 오브젝트를 배치하고, 레이어 마스크를 사용해 이미지의 일부만 프레임에 가려지도록 제작하는 광고 포스터입니다. 'E10_시작.psd' 파일을 열어 Rectangle Tool로 프레임을 만듭니다. 속성 패널에서 모퉁이 반경을 30px로 설정하고, 각 도형의 색상은 버거 테마에 어울리는 색상을 적용하여 준비합니다.

2. Clipping Mask

'E10_Source' 폴더 내 소스 파일을 열어 Pen Tool로 가장자리를 따라 그린 후 배경과 분리합니다. 패스 패널에서 영역으로 전환한 뒤 복사하여 작

업 화면으로 소스들을 붙여넣기합니다. 이동한 이미지 중 프레임에 속해야 할 이미지들은 프레임 위로 배치시키고, 레이어 패널에서 프레임과 레이어 사이에 Alt + 클릭하여 클리핑 마스크를 적용합니다.

3. Layer Mask

콜라와 치아바타는 프레임 안에 들어가면서 동시에 일부가 밖으로 튀어나와야 하므로, 레이어 마스크를 적용하여 입체적으로 표현합니다(레이어 마스크를 적용할 레이어에는 클리핑 마스크를 적용하지 않습니다).

① 레이어 패널에서 '프레임' 레이어의 섬네일을 Ctrl + 클릭하여 영역을 불러옵니다.

② 치아바타 레이어를 선택하고, 레이어 패널 하단의 레이어 마스크 아이콘(🔲)을 클릭하여 레이어 마스크를 적용합니다.

③ 레이어 마스크 섬네일을 클릭하고, Brush Tool을 선택해 다시 보이게 할 영역을 흰색으로 채색하여 복원합니다.

> 레이어 마스크를 잘 구분해야 합니다.

4. 영역 확장하여 레이어 마스크 활용

① 상단에 'Burger', 'Restaurant' 문자를 입력하고 배치합니다. Burger 문자는 Warp Text 기능을 사용하여 변형합니다.

② 'Burger' 문자에 레이어 마스크를 적용합니다.

③ 레이어 패널에서 Restaurant 텍스트 레이어의 섬네일에 Ctrl +클릭하여 문자의 영역을 불러옵니다. [Select] - [Modify] - [Expand]
   로 선택 영역을 확장합니다.

④ 'Burger' 텍스트의 레이어 마스크 섬네일을 클릭하고 검은색을 채웁니다. 겹쳐진 문자의 일부가 가려지면서 로고 효과를 연출합니다.

RETRO FUTURE

CREATIVE IDEAS
CREATOR: LIMPREOM
PROJECT: ART DIRECTOR
CREATIVE
COMMUNITY
IDEA
DESIGN
THE FORM
POSTER
FUTURISTIC
GALLERY
18:00/20:00
MADE OF PAPER

ELEMENT
WORKS 09/87/2098

ABSTRACT

SINCE 1999

Celebrate the dawn of a new
millennium with our exclusive
Y2K poster. Immerse yourself
in a nostalgic journey as we bid
farewell to the 20th
century and welcome the
excitement of the 21st.

This vibrant design captures
the essence of the Y2K era,
blending futuristic elements
with a touch of retro charm.

01/WED
Lorem ipsum dolor
sit amet, consec-
Lorem ipsum dolor sit amet consec-
tetuer adipiscing elit, sed diam
nonummy nibh euismod tincidunt ut

02/FRI
Dolor sit amet, con-
sectetuer adipiscing
Lorem ipsum dolor sit amet,
consectetuer adipiscing elit,
sed diam nonummy nibh euismod

02/SAT
Ipsum dolor sit amet,
consectetuer adipiscing
Lorem ipsum dolor sit amet,
consectetuer adipiscing
elit, sed diam nonummy nibh

Cras ut dapibus metus. Vivamus non neque nulla. Vestibulum
tempor nibh eros, nec commodo metus ornare auctor. Mauris

Filter

필터

MISSION

포토샵에서 필터는 이미지에 효과를 적용하여 특수
한 연출을 가능하게 하는 효과 도구입니다. 이 섹션에
서는 Smart Filter(고급 필터)와 Smart Object(고급
개체)의 기능을 포함하여, 비파괴적인 편집을 통해 필
터를 적용하고 수정하는 방법을 학습합니다.

KEYWORD

#필터 #스마트 필터 #필터 효과

★ Smart Objects & Smart Filter

앞에서 학습한 2섹션에서는 Smart Object(고급 개체)를 활용해 이미지 크기를 자유롭게 조절해도 품질이 유지된다는 특징을 배웠습니다. 이번 섹션에서는 또 다른 핵심 기능인 Smart Filter(고급 필터)를 학습하겠습니다.

스마트 필터 변환 ■ S11_1.jpg

Smart Object에 필터를 적용하면 이를 Smart Filter라고 하며, 두 용어는 같은 개념입니다. Smart Filter는 원본을 보존한 채 효과를 적용할 수 있어 언제든지 다시 수정할 수 있습니다. 또한 기본 제공되는 Layer Mask(레이어 마스크)를 활용하면 효과를 부분적으로 숨기거나 제거할 수 있어, 원본 손상을 최소화하며 유연하게 작업할 수 있습니다.

① 레이어의 빈 공간에서 우클릭하여 'Convert to Smart Object'를 선택하면, 레이어가 스마트 오브젝트로 변환됩니다.

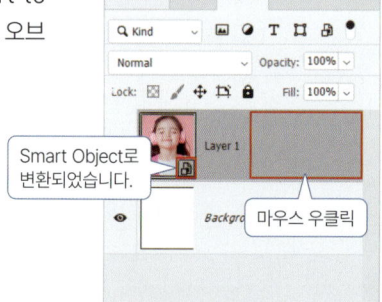 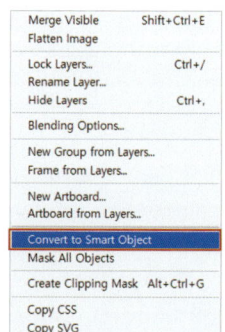

② 사용자의 폴더에서 포토샵 화면으로 직접 드래그하여 이미지를 불러오면 Smart Object로 변환됩니다.

③ 스마트 필터를 적용할 레이어를 선택한 후 메뉴에서 [Filter] - [Convert for Smart Filters]를 클릭하면 스마트 오브젝트로 변환됩니다.

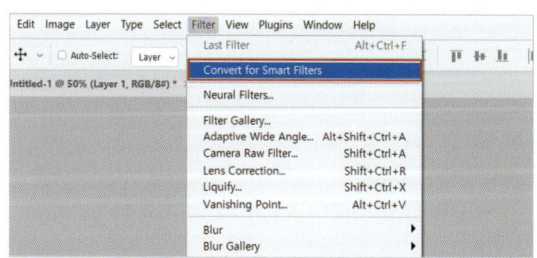

스마트 필터 레이어 특징

[Filter] - [Filter Gallery]에서 원하는 효과를 적용하면 다음과 같이 나타납니다.

❶ Smart Object Thumbnail(고급 개체 섬네일)

❷ Filter Effect Mask Thumbnail(필터 효과 마스크 섬네일)은 이미지에 적용한 필터를 레이어 마스크 효과와 같이 지우거나 복원할 수 있습니다.

❸ 이미지에서 필터 효과를 숨기거나 보이게 할 수 있습니다.

❹ 마우스 우클릭하여 Disable Smart Filters(스마트 필터 사용 안 함)로 적용된 효과를 비활성 하거나, Clear Smart Filters(스마트 필터 지우기)로 효과를 삭제할 수 있습니다.

❺ Filter Blending Option(필터 혼합 옵션)은 더블 클릭하면 적용한 필터와 이미지와의 Blending Mode(혼합 모드), 필터의 불투명도를 설정할 수 있습니다.

❻ Filter Gallery(필터 갤러리)의 효과 이름을 더블 클릭하면 적용한 필터를 수정할 수 있습니다. Smart Filters(스마트 필터)는 2개 이상도 적용할 수 있으며, 개별적으로 수정할 수도 있습니다. 효과 이름에서 마우스 우클릭 후 Delete Smart Filter(스마트 필터 삭제)를 눌러 삭제하거나, 효과 이름을 휴지통 아이콘(🗑)으로 드래그하여 삭제할 수도 있습니다.

필터 2개 이상 적용 가능

필터 효과 마스크와 함께 활용하여 원하는 부분에만 효과를 삭제하거나, 적용할 수 있습니다.

09 Shape

10 Clipping Mask & Layer Mask

11 Filter

12 Blending Mode

13 Image Adjustments

14 Adjustment Layer

15 Healing Brush / Liquify

16 Channel

* Filter

창의적인 디자인을 제작하기 위해서 활용하기 좋은 필터와 각 필터들의 속성을 학습해 보겠습니다. 많은 효과들의 전반적인 특징과 비슷한 속성의 필터들을 비교하며 학습합니다.

Filter 필터 메뉴 구성

[Filter] 메뉴에는 다양한 필터들이 구성되어 있습니다.

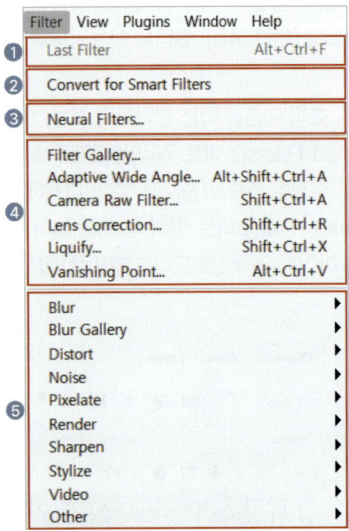

❶ **Last Filter(직전 사용 필터)** : 직전에 사용한 필터가 표시됩니다.

> **S** 직전 사용 필터 재적용 `Ctrl` + `Alt` + `F`

❷ **Convert for Smart Filters(스마트 필터용으로 변환)** : 스마트 필터가 적용되는 Smart Object(고급 개체)로 레이어를 변환하는 필터입니다. Smart Filter(고급 필터) 및 Smart Object(고급 개체)는 원본의 손상을 최소화하고 상시 수정하기 위해 필요한 기능입니다.

❸ **Neural Filters(뉴럴 필터)** : Adobe 서버와 연결된 상태에서만 사용할 수 있으며, 복잡한 작업도 클릭 몇 번으로 빠르게 조정하여 이미지를 창의적으로 변환하는 기능입니다.

❹ **필터 기능** : 왜곡되는 효과와 변형된 이미지를 보정할 수 있습니다.

Ⓐ **Filter Gallery(필터 갤러리)** : 이미지의 다양한 질감이나 효과를 적용합니다.

Ⓑ **Adaptive Wide Angle(응용 광각)** : 어안 렌즈나 광각 렌즈로 촬영하여 응용 광각이 발생한 이미지를 교정하기 위해 사용합니다. 이미지가 휘어 보이는 왜곡 현상에서 구부러진 부분의 시작점과 끝지점을 클릭하면 곡선 라인이 생성되어 교정할 수 있습니다.

Ⓒ **Camera Raw Filter(카메라 로우 필터)** : 사진을 전문적으로 보정할 때 사용됩니다. 전문가용 카메라에서 촬영된 Raw 파일을 JPEG로 압축하지 않은 상태에서 보정이 가능합니다. 명도, 채도, 색 온도, 선명도 등을 섬세하게 수정할 수 있습니다.

Ⓓ **Lens Correction(렌즈 교정)** : 왜곡 및 원근 등을 보정해 줍니다. 특히 광각 렌즈나 특정 카메라에서 촬영한 사진의 기울어짐, 굴곡, 왜곡 현상을 손쉽게 수정할 수 있습니다.

Ⓔ **Liquify(픽셀 유동화)** : 이미지를 다양한 방식으로 왜곡합니다.

Ⓕ **Vanishing Point(소실점)** : 레이어에 소실점을 넣어 입체감 효과를 적용합니다.

❺ **필터 효과** : 다양한 효과를 적용할 수 있습니다. 필터 효과의 자세한 내용은 다음 이론에서 설명합니다.

T 컴퓨터그래픽기능사 등 포토샵 관련 자격증 시험에도 필터는 자주 등장합니다. 자격증 시험을 앞두고 있다면 필터의 각 명칭과 기능을 익혀두도록 합니다.

Neural Filters 뉴럴 필터 ■ S11_2~5.jpg

2021년에 새롭게 추가된 Neural Filters(뉴럴 필터)는 복잡한 작업 과정을 몇 번의 클릭만으로 빠르게 조정하여 이미지를 창의적으로 변환하는 필터입니다. ▣ Adobe 서버에 연결된 상태에서만 사용 가능합니다.

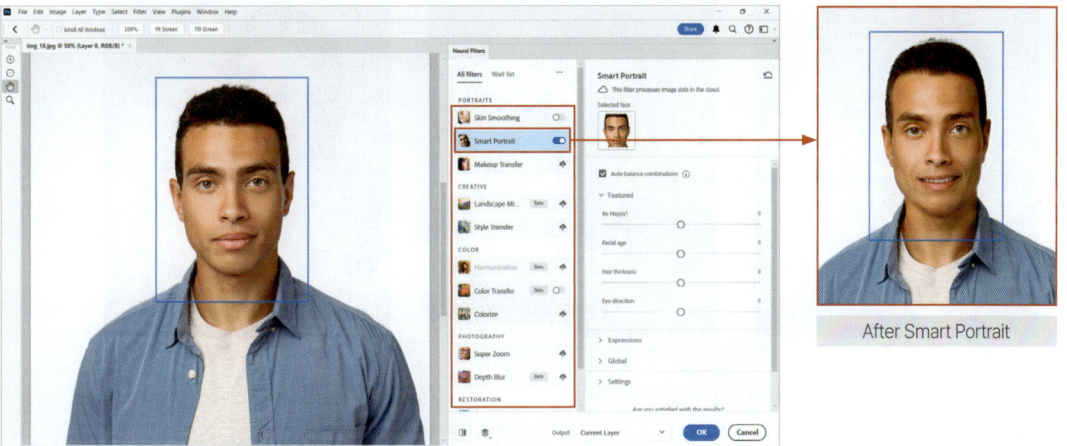

After Smart Portrait

① **Skin Smoothing(피부를 매끄럽게)** : 잡티 및 점이 있는 피부를 한 번의 클릭으로 빠르고 매끄럽게 표현할 수 있습니다.

② **Smart Portrait(스마트 인물 사진)** : 인물의 표정과 얼굴 나이 등을 변환할 수 있습니다.

③ **Makeup Transfer(메이크업 변환)** : 선택한 인물 사진과 메이크업 된 인물 사진을 각각 준비하고, 선택한 인물 사진에 메이크업을 합성하여 변환할 수 있습니다.

④ **Landscape Mixer(풍경 사진 믹서)** : 풍경 사진을 샘플 사진과 합성해 계절과 분위기를 변환할 수 있습니다.

Before

After

⑤ **Style Transfer(스타일 변환)** : 그림 효과와 합성할 수 있으며 사진의 스타일을 변환할 수 있습니다.

Before

After

09 Shape

10 Clipping Mask & Layer Mask

11 Filter

12 Blending Mode

13 Image Adjustments

14 Adjustment Layer

15 Healing Brush / Liquify

16 Channel

⑥ **Harmonization(일치)** : 합성한 이미지끼리 색감이나 조명을 자동으로 맞춰 자연스럽게 조화되도록 합니다.

⑦ **Color Transfer(색상 변환)** : 선택한 사진을 샘플 사진과 합성하여 채도, 색조, 광도 등을 변환합니다.

⑧ **Colorize(색상화)** : 흑백 사진을 다시 채색합니다.

Before

After Photo Restoration

After Colorize

⑨ **Super Zoom(강력한 확대/축소)** : 이미지를 확대하고 자르는 과정에서 해상도 저하를 보정할 수 있습니다.

⑩ **Depth Blur(깊이 흐림)** : 사진 속 일부 이미지에 흐림을 적용하여 사진의 깊이를 만듭니다.

⑪ **JPEG Artefacts Removal(JPEG 아티팩트 제거)** : 이미지를 확대/축소하면서 생기는 화질 저하를 개선합니다. 이미지의 가장자리를 더욱 선명하게 합니다.

⑫ **Photo Restoration(사진 복구)** : Ai 기능으로 오래된 사진의 주름, 긁힘, 노이즈, 색바램 등을 자동으로 복원합니다. Colorize 필터를 추가로 사용하면, 오래된 흑백 사진에 색상을 입혀 컬러 사진으로 복원할 수 있습니다.

🅣 Beta(베타)로 표기된 필터는 개발 중인 기능으로 실행이 불완전할 수 있습니다.

Filter Gallery 필터 갤러리 📁 S11_1.jpg

작업할 레이어를 선택한 후 [Filter] - [Filter Gallery]에서 기능을 실행하면 대화상자가 나타나고 다양한 효과를 설정할 수 있습니다. 필터 갤러리는 RGB Mode에서만 실행됩니다.

① **Preview(미리 보기)** : 효과를 선택하면 이미지에 적용된 효과를 미리보기 할 수 있습니다.

② **Filter categories(필터 범주)** : 폴더를 열어 필터 갤러리 기능을 확인할 수 있습니다.

③ **Filter pop-up menu(필터 팝업 메뉴)** : 효과 상세 목록을 확인할 수 있습니다.

④ **Option for selected filter(선택된 필터의 옵션)** : 효과 상세 설정을 조정할 수 있습니다.

⑤ 효과를 두 개 이상 추가할 수 있습니다.

⑥ 효과를 삭제합니다.

⑦ 적용한 필터 효과 목록이 나타납니다. 해당 레이어의 눈 아이콘(👁)을 끄면 필터 효과가 숨겨집니다.

> * 아래의 예시 이미지는 효과 해설을 위해 값을 임의대로 조정한 결과물입니다.

Artistic 예술 효과

파스텔, 비닐랩, 수채화 등 다양한 예술 효과를 적용합니다.

Colored Pencil(색연필)

Cutout(오려내기)

Dry Brush(드라이 브러시)

Film Grain(필름 그레인)

① **Colored Pencil(색연필)** : 색연필로 이미지를 그린 듯한 효과가 적용됩니다. 용지의 밝기를 조절한 뒤, 획 압력과 색연필의 두께를 설정할 수 있습니다.

② **Cutout(오려내기)** : 이미지에 사용된 몇 가지의 색으로 오려낸 듯한 효과가 적용됩니다. 레벨 수(색상 수), 가장자리 단순화 값과 정확도를 설정할 수 있습니다.

③ **Dry Brush(드라이 브러시)** : 거친 브러시로 채색한 듯한 효과가 적용됩니다. 브러시의 크기와 세부 표현, 질감의 선명도를 설정할 수 있습니다.

④ **Film Grain(필름 그레인)** : 검은색 알갱이 효과가 적용됩니다. 효과의 강도, 밝은 영역의 범위, 명도를 설정할 수 있습니다.

Fresco(프레스코)

Neon Glow(네온 광)

Paint Daubs
(페인트 바르기)

Palette Knife
(팔레트 나이프)

⑤ **Fresco(프레스코)** : 회반죽 바탕에 물에 갠 안료로 채색하는 유화 기법 효과가 적용됩니다. 브러시 크기와 세부 표현, 텍스쳐를 설정할 수 있습니다.

09 Shape

10 Clipping Mask & Layer Mask

11 Filter

12 Blending Mode

13 Image Adjustments

14 Adjustment Layer

15 Healing Brush / Liquify

16 Channel

❻ Neon Glow(네온광) : 전경색으로 이미지의 어두운 영역이 합성되고, 밝은 영역에 사용자가 지정한 색상으로 네온광 효과를 적용합니다. 광선의 크기, 광선의 명도를 설정할 수 있습니다.

❼ Paint Daubs(페인트 바르기) : 이미지를 페인트로 그린 듯한 효과가 적용됩니다. 브러시의 크기, 선명도, 브러시의 유형을 설정할 수 있습니다.

❽ Palette Knife(팔레트 나이프) : 유화 나이프인 팔레트 나이프로 그린 듯한 효과가 적용됩니다. 획의 크기, 세부 표현, 부드럽기를 설정할 수 있습니다.

| Plastic Warp(비닐랩) | Poster Edges (포스터 가장자리) | Rough Pastels (거친 파스텔 효과) | Smudge Stick (문지르기 효과) |

❾ Plastic Warp(비닐랩) : 이미지에 비닐랩을 씌운 듯한 광택 효과가 적용됩니다. 밝은 영역의 강도를 조절하고, 세부 표현, 매끄러움 정도를 설정할 수 있습니다.

❿ Poster Edges(포스터 가장자리) : 이미지 가장자리에 검은색 브러시가 채색되는 효과가 적용됩니다. 가장자리의 두께, 강도를 설정할 수 있으며 포스터화 옵션을 조절하여 이미지의 색상을 단순화할 수 있습니다.

⓫ Rough Pastels(거친 파스텔 효과) : 이미지를 거친 파스텔로 채색한 듯한 효과가 적용됩니다. 획 깊이와 세부 표현을 설정할 수 있고, 질감을 고른 후 효과의 비율, 깊이감, 조명을 설정할 수 있습니다.

⓬ Smudge Stick(문지르기 효과) : 이미지를 사선의 획으로 문지르는 듯한 효과가 적용됩니다. 획의 깊이와 밝은 영역의 범위를 조절하고 효과 강도를 설정할 수 있습니다.

| Sponge(스폰지) | Underpainting (언더페인팅 효과) | Watercolor(수채화 효과) |

⓭ Sponge(스폰지) : 젖은 스폰지로 찍어낸 듯한 효과가 적용됩니다. 브러시 크기, 이미지의 정확도, 매끄러움 정도를 설정합니다.

⓮ Underpainting(언더페인팅 효과) : 이미지 위로 질감이 있는 효과가 적용됩니다. 벽돌, 캔버스, 삼베, 사암 질감을 골라 효과의 비율, 깊이감, 조명을 설정할 수 있습니다.

⓯ Watercolor(수채화 효과) : 이미지에 수채화(물기가 있는 그림) 효과가 적용됩니다. 브러시 세부 표현, 음영의 강도, 수채화 질감의 강도를 설정합니다.

Brush Strokes 브러시 획

이미지를 스케치한 것과 같은 효과를 연출합니다.

Accented Edges
(강조된 가장자리)

Angled Strokes(각진 획)

Crosshatch(그물눈)

Dark Strokes(어두운 획)

❶ **Accented Edges(강조된 가장자리)** : 이미지의 가장자리에 선이 적용됩니다. 가장자리의 폭, 가장자리 밝기, 매끄러움 정도를 설정할 수 있습니다.

❷ **Angled Strokes(각진 획)** : 이미지를 획으로 그린 듯한 효과가 적용됩니다. 획의 깊이, 방향 균형, 선명도를 설정할 수 있습니다.

❸ **Crosshatch(그물눈)** : 이미지 위로 가로/세로 획이 그려지며 그물 효과가 적용됩니다. 획의 깊이, 선명도, 강도를 설정할 수 있습니다.

❹ **Dark Strokes(어두운 획)** : Sumi-E(수묵화)와 Angled Strokes(각진 획)가 합쳐진 효과입니다. 균형, 검정색 강도, 흰색 강도를 설정합니다.

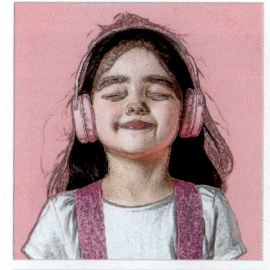
Ink Outlines(잉크 윤곽선)

Spatter(뿌리기)

Sprayed Strokes(스프레이 획)

Sumi-E(수묵화)

❺ **Ink Outlines(잉크 윤곽선)** : Accented Edges(강조된 가장자리)와 Sumi-E가 합쳐진 효과입니다. 검은색 물감으로 칠해진 효과와 가장자리의 네온 효과가 함께 적용됩니다. 획 깊이, 어두운 강도와 밝은 강도를 설정할 수 있습니다.

❻ **Spatter(뿌리기)** : 이미지 위로 스프레이가 뿌려져 번진 듯한 효과가 적용됩니다. 스프레이의 반경과 매끄러움을 설정할 수 있습니다.

❼ **Sprayed Strokes(스프레이 획)** : Spatter(뿌리기)와 Angled Strokes가 합쳐진 효과입니다. 획 깊이, 스프레이의 반경, 획 방향을 설정할 수 있습니다.

❽ **Sumi-E(수묵화)** : 이미지에 수묵화 효과를 적용합니다. 검은색 물감으로 채색한 효과입니다. 획의 폭, 압력, 대비값을 설정할 수 있습니다.

09 Shape

10 Clipping Mask & Layer Mask

11 Filter

12 Blending Mode

13 Image Adjustments

14 Adjustment Layer

15 Healing Brush / Liquify

16 Channel

Distort 왜곡

이미지를 왜곡합니다.

| Diffuse Glow(광선 확산) | Glass(유리) | Ocean Ripple(바다 물결) |

❶ **Diffuse Glow(광선 확산)** : 이미지에 밝은 광선과 흰색 효과가 함께 적용됩니다. 입자의 크기, 빛의 양, 투명도를 설정할 수 있습니다.

❷ **Glass(유리)** : 무늬가 있는 유리의 효과가 적용됩니다. 유리 효과를 선택한 뒤 효과의 비율, 왜곡의 양, 매끄러움을 설정할 수 있습니다.

❸ **Ocean Ripple(바다 물결)** : 이미지에 불규칙적인 물결 효과가 적용됩니다. 잔물결의 크기와 양을 설정할 수 있습니다.

Sketch 스케치

이미지를 스케치한 것과 같은 효과를 연출합니다. 일부 효과를 제외하고, 사용자가 선택한 Foreground Color(전경색)와 Background Color(배경색)가 적용됩니다.

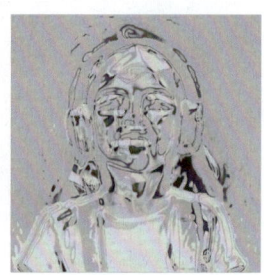

| Bas Relief(저부조) | Chalk & Charcoal (분필과 목탄) | Charcoal(목탄) | Chrome(크롬) |

❶ **Bas Relief(저부조)** : 이미지에 얕은 음각과 양각 효과가 적용되어 입체감이 적용됩니다. 이미지의 세부 표현, 매끄러움 정도를 설정할 수 있습니다.

❷ **Chalk & Charcoal(분필과 목탄)** : 분필 효과와 목탄 효과를 합친 효과가 적용됩니다. 목탄 영역과 분필 영역, 획 압력을 설정할 수 있습니다.

❸ **Charcoal(목탄)** : 흰색 종이에 전경색 목탄으로 그린 효과가 적용됩니다. 목탄의 두께와 이미지 세부, 명암 균형을 설정할 수 있습니다.

❹ **Chrome(크롬)** : 이미지에 크롬 질감 효과가 적용됩니다. 이미지의 세부 표현, 매끄러움 정도를 설정할 수 있습니다.

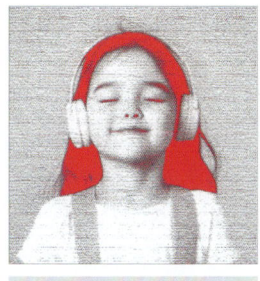
Conte Crayon(크레용)
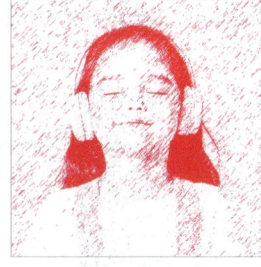
Graphic Pen(그래픽 펜)

Halftone Pattern(하프톤 패턴)

Note Paper(메모지)

⑤ Conte Crayon(크레용) : 벽돌, 캔버스, 삼베, 사암 질감 위로 이미지가 그려진 효과를 적용합니다. 전경색과 배경색 명도를 조절할 수 있으며 질감의 비율, 깊이감, 조명을 설정할 수 있습니다.

⑥ Graphic Pen(그래픽 펜) : 전경색 펜으로 그린 듯한 효과가 적용됩니다. 획의 깊이, 명암의 균형, 획의 방향을 설정할 수 있습니다.

⑦ Halftone Pattern(하프톤 패턴) : 전경색 도트 패턴으로 이미지가 채워집니다. 도트의 크기, 대비, 패턴 유형을 설정할 수 있습니다. 패턴 유형은 선으로도 설정이 가능합니다.

⑧ Note Paper(메모지) : 질감이 있는 종이에 Torn Edges(가장자리 찢기)가 적용된 효과입니다. 이미지 균형과 종이 입자의 크기, 깊이를 설정할 수 있습니다.

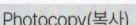
Photocopy(복사)

Plaster(석고)

Reticulation(망사 효과)
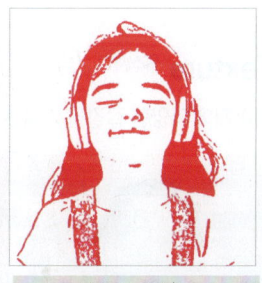
Stamp(도장)

⑨ Photocopy(복사) : 이미지를 복사기로 복사한 효과가 적용됩니다. 전경색으로 복사됩니다. 이미지의 세부 표현, 잉크의 농도를 설정할 수 있습니다.

⑩ Plaster(석고) : Stamp(도장) 효과에 깊이감이 적용되어 입체감이 있는 효과입니다. 조명의 위치를 수정할 수 있고, 이미지 균형과 매끄러움을 설정할 수 있습니다.

⑪ Reticulation(망사 효과) : 작은 점으로 이미지가 그려진 듯한 효과가 적용됩니다. 전경색과 흰색으로 만들어지며, 점의 밀도와 전경색, 배경색의 명도를 설정할 수 있습니다.

⑫ Stamp(도장) : 전경색과 흰색으로 판화 효과가 적용됩니다. 명암의 균형, 효과의 매끄러움 정도를 설정할 수 있습니다.

Torn Edges(가장자리 찢기)

Water Paper(물 종이)

09
Shape

10 Clipping Mask
& Layer Mask

11
Filter

12
Blending Mode

13
Image Adjustments

14
Adjustment Layer

15
Healing Brush / Liquify

16
Channel

⑬ **Torn Edges(가장자리 찢기)** : 전경색과 흰색으로 이미지를 오려내듯 적용됩니다. 이미지 균형, 매끄럽기, 대비값을 설정할 수 있습니다.

⑭ **Water Paper(물 종이)** : 물에 젖은 종이 위로 그려진 그림 효과가 적용됩니다. 종이 섬유의 깊이값과 이미지의 명도, 대비값을 설정할 수 있습니다.

Stylize 스타일화

이미지의 가장자리를 감지하여 광선 효과를 연출합니다.

Glowing Edges
(가장자리 광선 효과)

Texture 텍스처

이미지에 다양한 질감을 입히는 효과입니다.

| Craquelure(균열) | Grain(그레인) | Mosaic Tiles (모자이크 타일) | Patchwork(이어 붙이기) |

❶ **Craquelure(균열)** : 이미지에 균열 효과가 적용됩니다. 균열의 간격, 깊이, 밝기를 설정할 수 있습니다.

❷ **Grain(그레인)** : 알갱이 효과(노이즈)를 적용합니다. 효과의 강도, 대비, 그레인 유형을 설정할 수 있습니다.

❸ **Mosaic Tiles(모자이크 타일)** : 이미지에 불규칙한 타일 효과가 적용됩니다. 타일 크기와 폭, 밝기를 설정할 수 있습니다.

❹ **Patchwork(이어붙이기)** : 규칙적인 타일 효과가 적용됩니다. 정사각형의 크기와 깊이를 설정할 수 있습니다.

Stained Glass(채색 유리)　　　　Texturizer(텍스처화)

⑤ Stained Glass(채색 유리) : 이미지를 단순한 색상의 다각형으로 변환하여 스테인드 글라스 효과가 적용됩니다. 셀의 크기, 테두리 두께, 밝기 강도를 설정할 수 있습니다.

⑥ Texturizer(텍스처화) : 이미지에 질감을 추가합니다. 벽돌, 캔버스, 삼베, 사암의 질감 중 선택하여 비율과 깊이, 조명을 설정할 수 있습니다.

09
Shape

10 Clipping Mask
& Layer Mask

11
Filter

12
Blending Mode

13
Image Adjustments

14
Adjustment Layer

15
Healing Brush / Liquify

16
Channel

Filter

필터 갤러리 효과를 이용해 이미지에 판화 효과를 연출해 봅니다.

📁 예제 폴더 : S11-Practice1

01 새로운 작업 화면 만들기

메뉴에서 [File] - [New] 또는 Ctrl + N 키를 눌러 W 1200, H 1500Pixels, 해상도 72Pixels/Inch의 새로운 작업 화면을 만듭니다.

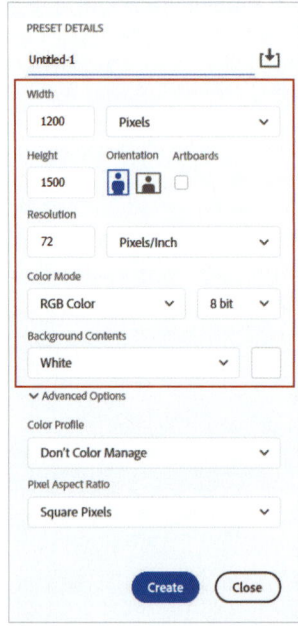

02 이미지 배경 분리하기

① 'S11_P1_1.jpg'와 'S11_P1_2.jpg' 파일을 열어 Magic Wand Tool(W)을 선택합니다. 상단 옵션바에서 Add to Selection(선택 영역에 추가) 옵션으로 변경하고, Contiguous에도 체크합니다.

② Magic Wand Tool(W)은 색상을 기준으로 선택하므로, 개체가 아닌 흰색 배경을 클릭하여 선택 영역을 지정합니다.

③ 배경이 선택된 상태이므로 선택 영역을 반전(Ctrl + Shift + I)하여 개체를 선택합니다. 거친 질감의 필터를 적용할 예정이므로 가장자리가 다소 부정확해도 무방합니다.

Shift 키를 눌러 배경과 액자 안의
흰색 배경을 모두 제거합니다.

T Contiguous를 체크하면 연결된 동일 색
상만 저장됩니다. 반대로 체크를 해제하면
화면 전체에 같은 색상이 모두 선택됩니다.

03 작업 화면에 배치하기

선택한 영역을 복사(Ctrl + C)한 후, 새로 만든 작업 화면에 붙여넣기(Ctrl + V)합니다. Free Transform(Ctrl + T)으로 크
기를 조절하고, 레이어를 정리한 후 이미지 아래에 문자를 입력할 공간을 남기고 배치합니다.

문자 입력할 공간

04 스마트 필터 적용하기

두 레이어에 각각 [Filter]-[Convert for Smart Filters]를 적용하거나 패널창 레이어에 마우스 우클릭하여 [Convert to
Smart Object]를 적용합니다.

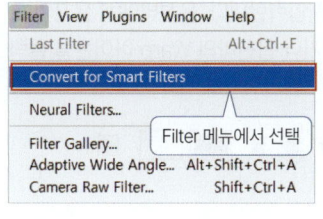

Filter 메뉴에서 선택

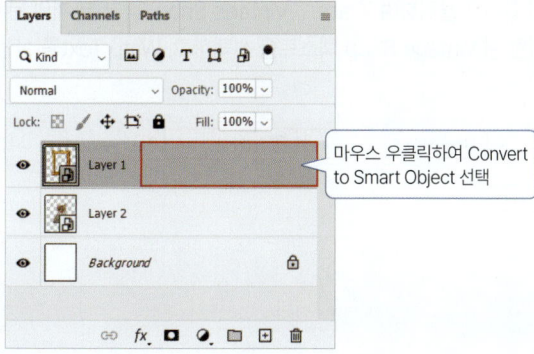

마우스 우클릭하여 Convert
to Smart Object 선택

09 Shape

10 Clipping Mask & Layer Mask

11 Filter

12 Blending Mode

13 Image Adjustments

14 Adjustment Layer

15 Healing Brush / Liquify

16 Channel

05 필터 갤러리 적용하기

두 레이어에 각각 [Filter] - [Filter Gallery] - [Sketch] - [Stamp] 필터를 적용합니다. 효과의 값은 서로 다르게 적용합니다.

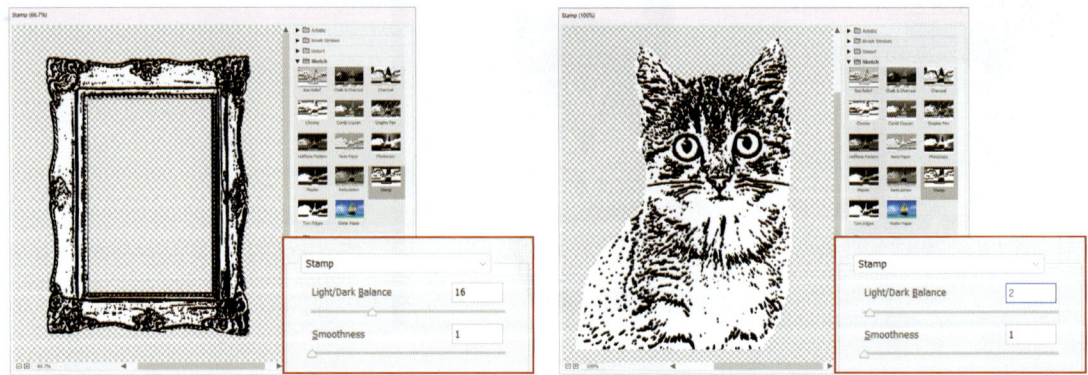

T Foreground Color(전경색), Background Color(배경색)의 영향을 받는 기능이므로, Foreground Color는 검은색, Background Color는 하얀색으로 지정되어 있는 상태로 적용해야 합니다.

06 레이어 스타일 적용하기

프레임 레이어(Layer 1)에 입체감을 넣기 위해 레이어 스타일에서 Drop Shadow를 적용합니다.

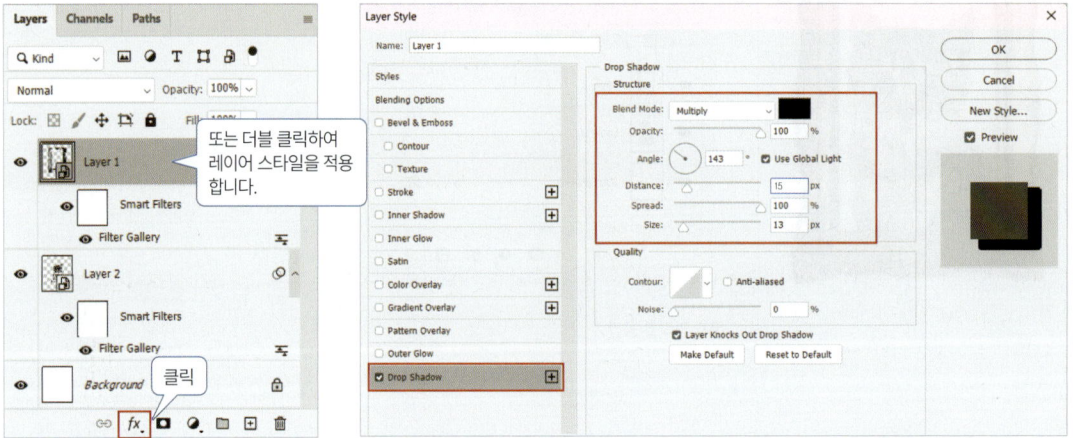

07 문자 입력하기

Type Tool(T)로 작업 화면을 클릭하여 'Cat's ', 'Vintage Shop' 각각 두 개의 문자를 입력합니다. 옵션바에서 문자의 크기와 색상, 폰트를 설정한 뒤 Vintage Shop 텍스트를 선택하고, Warp Text를 실행하거나 옵션바의 Warp 아이콘을 클릭합니다.

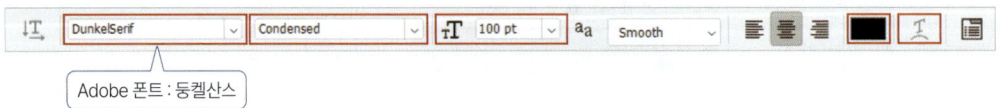

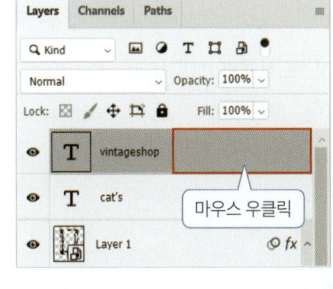

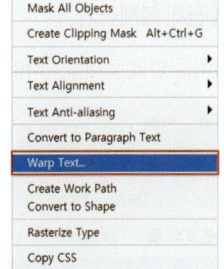

Warp Text 실행

마우스 우클릭

본 교재에서는 Adobe font를 사용하였으나 Adobe Creative Cloud 서비스를 사용하지 않는 사용자는 fonts.google.com에서 'Yeseva One' 서체를 다운로드 받아 사용하는 것을 추천합니다.

08 문자 Warp 효과 적용하기

Style은 Arc 효과로 적용하고 Bend 값은 -30을 입력합니다.

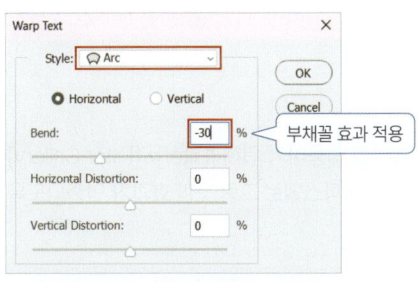

부채꼴 효과 적용

효과 확인

09 영역 지정 후 채색하기

새 레이어(Ctrl + Alt + Shift + N)를 생성한 뒤, Rectangular Marquee Tool(M)로 작업 화면에서 프레임 레이어보다 작은 크기의 사각형을 그리고 검은색으로 채웁니다(Alt + Delete). 완성된 검은색 레이어는 고양이 레이어 아래로 배치합니다.

영역 지정 후 검은색 채우기

09 Shape

10 Clipping Mask & Layer Mask

11 Filter

12 Blending Mode

13 Image Adjustments

14 Adjustment Layer

15 Healing Brush / Liquify

16 Channel

10 레이어 전체 복제하기

보이는 레이어를 병합 복제합니다(Ctrl + Alt + Shift + E).

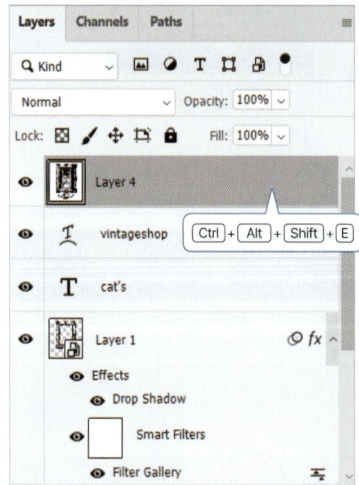

11 필터 갤러리 적용하기

병합 복제된 레이어에 반전 효과(Ctrl + I)를 적용하고, 파스텔로 그린 듯한 필터를 적용하기 위해 [Filter] - [Filter Gallery] - [Artistic] - [Rough Pastels](거친 파스텔) 효과를 적용합니다. 옵션 값은 이미지가 파스텔로 그린 듯한 효과가 연출되도록 자유롭게 설정합니다.

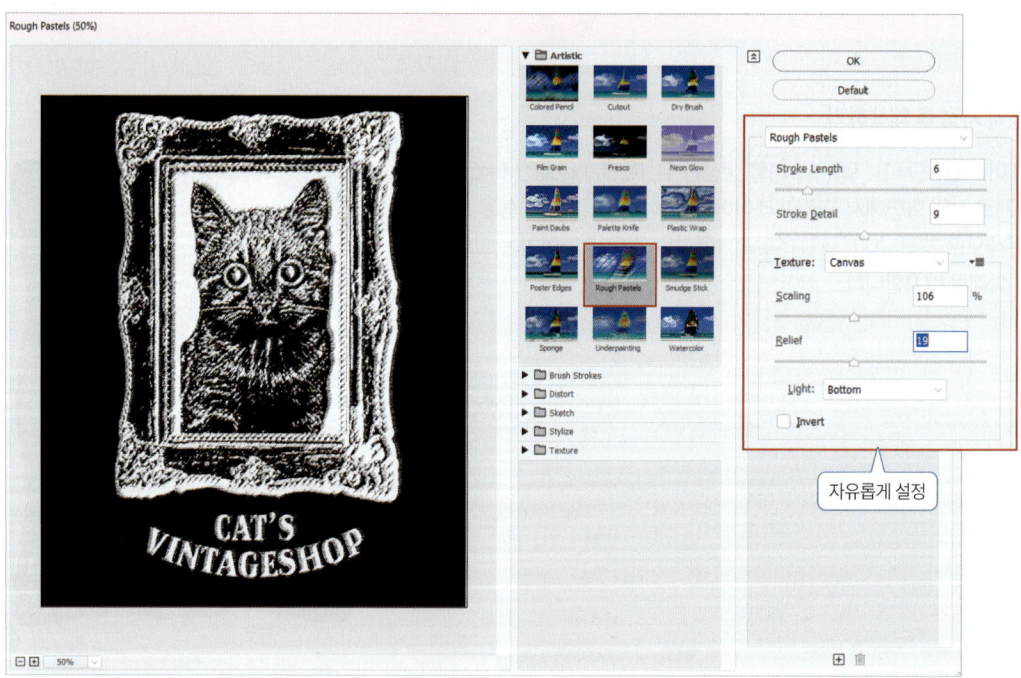

12 흰색 영역 추출하기

메뉴에서 [Select] - [Color Range]를 실행하고 대화 상자가 열리면 작업 화면에서 흰색 부분을 클릭하고, Fuzziness(허용량)를 50으로 설정합니다. 흰색 영역이 선택되면 해당 영역만 복제(Ctrl + J)하여 새 레이어로 만들 수 있습니다.

대화상자가 나타나면 작업 화면에 흰색을 클릭합니다.

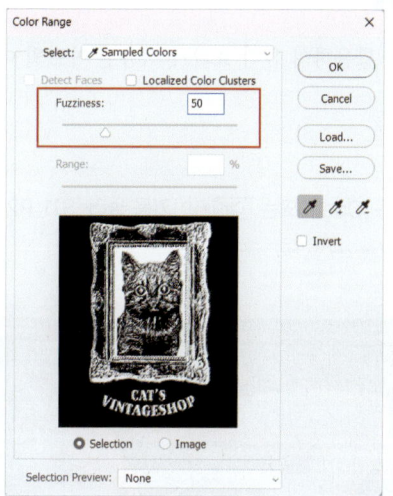

13 목업(Mock Up) 완성하기

① 'S11_P1_3.jpg' 파일을 불러옵니다(Ctrl + O). 12 과정에서 추출한 흰색 레이어를 복사(Ctrl + C)하여 'S11_P1_3.jpg' 파일에(불러온 파일에) 붙여넣기(Ctrl + V)합니다.

② Free Transform(Ctrl + T)을 실행하여 입간판의 사이즈에 맞게 형태를 조절합니다.

③ Free Transform이 실행되어 있는 상태라면 마우스 우클릭한 후 [Distort]를 선택하고 이미지를 자유롭게 왜곡하여 변형해 봅니다. 작업이 완료되었다면 파일을 저장하고 마무리합니다.

Free Transform 실행 후
마우스 우클릭 - [Distort] 선택

T Free Transform(Ctrl + T)이 실행되어 있는 상태에서 Ctrl 키를 누른 채 바운딩 박스를 조절하면 각 모서리를 자유롭게 변형할 수 있습니다.

09
Shape

10 Clipping Mask
& Layer Mask

11
Filter

12
Blending Mode

13
Image Adjustments

14
Adjustment Layer

15
Healing Brush / Liquify

16
Channel

Filter

스마트 필터를 활용하여 유리 효과가 적용된 아트웍 이미지를 제작합니다.

■ 예제 폴더 : S11-Practice2

01 파일 열기

메뉴에서 [File] - [Open] 또는 Ctrl + O 키를 눌러 'S11_P2_1.jpg' 파일을 불러옵니다.

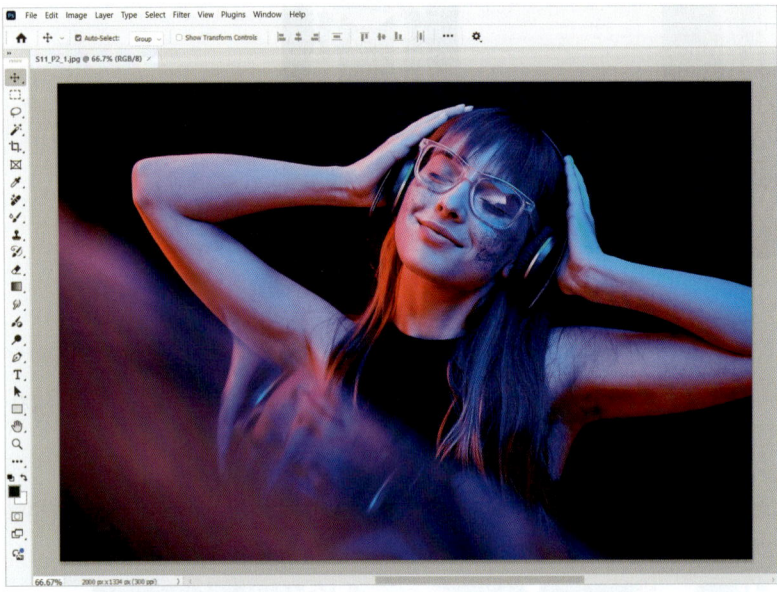

02 스마트 필터 적용하기

메뉴에서 [Filter] - [Convert for Smart Filters]를 적용하거나 패널 창 레이어에 직접 마우스 우클릭하여 Convert to Smart Object로 변환할 수 있습니다.

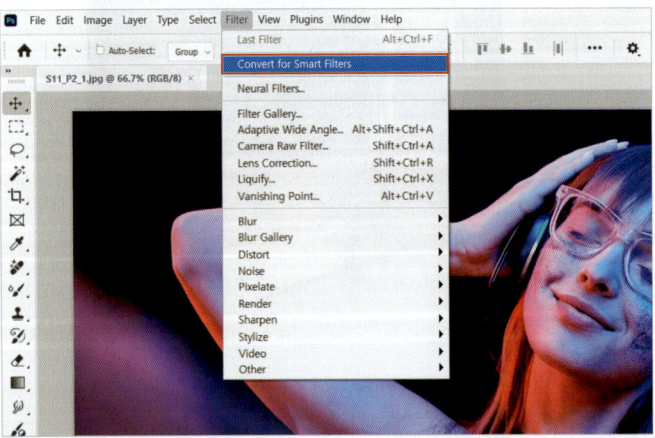

레이어가 Smart Object로 변환됩니다.

03 필터 갤러리 적용하기

메뉴에서 [Filter] - [Filter Gallery]를 선택한 후, 필터 갤러리 내에서 [Distort] - [Glass] 효과를 적용하여 왜곡된 유리 질감의 효과를 연출합니다. 이때, Texture를 Blocks로 수정하고 Distortion과 Smoothness 정도를 조절합니다.

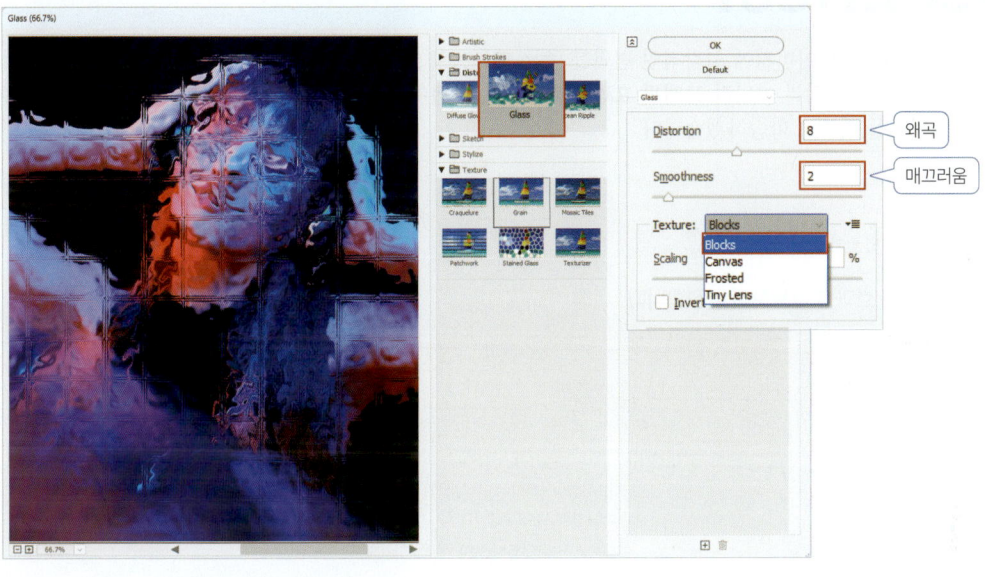

04 스마트 필터 효과 마스크 사용하기

① Rectangular Marquee Tool(M)을 선택한 후, 필터 효과를 해제할 부분만큼 드래그하여 영역을 지정합니다.
② Filter Effect Mask(필터 효과 마스크)를 클릭하고, 선택된 영역에 검은색을 채우면 해당 부분의 필터 효과가 숨겨집니다.
③ Filter Effect Mask를 다시 클릭한 뒤, Free Transform(Ctrl + T)으로 마스크의 크기, 회전, 위치를 조절하여 필터 효과가 적용되는 영역을 세밀하게 조정할 수 있습니다.

Filter Effect

Filter Effect(필터 효과)는 이미지에 시각적인 변화를 주는 기능으로 흐림, 왜곡, 질감 추가 등 다양한 스타일을 적용할 수 있습니다. 사진 보정뿐 아니라 그래픽 효과나 창의적인 표현에도 널리 사용됩니다. 본 교재에는 자주 사용되는 기초적인 필터들 위주로 학습하겠습니다.

Filter Effect 필터 효과

[Filter] 메뉴의 다양한 효과를 적용하여 설정합니다.

Filter View Plugins Window Help
Last Filter — Alt+Ctrl+F
Convert for Smart Filters
Neural Filters...
Filter Gallery...
Adaptive Wide Angle... — Alt+Shift+Ctrl+A
Camera Raw Filter... — Shift+Ctrl+A
Lens Correction... — Shift+Ctrl+R
Liquify... — Shift+Ctrl+X
Vanishing Point... — Alt+Ctrl+V
① Blur ▶
② Blur Gallery ▶
③ Distort ▶
④ Noise ▶
⑤ Pixelate ▶
⑥ Render ▶
⑦ Sharpen ▶
⑧ Stylize ▶
⑨ Video ▶
⑨ Other ▶

① Blur(흐림 효과) 📁 S11_6.jpg

다양한 방식으로 이미지에 흐림 효과를 적용합니다.

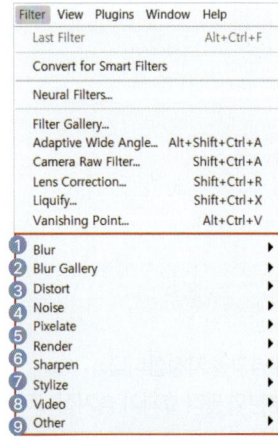

ⓐ Average
ⓑ Blur
ⓒ Blur More
ⓓ Box Blur...
ⓔ Gaussian Blur...
ⓕ Lens Blur...
ⓖ Motion Blur...
ⓗ Radial Blur...
ⓘ Shape Blur...
ⓙ Smart Blur...
ⓚ Surface Blur...

ⓐ Average(평균) : 이미지를 구성하는 색상의 평균 색을 인식하여 채웁니다.

ⓑ Blur(흐리게) : 이미지를 흐리게 만들며, 수치값을 설정할 수 없습니다.

ⓒ Blur More(더 흐리게) : 이미지를 더 흐리게 만들며, 수치값을 설정할 수 없습니다.

ⓓ Box Blur(상자 흐림 효과) : 값이 높을수록 상자 형태가 커지며 흐림 효과가 커집니다.

ⓔ Gaussian Blur(가우시안 흐림 효과) : 흐림 효과의 값을 조절합니다.

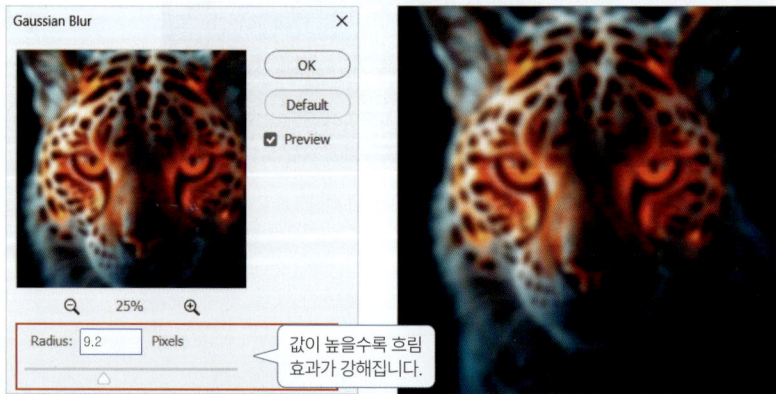

값이 높을수록 흐림
효과가 강해집니다.

ⓕ Lens Blur(렌즈 흐림 효과) : 카메라 렌즈를 이용한 것처럼 흐림 효과를 표현하는 필터로, 이미지에 노이즈를 적용할 수도 있습니다.

ⓖ Motion Blur(동작 흐림 효과) : 특정 방향으로 흐림 효과를 적용할 수 있습니다. 속도감 표현에 자주 활용됩니다.

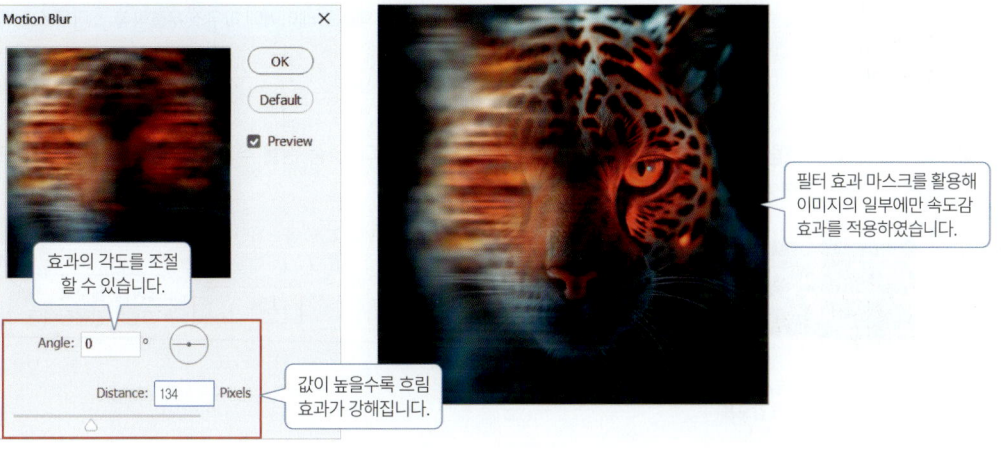

ⓗ Radial Blur(방사형 흐림 효과) : 기준점을 중심으로 이미지를 회전하거나, 빨려 들어가는 듯한 효과를 적용할 수 있습니다.

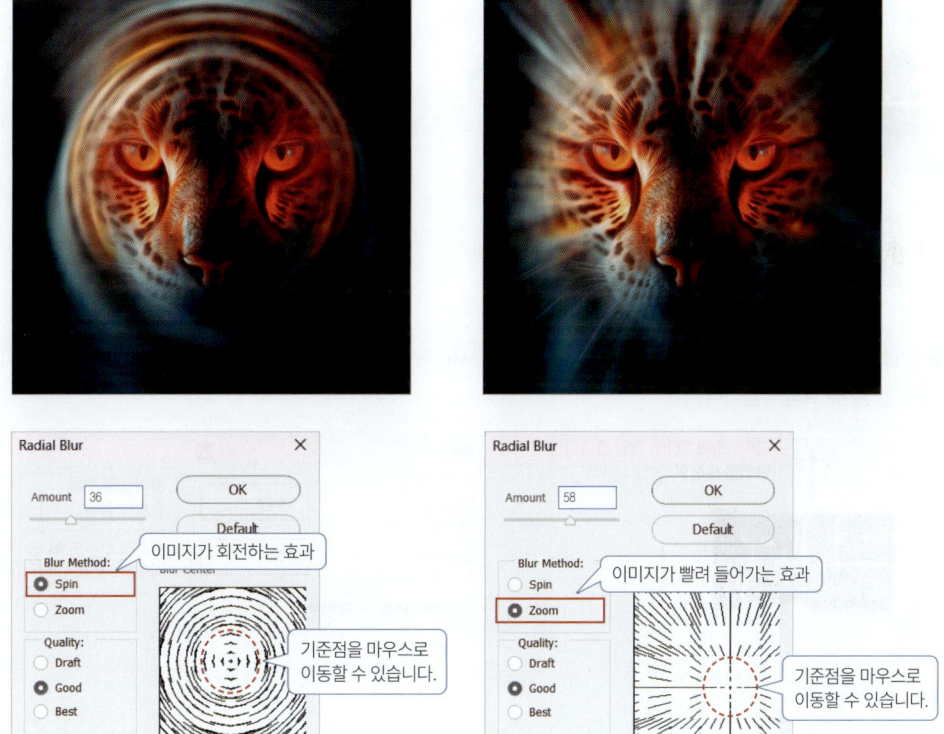

ⓘ Shape Blur(모양 흐림 효과) : 지정된 모양을 기준으로 흐림 효과를 적용합니다.

ⓙ Smart Blur(고급 흐림 효과) : 이미지의 윤곽선을 살리면서 흐림 효과를 적용합니다.

ⓚ Surface Blur(표면 흐림 효과) : 가장자리를 유지하면서 이미지를 흐리게 합니다. 노이즈를 제거할 때 적합합니다.

09 Shape

10 Clipping Mask & Layer Mask

11 Filter

12 Blending Mode

13 Image Adjustments

14 Adjustment Layer

15 Healing Brush / Liquify

16 Channel

❷ Blur Gallery(흐림 효과 갤러리)

Ⓐ Field Blur...
Ⓑ Iris Blur...
Ⓒ Tilt-Shift...
Ⓓ Path Blur...
Ⓔ Spin Blur...

Blur Gallery(흐림 효과 갤러리)에서는 다양한 종류의 블러 효과를 적용할 수 있습니다. 기능을 실행하면 전용 대화상자가 열리며, 필터 효과를 미리 보고 옵션 값을 조절할 수 있습니다.

🇹 텍스트 레이어에는 필터 적용이 불가합니다. 텍스트 레이어에 마우스 우클릭 후 스마트 오브젝트로 변환하여 필터를 적용할 수 있습니다.

Ⓐ Field Blur(필드 흐림 효과) : 흐림 효과의 그레이디언트를 만듭니다. 다중 핀을 추가할 수 있고 각 핀에 대한 흐림 효과와 강도를 설정할 수 있습니다.

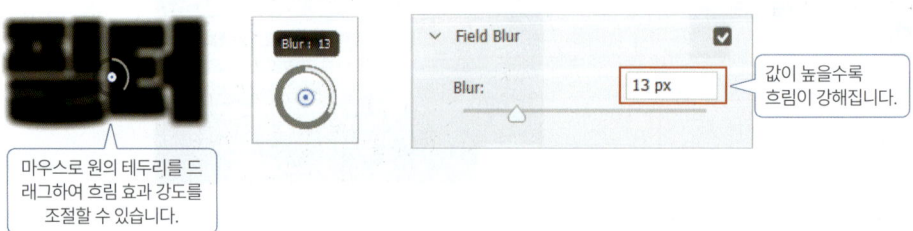

마우스로 원의 테두리를 드래그하여 흐림 효과 강도를 조절할 수 있습니다.

값이 높을수록 흐림이 강해집니다.

Ⓑ Iris Blur(조리개 흐림 효과) : 카메라 조리개의 이론을 적용한 흐림 효과입니다. 사용자가 지정한 영역을 제외한 나머지의 영역이 흐림 효과로 적용됩니다.

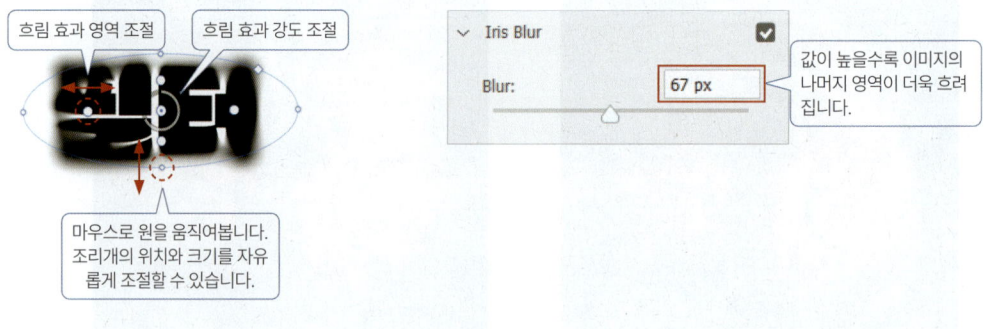

흐림 효과 영역 조절

흐림 효과 강도 조절

마우스로 원을 움직여봅니다. 조리개의 위치와 크기를 자유롭게 조절할 수 있습니다.

값이 높을수록 이미지의 나머지 영역이 더욱 흐려집니다.

Ⓒ Tilt-Shift(기울기 - 이동) : 선명도 영역을 설정하여 가장자리에서부터 점점 흐리게 효과를 적용합니다. 이미지에 집중 효과를 줄 때 효과적입니다.

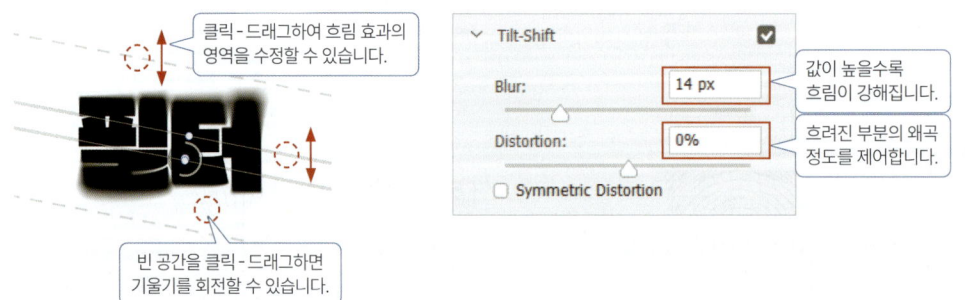

클릭 - 드래그하여 흐림 효과의 영역을 수정할 수 있습니다.

빈 공간을 클릭 - 드래그하면 기울기를 회전할 수 있습니다.

값이 높을수록 흐림이 강해집니다.

흐려진 부분의 왜곡 정도를 제어합니다.

D Path Blur(경로 흐림 효과) : 변형되는 곡선을 통해 효과의 경로를 만듭니다. 이미지의 움직임을 표현하는 동작 흐림 효과를 만들 수 있습니다.

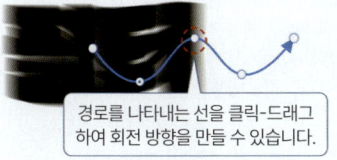

경로를 나타내는 선을 클릭-드래그 하여 회전 방향을 만들 수 있습니다.

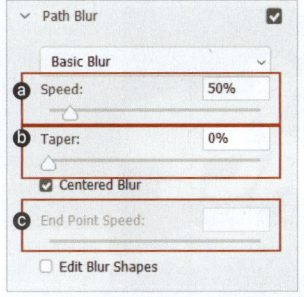

ⓐ Speed(속도) : 값이 높아질수록 효과의 강도가 높아지며 속도가 빠르게 느껴집니다.

ⓑ Taper(뾰족한 끝) : 값이 높아질수록 끝점을 뾰족한 효과로 처리됩니다.

ⓒ End Point Speed(끝점 속도) : 값이 높아질수록 효과의 강도가 높아져 속도가 빠르게 느껴집니다.

E Spin Blur(회전 흐림 효과) : 회전 효과를 사용하여 하나 이상의 점을 중심으로 이미지가 회전하고 있는 듯한 흐림 효과를 줄 수 있습니다.

마우스로 원을 움직여봅니다. 조리개의 크기를 자유롭게 조절할 수 있습니다.

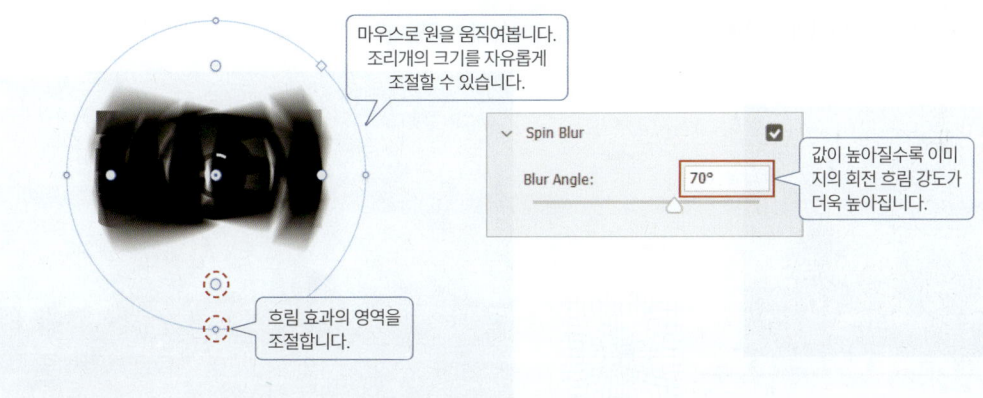

값이 높아질수록 이미지의 회전 흐림 강도가 더욱 높아집니다.

흐림 효과의 영역을 조절합니다.

❸ Distort(왜곡)

이미지의 형태를 기하학적으로 왜곡하여 다양하게 변형합니다.

Ⓐ Displace...
Ⓑ Pinch...
Ⓒ Polar Coordinates...
Ⓓ Ripple...
Ⓔ Shear...
Ⓕ Spherize...
Ⓖ Twirl...
Ⓗ Wave...
Ⓘ ZigZag...

📁 S11_7.psd, 파도.psd

Ⓐ Displace(변위) : 선택 레이어를 PSD 소스 이미지의 질감을 적용하여 변형합니다. 효과를 적용하기 위해서 효과를 적용한 레스터 레이어, 소스 이미지(PSD 확장자)를 준비한 후 적용합니다.

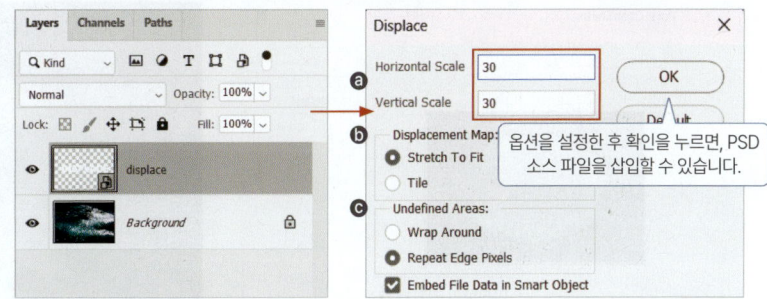

옵션을 설정한 후 확인을 누르면, PSD 소스 파일을 삽입할 수 있습니다.

ⓐ Horizontal Scale / Vertical Scale(수평/수직 스케일) : 가로 비율과 세로 비율의 왜곡 강도를 설정합니다.

ⓑ Displacement Map(디스플레이스먼트 맵 배치 방식) : 소스 파일과 동일한 크기로 맞추거나 나란히 놓을 수 있습니다.

09
Shape

10 Clipping Mask
& Layer Mask

11
Filter

12
Blending Mode

13
Image Adjustments

14
Adjustment Layer

15
Healing Brush / Liquify

16
Channel

⊙ Undefined Areas(정의되지 않은 영역 처리) : 이미지가 왜곡되면서 경계 밖에 픽셀이 생길 경우, 그 빈 공간을 어떻게 채울지 지정합니다.

디스플레이스를 활용한 문자에 파도 질감 합성 방법
① 파도 이미지 위로 문자를 입력하고 텍스트 레이어에 마우스 우클릭하여 Smart Object로 변환합니다.
② [Filter] - [Distort] - [Displace]를 적용합니다.
③ 옵션 창이 뜨면 효과의 크기를 입력하고 완료합니다. 파일을 선택하라는 팝업이 뜨면, psd 파일을 선택해 열어줍니다. 텍스트에 파도 질감이 합성되었습니다.

레이어가 파도 PSD 질감과 합성되어 변형되었습니다.

▶ S11_8.jpg

Ⓑ Pinch(핀치) : 이미지의 중심을 기준으로 이미지를 오목하게 왜곡합니다.

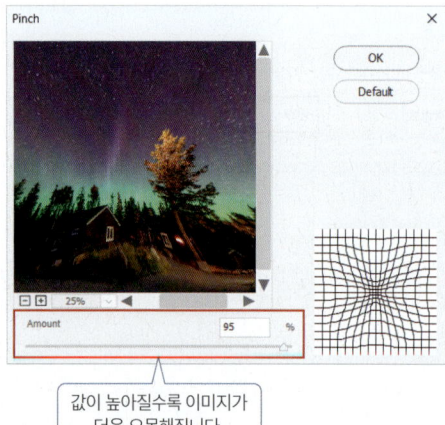

값이 높아질수록 이미지가 더욱 오목해집니다.

Ⓒ Polar Coordinates(극좌표) : 선택한 옵션에 따라 영역을 직교좌표에서 극좌표로 또는 극좌표에서 직교좌표로 변환하는 필터입니다. 즉, 이미지가 타원 형태로 왜곡되거나 반대로 왜곡되는 효과가 적용됩니다.

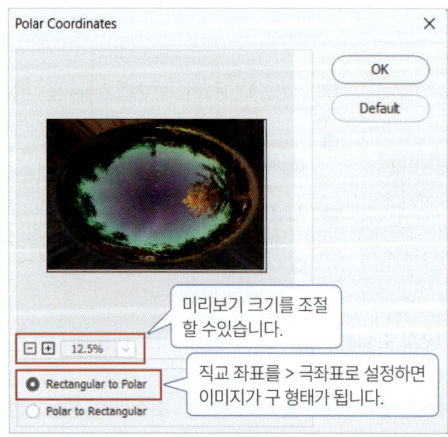

미리보기 크기를 조절할 수 있습니다.

직교 좌표를 > 극좌표로 설정하면 이미지가 구 형태가 됩니다.

ⓓ Ripple(잔물결) : 물결 형태로 이미지를 변형시킵니다. 물결의 크기와 파장 정도를 조절합니다.

값이 높아질수록 이미지에
물결 효과가 강해집니다.

■ S11_9.jpg

ⓔ Shear(기울이기) : 대화 상자에서 선을 변형하여 이미지를 곡선이나 대각선 방향으로 기울여 왜곡합니다.

마우스로 선과 점을 움직여
이미지의 기울기 값을 수정
할 수 있습니다.

ⓕ Spherize(구형화) : 볼록 렌즈로 보는 것처럼 이미지의 중심이 둥글게 변형합니다.

값이 높아질수록 이미지의
중심이 볼록해집니다.

09
Shape

10 Clipping Mask
& Layer Mask

11
Filter

12
Blending Mode

13
Image Adjustments

14
Adjustment Layer

15
Healing Brush / Liquify

16
Channel

G Twirl(돌리기) : 이미지가 소용돌이 모양으로 비틀어집니다.

값이 높아질수록 이미지에
소용돌이 효과가 강해집니다.

📁 S11_10.jpg

H Wave(파형) : 파도의 크기와 진폭 등을 설정하여 이미지에 물결이 치듯 변형합니다.

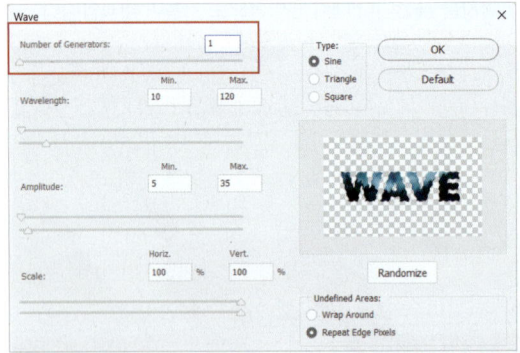
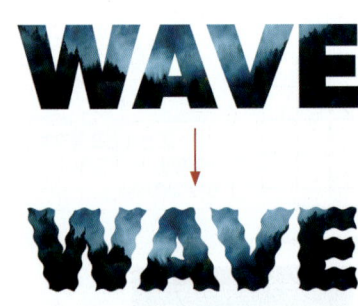

I Zigzag(지그재그) : 잔잔한 수면 위에 돌을 던져 생기는 파장의 효과로 파장의 정도와 형태를 변형할 수 있습니다.

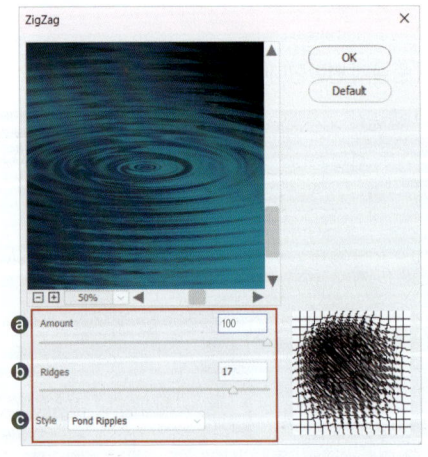
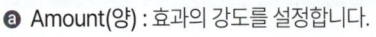

사각형 선택 도구로 물 부분만
선택한 뒤 필터를 적용하면 이미지의
일부만 효과가 적용됩니다.

ⓐ **Amount(양)** : 효과의 강도를 설정합니다.
ⓑ **Ridges(산등성)** : 효과의 넓이를 지정합니다.
ⓒ **Style(스타일)** : 효과의 스타일 설정을 선택합니다.

09
Shape

10 Clipping Mask
& Layer Mask

11
Filter

12
Blending Mode

13
Image Adjustments

14
Adjustment Layer

15
Healing Brush / Liquify

16
Channel

④ Noise(노이즈) ■ S11_11.jpg

해상도가 좋지 않은 이미지의 노이즈를 제거하거나 추가해 이미지를 빈티지하게 만들 수 있습니다.

Ⓐ Add Noise...
Ⓑ Despeckle
Ⓒ Dust & Scratches...
Ⓓ Median...
Ⓔ Reduce Noise...

Ⓐ Add Noise(노이즈 추가) : 이미지 전체에 임의로 분포된 픽셀을 더하여 노이즈를 확산시키는 효과입니다. 노이즈의 양과 분포 옵션을 선택할 수 있습니다.

Ⓑ Despeckle(반점 제거) : 이미지의 가장자리를 감지하여 가장자리를 제외한 모든 영역이 흐리게 변형되며 노이즈가 자동으로 제거됩니다.

Ⓒ Dust & Scratches(먼지와 스크래치) : 노이즈를 제거하면서 이미지의 선명도를 떨어뜨리지 않기 위해 설정을 변경할 수 있습니다.

Ⓓ Median(중간값) : 이미지의 픽셀을 주변 픽셀의 중간값으로 대체하여 노이즈를 제거합니다. 값이 높을수록 이미지가 흐려집니다.

Ⓔ Reduce Noise(노이즈 제거) : 이미지의 노이즈를 제거합니다.

ⓐ Settings(설정) : Advanced(고급)로 설정하면, 채널별 조절이 가능합니다. 일반 이미지 수정이라면 기본으로 체크하여 사용합니다.

ⓑ Strength(강도) : 효과의 강도를 설정합니다.

ⓒ Preserve Details(세부 묘사 유지) : 세부 묘사가 유지되는 값을 조정합니다.

ⓓ Reduce Color Noise(색상 노이즈 감소) : 색상에 적용된 노이즈를 감소시킵니다.

ⓔ Sharpen Details(세부 묘사 선명도) : 이미지 가장자리의 선명도를 높여 이미지를 더욱 선명하게 조정합니다.

Add Noise(노이즈 추가)

Dust & Scratches(먼지와 스크래치)

Median(중간값)

⑤ Pixelate(픽셀화)

픽셀을 기준으로 픽셀을 뭉치거나 변형하는 필터입니다.

Ⓐ Color Halftone...
Ⓑ Crystallize...
Ⓒ Facet
Ⓓ Fragment
Ⓔ Mezzotint...
Ⓕ Mosaic...
Ⓖ Pointillize...

Ⓐ Color Halftone(색상 하프톤) : 이미지에 하프톤 스크린을 사용하는 효과를 줍니다. 색상 모드에 따라 효과는 다르게 연출됩니다.

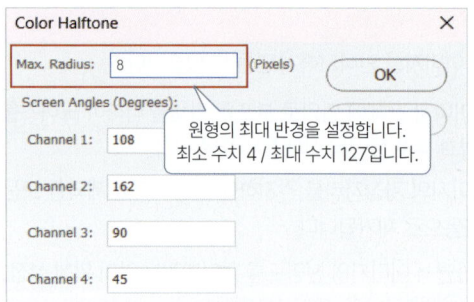

원형의 최대 반경을 설정합니다.
최소 수치 4 / 최대 수치 127입니다.

ⓑ Crystallize(수정화) : 이미지의 픽셀을 수정의 결정 같은 형태의 다각형으로 변형합니다.

값이 높아질수록 셀 형
태의 크기가 커집니다.

ⓒ Facet(단면화) : 주변 픽셀을 평준화시켜 작은 면으로 이미지를 나타내는 효과입니다. 직접 적용되며, 값을 조절할 수 없는
효과입니다. 효과를 여러 번 적용할수록 픽셀이 뭉게지는 듯한 이미지가 연출됩니다.

ⓓ Fragment(분열) : 초점이 흔들리듯 이미지를 상하좌우로 반복 배열합니다. 직접 적용되어 값을 조절할 수 없는 효과입니다.

ⓔ Mezzotint(메조틴트) : 이미지를 동판처럼 만드는 효과를 연출합니다.

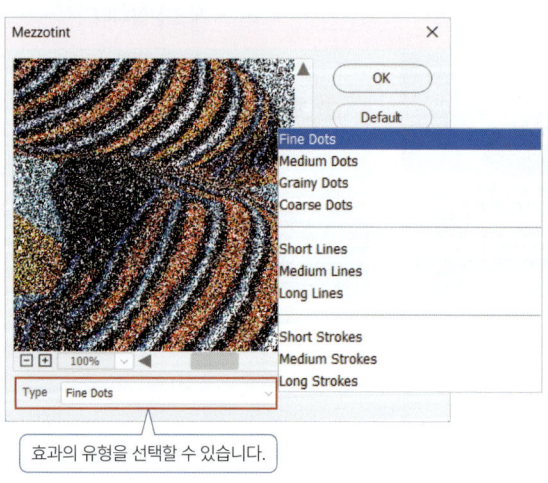

효과의 유형을 선택할 수 있습니다.

ⓕ Mosaic(모자이크) : 이미지의 픽셀이 사각형 블록으로 변형됩니다.

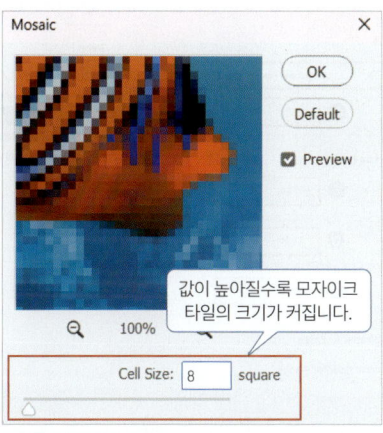

값이 높아질수록 모자이크 타일의 크기가 커집니다.

ⓖ Pointillize(점묘화) : 이미지를 점묘 형식으로 연출합니다. 점과 점 사이의 빈 공간은 사용자가 설정한 배경색이 채워집니다.

값이 높아질수록 점의 크기가 커집니다.

❻ Render(렌더) 📁 S11_12.jpg

빛에 의한 효과를 적용합니다. 불꽃 효과나 구름 효과, 렌즈 플레어 효과를 사용해 창작물을 제작할 때 유용하게 사용됩니다.

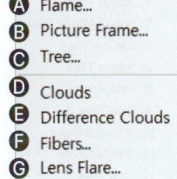

ⓐ Flame...
ⓑ Picture Frame...
ⓒ Tree...
ⓓ Clouds
ⓔ Difference Clouds
ⓕ Fibers...
ⓖ Lens Flare...

ⓐ Flame(불꽃) : 패스 위로 불꽃을 추가합니다. Pen Tool(ⓟ)로 패스를 그린 후 적용할 수 있습니다.

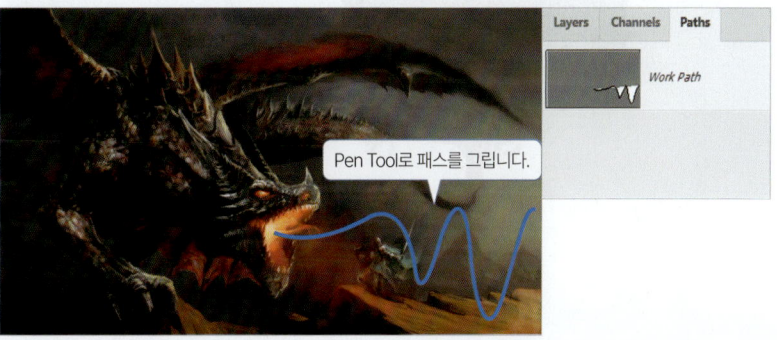

Pen Tool로 패스를 그립니다.

09 Shape

10 Clipping Mask & Layer Mask

11 Filter

12 Blending Mode

13 Image Adjustments

14 Adjustment Layer

15 Healing Brush / Liquify

16 Channel

ⓐ Flame Type(불꽃 유형) ⓑ Length(길이) ⓒ Width(폭) ⓓ Angle(각도) ⓔ Interval(간격)

Ⓑ Picture Frame(사진 프레임) : 레이어에 Frame을 적용합니다.

Ⓒ Tree(나무) : 레이어에 나무를 넣습니다. 건축, 인테리어 모델링 작업에 유용하게 쓰입니다.

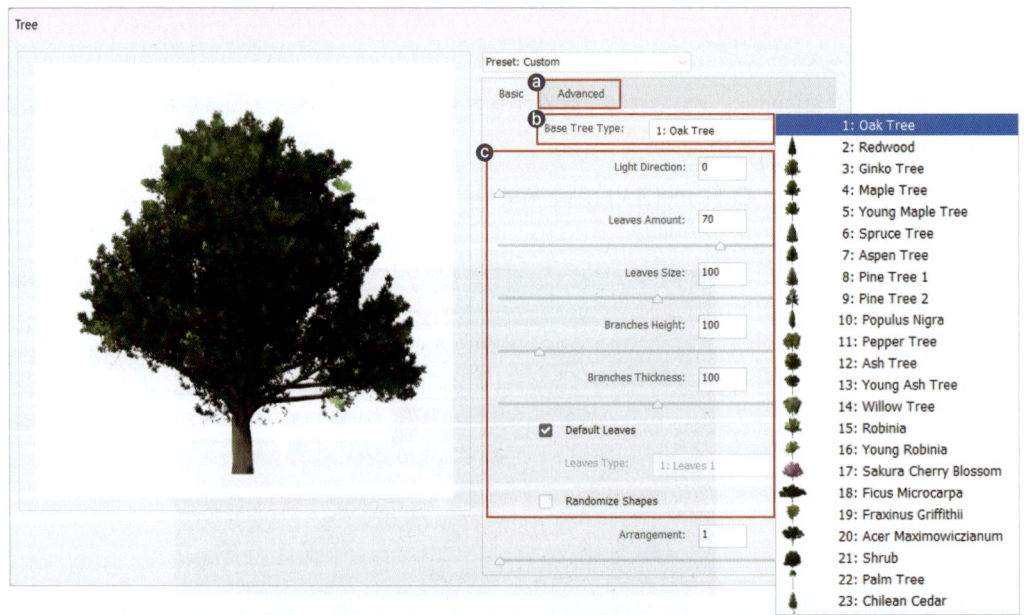

ⓐ **Advanced(고급)** : 나무를 더 상세히 수정할 수 있는 고급 기능입니다.

ⓑ **Base Tree Type(기본 나무 유형)** : 기본 나무 유형을 선택합니다.

ⓒ 조명 방향 / 나뭇잎 양 / 나뭇잎 크기 / 가지 높이 / 가지 두께를 조절합니다.

Ⓓ **Clouds(구름 효과 1)** : 전경색과 배경색을 사용하여 부드러운 구름 패턴을 생성합니다.

Ⓔ **Difference Clouds(구름 효과 2)** : 이미지에 반전 효과가 적용되며, 부드러운 구름 패턴이 합성되어 생성됩니다. 빈 레이어에는 적용할 수 없습니다.

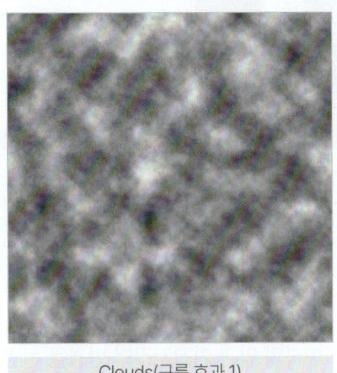

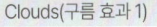

Clouds(구름 효과 1)   Difference Clouds(구름 효과 2)

Ⓕ **Fiber(섬유)** : 전경색과 배경색을 혼합하여 일정한 모양의 섬유 재질 효과를 나타냅니다.

Ⓖ **Lens Flare(렌즈 플레어)** : 카메라 렌즈로 밝은 빛을 비출 때 생기는 굴절 효과를 나타냅니다. 빛의 밝기와 렌즈 유형을 설정할 수 있습니다. 빈 레이어에는 적용할 수 없으므로 레이어에 검은색을 채워 적용합니다.

09
Shape

10 Clipping Mask
& Layer Mask

11
Filter

12
Blending Mode

13
Image Adjustments

14
Adjustment Layer

15
Healing Brush / Liquify

16
Channel

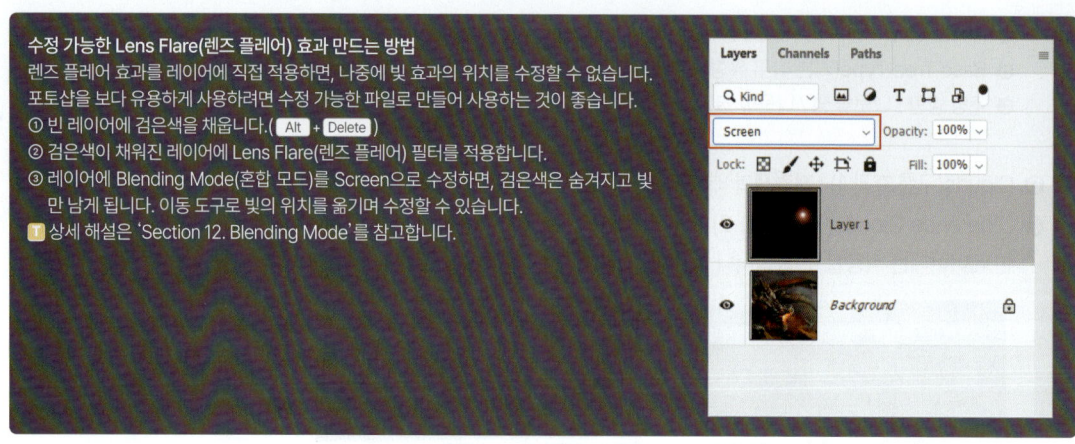

수정 가능한 Lens Flare(렌즈 플레어) 효과 만드는 방법
렌즈 플레어 효과를 레이어에 직접 적용하면, 나중에 빛 효과의 위치를 수정할 수 없습니다.
포토샵을 보다 유용하게 사용하려면 수정 가능한 파일로 만들어 사용하는 것이 좋습니다.
① 빈 레이어에 검은색을 채웁니다.(Alt + Delete)
② 검은색이 채워진 레이어에 Lens Flare(렌즈 플레어) 필터를 적용합니다.
③ 레이어에 Blending Mode(혼합 모드)를 Screen으로 수정하면, 검은색은 숨겨지고 빛
　만 남게 됩니다. 이동 도구로 빛의 위치를 옮기며 수정할 수 있습니다.
■ 상세 해설은 'Section 12. Blending Mode'를 참고합니다.

❼ **Sharpen(선명 효과)** 📁 S11_13.jpg

이미지의 선명도를 조절합니다.

Ⓐ Sharpen
Ⓑ Sharpen Edges
Ⓒ Sharpen More
Ⓓ Smart Sharpen...
Ⓔ Unsharp Mask...

Ⓐ **Sharpen(선명하게)** : 이미지를 선명하게 하며, 값을 조정할 수는 없습니다.

Ⓑ **Sharpen Edges(가장자리 선명하게)** : 효과의 양과 가장자리의 반경을 선명하게 하고, 노이즈를 감소하여 이미지 선명도를 높입니다.

Ⓒ **Sharpen More(더 선명하게)** : 이미지를 더욱 선명하게 하며, 값을 조정할 수는 없습니다.

Ⓓ **Smart Sharpen(고급 선명 효과)** : 이미지의 선명도와 반경을 조절하여 사용자가 원하는 만큼 선명도를 조절할 수 있습니다. 쉽고 빠르게 고급 효과를 사용할 수 있어 자주 사용되는 기능입니다.

Ⓔ **Unsharp Mask(언샵 마스크)** : 이미지의 색상 경계 대비를 증가시키면서 이미지를 선명하게 만들어 줍니다.

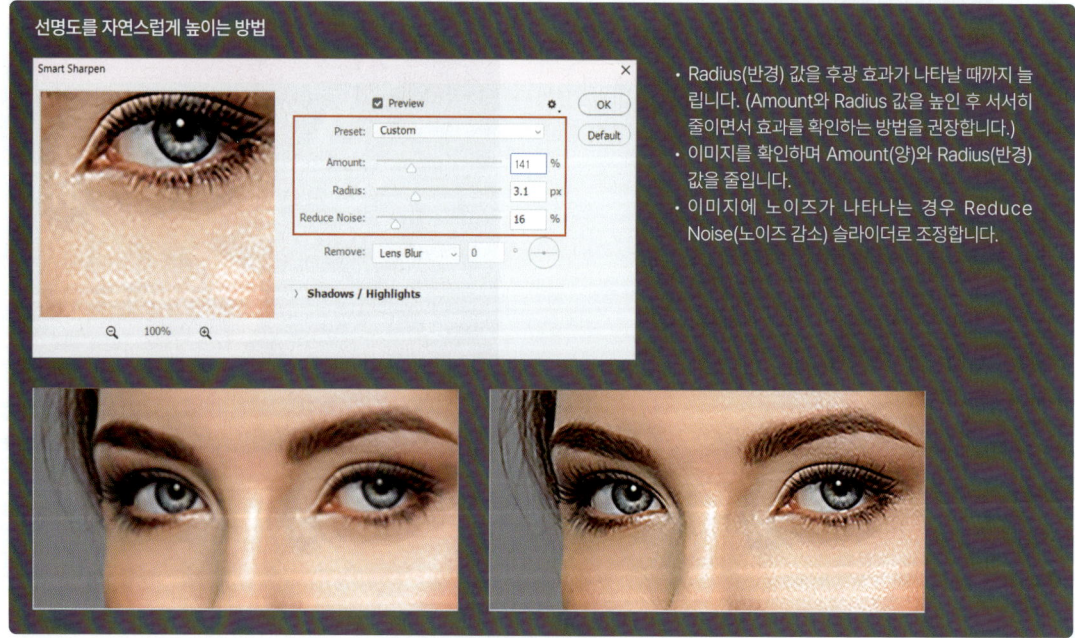

선명도를 자연스럽게 높이는 방법

• Radius(반경) 값을 후광 효과가 나타날 때까지 늘립니다. (Amount와 Radius 값을 높인 후 서서히 줄이면서 효과를 확인하는 방법을 권장합니다.)
• 이미지를 확인하며 Amount(양)와 Radius(반경) 값을 줄입니다.
• 이미지에 노이즈가 나타나는 경우 Reduce Noise(노이즈 감소) 슬라이더로 조정합니다.

⑧ Stylize(스타일화) 📁 S11_14.jpg

이미지에 시각적인 스타일 효과를 적용할 수 있습니다. 빛의 반사, 흐림, 유화 효과, 윤곽선 추출 등 다양한 시각적 변형을 줄 수 있습니다.

Ⓐ	Diffuse...
Ⓑ	Emboss...
Ⓒ	Extrude...
Ⓓ	Find Edges
Ⓔ	Oil Paint...
Ⓕ	Solarize
Ⓖ	Tiles...
Ⓗ	Trace Contour...
Ⓘ	Wind...

Ⓐ **Diffuse(확산)** : 픽셀을 흩트려서 거친 효과를 적용합니다.

Ⓑ **Emboss(엠보스)** : 이미지의 명암에 따라 음각과 양각으로 입체감을 적용할 수 있습니다. 색상을 회색으로 변환한 후 기존 색상의 가장자리를 따라 볼록하거나 눌러진 것처럼 보이도록 그려집니다. 엠보싱 효과의 각도와 돌출 정도를 조정할 수 있습니다.

Ⓒ **Extrude(돌출)** : 이미지를 블록이나 피라미드 형태로 조각내고 돌출시킵니다.

Ⓓ **Find Edges(가장자리 찾기)** : 이미지의 가장자리를 자동으로 감지하여 윤곽선을 만듭니다. 가장자리 찾기 필터는 이미지 둘레에 테두리를 만들 때 유용합니다.

Ⓔ **Oil Paint(유화)** : 이미지를 유화 효과로 연출합니다. 물감의 깊이, 빛의 방향 등을 설정하여 마치 그림처럼 이미지를 변경합니다.

Ⓕ **Solarize(과대 노출)** : 사진 인화 과정에서 빛이 과다 노출될 때 발생하는 부분 반전 현상을 재현하는 효과입니다.

Ⓖ **Tiles(타일)** : 이미지를 타일 형태로 조각내어 깨진 유리나 모자이크 같은 효과를 만듭니다.

Ⓗ **Trace Contour(윤곽선 추적)** : 이미지의 명암 변화를 선으로 추적합니다.

Ⓘ **Wind(바람)** : 바람에 날리는 듯한 흐릿한 선 모양을 배치하여 효과를 만듭니다. 바람의 효과와 방향 등을 설정할 수 있습니다.

Diffuse(확산)

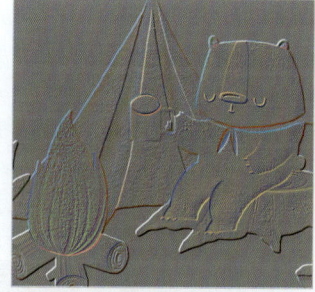
Emboss(엠보스)

Extrude(돌출)

Find Edges(가장자리 찾기)

Oil Paint(유화)

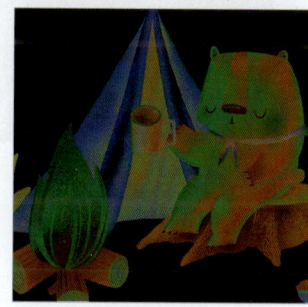
Solarize(과대 노출)

09 Shape

10 Clipping Mask & Layer Mask

11 Filter

12 Blending Mode

13 Image Adjustments

14 Adjustment Layer

15 Healing Brush / Liquify

16 Channel

Tiles(타일)

Trace Contour(윤곽선 추적)

Wind(바람)

9 Other(기타)

기타 필터로 픽셀을 임의로 변형하거나 색상 모드를 변경하는 등의 작업입니다.

Ⓐ Custom...
Ⓑ High Pass...
Ⓒ HSB/HSL
Ⓓ Maximum...
Ⓔ Minimum...
Ⓕ Offset...

Ⓐ **Custom(사용자 정의)** : 필터 효과를 이미지의 일부에 적용합니다. 사용자가 직접 이미지의 위치를 지정하여 값을 입력합니다.

Ⓑ **High Pass(하이 패스)** : 지정된 반경의 디테일은 남겨두고 나머지 부분은 삭제하는 필터입니다. 원본을 복사한 후 복사된 레이어에 필터를 적용하고 Overlay 합성을 설정하여 Gray를 숨기면 이미지의 가장자리 부분이 선명해지는 효과를 줄 수 있습니다.

Ⓒ **HSB / HSL** : 색상 모델을 선택하여 적용합니다.

Ⓓ **Maximum(최대값)** : 현재 픽셀의 밝기 값을 주변 픽셀의 가장 밝은 값으로 바꿉니다. 필터의 값이 높아질수록 픽셀의 크기는 커지고, 이미지는 밝아집니다.

Ⓔ **Minimum(최소값)** : 현재 픽셀의 밝기 값을 주변 픽셀의 가장 어두운 값으로 바꿉니다. 필터의 값이 높아질수록 픽셀의 크기는 커지고, 이미지는 어두워집니다.

Ⓕ **Offset(오프셋)** : 이미지를 수평 또는 수직으로 이동시키며, 이동으로 생긴 빈 영역은 투명 배경이나 가장자리 픽셀, 또는 이미지 가장자리 픽셀로 채워 넣을 수 있습니다.

High Pass(하이 패스)

Maximum(최대값)

Minimum(최소값)

09
Shape

10 Clipping Mask
& Layer Mask

11
Filter

12
Blending Mode

13
Image Adjustments

14
Adjustment Layer

15
Healing Brush / Liquify

16
Channel

Practice 03　속도감 필터 적용하기

Smart Filter, Blur

이미지에 흐림 효과를 2개 이상 적용하여 속도감을 연출합니다.　　　　　　📁 예제 폴더 : S11-Practice3

01　파일 열기

메뉴에서 [File] - [Open] 또는 Ctrl + O 키를 눌러 'S11_P3_1.jpg' 파일을 불러옵니다.

02　스마트 필터 적용하기

메뉴에서 [Filter] - [Convert for Smart Filters]를 클릭하여 레이어를 스마트 필터로 변경합니다.

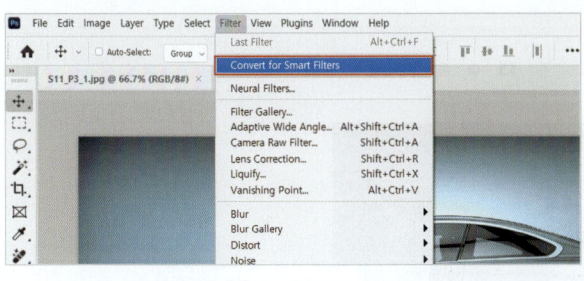

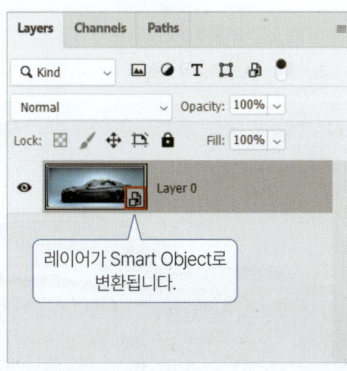

레이어가 Smart Object로
변환됩니다.

03 동작 흐림 필터 적용하기

메뉴에서 [Filter] - [Blur] - [Motion Blur]를 클릭하여 Angle은 0°로 흐림 효과를 적용합니다. Distance 값은 속도감을 표현하는 데 사용되며 자유롭게 설정합니다.

교재에서는 127Pixels로 설정했습니다.

04 스마트 필터 마스크 설정하기

스마트 필터가 적용된 레이어의 필터 마스크에 검은색을 채워 효과를 모두 감추기 합니다.

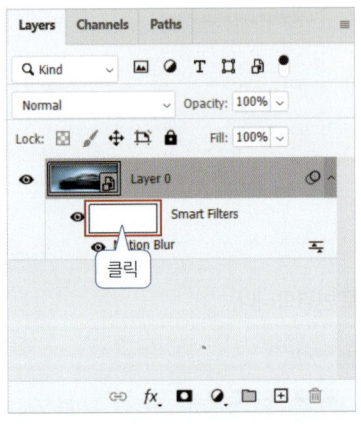

클릭

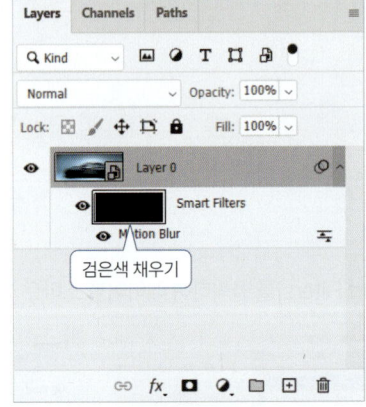

검은색 채우기

효과가 모두 감춰졌습니다.

05 스마트 필터 마스크 복원하기

효과가 감춰진 Filter Effect Mask(필터 효과 마스크)에 흰색 브러시를 사용하여 일부 효과를 복원합니다. 이때 브러시(B)
의 Hardness(경도)는 부드럽게 0%로 설정하여 자연스럽게 연출합니다.

필터 효과 마스크 클릭

효과를 적용하고 싶은 영역에
흰색 브러시로 채색합니다.

06 레이어 복제 후 효과 재적용하기

Layer 0을 선택하고 레이어를 복제(Ctrl+J)합니다. 레이어
는 필터와 스마트 오브젝트 속성 그대로 복제됩니다. 복제된
레이어에서 필터 효과 아이콘(◎)에 마우스 우클릭하여 Clear
Smart Filters를 선택하여 필터를 삭제합니다.

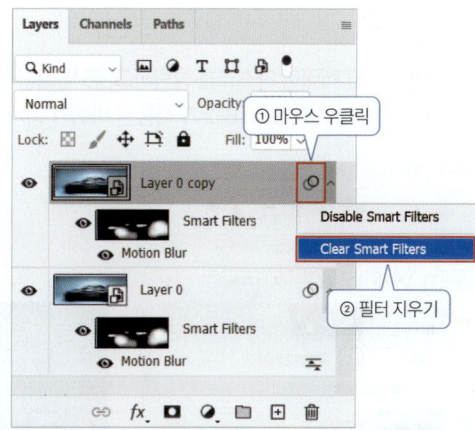

① 마우스 우클릭

② 필터 지우기

07 Spin Blur 적용하기

메뉴에서 [Filter] - [Blur Gallery] - [Spin Blur]를 적용합니다. 이미지 중앙에 조절 아이콘이 나타나면 값을 조절하고 원하
는 곳으로 이동하여 효과를 적용 후 [OK] 버튼을 눌러 완료합니다.

중앙에 나타난 핀을
드래그하여 이동합니다.

각 바퀴의 중심에 (◎)핀이
생성되면 클릭하여 속도와
크기를 조절할 수 있습니다.

바퀴가 회전하는 효과를
연출합니다.

09 Shape

10 Clipping Mask & Layer Mask

11 Filter

12 Blending Mode

13 Image Adjustments

14 Adjustment Layer

15 Healing Brush / Liquify

16 Channel

08 레이어 마스크로 레이어 감추기

Spin Blur를 적용한 'Layer 0 Copy'에 레이어 마스크를 적용합니다. 레이어 마스크에 검은색을 채워, Spin Blur를 적용한 이미지를 모두 감춥니다.

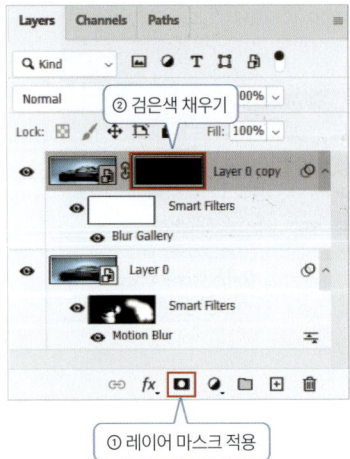

② 검은색 채우기

① 레이어 마스크 적용

Spin Blur를 적용한 레이어가
완전히 감춰집니다.

09 완성하기

검은색이 채색된 레이어 마스크를 클릭하고, 흰색 브러시로 채색하여 바퀴에 적용된 Spin Blur를 복원합니다. Motion Blur가 적용된 이미지 위로, Spin Blur가 적용된 바퀴가 겹쳐져 보이게 됩니다. 작업이 완성되었습니다.

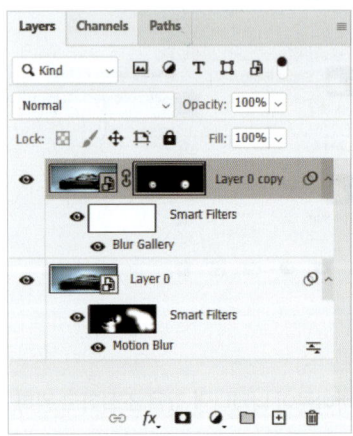

Exercise

Y2K 포스터 제작하기

S11_Exercise 예제

필터를 반복하여 사용하고, Y2K 스타일의 포스터를 완성합니다.

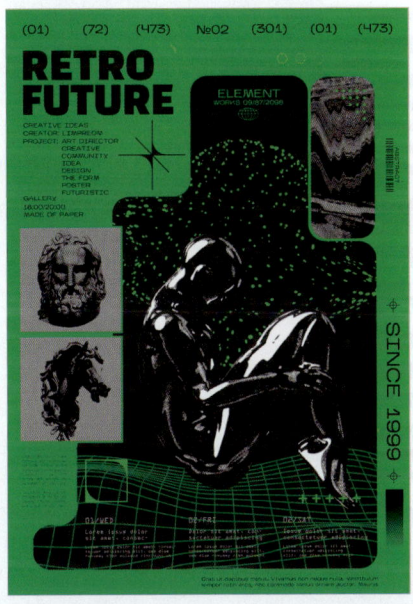

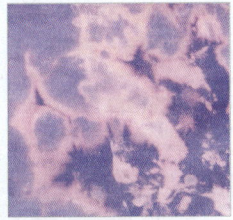

각 소스 이미지 파일을 열고, 메뉴에서 [Filter] - [Convert for Smart Filters] 적용하여 레이어를 Smart Object로 변환하여 작업을 진행합니다.

1. 소스 1(E11_1.jpg)

[Filter] - [Filter Gallery] 메뉴에서 1가지 필터를 적용합니다.
① 전경색과 배경색을 기본값으로 설정합니다.
② Sketch 그룹의 Reticulation으로 옵션을 설정하여 명도의 대조를 강하게 적용합니다.
③ [Filter] - [Distort] - [Wave]에서 뒤틀린 효과를 적용합니다.

2. 소스 2(E11_2.jpg)

[Filter] - [Filter Gallery] 메뉴에서 3가지 필터를 중복 적용합니다. 필터 갤러리의 하단에 새 효과 레이어 아이콘(⊞)을 클릭하여 효과를 추가 적용할 수 있습니다.
① Sketch 그룹의 Graphic Pen 효과의 Stroke Direction 옵션을 'Horizontal'로 설정합니다.
② Halftone Pattern 효과의 Pattern Type을 'Line'으로 설정하여 이미지에 가로선이 그려지는 효과를 추가합니다.
③ Texture 그룹의 Grain 효과를 적용하여 알갱이 느낌을 연출합니다.

3. 소스 3(E11_3.jpg)

[Filter] - [Filter Gallery] 메뉴에서 2가지 필터를 중복 적용합니다.
① Sketch 그룹의 Reticulation 효과를 설정하여 톤을 단순하게 보정합니다.
② Sketch 그룹의 Torn Edges 효과에서 Contrast 옵션을 설정하여 명도 대비를 강하게 적용합니다.
③ [Image]-[Adjustments]-[Hue/Saturation] 메뉴를 이용해 전체적인 명도를 밝게 적용합니다.

이미지에 필터를 모두 적용했다면, 'E11_시작.psd'파일을 열고 이동 후 배치합니다. 클리핑 마스크 실행 후, 크기와 위치를 조정하여 작업을 완료합니다.

Blending Mode

혼합 모드

MISSION

Blending Mode는 레이어 간의 합성 방법을 조정하여 다양한 질감과 효과를 만들어 내는 기능입니다. 이 섹션에서는 레이어 혼합 방식의 종류와 각 모드가 이미지에 미치는 영향을 학습하고, 효과적으로 레이어를 합성하여 창의적인 디자인을 만드는 방법을 익힙니다.

KEYWORD

#블렌딩 모드 #합성 #질감 합성

Blending Mode

Blending Mode는 혼합 모드로 레이어가 2개 이상 있을 때 적용할 수 있는 기능입니다. 상위 레이어에서 Blending Mode를 선택하면 하위 레이어에 혼합됩니다. 모든 사진마다 색상과 채도, 명도 등이 다르기 때문에 적용되는 Blending Mode도 변경되어야 합니다. 이번 학습에서는 혼합 모드의 큰 맥락을 파악한 후 그에 맞는 효과를 적용하겠습니다.

Blending Mode 적용 방법 📁 S12_1~2.jpg

① 레이어가 2개일 때 상위 레이어에 혼합 모드를 'Color Burn'으로 적용하면 하위 레이어에도 합성이 적용됩니다.

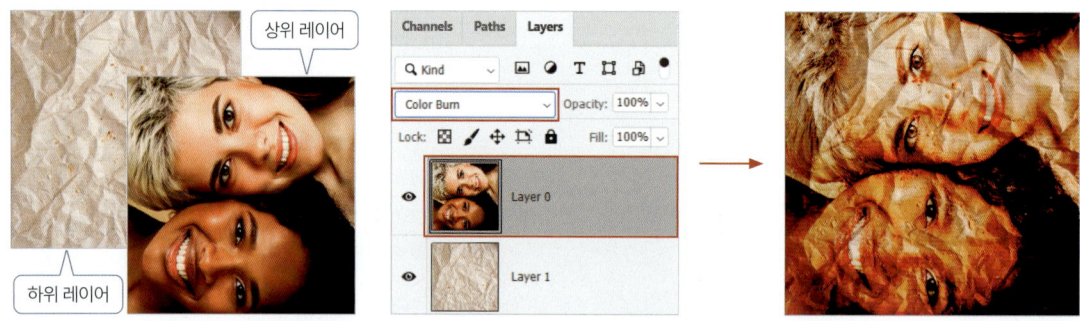

② 레이어가 3개일 때 상위 레이어에 혼합 모드를 'Screen'으로 적용하면 하위 텍스트 레이어와 Layer 1에도 효과가 적용됩니다.

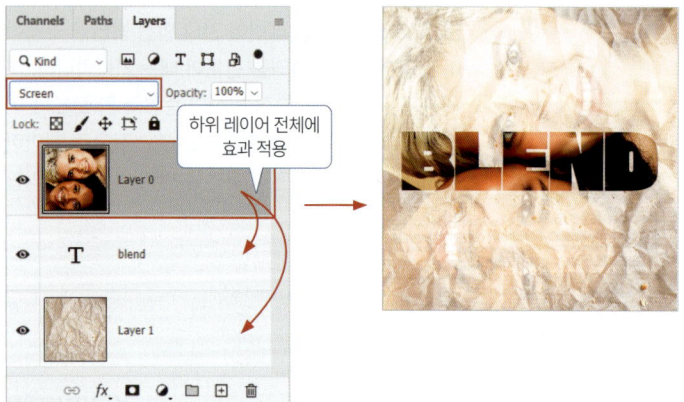

T 블렌딩 모드는 사진의 명도, 채도가 많은 경우의 수에 따라서 결과 값이 다르게 나타납니다. 블렌딩 모드의 종류들을 맥락별로 크게 구분할 수 있도록 학습하되, 사용자가 직접 다양한 사진으로 여러 기능을 적용해 보며 의도에 맞는 합성 효과를 사용하는 것이 좋습니다.

블렌딩 모드 종류 ■ S12_3~8.jpg

블렌딩 모드는 크게 7가지 그룹으로 나뉘며, 각 그룹은 색상이나 밝기, 대비 등을 기준으로 작동합니다.

❶ Normal ❷ Dissolve	
❸ Darken Multiply Color Burn Linear Burn Darker Color	
❹ Lighten Screen Color Dodge Linear Dodge (Add) Lighter Color	
❺ Overlay Soft Light Hard Light Vivid Light Linear Light Pin Light Hard Mix	
❻ Difference Exclusion Subtract Divide	
❼ Hue Saturation Color Luminosity	

❶ Normal(표준)
레이어가 혼합되지 않은 기본 모드 상태입니다.

❷ Dissolve(디졸브)
불투명도 값에 따라 모래알을 뿌린 듯한 효과가 적용됩니다. Opacity(불투명도)가 100%인 상태에서는 적용되지 않기 때문에 불투명도를 낮춘 후 효과를 적용합니다.

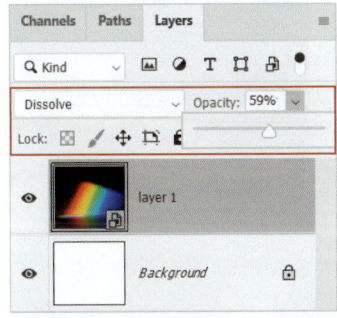

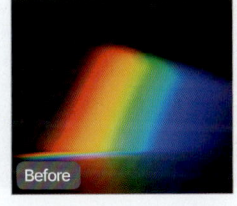
Before

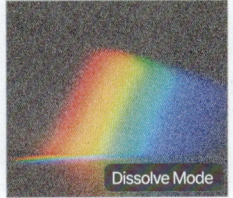
Dissolve Mode

❸ Darkness(어두운 혼합)
하위 레이어를 기준으로 어두운 톤을 더 어둡게 만드는 혼합 모드입니다. 이 모드를 적용하면 흰색은 100% 가려지고, 검은색은 100% 드러나게 되면서 하위 레이어 색상보다 밝은색은 가려지고 어두운색만 남게 됩니다.

상위 레이어

(+)

하위 레이어

(=)

흰색은 100% 사라집니다.

09 Shape

10 Clipping Mask & Layer Mask

11 Filter

12 Blending Mode

13 Image Adjustments

14 Adjustment Layer

15 Healing Brush / Liquify

16 Channel

Ⓐ **Darken(어둡게 하기)** : 하위에 있는 레이어의 명도를 비교하고 더 어두운 색상을 선택해서 보여줍니다.

Ⓑ **Multiply(곱하기)** : 하위 레이어를 기준으로 혼합 레이어의 어두운색은 더 어둡게 표현되고 흰색과 같은 밝은색은 100% 투명하게 표현됩니다. 검정색 또는 흰색 외의 색을 페인팅 도구로 칠할수록 더 어두운 색상이 됩니다.

Ⓒ **Color Burn(색상 번)** : Burn Tool(번 도구)처럼 색상이 어두워지며 대비값이 높아집니다.

Ⓓ **Linear Burn(선형 번)** : 명도가 감소하여 색상이 어두워집니다.

Ⓔ **Darker Color(어두운 색상)** : Darken(어둡게 하기) 효과와 동일하며, 색상의 명도나 대비값이 변하지 않고 흰색에 가까운 색이 투명하게 표현됩니다.

④ **Lightness(밝은 혼합)**

하위 레이어를 기준으로 밝은 톤을 더 밝게 표현하는 혼합 모드입니다. 적용 시 검정색은 100% 가려지고, 흰색은 100% 드러나 하위 색상보다 어두운색은 감춰지고 밝은색이 보여집니다. Darkness(어두운 혼합) 모드의 반대 효과라고 볼 수 있습니다.

Ⓐ **Lighten(밝게 하기)** : 하위에 있는 기준 레이어와 명도를 비교해 더 밝은 색상을 선택하여 보여줍니다. 혼합 레이어의 어두운 색상은 대체되고 밝은 색상은 변경되지 않습니다.

Ⓑ **Screen(스크린)** : 밝은색은 더 밝게 보여지고 어두운색은 가려집니다. 결과 색상은 대부분 밝은 색상이 되며, 검정색 100%는 사라집니다.

Ⓒ **Color Dodge(색상 닷지)** : Dodge Tool(닷지 도구)처럼 대비값이 높아집니다. 명도가 높아지기 때문에 하위 레이어의 컬러가 밝을수록 더 빛나는 효과가 적용됩니다.

Ⓓ **Linear Dodge(선형 닷지)** : 검정색을 제외한 나머지 색상의 명도가 높아집니다.

Ⓔ **Lighter Color(밝은 색상)** : 색상의 명도나 대비값은 변하지 않고 검정색을 나타내지 않습니다.

상위 레이어

하위 레이어

Lighten(밝게 하기)

Screen(스크린)

Color Dodge(색상 닷지)

Linear Dodge(선형 닷지)

Lighter Color(밝은 색상)

09
Shape

10 Clipping Mask
& Layer Mask

11
Filter

12
Blending Mode

13
Image Adjustments

14
Adjustment Layer

15
Healing Brush / Liquify

16
Channel

❺ Contrast(대비 효과)

하위 레이어와 상위 레이어의 색상을 자연스럽게 혼합하는 경우에 사용합니다. 어두운 톤과 밝은 톤의 명도 대비가 강한 혼합 모드입니다.

Ⓐ Overlay(오버레이) : Multiply(곱하기)와 Screen(스크린) 모드가 결합된 혼합 모드입니다. 기준 레이어의 어두운 영역은 더 어둡게, 밝은 영역은 더 밝게 표현되며, 두 레이어의 색상이 섞여 대비가 강화됩니다. 이때, 중간 회색(50%)은 감춰집니다.

Ⓑ Soft Light(소프트 라이트) : Overlay(오버레이) 효과와 동일하나 더 부드럽게 표현됩니다. 즉, 혼합 색상(광원)이 50% 회색보다 밝으면 이미지는 Dodge한 것처럼 밝아지고, 50% 회색보다 어두우면 Burn한 것처럼 어두워집니다. 자연스러운 합성에서 자주 사용됩니다.

Ⓒ Hard Light(하드 라이트) : Overlay보다 강한 효과로서 이미지에 집중 조명을 비추는 것과 유사한 효과를 줍니다. 명도와 대비값은 높아지며 이 모드는 이미지에 어두운 영역을 추가하는 데 유용합니다.

Ⓓ Vivid Light(선명한 라이트) : 혼합 레이어의 색상에 따라 대비를 증가 또는 감소시켜 색상을 Color Burn(색상 번)과 Color Dodge(색상 닷지)가 더해진 효과로 연출됩니다. 대비값이 높고 효과가 강한 합성입니다.

Ⓔ Linear Light(선형 라이트) : Linear Burn(선형 번)과 Linear Dodge(선형 닷지)가 더해진 효과입니다. 어두운 톤과 밝은 톤의 명도를 증가시키는 합성입니다.

Ⓕ Pin Light(핀 라이트) : 하위 색상과 상위 색상을 비교하여 색상이 대체되는 합성입니다.

Ⓖ Hard Mix(하드 혼합) : RGB 채널의 색상값을 최상으로 높이는 강한 합성입니다.

Overlay(오버레이)　　Soft Light(소프트 라이트)　　Hard Light(하드 라이트)

Vivid Light(선명한 라이트)　　Linear Light(선형 라이트)　　Pin Light(핀 라이트)

Hard Mix(하드 혼합)

이미지가 CMYK인 경우 Hard Mix를 선택하면 모든 픽셀이 기본 감색(녹청, 노랑 또는 마젠타), 또는 검정으로 변경됩니다. 최대 색상 값은 100 입니다.

⑥ Comparative(비교 혼합)

하위 레이어와 상위 레이어를 비교하여 더 밝은 쪽으로 어두운색을 빼는 효과로, 반전 형태를 띠는 혼합 모드입니다.

Ⓐ Difference(차이) : 두 레이어의 각 채널 색상 정보를 기준으로, 기본 색상과 혼합 색상 중 명도값이 더 큰 색상에서 다른 색상을 뺍니다. 흰색과 혼합되면 기본 색상값이 반전되고 검정색과 혼합되면 색상 변화가 없습니다.

Ⓑ Exclusion(제외) : Difference 모드와 유사하지만 대비 효과가 더 낮습니다. 흰색과 혼합되면 기본 색상값이 반전되고, 검정색과 혼합하면 색상 변화가 없습니다.

Ⓒ Subtract(빼기) : 각 채널의 색상 정보를 기준으로 기본 색상에서 혼합 색상을 뺍니다.

Ⓓ Divide(나누기) : 각 채널의 색상 정보를 기준으로 기본 색상에서 혼합 색상을 나눕니다.

 +  =

상위 레이어   하위 레이어

Difference(차이)   Exclusion(제외)   Subtract(빼기)   Divide(나누기)

⑦ HSL(색상 혼합)

포토샵의 색상에는 Hue(색조), Saturation(채도), Lightness(광도)가 있습니다. 이 세 가지 조건을 하위 레이어와 변경해가며 혼합하는 모드입니다.

Ⓐ Hue(색조) : 기본 색상의 광도와 채도, 혼합 색상의 색조로 결과 색상을 만듭니다.

Ⓑ Saturation(채도) : 기준 레이어의 색상과 명도는 유지하고, 혼합 레이어의 채도 값을 적용하여 결과 색상을 만듭니다. 채도 모드에서는 채도가 0인 색상(회색)은 혼합되지 않습니다.

Ⓒ Color(색상) : 기준 레이어의 명도(밝기)를 유지하면서 혼합 레이어의 색상과 채도를 적용합니다. 이 모드는 흑백 이미지인 상태에서 채도가 있는 색상을 채색할 경우 광도 유지 및 색조를 적용하는 데 유용합니다. 드로잉 작업 시 스케치를 진행한 후 채색 과정에서 사용됩니다.

Ⓓ Luminosity(광도) : 기본 색상의 색조와 채도, 혼합 색상의 광도로 결과 색상을 만듭니다. 이 모드는 Color(색상) 모드의 반대 효과를 냅니다.

Hue(색조)   Saturation(채도)   Color(색상)   Luminosity(광도)

09 Shape

10 Clipping Mask & Layer Mask

11 Filter

12 Blending Mode

13 Image Adjustments

14 Adjustment Layer

15 Healing Brush / Liquify

16 Channel

Blending Mode

블렌딩 모드 효과를 활용해 웹소설 표지를 제작합니다.　　　　　　　　　　　■ 예제 폴더 : S12-Practice1

01 새로운 작업 화면 만들기

메뉴에서 [File] - [New] 또는 `Ctrl` + `N` 키를 눌러 A4 포스터 사이즈인 W 1000, H 1400Pixels, 해상도 72Pixels/Inch의 새로운 작업 화면을 만듭니다.

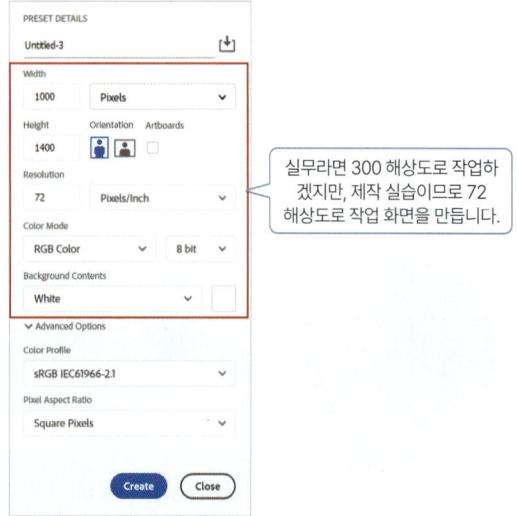

실무라면 300 해상도로 작업하겠지만, 제작 실습이므로 72 해상도로 작업 화면을 만듭니다.

02 파일 열기

'S12_P1_1.png' 파일을 사용자의 폴더에서 작업 화면으로 직접 드래그하여 가져옵니다. `Enter` 키를 눌러 완료합니다.

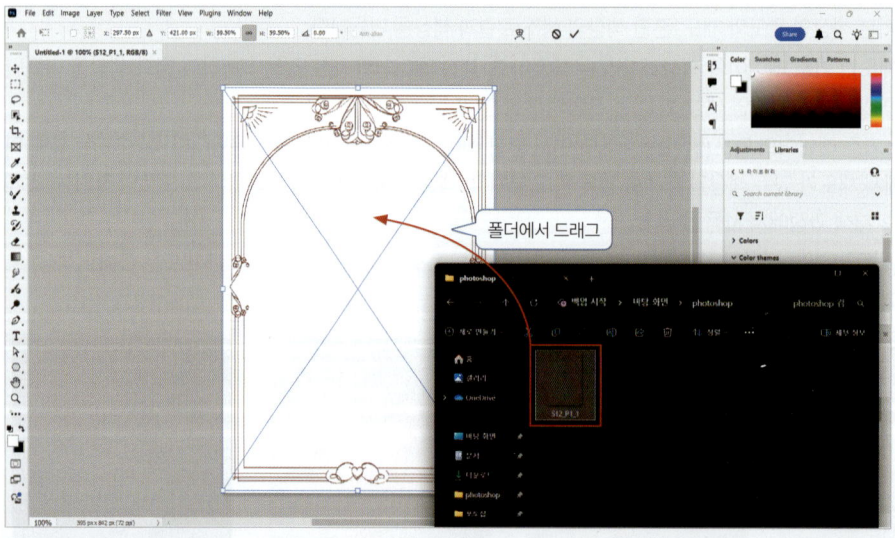

폴더에서 드래그

03 자동 선택 도구 사용하기

① 새로운 레이어(Ctrl + Alt + Shift + N)를 생성합니다. Magic Wand Tool(W)을 선택하고 Sample All Layers를 체크하면, 레이어를 구분하지 않고 영역을 선택할 수 있습니다.

② Magic Wand Tool(W)로 프레임의 가장자리 밖 작업 화면을 클릭하여 영역으로 설정합니다.

③ 생성한 레이어에 검은색을 채우고(Alt + Delete) 영역을 해제(Ctrl + D)하여 완료합니다.

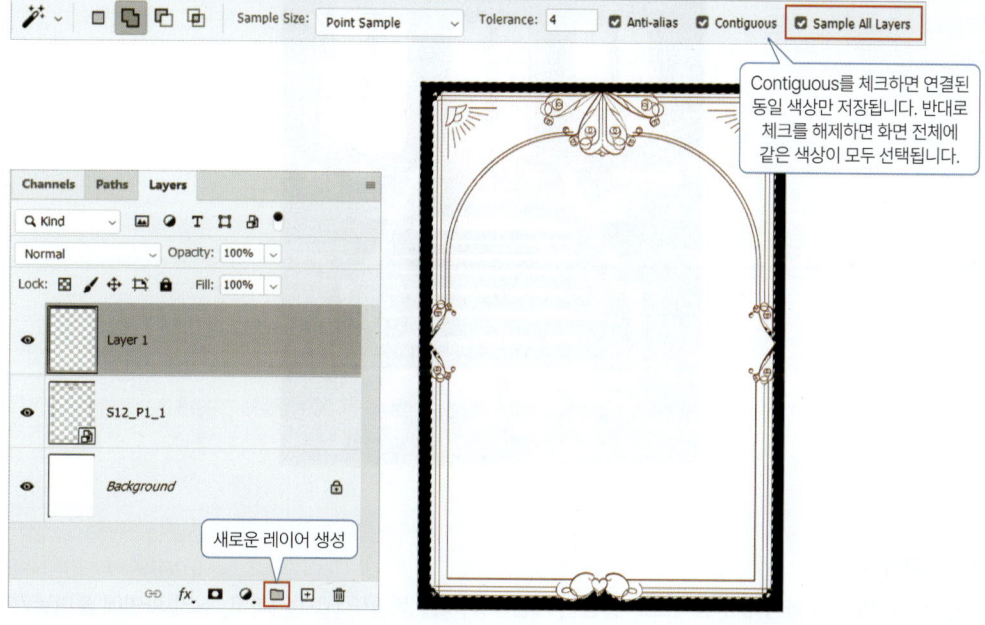

Contiguous를 체크하면 연결된 동일 색상만 저장됩니다. 반대로 체크를 해제하면 화면 전체에 같은 색상이 모두 선택됩니다.

새로운 레이어 생성

04 레이어 정리하기

해당 실습 과정은 레이어를 정리하면서 단계적으로 작업하겠습니다. 지금까지 작업한 레이어는 그룹(Ctrl + G)으로 묶고, 이름을 변경해 정돈합니다.

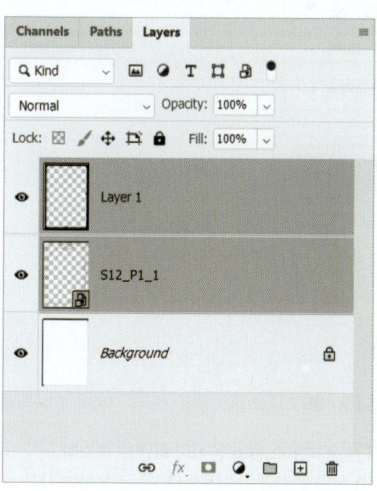

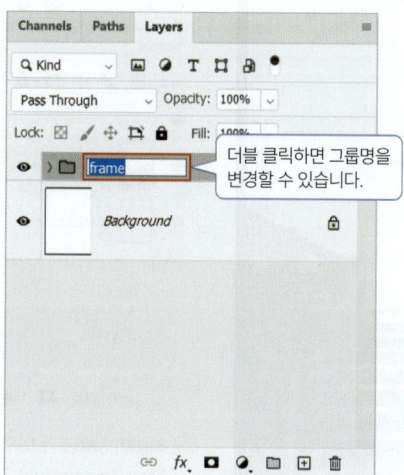

더블 클릭하면 그룹명을 변경할 수 있습니다.

09 Shape

10 Clipping Mask & Layer Mask

11 Filter

12 Blending Mode

13 Image Adjustments

14 Adjustment Layer

15 Healing Brush / Liquify

16 Channel

05 패스 그리기

'S12_P1_2.jpg' 파일을 불러옵니다(Ctrl+O). 패스 패널을 열어 만들어진 Path 1의 섬네일을 Ctrl+클릭하여 영역을 설정합니다(해당 레이어를 선택한 상태에서 Ctrl+Enter로도 영역 전환이 가능합니다).

06 영역으로 전환하기

① 레이어 패널로 돌아와 05 과정에서 영역으로 설정된 계단 이미지를 복사(Ctrl+C)하고, 작업 화면에 붙여넣기(Ctrl+V)합니다.

② 계단 이미지는 Free Transform(Ctrl+T)으로 작업 화면의 절반 정도로 크기를 조절하고, Enter 키를 눌러 종료합니다. 레이어 순서는 frame 그룹 레이어 아래로 배치합니다.

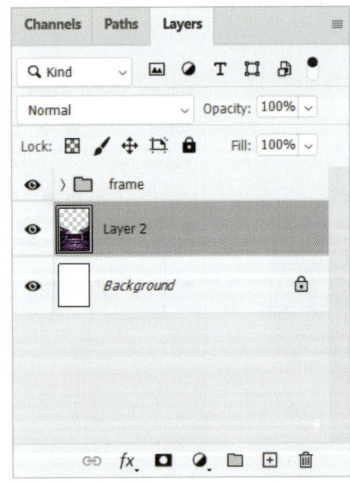

T 레이어 사이즈가 너무 크면 Alt+마우스 휠을 움직여 화면을 축소하고, Free Transform을 적용하여 상단 옵션에서 퍼센트(%)를 조정하여 사이즈를 축소합니다.

07 배경 배치하기

'S12_P1_3.jpg' 파일을 폴더에서 작업 화면으로 바로 드래그하여 불러옵니다. 레이어가 Smart Object가 되었습니다. Free Transform(Ctrl+T)으로 크기를 조절하여 작업 화면에 배치합니다. 레이어 순서는 Layer 2(계단 레이어) 아래로 배치합니다.

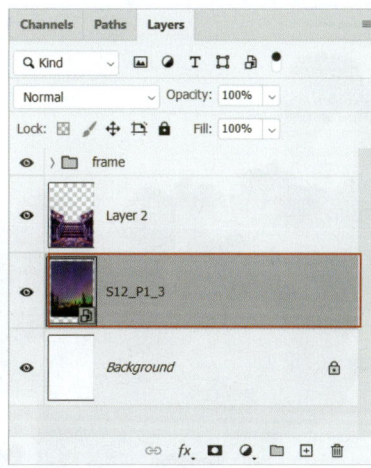

08 Overlay 합성 적용하기

'S12_P1_4.jpg' 파일을 드래그하여 작업 화면으로 불러와 크기와 레이어 배치를 조정합니다. Blending Mode를 Overlay로 설정하면 하위 레이어와 자연스럽게 합성됩니다. 오로라 이미지와 우주 이미지가 조화롭게 섞입니다.

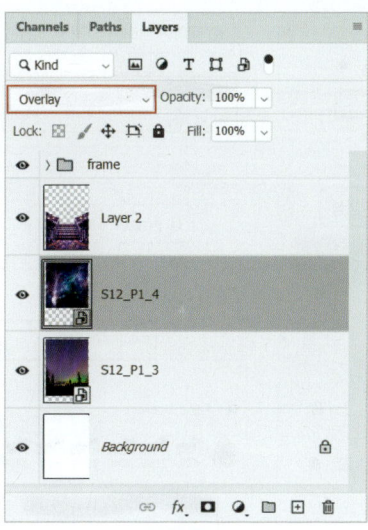

09 Shape

10 Clipping Mask & Layer Mask

11 Filter

12 Blending Mode

13 Image Adjustments

14 Adjustment Layer

15 Healing Brush / Liquify

16 Channel

09 브러시 등록하기

'S12_P1_5.jpg' 파일을 불러옵니다(Ctrl+O). [Edit] - [Define Brush Preset] 메뉴를 선택하여 해당 이미지를 새로운 브러시로 등록합니다.

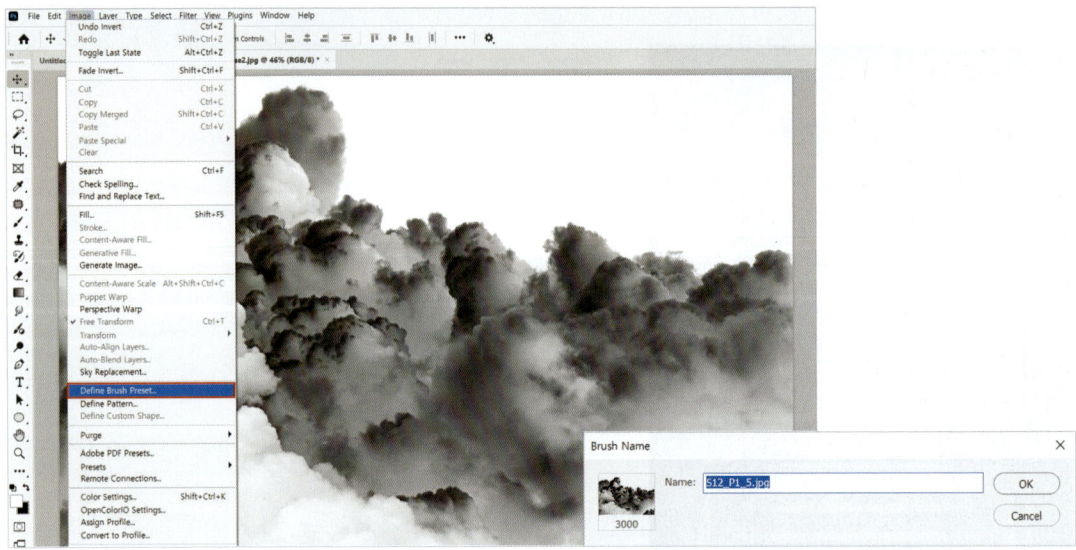

🇹 브러시로 등록할 때 검은색 영역은 브러시로 인식되고, 흰색 영역은 인식되지 않습니다.

10 브러시 적용하기

① 작업 화면에서 새로운 레이어를 생성(Ctrl+Alt+Shift+N)합니다.
② 등록한 브러시를 선택하고 브러시 크기를 자유롭게 조절([,])하여 흰색으로 구름을 그립니다.
③ Eraser Tool(E)을 사용하여 구름의 일부를 가장자리가 부드러운(경도 0%) 브러시로 지우거나, 레이어의 불투명도를 조절하여 자연스러운 구름을 표현합니다.

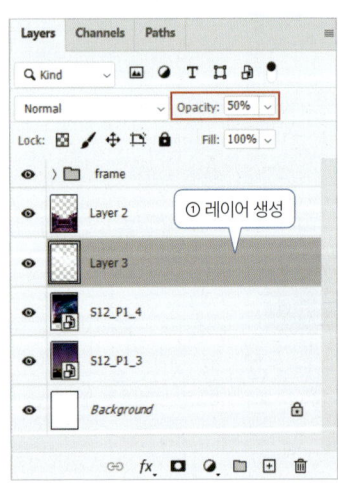

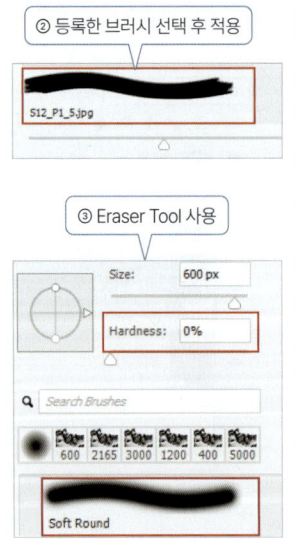

09
Shape

10 Clipping Mask & Layer Mask

11 Filter

12 Blending Mode

13 Image Adjustments

14 Adjustment Layer

15 Healing Brush / Liquify

16 Channel

11 모양 레이어 만들기

① Rectangle Tool(U)을 사용하여 작업 화면 중앙에 직사각형을 그립니다.

② 면 색은 색상 없음, 선 색은 흰색, 10px 두께로 설정합니다.

③ 도구를 교체하지 않고, 사각형 위 모퉁이 반경 아이콘을 Alt + 클릭 - 드래그하여 해당 모퉁이만 라운드를 적용합니다.
또한 Properties 패널에서도 모양의 형태를 빠르게 수정할 수 있습니다.

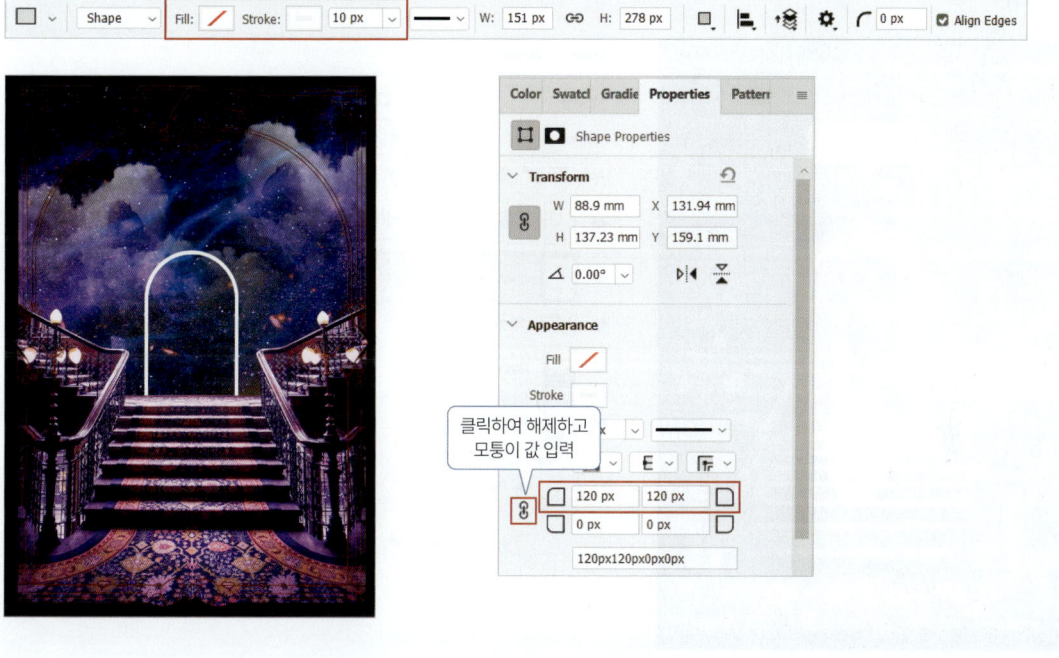

12 레이어 스타일 적용하기

레이어 패널에서 11 과정에서 만든 모양 레이어를 더블 클릭하여 Layer Style을 적용합니다. Outer Glow를 체크하고, 외부 광선의 색상(#d200e5), 불투명도, 크기 등을 설정합니다. Blend Mode는 Screen으로 변경하여 빛이 퍼지는 효과를 만듭니다.

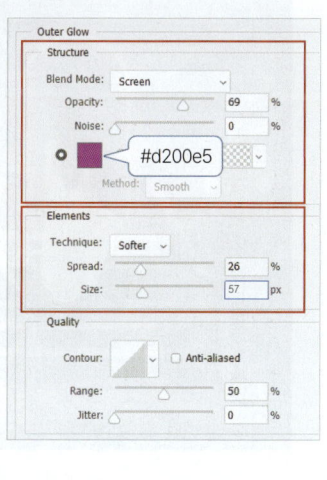

13 그림자 채색하기 1

① 'S12_P1_6.png' 파일을 열고([Ctrl]+[O]) 이동 도구([V])를 사용하여 작업 화면으로 이동하여 배치합니다.

② 모델 이미지 레이어 아래로 새로운 레이어를 생성([Ctrl]+[Alt]+[Shift]+[N])합니다.

③ Brush Tool([B])을 선택하고, 브러시의 Roundness(원형률)를 움직여 납작한 브러시 형태로 수정합니다.

④ 브러시로 검은색 그림자를 채색합니다(채색 후 그림자가 너무 진하면 레이어의 불투명도를 조절하여 자연스럽게 조절합니다).

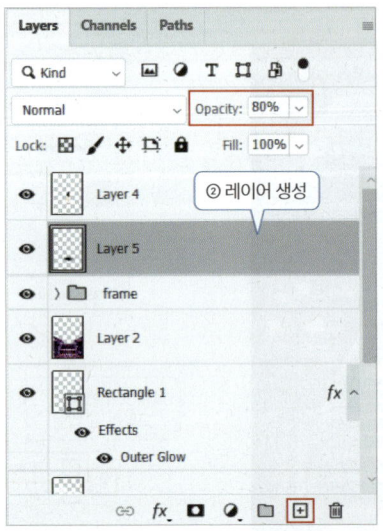

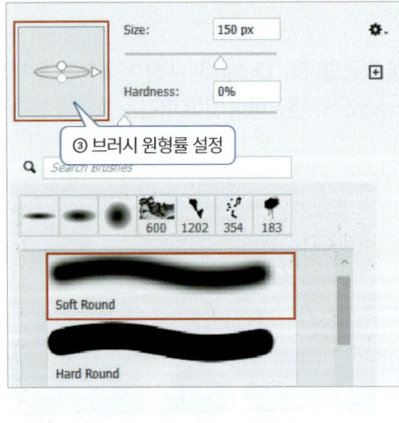

14 그림자 채색하기 2

① 모델 이미지 레이어 위로 새로운 레이어를 생성(Ctrl + Alt + Shift + N)합니다.

② Brush Tool(B)을 선택하고, 브러시의 Roundness(원형률)를 움직여 다시 정원의 브러시 형태로 수정합니다.

③ 브러시 도구의 Blending Mode를 Overlay, Opacity를 20%로 설정하고, 브러시로 인물의 뒷모습에 그림자를 채색하여 역광 효과를 표현합니다(#1c0333).

④ 레이어 패널에서 Blending Mode를 Color Burn으로 수정하고, 불투명도를 조절하여 자연스러운 그림자를 완성합니다.

③ 그림자 채색

④ Color Burn 합성

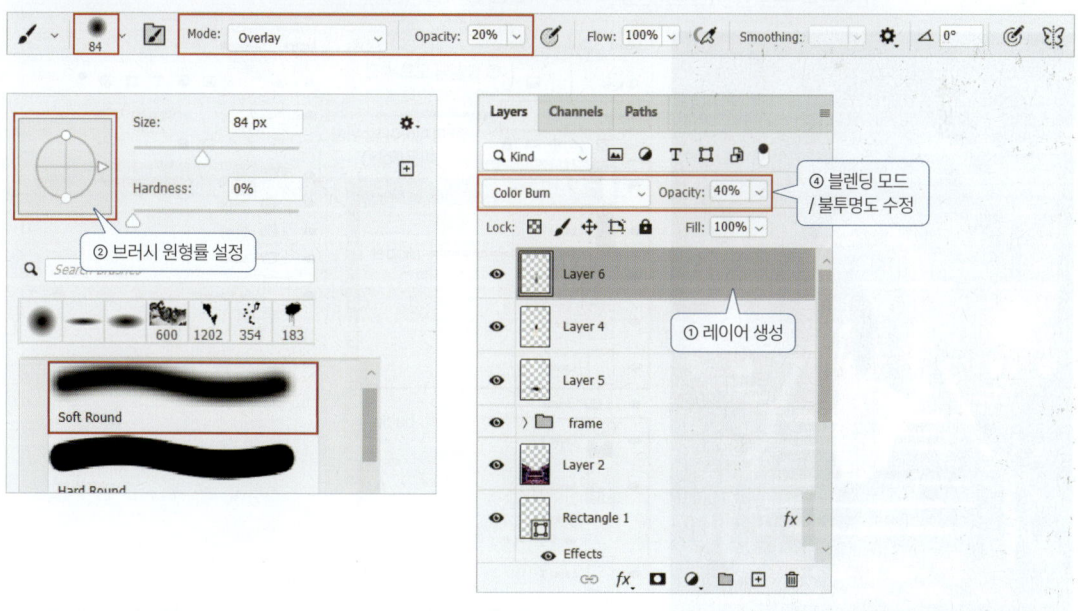

② 브러시 원형률 설정

④ 블렌딩 모드 / 불투명도 수정

① 레이어 생성

09 Shape
10 Clipping Mask & Layer Mask
11 Filter
12 Blending Mode
13 Image Adjustments
14 Adjustment Layer
15 Healing Brush / Liquify
16 Channel

15 렌즈 플레어 설정하기

새 레이어를 생성(Ctrl + Alt + Shift + N)합니다. 레이어에 검은색을 채운 후, [Filter] - [Render] - [Lens Flare]를 선택하여 카메라에서 나오는 플래시 효과를 적용하여 빛의 모양을 선택합니다.

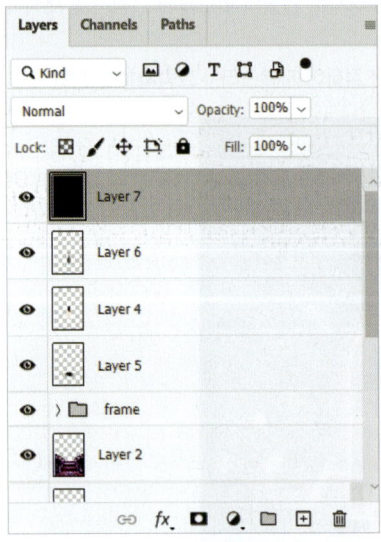

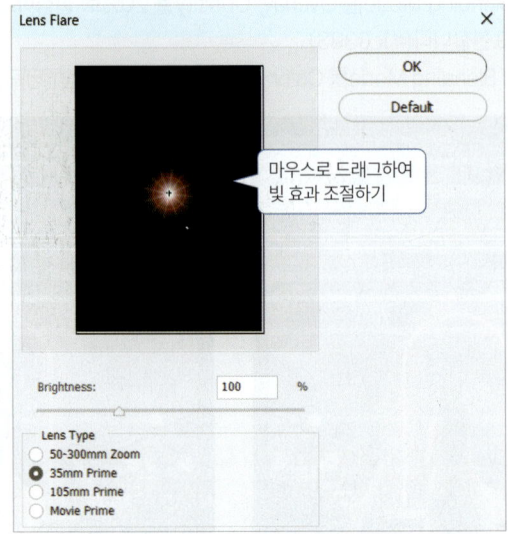

16 렌즈 플레어 적용하기

① Lens Flare 효과 레이어의 블렌딩 모드를 Screen으로 변경합니다. 검은색 배경은 제거되고 빛 효과만 남습니다.
② 빛 레이어를 복제하고(Ctrl + J) 이미지의 왼쪽과 오른쪽 조명 위로 배치합니다.
③ 속성이 같은 레이어끼리 그룹으로 묶어(Ctrl + G) 레이어 패널을 정리합니다.

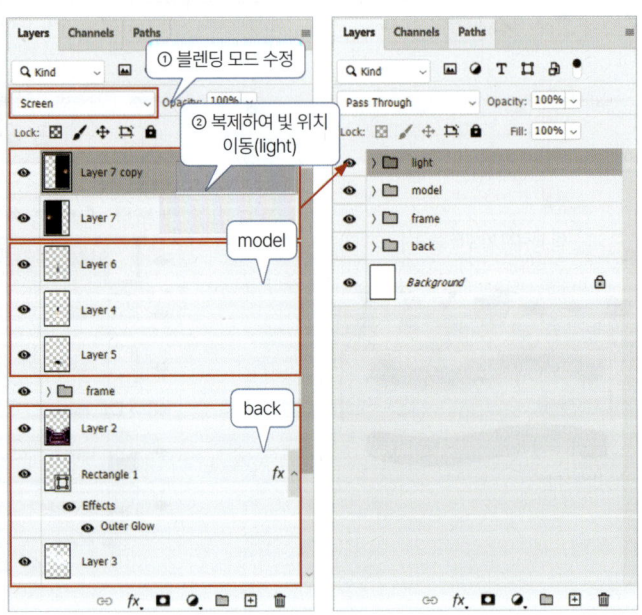

17 문자 다운로드하기

웹소설 표지에 어울리는 폰트를 자유롭게 선택합니다. 본 실습에서는 sandollcloud.com에 접속하여 '르네상스 비밀' 폰트를 사용했습니다. 문자 디자인을 마친 후 type 그룹으로 만들고 frame 그룹 레이어 아래로 이동합니다.

T 타이틀이 잘 보이지 않을 경우, 텍스트 레이어 아래에 새 레이어를 생성(Ctrl + Alt + Shift + N)한 뒤, 전경색을 검은색으로 설정합니다.
이어서 Gradient Tool(G)을 선택하고 옵션 바에서 [Gradient Preset]을 [Basic - Foreground to Transparent]로 설정한 후, 하단에 그레이디언트를 적용하여 배경을 어둡게 만듭니다.

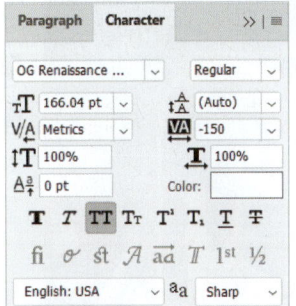

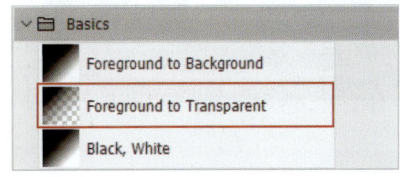

18 레이어 전체 복제하기

frame 그룹과 type 그룹의 눈 아이콘(👁)을 클릭하여 레이어를 숨기고, 보이는 레이어를 병합하는 단축키
(Ctrl + Alt + Shift + E)를 사용하여 화면을 복제합니다. 가장 상위에 있는 레이어를 클릭하여 병합합니다.

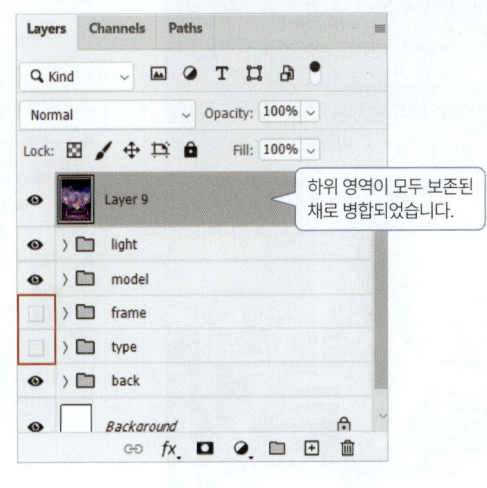

하위 영역이 모두 보존된 채로 병합되었습니다.

09 Shape
10 Clipping Mask & Layer Mask
11 Filter
12 Blending Mode
13 Image Adjustments
14 Adjustment Layer
15 Healing Brush / Liquify
16 Channel

19 그레인과 블렌딩 모드 적용하기

병합 복제된 레이어를 선택하고, 메뉴에서 [Filter] - [Filter Gallery]를 선택한 후 Texture에서 Grain을 적용합니다. 레이어 블렌딩 모드는 Screen으로 설정하고, 불투명도를 조절하여 자연스럽게 이미지가 화사하고 빈티지한 색감이 되도록 수정합니다.

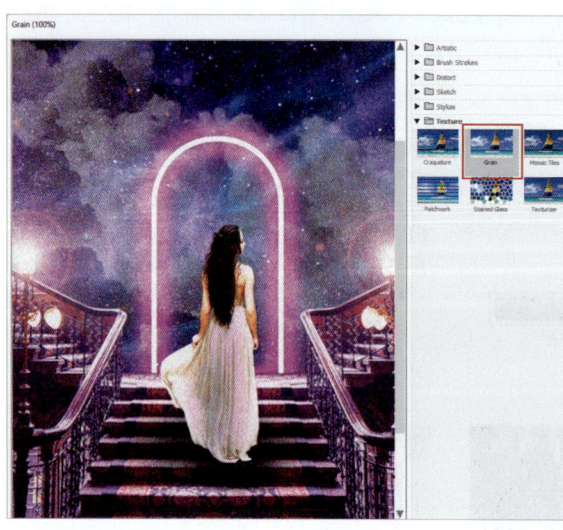
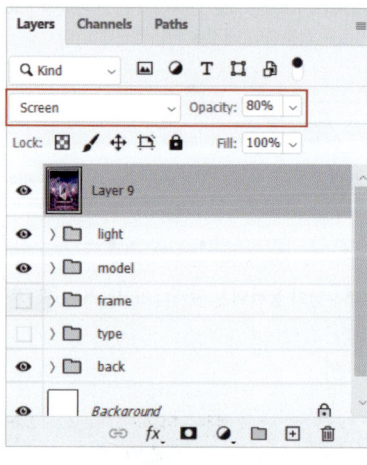

20 완성하기

① 필터를 적용한 마지막 레이어는 type 그룹 아래로 배치합니다. frame과 type 그룹의 눈 아이콘(👁)을 활성화합니다.
② Frame 그룹에는 레이어 스타일(Gradient Overlay)을 적용합니다.
③ 완성도를 높이기 위해 일부 이미지에 빛 효과를 더 추가한 뒤 완료합니다.

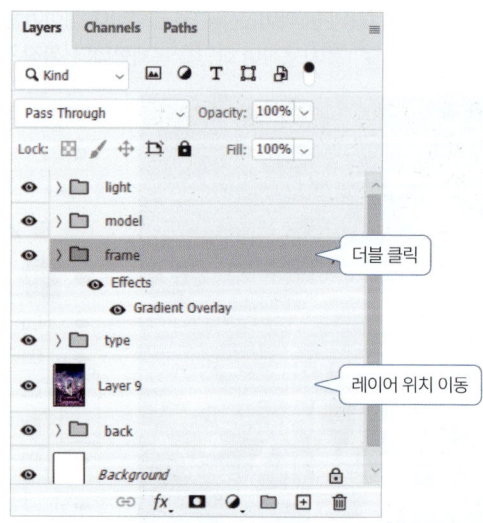

Exercise

불꽃 축제 포스터 제작하기	📁 S12_Exercise 예제

여러 개의 사진을 겹치고, 블렌딩 모드를 활용하여 자연스럽게 포스터를 제작합니다.

1. 이미지 배치

하늘, 별, 폭죽 이미지를 작업 화면으로 이동하여 배치합니다.
① 커플 이미지 : 자동 영역 도구를 활용하여 배경을 제거하여 작업 화면으로 이
동합니다.
② 바닥 이미지 : 필요한 부분만 영역 도구를 사용하여 이동합니다.
③ 폭죽 이미지 : 가장자리를 정확히 따낼 수 없으므로 레이어 마스크를 적용하
고, 레이어 마스크 섬네일을 클릭하여 Hardness를 0%로 설정한 부드러운
브러시로 이미지의 가장자리를 지우며 자연스럽게 합성되도록 만듭니다.

2. 합성

레이어를 각각 폴더를 만들어 구분합니다. 폭죽 그룹은 모두 같은 혼합 모드를 적용하므로 폴더를 선
택하여 Blending Mode를 'Screen'으로 적용합니다.

3. 그림자

인물 이미지에 그림자를 만듭니다. 먼저 레이어를 복제한 뒤, Free Transform으로 Flip Vertical 반전
한 후 원근(Perspective) 왜곡합니다. 투명 픽셀을 제외한 색 채우기로 검은색을 채우고, Blur를 적용
합니다.

🅣 Lock transparent pixels(투명 픽셀 잠그기) 아이콘이 선택되어 있으면 Blur가 적용되지 않으므로, 해제하도
록 합니다.

4. 역광 만들기

인물 앞에서 불꽃이 터지는 이미지로 역광이 적용되어야 합니다. 인물 레이어 위로 새로운 레이어
를 생성하고 클리핑 마스크를 적용합니다. 브러시에 어두운 계열의 합성을 적용하고 어두운 색상으
로 인물의 뒷모습을 채색합니다. 이때, 브러시의 불투명도를 조절하고 레이어에도 어두운 합성을
적용해 최대한 자연스럽게 그림자를 만듭니다.

5. 보정

타이틀을 입력한 후, 보정 폴더의 조정 레이어에서 감춰진 레이어를 모두 표시하여 보정을 적용하고 작업을 마무리합니다.

HOW DEEP IS YOUR LOVE
SOMEBODY TO LOVE

당신을 위한

HOW DEEP IS YOUR LOVE
SOMEBODY TO LOVE

플레이리스트

LOVE,
THE BEAUTY
—A REMINDER

OF
THAT

RE PEACE,
GUIDE OUR EVERY STEP.
IN ITS SIMPLICITY
IN OUR

HEARTS

Image Adjustments

사진 보정

MISSION

사진 보정은 이미지의 색상, 밝기, 대비 등을 조정하여 최적화된 결과를 만드는 과정입니다. 이 섹션에서는 포토샵을 사용하여 사진을 보정하는 다양한 기법과 도구를 학습하며, 디자인을 위한 목적이 아니더라도, 가벼운 보정 작업을 원하는 사용자에게도 유용한 방법을 제안합니다.

KEYWORD

#조정 #사진 보정 #특수 보정

Color Adjustments Terms

포토샵을 이용한 사진 보정 기능을 배우기 전에 몇 가지 용어를 학습합니다. 보정 기능은 단순 암기보다는 사진이 가지고 있는 특징(색상, 채도, 명도)을 파악하고 작업자가 원하는 방향으로 보정할 수 있어야 합니다. 사진 보정을 위한 기본 이론들을 먼저 살펴보겠습니다.

Color 색상 관련 용어 ▣ S13_1.jpg

❶ Hue(색조) : 사진의 색, 빛깔을 수정할 때 사용되는 용어입니다.

포토샵에서는 사진을 다양한 색상으로 색조를 수정할 수 있습니다.

❷ Saturation(채도) : 색의 선명도, 즉 색이 얼마나 진하고 맑은지를 나타내며, 무채색에 가까워질수록 '사진의 채도가 낮다'라고 표현합니다.

흑백(무채색)에 가까울수록 사진의 채도가 낮습니다.

❸ **Lightness(명도)** : 색의 밝기를 뜻합니다. 사진에 빛이 많이 포함되어 흰색에 가까워지면 '명도가 높다'라고 표현합니다.

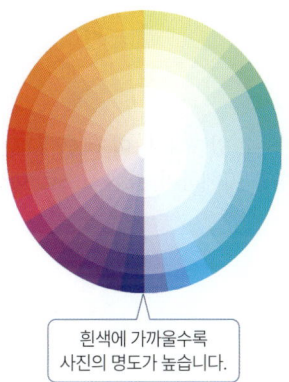

흰색에 가까울수록
사진의 명도가 높습니다.

❹ **Contrast(대비)** : 사전적 의미는 '비교했을 때 생기는 뚜렷한 차이', 즉 대조와 대비를 의미합니다. 사진에서는 빛과 그림자의 대비를 주어 톤, 명암, 질감의 차이를 분명하게 두는 것을 의미합니다.

❺ **Tone(분위기)** : 따뜻한 색 계열의 톤을 웜톤(Warm Tone), 차가운 색 계열을 쿨톤(Cool Tone)이라고 합니다. 패션, 메이크업에도 사용되는 퍼스널 컬러의 원리는 사진에서도 적용됩니다.

Warm Tone

Cool Tone

09 Shape

10 Clipping Mask & Layer Mask

11 Filter

12 Blending Mode

13 Image Adjustments

14 Adjustment Layer

15 Healing Brush / Liquify

16 Channel

Adjustments

명도, 채도, 색상은 사진 보정에서 중요한 요소로 이미지를 더욱 생동감 있게 만들 수 있습니다. 이 섹션에서는 명도, 채도, 색상을 활용한 보정 기법을 익히고 각각의 요소가 이미지에 미치는 영향을 이해하며, 효과적으로 보정하는 방법을 학습합니다.

Adjustments 조정

사진의 색감, 명도, 채도 등을 조절하는 이미지 조정은 [Image] - [Adjustments] 메뉴에서 선택합니다. 같은 속성의 보정 기능별로 구분선이 있습니다.

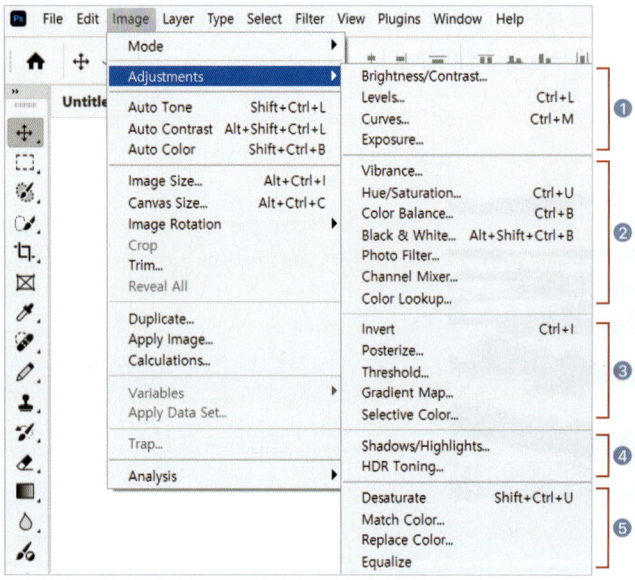

❶ 명도와 대비값을 조정하는 보정

❷ 채도와 색상을 조정하는 보정

❸ 반전이나 색의 일부를 조정하는 보정

❹ 역광 사진을 조정하는 보정

❺ 흑백이나 다른 사진의 색상을 복사하는 등의 기타 보정

T 단축키가 표기된 기능은 실무에서도 자주 사용되는 기능들입니다.

명도와 대비값을 조정하는 보정 ▣ S13_2~6.jpg

❶ Brightness(명도) / Contrast(대비) : 사진 보정 시 밝기와 대비값을 조절할 수 있습니다. 또한 Auto를 클릭하면 자동으로 수치를 입력해 기본 보정을 도와줍니다.

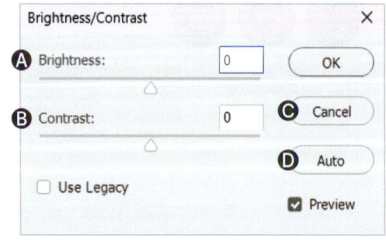

ⓐ Brightness(명도) : 이미지의 밝기를 조절합니다.

ⓑ Contrast(대비) : 밝은 톤과 어두운 톤의 대비값을 조절합니다.

ⓒ Cancel(취소) : 이미지 조정 작업 중 Alt 키를 누르면 Cancel(취소) 버튼이 Reset(재설정) 버튼으로 변경됩니다. 설정값을 기본값으로 되돌릴 수 있습니다.

ⓓ Auto(자동) : 이미지를 자동으로 보정합니다.

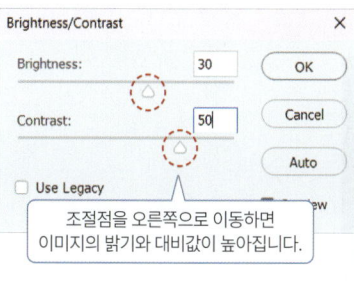

조절점을 오른쪽으로 이동하면
이미지의 밝기와 대비값이 높아집니다.

❷ **Levels(레벨)** : Levels(레벨)를 사용하여 이미지의 톤을 나누어 보정할 수 있습니다. Levels(레벨)는 Input Levels(입력 레벨)와 Output Levels(출력 레벨)로 나누어집니다. **S** Levels(레벨) Ctrl + L

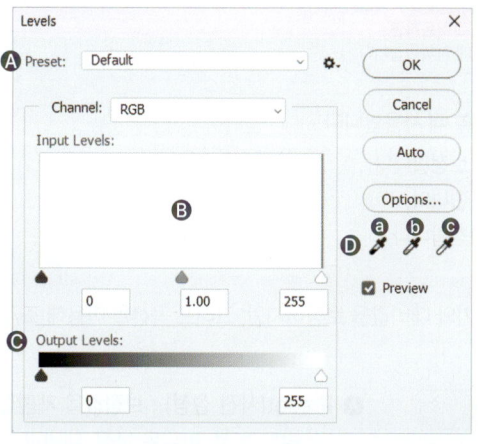

Ⓐ **Preset(사전 설정)** : 포토샵에서 보정값을 제안합니다. 밝은 보정, 어두운 보정, 대비값 보정 등 포토샵에서 세팅해 놓은 설정값을 선택할 수 있습니다.

Input Levels에서 밝은 톤과 중간 톤을 보정하여
배경을 흰색으로 수정할 수 있습니다.

Ⓑ **Input Levels(입력 레벨)** : 사진을 밝은 톤 / 중간 톤 / 어두운 톤 3가지로 나누어 명도를 보정합니다. 보정은 각 톤별 조절점을 이용합니다.

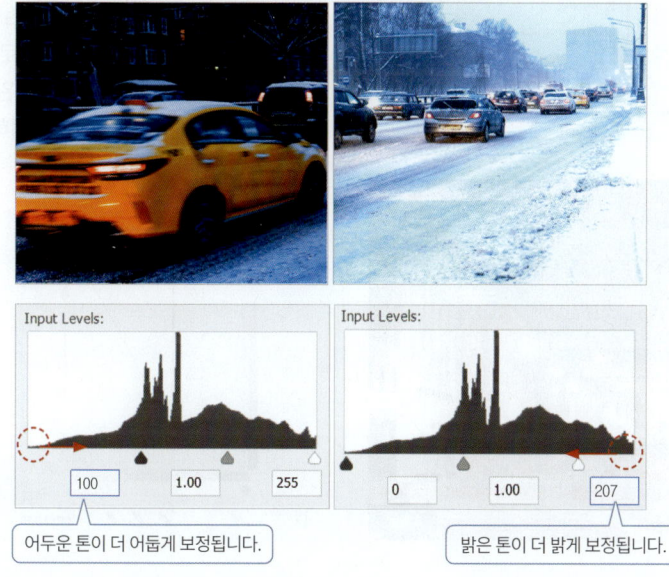

어두운 톤이 더 어둡게 보정됩니다.

밝은 톤이 더 밝게 보정됩니다.

09
Shape

10 Clipping Mask
& Layer Mask

11
Filter

12
Blending Mode

13
Image Adjustments

14
Adjustment Layer

15
Healing Brush / Liquify

16
Channel

ⓒ Output Levels(출력 레벨) : 사진에서 전체 톤의 명도가 보정됩니다.

조절점을 오른쪽으로 이동하면
이미지 전체가 흰색에 가까워집니다.

조절점을 왼쪽으로 이동하면
이미지 전체가 검은색에 가까워집니다.

ⓓ Eyedropper Tool(스포이드 도구) : 이미지를 자동으로 보정할 때 사용합니다.

ⓐ 🖋 아이콘 클릭 후 이미지의 가장 어두운 부분을 클릭해 자동 보정합니다.

ⓑ 🖋 아이콘 클릭 후 이미지의 중간 톤 부분을 클릭해 자동 보정합니다.

ⓒ 🖋 아이콘 클릭 후 이미지의 가장 밝은 부분을 클릭해 자동 보정합니다.

❸ Curves(곡선) : Curves(곡선)는 Levels(레벨)와 동일하게 밝기와 대비값을 보정하지만, 그래프 곡선을 이용해 조금 더 섬세한 보정이 가능합니다. **S** Curves(곡선) `Ctrl` + `M`

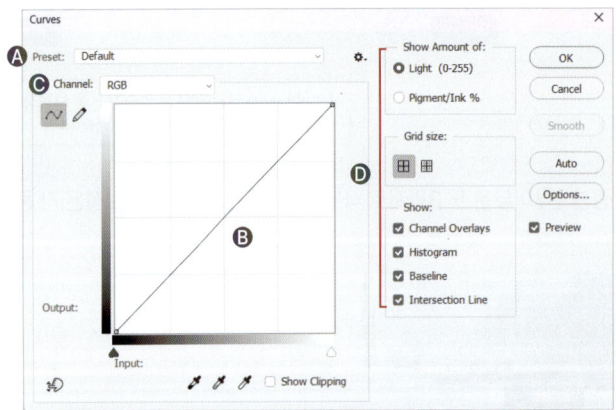

Before

After

ⓐ Preset(사전 설정) : 보정값을 제안합니다. 밝은 보정, 어두운 보정, 대비값 보정 등 포토샵에서 세팅한 설정값을 선택할 수 있습니다.

ⓑ Input(입력) & Output(출력) : Levels(레벨)의 Input(입력)은 사진을 3가지 톤으로만 보정한다면, Curves는 직접 조절점을 만들어 보정합니다. 기본적인 보정 방법은 Output 방향(오른쪽 위)으로 전체 밝기를 조절하고 Input 방향으로(왼쪽 아래) 어두운 색감을 더 어둡게 보정하는 S 곡선 보정입니다.

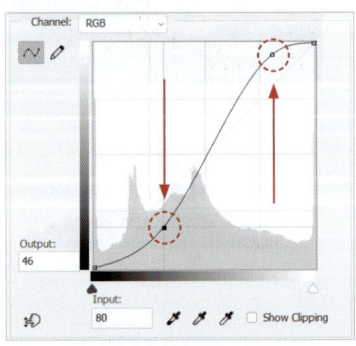

ⓒ Channel(채널) : 각 채널별(Red/Green/Blue)로 명도와 대비를 조절합니다.

사진의 밝은 쪽에 Red 계열의
채널을 보정한 상태입니다.

ⓓ View Mode(보기 모드) : 양 표시 또는 격자 크기나 막대 그래프, 기준선, 교차 선 등 사용자의 환경에 맞게 View Mode를 설정합니다. 특정 기능이 아닌 Setting 설정이므로 작업자의 편의에 따라 설정합니다.

❹ Exposure(노출) : 사진의 노출, 대비, 감마값을 조절합니다.

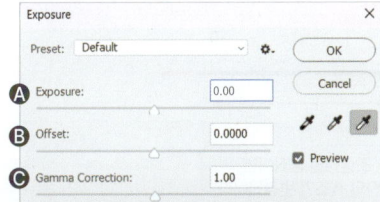

ⓐ Exposure(노출) : 빛의 양을 조절합니다(사진에 조명이 켜지는 효과).
ⓑ Offset(오프셋) : 노출값을 조절해 대비값을 설정합니다.
ⓒ Gamma Correction(감마 교정) : 명도 대비를 조절합니다.

채도와 색상을 조정하는 보정 ■ S13_7~14.jpg

❶ Vibrance(생동감)

색의 농도 즉, 채도와 활기를 조절하여 생동감을 더할 수 있습니다.

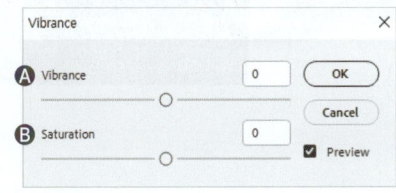

ⓐ Vibrance(생동감) : 대상이 가지고 있는 색상을 유지한 채 채도를 낮추거나 올려줍니다. 자연스러운 채도 보정이 가능합니다.
ⓑ Saturation(채도) : 대상이 가지고 있는 색상과 관계없이 전체 채도를 낮추거나 올려줍니다. 무채색은 채도값이 가장 낮은 상태입니다.

09 Shape

10 Clipping Mask & Layer Mask

11 Filter

12 Blending Mode

13 Image Adjustments

14 Adjustment Layer

15 Healing Brush / Liquify

16 Channel

사진 고유의 색조가 남아 있는
채로 색의 농도가 빠집니다.

사진 전체가 모두
흑백처리됩니다.

❷ Hue/Saturation(색조/채도)

색조와 채도를 조절하여 이미지 전체의 밝기를 조절할 수 있습니다.

🇸 Hue/Saturation(색조/채도) [Ctrl] + [U]

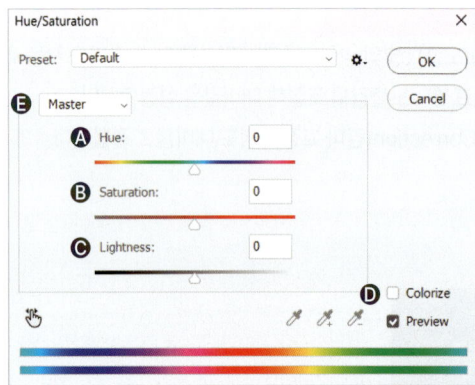

Ⓐ Hue(색조) : 색조를 변경합니다.

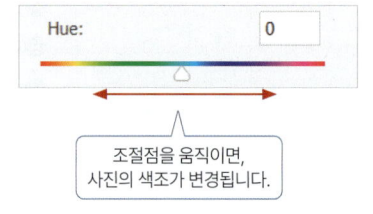

조절점을 움직이면,
사진의 색조가 변경됩니다.

Ⓑ Saturation(채도) : 채도를 변경합니다.

Ⓒ Lightness(밝기) : 밝기(명도)를 변경합니다.

ⓓ Colorize(색상화) : Hue/Saturation(색조/채도)은 이미지 고유 색상을 기준으로 보정하나 Colorize(색상화)를 체크하면 고유의 색과 관계없이 전체 톤이 변경됩니다.

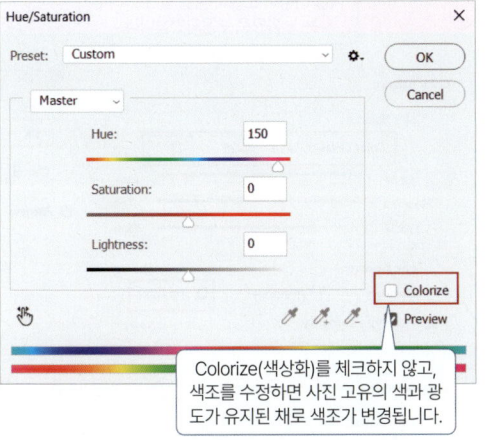
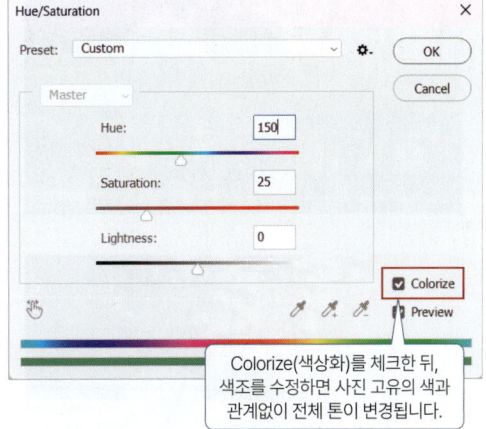

Colorize(색상화)를 체크하지 않고, 색조를 수정하면 사진 고유의 색과 광도가 유지된 채로 색조가 변경됩니다.

Colorize(색상화)를 체크한 뒤, 색조를 수정하면 사진 고유의 색과 관계없이 전체 톤이 변경됩니다.

ⓔ Master(마스터)로 설정하면 6개의 색상을 별도로 선택하여 색조, 채도, 밝기(명도)를 보정할 수 있습니다.

❸ Color Balance(색상 균형)

Color Balance(색상 균형)는 이미지의 고유 톤을 유지하면서 특정 색상을 추가하거나, 반대의 색상으로 조절하여 색상 균형을 조정하는 기능입니다. Hue/Saturation이 전체 색조를 변경하는 반면, Color Balance는 Shadows, Midtones, Highlights 각각의 영역에 색을 조절해 더 섬세한 색 보정이 가능합니다.

S Color Balance(색상 균형) Ctrl + B

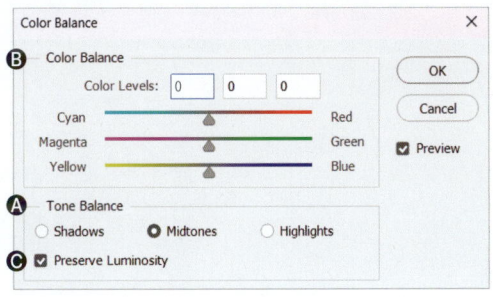

ⓐ Tone Balance(색조 균형) : Tone Balance(색조 균형)는 Highlights(밝은 영역), Midtones(중간 영역), Shadows(어두운 영역)로 나누어 색상을 보정할 수 있습니다. Color Balance(색상 균형)를 조절하기 전에 Tone Balance를 먼저 설정합니다.

ⓑ Color Balance(색상 균형) : 원하는 Tone Balance를 선택했다면, 서로 보색 관계에 있는 슬라이더를 조절하여 색상 균형을 섬세하게 조정할 수 있습니다.

ⓒ Preserve Luminosity(광도 유지) : 일반적으로 체크하고, 이미지가 가지고 있는 고유의 광도를 유지합니다.

09 Shape

10 Clipping Mask & Layer Mask

11 Filter

12 Blending Mode

13 Image Adjustments

14 Adjustment Layer

15 Healing Brush / Liquify

16 Channel

어두운 톤은 푸른색, 밝은 톤은 붉은
색을 더하여 노을이 붉은 빛으로 비추
는 느낌으로 보정되었습니다.

❹ Black&White(흑백)

Black&White(흑백)는 이미지를 흑백으로 전환하는 보정 기능입니다. Desaturate(채도 감소)는 단순히 색을 제거하는
방식인 반면, Black&White는 사진을 6가지 색상(Reds, Yellows, Greens, Cyans, Blues, Magentas)으로 분리해 각
색상이 흑백으로 변환되는 명도를 개별적으로 조정할 수 있습니다.

S Black&White(흑백) `Shift` + `Alt` + `Ctrl` + `B`

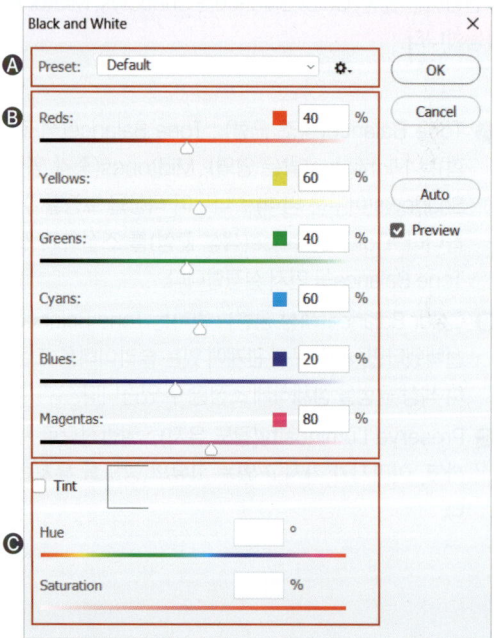

ⓐ **Preset(사전 설정)** : 포토샵에서 미리 설정한 보정값
으로 색상 필터, 밝기, 적외선, 밀도 등 기본 설정값을
선택할 수 있습니다.

❸ Channels(채널) : 흑백이 되기 전 색상을 보정합니다.

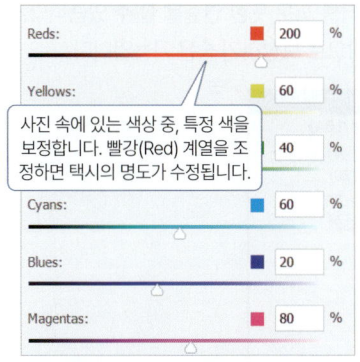

사진 속에 있는 색상 중, 특정 색을 보정합니다. 빨강(Red) 계열을 조정하면 택시의 명도가 수정됩니다.

사진을 채도 감소로 수정하면, 조명의 밝기나 야경의 분위기가 사라집니다. Black & White 로 수정하면, 사진 고유의 분위기를 살리며 보정할 수 있습니다.

❹ Tint(색조) : Hue/Saturation(색조/채도)에서 Colorize(색상화)와 같은 기능입니다. 고유의 색과 관계없이 전체 톤에 색조를 적용합니다.

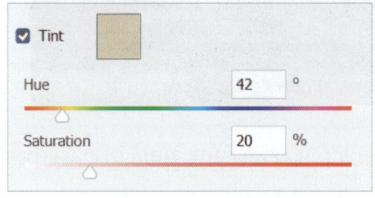

흑백 수정을 마친 후, Tint를 체크하고 Hue와 Saturation을 조절합니다. 사진을 빈티지한 분위기로 수정하였습니다.

09
Shape

10 Clipping Mask & Layer Mask

11
Filter

12
Blending Mode

13
Image Adjustments

14
Adjustment Layer

15
Healing Brush / Liquify

16
Channel

❺ Photo Filter(포토 필터)

사진의 색감을 보정하는 색상 필터입니다. 카메라 렌즈에 색상이 있는 필터를 끼운 듯한 연출을 할 수 있습니다. 차가운 톤의 사진을 따뜻한 색감으로 보정하거나, 따뜻한 톤의 사진을 차가운 색감으로 보정하기 좋은 기능입니다.

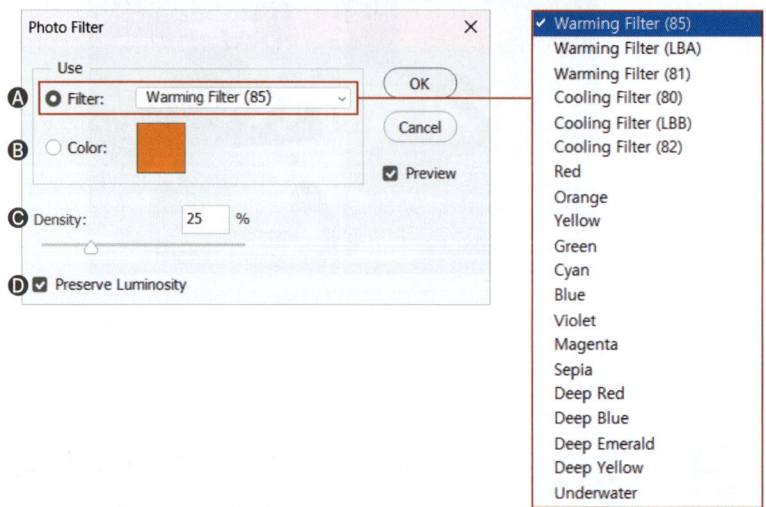

Ⓐ Filter(필터) : 포토샵에서 제안하는 보정값입니다. Cool Tone, Warm Tone과 같은 색상으로 선택하여 보정할 수 있습니다.

Ⓑ Color(색상) : 지정된 필터가 아닌, 색을 직접 선택해서 필터를 만듭니다. 색상 섬네일을 클릭하면 Color Picker(색상 피커) 대화상자가 열립니다.

Ⓒ Density(밀도) : 색의 밀도이며, 값이 높을수록 색상이 많이 들어갑니다.

Ⓓ Preserve Luminosity(광도 유지) : 체크를 해 놓는 것이 일반적이며, 이미지가 가지고 있는 고유의 광도를 유지합니다.

❻ Channel Mixer(채널 혼합)

Channels 패널은 작업 화면에 있는 이미지의 색상 정보를 반영합니다. Channel Mixer(채널 혼합)를 이용하면 Channels(채널) 패널을 활용하지 않더라도 Red, Green, Blue 3가지 채널을 보정할 수 있고, 일반 색상 보정이나 채도 값에서 나타낼 수 없는 색이 있는 이미지를 흰색이나 검은색으로도 보정할 수 있습니다. 채널의 기본 원리를 이해하고 접근하면 쉽게 적용할 수 있습니다. 채널에 대한 상세 설명은 'Section 16. Channel'을 참고합니다.

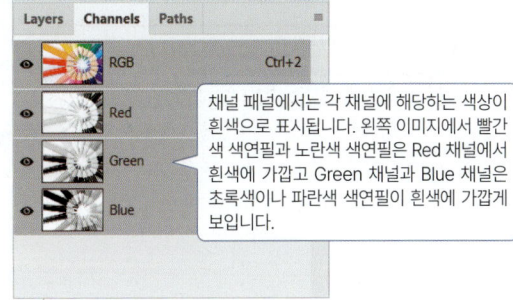

채널 패널에서는 각 채널에 해당하는 색상이 흰색으로 표시됩니다. 왼쪽 이미지에서 빨간색 색연필과 노란색 색연필은 Red 채널에서 흰색에 가깝고 Green 채널과 Blue 채널은 초록색이나 파란색 색연필이 흰색에 가깝게 보입니다.

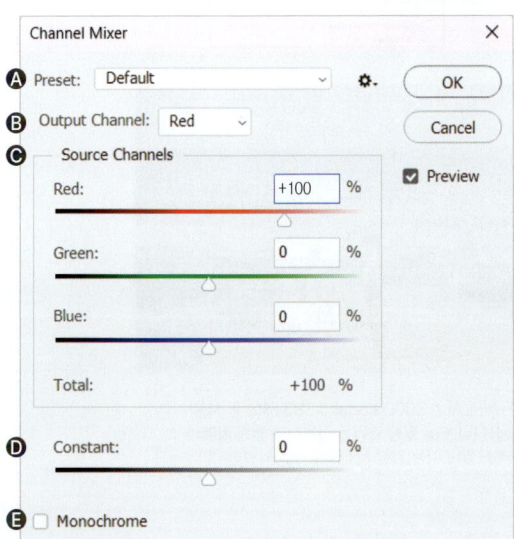

ⓐ **Preset(사전 설정)** : 포토샵에서 미리 설정한 보정값으로 흑백 적외선, 색상 필터가 적용된 흑백 등 세팅해 놓은 설정값들을 선택할 수 있습니다.

ⓑ **Output Channel(출력 채널)** : 각 채널별 보정을 위해 채널을 선택할 수 있습니다.

Red	Alt+3
Green	Alt+4
Blue	Alt+5

ⓒ **Source Channels(소스 채널)** : Output Channel (출력 채널)을 선택한 뒤, 각 채널에서 또다시 Red, Green, Blue 채널로 구분하여 수정합니다.

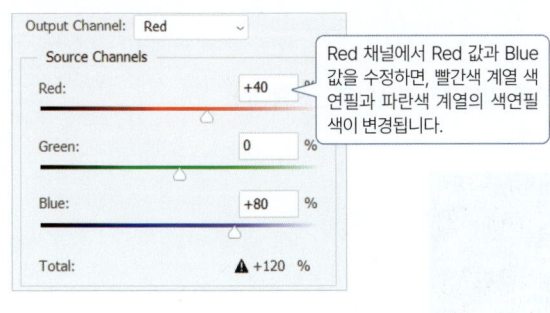

Red 채널에서 Red 값과 Blue 값을 수정하면, 빨간색 계열 색연필과 파란색 계열의 색연필 색이 변경됩니다.

ⓓ **Constant(상수)** : 대비값을 조절합니다.

ⓔ **Monochrome(단색)** : 이미지를 흑백으로 전환해 보정합니다.

09 Shape

10 Clipping Mask & Layer Mask

11 Filter

12 Blending Mode

13 Image Adjustments

14 Adjustment Layer

15 Healing Brush / Liquify

16 Channel

❼ Color Lookup(색상 검색)

이 기능은 .3dl/.cube/.look 확장자를 지닌 외부 필터를 사용하는 기능입니다. 외부 필터가 없는 경우 3DLUT File을 통해 포토샵에서 기본으로 제공하는 필터를 활용할 수 있습니다. 기본 필터만 사용해도 영화 같은 사진을 연출할 수 있습니다.

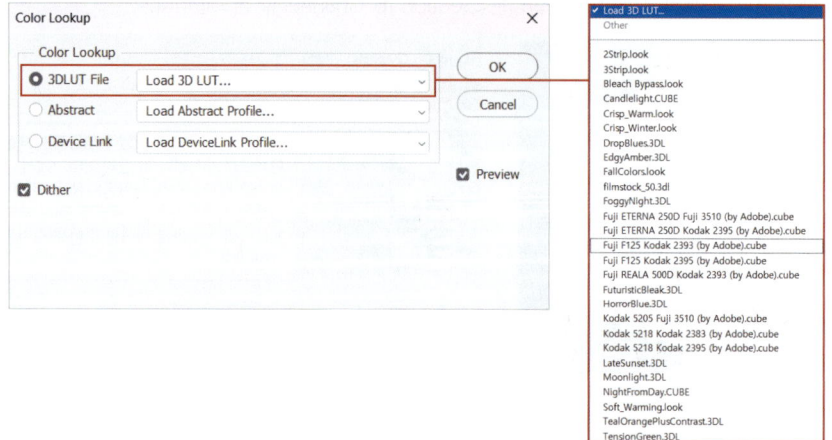

Fuji REALA 500D Kodak 2393 Filter를 사용했습니다. Fuji 필름 효과를 적용하여 필름 카메라의 느낌이 나는 감성 사진으로 수정되었습니다.

반전 등의 특수 효과를 활용한 보정 ▪ S13_15~18.jpg

❶ Invert(반전)

이미지의 색상을 보색으로 반전합니다. 흰색은 검은색으로, 검은색은 흰색으로 반전됩니다.

S Invert(반전) `Ctrl` + `I`

T 흰색 로고를 검은색으로 변경하는 것처럼 흑백 반전이 필요한 경우가 많습니다. 실무에서 많이 사용하는 기능의 단축키는 외워 두는 것이 좋습니다.

❷ Posterize(포스터화)

사진의 단계별 음영 수치를 줄여서 이미지를 단순화시킵니다. 설정값이 높아질수록 이미지가 자연스러워집니다.

값이 높아질수록 원본
이미지에 가까워집니다.

❸ Threshold(한계값)

사진을 검은색과 흰색으로 나타냅니다. 대비값을 조절하여 판화 효과를 만들 수 있습니다.

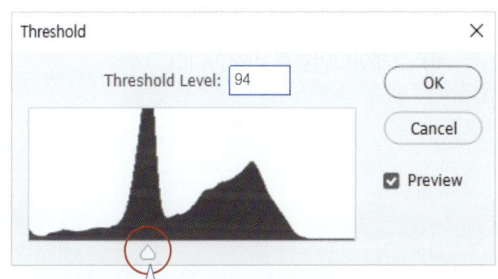

조절점을 좌우로 움직여 이미지에
적합한 판화 효과를 만듭니다.

09
Shape

10 Clipping Mask
& Layer Mask

11
Filter

12
Blending Mode

13
Image Adjustments

14
Adjustment Layer

15
Healing Brush / Liquify

16
Channel

❹ **Gradient Map(그레이디언트 맵)**

사진의 고유 명도를 기준으로 그레이디언트 색상을 합성합니다. 어두운 색상을 왼쪽에 배치하고 밝은 색상을 오른쪽에 배치하면 더욱 자연스러운 효과를 연출할 수 있습니다. 그레이디언트 사용법은 'Section 04의 Theory 02'를 참고합니다.

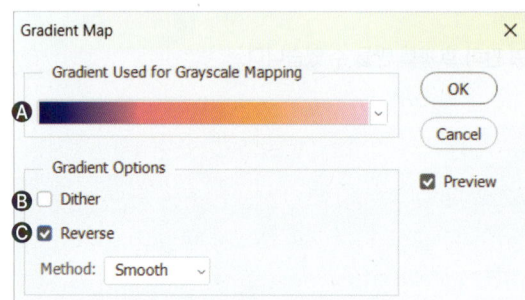

Ⓐ 레이어에 합성될 그레이디언트를 설정합니다.

Ⓑ 색상을 자연스럽게 혼합하고 투명 그레이디언트를 활성화합니다.

Ⓒ 그레이디언트를 반전합니다.

❺ **Selective Color(선택 색상)**

9개의 색상 중 원하는 색상을 선택한 후 Cyan, Magenta, Yellow, Black 색상을 더하거나 빼기하여 색상을 보정하는 기능입니다.

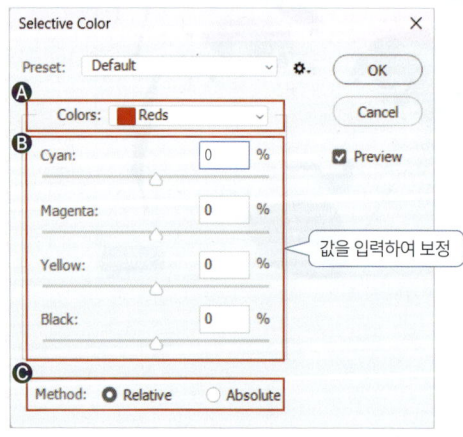

값을 입력하여 보정

Ⓐ **Colors(색상)** : 지정된 9개의 색상 중 원하는 색상 또는 변경하고자 하는 색에 가까운 색상을 선택합니다.

Ⓑ **Channels(채널)** : 대표 색상을 지정한 후 선택한 색상에서 Cyan, Magenta, Yellow, Black의 값을 더하거나 빼기하여 보정할 수 있습니다.

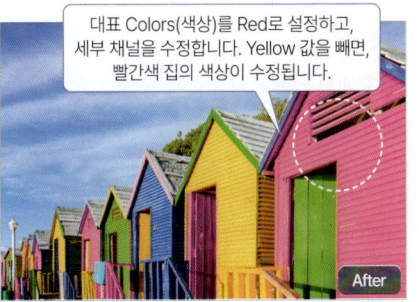

대표 Colors(색상)를 Red로 설정하고, 세부 채널을 수정합니다. Yellow 값을 빼면, 빨간색 집의 색상이 수정됩니다.

Before / After

ⓒ Method(방법) : 색상을 조절할 때 다른 색상과의 조화를 고려할 것인지를 선택합니다. Absolute를 선택하면 상대적인 색상보다 작업자가 변경하는 색상값이 절대적으로 보이게 됩니다.

• Relative(상대치) / Absolute(절대치)

역광 사진(빛과 그림자)을 조정하는 보정 📁 S13_19~20.jpg

❶ Shadows / Highlights(어두운 / 밝은 영역)

색상과 채도의 변화를 최소화하고 명암을 보정하는 기능으로 빛이 많은 부분과 상대적으로 빛이 없는 부분을 나누어 수정할 수 있습니다.

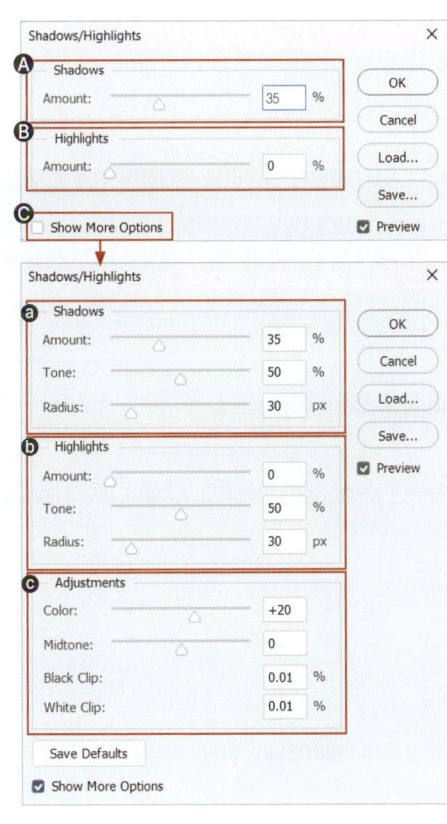

Ⓐ Shadows(어두운 영역) : 어두운 톤의 빛의 양을 조절합니다.

Ⓑ Highlights(밝은 영역) : 밝은 톤의 빛의 양을 조절합니다.

Ⓒ Show More Options(옵션 확장 표시) : 작업자가 보정을 좀 더 세부적으로 설정하려면 Show More Options를 체크합니다.

ⓐ Shadows(어두운 영역) : 어두운 톤을 보정합니다. 어두운 톤의 선명도, 빛의 양과 전체 톤의 밝기를 설정합니다.

ⓑ Highlights(밝은 영역) : 밝은 톤을 보정합니다. 밝은 톤의 선명도, 빛의 양과 전체 톤의 밝기를 설정합니다.

ⓒ Adjustments(조정) : 채도를 보정합니다. 전체 톤의 채도값과 중간 톤의 대비값을 보정할 수 있습니다. 더 정교한 보정을 하려면 [Image] - [Adjustments] 메뉴의 별도 기능을 추가로 활용할 수 있습니다.

Before / After

09 Shape

10 Clipping Mask & Layer Mask

11 Filter

12 Blending Mode

13 Image Adjustments

14 Adjustment Layer

15 Healing Brush / Liquify

16 Channel

❷ HDR Toning(HDR 토닝)

한 장의 사진에 HDR 효과를 만들고 대비값과 밝기, 노출 정도를 조절해 주는 보정 기능입니다.

> **T** HDR(High Dynamic Range)이란 밝은 곳은 더 밝게, 어두운 곳은 더 어둡게 표현하여 색과 명암비를 세밀하게 조정해 주는 기능입니다.

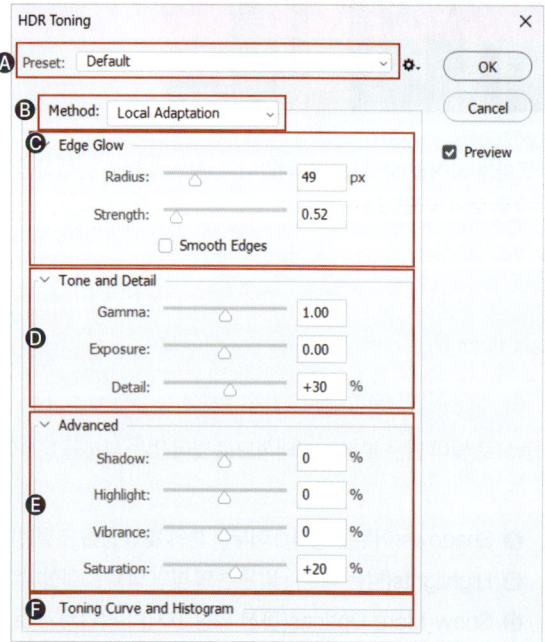

Ⓐ Preset(사전 설정) : 포토샵에서 기본으로 제공하는 보정값입니다. 미리 세팅된 설정값을 선택하여 적용할 수 있습니다.

Ⓑ Method(방법) : Local Adaptation(로컬 적용) 선택 시 이미지 전체에서 일부분의 밝기를 조정하여 HDR 톤을 조절합니다.

Ⓒ Edge Glow(가장자리 광선)

　ⓐ Radius(반경) : 밝기 조절의 세기를 조절합니다.

　ⓑ Strength(강도) : 픽셀들이 서로 같은 값이 되지 않도록 픽셀 사이의 톤 차이를 조절합니다.

Ⓓ Tone and Detail(톤 및 세부 묘사)

　ⓐ Gamma(감마) : 감마값이 1.0일 때 최대가 됩니다. 1.0보다 작으면 Midtone이 강해지고, 1.0보다 크면 Highlight, Shadow가 강해집니다.

　ⓑ Exposure(노출) : 노출값을 조절할 수 있습니다.

　ⓒ Detail(세부 묘사) : 선명도를 조절할 수 있습니다.

Ⓔ Advanced(고급)

　ⓐ Shadow(그림자) : 어두운 톤의 명도를 보정합니다.

　ⓑ Highlight(밝은 영역) : 밝은 톤의 명도를 보정합니다.

　ⓒ Vibrance(생동감) : 대상이 가지고 있는 색상을 유지한 채 채도를 낮추거나 올려줍니다. 자연스러운 채도 보정이 가능합니다.

　ⓓ Saturation(채도) : 대상이 가지고 있는 색상과 관계없이 전체 채도를 낮추거나 올려줍니다. 채도값이 가장 낮은 상태는 무채색입니다.

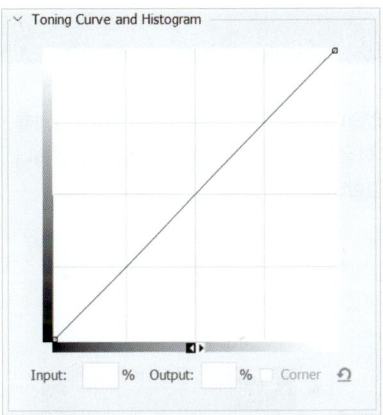

ⓕ Toning Curve and Histogram(토닝 곡선과 막대 그래프) :
Curves 사용과 같이 사진의 세부 톤과 전체 톤의 밝기와 대비값을 설정할 수 있습니다. 사용자가 직접 톤을 그래프 위에 생성하여 보정할 수도 있습니다.

> 🔲 너무 많은 톤을 만들면 원하는 색감을 찾기 어렵고 복잡한 보정이 될 수 있으니 주의합니다.

HDR Toning 사용 방법
HDR Toning은 한 장의 사진에 적용하는 보정 기법으로, 레이어가 여러 개 있는 경우 HDR Toning을 실행하면 모두 병합되기 때문에 주의하여 사용합니다.

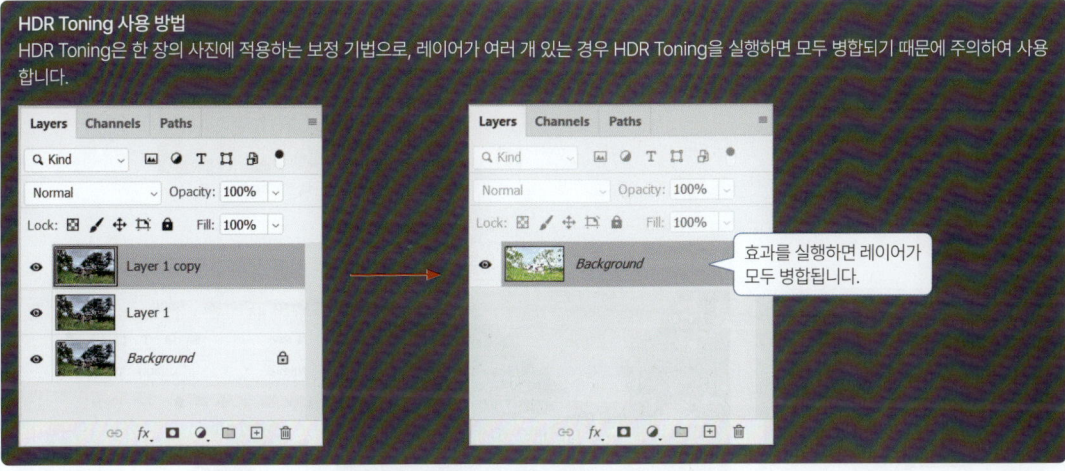

효과를 실행하면 레이어가 모두 병합됩니다.

09 Shape

10 Clipping Mask & Layer Mask

11 Filter

12 Blending Mode

13 Image Adjustments

14 Adjustment Layer

15 Healing Brush / Liquify

16 Channel

Adjustments(조정) 효과는 레이어에 직접 적용하게 되므로 수정할 수 없습니다. 효과의 강도를 조정하거나 효과를 지우기 위해서는 레이어를 Smart Object Layer(고급 개체)로 변환한 후 적용하면 Adjustments를 수정할 수 있습니다. Smart Object에 대한 상세 해설은 'Section 02의 Theory 02'를 참고합니다.

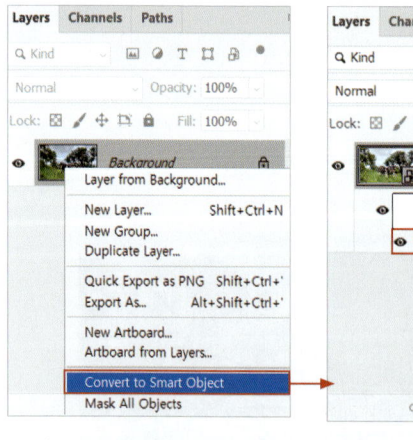

① 마우스 우클릭하여 Convert to Smart Object를 선택합니다.

② Smart Object로 변환되면 [Image] - [Adjustments] - [Brightness/Contrast] 메뉴를 선택해 효과를 적용합니다.

③ 혼합 옵션 아이콘을 더블 클릭하면, 효과와 레이어 간의 혼합(Blending)이나, 효과의 불투명도를 사용할 수 있습니다.

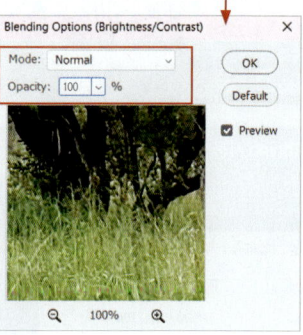

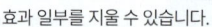
효과 일부를 지울 수 있습니다.

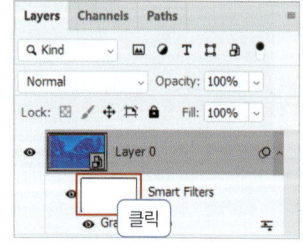

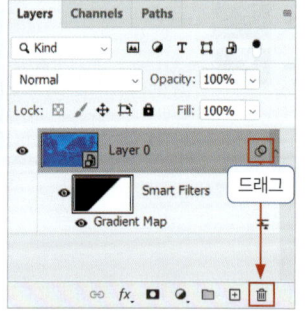

④ 고급 개체에 효과를 적용하면, Mask 기능이 적용됩니다. Mask에서 Black을 칠하면 효과가 감춰집니다. Mask 기능을 학습한 후 사용하게 되면 유용합니다. 'Section 10. Clipping Mask'를 참고합니다.

⑤ 효과를 삭제하려면 효과 아이콘을 휴지통으로 드래그합니다.

흑백이나 다른 사진의 색상을 복사하는 등의 기타 보정 ■ S13_21~23.jpg

❶ Desaturate(채도 감소)

사진을 흑백으로 전환합니다. Black&White(흑백), Threshold(한계값)와 다르게 조절값 없이 바로 흑백 이미지로 보정
됩니다.

S Desaturate(채도 감소) Ctrl + Shift + U

❷ Match Color(색상 일치)

톤이 다른 두 이미지의 색상 톤을 맞춰주는 기능입니다.

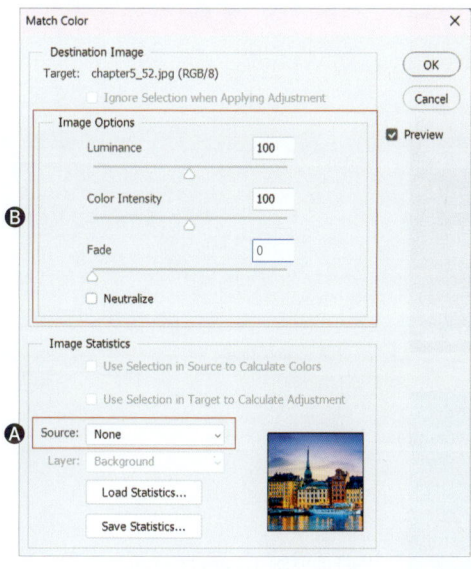

09
Shape

10 Clipping Mask
& Layer Mask

11
Filter

12
Blending Mode

13
Image Adjustments

14
Adjustment Layer

15
Healing Brush / Liquify

16
Channel

ⓐ Source(소스) : 기준이 될 이미지를 불러옵니다. 포토샵에 열려 있는 작업 파일이어야 합니다.

기준이 될 이미지

ⓑ Image Options(이미지 옵션) : 이미지의 밝기, 채도값을 조절할 수 있고 보정된 톤의 강도를 조절할 수 있습니다. Neutralize(중화)를 체크하면 자연스러운 톤 보정을 도와줍니다.

> **T** 해당 작업을 실습하려면 포토샵에 2개 이상의 사진이 열려 있어야 합니다.

> 해당 이미지에서 Source(소스) 이미지를 위의 기준이 될 이미지로 적용하면 다음과 같이 보정됩니다.

❸ Replace Color(색상 대체)

선택한 색상을 다른 색상으로 대체하여 보정할 수 있습니다.

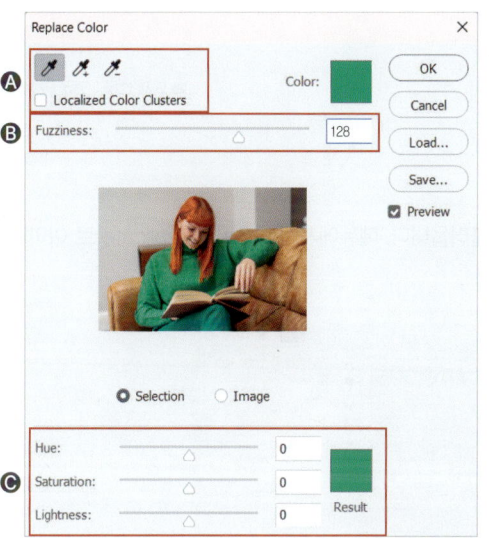

Ⓐ **Eyedropper Tool(스포이드 도구)** : 스포이드 도구로 변경하고자 하는 색상의 영역을 클릭합니다.

Ⓑ **Fuzziness(허용량)** : 허용량을 조절하여 색상의 범위를 설정합니다.

Ⓒ **Hue(색조) / Saturation(채도) / Lightness(밝기) 조정**

　　ⓐ **Hue(색조)** : 색상을 수정합니다.

　　ⓑ **Saturation(채도)** : 채도를 수정합니다.

　　ⓒ **Lightness(밝기)** : 밝기를 수정합니다.

❹ Equalize(균일화)

사진의 밝기를 전체적으로 평균화합니다. 입력값이나 설정 없이 바로 적용되는 기능입니다.

09 Shape

10 Clipping Mask & Layer Mask

11 Filter

12 Blending Mode

13 Image Adjustments

14 Adjustment Layer

15 Healing Brush / Liquify

16 Channel

Adjustments

지브리 스타일의 청량감있는 이미지로 보정합니다.

■ 예제 폴더 : S13-Practice1

01 파일 열기

'S13_P1_1.jpg' 파일을 [File] - [Open] 또는 Ctrl + O 키를 눌러 불러옵니다. 메뉴에서 [Image] - [Duplicate]로 이미지를 새로운 파일로 복제한 후 작업을 시작합니다.

T 원본과의 비교를 위해 이미지를 복제한 뒤, 복제한 이미지에 보정을 적용하겠습니다.

02 작업 화면 설정하기

메뉴에서 [Window] - [Arrange] - [2-up Vertical]을 선택하여 작업 화면을 2장 세로 분할로 설정합니다.

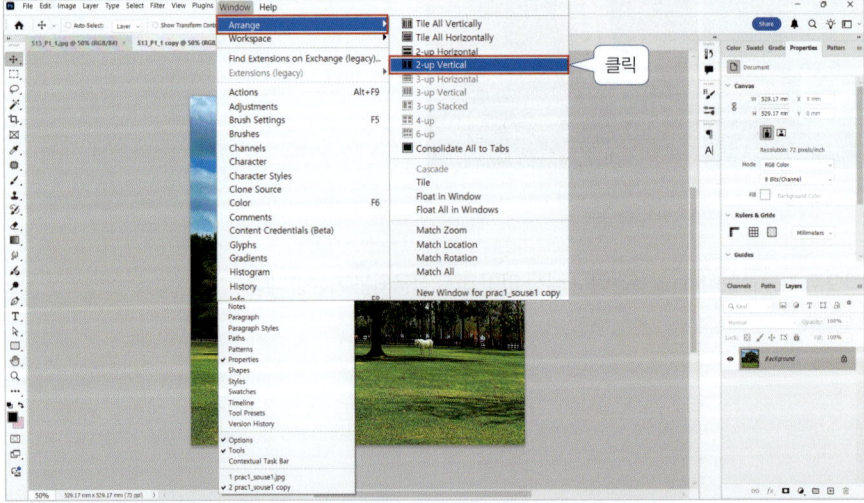

03 스마트 오브젝트 적용하기

이미지를 수정할 수 있는 보정 효과로 적용하기 위해 레이어에 마우스 우클릭하여 [Convert to Smart Object]를 적용합니다.

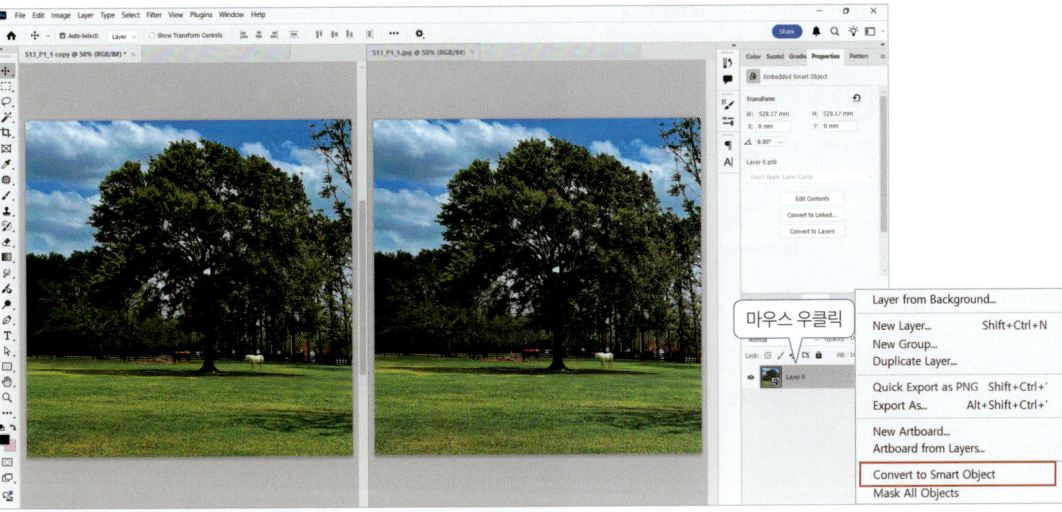

04 색상 균형 조정하기

청량한 애니메이션 스타일을 연출하기 위해, 봄을 연상시키는 연두색 계열로 보정합니다. 현재 사진에 진한 초록색이 많으므로, 전체 톤을 노란색 계열로 조정하겠습니다. [Image] - [Adjustments] - [Color Balance](Ctrl + B)를 선택한 뒤, Highlights, Midtones, Shadows 각각의 영역에서 톤을 Yellow 쪽으로 이동해 전체적으로 따뜻한 색감으로 보정합니다.

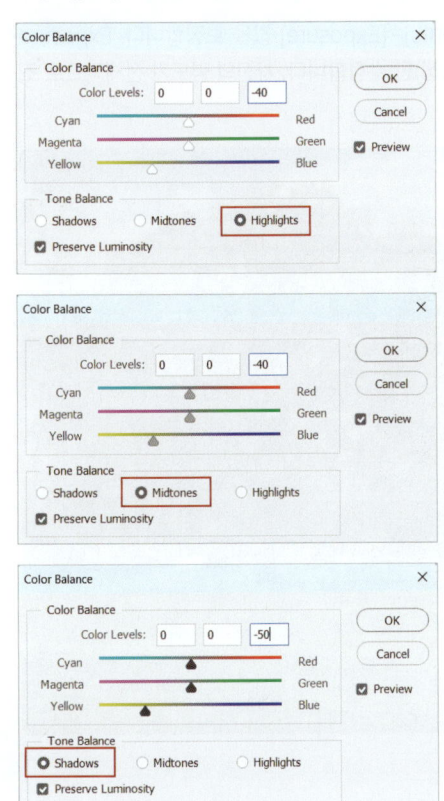

09 Shape

10 Clipping Mask & Layer Mask

11 Filter

12 Blending Mode

13 Image Adjustments

14 Adjustment Layer

15 Healing Brush / Liquify

16 Channel

05 밝기 / 대비 조정하기

청량감이 있는 사진은 대비값이 강하지 않습니다. [Image] - [Adjustments] - [Brightness/Contrast]에서 Contrast(대비)를 -50으로 줄이고, Brightness(명도)를 높입니다.

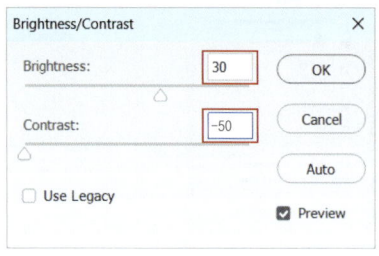

T 대비값이 강한 이미지는 강한 인상을 줍니다.

06 노출 보정하기

이미지의 그림자를 조금 더 밝게 수정하기 위해서 [Image] - [Adjustments] - [Exposure] 값을 보정합니다. Exposure(노출)와 Offset(오프셋) 값은 그대로 두고, Gamma Correction(감마 교정)만 수정합니다. 사진의 명도가 전체적으로 조절됩니다.

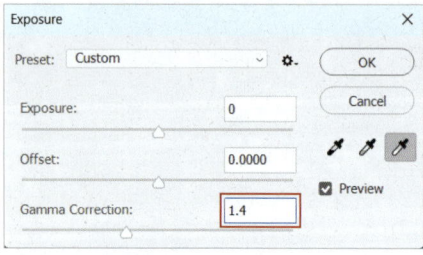

07 추가 보정 후 완성하기

감성적인 분위기를 연출하기 위해 [Filter] - [Blur] - [Gaussian Blur]를 0.7Pixels로 적용해 이미지를 부드럽고 흐리게 처리한 후, [Filter] - [Noise] - [Add Noise]를 사용해 노이즈를 12% 추가하면 빈티지한 효과를 만들 수 있습니다. 일부 효과를 수정하려면 레이어의 효과 이름을 더블 클릭하여 다시 조정할 수 있습니다.

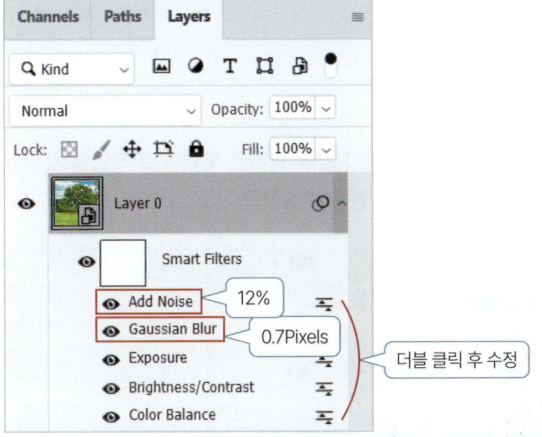

09
Shape

10 Clipping Mask
& Layer Mask

11
Filter

12
Blending Mode

13
Image Adjustments

14
Adjustment Layer

15
Healing Brush / Liquify

16
Channel

Adjustments

인스타그램 필터 스타일의 감성 이미지로 보정합니다.

■ 예제 폴더 : S13-Practice2

01 파일 열기와 작업 화면 설정하기

'S13_P2_1.jpg' 파일을 불러옵니다([Ctrl]+[O]). [Image] - [Duplicate]로 이미지를 새로운 파일로 복제한 후 작업을 시작합니다. [Window] - [Arrange] - [2-up Vertical]을 선택하여 작업 화면을 2장 세로 분할로 설정합니다.

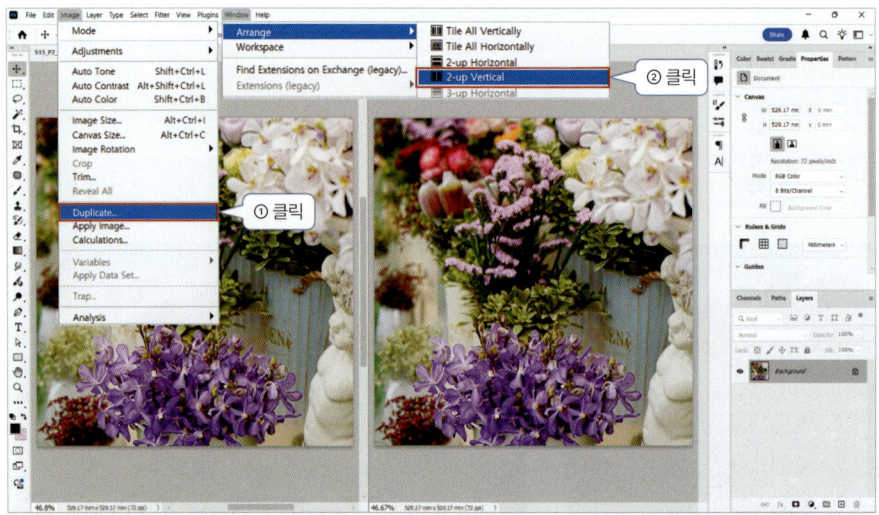

02 스마트 오브젝트 적용하기

보정 효과를 자유롭게 조절하기 위해 레이어 이름 옆 빈 공간에 마우스 우클릭하여 [Convert to Smart Object]를 적용합니다.

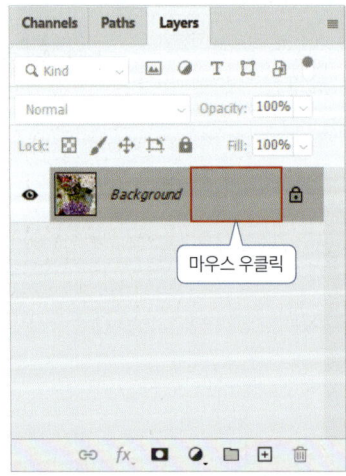
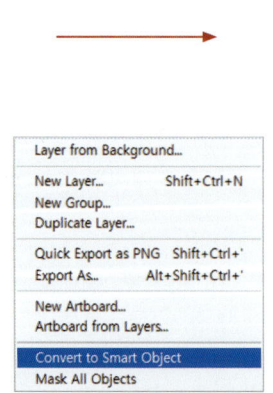
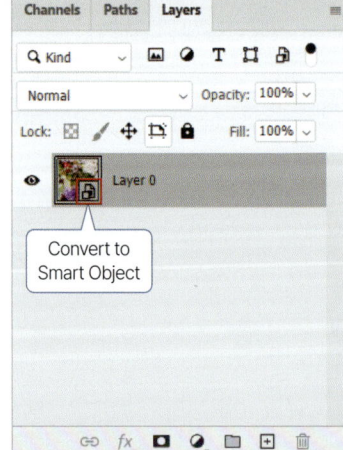

03 Vibrance(생동감) 보정하기

감성적인 느낌을 위해 이미지의 채도를 낮추려면 [Image] - [Adjustments] - [Vibrance]를 선택합니다. Saturation(채도)은 0으로 유지하고, Vibrance(생동감) 값을 낮추면 기존 색감은 유지되고 전체적인 톤은 부드럽게 조정할 수 있습니다.

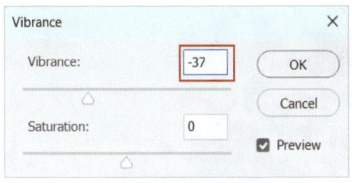

04 색상 검색하기

[Image] - [Adjustments] - [Color Lookup]을 적용합니다. 포토샵에 내부 필름 카메라 필터 중 Kodak 5218 Kodak 2383 필터를 적용합니다. 빈티지한 필름 카메라 효과가 적용됩니다.

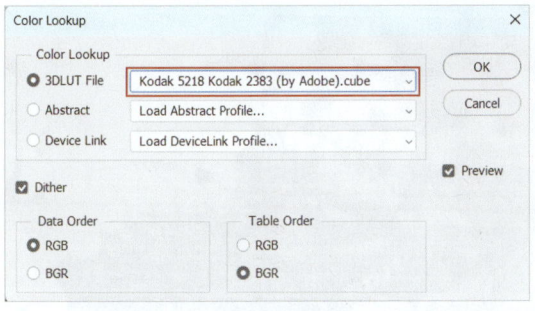

09 Shape

10 Clipping Mask & Layer Mask

11 Filter

12 Blending Mode

13 Image Adjustments

14 Adjustment Layer

15 Healing Brush / Liquify

16 Channel

05 포토 필터 적용하기

따뜻한 톤으로 보정하기 위해 [Image] - [Adjustments] - [Photo Filter]를 적용합니다. Color에 체크한 뒤, 원하는 색상을
선택하면 전체 이미지에 따뜻한 색조를 입힐 수 있습니다.

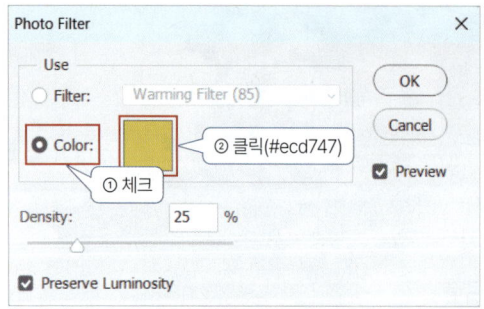

06 추가 보정 후 완성하기

꽃에 초점을 맞추기 위해 [Filter] - [Blur Gallery] - [Iris Blur]를 적용하여 이미지 가장자리를 부드럽고 흐리게 보정합니다.
효과를 다시 수정하려면 레이어의 효과 이름을 더블 클릭하여 설정을 조정할 수 있습니다.

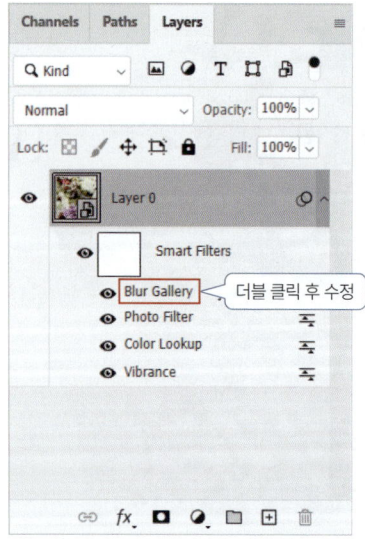

Practice 03 쉽고 빠른 보정법 3

Adjustments

포근한 핑크톤의 사랑스러운 이미지로 보정합니다.

■ 예제 폴더 : S13-Practice3

01 파일 열기와 작업 화면 설정하기

'S13_P3_1.jpg' 파일을 불러옵니다(Ctrl + O). [Image] - [Duplicate]로 이미지를 새로운 파일로 복제한 후 작업을 시작합니다. [Window] - [Arrange] - [2-up Vertical]을 선택하여 작업 화면을 2장 세로 분할로 설정합니다.

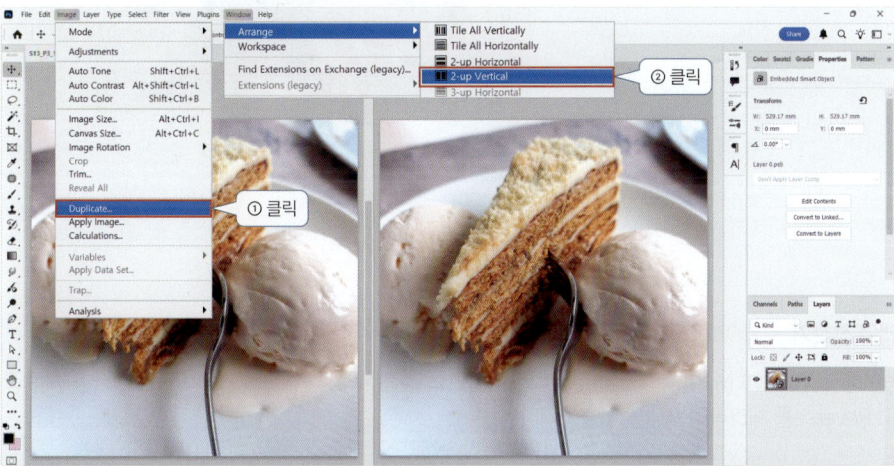

02 스마트 오브젝트 적용하기

보정 효과를 자유롭게 조절하기 위해 레이어 이름 옆 빈 공간에서 마우스 우클릭하여 [Convert to Smart Object]를 적용합니다.

03 밝기 / 대비 조정하기

[Image] - [Adjustments] - [Brightness/Contrast]에서 Contrast를 -50으로 줄이고, Brightness를 높입니다.

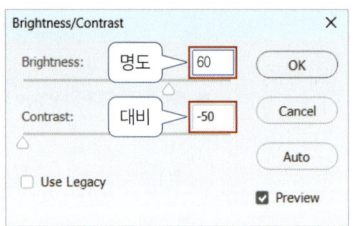

T 대비값이 강한 이미지는 강한 인상을 줍니다.

04 그레이디언트 맵 조정하기

[Image] - [Adjustments] - [Gradient Map]을 적용합니다. 그레이디언트 맵 설정에서 Photoshop 기본 샘플 중 [Pinks 그룹]의 컬러를 선택하고 Reverse를 체크하여 색감을 연출합니다.

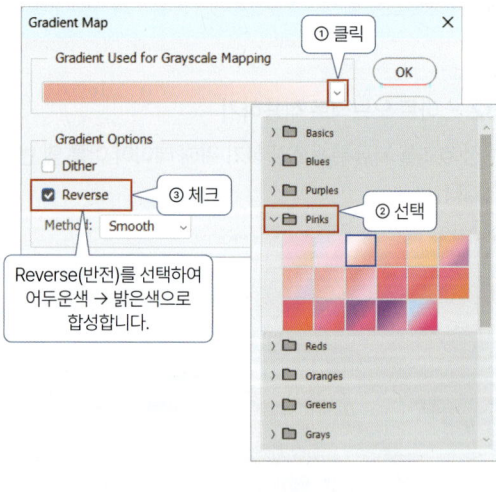

05 필터 혼합 옵션 적용하기

스마트 오브젝트의 Blending Option을 적용하면, 효과와 이미지를 합성할 수 있습니다. Filter Blending Option(图)을 더블 클릭하여 Multiply를 적용합니다. 그레이디언트가 이미지에 자연스럽게 합성되었습니다.

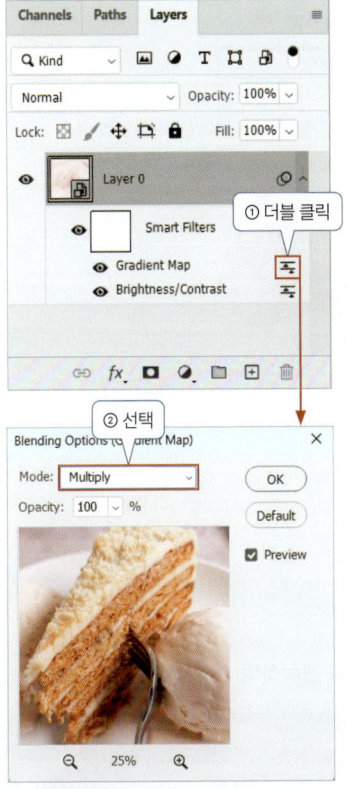

06 어두운 / 밝은 영역 조절하기

[Image] - [Adjustments] - [Shadows/Highlights]를 선택하여 Shadows를 최대값으로 올려 밝기를 조절합니다.

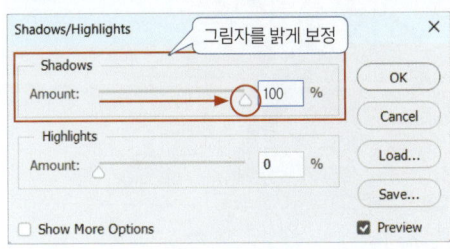

09
Shape

10 Clipping Mask
& Layer Mask

11
Filter

12
Blending Mode

13
Image Adjustments

14
Adjustment Layer

15
Healing Brush / Liquify

16
Channel

07 필터로 후보정하기

[Filter] - [Other] - [High Pass]를 적용하여 후보정합니다. Filter Blending Option()을 더블 클릭하여 모드를 Soft Light로 적용합니다.

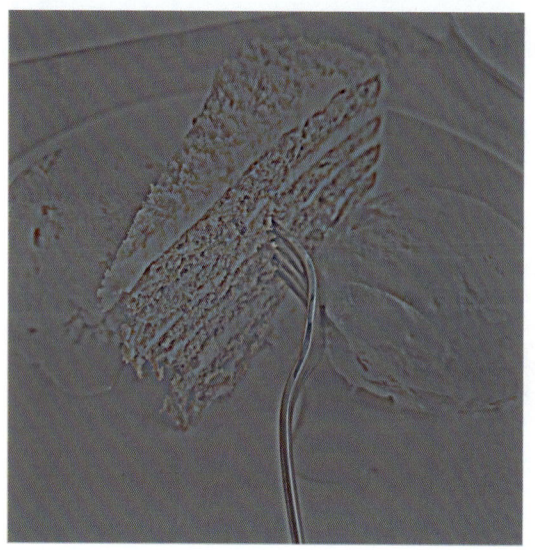

08 완성하기

이미지 보정을 완성했습니다. 일부 효과를 다시 수정하려면 레이어의 효과 이름을 더블 클릭하여 수정할 수 있습니다.

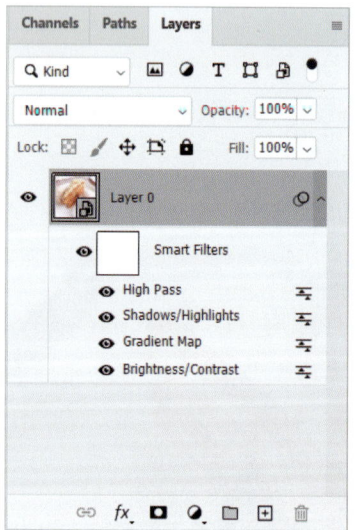

Exercise

앨범 커버 디자인하기

S13_Exercise 예제

원하는 분위기에 맞게 Adjustments를 중복 사용하여 이미지를 보정하고 앨범 커버를 완성합니다.

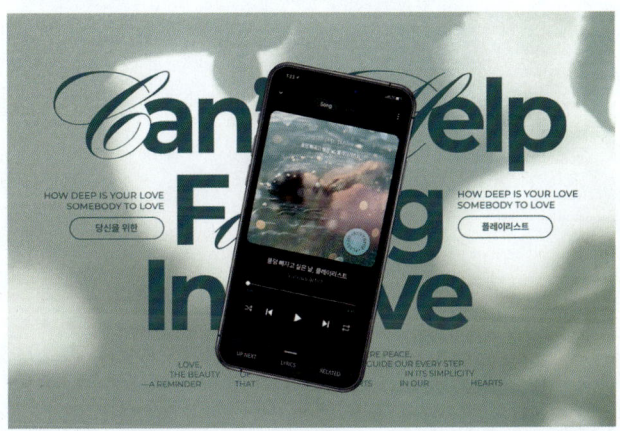

1. 새로 만들기 및 작업 준비

가로/세로 1000px의 정사각형 작업 화면을 만듭니다. 출력물로 사용할 수 있도록 해상도는 150ppi로 설정합니다. 소스 이미지는 사용자의 폴더에서 직접 드래그로 가져와 Smart Object로 만듭니다. Smart Object는 일반 Adjustments를 사용하여 수정이 가능합니다.

2. Adjustments 적용하기

사진을 보정할 때는 원하는 분위기를 미리 구상해 두는 것도 좋습니다. 해당 실습에서는 느낌 좋은 '신스팝 플레이리스트'를 연상하여 '몽환적인 느낌'을 떠올리며 보정하였습니다.

① 명도는 원본보다 밝게 Curves로 조정합니다.

② 물의 컬러를 초록색보다는 청록색에 가깝도록 Photo Filter로 조정합니다.

③ 티셔츠의 핑크톤이 부각될 수 있도록 Color Balance에서 Highlights 영역의 Magenta 값을 올립니다.

④ Color Lookup에서 필름 카메라 LUT를 적용하여 효과를 나타냅니다.

Ⓣ 작업자가 원하는 느낌을 연상하면서 자유롭게 보정해보도록 합니다.

스마트 오브젝트로
변환 후 적용

3. 합성 및 완료

레이어창 최상단에 Bokeh(빛 효과) 레이어를 올리고, Blending Mode를 적용하여 합성합니다.
실습의 완성도를 위하여 목업 이미지도 함께 제작해 봅니다.

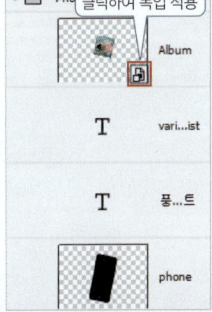

클릭하여 목업 적용

Adjustment Layer

조정 레이어

MISSION

Adjustment Layer(조정 레이어)는 이미지를 비파괴적으로 수정할 수 있는 도구입니다. 색상, 명도, 대비 등 다양한 이미지를 조정하는 방법과 조정 레이어를 활용해 편집 후에도 원본 이미지를 그대로 유지할 수 있는 기법을 익힙니다. 이를 통해 정확하고 유연한 이미지 수정이 가능합니다.

KEYWORD

#조정 레이어 #색상 조정 #비파괴 편집

Adjustment Layer

Adjustment Layer(조정 레이어)는 레이어에 직접 적용되는 Adjustment(조정)와 달리 이미지를 보정하는 레이어가 별도로 생성됩니다. Clipping Mask(클리핑 마스크)를 사용할 수 있고, Blending Mode(혼합 모드)와 Opacity(불투명도) 설정도 할 수 있으며, 자동으로 생성되는 레이어 마스크를 통해 보정 일부를 지우거나 복원할 수도 있습니다. Adjustment Layer의 특징을 살펴보고 이미지에 적용해 보겠습니다.

Adjustment Layer 적용 방법 ■ S14_1.psd

레이어 패널의 하단에 조정 레이어 아이콘(◐)을 클릭하면 조정 레이어 메뉴가 나타나고, 원하는 조정 레이어를 선택하면 레이어가 별도로 생성됩니다.

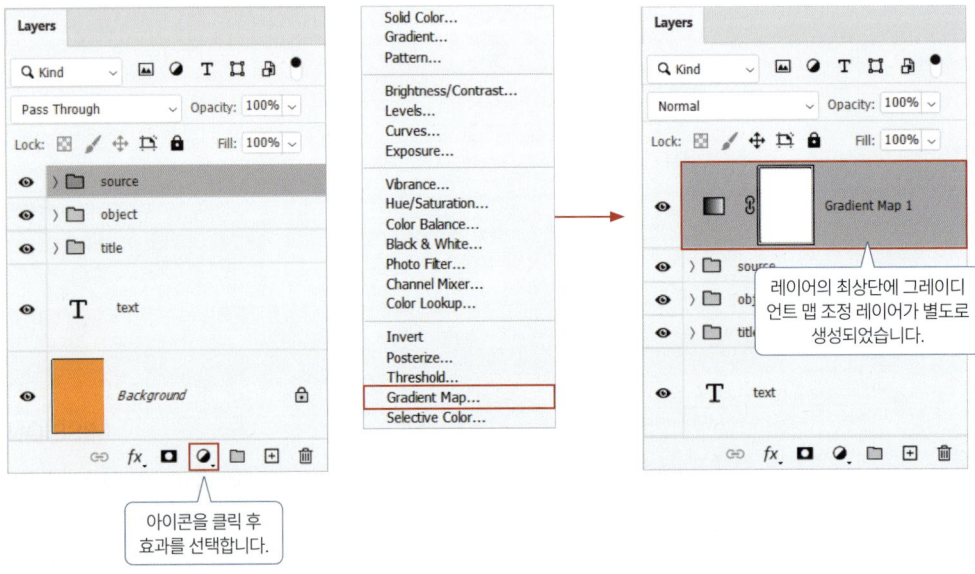

아이콘을 클릭 후
효과를 선택합니다.

레이어의 최상단에 그레이디
언트 맵 조정 레이어가 별도로
생성되었습니다.

Before

After Gradient Map

Adjustment Layer 수정 방법

❶ Adjustment Layer(조정 레이어) 편집하기

레이어 패널에서 조정 레이어 섬네일을 클릭하면 Properties 패널에서 조정 레이어의 속성을 편집할 수 있습니다.

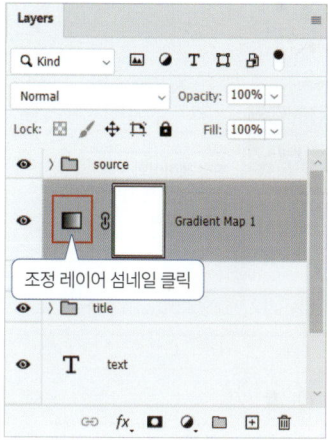

조정 레이어 섬네일 클릭

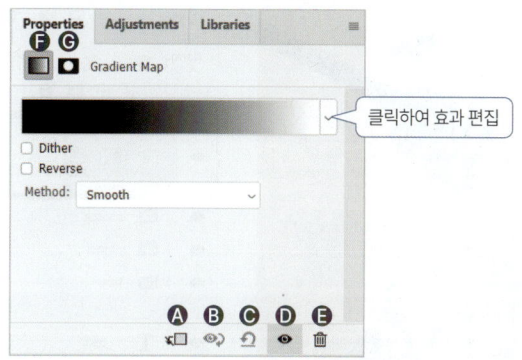

클릭하여 효과 편집

ⓐ 아래 이미지 레이어에 클리핑 마스크를 적용 또는 해제합니다.

ⓑ 효과 적용 전과 적용 후의 이미지를 비교합니다.

ⓒ 기본 설정으로 초기화합니다.

ⓓ 효과를 나타내거나 숨깁니다.

ⓔ 효과를 삭제합니다.

ⓕ 효과 옵션을 편집합니다.

ⓖ 효과의 마스크를 편집합니다.

❷ Adjustment Layer(조정 레이어) 순서 변경

조정 레이어는 레이어 순서에 영향을 받습니다. 조정 레이어 하위에 있는 레이어에는 효과가 적용되고, 상위에 있는 레이어에는 효과가 적용되지 않습니다.

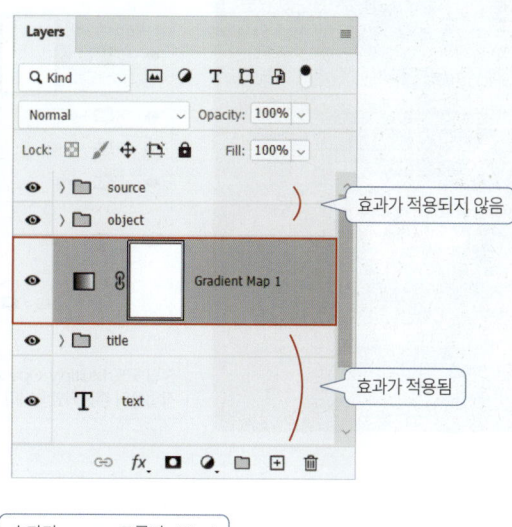

효과가 적용되지 않음

효과가 적용됨

효과가 source 그룹과 object 그룹에는 적용되지 않습니다.

09
Shape

10 Clipping Mask
& Layer Mask

11
Filter

12
Blending Mode

13
Image Adjustments

14
Adjustment Layer

15
Healing Brush / Liquify

16
Channel

❸ Adjustment Layer(조정 레이어) 클리핑 마스크 적용

조정 레이어 하위에 있는 레이어(또는 그룹)에만 효과를 적용하려면 클리핑 마스크를 적용합니다.

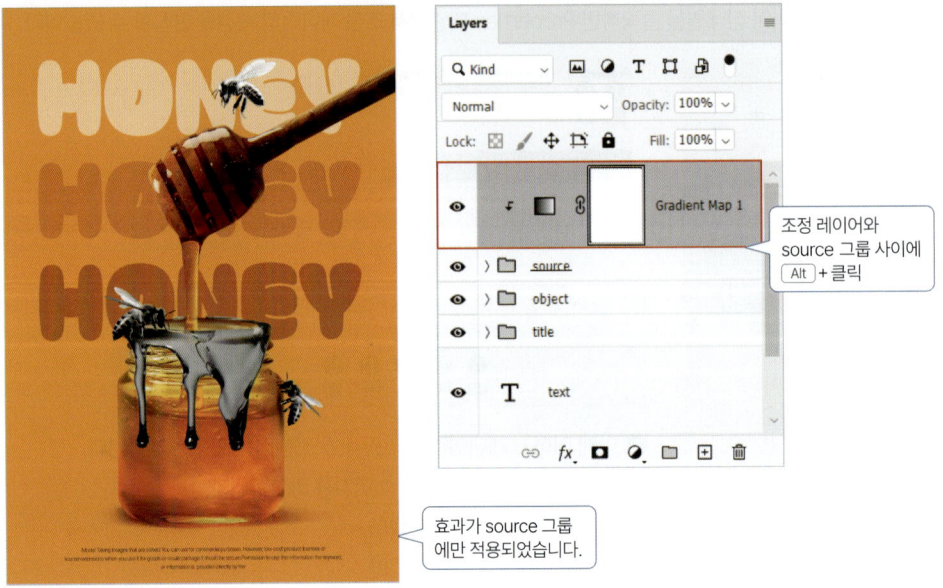

조정 레이어와
source 그룹 사이에
Alt + 클릭

효과가 source 그룹
에만 적용되었습니다.

❹ Adjustment Layer(조정 레이어) 불투명도와 혼합 모드 설정

레이어 패널에서 효과의 Opacity(불투명도)와 Blending Mode(혼합 모드)를 조절할 수 있습니다.

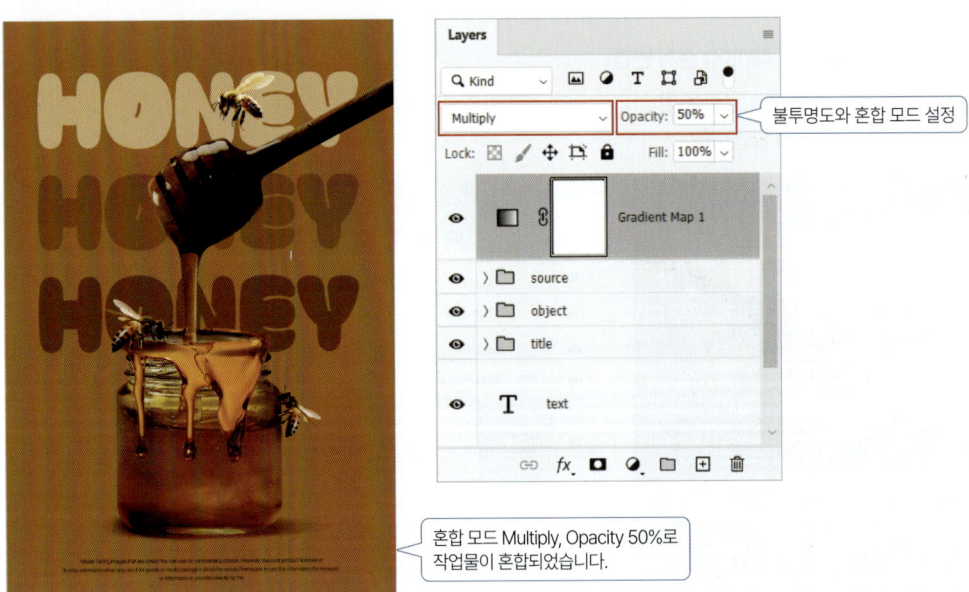

불투명도와 혼합 모드 설정

혼합 모드 Multiply, Opacity 50%로
작업물이 혼합되었습니다.

❺ Adjustment Layer Mask(조정 레이어 마스크) 활용

조정 레이어에 생성된 레이어 마스크를 Adjustment Layer Mask(조정 레이어 마스크)라고 합니다. 조정 레이어 마스크에서 효과를 감추거나 복원할 수 있습니다.

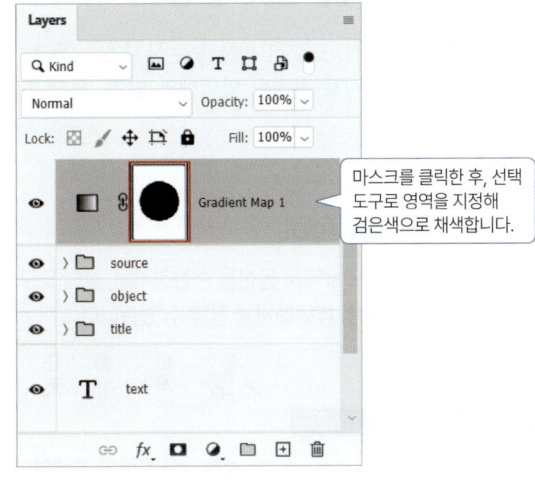

마스크를 클릭한 후, 선택 도구로 영역을 지정해 검은색으로 채색합니다.

조정 레이어 마스크에 검은색으로 채색하면 효과 일부가 감춰집니다.

❻ Adjustment Layer(조정 레이어) 추가 사용

조정 레이어는 두 개 이상 사용할 수 있습니다. 레이어를 쌓아가며 사용할 수 있기 때문에 풍부한 보정을 위해 여러 개의 조정 레이어를 사용합니다.

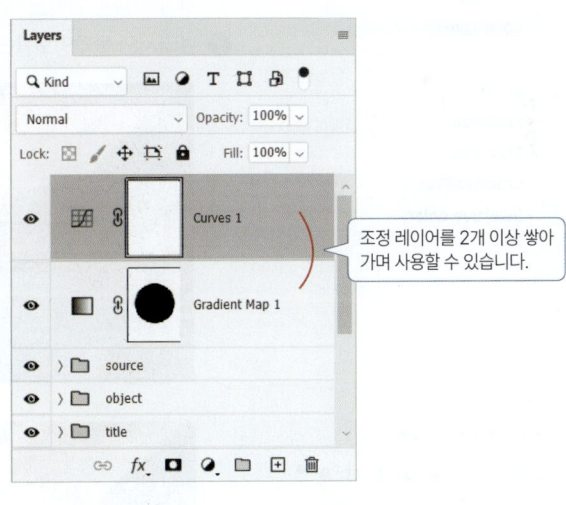

조정 레이어를 2개 이상 쌓아 가며 사용할 수 있습니다.

09 Shape

10 Clipping Mask & Layer Mask

11 Filter

12 Blending Mode

13 Image Adjustments

14 Adjustment Layer

15 Healing Brush / Liquify

16 Channel

Adjustment Brush

Adjustment Brush(조정 브러시) 도구로 원본을 손상시키지 않고 이미지의 특정 부분을 보정할 수 있습니다. 전체 이미지가 아닌, 사용자가 브러시로 지정한 영역에만 밝기, 색상, 선명도 등을 조절할 수 있어 세밀한 보정 작업에 유용합니다.

✎ Adjustment Brush Tool 조정 브러시 도구 📁 S14_2.jpg

조정 브러시는 Contextual Task Bar에서 옵션을 수정하거나, 상단 도구 옵션바에서 설정할 수 있습니다. 효과의 값은 기본값으로 적용되며, Properties(속성) 패널에서 수정할 수 있습니다.

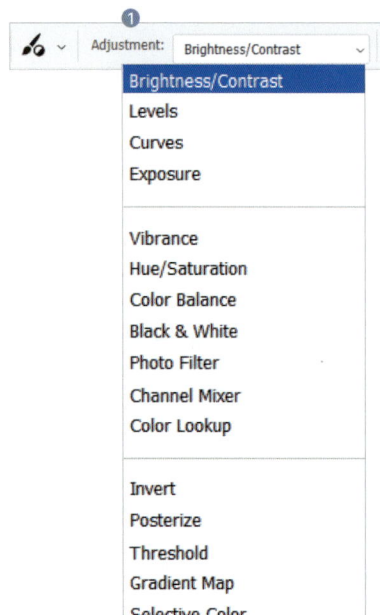

① 조정 효과를 선택합니다.

② ✎ 효과를 추가합니다. / ✎ 효과를 제거합니다.

③ 브러시의 크기, 종류, 경도를 설정합니다.

④ 태블릿 사용 시 펜을 누르는 압력에 따라 브러시 크기가 자동으로 조절됩니다.

⑤ 자동으로 개체를 선택하고 적용합니다.

⑥ Overlay 체크 시 조정 브러시로 채색된 영역은 색으로 표시됩니다. (효과가 적용된 영역을 색으로 표시합니다.)

⑦ 브러시의 불투명도를 조절합니다.

> 마우스를 위로 올려 영역이 선택되면 클릭합니다.

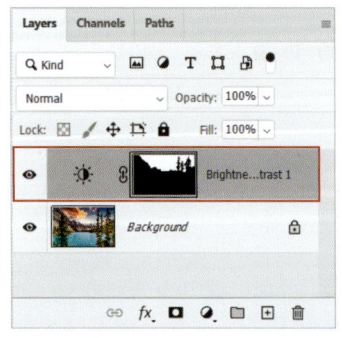

> 영역만큼 효과가 적용됩니다.

조정 브러시 도구 적용

Adjustment Brush Tool(조정 브러시 도구)을 이미지에 직접 적용하면 Adjustment Layer(조정 레이어)와 Adjustment Layer Mask(조정 레이어 마스크)에서 자동 채색되는 원리로 적용됩니다.

하늘 영역을 조정 브러시로 채색

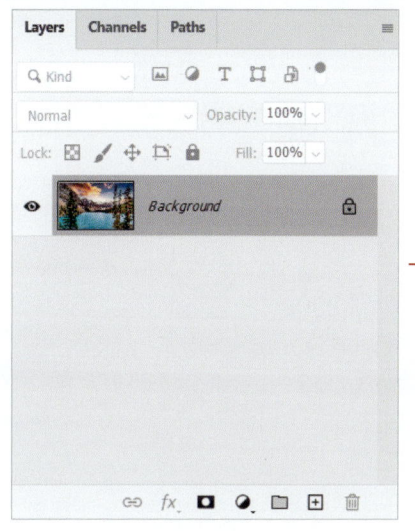

Adjustment Brush Tool을 사용하면 Adjustment Layer를 사용하지 않아도 자동으로 조정 레이어가 생성됩니다.

09 Shape

10 Clipping Mask & Layer Mask

11 Filter

12 Blending Mode

13 Image Adjustments

14 Adjustment Layer

15 Healing Brush / Liquify

16 Channel

Gradient Map, Blending Mode

특수 보정 기능을 활용한 팝아트 이미지를 제작합니다.

■ 예제 폴더 : S14-Practice1

01 새로운 작업 화면 만들기

메뉴에서 [File]-[New] 또는 Ctrl + N 키를 눌러 W 1080, H 1920Pixels, 해상도 72Pixels/Inch의 Artboards를 체크한 새로운 작업 화면을 만듭니다.

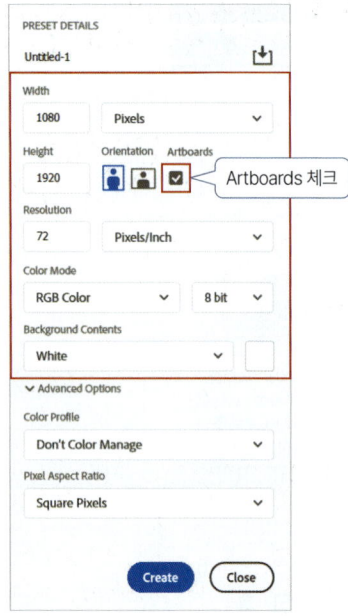

02 사각형 그리기

① Rectangle Tool(U)을 선택한 후 상단 옵션의 Shape 모드에서 Fill 색상을 설정하고 작업 화면보다 큰 사각형을 드래그하여 그립니다(색상은 자유롭게 선택합니다).

② 두 번째 도형은 Exclude Overlapping Shapes로 옵션 변경하여 첫 번째 도형 안쪽으로 그립니다. 뚫린 모양의 프레임이 만들어집니다.

③ Path Selection Tool(A)로 두 도형을 모두 선택한 후 상단 옵션의 Align에서 캔버스를 기준으로 정렬합니다.

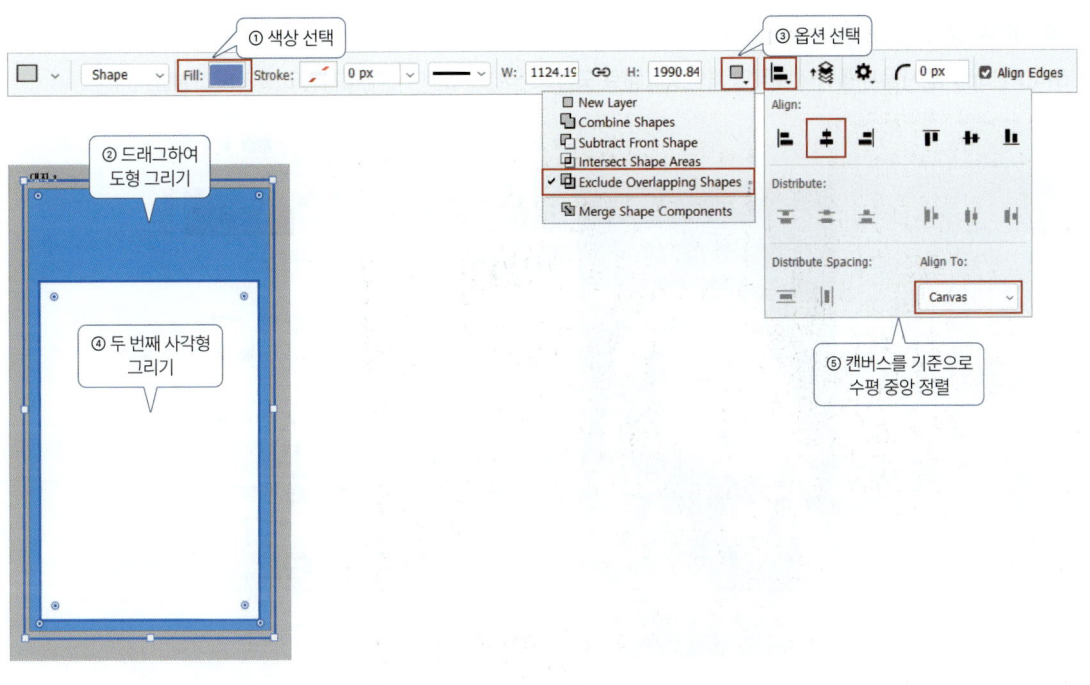

03 레이어 스타일 적용하기

레이어 패널에서 도형 레이어(Rectangle 1)를 더블 클릭하여 Layer Style을 적용합니다. 레이어 스타일 목록 중 Gradient Overlay를 체크하고 색상과 원하는 각도를 적용합니다.

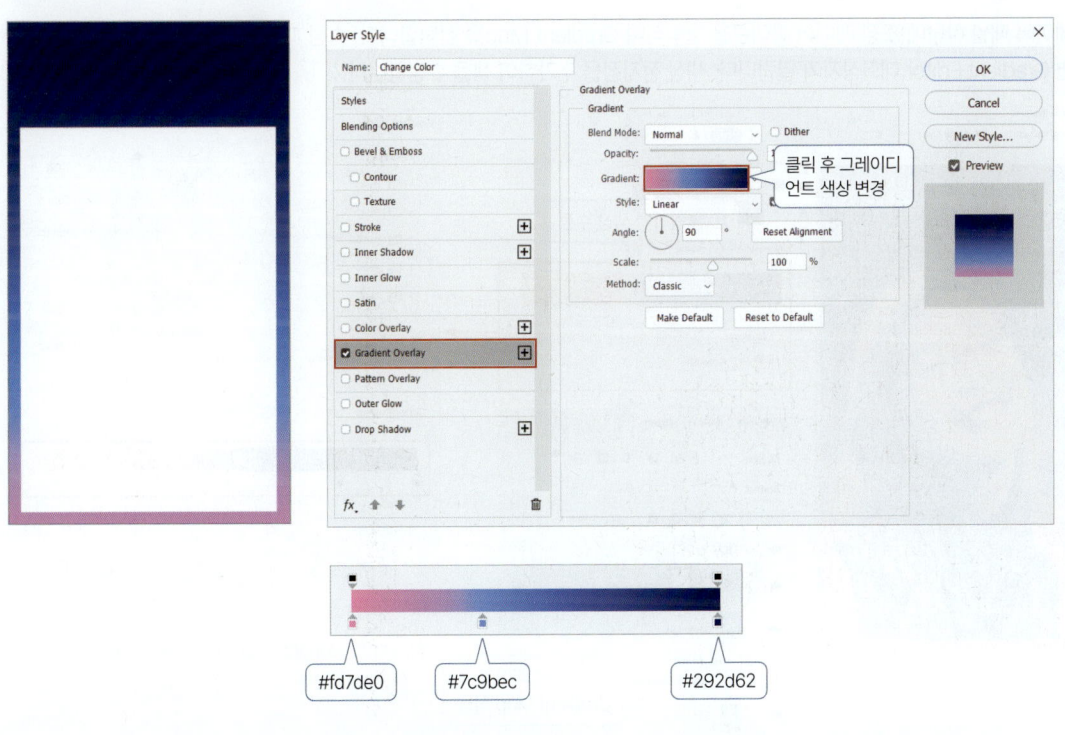

#fd7de0   #7c9bec   #292d62

09 Shape

10 Clipping Mask & Layer Mask

11 Filter

12 Blending Mode

13 Image Adjustments

14 Adjustment Layer

15 Healing Brush / Liquify

16 Channel

04 이미지 넣기

'S14_P1_1.jpg'를 사용자 폴더에서 작업 화면으로 바로 드래그하여 프레임 아래에 배치하고 크기를 조절합니다.

🅣 이미지를 폴더에서 직접 작업 화면으로 드래그하는 경우, 레이어는 Smart Object가 됩니다. 이미지를 넣은 후 프레임 크기를 변경하고 싶다면, 다시 Rectangle 1 레이어(도형 레이어)를 선택하고 Path Selection Tool(Ⓐ)로 수정할 수 있습니다.

05 조정 레이어 적용하기

레이어 패널 하단에 조정 레이어 아이콘을 클릭하여 Gradient Map을 선택합니다. 속성 패널에서 색상 슬라이더를 클릭하면 Gradient Editor 대화상자가 열립니다. 색상 정지점을 추가하여 색을 수정합니다.

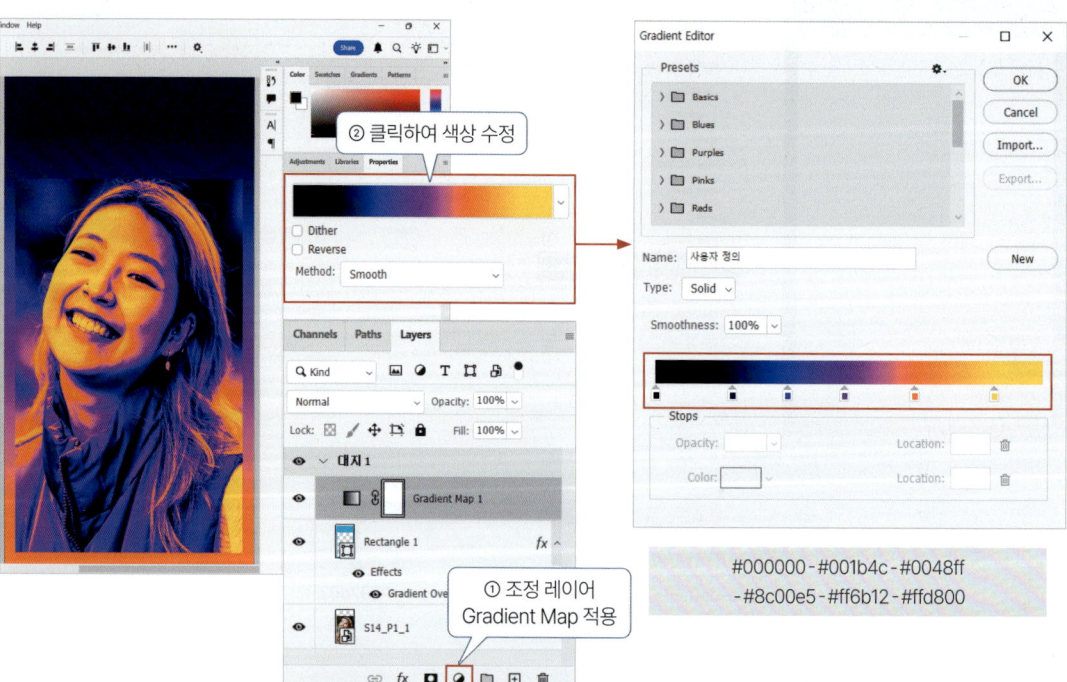

#000000 - #001b4c - #0048ff
- #8c00e5 - #ff6b12 - #ffd800

06 노이즈 적용하기

새로운 레이어를 만들고 검은색을 채웁니다. 메뉴에서 [Filter] - [Noise] - [Add Noise]를 적용한 뒤, 레이어 패널에서 Screen 합성을 적용합니다.

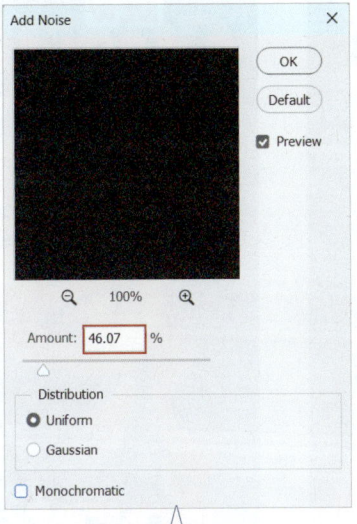

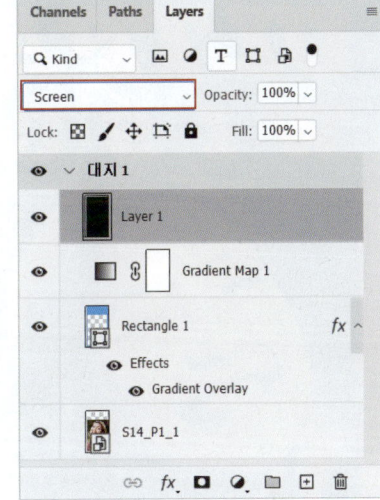

Noise를 추가하면 빈티지한 효과를 연출할 수 있습니다.

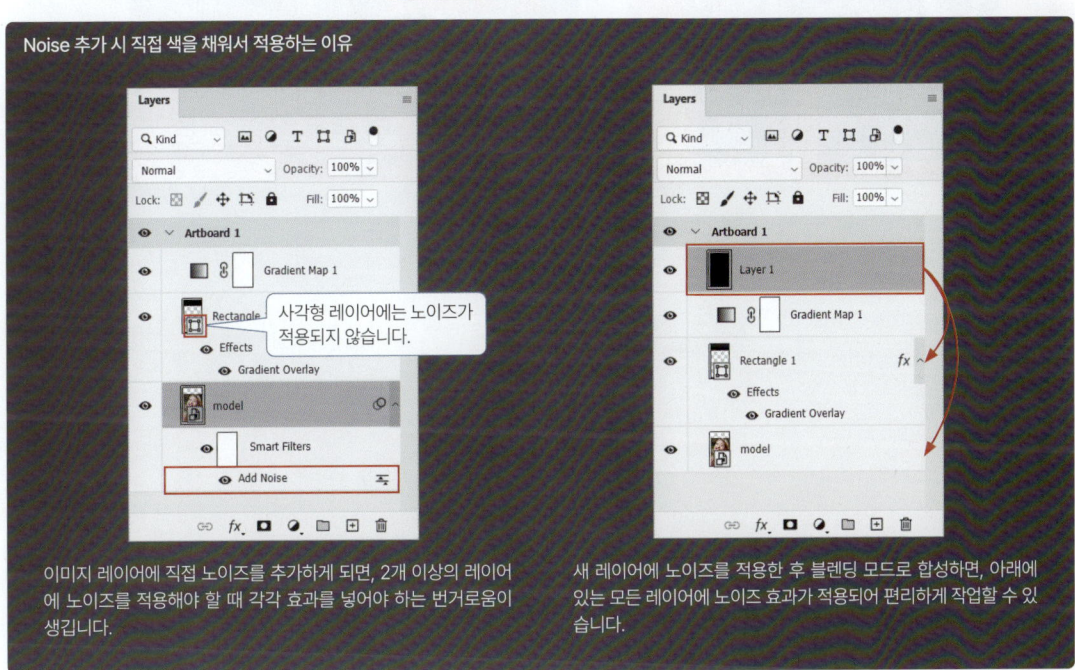

Noise 추가 시 직접 색을 채워서 적용하는 이유

사각형 레이어에는 노이즈가 적용되지 않습니다.

이미지 레이어에 직접 노이즈를 추가하게 되면, 2개 이상의 레이어에 노이즈를 적용해야 할 때 각각 효과를 넣어야 하는 번거로움이 생깁니다.

새 레이어에 노이즈를 적용한 후 블렌딩 모드로 합성하면, 아래에 있는 모든 레이어에 노이즈 효과가 적용되어 편리하게 작업할 수 있습니다.

09 Shape

10 Clipping Mask & Layer Mask

11 Filter

12 Blending Mode

13 Image Adjustments

14 Adjustment Layer

15 Healing Brush / Liquify

16 Channel

07 문자와 소스 넣어 완성하기

문자와 'S14_P1_2.psd' 파일의 소스를 넣어 자유롭게 이미지를 꾸미고 완성합니다.

Adjustment Layer

특수 보정 기능을 활용한 팝아트 이미지를 제작합니다.   📁 예제 폴더 : S14-Practice2

01 새로운 작업 화면 만들기

메뉴에서 [File] - [New] 또는 Ctrl + N 키를 눌러 W 1500, H 1500Pixels, 해상도 72Pixels/Inch, Black 배경의 새로운 작업 화면을 만듭니다.

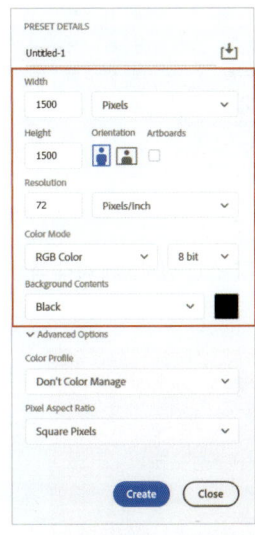

02 개체 선택 도구 사용하기

'S14_P2_1.jpg' 파일을 불러온 후(Ctrl + O), Object Selection Tool(W)을 선택하여 대상을 클릭하거나 드래그하여 영역으로 설정합니다. 개체 선택 도구를 사용할 때는 Hard Edge를 체크하면 좀 더 섬세하게 가장자리가 선택됩니다. 복사(Ctrl + C)하여 새로 만든 작업 화면에 붙여넣기(Ctrl + V)하고, 크기와 위치를 조절합니다.

🅣 또는 Select Subject를 눌러 대상을 선택해도 됩니다.

09
Shape

10 Clipping Mask
& Layer Mask

11
Filter

12
Blending Mode

13
Image Adjustments

14
Adjustment Layer

15
Healing Brush / Liquify

16
Channel

03 전경색 채우기

작업 화면의 Background Color(#e14a48)를 채웁니다(Alt + Delete).

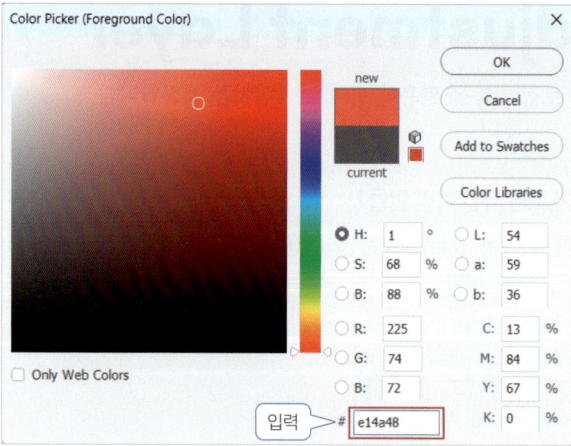

04 조정 레이어 적용하기 1

Layer 1이 선택된 상태에서 하단의 조정 레이어 아이콘을 클릭하여 Gradient Map을 선택합니다. 스톱 정지점에 각각 색상 코드를 입력해 그레이디언트 색상을 적용합니다.

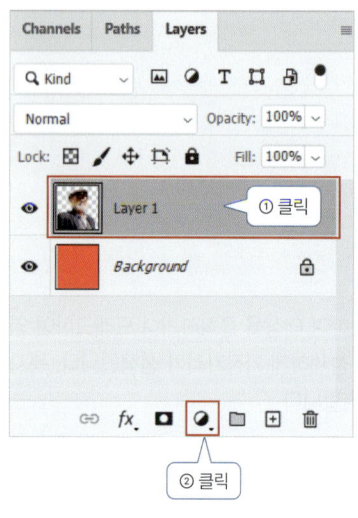

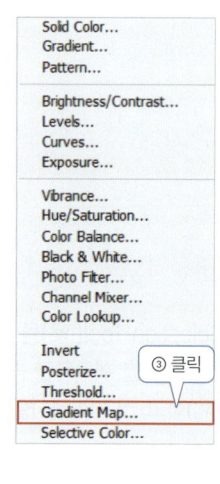

#e14a48   #Fcff06

05 클리핑 마스크 적용하기

조정 레이어(Gradient Map 1)와 이미지 레이어(Layer 1) 사이에 `Alt` + 클릭하여 Clipping Mask를 적용하면, 이미지에만 효과가 적용됩니다. 효과가 이미지에 합성되도록 Lighten으로 블렌딩 모드를 변경합니다.

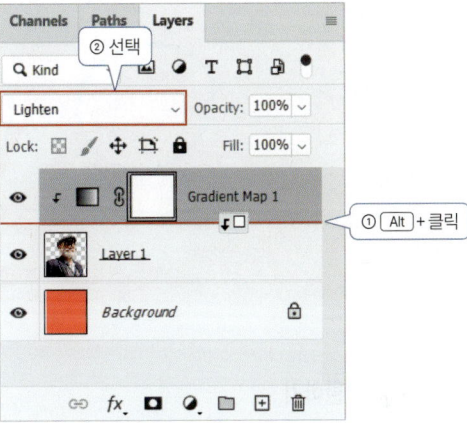

06 조정 레이어 적용하기 2

조정 레이어 아이콘을 클릭해 Posterize를 선택하고 Levels 값을 조절합니다. 조정 레이어에 `Ctrl` + `Alt` + `G` 키를 눌러 Clipping Mask를 적용합니다.

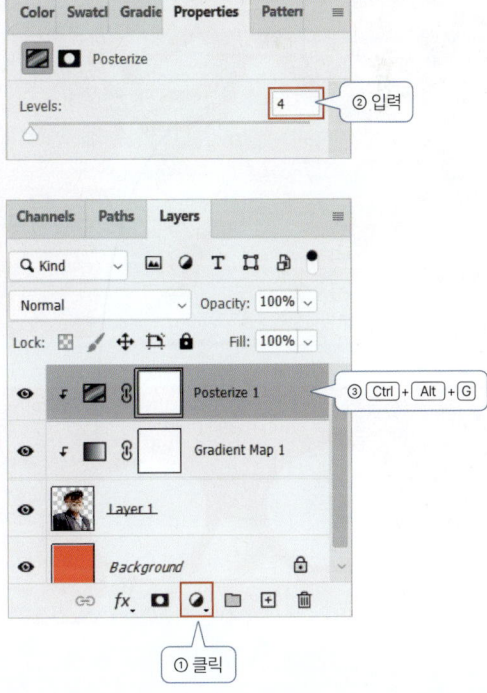

09 Shape

10 Clipping Mask & Layer Mask

11 Filter

12 Blending Mode

13 Image Adjustments

14 Adjustment Layer

15 Healing Brush / Liquify

16 Channel

07 펜 도구로 패스 그리기 1

Pen Tool(P)을 선택하고, 안경알의 가장자리를 따라 그립니다. 이때 옵션은 색이 적용되지 않는 Path로 설정합니다.

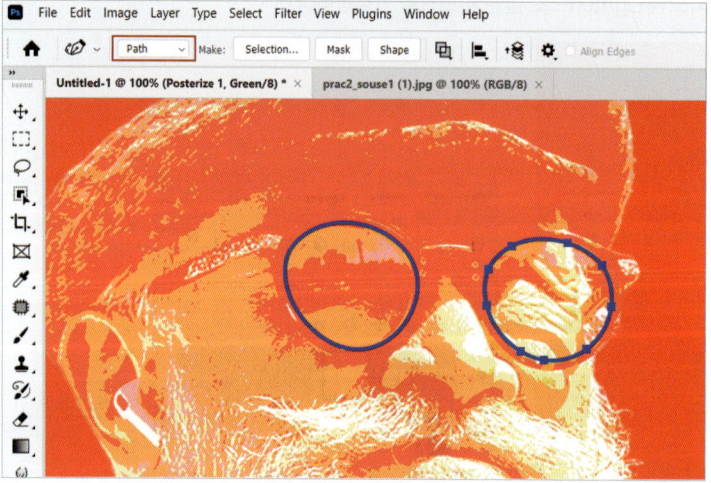

08 영역으로 전환하기

Paths 패널의 Work Path 섬네일을 Ctrl+클릭하여 영역으로 전환합니다. 레이어 패널로 돌아와 새로운 레이어를 생성(Ctrl+Alt+Shift+N)한 후, 새로운 색상(배경색)을 채웁니다(Ctrl+Delete). 영역은 사용 후 해제(Ctrl+D)합니다.

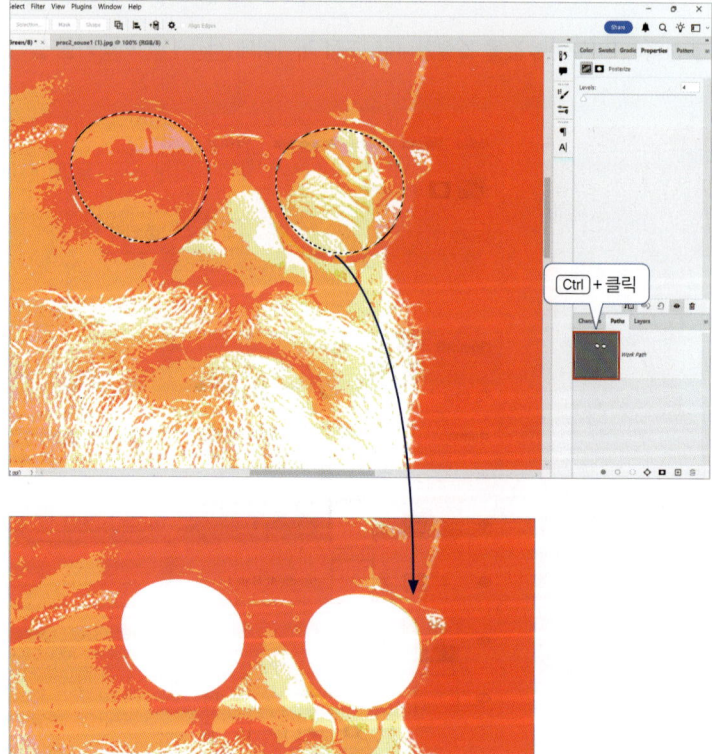

09 레이어 스타일 적용하기

그려진 모양 레이어(Layer 2)를 더블 클릭하여 레이어 스타일을 적용합니다. Gradient Overlay를 선택하고 색상을 변경한 후 Gradient 세부 옵션을 설정하여 적용합니다.

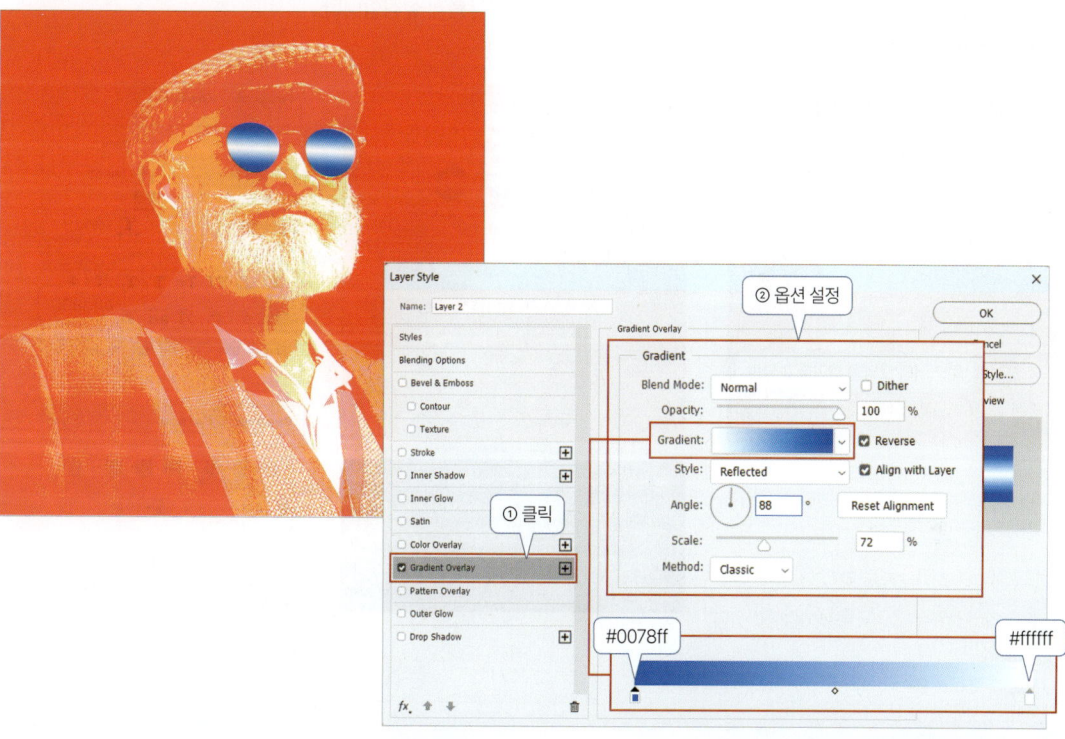

10 펜 도구로 패스 그리기 2

Pen Tool(P)을 선택하고, 이미지의 중앙을 중심으로 오른쪽 가장자리를 따라 그립니다. 이때 옵션은 색이 적용되지 않는 Path로 설정하고, 이미지와 약간 떨어져 간격을 두고 그립니다. 그려진 패스는 문자가 입력되는 프레임이 됩니다.

09 Shape

10 Clipping Mask & Layer Mask

11 Filter

12 Blending Mode

13 Image Adjustments

14 Adjustment Layer

15 Healing Brush / Liquify

16 Channel

11 문자 입력하기 1

① 그려진 패스 위로 Horizontal Type Tool(T)을 선택하고, 패스의 안쪽으로 이동해 커서 모양(I)이 바뀌면 클릭 후 패스 안에 문자를 입력합니다. 'S14_P2_(폰트).hwp' 파일을 열어 문자를 복사하고, 작업 화면으로 붙여넣기 합니다.

② Character 패널 또는 Properties 패널에서 폰트와 크기 등을 자유롭게 설정합니다.

③ Paragraph 패널을 열어 단락을 오른쪽 맞춤으로 설정합니다.

① 커서의 모양을 확인하고 클릭

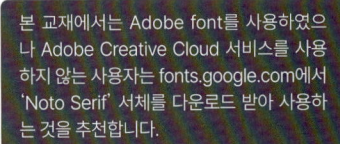

본 교재에서는 Adobe font를 사용하였으나 Adobe Creative Cloud 서비스를 사용하지 않는 사용자는 fonts.google.com에서 'Noto Serif' 서체를 다운로드 받아 사용하는 것을 추천합니다.

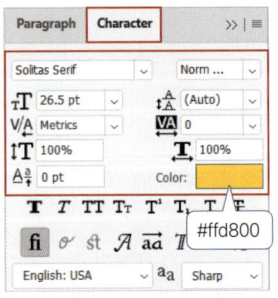

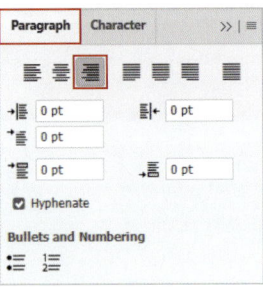

12 문자 입력하기 2

Horizontal Type Tool(T)로 작업 화면에 클릭하여 단락이 아닌 일반 텍스트 문자를 입력합니다. 문자의 폰트와 색을 지정한 후, Free Transform(Ctrl+T)으로 크기를 조절하고 회전합니다. Shift 키를 누르고 회전하면 90°로 회전할 수 있습니다.

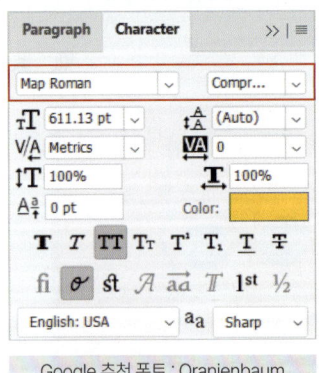

Google 추천 폰트 : Oranienbaum

13 레이어 마스크 적용하기

① 12 과정에서 만든 텍스트 레이어에 레이어 마스크를 적용합니다.
② Layer 1 섬네일을 Ctrl + 클릭하여 영역을 설정합니다.
③ 문자의 일부가 감춰지도록 텍스트 레이어의 레이어 마스크에서 지우고 싶은 부분을 검은색 브러시로 칠합니다.

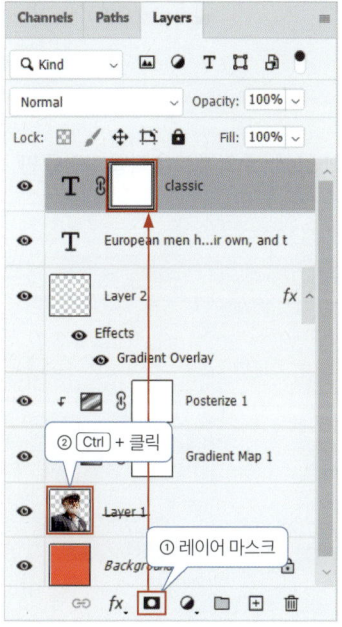

14 완성 및 저장하기

적용 후 영역을 해제(Ctrl + D)하고 저장하여 작업을 종료합니다.

09
Shape

10
Clipping Mask
& Layer Mask

11
Filter

12
Blending Mode

13
Image Adjustments

14
Adjustment Layer

15
Healing Brush / Liquify

16
Channel

Adjustment Layer, Filter

조정 레이어와 함께 빛 소스를 제작하는 방법을 실습합니다.

■ 예제 폴더 : S14-Practice3

01 새로운 작업 화면 만들기

메뉴에서 [File]-[New] 또는 Ctrl + N 키를 눌러 W 1000, H 1400Pixels, 해상도 72Pixels/Inch의 새로운 작업 화면을 만듭니다.

02 영역 활성화하기

'S14_P3_1.png'와 'S14_P3_2.jpg' 파일을 사용자의 폴더에서 작업 화면으로 각각 드래그하여 이미지를 가져옵니다. Smart Object가 된 이미지는 작업 화면에 맞춰 크기를 조절하고 Enter 키를 눌러 배치를 완료합니다.

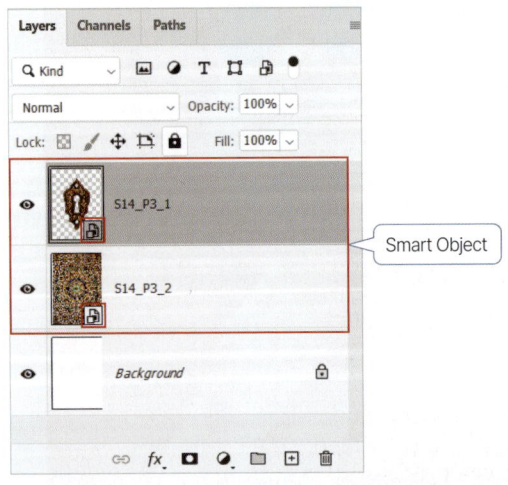

03 조정 레이어 적용하기 1

레이어 패널 하단의 Adjustment Layer 아이콘을 클릭하여 Levels를 선택합니다. Properties 창의 Output Levels를 이동하여 이미지의 명도를 낮춰 어둡게 보정합니다.

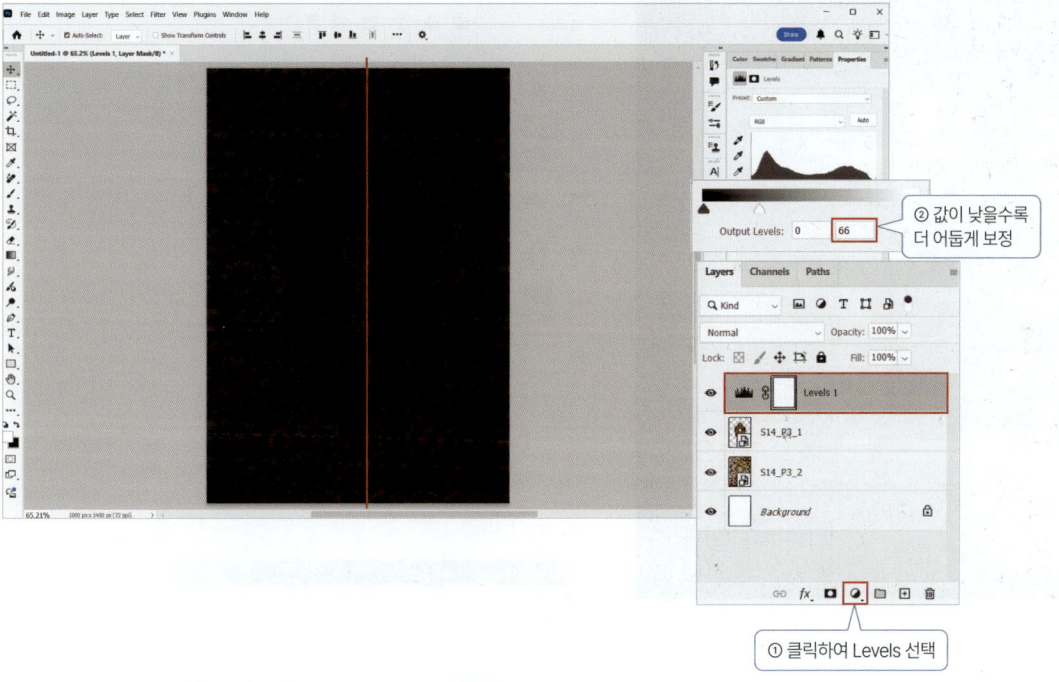

04 조정 레이어 일부 지우기

Adjustment Layer의 레이어 마스크를 클릭하고, 작업 화면에 검은색 브러시로 가운데 영역을 지워 일부 효과를 감추기 합니다. 이때, 브러시는 세로로 긴 원형 모양으로 1200px, Hardness 0%인 부드러운 브러시로 설정합니다.

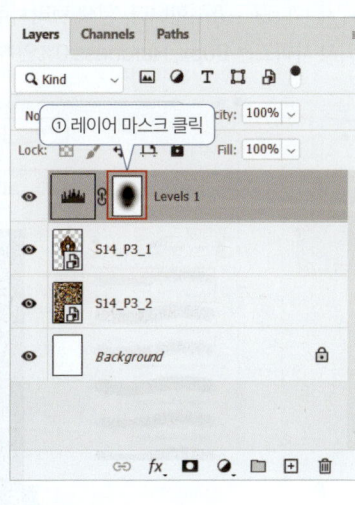

09 Shape

10 Clipping Mask & Layer Mask

11 Filter

12 Blending Mode

13 Image Adjustments

14 Adjustment Layer

15 Healing Brush / Liquify

16 Channel

05 조정 레이어 적용하기 2

Adjustment Layer 아이콘을 클릭하여 Gradient Map을 선택합니다. Properties 창에서 그레이디언트 색상을 적용합니다.

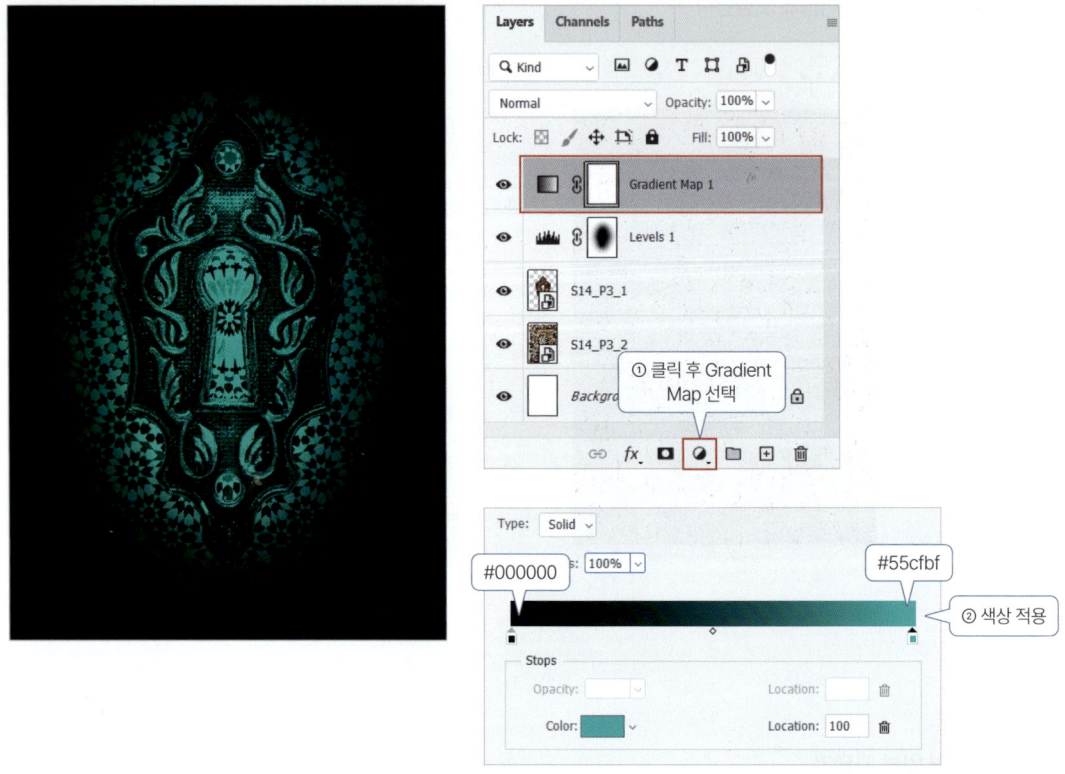

06 브러시로 빛 그리기

새로운 레이어를 생성(Ctrl + Alt + Shift + N)합니다. 흰색 브러시로 열쇠 구멍의 가운데부터 바깥으로 빛이 퍼져나가는 모양으로 그립니다. 이때, 브러시 사이즈는 80px, Hardness 0%인 부드러운 브러시로 설정합니다.

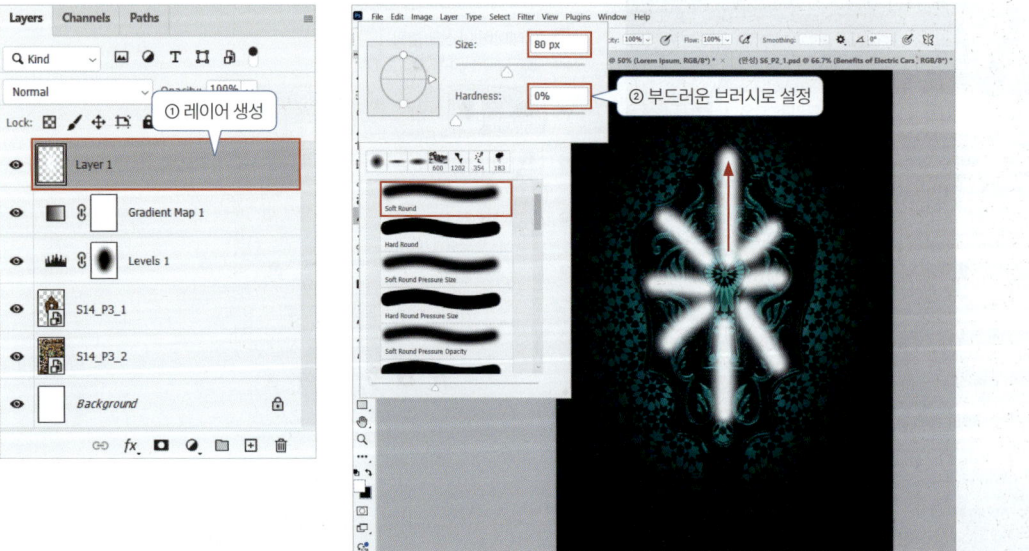

07 필터 설정하기 1 (잔물결 필터)

메뉴에서 [Filter] - [Distort] - [Ripple]을 선택한 후 옵션을 설정합니다.

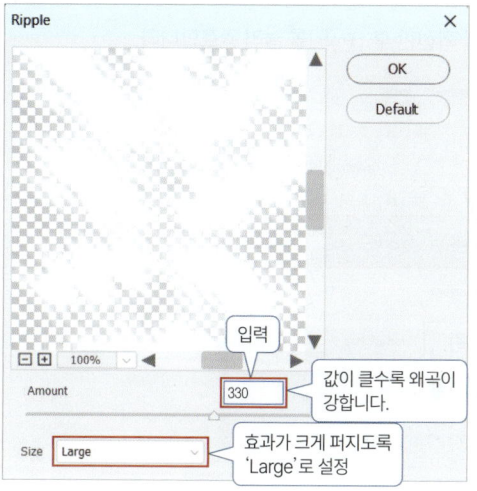

입력

값이 클수록 왜곡이
강합니다.

효과가 크게 퍼지도록
'Large'로 설정

> **T** Ripple 효과는 이미지에 물결 모양의 왜곡을 주는 기능
> 으로, 마치 물 위의 파장처럼 표현할 수 있습니다.

08 필터 설정하기 2 (방사형 흐림 필터)

메뉴에서 [Filter] - [Blur] - [Radial Blur]를 선택한 후 옵션 창에서 Zoom으로 설정하고 효과를 최대치로 적용하면 빛이 가
운데부터 퍼져 나타납니다.

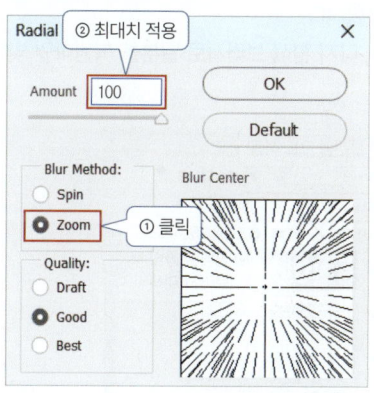

② 최대치 적용

① 클릭

09
Shape

10 Clipping Mask
& Layer Mask

11
Filter

12
Blending Mode

13
Image Adjustments

14
Adjustment Layer

15
Healing Brush / Liquify

16
Channel

09 효과 반복하기

① 직전 필터 효과를 2번 반복하여 빛의 퍼짐 효과를 더욱 강하게 적용합니다. **S** 직전 필터 반복 `Ctrl`+`Alt`+`F`
② 레이어를 복제(`Ctrl`+`J`)합니다.
③ 복제된 레이어에 Free Transform(`Ctrl`+`T`)을 실행하고, 이미지를 회전한 후 `Enter`를 눌러 완료합니다.

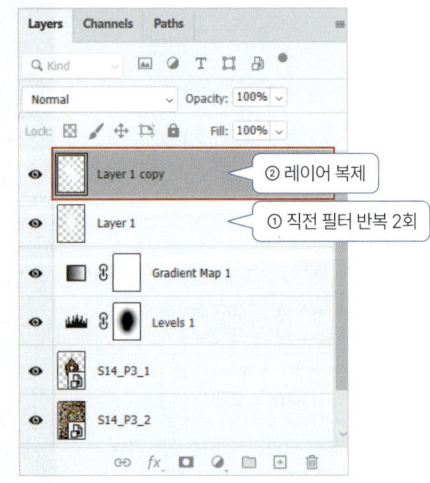

T 해당 실습은 사용자가 브러시를 어떻게 그리느냐에 따라서 결과물이 조금씩 달라질 수 있습니다. 브러시의 크기, 길이를 다르게 변경하여 효과를 적용하고, Free Transform(`Ctrl`+`T`)을 사용하여 빛의 형태를 변형해 봅니다.

10 혼합 모드 적용하기

① 'S14_P3_3.jpg' 파일을 열어(`Ctrl`+`O`) Move Tool(`V`)을 이용해 작업 화면으로 가져옵니다.
② 레이어 패널의 블렌딩 모드를 Color Dodge로 변경하고, 레이어 마스크를 적용합니다.
③ 레이어 마스크 섬네일을 클릭하고 검은색을 채워 레이어를 모두 감추기 한 뒤, 다시 흰색 브러시로 일부를 복원하면 빛 주변으로 뿌려지는 듯한 빛이 연출됩니다.

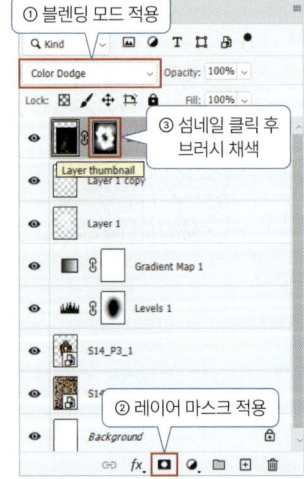

T 빛 효과를 만들 때는 빛 색상 위로 레이어를 쌓아가며 작업합니다. Screen, Color Dodge, Overlay 같은 Blending Mode를 사용하면, 마치 빛이 발산하는 효과를 표현할 수 있습니다.

11 영역 불러오기

① 열쇠 구멍 레이어(S14_P3_1)의 눈 아이콘(👁)을 Alt + 클릭하여 나머지 레이어를 모두 숨김합니다.

② Magic Wand Tool(W)을 선택하고, 열쇠 구멍을 클릭하여 영역을 설정합니다.

③ 다시 레이어의 눈 아이콘(👁)을 Alt + 클릭하면 영역이 보여집니다.

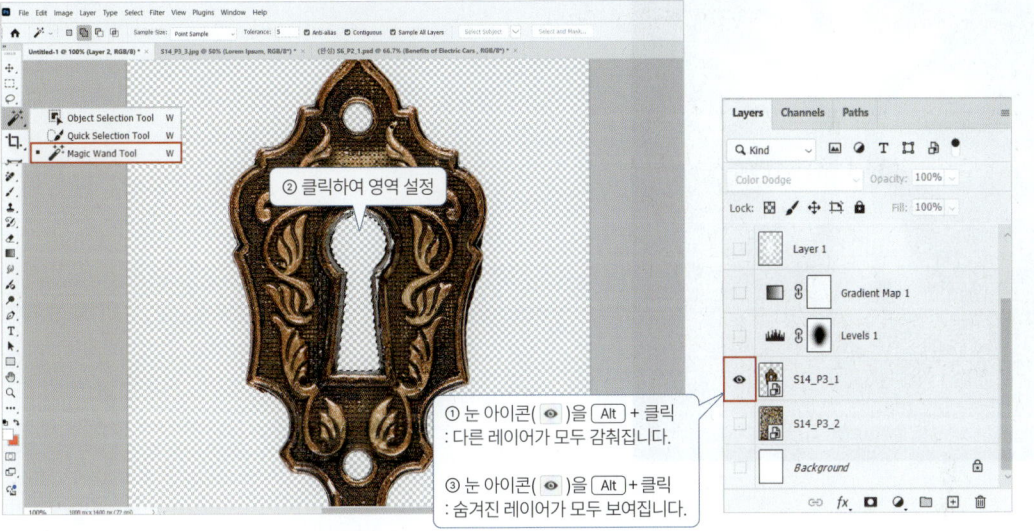

12 레이어 스타일 적용하기

① 레이어 패널창 최상단에 새로운 레이어를 만든 후, 영역에 흰색을 채우고 영역을 해제(Ctrl + D)합니다.

② 레이어의 불투명도를 80%로 낮추고 레이어 스타일을 적용합니다. Outer Glow를 선택하고 색상을 변경한 후, Outer Glow 세부 옵션을 설정하여 적용합니다.

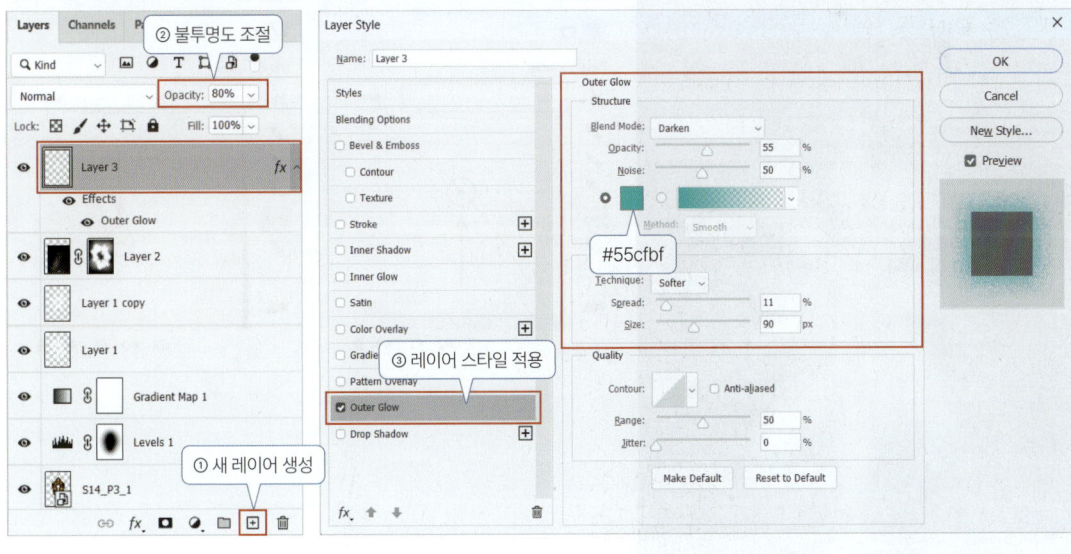

09 Shape

10 Clipping Mask & Layer Mask

11 Filter

12 Blending Mode

13 Image Adjustments

14 Adjustment Layer

15 Healing Brush / Liquify

16 Channel

13 조정 레이어 적용 후 완성하기

조정 레이어 아이콘을 클릭하여 Curves를 선택합니다. Curves는 명도와 대비값을 섬세하게 수정하기 편리합니다. RGB에서 곡선을 올려 전체 명도를 올리고, Red 채널에서는 곡선을 아래로 내려 빛에 청녹색 계통의 색을 적용합니다. 전체적으로 너무 어둡다면, 04 과정에서 적용한 Levels 조정 레이어를 다시 더블 클릭하여 효과를 수정할 수 있습니다. 빛 모양이나 위치를 조정하여 원하는 분위기에 맞는 최종 결과물을 완성합니다.

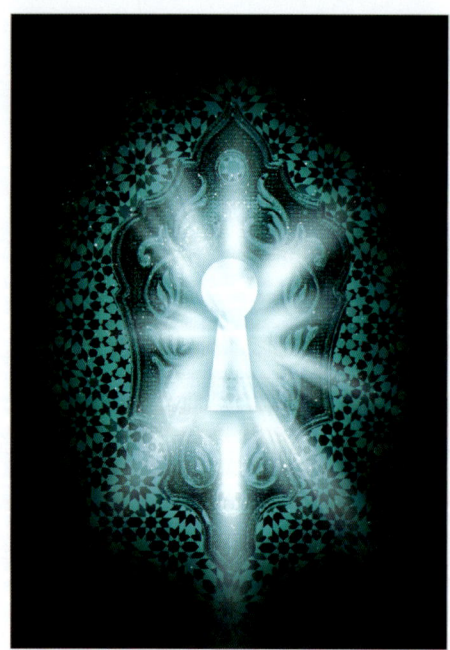

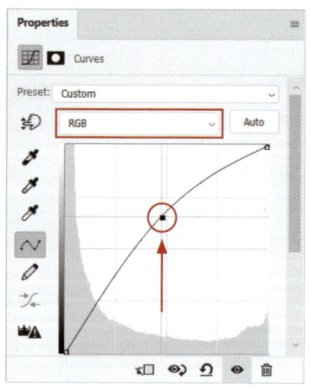

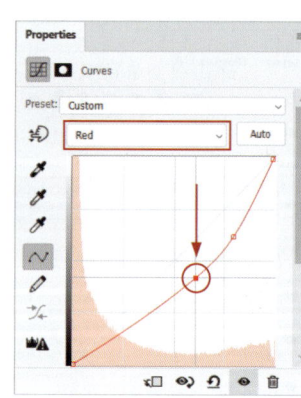

Exercise

판타지 아트웍 제작하기   📁 S14_Exercise 예제

이미지를 조합하여 자연스럽게 합성한 뒤, 조정 레이어로 빛이 들어오는 아트웍을 제작합니다.

1. 배경
[Image] - [Adjustment Layer] - [Curves]를 적용합니다. 중심에 클릭하여 조절점을 추가하고, 아래쪽 방향으로 적절히 드래그하여 전체 톤을 어둡게 합니다. 상단 가운데는 빛이 들어오기 때문에 어두워지면 안 되므로 조정 레이어 마스크를 클릭한 뒤, Hardness를 0%로 설정한 검정색 부드러운 브러시로 채색하여 빛이 어두워지는 것을 해제합니다.

🅣 브러시로 채색 후 조정 레이어의 레이어 마스크가 선택된 상태로 [Filter] - [Motion Blur] 메뉴에서 더 자연스러운 빛 효과를 적용합니다.

2. 호수
기존 블루 계열 톤에서 에메랄드 계열로 변경하기 위해 Hue/Saturation을 조정합니다. Hue 값을 -12로 색상을 조정하고, Saturation 값을 -45로 조정하여 전체적인 채도를 낮춥니다.

3. 비석
Curves 레이어를 두 개 만들고 클리핑 마스크를 적용합니다. Curves 레이어는 각각 어두운 보정, 밝은 보정의 그래프를 만듭니다.
레이어 마스크를 통해 각각의 보정과 반대가 되는 영역은 검정색 브러시로 채색하여 자연스럽게 보정합니다.

🅣 ex. 밝은 보정 Curves - 레이어 마스크에 검정색을 넣고 흰색 브러시로 채색

> 레이어 마스크 작업 중 칠하는 영역이 많으면 작업 순서를 반대로 해봅니다.

4. 바위
Curves를 적용한 후 클리핑 마스크를 적용합니다. 중심에 클릭하여 조절점을 추가하고, 아래쪽 방향으로 적절히 드래그하여 전체 톤을 어둡게 합니다. 빛이 들어오는 밝은 영역은 조정 레이어의 레이어 마스크에 검은색 브러시로 채색하여 효과를 지웁니다.

5. 전체 보정
푸른빛이 은은하게 도는 색감을 위해 Color Lookup을 넣고 Opacity로 조절합니다(Color Lookup : Crisp_Winter.look 40%). 하이라이트 강조와 대조를 위해 Brightness/Contrast로 보정합니다.

> 조정 레이어를 사용하고, 조정 레이어에 Blending Mode와 Opacity를 적용해 보정을 자연스럽게 합성합니다.

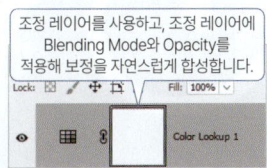

Healing Brush / Liquify

인물 보정

MISSION

인물 보정은 사진 속 인물의 피부 톤, 형태 등을 개선하는 중요한 과정입니다. 이 섹션에서는 픽셀 유동화 기능, 잡티 제거 기능 등 인물 사진에 자주 사용되는 보정 도구와 기능들을 학습하고, 인물 사진을 더 자연스럽고 세밀하게 보정하는 방법을 익힙니다.

KEYWORD

#제거 도구 #하늘 대체 #내용 인식 채우기

Healing / Remove

인물 사진에서 잡티 제거나 피부 질감 보정을 위해 사용되는 다양한 복구(Healing)와 제거(Remove) 도구들을 학습합니다. 복구 도구들은 단순히 이미지를 복제하는 방식이 아니라, 주변 픽셀과 자연스럽게 어울리도록 보정하므로 피부 Retouching(리터칭)과 같은 섬세한 작업에 적합합니다.

잡티 제거를 위한 도구들

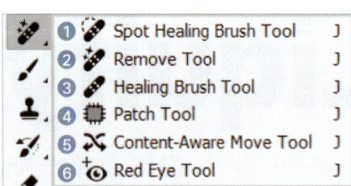

❶ Spot Healing Brush Tool(스팟 복구 브러시 도구)

❷ Remove Tool(제거 도구)

❸ Healing Brush Tool(복구 브러시 도구)

❹ Patch Tool(패치 도구)

❺ Content-Aware Move Tool(내용 인식 이동 도구)

❻ Red Eye Tool(적목 현상 도구)

🩹 Spot Healing Brush Tool 스팟 복구 브러시 도구 ▪ S15_1.jpg

Spot Healing Brush Tool(스팟 복구 브러시 도구)로 잡티를 제거하려면 마우스로 클릭하거나 드래그합니다. 주변의 질감을 인식하여 자동으로 합성하기 때문에 작은 상처, 점, 여드름과 같은 부위에 사용하면 쉽고 빠르게 흔적을 감출 수 있습니다. Spot Healing Brush(스팟 복구 브러시)의 커서 크기는 브러시 조절 단축키와 동일하게 사용됩니다.

🆂 브러시 사이즈 줄이기 [[ ] , 🆂 브러시 사이즈 키우기 [ ]]

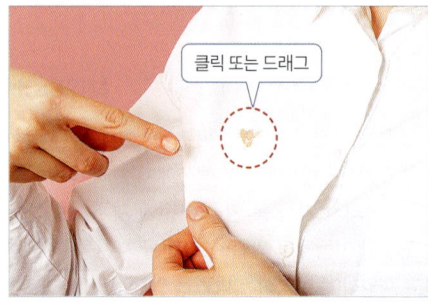

클릭 또는 드래그

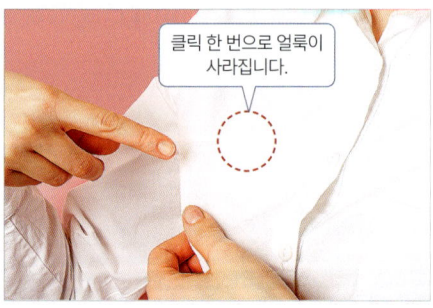

클릭 한 번으로 얼룩이 사라집니다.

Spot Healing Brush Tool Option 스팟 복구 브러시 도구 옵션

❶ Brush Options(브러시 옵션) : 스팟 복구 브러시의 크기를 조절합니다. 브러시 크기 줄이기([[ ]) , 브러시 크기 키우기([ ]]) 단축키로도 조절 가능합니다.

❷ Mode(모드) : 합성할 스팟 복구 브러시의 Blending Mode를 설정합니다.

❸ Type(유형) : 스팟 복구 브러시로 채워지는 대상의 유형을 선택합니다. 내용 인식, 텍스처 만들기, 근접 일치 중 선택합니다.

❹ Sample All Layer(모든 레이어 샘플링)에 체크하면 레이어를 구분 짓지 않고 작업 화면에서 적용됩니다.

🩹 Remove Tool 제거 도구 📁 S15_2.jpg

Remove Tool(제거 도구)로 사진에서 제거하고 싶은 영역을 제거할 수 있습니다. 지우고 싶은 영역을 브러시로 칠하듯 그리고 마우스에서 손을 떼면 채색한 영역이 제거됩니다.

채색하듯 드래그

개체가 사라집니다.

Remove Tool Option 제거 도구 옵션 📁 S15_3.jpg

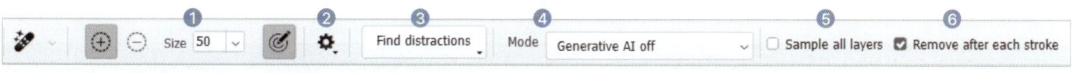

❶ **Brush size(브러시 크기)** : 브러시의 크기를 조절합니다. 단축키로도 조절 가능합니다.

❷ **Set additional options(추가 옵션)** : 대상을 지울 때 오버레이되는 브러시의 색상과 불투명도를 설정합니다.

Overlay Options
Color ■ Magenta ▾
Opacity 25% ▾

❸ **Find distractions(산만한 요소 찾기)** : 'Wires and cables(전선 및 케이블)' 옵션을 선택하면 질서 없이 늘어진 얇은 전선들을 한 번의 클릭으로 제거할 수 있으며, 'People(인물)' 옵션을 선택하면 이미지 속 인물도 추적하여 제거할 수 있습니다.

One-click removal
[Wires and cables]
Editable
[People]

한 번의 클릭으로 이미지의 전선이 모두 제거되었습니다.

❹ **Mode(모드)** : Auto로 설정해 두면 사용자의 계정 상태에 따라 AI 기능을 사용할 수 있으며, 불필요해 보이는 부분을 AI가 자동으로 감지합니다

❺ **Sample all layers(모든 레이어 샘플링)** : Sample all layer에 체크하면 레이어를 구분 짓지 않고, 작업 화면에서 적용됩니다.

❻ **Remove after each stroke(각 획 처리 후 제거)** : 제거 대상을 드래그하여 채색하고, 마우스에서 손을 떼면 제거됩니다. 체크 해제하면 상단의 확인 버튼 또는 [Enter]를 눌러야 제거됩니다.

09
Shape

10 Clipping Mask
& Layer Mask

11
Filter

12
Blending Mode

13
Image Adjustments

14
Adjustment Layer

15
Healing Brush / Liquify

16
Channel

✏️ Healing Brush Tool 복구 브러시 도구 📁 S15_4~5.jpg

합성하고자 하는 샘플 질감을 Alt 키를 누른 상태에서 클릭하여 복사한 후, 지우거나 합성하려는 부분에 마우스를 클릭하거나 드래그하여 사용합니다. 복사한 부분은 커서를 따라다니므로 Stamp Tool의 사용 방법을 익힌 후 사용하면 편리합니다. Healing Brush Tool(복구 브러시 도구)의 커서 크기는 브러시 조절 단축키와 동일합니다.

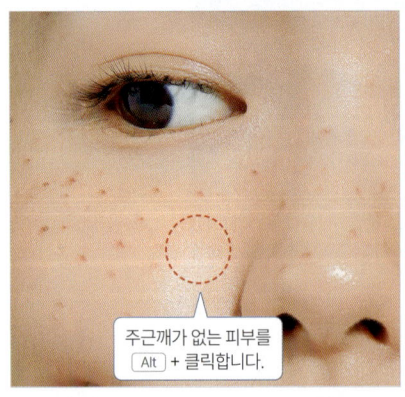

주근깨가 없는 피부를
Alt + 클릭합니다.

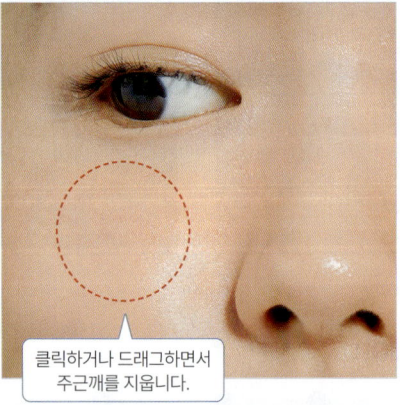

클릭하거나 드래그하면서
주근깨를 지웁니다.

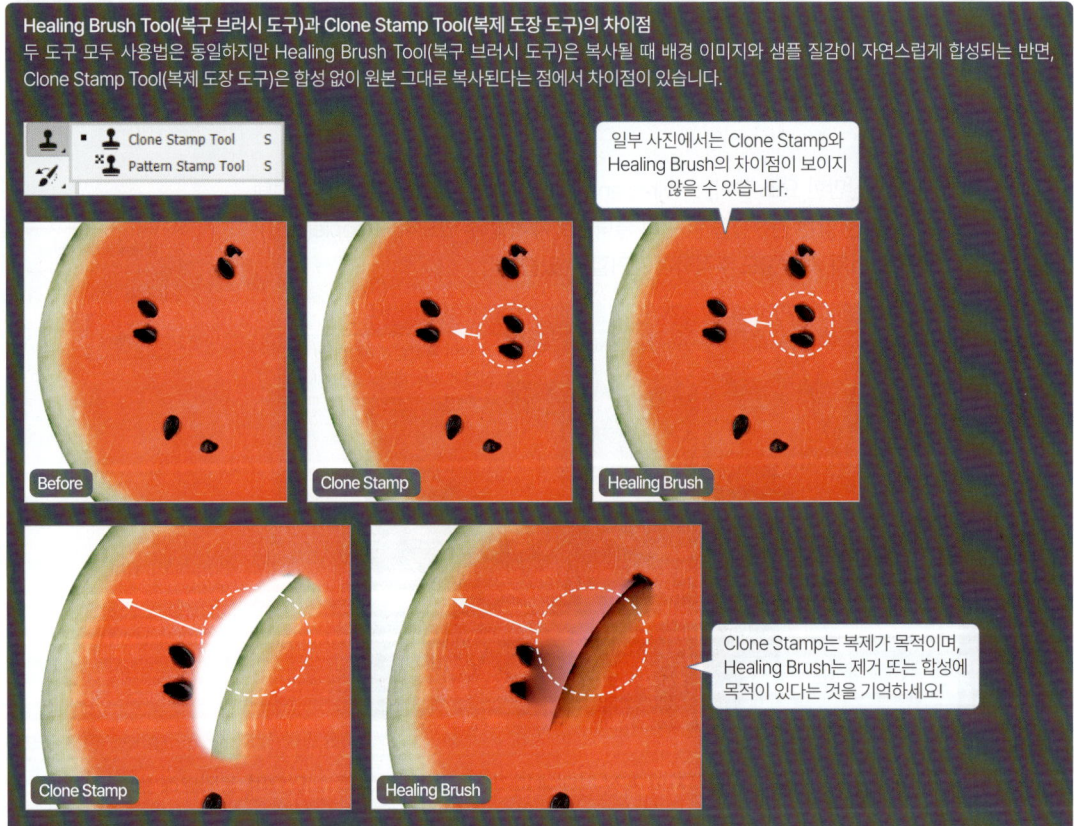

Healing Brush Tool(복구 브러시 도구)과 Clone Stamp Tool(복제 도장 도구)의 차이점
두 도구 모두 사용법은 동일하지만 Healing Brush Tool(복구 브러시 도구)은 복사될 때 배경 이미지와 샘플 질감이 자연스럽게 합성되는 반면,
Clone Stamp Tool(복제 도장 도구)은 합성 없이 원본 그대로 복사된다는 점에서 차이점이 있습니다.

일부 사진에서는 Clone Stamp와
Healing Brush의 차이점이 보이지
않을 수 있습니다.

Clone Stamp는 복제가 목적이며,
Healing Brush는 제거 또는 합성에
목적이 있다는 것을 기억하세요!

Healing Brush Tool Option 복구 브러시 도구 옵션

① **Brush Options(브러시 옵션)** : 복구 브러시의 크기를 조절합니다. 브러시 단축키로도 조절 가능합니다.

② **Toggle the Clone source panel(복제 원본 패널 켜기/끄기)** : 복제 원본 패널을 사용합니다. 패널을 열면 사용자가 복제하려는 소스 5개를 만들어 크기, 각도 등을 별도로 설정할 수 있습니다.

③ **Mode(모드)** : 복구 브러시의 Blending Mode를 설정합니다.

④ **Source(소스)** : 복제되는 소스가 레이어(대상)인지, 패턴인지 선택합니다. 패턴으로 선택하면 사용자가 패턴을 골라 대상과 합성할 수 있습니다.

⑤ **Aligned(맞춤)** : 체크하면 복구 브러시를 재차 사용할 때 처음 복제했던 위치에서 기준점이 이동됩니다.

⑥ **Use Legacy(레거시 사용)** : 2024년에 새로 생긴 기능으로 체크하면 24년 이전 버전의 기능으로 사용할 수 있습니다.

⑦ **Sample(샘플)** : 복제하는 대상의 샘플 기준을 설정합니다. 현재 레이어, 현재 이하 레이어, 모든 레이어 중 선택할 수 있습니다.

⑧ **Diffusion(확산)** : 값이 높을수록 효과가 부드럽게 퍼집니다.

🔲 Patch Tool 패치 도구 ■ S15_6.jpg

Patch Tool(패치 도구)은 이미지의 특정 영역을 다른 영역의 질감으로 자연스럽게 덮어주는 복원 도구입니다. 불필요한 영역이나 주름을 제거할 때 유용하며, 드래그로 선택한 후 원하는 영역으로 이동하면 자동으로 텍스처와 톤을 맞춰 자연스럽게 보정됩니다.

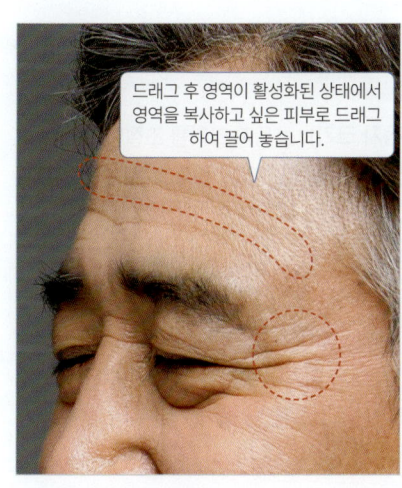

드래그 후 영역이 활성화된 상태에서 영역을 복사하고 싶은 피부로 드래그하여 끌어 놓습니다.

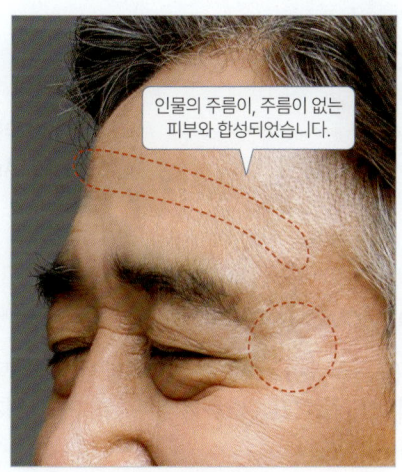

인물의 주름이, 주름이 없는 피부와 합성되었습니다.

Patch Tool Option 패치 도구 옵션

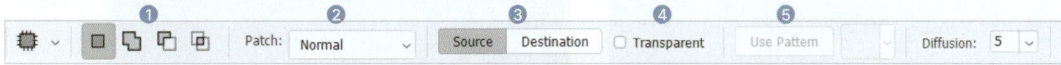

① **선택 영역 더하기/빼기 옵션** : 선택 영역을 합치거나 빼기로 지정할 수 있습니다.

② **Patch(패치)** : 기능을 표준으로 사용할 것인지 내용 인식으로 사용할 것인지 선택합니다. 내용 인식은 포토샵이 자동으로 주변의 영역을 감지하여 적용합니다.

09 Shape

10 Clipping Mask & Layer Mask

11 Filter

12 Blending Mode

13 Image Adjustments

14 Adjustment Layer

15 Healing Brush / Liquify

16 Channel

❸ Source(소스) / Destination(대상) : 대상에서 소스를 패치(합성 적용)할 것인지, 소스에서 대상을 패치(합성 적용)할 것인지를 선택합니다.

❹ Transparent(투명) : 투명이 적용되어야 하는 경우 투명도를 사용합니다.

❺ Use Pattern(패턴 사용) : 패치로 영역을 선택한 후 패턴과 합성할 수 있습니다.

👁 Red Eye Tool 적목 현상 도구 ■ S15_9.png

어두운 곳에서 플래시를 터트린 사진에서 나타날 수 있는 인물 사진의 적목 현상을 없애줍니다. 빨갛게 된 눈을 클릭하면 색이 어둡게 보정됩니다.

Red Eye Tool Option 적목 현상 도구 옵션

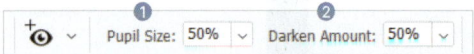

❶ Pupil Size(눈동자 크기) : 눈동자 크기를 조절합니다.

❷ Darken Amount(어둡게 할 양) : 어두움 정도를 조절합니다.

✄ Content-Aware Move Tool 내용 인식 이동 도구 ■ S15_7.jpg

Content-Aware Move Tool(내용 인식 이동 도구)은 이미지 내 개체를 선택하여 다른 위치로 옮길 수 있는 도구입니다. 드래그하여 영역을 지정한 후 개체를 이동하면 주변 배경을 분석하여 원래 위치의 빈 공간을 자연스럽게 채워주며, 옮긴 위치의 배경과도 조화롭게 합성됩니다.

Content-Aware Move Tool Option 내용 인식 이동 도구 옵션

❶ 선택 영역 더하기/빼기 옵션 : 선택 영역을 합치거나 빼기로 지정할 수 있습니다.

❷ Mode(모드) : 대상을 이동할 것인지 복제하여 옮길 것인지 선택합니다.

❸ Structure(구조) : 원본 구조가 보존되는 정도를 설정합니다. 값이 낮을수록 원본의 구조 보존보다 합성에 초점이 맞춰집니다.

❹ Color(색상) : 소스의 색상이 수정되는 정도를 설정합니다.

❺ Transform On Drop(놓을 때 변형) : 체크 해제 시 마우스를 놓을 때 변형되며, 체크 시에는 사용자가 완료(Enter)해야 변형됩니다.

★ Content-Aware Fill 내용 인식 채우기

[Edit] - [Content-Aware Fill]은 사용자가 제거하고 싶은 영역을 지정하면, 설정한 영역의 오브젝트를 이미지에서 자연스럽게 합성하여 제거해주는 기능입니다.

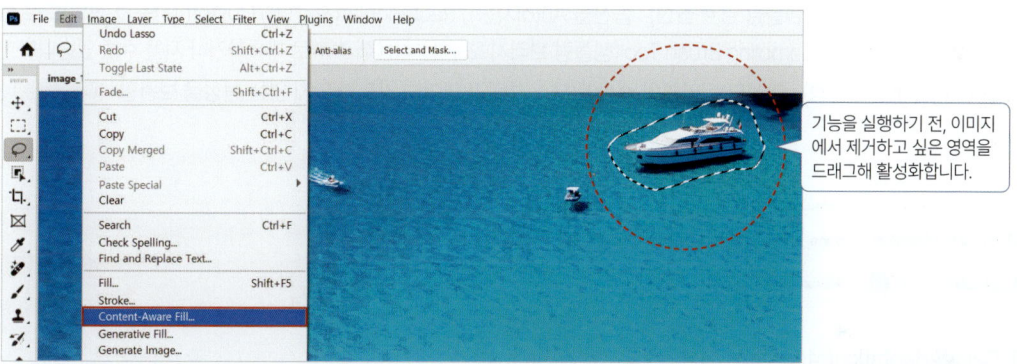

기능을 실행하기 전, 이미지에서 제거하고 싶은 영역을 드래그해 활성화합니다.

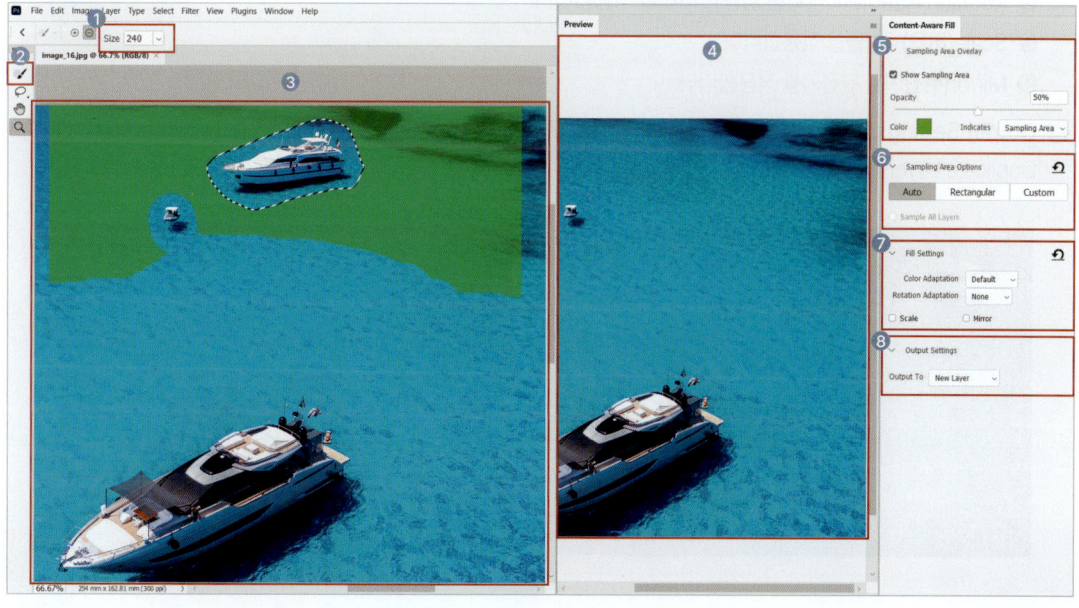

09 Shape

10 Clipping Mask & Layer Mask

11 Filter

12 Blending Mode

13 Image Adjustments

14 Adjustment Layer

15 Healing Brush / Liquify

16 Channel

❶ 브러시의 크기를 조절합니다. 브러시 크기 줄이기(🔲), 브러시 크기 키우기(🔲) 단축키로도 조절 가능합니다.

❷ 자동으로 샘플링된 영역 중, 옵션바에서 오버레이 영역에서 빼기를 선택한 후 합성에서 제외할 영역을 지워 조정합니다.

❸ 작업 화면에 샘플링 될 영역을 채색하고, 지워낼 수 있습니다.

❹ 미리보기 화면입니다. 미리보기 화면을 체크하면서 샘플링 영역을 지우거나 채색합니다.

❺ Sampling Area Overlay(샘플링 영역 오버레이) : 샘플링된 영역 표시를 설정합니다.

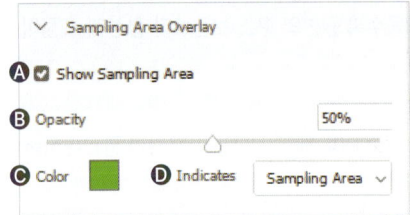

    Ⓐ Show sampling areas(샘플링 영역 표시) : 샘플링 영역을 표시합니다. 체크해 두는 것이 좋습니다.

    Ⓑ Opacity(불투명도) : 샘플링되는 영역의 색상 불투명도를 조절할 수 있습니다.

    Ⓒ Color(색상) : 샘플링되는 영역의 색상을 설정합니다.

    Ⓓ Indicates(표시) : 샘플링 영역을 표시할지, 제외된 영역을 표시할지 선택합니다.

❻ Sampling Area Options(샘플링 영역 옵션) : 옵션을 Auto(자동) / Rectangular(사각형) / Custom(사용자 정의)으로 선택할 수 있습니다. 왼쪽의 Sampling Brush Tool(샘플링 브러시 도구)을 이용해 추가로 채색하거나 지울 수도 있습니다.

❼ Fill Settings(채우기 설정) : 합성되는 영역의 색상에 다소 차이가 있거나 각도가 맞지 않는 현상을 보완합니다.

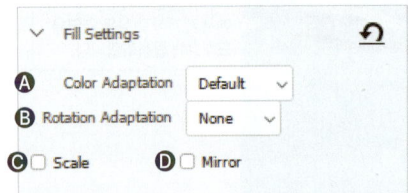

    Ⓐ Color Adaptation(색상 적용) : 색상 차이를 적용합니다.

    Ⓑ Rotation Adaptation(회전 적용) : 회전을 적용합니다.

    Ⓒ Scale(비율) : 비율을 적용합니다.

    Ⓓ Mirror(뒤집기) : 뒤집기를 적용합니다.

❽ Output Settings(출력 설정) : 설정 완료 후 출력될 위치를 Current Layer(현재 레이어), New Layer(새 레이어), Duplicate Layer(레이어 복제)로 설정할 수 있습니다.

Content-Aware Scale 내용 인식 비율 ◼ S15_8.jpg

[Edit] - [Content-Aware Scale]은 포토샵에서 자동으로 인식하는 특정 대상의 변형을 제어하고 배경은 자연스럽게 처리하는 기능입니다. 또한, 작업자가 영역을 직접 지정하고 저장한 후 이미지의 일부를 변형되지 않게 설정할 수도 있습니다. 다음 과정은 이미지의 일부를 알파 영역으로 지정하여 수정하는 방법입니다.

❶ 새로 만든 작업 화면에 변형할 이미지를 가져옵니다.

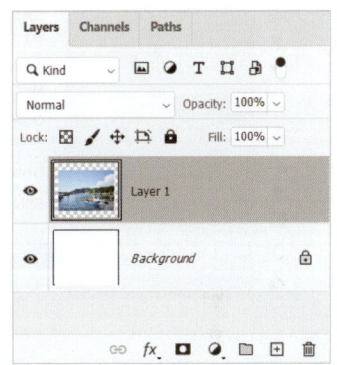

🅣 새로 만든 작업 화면에 이미지를 이동 도구로 이동합니다. 사용자의 폴더에서 직접 드래그한 스마트 오브젝트에는 Content-Aware Scale이 적용되지 않습니다.

❷ Selection Brush Tool(선택 영역 브러시 도구, L)로 채색하여 영역을 지정합니다. Move Tool(이동 도구, V)을 선택하면 영역이 활성화됩니다.

09
Shape

10 Clipping Mask
& Layer Mask

11
Filter

12
Blending Mode

13
Image Adjustments

14
Adjustment Layer

15
Healing Brush / Liquify

16
Channel

❸ 영역이 지정되었으면 메뉴에서 [Select] - [Save Selection]을 선택해 영역을 저장합니다. Save Selection(선택 영역 저장) 대화 상자에서 영역 이름을 지정하고 [OK]를 누릅니다.

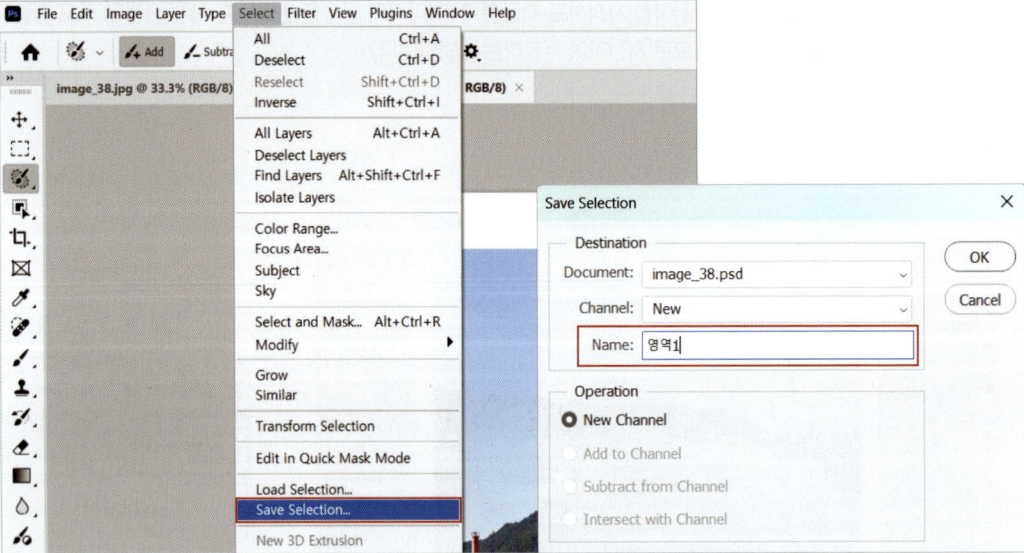

❹ 저장한 후 영역을 해제하고, 메뉴에서 [Edit] - [Content-Aware Scale]을 클릭합니다.

🇸 Deselect(선택 해제) Ctrl + D

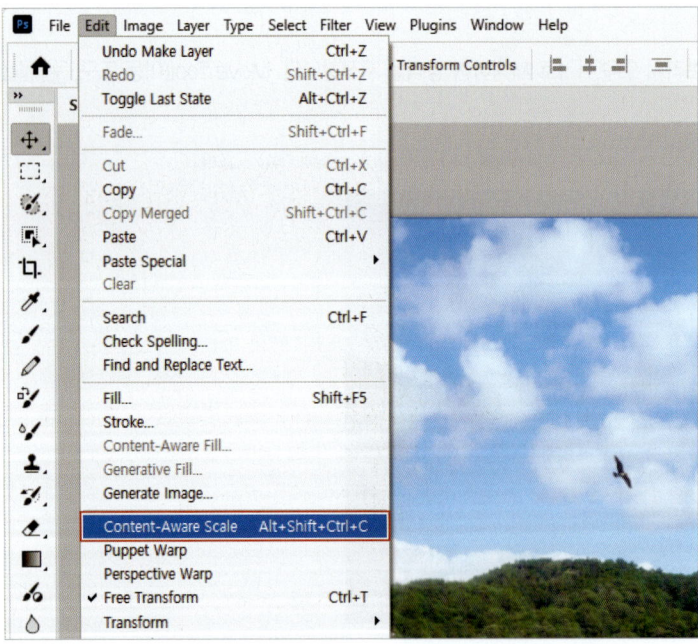

❺ 메뉴에서 [Edit] - [Content-Aware Scale]을 실행한 후 옵션의 Protect에서 저장한 채널을 선택합니다. 사용자가 저장한 영역을 보호하는 것이 아닌, 자동으로 인식하게 하는 경우에는 선택하지 않습니다.

❻ 이미지의 크기를 자유롭게 조절해 봅니다. 영역으로 지정했던 배의 이미지는 보호된 채로 나머지 이미지만 사이즈가 조정되는 것을 확인할 수 있습니다.

이미지의 전체 크기는 작아져도 영역 지정했던 배의 크기는 보호됩니다.

❼ 이미지 테두리에 조절점이 생성되면 Transform(변형)을 사용하듯이 이미지를 늘리거나 줄여봅니다. 저장했던 영역의 이미지 크기를 손실 없이 자연스럽게 변형할 수 있습니다.

Free Transform과 Content-Aware Scale의 차이점
일반적인 크기 조절은 이미지 전체가 동일한 비율로 변형되어, 중요한 부분(인물 등)도 함께 늘어나거나 줄어들어 왜곡됩니다. 반면 Content-Aware Scale은 사용자가 지정한 영역(보호 영역)은 보존하고, 나머지 배경 부분만 분석하여 크기를 조절할 수 있기 때문에 특정 부분의 비율을 유지한 채 배경만 늘리거나 줄일 수 있는 장점이 있습니다.

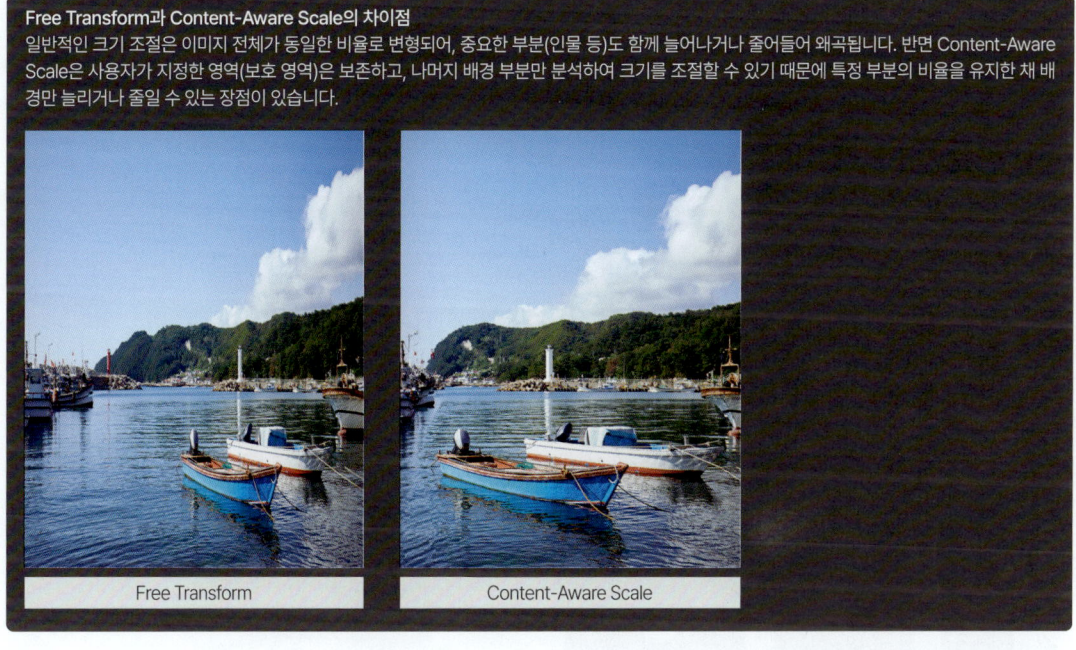

Free Transform   Content-Aware Scale

09
Shape

10 Clipping Mask & Layer Mask

11
Filter

12
Blending Mode

13
Image Adjustments

14
Adjustment Layer

15
Healing Brush / Liquify

16
Channel

Remove Tool

Remove Tool을 이용하면 사진 속 불필요한 사람이나 사물을 간단하게 지울 수 있습니다.

📁 예제 폴더 : S15-Practice1

01 파일 열기

'S15_P1_1.jpg' 파일을 [File]-[Open] 또는 Ctrl + O 키를 눌러 불러옵니다.

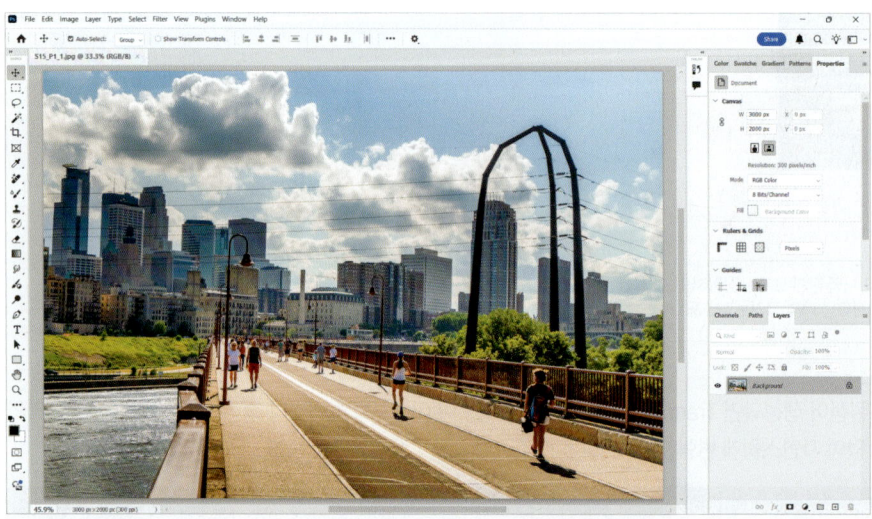

02 도구 선택하기

도구 상자에서 Remove Tool(J)을 선택합니다.

선택

ⓣ Remove Tool은 2024년 추가된 도구입니다. 해당 실습은 2024년 이상 버전을 사용하는 사용자를 대상으로 합니다.
하위 버전 사용자는 메뉴에서 [Edit] - [Contents Aware Fill] 기능으로 대체할 수 있습니다.

03 산만한 요소 찾기

상단 옵션에 Find distractions(산만한 요소 찾기)를 선택하고, 편집 기능의 [People]을 클릭합니다. 사람이 자동으로 인식되어 핑크색 영역으로 활성화됩니다.

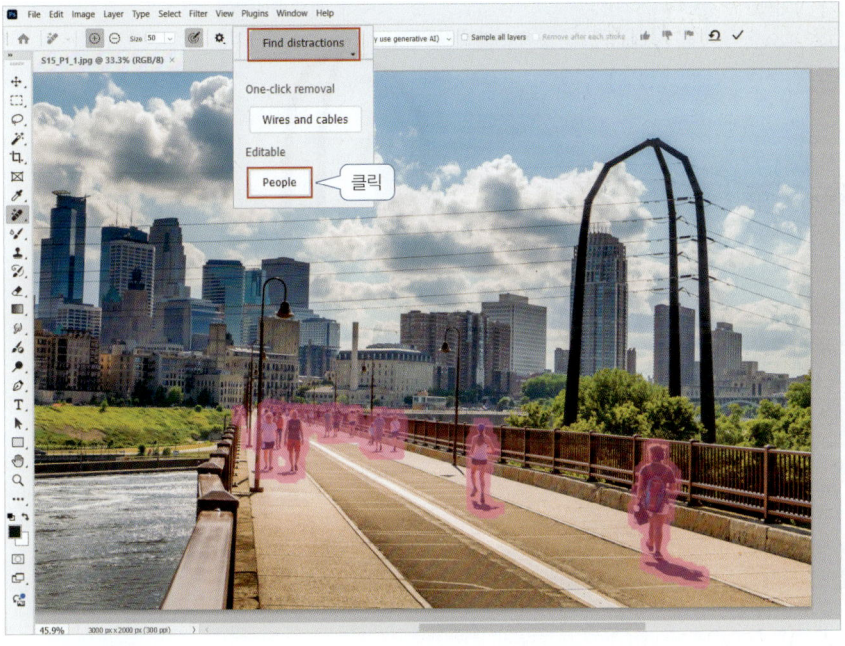

04 인물 지우기

지우지 않을 사람이나 사물은 상단 도구 옵션의 브러시 적용 영역에서 빼기 아이콘(⊖)을 선택하여 클릭 또는 드래그한 후 확인 버튼을 누릅니다.

09
Shape

10 Clipping Mask
& Layer Mask

11
Filter

12
Blending Mode

13
Image Adjustments

14
Adjustment Layer

15
Healing Brush / Liquify

16
Channel

05 완성하기

사용자가 남긴 인물을 제외한 나머지 인물이 모두 지워진 것을 확인한 뒤 작업을 마무리합니다.

09
Shape

10 Clipping Mask
& Layer Mask

11
Filter

12
Blending Mode

13
Image Adjustments

14
Adjustment Layer

15
Healing Brush / Liquify

16
Channel

THEORY 02 하늘 대체

Sky Replacement

Sky Replacement는 사진에서 하늘 부분을 다른 하늘 이미지로 교체하여 분위기나 느낌을 극적으로 바꾸는 작업입니다. 주로 풍경 사진이나 인물 사진에서 사용됩니다. 이 섹션에서는 하늘을 쉽게 교체하는 방법을 배우고, 자연스러운 전환을 위해 색상, 밝기, 대비 등을 조정하는 기능을 학습하겠습니다.

Sky Replacement 하늘 대체 요소 ■ S15_10.jpg

[Edit] - [Sky Replacement] 메뉴에서 하늘을 다른 이미지로 교체할 때 필요한 요소들을 조정할 수 있습니다.

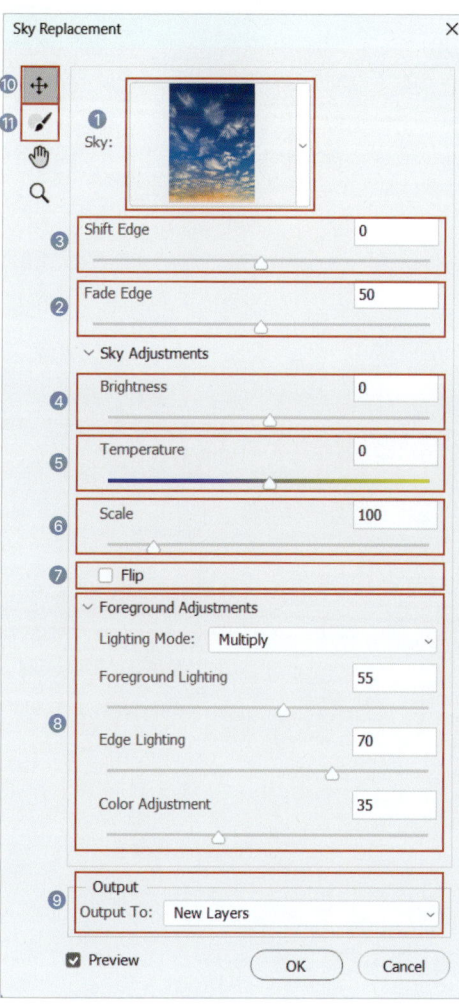

❶ Sky(하늘) : 클릭하여 대체할 하늘을 선택합니다.

❷ Shift Edge(가장자리 이동) : 하늘과 원본 이미지 사이의 테두리가 시작되는 위치를 조정합니다.

❸ Fade Edge(가장자리 페이드) : 하늘 이미지와 원본 이미지 사이의 테두리를 따라 자연스러운 페이드를 조정합니다.

❹ Brightness(밝기) : 하늘의 명도를 조정합니다.

❺ Temperature(온도) : 하늘 톤을 따뜻한 톤과 차가운 톤으로 조정합니다.

❻ Scale(비율) : 하늘의 크기를 조정합니다.

❼ Flip(뒤집기) : 하늘 이미지를 가로로 뒤집습니다.

❽ Foreground Adjustments(전경 조정) : 하늘과 합성되는 기본 이미지를 밝게 하거나 어둡게 하는 조명과 색상을 조정할 수 있습니다.

❾ Output(출력) : 변경된 이미지를 별도의 그룹으로 출력할 것인지, 병합된 레이어로 출력할 것인지를 결정할 수 있습니다.

❿ Sky Move Tool(하늘 이동 도구) : 하늘 이미지를 클릭해 원하는 위치로 이동시킬 수 있습니다.

⓫ Sky Brush(하늘 브러시) : 하늘 영역을 브러시로 칠해 확장하거나 줄일 수 있는 보정 도구입니다.

09
Shape

10 Clipping Mask
& Layer Mask

11
Filter

12
Blending Mode

13
Image Adjustments

14
Adjustment Layer

15
Healing Brush / Liquify

16
Channel

THEORY 03 | 닷지 / 번 / 흐림 / 선명 효과

Dodge / Burn / Smudge / Sharpen

Dodge / Burn Tool은 밝기와 어둠을 조절해 입체감을 더하는 도구입니다. Smudge Tool은 경계를 부드럽게 흐려 자연스럽게 연결하고, Sharpen Tool은 흐릿한 부분을 선명하게 강조합니다. 이러한 도구들을 활용해 이미지를 자연스럽게 보정하는 방법을 학습합니다.

Dodge Tool 닷지 도구 ■ S15_11.jpg

Dodge Tool(닷지 도구)은 이미지의 특정 영역을 밝게 보정하는 도구입니다. 브러시처럼 칠하면 지정한 영역의 밝기를 높여 하이라이트를 강조하거나, 얼굴이나 물체에 빛을 표현할 때 사용됩니다. Dodge Tool을 선택해 보정할 영역에 두드리듯 클릭하여 이미지를 흰색에 가깝게(밝게) 보정합니다.

Before / After / 두드리듯 클릭

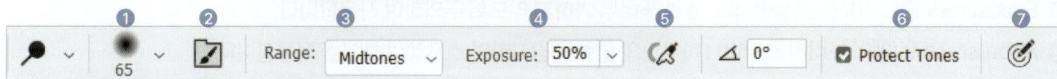

❶ **Brush Preset picker(브러시 사전 설정 피커)** : Dodge Tool(닷지 도구)의 브러시 형태와 사용 방법은 일반적인 브러시와 동일합니다. 클릭하면 브러시 사전 설정 피커를 열 수 있습니다.

❷ **Brush Settings panel(브러시 설정 패널)** : 클릭하면 브러시 설정 패널이 나타나고 브러시 옵션을 설정할 수 있습니다.

❸ **Range(범위)** : 닷지 도구의 톤을 선택합니다.

   Ⓐ **Shadows(어두운 영역)** : 이미지의 어두운 톤을 중심으로 보정합니다.

   Ⓑ **Midtones(중간 영역)** : 이미지의 중간 톤을 중심으로 보정합니다.

   Ⓒ **Highlights(밝은 영역)** : 이미지의 가장 밝은 톤을 중심으로 보정합니다.

❹ **Exposure(노출)** : 강도를 조절합니다. 효과가 너무 과하지 않도록 주의하여 사용합니다.

❺ **Airbrush-style(에어 브러시 스타일)** : 마우스의 압력을 감지하여 스프레이 효과를 적용합니다.

❻ **Protect Tones(색조 보호)** : 이미지의 기본 톤을 보호하면서 밝기를 설정합니다. 기본으로 체크해 두는 것이 좋습니다.

❼ 태블릿 펜 사용 시 필압을 감지합니다.

Burn Tool ^{번 도구}

Burn Tool(번 도구)은 이미지의 특정 영역을 어둡게 보정하는 도구입니다. 브러시처럼 칠하면 그림자나 어두운 부분을 강조할 수 있어 입체감이나 분위기를 더할 때 유용합니다.

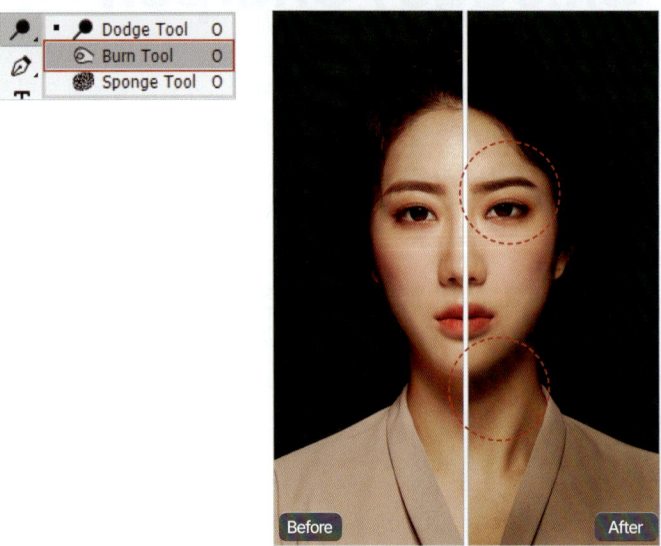

1. **Brush Preset picker(브러시 사전 설정 피커)** : Burn Tool(번 도구)의 브러시 형태와 사용 방법은 일반적인 브러시와 동일합니다. 클릭하면 브러시 사전 설정 피커를 열 수 있습니다.

2. **Brush Settings panel(브러시 설정 패널)** : 클릭하면 브러시 설정 패널이 나타나고 브러시 옵션을 설정할 수 있습니다.

3. **Range(범위)** : 번 도구의 톤을 선택합니다.

   Ⓐ **Shadows(어두운 영역)** : 이미지의 어두운 톤을 중심으로 보정합니다.

   Ⓑ **Midtones(중간 영역)** : 이미지의 중간 톤을 중심으로 보정합니다.

   Ⓒ **Highlights(밝은 영역)** : 이미지의 가장 밝은 톤을 중심으로 보정합니다.

4. **Exposure(노출)** : 강도를 조절합니다. 효과가 너무 과하지 않도록 주의하여 사용합니다.

5. **Airbrush-style(에어 브러시 스타일)** : 마우스의 압력을 감지하여 스프레이 효과를 적용합니다.

6. **Protect Tones(색조 보호)** : 이미지의 기본 톤을 보호하면서 밝기를 설정합니다. 기본으로 체크해 두는 것이 좋습니다.

7. 태블릿 펜 사용 시 필압을 감지합니다.

Sponge Tool 스폰지 도구

Sponge Tool(스폰지 도구)은 이미지의 특정 영역에 채도를 조절하는 도구입니다. Sponge Tool을 선택해 이미지의 피부나 입술의 색상을 더욱 생기있게 만들기 위해 채도를 조정합니다.

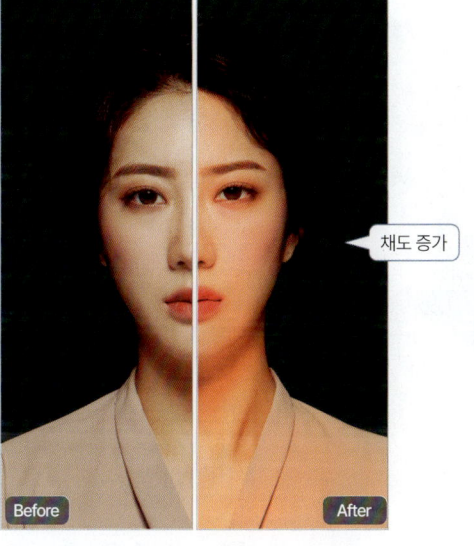

채도 증가

Before
After

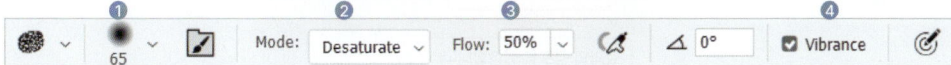

❶ Brush Preset picker / Brush Settings panel(브러시 사전 설정 피커 / 브러시 설정 패널) : Sponge Tool(스폰지 도구)의 브러시 형태와 사용 방법은 일반적인 브러시와 동일합니다. 또한 브러시 설정 패널을 선택하면 브러시 옵션을 설정할 수 있습니다.

❷ Mode(모드) : 채도를 설정합니다.
   ⓐ Desaturate(채도 감소) : 채도를 낮춥니다.
   ⓑ Saturate(채도 증가) : 채도를 높입니다.

❸ Flow(흐름) : 브러시의 흐름을 설정합니다.

❹ Vibrance(생동감) : 이미지의 기본 톤을 보호하면서 채도를 설정하는 기능으로, 기본으로 체크해 두는 것이 좋습니다.

Blur Tool 흐림 효과 도구 📁 S15_8.jpg

브러시로 터치하는 영역에 흐림 효과가 적용됩니다. 이미지의 일부 영역에 주목도를 높일 때 유용합니다.

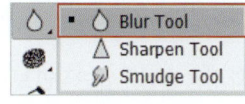

Blur 도구로 채색해
흐려진 영역

선명한 영역

효과의 강도를 설정합니다.

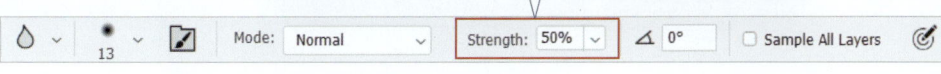

09 Shape
10 Clipping Mask & Layer Mask
11 Filter
12 Blending Mode
13 Image Adjustments
14 Adjustment Layer
15 Healing Brush / Liquify
16 Channel

Sharpen Tool 선명 효과 도구   ■ S15_12.jpg

Sharpen Tool(선명 효과 도구)은 이미지의 가장자리를 또렷하게 만들어 선명도를 높이는 도구입니다. 브러시처럼 칠해 영역의 경계와 디테일이 강조되어 흐릿한 이미지를 또렷하게 보정할 수 있습니다. 과도하게 사용하면 노이즈가 생길 수 있으므로 Strength(강도)를 적절히 조절해 사용하는 것이 중요합니다.

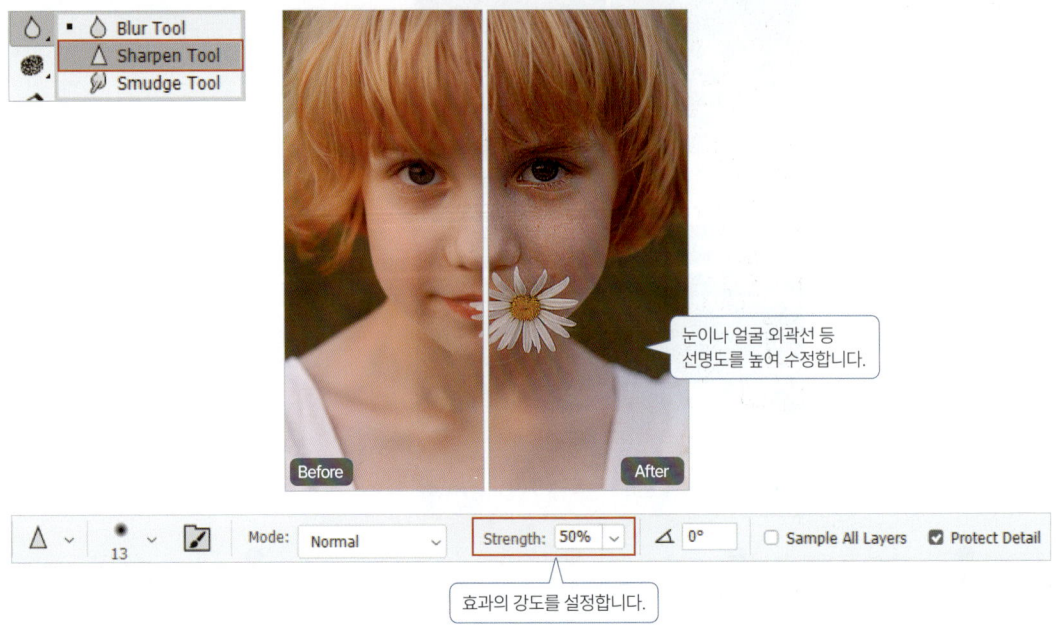

눈이나 얼굴 외곽선 등 선명도를 높여 수정합니다.

효과의 강도를 설정합니다.

Smudge Tool 손가락 도구

Smudge Tool(손가락 도구)은 이미지의 픽셀을 손가락으로 문지르듯 밀어서 번지게 만드는 도구입니다. 색상을 서로 섞거나 경계를 부드럽게 할 때 사용됩니다.

❶ **Brush Preset picker(브러시 사전 설정 피커)** : Smudge Tool(손가락 도구)의 브러시 형태와 사용 방법은 일반적인 브러시와 동일합니다. 클릭하면 브러시 사전 설정 피커를 열 수 있습니다.

❷ **Brush Settings panel(브러시 설정 패널)** : 클릭하면 브러시 설정 패널이 나타나고 브러시 옵션을 설정할 수 있습니다.

❸ **Mode(모드)** : 적용하는 페인트가 이미지의 기존 픽셀과 어떻게 혼합되는지 지정합니다.

❹ **Strength(강도)** : 번짐 효과의 양을 설정합니다.

❺ **Sample All Layers(모든 레이어 샘플링)** : 모든 표시된 레이어의 색상을 사용하여 문지릅니다.

❻ **Finger Painting(손가락 페인팅)** : 손가락 도구를 사용할 때 전경색이 묻어나와 번집니다.

09 Shape

10 Clipping Mask & Layer Mask

11 Filter

12 Blending Mode

13 Image Adjustments

14 Adjustment Layer

15 Healing Brush / Liquify

16 Channel

Practice 02
증명사진 만들기

Portrait Retouching

사진 보정 기능들을 활용해 증명사진을 제작합니다.

■ 예제 폴더 : S15-Practice2

01 파일 열기

'S15_P2_1.jpg' 파일을 [File] - [Open] 또는 Ctrl + O키를 눌러 불러옵니다.

02 이미지 자르기

Crop Tool(C)을 선택한 후 옵션의 Ratio(비율)를 3.5×4.5로 입력하여 자르기를 합니다.

조절점을 이동하고 회전하여 인물이 이미지의 중앙으로 위치할 수 있게 조절합니다. 완료되면 Enter키를 누릅니다.

주민등록증 기준 증명사진의 비율은 3.5×4.5cm(출력 해상도 300DPI)이며, 실제 증명사진의 경우 비율뿐 아니라 해상도와 사이즈도 정확해야 합니다. 본 교재에서는 실습을 위해 증명사진과 같은 비율로만 실습하겠습니다.

03 잡티 제거하기

이미지를 확대하여 Spot Healing Brush Tool(J)로 인물의 잡티를 제거합니다.

S Zoom Tool(돋보기 도구) Z , 화면 확대 Ctrl + + , 화면 축소 Ctrl + - , 화면 맞춤 Ctrl + 0 , 100% 보기 Ctrl + 1

04 레이어 복제하기

배경색에 영향을 끼치지 않고 작업하기 위하여 인물과 배경을 분리합니다.

① 원본 레이어를 복제(Ctrl + J)합니다.

② Object Selection Tool(W)로 인물을 영역으로 설정합니다.

③ 선택 영역이 지정된 상태에서 보정을 진행합니다. 이를 통해 인물에만 보정을 적용할 수 있으며, 배경에는 영향을 주지 않습니다.

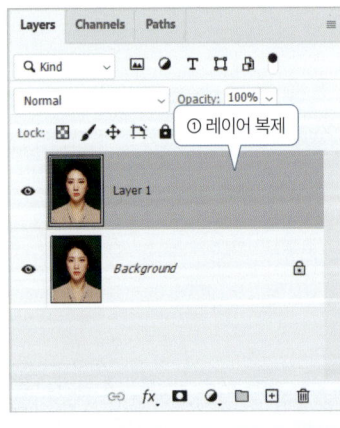

05 색상 보정하기

[Image] - [Adjustments] - [Curves](Ctrl + M)를 적용한 후, [Image] - [Adjustments] - [Color Balance](Ctrl + B)를
실행합니다. Midtones에서 Yellow의 반대인 Blue 방향으로 조정하여 색감을 보정합니다. 보정이 끝났다면 영역을 해제
(Ctrl + D)합니다.

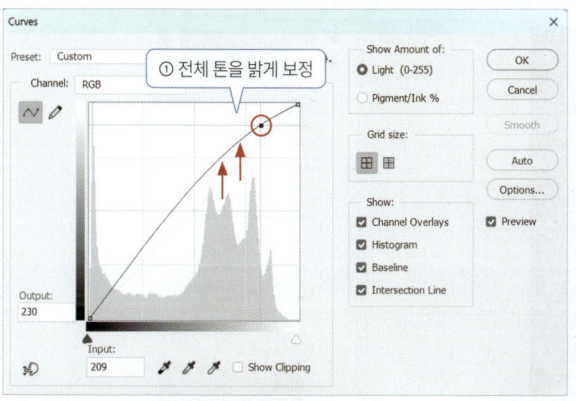

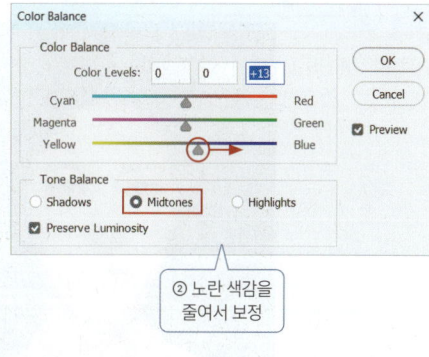

① 전체 톤을 밝게 보정

② 노란 색감을
줄여서 보정

인물에 한해 선택 영역이 적용되어
있으므로 색상 보정을 적용해도 배
경 색에 영향을 미치지 않습니다.

09
Shape

10 Clipping Mask
& Layer Mask

11
Filter

12
Blending Mode

13
Image Adjustments

14
Adjustment Layer

15
Healing Brush / Liquify

16
Channel

06 명암 보정하기

Dodge Tool(◎)을 선택하여 인물의 코, 턱, 미간에 브러시로 터치하듯 밝기를 조절합니다. Dodge Tool은 과하게 사용하면 이미지가 부자연스러워지므로 Exposure 값을 낮추고, 색조 보호 옵션인 Protect Tones를 체크하여 사용하도록 합니다.

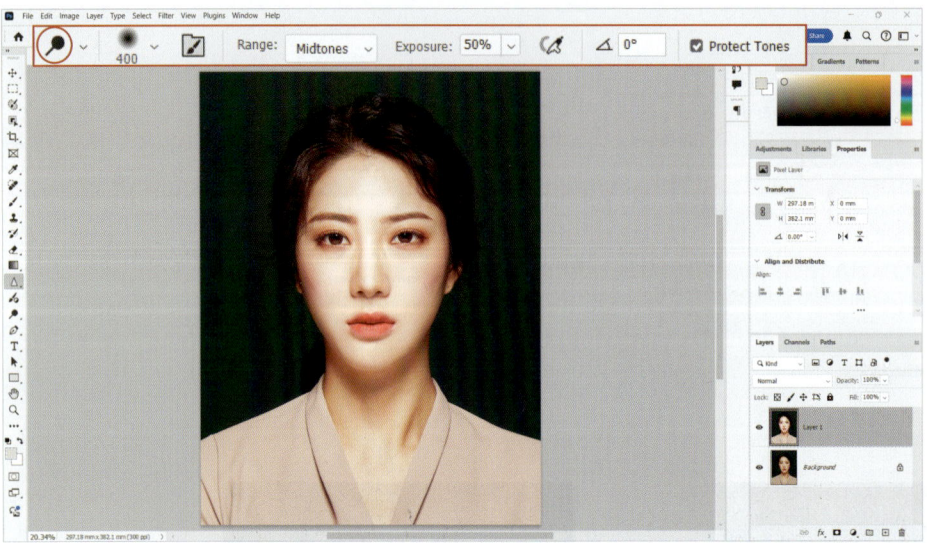

07 선명도 보정하기

Sharpen Tool로 이목구비를 선명하게 만듭니다. 눈매, 눈동자, 눈썹, 입술 라인 등을 브러시로 채색하듯 드래그하여 보정합니다.

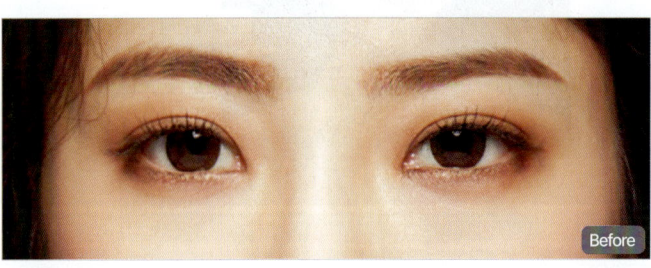

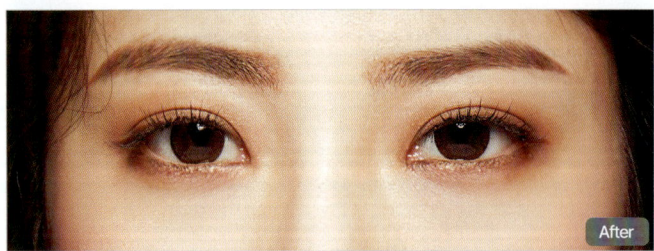

08 추가 보정(Blur)하기

① 레이어 이름 옆 빈 공간에 마우스 우클릭하여 스마트 오브젝트로 변환한 뒤, ② [Filter] - [Blur] - [Gaussian Blur]를 10Pixels 적용합니다. ③ Filter Effect Mask를 클릭하고, 검은색을 채색하면 효과가 모두 감춰집니다.

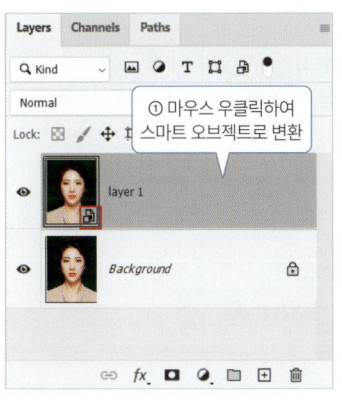
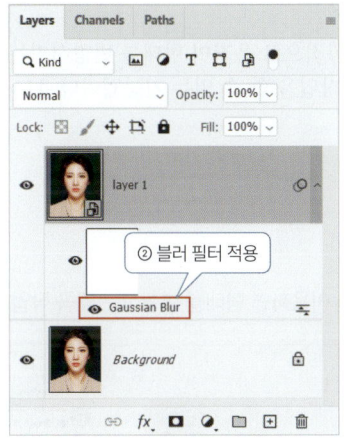

09 블러 효과 적용 후 완성하기

Filter Effect Mask를 클릭한 뒤 Brush Tool(B)을 선택하고, 자연스러운 표현을 위해 Hardness 값을 낮춰 부드러운 브러시로 만들어줍니다. 인물의 코, 턱, 볼, 이마에 브러시로 터치합니다. 흰색 브러시로 일부 영역을 두드리듯 복원하면, Blur가 적용된 영역이 나타나면서 매끈한 피부로 보정할 수 있습니다. 증명사진 실습을 완성합니다.

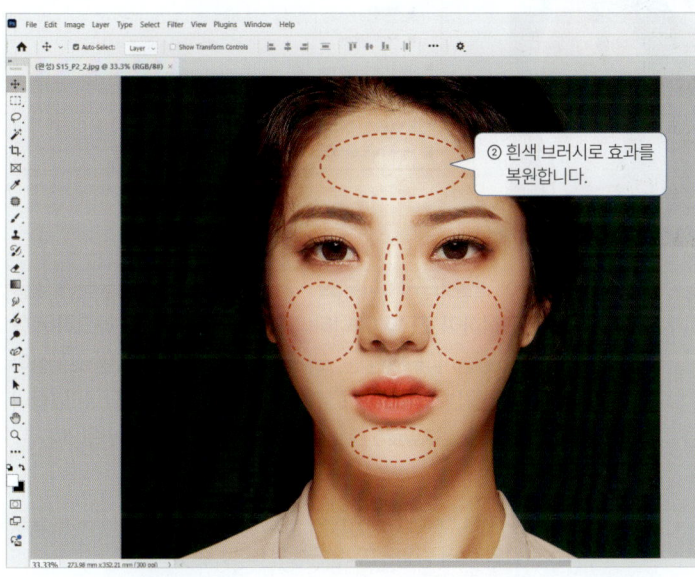
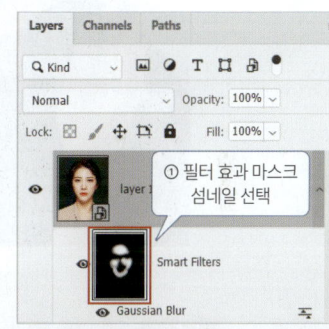
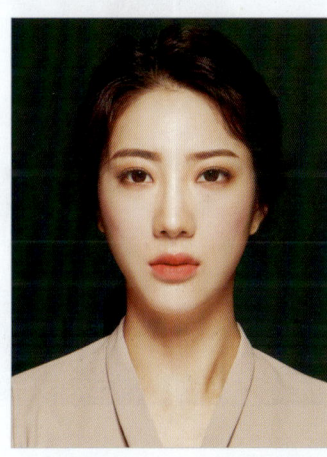

09 Shape

10 Clipping Mask & Layer Mask

11 Filter

12 Blending Mode

13 Image Adjustments

14 Adjustment Layer

15 Healing Brush / Liquify

16 Channel

Liquify

Liquify(픽셀 유동화) 기능은 픽셀을 유동적으로 움직여 형태를 변형시키는 필터로, 실무 작업 외에도 얼굴을 수정하거나 형태를 왜곡하는 등의 재미있는 작업을 할 수 있는 기능입니다. Liquify를 이용해 인물의 형태를 변형해 봅니다.

★ Liquify 픽셀 유동화 📁 S15_13~15.jpg

메뉴에서 [Filter] - [Liquify](픽셀 유동화)를 이용하면 형태를 변형하는 왜곡 작업을 할 수 있습니다.

S Liquify(픽셀 유동화) `Ctrl` + `Shift` + `X`

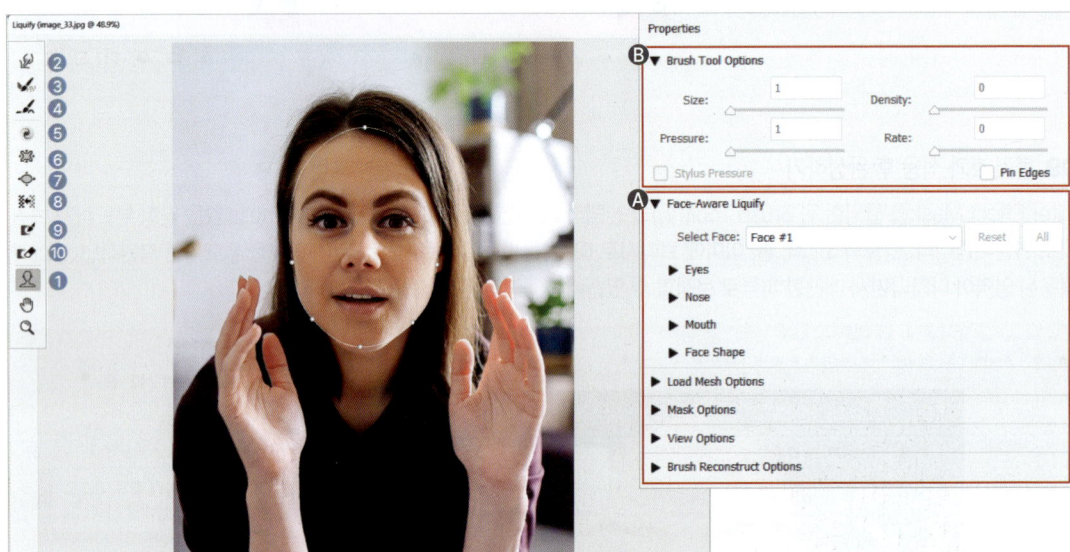

① 👤 **Face Tool(얼굴 도구)** : 마우스 커서를 얼굴 근처로 이동하면 얼굴을 자동으로 인식하여 조절점이 나타나고 조절점을 클릭-드래그하여 형태를 변형할 수 있습니다. 또한 눈, 코, 입으로 커서를 이동하면 조절점이 다시 나타나며 클릭 - 드래그하여 형태를 세부적으로 수정할 수 있습니다. 상세 설정은 Face-Aware Liquify 옵션에서 수정할 수 있습니다.

S **A**

Ⓐ **Face-Aware Liquify(얼굴 인식 픽셀 유동화)** : Select Face(얼굴 선택) 인물이 여러 명일 경우 얼굴을 선택할 수 있습니다.

   ⓐ **Eyes(눈)** : 눈 모양을 조절합니다.

   ⓑ **Nose(코)** : 코 모양을 조절합니다.

   ⓒ **Mouth(입)** : 입 모양을 조절합니다.

   ⓓ **Face Shape(얼굴 모양)** : 이마, 턱 높이, 턱선, 얼굴 너비를 조절합니다.

❷ 🖐 Foward Warp Tool(뒤틀기 도구) : 손가락으로 밀어내듯이 픽셀을 밀어낼 수 있는 도구입니다. 사람의 얼굴이나 체형을 수정할 때 편리하게 사용됩니다. Liquify는 마우스 커서로 이미지를 밀어내거나 문지르면서 변형시키는 도구로, 마우스 커서의 사용법은 브러시 사용법과 동일합니다. Ⓢ Ⓦ

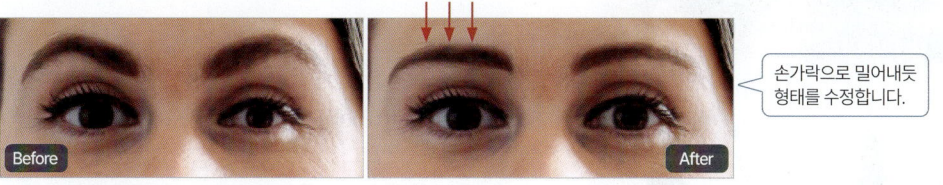

손가락으로 밀어내듯 형태를 수정합니다.

Ⓑ Brush Tool Options(브러시 도구 옵션)

ⓐ Size(크기) : 브러시의 크기를 조절합니다.
ⓑ Pressure(압력) : 효과의 압력을 조절합니다.
ⓒ Density(밀도) : 효과의 밀도를 조절합니다.
ⓓ Rate(속도) : 효과의 적용 속도를 조절합니다.

❸ ✅ Reconstruct Tool(재구성 도구) : Liquify(픽셀 유동화) 작업 시 작업 취소는 실행 취소 단축키([Ctrl]+[Z])보다 재구성 도구를 많이 사용합니다. 변형했던 위치를 다시 문질러 원본을 복원하는 방법으로 작업 후 일부분만 복원할 때 편리합니다. Ⓢ Ⓡ

❹ ✏ Smooth Tool(매끄럽게 도구) : 크기가 작은 브러시로 변형하면서 테두리가 울퉁불퉁해지는 경우에 Smooth Tool로 테두리를 문지르면 테두리가 매끈해집니다. Ⓢ Ⓔ

❺ 🌀 Twirl Clockwise Tool(시계 방향 돌리기 도구) : 머리카락에 웨이브를 적용할 때 편리합니다. 마우스 왼쪽 버튼을 클릭 – 유지하고 있으면 픽셀이 브러시 크기만큼 회전하고, [Alt] 키를 누르면 회전 방향이 반대로 적용됩니다. Ⓢ Ⓒ
Ⓣ 브러시 옵션을 변경하려면 Brush Tool Options에서 설정합니다.

❻ 🌸 Pucker Tool(오목 도구) : 오목하게 변형하며, 축소하고 싶은 부분이 있을 때 사용합니다. [Alt] 키를 누르면 반대 효과인 Bloat Tool이 적용됩니다. Ⓢ Ⓢ

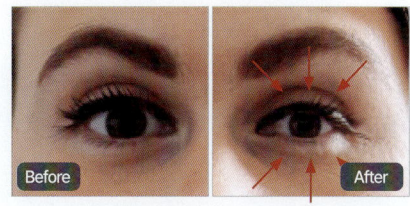

09 Shape

10 Clipping Mask & Layer Mask

11 Filter

12 Blending Mode

13 Image Adjustments

14 Adjustment Layer

15 Healing Brush / Liquify

16 Channel

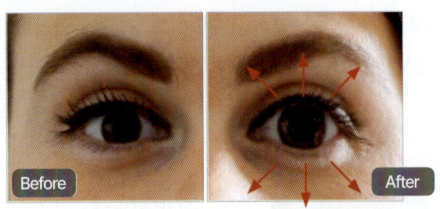

❼ 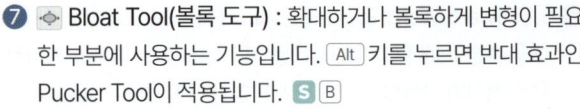 **Bloat Tool(볼록 도구)** : 확대하거나 볼록하게 변형이 필요한 부분에 사용하는 기능입니다. `Alt` 키를 누르면 반대 효과인 Pucker Tool이 적용됩니다. `S` `B`

❽ **Push Left Tool(왼쪽 밀기 도구)** : 이미지를 브러시로 밀어주며 왜곡시킵니다. 형태 변형이 심한 기능으로, Brush Tool Options에서 브러시 옵션인 Pressure(압력), Density(밀도), Rate(속도) 값을 낮게 설정하면 효과가 약해집니다. `S` `O`

채색하여 변형되지
않도록 보호합니다.

❾ **Freeze Mask Tool(마스크 고정 도구)** : 왜곡 기능을 사용할 때, 변형을 보호하는 곳에 사용합니다. 아이콘을 클릭하고 왜곡되지 않아야 하는 영역을 채색합니다. 마스크 채색 설정은 옵션에서 추가로 가능합니다. `S` `F`

❿ **Thaw Mask Tool(마스크 고정 해제 도구)** : 채색된 마스크를 지우는 지우개 도구입니다. `S` `D`

Free Transform으로 다리 늘리기 ■ S15_16.jpg

쉽고 빠른 방법으로 인체의 다리를 늘릴 수 있습니다.

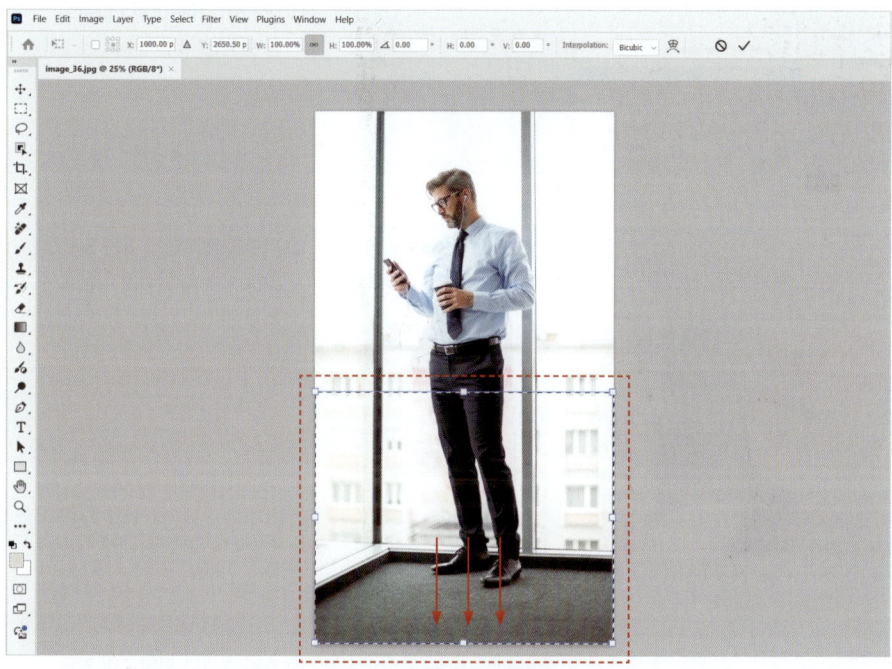

❶ Rectangular Marquee Tool(M)로 이미지의 하체를 영역으로 지정합니다.

❷ 영역이 활성화되었으면 Ctrl + T 로 Free Transform(자유 변형)을 활성화시킵니다.

❸ 변형 컨트롤이 활성화되었다면 컨트롤의 아래를 당겨 영역을(다리) 늘려줍니다. 다리만 늘어나지 않고 이미지 전체가 확대된다면 종횡비 설정이 활성화된 것이므로 Shift 를 누르고 변형합니다. 확인을 누르고 영역을 해제하여 마무리합니다.

09
Shape

10 Clipping Mask
& Layer Mask

11
Filter

12
Blending Mode

13
Image Adjustments

14
Adjustment Layer

15
Healing Brush / Liquify

16
Channel

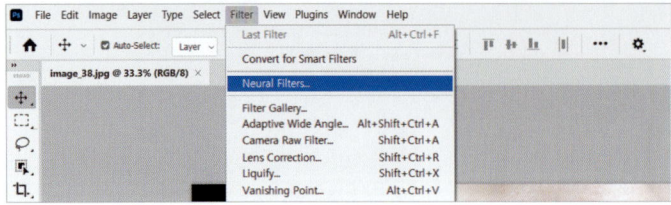

① [Filter] - [Neural Filters] 를 실행합니다.

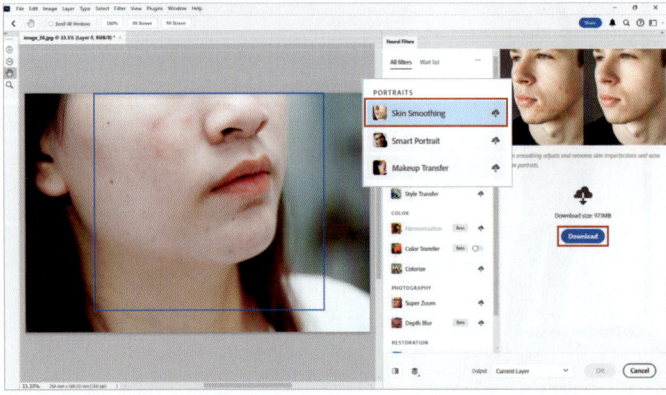

② 피부를 매끄럽게 하는 Skin Smoothing 필터를 다운로드합니다.

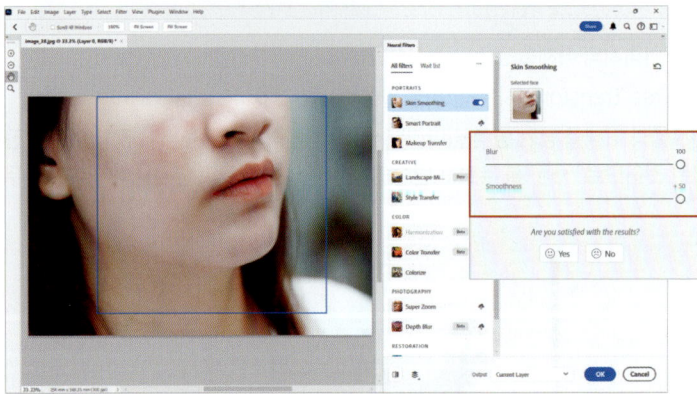

③ 흐림 효과와 평활도의 값을 올려 피부를 더욱 매끄럽게 수정합니다. 이목구비의 선명도를 유지한 채 피부만 수정됩니다.

④ 필터가 적용되지 않은 일부 피부에는 Patch Tool (패치 도구)과 Spot Healing Brush Tool(스팟 복구 브러시 도구)을 통해 피부 보정을 더욱 자연스럽게 만들 수 있습니다.

09
Shape

10
Clipping Mask
& Layer Mask

11
Filter

12
Blending Mode

13
Image Adjustments

14
Adjustment Layer

15
Healing Brush / Liquify

16
Channel

Practice 03 픽셀 유동화 필터 실습하기

Liquify

픽셀 유동화 필터를 사용하여 호박의 모양을 변형합니다.　　　　■ 예제 폴더 : S15-Practice3

01 새로운 작업 화면 만들기

메뉴에서 [File] - [New] 또는 Ctrl + N 키를 눌러 W 1500, H 1500Pixels, 해상도 72Pixels/Inch의 새로운 작업 화면을 만듭니다.

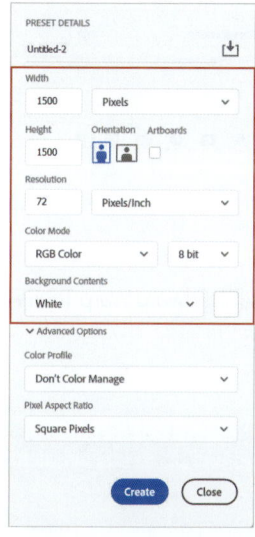

02 파일 열기와 영역 설정하기

'S15_P3_1.jpg' 파일을 [File] - [Open] 또는 Ctrl + O 키를 눌러 불러옵니다. Object Selection Tool(W) 또는 [Select] - [Subject]를 사용해 호박을 선택 영역으로 지정합니다.

03 스마트 오브젝트 적용하기

영역 지정된 이미지를 복사($\boxed{Ctrl}$+$\boxed{C}$)한 후, 새로운 작업 화면에 붙여넣기($\boxed{Ctrl}$+$\boxed{V}$)합니다. Free Transform($\boxed{Ctrl}$+$\boxed{T}$)을 실행하여 작업 화면에 맞게 크기를 조절합니다. 보정 효과를 자유롭게 조절할 수 있도록 [Convert to Smart Object]를 적용합니다.

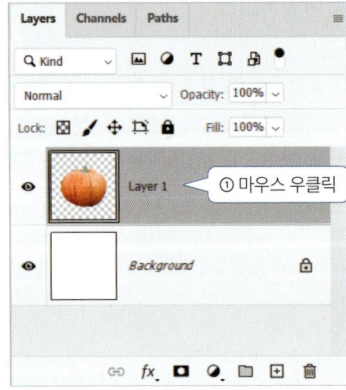

04 픽셀 유동화 실행하기

스마트 오브젝트가 된 호박 레이어를 선택하고, [Filter] - [Liquify]($\boxed{Ctrl}$+$\boxed{Shift}$+$\boxed{X}$)를 실행합니다. Foward Warp Tool(뒤틀기 도구)을 사용하여 호박의 형태를 변형합니다.

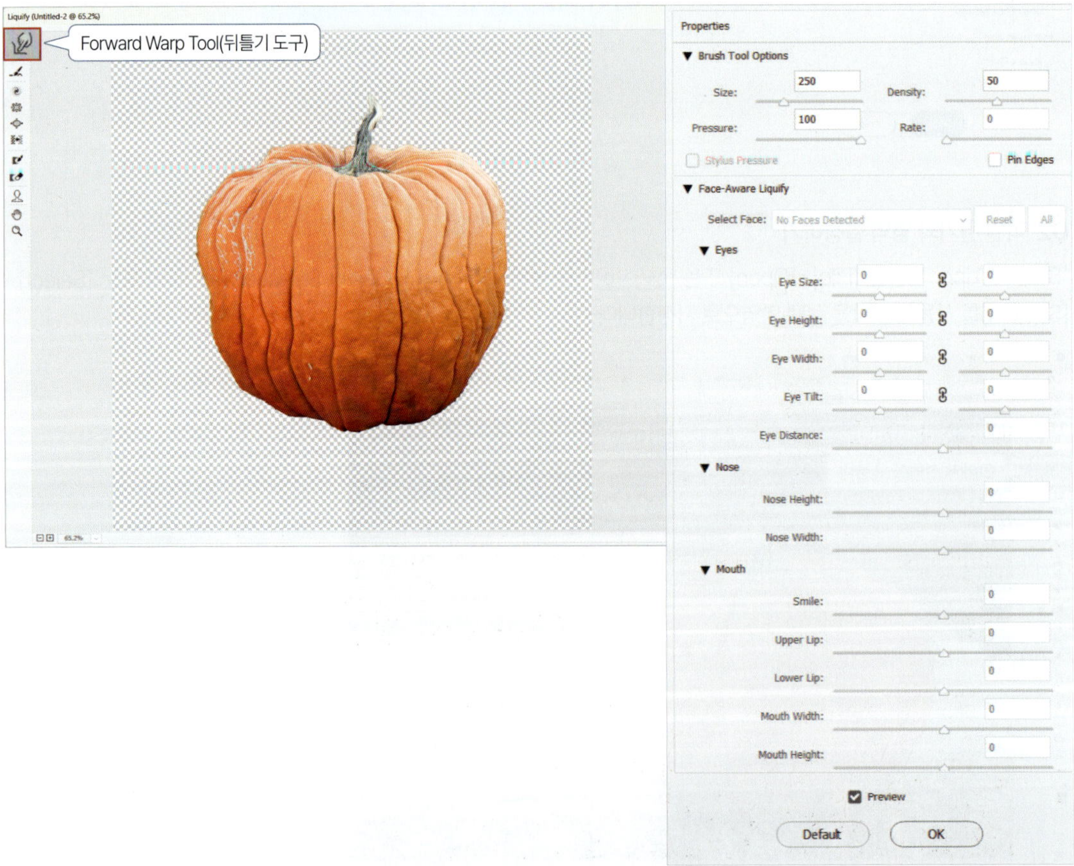

05 호박 얼굴 배치하기

'S15_P3_2.png' 파일을 [File] - [Open] 또는 Ctrl+O 키를 눌러 불러옵니다.

① Rectangular Marquee Tool(M)로 원하는 소스를 자유롭게 선택한 뒤, 복사(Ctrl+C)하여 작업 화면에 붙여넣기 (Ctrl+V)합니다. Free Transform(Ctrl+T)으로 크기를 조절해 호박 위에 배치합니다.

② 호박 레이어에 [레이어 마스크]를 적용합니다.

③ 얼굴 레이어의 섬네일을 Ctrl+클릭하여 선택 영역으로 지정하고, 눈 아이콘을 끕니다.

④ 호박 레이어 마스크에 검은색으로 채색해 얼굴의 눈, 코, 입이 뚫려 보이도록 만듭니다.

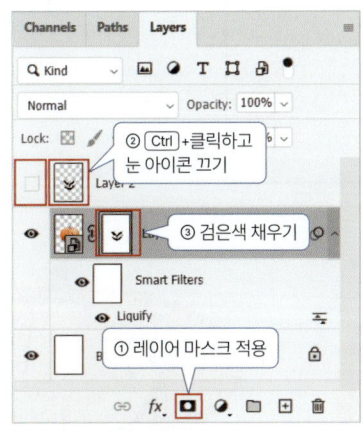

06 레이어에 색 채우기

① 얼굴 레이어를 복제(Ctrl+J)하고, 복제한 레이어를 아래로 내려 Background 위로 이동합니다.

② 하단 얼굴 레이어에 투명 픽셀을 제외하고 전경색 채우기 단축키(Alt+Shift+Delete)를 사용하여 색상(#fbff00)을 변경합니다.

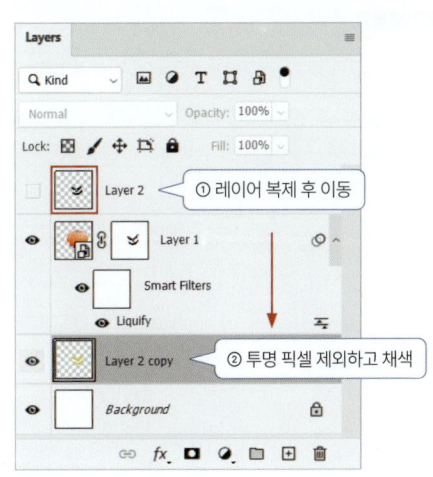

09 Shape

10 Clipping Mask & Layer Mask

11 Filter

12 Blending Mode

13 Image Adjustments

14 Adjustment Layer

15 Healing Brush / Liquify

16 Channel

07 호박 얼굴 완성하기

06 과정에서 만든 레이어 위에 새 레이어를 생성([Ctrl]+[Alt]+[Shift]+[N])합니다. Brush Tool([B])을 선택하고, Hardness 100%의 딱딱한 브러시로 설정한 뒤 원하는 색상(#602600)을 얼굴 가장자리에 직접 칠하여 호박 얼굴의 그림자를 표현합니다.

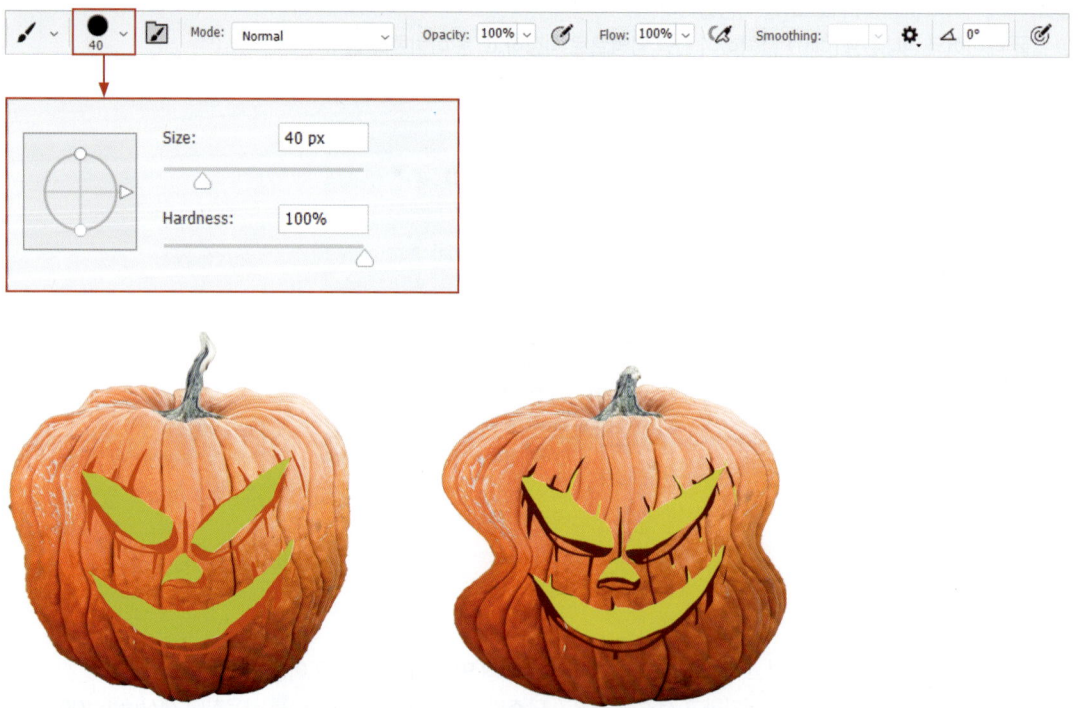

T 픽셀 유동화 필터 실습은 사용자가 자유롭게 호박 얼굴 형태를 변형하여 실습하므로 결과물이 교재와 다르게 나올 수 있습니다. 자유롭게 변형하여 다양한 형태를 만들어보세요.

Exercise

K-POP 포스터 제작하기	🖿 S15_Exercise 예제

Liquify, Adjustment Layers, Blending Mode 등 포토샵의 모든 기능이 활용되는 포스터를 제작합니다.

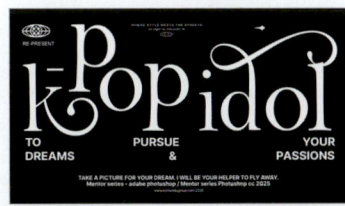

1. 이미지 배치
모든 소스 이미지를 작업 화면으로 이동하여 배치합니다.

2. 배경
Pen Tool과 Select & Mask 기능을 활용해 배경과 인물을 분리합니다.

3. 인물
인물사진은 Smart Object로 변환 후, Liquify를 이용하여 얼굴, 헤어, 신체 등을 보정합니다. Blur Tool, Stamp Tool, Healing Tool 등을 이용해 피부를 매끈하게 보정합니다. 인물의 노랗고 어두운 톤을 보정하기 위해 [Adjustment Layer] - [Selective Color]의 Yellows, Reds 수치를 조정하고, [Color Balance]를 이용해 푸른 톤으로 보정합니다. 조정 레이어의 Solid Color와 레이어 마스크를 이용해 은은하게 볼터치를 칠해줍니다.

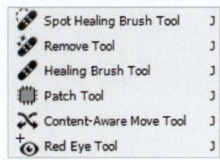

4. 전체 보정
인물의 이미지 빛 방향에 맞춰 Curves를 이용해 Highlight와 Shadow를 보정하고, 레이어 마스크를 통해 다듬어줍니다.

🇹 Adjustment Layer 기능은 하나의 레이어로 모든 보정을 하기보다 나눠서 기능을 넣으면 더욱 디테일하게 조정할 수 있습니다. 빛 소스 이미지의 속성을 이해하여 블렌딩 모드를 변경하여 배치합니다. 레이어 마스크로 정돈하여 작업을 완료합니다. 붉은빛이 은은하게 도는 색감을 위해 Color Lookup을 넣고 Opacity로 조절합니다(Color Lookup : Soft_Warming.look 57%).

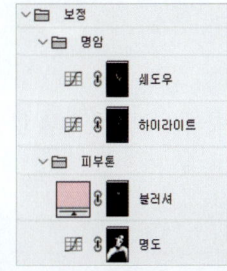

Channel

채널

MISSION

채널은 이미지의 색상 정보를 저장하고 있는 데이터입니다. 이 섹션에서는 RGB 채널과 같은 기본 채널의 개념을 배우고, 채널을 활용하여 색상 분리, 선택 영역 만들기 등 다양한 고급 편집 기법을 익힙니다.

KEYWORD

#채널 분리 #색상 정보 #고급 편집

Channels

채널은 이미지의 색상 정보를 저장하는 중요한 구성 요소로, 각 색상의 밝기와 대비를 제어합니다. 이 섹션에서는 채널의 기본 속성을 학습하고, RGB와 같은 주요 채널을 활용하여 이미지의 색상 정보를 분석하고 수정하는 방법을 익힙니다.

색상 모드별 채널 ■ S16_1~3.jpg

RGB 색상 모드를 바탕으로 한 채널은 Red, Green, Blue 세 가지 채널로 나누어지고, 각 채널을 통해 사진의 색상을 변경하거나 질감을 추출할 수 있습니다(색상 채널은 이미지의 색상 모드에 따라 달라집니다).

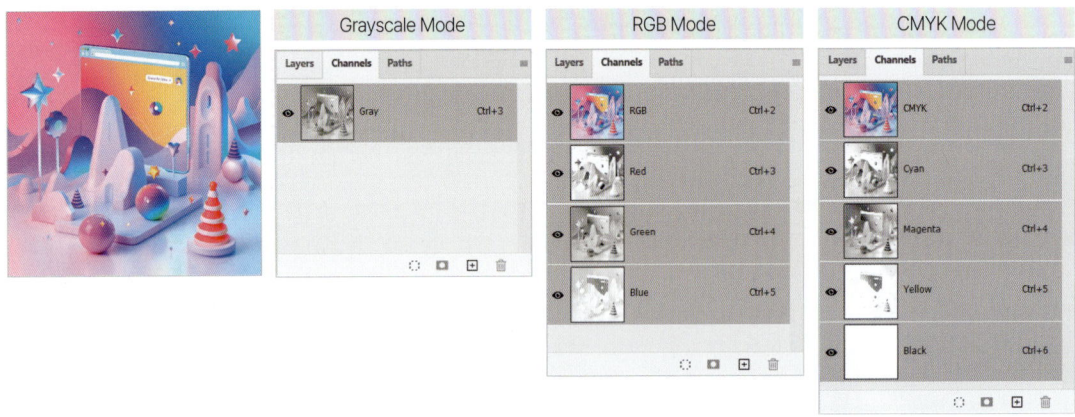

채널은 명도 단계를 인식합니다. 흰색은 100% 영역으로 인식하여 배경과 분리할 수 있고, 검은색은 영역으로 인식되지 않습니다. 메뉴에서 [Window] - [Channels]을 클릭하면 Channels(채널) 패널을 표시할 수 있고, 채널 패널은 레이어 패널과 함께 사용됩니다.

Red 채널에서는 Red 계열의 색상이 White에 가깝게 보여집니다.

각 채널에서 색상은 흑백으로 보이며, 해당하는 채널의 색상은 흰색에 가깝게 표현됩니다. 채널은 색상이 아닌 명도 단계를 인식합니다. 검은색은 인식되지 않고 흰색에 가까워질수록 영역을 많이 포함하게 됩니다.

Black 100% - 영역 0%

Black 70% - 영역 30%

Black 50% - 영역 50%

Black 30% - 영역 70%

Black 10% - 영역 90%

Black 0% - 영역 100%

Select & Mask와 Channel의 차이점

Select & Mask는 동물의 털, 머리카락 같은 이미지의 가장자리를 배경에서 자연스럽게 분리하는 기능입니다. 반면에 채널은 Select & Mask에서 이미지 가장자리를 부드럽게 하는 기능의 한계를 뛰어넘어 이미지의 가장자리뿐 아니라, 이미지의 내부도 배경과 분리할 수 있습니다.

Select & Mask로 배경 제거

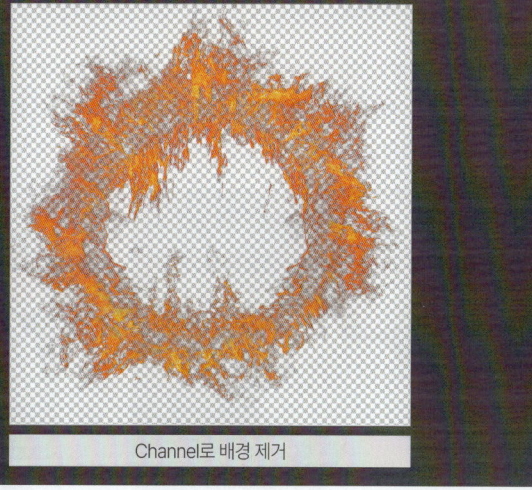

Channel로 배경 제거

09 Shape

10 Clipping Mask & Layer Mask

11 Filter

12 Blending Mode

13 Image Adjustments

14 Adjustment Layer

15 Healing Brush / Liquify

16 Channel

Channels Panels 채널 패널　■ S16_4.jpg

메뉴에서 [Window] - [Channels]을 클릭하면 채널 패널을 열 수 있습니다. Channels(채널) 패널에는 이미지 모드에 따라
색상별로 분리된 채널이 나타나며, 섬네일은 흑백으로만 표시됩니다.

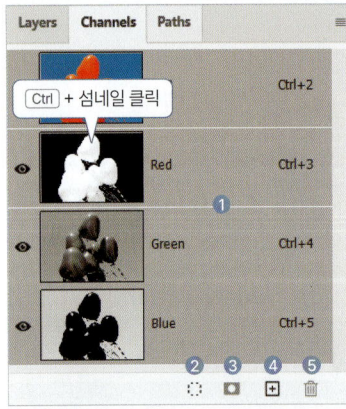

1 선택하고자 하는 채널을 클릭하면 작업 화면에서 각 채널을 볼 수 있습니다.

2 Load Channel as Selection(채널을 선택 영역으로 불러오기) : 영역을 설정합니다. 선택한 채널의 흰색 범위가 영역으로 설정되고, Ctrl 키를 누르고 채널을 클릭해도 영역이 설정됩니다.

3 Save Selection as Channel(선택 영역을 채널로 저장) : 영역을 채널로 저장합니다. 영역이 활성화되어야 아이콘도 활성화됩니다.

4 Create New Channel(새 채널 만들기) : 새로운 채널을 생성합니다.

5 Delete Current Channels(현재 채널 삭제) : 채널을 삭제합니다.

Alpha Channel 알파 채널

채널 패널에는 색상 정보를 나타내는 채널 외에 알파 채널(새로운 채널)을 추가할 수 있습니다. 알파 채널은 색상 범위를 저장할 수는 있지만 색상을 적용할 수 없고, 흑백 음영 모드만 지원합니다. 선택 영역을 알파 채널에 저장하면 영구적으로 보관할 수 있어 필요할 때 불러 와 저장한 선택 영역을 사용할 수 있습니다.

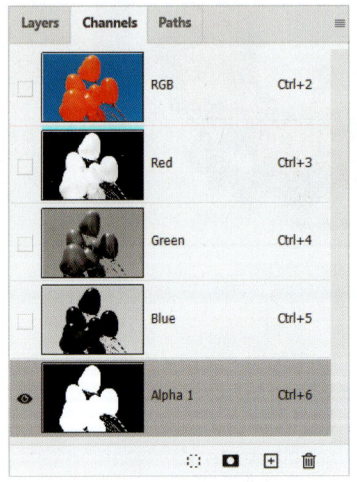

T 이미지를 피사체 선택(Select Subject)이나 패스 도구(Path Tool) 등을 이용해 영역으로 지정한 뒤, [Select] - [Save Selection]을 클릭하면 선택 영역을 저장할 수 있습니다. 이 기능은 채널 패널에서 Save Selection as Channel 아이콘(■)을 클릭하여 영역을 채널로 저장하는 것과 동일합니다.

09
Shape

10 Clipping Mask
& Layer Mask

11
Filter

12
Blending Mode

13
Image Adjustments

14
Adjustment Layer

15
Healing Brush / Liquify

16
Channel

THEORY 02 채널의 활용

Utilizing Channels

채널을 활용하면 배경과 대상을 효과적으로 분리할 수 있습니다. 채널을 사용하여 색상 정보를 기반으로 배경과 대상을 분리하고, 선택 영역을 정밀하게 만드는 방법을 활용하여 편집의 정확성을 높이는 방법을 학습하겠습니다.

Remove Background 이미지에서 대상 분리(단순한 대상) ■ S16_5.jpg

 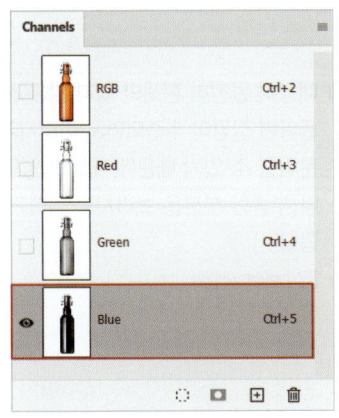

❶ 각 채널 중 가장 명도 대비가 높은 Blue 채널을 선택합니다(대비값이 높으면 배경과 대상을 쉽게 분리할 수 있습니다).

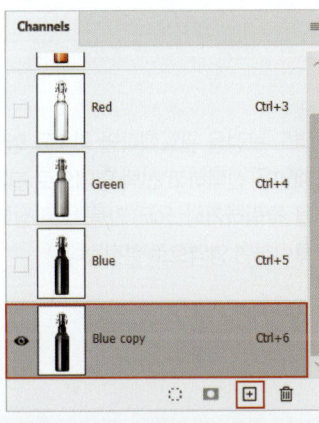

❷ Blue 채널을 선택하고 마우스 우클릭하여 Duplicate Channel(채널 복제)을 선택하거나, 새 채널 아이콘(⊞) 위로 드래그한 후 마우스에서 손을 떼면 복사됩니다.

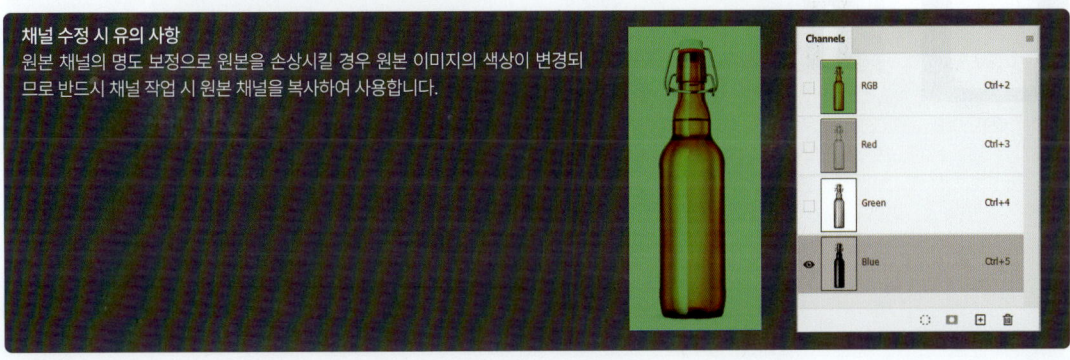

채널 수정 시 유의 사항
원본 채널의 명도 보정으로 원본을 손상시킬 경우 원본 이미지의 색상이 변경되므로 반드시 채널 작업 시 원본 채널을 복사하여 사용합니다.

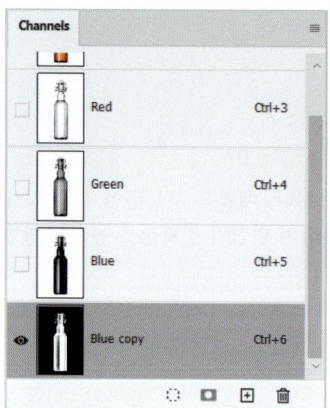

❸ 검은색은 채널에서 영역으로 인식하지 않기 때문에 배경과 이미지를 분리하려면 배경이 검은색이어야 합니다. 맥주병의 배경은 흰색이고, 대상이 검은색이므로 채널을 선택하고 색상을 반전합니다.

🅢 Invert(반전) [Ctrl] + [I]

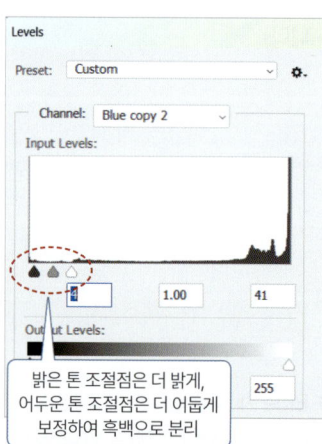

밝은 톤 조절점은 더 밝게,
어두운 톤 조절점은 더 어둡게
보정하여 흑백으로 분리

❹ 대상이 완전히 흰색이 되지 않은 상태에서 영역을 추출하면 질감이 추출되면서 이미지가 반투명한 상태로 분리될 수 있기 때문에 채널의 명도 대비를 조절합니다(부족한 부분은 브러시로 칠하거나, 레벨을 재적용합니다).

🅢 Levels(레벨) [Ctrl] + [L]

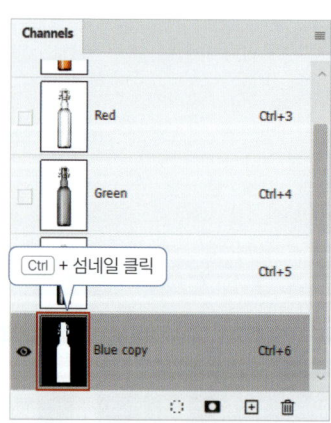

Ctrl + 섬네일 클릭

❺ 명도 보정을 완료했다면 흰색을 영역으로 설정합니다. 채널을 선택하고 선택 영역으로 불러오기 아이콘(⬚)을 클릭하거나, [Ctrl] 키를 누른 상태에서 해당 채널을 클릭하면 영역으로 설정됩니다.

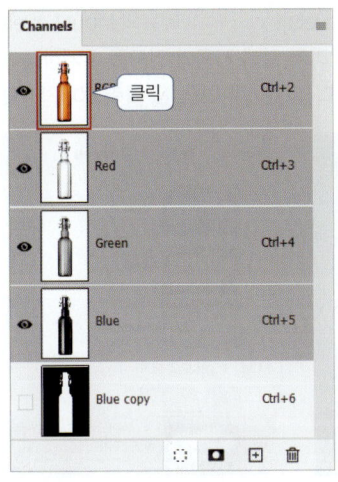

⑥ 채널에서 이미지가 영역으로 설정되면 점선으로 표시
됩니다. 영역이 활성화된 것을 확인한 뒤 RGB 원본 채
널을 클릭하여 원본으로 돌아옵니다.

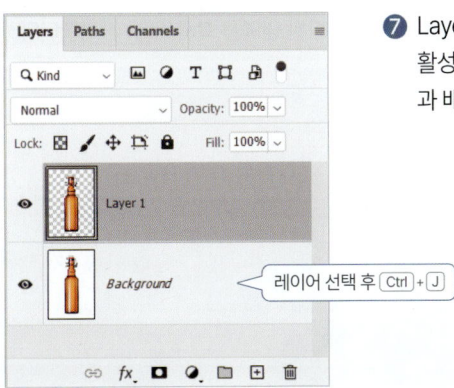

⑦ Layers(레이어) 패널로 돌아옵니다. 원본 레이어에서
활성화된 영역을 Ctrl + J 를 눌러 복사합니다. 맥주병
과 배경이 분리된 것을 확인할 수 있습니다.

Remove Background   이미지에서 대상 분리(질감이 있는 대상)   📁 S16_6.jpg

❶ 채널 패널을 선택한 후 채널 중 가장 명도 대비가 높은 채널을 선택하여 원본 채널을 복사하거나 영역으로 선택합니다.

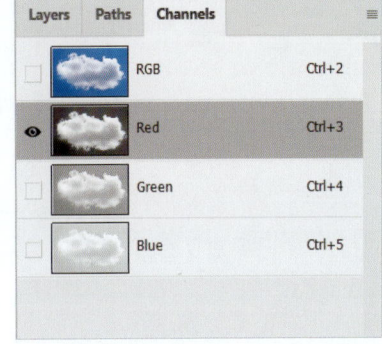

🇹 대상의 질감에 따라 의도적으로 질감을 나타내기 위해 대비가 심하지 않은 채널을 고르기도 합니다. 해당 이미지에는 대
비가 강한 Red Channel을 고르고, 복제하여 사용하였습니다.

09 Shape

10 Clipping Mask & Layer Mask

11 Filter

12 Blending Mode

13 Image Adjustments

14 Adjustment Layer

15 Healing Brush / Liquify

16 Channel

❷ 배경을 어둡게 조절하기 위해 [Image] - [Adjustments] - [Levels]($Ctrl$+L) 메뉴의 Input Levels를 조정해 배경을 검은색으로 보정합니다. 구름의 색인 흰색은 구름의 질감을 살리기 위해 지금의 명도를 유지하겠습니다. 복제한 채널에 $Ctrl$ 키를 누른 상태에서 섬네일을 클릭하여 영역을 설정합니다. RGB 원본 채널을 클릭하여 원본으로 돌아옵니다.

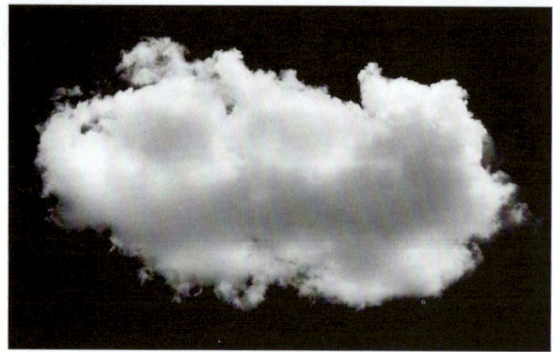 

❸ Layers(레이어) 패널로 돌아와 원본 레이어를 선택하고 활성화된 영역을 복사($Ctrl$+J)합니다. 구름의 질감이 살아있는 상태로 배경과 분리된 것을 확인할 수 있습니다.

질감 깔끔하게 만들기
구름, 연기 같은 고유의 색이 단색인 질감은 원본 이미지에서 복제하지 않고, 새로운 레이어를 만들고 색을 채우면 훨씬 깔끔한 질감을 사용할 수 있습니다.

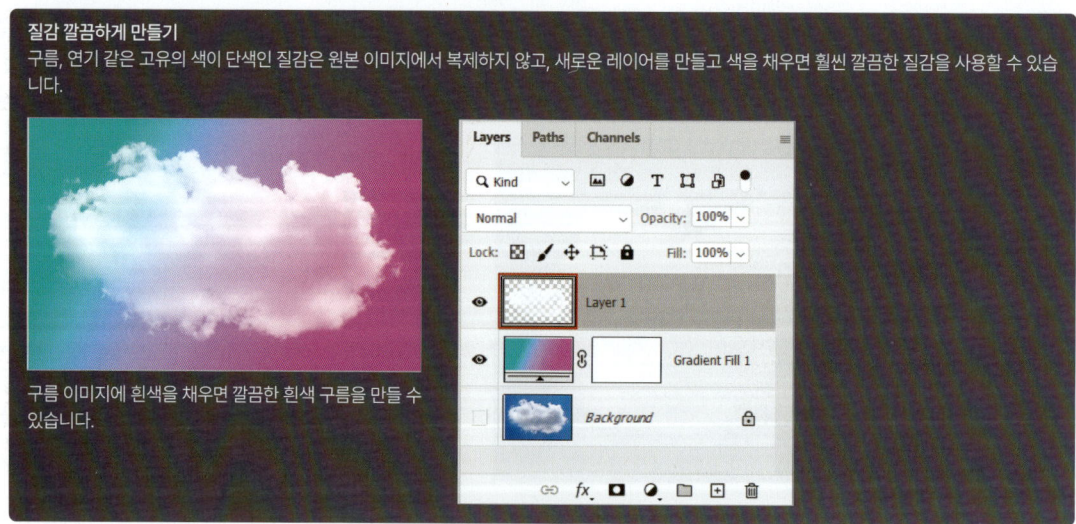

구름 이미지에 흰색을 채우면 깔끔한 흰색 구름을 만들 수 있습니다.

Remove Background 이미지에서 대상 분리(도구 추가 사용) 📁 S16_7.jpg

채널에 브러시로 직접 채색을 하거나 영역을 활용해 색을 채우는 방법으로, 배경과 이미지를 분리할 수 있습니다.

❶ 각 채널 중 가장 명도 대비가 높은 이미지를 선택하여 원본 채널을 복사합니다. 대비값이 높으면 배경과 대상의 분리 작업을 쉽게 할 수 있습니다(해당 이미지에는 Green Channel을 고르고, 복제하여 사용하였습니다).

❷ 검은색은 채널에서 영역으로 인식하지 않기 때문에 배경과 이미지를 분리하려면 배경이 검은색이어야 합니다. 인물의 배경이 흰색이고, 머리카락이 검은색이므로 색상을 반전합니다. **S** Invert(반전) `Ctrl` + `I`

09
Shape

10 Clipping Mask
& Layer Mask

11
Filter

12
Blending Mode

13
Image Adjustments

14
Adjustment Layer

15
Healing Brush / Liquify

16
Channel

❸ 대상이 완전히 흰색이 되지 않은 상태에서 영역을 추출하면 질감이 추출되면서 이미지가 반투명한 상태로 분리될 수 있기 때문에 채널의 명도 대비를 조절합니다.

Ⓢ Levels(레벨) Ctrl + L

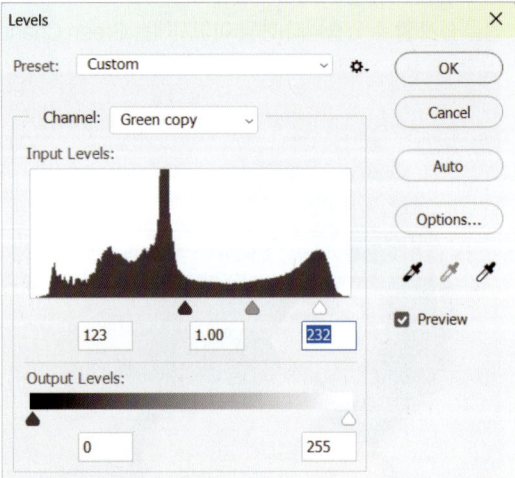

❹ 복제한 채널에 Ctrl 키를 누른 상태에서 섬네일을 클릭하여 영역을 설정합니다. RGB 원본 채널을 클릭하여 원본으로 돌아옵니다. 인물의 몸 부분은 선택 영역 도구로 영역을 추가합니다.

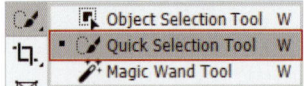

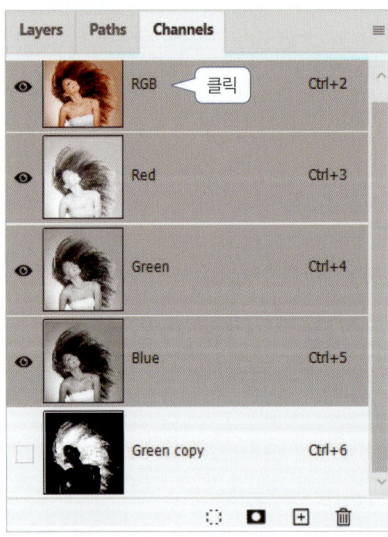

❺ 작업 중이던 복사 채널을 선택하고 영역을 흰색으로 채색합니다. 영역을 해제한 후 부족한 부분은 흰색 브러시로 직접 칠해줍니다. 검은색과 흰색이 잘 나뉘어졌다면, Ctrl 키를 누른 상태에서 섬네일을 클릭하여 영역을 설정합니다.

❻ 영역이 활성화된 것을 확인한 후 RGB 원본 채널을 클릭하여 원본으로 돌아옵니다. Layers(레이어) 패널에서 원본 레이어를 선택하고 활성화된 영역을 복사(Ctrl + J)한 후 작업을 마무리합니다.

🅣 채널로 질감이나 이미지를 추출하는 경우 다양한 변수들이 있기 때문에 사진에 따라 채널을 선택하는 방법이 조금씩 다를 수 있습니다. 채널의 원리만 이해한다면 모든 사진에서 원하는 대상을 추출하는 작업을 쉽게 할 수 있습니다.

09
Shape

10 Clipping Mask
& Layer Mask

11
Filter

12
Blending Mode

13
Image Adjustments

14
Adjustment Layer

15
Healing Brush / Liquify

16
Channel

Channels

채널 패널을 활용해 배경 이미지를 제거하여 질감이 있는 대상을 분리합니다. 이렇게 분리된 이미지는 디자인
작업의 소스가 됩니다. 　　　　　　　　　　　　　　　　　　　　　　📁 예제 폴더 : S16-Practice1

01 파일 열기

'S16_P1_1.jpg' 파일을 불러온 후(Ctrl + O), 채널 패널을 확인합니다. 채널 패널이 보이지 않으면 [Window] - [Channels]
에서 열 수 있습니다.

02 채널 복제하기

채널 패널에서 가장 대비가 뚜렷한 Blue 채널을 고릅니다. Blue 채널을 새 채널 아이콘(⊞)으로 드래그하여 복제합니다.

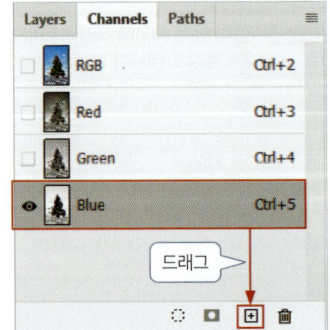

03 대비 보정하기

복제된 Blue 채널에 Levels를 적용하여 대비값을 조정합니다. [Image] - [Adjustments] - [Levels] 또는 Ctrl + L 을 선택하고 레벨의 Input을 조절합니다.

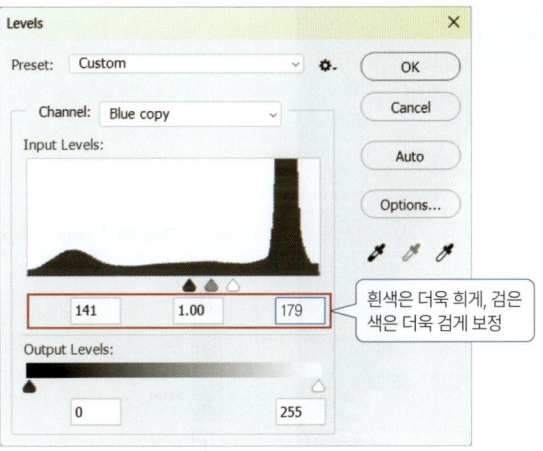

흰색은 더욱 희게, 검은색은 더욱 검게 보정

04 브러시 채색하기

브러시 도구(B)를 선택합니다. 브러시는 Hardness 100%로 딱딱한 브러시로 설정하고, 복제된 Blue 채널에 검은색과 흰색을 칠합니다.

배경은 흰색으로 채색

내부는 검은색으로 채색

T 나무 안으로 보이는 흰색은 나무 위에 앉은 새입니다. 모든 구멍을 다 메꾼다는 느낌보다는 새를 가린다는 느낌으로 채색하세요.

09 Shape

10 Clipping Mask & Layer Mask

11 Filter

12 Blending Mode

13 Image Adjustments

14 Adjustment Layer

15 Healing Brush / Liquify

16 Channel

05 반전하기

채널의 색상을 반전(Ctrl + I)합니다. 흰색은 검은색으로, 검은색은 흰색으로 반전됩니다. 채널에서는 흰색이 영역으로 선택되는 색상입니다.

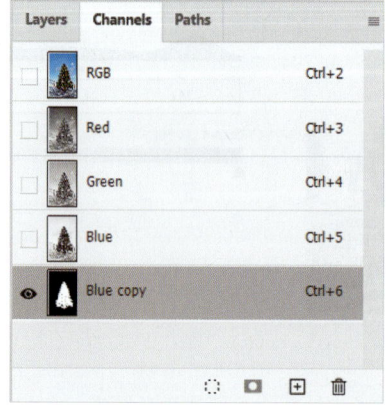

06 영역 불러오기

보정이 모두 완료되었으면,
① RGB 채널을 선택하여 원본을 확인합니다.
② 복제한 Blue 채널의 섬네일을 Ctrl + 클릭하여 영역으로 설정합니다.
③ Layers(레이어) 패널로 돌아와 원본 레이어를 선택하고 활성화된 영역을 복사(Ctrl + J)합니다.

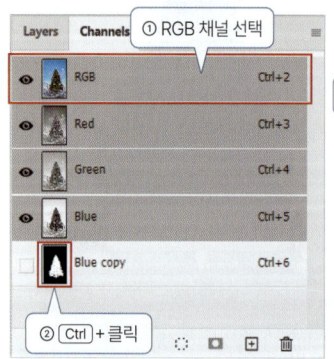

07 완성하기

크리스마스트리가 배경과 완전히 분리된 것을 확인하면, 새로운 작업 화면을 만들고 자유롭게 아트웍을 제작하여 실습을
완성합니다. 배경이 깔끔하게 제거된 이미지는 다양한 디자인 소스로 사용됩니다.

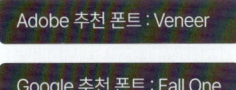

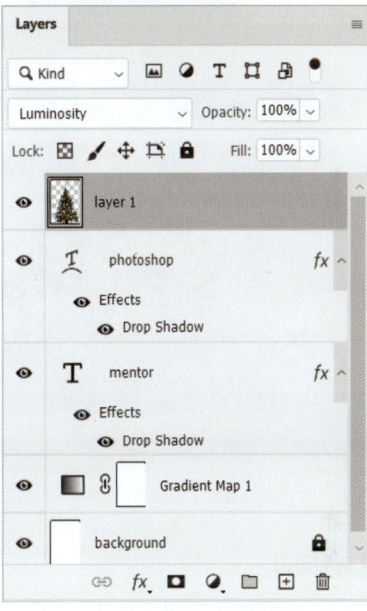

09
Shape

10 Clipping Mask
& Layer Mask

11
Filter

12
Blending Mode

13
Image Adjustments

14
Adjustment Layer

15
Healing Brush / Liquify

16
Channel

Channels

2개 이상의 채널을 활용해 배경 이미지를 제거하고 대상을 분리하는 실습입니다. 이렇게 분리된 이미지는 디자인 작업의 소스로 활용되기도 합니다.

■ 예제 폴더 : S16-Practice2

01 파일 열기

'S16_P2_1.jpg' 파일을 열고(Ctrl+O) 채널 패널을 확인합니다.

02 채널 복제하기

채널 패널에서 가장 대비가 뚜렷한 채널을 고릅니다. 줄기 이미지는 Blue 채널이 가장 대비가 뚜렷하고, 꽃 이미지는 Red 채널이 가장 뚜렷합니다. 두 채널을 각각 새 채널 아이콘(⊞)으로 드래그하여 채널을 복제합니다.

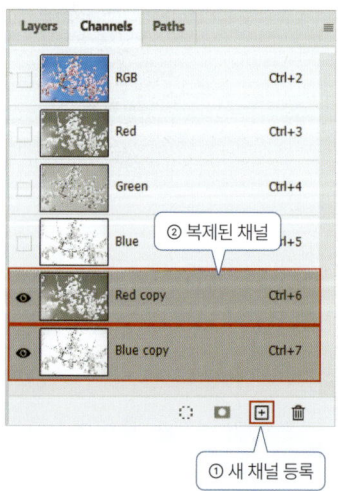

03 대비 보정하기

복제된 두 개의 채널에 Levels(Ctrl + L)를 적용하여 대비값을 조정합니다. [Image] - [Adjustments] - [Levels]를 선택하고, 레벨의 Input을 조절하여 흰색은 더욱 희게, 검은색은 더욱 검게 보정합니다.

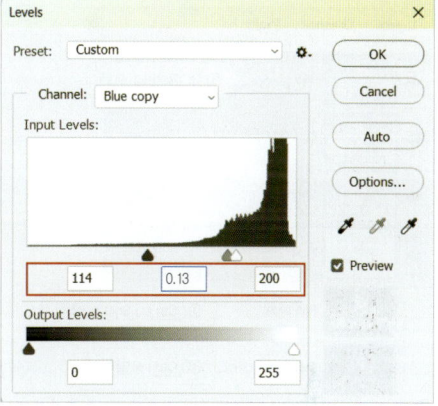

04 반전하기

Blue 채널의 색상을 반전(Ctrl + I)합니다. 흰색은 검은색으로, 검은색은 흰색으로 반전됩니다. 채널에서는 흰색이 영역으로 선택되는 색상입니다. Red 채널은 이미 배경이 검은색이므로 반전하지 않아도 됩니다.

09
Shape

10 Clipping Mask
& Layer Mask

11
Filter

12
Blending Mode

13
Image Adjustments

14
Adjustment Layer

15
Healing Brush / Liquify

16
Channel

05 영역 불러오기

보정이 모두 완료되었으면,

① RGB 채널을 선택하여 원본을 확인합니다.

② 복제한 Blue 채널의 섬네일을 Ctrl + 클릭하여 영역으로 설정하고, Red 채널의 섬네일을 Ctrl + Shift + 클릭하여 영역을 추가로 불러오기 합니다.

③ Layers(레이어) 패널로 돌아와 원본 레이어를 선택하고 활성화된 영역을 복사(Ctrl + J)합니다.

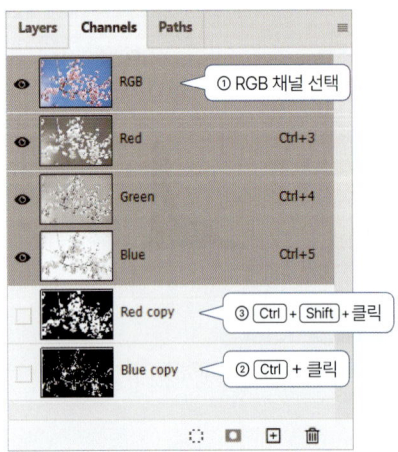

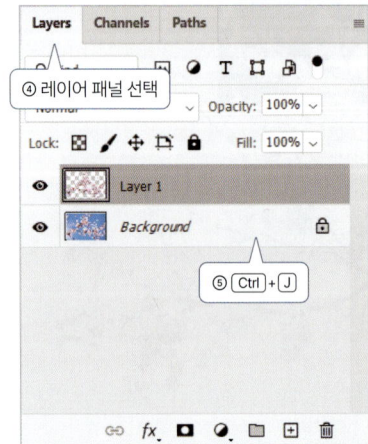

06 완성하기

① 'S16_소스1.jpg' 파일을 열고, Rectangle Tool로 프레임을 만듭니다. Properties 패널에서 모퉁이 반경을 수정합니다.

② 메인 문자는 패스를 그리고, 문자 도구로 클릭하여 패스 위로 문자를 입력합니다. 서체는 자유롭게 지정합니다(본 실습에서는 fonts.google.com에서 Dorsa 폰트로 작업했습니다). 포스터 하단의 기본 정보 샘플 텍스트는 Serif(명조) 기본 서체 또는 자유롭게 다운로드 받아 사용합니다.

③ 작업한 벚꽃 나무 이미지 소스와 제공되는 다양한 소스들을 배치하여 포스터를 완성합니다.

Exercise

게임 포스터 제작하기	📁 S16_Exercise 예제

채널을 이용해 이미지를 분리하여 판타지 느낌의 게임 포스터를 제작합니다.

  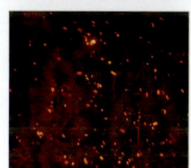

1. 이미지 배치

모든 소스 이미지를 작업 화면으로 이동하여 배치합니다. 인물 사진을 Pen Tool 로 이미지의 가장자리를 따라 패스를 그립니다. 이때 이미지 외곽선의 1px 안쪽 으로 그려, 배경 색상이 남지 않도록 합니다. Ctrl + Enter 키를 눌러 빠르게 영 역으로 전환하고, 복사하여 작업 화면에 붙여넣기합니다. 번개, 불꽃, 연기1, 2의 이미지를 채널 패널에서 [Image] - [Adjustments] - [Levels]를 이용하여 분리 한 뒤 배치합니다. 왕관 이미지를 Select & Mask 기능을 활용해 배경과 분리하 고 인물의 머리 쪽에 배치합니다.

2. 1차 보정

타이틀 레이어 아래로 [Adjustment Layer] - [Vibrance]를 적용합니다. 생동감을 조절하면 이미지 고유 색상은 유지하되 채도를 낮출 수 있습니다.

3. 타이틀 레이어 스타일

① 타이틀 레이어에 Outer Glow, Drop Shadow, Inner Shadow를 적용합니다. 불꽃의 빛이 반 사되는 개념이므로 붉은 색상 계열을 사용하도록 합니다.

② 불꽃2, 3의 이미지를 채널 패널에서 배경과 분리하고, 작업 화면으로 이동하여 배치합니다.

③ 문자에 불꽃3 이미지를 복제하고 클리핑 마스크를 적용하여 문자에도 불꽃 이미지가 비칠 수 있게 합니다. 이때, 레이어 마스크를 적용하여 전체를 감추기 한 후, 흰색 브러시로 복원하면서 불꽃이 문자 위를 지나가는 느낌으로 연출해 주면 자연스럽습니다.

채널 레이어를 복사하고 작업합니다.

4. 최종 전체 보정

① 레이어 패널의 최상단에 [Adjustment Layer] - [Gradient Map]을 적용합니다. Blue 컬러가 섞인 어두운색과 흰색 그레이디언트를 적용한 뒤, Soft Light 합성을 적용하여 전체 톤을 정리합니다.

② 레이어를 전체 병합 복제합니다.

③ [Filter] - [Other] - [High Pass]에서 밝은 영역이 적당히 비칠 수 있게 옵션을 조절하고 완료합니다. 중간 합성인 Soft Light를 적용 하면 회색이 없어지고, 효과만 남게 됩니다. 이미지의 가장자리가 선명해진 것을 확인하고, 더 이상 보정할 부분이 없는지 전체적으로 확인한 후 작업을 완료합니다.

DATE
TITLE

DATE　　　　.　　　　.
TITLE

DATE   .   .
TITLE

DATE　　　　.　　　.
TITLE

멘토시리즈
PHOTOSHOP with AI

멘토시리즈 포토샵 with AI

발 행 일	2026년 1월 16일
발 행 처	코리아교육그룹 교육연구소
발 행 인	김영우
주 소	서울특별시 강남구 강남대로 286 3, 4층
전 화	02-525-5237
홈 페 이 지	http://www.koreaedugroup.com
이 메 일	kegbook@koreaedugroup.com

이 책에 대한 의견이나 오탈자 및 잘못된 내용에 대한 수정 정보는 이메일로 알려주십시오.
Copyright ⓒ 2026 ㈜코리이교육그룹

이 책의 저작권은 ㈜코리아교육그룹에 있습니다.
저작권법에 의해 보호를 받는 저작물이므로 무단 복제 및 무단 전재를 금합니다.

MENTOR
PHOTOSHOP with AI

CONTENTS

l Adobe Creative Cloud 체험판 다운로드 및 설치 방법 알아보기

Photoshop AI 신기능

I Adobe Creative Cloud 체험판 다운로드 및 설치 방법 알아보기

어도비는 Adobe Creative Cloud라는 서비스를 통해 다양한 프로그램을 제공합니다. 사용자는 Creative Cloud Desktop을 설치한 후 사진, 그래픽 디자인, 영상 편집, UX 디자인, 드로잉 및 페인팅을 위한 20가지 이상의 프로그램 중 원하는 플랜을 선택하여 다운로드하고 사용할 수 있습니다.

모든 프로그램은 온라인 환경에서 실행해야 하며, 플랜을 선택하여 유료로 결제한 뒤 사용할 수 있습니다. (2025년부터 7일간 무료 사용할 수 있었던 '무료 체험판' 서비스는 종료되고, 대신 14일 이내 무료 취소 서비스가 도입되었습니다.)

1 'Photoshop' 다운로드 및 설치하기

❶ Adobe 웹사이트(https://www.adobe.com/kr/)에 접속 및 로그인합니다.

❷ 좌측 상단 메뉴의 '크리에이티비티 및 디자인' 중 주요 제품 'Photoshop'을 클릭합니다.

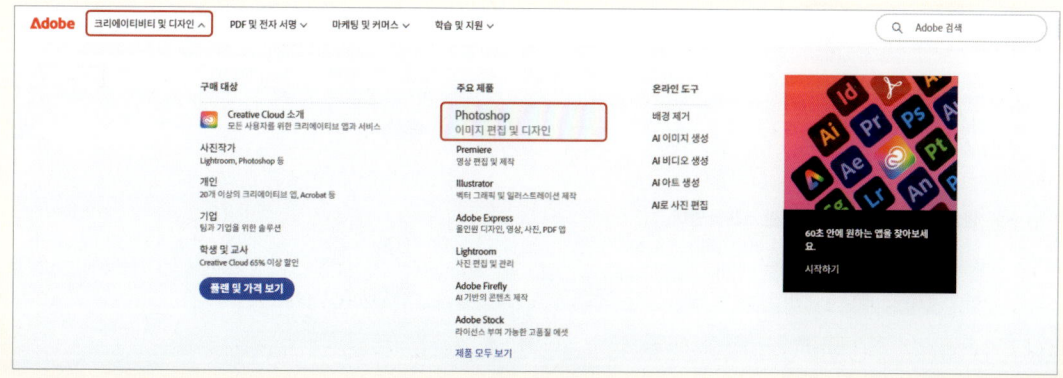

❸ [구매하기]를 누르면 원하는 플랜을 선택할 수 있습니다. [개인], [기업], [학생 및 교사] 등의 유형에 따라 가격과 활용 방법이 달라집니다.

TIP. 결제 정보를 입력하면 결제가 이루어집니다. 결제일로부터 14일 이내에 결제를 취소하면 별도의 비용이 청구되지 않습니다.

❹ 'Photoshop'의 [구매하기] 버튼을 누르면 Creative Cloud Desktop의 설치가 진행됩니다.

❺ Creative Cloud Desktop 설치가 완료되었다면 계정 아이콘을 클릭한 후 환경설정을 선택합니다. 환경설정 팝업창에서 '언어'를 선택한 후, 설치 언어를 'English(International)'로 설정하고 완료합니다.

> **TIP.** 잠깐! 프로그램 설치 전, 영문 언어로 설정하세요.
> 포토샵은 기본 설치 언어를 먼저 설정하지 않으면 기본값인 한글로 설치되어 이후 언어를 변경하려면 프로그램 삭제 후 재설치해야 하는 번거로움이 있습니다. 따라서 이러한 번거로움을 피하기 위해 설치 전에 먼저 원하는 언어로 설정하고 설치하는 것을 권장합니다.

❻ 환경설정의 [앱] 메뉴에서 '자동 업데이트'를 해제하면 사용자가 업데이트를 원할 때만 업데이트를 할 수 있습니다.

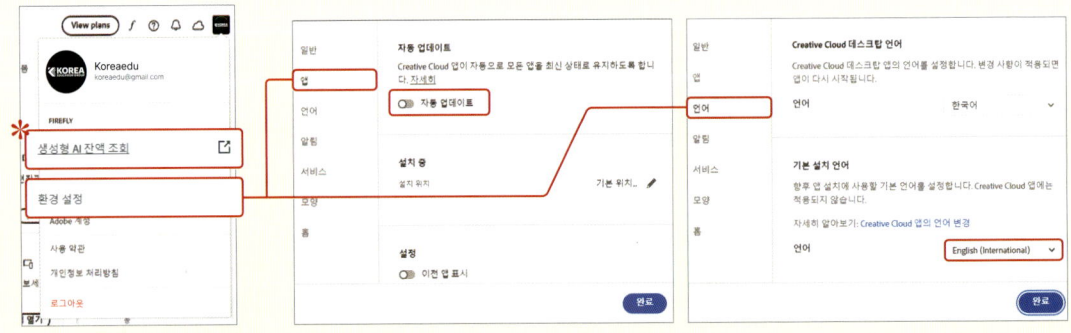

> **✱ 생성형 AI 콘텐츠 사용을 위한 크레딧 안내**
> 생성 크레딧은 고품질 이미지, 벡터, 비디오 및 오디오 결과물을 생성하는 데 사용할 수 있는 토큰과 같습니다. Adobe Photoshop, Adobe Illustrator 및 Adobe Firefly와 같은 대부분의 Creative Cloud 제품의 기능과 함께 사용할 수 있습니다. 사용자별 플랜에 따라 제공되는 크레딧 양이 다르므로, 자세한 정보는 어도비 공식 사이트를 참고하시기 바랍니다.

❼ 포토샵이 정상적으로 설치되었다면 Creative Cloud Desktop의 좌측 메뉴 [앱]에서 Photoshop 플랜의 [열기]를 클릭해 포토샵을 실행합니다.

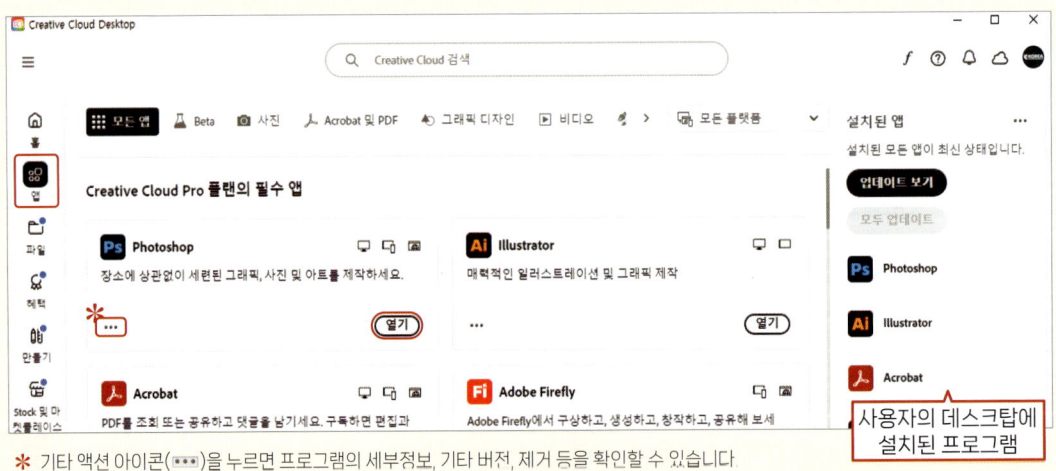

> ✱ 기타 액션 아이콘(•••)을 누르면 프로그램의 세부정보, 기타 버전, 제거 등을 확인할 수 있습니다.

> Photoshop을 실행하고 사용하기 위해서는 최신 운영 체제별 최소 시스템 요구 사항이 있습니다.
> 시스템 요구 사항은 프로그램의 업데이트마다 변경될 수 있으니 자세한 내용은 홈페이지(https://www.adobe.com/kr/)의 Photoshop 시스템 요구 사항 페이지를 참고하세요.

Chapter 01

새로워진 포토샵

PROLOGUE

포토샵은 전 세계적으로 가장 대중성 있는 그래픽 프로그램으로 자리매김하여 매년 새로운 기능을 추가하고 있습니다. AI 기술이 빠르게 발전하면서 다양한 분야에서 AI 기능을 접목하고 있는 만큼, Adobe 역시 이미지 생성형 AI 서비스를 선보여 포토샵과 연동하여 사용할 수 있도록 제공하고 있습니다. 새로워진 포토샵 기능으로 작업을 편리하고 효율적으로 만들어주는 강력한 도구인 Contextual Task Bar에 대해 자세히 알아보겠습니다.

인공지능(AI)의 시대
새로워진 포토샵
Contextual Task Bar 알아보기
Generative Fill의 한계점

- 포토샵에서 새롭게 도입된 생성형 AI 신기능을 예제를 통해 설명합니다.

- Photoshop 2024 버전부터 생성형 AI 기능을 사용할 수 있으며; 설치 버전에 따라 작업 화면의 환경 및 인터페이스는 부록과 다를 수 있으니 참고 바랍니다.

- 생성형 AI의 특성상 동일한 명령어를 입력하더라도 AI 모델의 학습 데이터, 알고리즘 등 다양한 요인에 따라 매번 다른 결과물을 생성합니다. 따라서 부록에 수록된 이미지와 완전히 동일한 이미지가 생성되지 않더라도, 이는 생성형 AI의 특성상 자연스러운 현상입니다.

새로워진 포토샵

이제는 인공지능의 시대! 업데이트된 새로운 포토샵을 알아보자!

인공지능(AI)의 시대

전 세계적으로 인공지능(Artificial Inteligence)을 기반으로 이미지를 생성하는 기술이 각광받고 있습니다. 이에 포토샵과 일러스트레이터 등의 프로그램에서도 Contextual Task Bar 등의 기능을 업데이트하였습니다. 따라서 사용자는 프롬프트를 입력하여 자동으로 이미지를 생성할 수 있게 되었으며, 창의적인 아이디어를 신속하게 시각화하며 작업의 효율성을 크게 향상시킬 수 있게 되었습니다. 또한, 다양한 스타일과 주제를 지원하여 맞춤형 이미지를 손쉽게 만들 수 있습니다. 새로운 디자인 작업의 가능성을 열어주는 AI 기능을 활용해 보도록 하겠습니다.

새로워진 포토샵

새롭게 선보인 Generative Fill(생성형 채우기 기능)은 텍스트 프롬프트를 통해 이미지를 생성하는 AI 기능입니다. 여기에 작업 과정을 지원하는 Contextual Task Bar가 새롭게 추가되어 이미지 편집이 더욱 편리해졌습니다. Contextual Task Bar는 사용자가 작업하는 도중 필요한 도구를 예측하여 미리 제공함으로써 작업 효율을 높여줍니다. 이 기능은 AI를 활용하여 이미지의 맥락을 파악하고 주변 요소를 분석하여 더욱 자연스럽고 조화로운 결과물을 제공합니다.

▲ 원본

▲ Contextual Task Bar를 이용해 이미지의 일부를 쉽게 수정하거나 요소를 추가할 수 있습니다.

▲ 이미지 영역을 확장해야 하는 경우에도 기존의 이미지를 인식하고, 예측하여 자연스러운 영역 확장을 통해 이미지를 채울 수 있습니다.

⚠ 잠깐만요!　**포토샵 생성형 채우기 기능의 저작권 및 사용 안내**

Photoshop의 생성형 기능은 Adobe의 생성형 AI 모델인 "Firefly"를 기반으로 작동됩니다. Firefly는 공개도메인 콘텐츠를 비롯해 Adobe Stock (Adobe자사 데이터)을 활용한 저작권 문제가 없는 데이터를 학습하여 안전한 사용이 가능합니다. Adobe 측에서는 결과물에 대해 저작권을 주장하지 않으며, 사용자에 활용 권한을 귀속합니다. 다만, Creative cloud Plan의 경우 법적 책임 보장(저작권 문제가 생긴 경우, 어도비사에서 함께 책임을 지는 것)에서 제외될 수 있으며, Firefly Pro 버전을 함께 구매한 경우에는 법적 책임 보장을 지원 받을 수 있습니다. 웹 Firefly의 경우 아이디만 있다면 무료 사용자도 사용할 수 있던 것과 달리 Photoshop의 Generaive 기능을 사용하기 위해서는 Creative Cloud Plan을 구매해야 사용할 수 있습니다. Photoshop의 AI기능은 사용자의 자유로운 사용을 지원하지만 Beta 레이블의 경우 실험단계의 기능으로 상업적 제약에 제한이 있을 수 있습니다. 기능 사용시 Beta표시가 있다면 상업적사용에 대해 지양할 필요가 있습니다.

I Contextual Task Bar 알아보기

포토샵에 AI 기능이 도입되면서 가장 달라진 것은 바로 Contextual Task Bar(상황별 작업 표시줄)라는 새로운 인터페이스가 추가된 점입니다. 이 작업 표시줄을 통해 원하는 프롬프트로 Generate image(이미지 생성) 기능을 사용할 수 있고, 이전에는 패널이나 메뉴를 찾아 기능을 일일이 선택해야 했지만 이제는 필요한 기능이 자동으로 제시됩니다. 이를 통해 사용자는 이미지를 생성하고, 작업 흐름에 맞춰 도구를 선택하여 원하는 결과물을 빠르게 만들어낼 수 있습니다.

1 Generate image(이미지 생성)창 살펴보기

새 문서를 열면 화면 하단에 Contextual Task Bar가 나타나며, 'Add from device'(장치에서 추가)와 'Add free stock images'(무료 스톡 이미지 추가) 버튼을 확인할 수 있습니다. 'Generate image'를 클릭하면 이미지 생성 관련 설정을 위한 패널이 새롭게 열립니다. (Generate image 기능을 사용하기 위해서는 인터넷이 필수로 연결되어 있어야 합니다.)

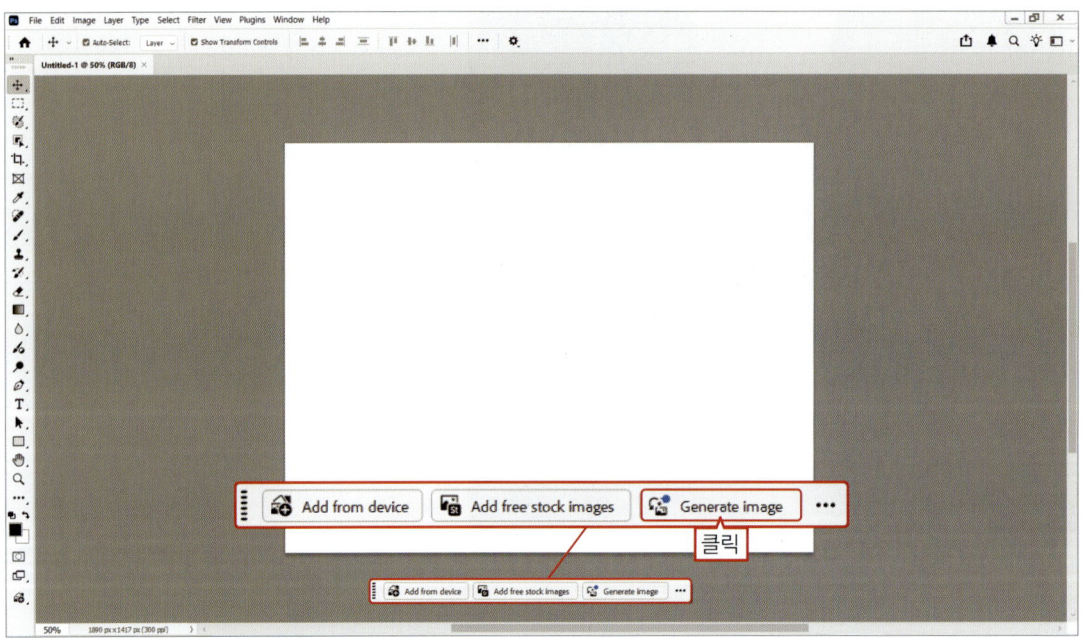

▲ Contextual Task Bar는 사용 환경(Tool, 작업 과정 및 방식)에 따라 다양한 용도와 형태로 변경됩니다.

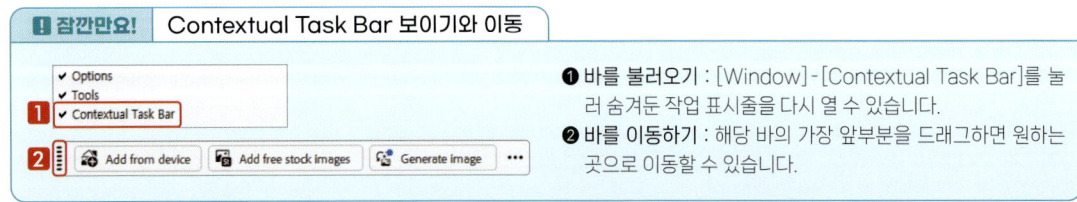

⚠ 잠깐만요! Contextual Task Bar 보이기와 이동

❶ **바를 불러오기** : [Window] - [Contextual Task Bar]를 눌러 숨겨둔 작업 표시줄을 다시 열 수 있습니다.

❷ **바를 이동하기** : 해당 바의 가장 앞부분을 드래그하면 원하는 곳으로 이동할 수 있습니다.

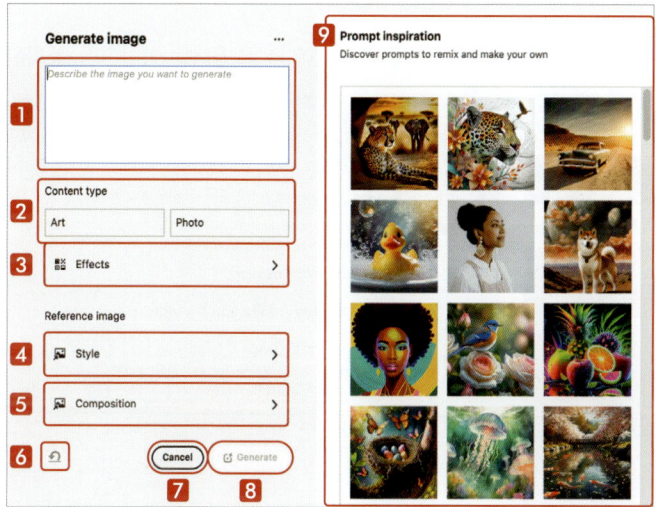

❶ **Prompt(프롬프트)** : 텍스트를 입력하면 원하는 이미지를 만들어줍니다. 영어는 물론, 한국어를 포함한 다양한 언어를 지원합니다.

❷ **Content type(콘텐츠 유형)** : 'Art(아트)'를 선택하면 그림과 같은 이미지를, 'Photo(포토)'를 선택하면 실사에 가까운 이미지를 생성합니다.

❸ **Effects(효과)** : 생성될 이미지에 스타일 효과를 추가할 수 있습니다. 3D, 콜라주, 극사실주의, 기하학 등 다양한 템플릿이 제공됩니다.

❹ **Reference image Style(스타일 참조)** : 어도비에서 제공하는 이미지 스타일 또는 사용자가 직접 업로드한 이미지를 기반으로 질감, 색감, 분위기 등을 유사하게 만들도록 유도할 수 있습니다.

❺ **Reference image Composition(컴포지션 참조)** : 어도비에서 제공하는 이미지 또는 사용자가 직접 업로드한 이미지를 기반으로 이미지의 구조 및 레이아웃을 유사하게 만들도록 유도할 수 있습니다.

❻ **Clear all properties(돌아가기)** : 작업을 한 단계씩 취소합니다.

❼ **Cancel(취소)** : 이미지 생성창을 끄고 되돌아갑니다.

❽ **Generate(생성)** : 프롬프트와 조건을 설정하고 생성하기를 누르면 이미지가 만들어집니다.

❾ **Prompt inspiration(프롬프트로 영감 얻기)** : 다른 사용자들이 어떤 프롬프트로 생성했는지 확인하고, 아이디어를 위한 참조로 활용할 수 있습니다.

② 사진을 불러왔을 때 📁 cat.png

Contextual Task Bar는 작업 상황에 따라 보여지는 도구나 기능이 달라집니다. 부록에서는 이미지를 불러왔을 때 이미지 편집에 필요한 도구들이 나타납니다.

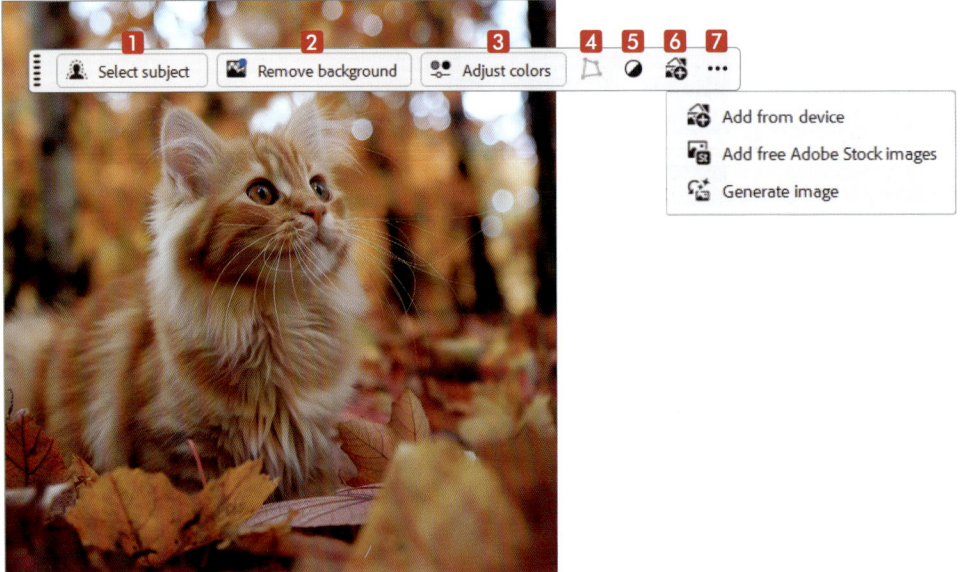

❶ **Select subject(피사체 선택)** : 이미지에서 주요 피사체를 자동으로 인식하여 선택 영역으로 지정합니다.

❷ **Remove background(배경 제거)** : 이미지에서 자동으로 배경을 인식하여 투명하게 처리합니다.

❸ **Adjust colors(색상 조정)** : 이미지의 주요 색상을 선택하여 변경할 수 있습니다.

❹ **Transform image(이미지 변형)** : 벡터 이미지나 스마트 오브젝트를 자유롭게 변형하거나 왜곡할 수 있습니다.

❺ **Create new adjustment layer(새 조정 레이어)** : 이미지 조정 레이어를 새로 만듭니다.

❻ **이미지 생성/추가** : 생성형 채우기(Generative Fill)를 실행하거나, 다른 이미지를 현재 작업창으로 불러옵니다.

  - Add from device(디바이스에서 추가) : 내 컴퓨터에 저장된 이미지 파일을 찾아 현재 작업 중인 캔버스로 바로 불러옵니다.

  - Add free Adobe Stock images(무료 Adobe Stock 이미지 추가) : 어도비 스톡(Adobe Stock)에서 제공하는 고품질 무료 이미지를 검색하여 문서에 삽입합니다.

  - Generate image(이미지 생성) : 만들고 싶은 이미지에 대한 설명을 텍스트로 입력하면 AI(Firefly)가 새로운 이미지를 만들어 줍니다.

❼ **More options(추가 옵션)** : 작업 표시줄을 숨기거나, 고정시키는 등의 메뉴를 제공합니다.

③ 선택 영역을 지정했을 때 📁 girl-back.png

영역을 지정하면 해당되는 선택 영역 부분에만 적용할 명령을 예측하여 Contextual Task Bar의 모습이 바뀌게 됩니다.

❶ Generative Fill(생성형 채우기) : 이미지를 생성하기 위한 프롬프트 입력창을 엽니다.

❷ Remove(제거) : 선택 영역을 지정한 후 Remove를 누르면 그 주변 이미지와 자연스럽게 이어지도록 자동 보정되어 제거됩니다.

❸ Modify selection(선택 영역 수정) : 선택 영역을 확장하거나 축소합니다.

❹ Invert selection(선택 영역 반전) : 선택 영역을 반전합니다.

❺ Create mask from selection(선택 영역 마스크) : 선택된 영역을 기준으로 레이어 마스크를 생성합니다.

❻ Fill Selection(선택 영역 채우기) : 선택된 영역을 다양한 패턴, 색상, 또는 이미지로 채워 넣습니다.

❼ Create new adjustment layer(새 조정 레이어) : 선택된 영역에 조정 레이어를 생성합니다.

❽ More options(추가 옵션) : 작업 표시줄을 숨기거나, 고정시키는 등의 메뉴를 제공합니다.

❾ Deselect(선택 해제) : 선택을 해제합니다.

④ Generative Fill(생성형 채우기)을 클릭했을 때

생성형 채우기 버튼을 클릭하면 어떤 이미지를 생성할 것인지 입력할 수 있는 프롬프트 창이 나타납니다.

❶ Prompt(프롬프트 창) : 텍스트를 입력하면 원하는 이미지를 만들어줍니다.

❷ Firefly : 생성형 작업시 모델을 선택할 수 있습니다. Firefly Image 1과 3을 선택할 수 있으며, 각 1크레딧이 소모됩니다. 파트너 모델은 각 모델별로 소모되는 크레딧이 다르며, 유료 구독자더라도 교육용의 경우 추가 결제가 필요할 수 있습니다.

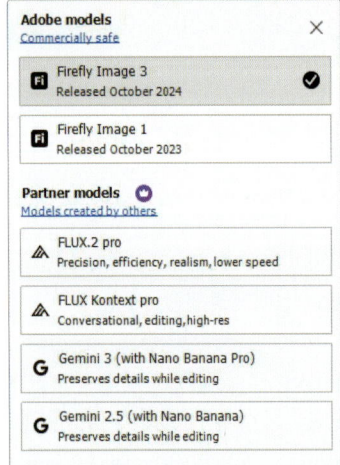

❸ More options(추가 옵션) : 작업 표시줄을 숨기거나, 고정시키는 등의 메뉴를 제공합니다.

❹ Cancel(취소) : 작업을 취소합니다.

❺ Generate(생성) : 이미지를 생성합니다.

5 문자 레이어를 선택했을 때

문자를 입력후 문자 레이어를 선택하면 폰트 종류, 크기, 단락 정렬 등을 빠르게 변경할 수 있도록 작업 표시줄이 자동으로 바뀝니다.

❶ Search and select fonts(글꼴 검색 및 선택) : 폰트를 검색하거나 선택합니다.

❷ Set font size(글꼴 크기) : 폰트의 크기를 변경합니다.

❸ Set text color(텍스트 색상) : 폰트의 컬러를 변경합니다.

❹ Paragraph(단락 정렬) : 문장을 왼쪽, 가운데, 오른쪽으로 정렬합니다.

❺ Dynamic Text(동적 문자) : 텍스트 경계의 모양에 맞게 텍스트 크기를 자동으로 조정합니다.

❻ More type options(기타 옵션) : 행간, 커닝, 효과 등의 기타 옵션을 제공합니다.

❼ More options(추가 옵션) : 작업 표시줄을 숨기거나, 고정시키는 등의 메뉴를 제공합니다.

6 Free Transform을 사용할 때

이미지 또는 요소의 형태를 변형하기 위해 Free Transform을 사용하면, 90회전, 반전 등의 기능을 빠르게 사용할 수 있도록 작업 표시줄이 자동으로 바뀝니다.

❶ Rotate Counter Clockwise(반시계 방향으로 회전)
: 반시계 방향으로 요소가 90도 회전합니다.

❷ Rotate Clockwise(시계 방향으로 회전) : 시계방향으로 요소가 90도 회전합니다.

❸ Flip Horizontal(가로로 뒤집기) : 요소의 좌우를 반전 시킬 수 있습니다.

❹ Flip Vertical(세로로 뒤집기) : 요소의 상하를 반전시킬 수 있습니다

❺ Cancel(취소) : 변형을 취소할 수 있습니다.

❻ Done(적용) : 변경 사항을 적용하여 완료합니다.

7 Contextual Task Bar 추가 옵션 살펴보기

오른쪽 끝에 위치한 추가 속성 버튼을 클릭하면 작업 표시줄의 설정을 변경할 수 있습니다. Bar의 위치를 이동하거나, 숨기는 등 작업 환경을 사용자에게 맞출 수 있습니다.

❶ Hide bar(바 숨기기) : 바를 숨깁니다.

❷ Reset bar position(바 위치 재설정) : 바의 위치를 재설정합니다.

❸ Pin bar position(바 위치 고정) : 바의 위치를 고정합니다.

❹ Watch quick video(간단 사용법 보기) : Contextual Task Bar에 대해 간략한 비디오 교육 자료를 시청합니다.

❺ More Properties(추가 속성) : 추가 속성을 확인할 수 있습니다.

8 Generate Fill 프롬프트 창이 활성화 된 상태에서의 추가옵션

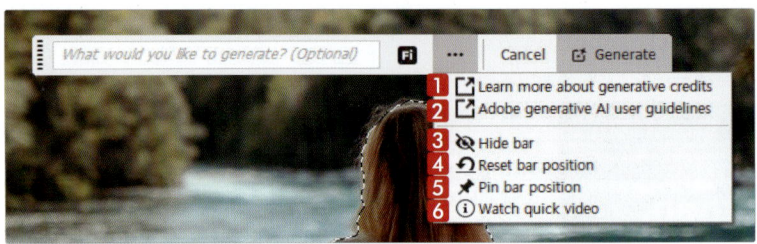

❶ **Learn more about generative credits(생성형 크레딧에 대해 자세히 알아보기)** : 생성형 AI 기능을 사용할 때 소모되는 '생성 크레딧(사용 횟수/포인트)'에 대한 자세한 정보를 확인합니다.

❷ **Adobe generative AI user guidelines(Adobe 생성형 AI 사용자 지침)** : 생성형 AI를 사용할 때 지켜야 할 어도비의 사용자 규칙(저작권, 유해 콘텐츠 금지 등)을 보여줍니다.

❸ **Hide bar(바 숨기기)** : 작업 표시줄을 눈에 보이지 않게 숨깁니다.

❹ **Reset bar position(바 위치 재설정)** : 사용자가 임의로 옮겨둔 작업 표시줄의 위치를 원래의 기본 위치(보통 선택 영역 바로 아래)로 되돌립니다.

❺ **Pin bar position(바 위치 고정)** : 작업 표시줄이 선택 영역을 따라다니지 않고, 현재 위치에 계속 고정되도록 설정합니다.

❻ **Watch quick video(간단 사용법 보기)** : 이 기능의 사용법을 알려주는 짧은 튜토리얼 영상을 재생합니다.

I Generative Fill의 한계점

Generative Fill(생성형 채우기) 기능은 이미지 편집에서 무한한 가능성을 가져왔지만 이미지 생성 과정에서 예상치 못한 결과물이 나오거나, 원하는 스타일을 정확하게 구현하지 못하는 등의 한계점 또한 존재합니다. Generative Fill 에서 개선이 필요한 부분을 살펴보겠습니다.

1 부자연스러운 이목구비, 손의 표현

사람의 손가락이 6개가 되거나, 눈이나 치아 또는 피부 표현이 이상하게 만들어지거나, 인체 비례가 맞지 않는 등의 어색한 결과물을 만들 수 있습니다. 특히, 손 표현은 개선되어 가고 있으나 여전히 손가락 수가 잘못되거나 비정상적인 형태로 나타나는 경우가 빈번합니다. 따라서 원하는 이미지를 얻기 위해 여러 번의 시도와 수정 작업을 병행해야 합니다.

▲ 입술과 혀의 구분이 어색함

▲ 손가락이 6개, 손톱과 피부색이 부자연스러움

▲ 가방을 잡고 있는 손 표현이 부자연스러움

 **2 해상도 저하 현상** 📁 resolution-1.jpg / resolution-2.jpg

생성된 이미지는 현재 1024×1024 픽셀 이상의 크기에서는 해상도 저하 현상이 발생합니다. 고해상도가 필요한 경우, 이 부분을 감안해 생성된 이미지의 일부 영역만 사용하거나 여러 개의 이미지를 이어 붙이는 등의 방법을 활용할 수 있겠지만, 이러한 방법은 이미지의 자연스러움을 해치므로 추가적인 보정 작업이 필요할 수 있습니다.

▲ 1000×1000px 크기로 생성된 이미지를 100% 크기로 본 이미지, 해상도 저하가 일어나지 않음

▲ 5000×5000px 크기로 생성된 이미지를 100% 크기로 본 이미지, 얼굴 부분이 약간 뭉개져 있음

③ 텍스트나 숫자의 표현이 현재까지는 불가함

책꽂이에 꽂힌 책의 제목을 정확하게 표현하는 등의 작업은 현재로서는 불가능합니다. 마치 그림이나 상형문자를 보는 듯한 추상적인 형태로 표현되기 때문에 원하는 제목을 표현하려면 별도로 추가적인 편집 작업이 필요합니다.

▲ 얼핏 글자같지만 읽히지 않는 의미없는 문자

▲ 필기체를 흉내 낸 듯한 형태의 무의미한 기호

④ 다국어 변환에서의 한계

마이크로소프트 번역기는 100여 개 이상의 언어로 프롬프트를 지원하고 있으나, 영어에서 가장 정확한 인지율을 보여줍니다. 예를 들어, '제거'라는 단어보다 'remove'를 사용하면 원하는 이미지를 얻을 가능성이 더 높습니다. 그러나 한글 번역 기능 또한 지속적으로 개선되고 있으므로, 머지않아 더욱 정확하고 다양한 결과를 얻을 수 있을 것으로 기대됩니다.

▲ 원본 이미지 : 풍선 부분만 선택함

▲ 한글로 '제거'를 입력한 경우

▲ 영문으로 'remove'를 입력한 경우

Chapter 02

프롬프트 입력 Know-how

PROLOGUE

이제 포토샵에서도 챗GPT처럼 프롬프트를 입력해 이미지를 만들 수 있지만, 너무 많은 선택지가 주어져 혼란스러울 수 있습니다. 이럴 때 명확하고 구체적인 프롬프트를 통해 원하는 이미지를 효과적으로 찾아내는 노하우가 필요합니다.

프롬프트 입력 Know-how

프롬프트를 잘 입력하는 것이 AI 시대의 핵심역량!

| 프롬프트 입력하여 이미지 생성하기

새로운 문서에서 바로 이미지를 생성하거나, 기존 이미지에서 특정 영역을 선택하여 새로운 이미지를 추가할 수 있습니다. 단 몇 초 만에 원본 이미지와 조화롭고 새로운 이미지를 생성하며 빛과 방향, 색상 톤에 맞추어져 최적의 형태로 합성되어 자연스러운 결과물을 얻을 수 있습니다.

A Welsh Corgi surfing on a wave, wearing a tropical shirt, summer (트로피컬 셔츠를 입고 파도위에서 서핑하는 웰시코기, 여름)

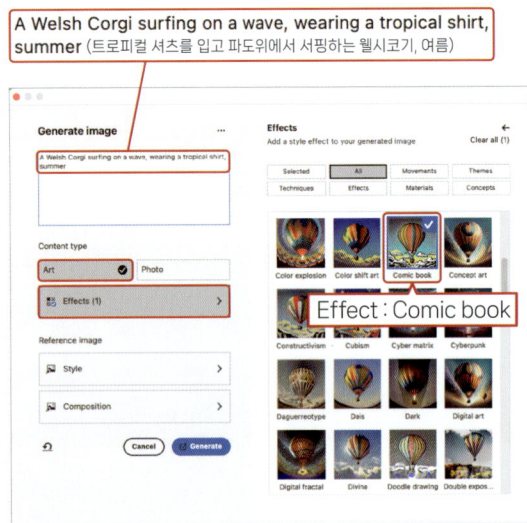

▲ [New Document] - [Generate image]로 제작한 이미지입니다.

⚠ 잠깐만요! **자신에게 맞는 언어 사용하기**

최근 다양한 생성형 AI 모델이 나오고 국내 사용률이 높아짐에 따라 한국어에 대한 인식률이 많이 높아지고 있습니다. 다만, 영문프롬프트에 비해 현저히 낮은 인식률을 보이고 있어, 프롬프트를 영문으로 제작하는 것이 일반적입니다. 하지만 영문 작성이 어렵다면 한국어로 먼저 구체적이고 정확한 문장 또는 단어를 작성하여 프롬프트에 입력하는 것이 좋습니다. 한국어에 대한 인식률 문제로 품질이 좋지 않은 이미지가 나온 경우 이를 번역하거나 chat GPT등을 이용하여 프롬프트를 제안받아 사용하는 것도 좋은 방법입니다.

| 프롬프트를 작성하는 노하우

품질이 우수한 콘텐츠를 생성하려면 프롬프트를 작성하는 노하우가 필요합니다. 프롬프트는 AI에게 작업을 수행하거나 이미지를 생성하도록 지시하는 명령어로 응답의 품질 및 연관성에 영향을 미치는 데 중요한 역할을 합니다. 이를 위해 문장의 구체성, 표현 방식, 주의 사항 등을 고려하여 탁월한 프롬프트 입력을 위한 노하우에 대해 알아보도록 하겠습니다.

1 구체적으로 묘사하여 작성하기

프롬프트에 최소 3개 이상의 단어를 사용하고, '생성' 또는 '만들기'와 같은 단어는 굳이 쓸 필요가 없습니다. 무엇을 만들고 싶은지 주제를 명확히하고 구체적인 상황이나 배경을 묘사하는 직접적인 표현을 사용하는 것이 좋습니다. 이때 의미가 정확한 단어를 사용할 수 있도록 노력해야 하며, 주제를 쉼표(,)로 나누어 구분하는 것도 좋은 방법입니다.

특정 단어만 입력

Prompt : cat (고양이)

그림 스타일 추가

Prompt : cat, digital painting (고양이, 디지털 페인팅)

구체적인 묘사를 추가

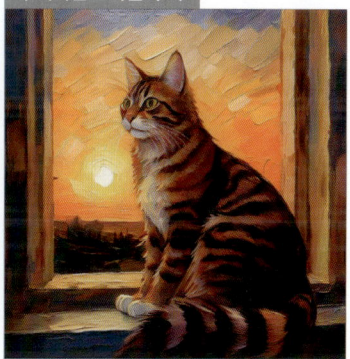

Prompt : Full body, oil painting, striped cat sitting by sunset window (전신, 유화, 노을 진 창가에 앉아 있는 줄무늬 고양이)

특정 단어만 입력

Prompt : cute baby (귀여운 아기)

배경 추가

Prompt : A cute baby sitting in a pink interior room (핑크빛 인테리어 방에 앉아 있는 귀여운 아기)

구체적인 묘사를 추가

Prompt : A cute baby girl with a ribbon sitting on her pink bedding, a room with warm sunlight (핑크빛 침구류 위에 앉아 있는 리본을 단 귀여운 여자 아기, 따뜻한 햇살이 비추는 방)

2 서술형으로, 독창적인 다양한 단어 사용하기

프롬프트의 큰 장점은 현실을 뛰어넘는 상상력을 구현할 수 있다는 점입니다. 따라서 프롬프트를 자세히 서술하고, 독창적일수록 원하는 결과를 얻을 가능성은 무한합니다. 자유로운 상상력을 바탕으로 '느낌', '스타일', '조명' 등을 표현하는 구체적인 단어를 사용하여 다양한 스타일을 연출할 수 있습니다.

특정 단어만 입력

Prompt : toy car (장난감 자동차)

구체적인 묘사 추가

Prompt : A vintage old-fashioned mint-colored toy car is driving in Peru (빈티지 올드 느낌의 민트색 장난감 자동차가 페루에서 달리고 있다)

세부적인 배경 묘사 추가

Prompt : A vintage old-fashioned mint-colored toy car runs on a road surrounded by colorful buildings in Peru (빈티지 올드 느낌의 민트색 장난감 자동차가 페루의 화려한 색감의 빌딩에 둘러싸인 도로를 달린다)

특정 단어만 입력

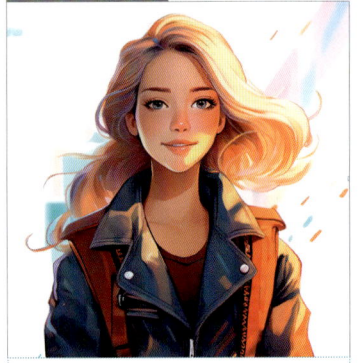

Prompt : girl in a rider jacket (라이더 재킷을 입은 소녀)

구체적인 묘사 추가

Prompt : A girl in a rider jacket in front of a motorcycle (오토바이 앞에서 라이더 재킷을 입은 소녀)

세부적인 배경 묘사 추가

Prompt : Full body shot of a girl wearing a rider jacket, holding a helmet in her hand and a motorcycle next to her. Psychedelic, punk, image decorated with animals around (라이더 재킷을 입고 헬멧을 손에 들고 오토바이를 옆에 두고 있는 소녀의 전신 사진. 동물들로 장식된 사이키델릭, 펑크 이미지)

3 비유적인 묘사는 주의해서 사용하기

다양한 프롬프트를 조합할 수 있지만, 단순히 연결하거나 나열하는 것만으로는 원하는 결과가 나오지 않을 때도 있습니다. 예를 들어, 'a man who broken up'(헤어진 남자)이라는 프롬프트로 슬픈 감정을 표현했으나 'broken'(깨진, 부러진, 고장난)이라는 단어로 예상과는 다른 결과가 나오기도 합니다. 이런 경우는 'A man sitting alone in a cafe and crying'(카페에서 혼자 앉아 울고 있는 남자)처럼 구체적인 상황과 함께 감정을 묘사하는 프롬프트를 사용하면 더욱 공감되는 이미지를 얻을 수 있습니다.

단어의 이중 의미가 반영됨

Prompt : a man who broken up (헤어진 남자)

상황 묘사로 변경

Prompt : A man sitting alone in a cafe and crying (카페에 홀로 앉아 우는 남자)

세부적인 배경 묘사 추가

Prompt : A man sitting in a cafe crying alone, wide angle, depressing (카페에 앉아 홀로 우는 남자, 광각 앵글, 우울한)

원하는 상황을 그대로 묘사

Prompt : A cat speaks of philosophy (고양이가 철학을 말하다)

다른 묘사로 변경

Prompt : A cat dressed as a philosopher (철학자의 옷을 입은 고양이)

세부적인 배경 묘사 추가

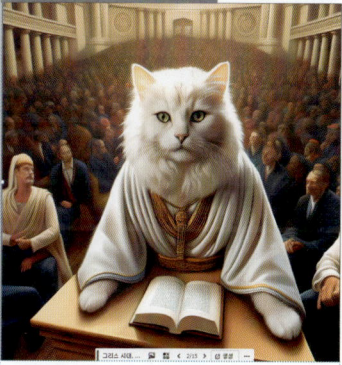

Prompt : A cat dressed as a Greek philosopher is giving a lecture to the audience. Looking down from above (그리스시대 철학자의 옷을 입은 고양이가 청중들에게 강연하고 있다. 위에서 내려다본 모습)

4 한글과 영문 프롬프트의 차이 이해하기

프롬프트를 한글로 작성하면 보통 일반적인 단어들은 잘 표현되지만 동음이의어나 한글과 영어의 뉘앙스 차이로 인해 예상치 못한 결과가 나올 때도 있습니다. 예를 들어, '사과'라는 단어는 과일뿐만 아니라 사과한다는 행위를 뜻하기도 하므로, AI는 어떤 의미의 사과를 표현해야 할지 혼동할 수 있습니다. 영어 프롬프트 역시 오역의 가능성이 있지만, 한글 프롬프트는 특히 동음이의어나 다의어가 많아 AI가 정확하게 이해하기 어려운 경우가 있습니다.

'눈'을 카메라 렌즈의 눈으로 인지

Prompt : 한글로 '눈'

'눈'을 굴과같은 음식으로 인지

Prompt : 한글로 '눈'

'눈'을 내리는 눈으로 인지

Prompt : 영어로 'snow'

'밤'을 제대로 인지하지 못함

Prompt : 한글로 '밤'

'밤'을 인지하지 못한 이미지

Prompt : 한글로 '밤'

'밤'을 시간의 밤으로 인지

Prompt : 영어로 'night'

> **잠깐만요!** **영문 번역사이트 추천**
>
> 일반 사용자들이 쉽고 빠르게 번역할 수 있도록 도와주는 Google번역 / 네이버 파파고 / 카카오 i 등은 무료로 제공되는 번역 서비스로, 간단한 문장이나 단어를 빠르게 번역하고자 할 때 유용합니다. 만약 더욱 전문적인 번역이 필요하다면 다음과 같은 사이트를 활용해 보는 것도 좋습니다.
> · DeepL : 인공지능 기반의 번역으로 높은 품질과 정확도로 주목받고 있습니다. 무료와 유료 버전이 있고 무료 체험이 제공되므로, 유료 버전의 기능을 직접 사용해 보고 결정할 수 있습니다.
> · Reverso Context : 문맥을 고려하여 번역해 주는 장점이 있습니다. 무료로 사용할 수 있으며 프리미엄 회원으로 가입하면 더 많은 기능을 이용할 수 있습니다.
> · SDL Trados Studio : 비즈니스, 학술용어 번역에 유용합니다. 유료 소프트웨어이지만, 일부 기능을 제한적으로 사용해 볼 수 있는 무료 체험판을 제공합니다.

5 인종과 국적 등 인물 이미지 생성 시 주의점

점차 개선되고 있지만 인공지능은 아직까지 아시아인의 다양한 외모 특징을 정확하게 구분하지는 못합니다. 중국인, 한국인, 일본인, 동남아시아인 등 아시아 각국의 미묘한 외모 차이를 정확하게 파악하지 못하고 일반적인 '아시아인'의 이미지를 생성하는 경우가 많습니다. 백인, 아시아인, 흑인 등 인종 간의 큰 차이는 구분할 수 있지만, 국가별 디테일한 특징까지는 구현되기 어렵다는 점을 이해하고 특징적인 외모, 성별, 인종, 나이, 의상, 소품 등을 포함하여 프롬프트를 작성하는 것도 좋은 방법입니다.

White woman
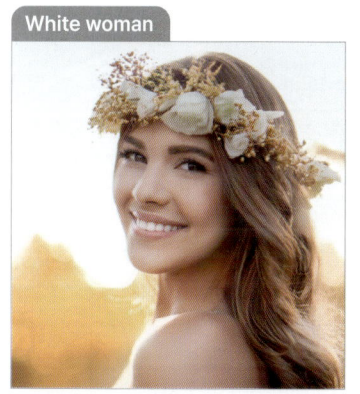

Black man

Asian woman

China woman

Japan woman

Thailand woman

Italian man

Korea man

Asian girl wearing hanbok

6 키워드 조합 노하우 알아보기

주제를 정하면 그 이후 부수적으로 어떤 키워드를 추가해야 할지 막막할 수 있습니다. 아래 표는 절대적인 기준은 아니지만 다양한 스타일, 분위기, 배경, 구도 등을 표현하는 데 도움이 되는 키워드들을 제시합니다. 순서를 참고하여 자신만의 독창적인 이미지를 만들어 봅니다. 제시된 키워드는 일부일 뿐, 무한한 가능성을 가진 키워드를 찾아내는 것은 여러분의 몫입니다.

❶ 키워드를 구체화하는 아이디어 맵

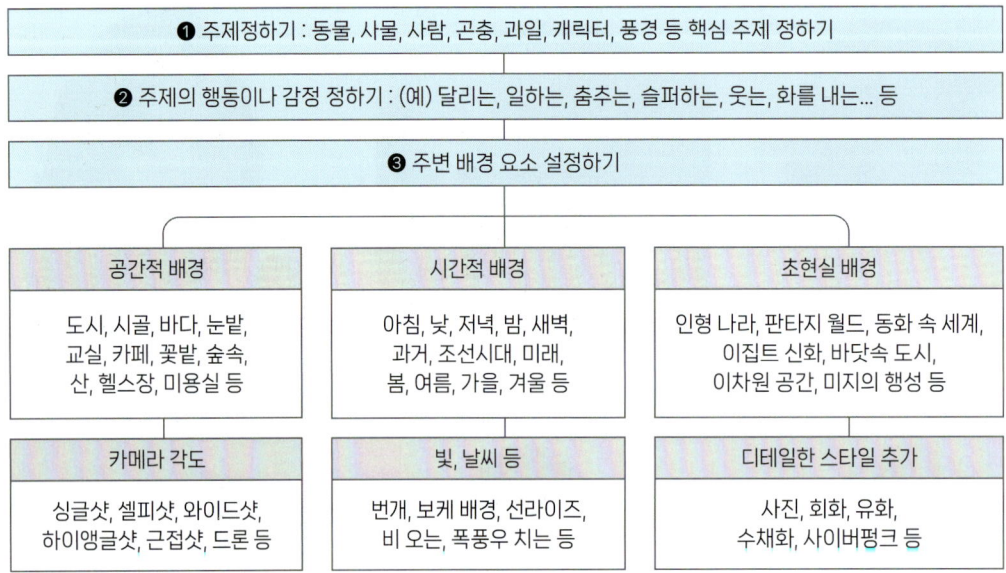

❷ 영문 키워드 예시

스타일 키워드 예시	Watercolor, Oil Painting, Oil Pastel, Acrylic, Colored Pencil, Chinese Drawing, Korean Drawing, Line Drawing, Linocut, Lithography, Dots Painting, Botanical Art, 3D, Simple Color, Holography, Cartoon, Paperart, Clayart, Glass Art, Pixel Art
조명 및 날씨 키워드 예시	Cinematic Lightning, Neon Art, Backright, Bokeh, Laser, Haze, Moonlight, Lens Flare, UV Light, Waterlight, Sunlight, Spotlight, Prismlight, Overheadlight, sunrise, Clear weather, Water, Sunset, Night, Evenihng, Rainyday
카메라 구도 키워드 예시	Sideview, Wide angle, Close up, Back, Ultra Close up, Selfie, Low angle, High angle Full shot, 360degree shot, Fish-eye lens, Dron view, Top view
감정 키워드 예시	Happy, Excited Cheerful, Joyful, Delighted, Optimistic, Amused, Proud, Blissful, Abandoned, Lonely, Furious, Angry, Annoyed, Frustrated, Isolated, Irritated, Ashamed, Shocked, Thoughtful, Meditative, Confused, Amazed, Bewildered, Suprised
분위기 키워드 예시	Cozy, Screne, Rustic, Playful, Dreamy, Nostalgic, Mysterious, Melancholic, Horror

Chapter 03

연습 예제 : 쉽고 빠르게 배우는 AI 신기능

PROLOGUE

지금까지 Photoshop의 새로운 기능들을 이론적으로 살펴보았습니다. 이제부터는 직접 예제로 작업해 보면서 추가된 신기능들을 쉽고 빠르게 배워 보겠습니다. 본 실습 과정은 Photoshop 2024 이상 버전의 새로운 기능들을 중심으로 진행할 예정이므로, 해당 버전을 준비하여 주시기 바랍니다.

예제파일 : cat.png
결과파일 : cat-result.psd

생성형 AI로 배경 확장하기 1

기존 이미지의 배경을 확장하거나 배경을 새로 만들 때, Contents-Aware Fill로 배경을 확장하여 자연스러운
배경을 생성하는데 도움을 받을 수 있었지만. 해당 기능은 기존 이미지의 일부를 가져와 처리되는 만큼 자연스
러운 확장에는 한계가 있었습니다. Generarive Expand 기능은 배경을 확장할 때 생성형 AI 기술을 가져와
더욱 정교하고 자연스럽게 확장된 이미지를 만들 수 있습니다.

01 [File] – [Open]을 눌러 'cat.png' 파일을 엽니다.

Plus. 만약 상황별 작업 표시줄이 보이지 않는다면 메뉴에서 [Window] - [Contextual Task Bar]를 불러옵니다.

02 Crop Tool을 클릭합니다. 옵션바에서 비율을 '2:3(4:6)'으로 설정합니다. 사진의 우측 모서리 상단을 누른 채 클
릭-드래그하여 크기를 조절합니다. 옵션바의 Fill을 Generative Expand로 설정하고, Enter를 눌러 확장합니다.

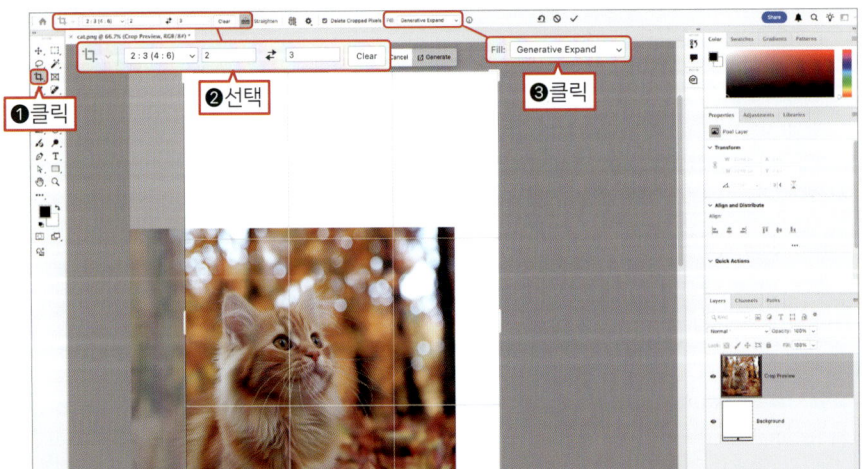

> **Plus.** 옵션바의 Fill을 설정하지 않고 Contextural Task Bar의 Generative Expand를 눌러도 사용이 가능합니다. 이때 내용은 입력하지 않고 Generate를 누릅니다.

03 [Generating] 창이 나타납니다. 완료될 때까지 약간의 시간이 소요됩니다.

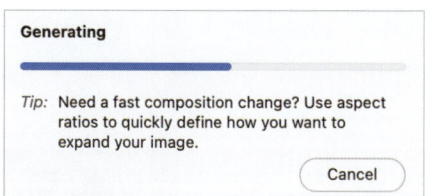

> **Plus.** 프롬프트 창에 아무것도 입력하지 않고 Generate를 클릭하면 AI가 자동으로 빈 공간의 영역을 확장했을 때 가장 적합한 이미지를 자동으로 생성합니다. 해당 기술을 활용하려면 Adobe CC에 로그인된 온라인 상태여야 합니다.

04 빈 영역에 원본 이미지와 자연스럽게 합성된 배경이 만들어지면서, 자동으로 'Generative Expand'라는 이름의 레이어가 생성됩니다. 이때 오른쪽 화면에 [Properties] 패널에서 Variations 3가지를 확인할 수 있습니다. 원하는 이미지를 클릭하여 적용합니다.

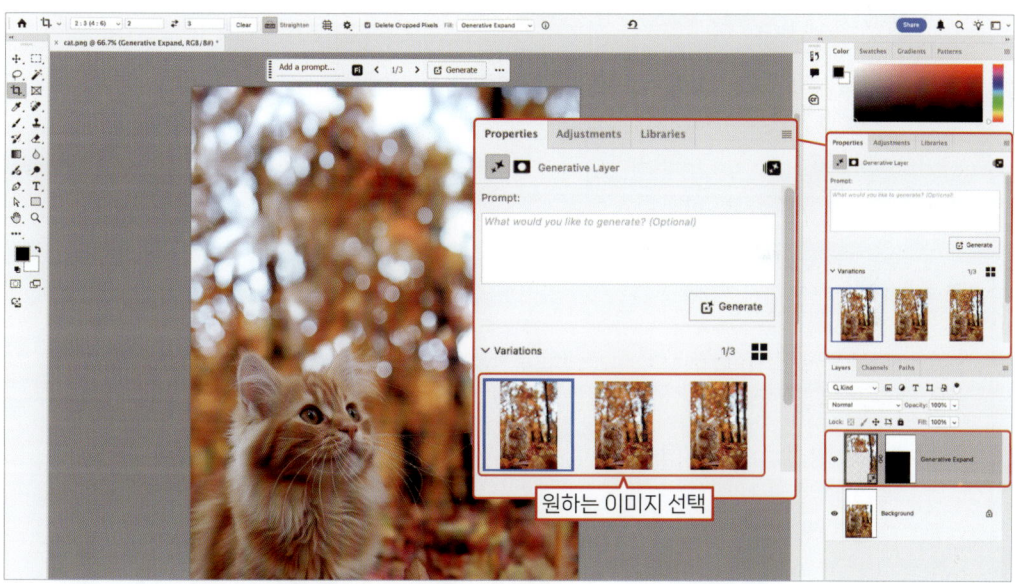

> **Plus.** 생성형 이미지 기능은 매번 생성할 때마다 새로운 이미지를 만들어냅니다. 따라서 예제와 일치하는 이미지가 나오지 않는다는 점을 염두하고 작업합니다.

05 만약 새로운 요소를 추가하고 싶다면 'add'라는 단어를 사용합니다. 여기서는 'add faling leaves' 프롬프트를 추가로 작성했습니다. [Properties] 패널의 Generate를 누르면 새로운 Variations 3가지가 더 만들어집니다. 원하는 이미지를 선택하고 저장합니다.

TIP. PSD 파일로 저장하면 레이어와 생성된 이미지들이 보존되어 나중에 수정이 가능합니다. 선택한 이미지만 필요하다면 JPG, PNG 등의 파일로 저장합니다..

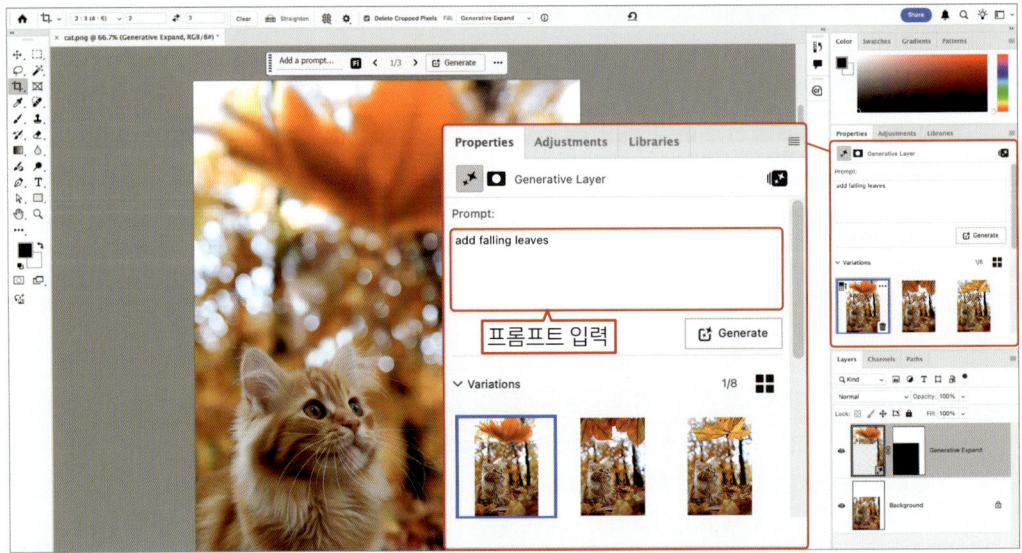

프롬프트 입력

Plus. 프롬프트에 똑같은 문장이나 단어를 입력해도 생성되는 이미지는 항상 새롭게 달라집니다. 이는 포토샵 뿐만 아니라 Illustrator, Firefly 등 다른 이미지 생성 프로그램도 동일합니다.

📁 결과물 한 눈에 보기

생성형 AI를 활용하여 정사각형 이미지의 배경을 세로로 확장했습니다. 기존 Content Aware Fill기능보다 더욱 섬세하고 자연스러운 배경 확장과 함께 3가지로 변형된 이미지 제공을 통해 사용자 선택의 폭을 넓혀 사용 편의성을 향상시켰습니다.

BEFORE :
정사각형 이미지

AFTER :
세로가 확장된 이미지

☑ 여기서 더 알아보기

단색 또는 다른 방법으로 확장하기 | 생성형 채우기를 원하지 않을 경우

새로운 버전의 포토샵에서는 Crop Tool로 문서를 넓히면 자동으로 Generative Expand 기능이 실행됩니다. 만약 이 기능을 원하지 않고 기존의 배경색 채우기 기능을 사용하려면 설정을 변경해야 합니다.

01 Crop Tool을 클릭하고 문서 크기를 조절합니다. 옵션바를 살펴보면 Fill 항목이 있습니다. 기본으로 Background(default)가 설정되어 있으며 선택하면 생성형 채우기 대신 예전 버전의 '배경색 채우기'로 바꿀 수 있습니다.

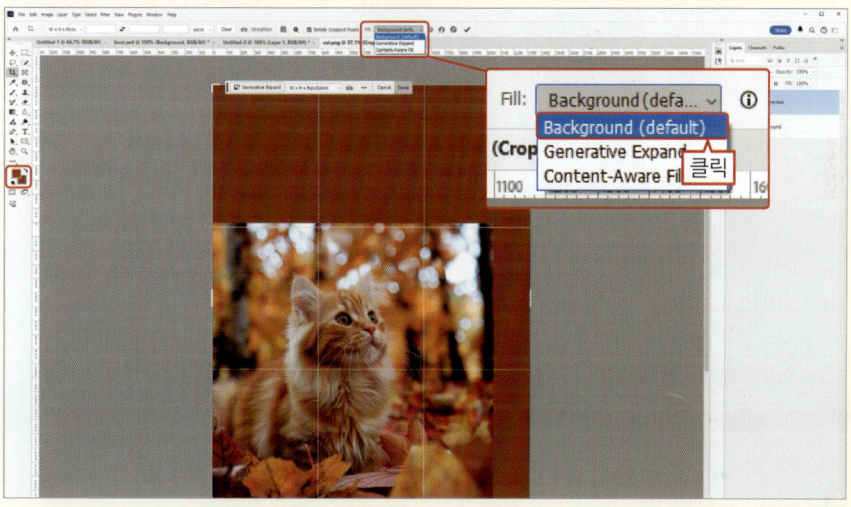

02 기존 포토샵에서도 어도비 센세이를 기반으로 한 Object Selection Tool이나 Neural Filters, Content-Aware Fill 등 스마트한 기능을 제공해 왔습니다. 이번에는 배경을 확장할 때 'Content-Aware Fill'을 활용해 보겠습니다. 배경을 넓히거나 합성할 때 유용한 기능이지만 AI 생성형 기능에 비해 부자연스러울 수 있습니다.

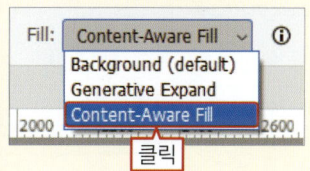

31

예제파일 : boat.jpg
결과파일 : boat-result.psd

생성형 AI로 배경 확장하기 2

오브젝트 자체가 잘린 경우 일반적인 편집 방법으로는 복구하기가 쉽지 않습니다. 이번에는 Generative Expand로 잘린 부분을 자연스럽게 연결하여 이미지를 확장해 보겠습니다.

01 [File]–[Open]을 눌러 'boat.jpg' 파일을 엽니다. [Image]–[Canvas Size]를 클릭합니다.

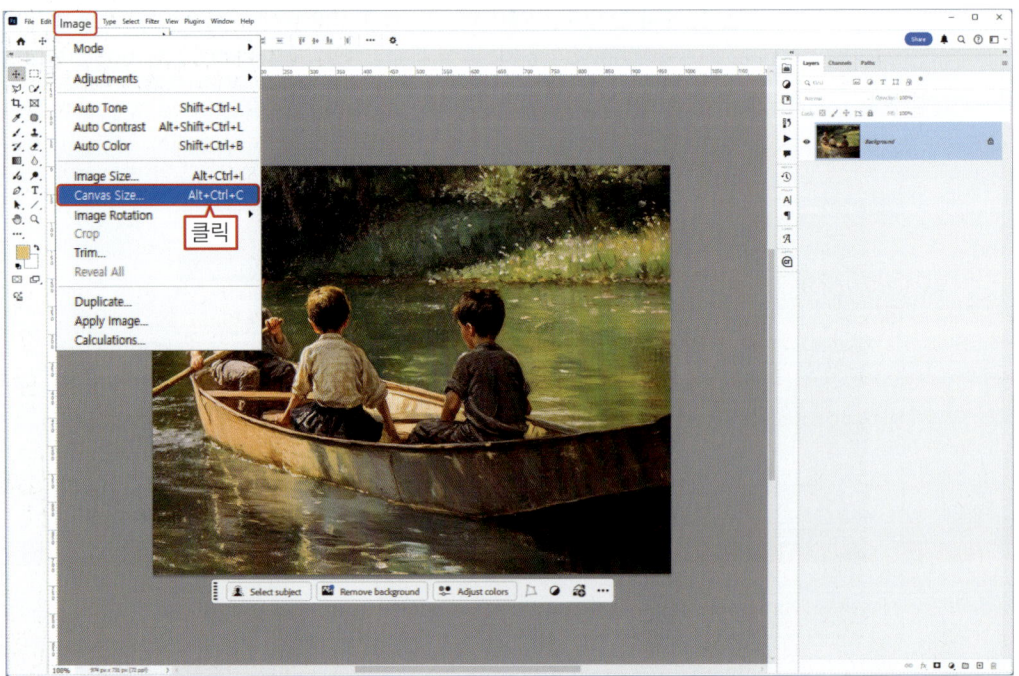

02 [Canvas Size] 창이 나타나면 이미지의 Width를 '1500px'로 확장합니다.

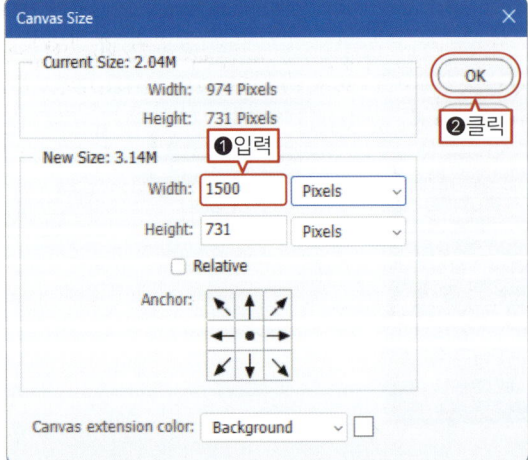

03 보트와 노가 잘린 이미지의 가로 양쪽 영역이 확장됩니다. Rectangular Marquee Tool을 클릭합니다. 이미지 왼쪽 부분을 선택 영역으로 지정한 뒤, Shift 키를 누른 채 오른쪽 부분을 드래그하여 선택 영역을 추가합니다. Generative Fill을 클릭하고 프롬프트 없이 Generate를 누릅니다.

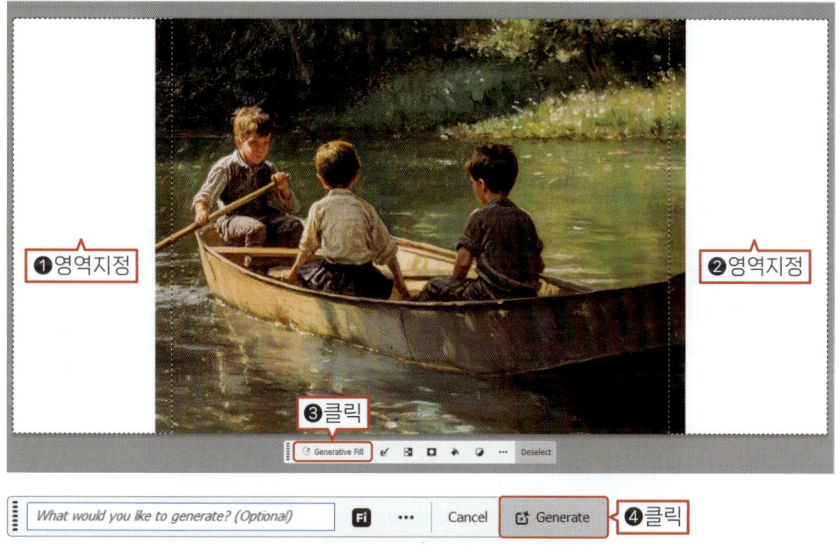

> **TIP.** 기존 이미지 정보를 기반으로 새로운 배경을 생성하기 때문에 자연스러운 확장을 위해서 원본 이미지의 일부를 선택 영역에 포함하여 지정하는 것도 좋은 방법입니다.

04 확장된 영역에 노와 배의 잘린 부분이 주변 이미지와 조화롭게 연결된 이미지가 새롭게 생성됩니다.

33

05 [Properties] 패널에 자동으로 생성되는 3가지의 제안 이미지가 있습니다. 마음에 드는 것이 없다면 다시 한 번 Generate를 눌러 새롭게 이미지를 생성할 수 있습니다.

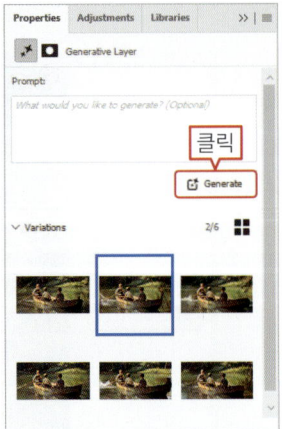

 **결과물 한 눈에 보기**

잘려 있던 소년의 노 젓는 모습과 보트의 일부가 자연스럽게 연결되어 완성됩니다. 특히 실사 사진이 아닌 회화 스타일의 이미지임에도 불구하고, 전체적으로 통일된 화풍과 색감으로 하나의 완성된 작품처럼 표현되었습니다.

이처럼 인공지능 기능은 4:3 비율의 이미지를 16:9 비율로 확장하는 과정에서 품질 저하 없이 원본 이미지의 특징을 그대로 유지하는 기술적 성과를 보여줍니다.

BEFORE :
약 4:3 비율의 이미지

AFTER :
양 옆으로 확장된 이미지

원하는 부분 간단하게 지우기

📁 예제파일 : house.png
📁 결과파일 : house-result.psd

명령어를 입력하지 않아도 전체 면적에서 작은 면적을 선택하면 생성형 채우기가 주변 이미지를 분석하여 선택 영역을 자연스럽게 없애줍니다. 이제는 복잡한 편집 과정 없이도 이미지의 특정 부분을 손쉽게 제거하거나 다른 이미지로 대체할 수 있습니다. 여기서는 불필요한 부분을 간단하게 삭제해 보겠습니다.

01 [File]-[Open]을 눌러 'house.png' 파일을 엽니다. Lasso Tool을 클릭하고, 집과 주변의 불필요한 부분을 선택 영역으로 지정합니다. Contextual Task Bar의 Generative Fill을 클릭합니다.

02 프롬프트 창에 아무것도 입력하지 않고 Generate를 눌러 이미지를 생성합니다. 선택 영역이 사라지면서 원본 이미지와 자연스럽게 합성된 이미지 3가지가 생성됩니다.

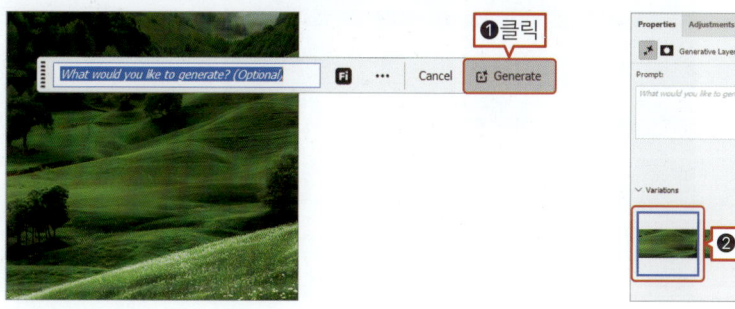

ℹ️ 잠깐만요! **Remove Tool로 불필요한 부분 삭제하기**

Photoshop 2024에 새롭게 추가된 Remove Tool을 통해 이미지에서 원하지 않는 부분을 간편하게 지울 수 있습니다.

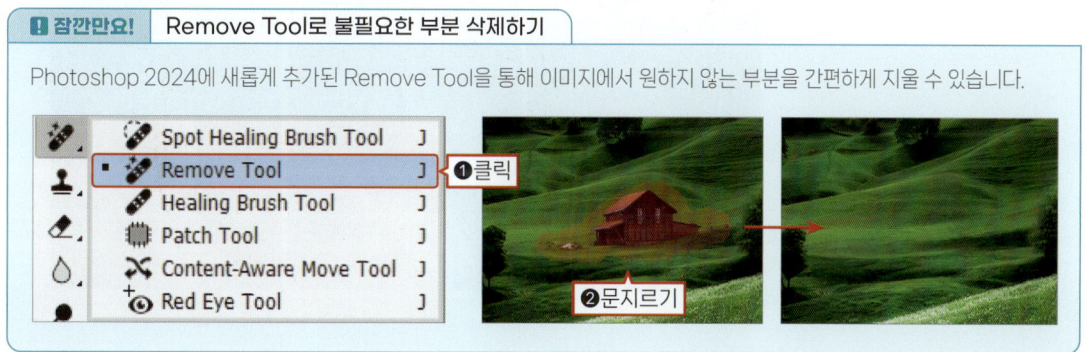

제거 시 주의사항 | 아무 프롬프트 없이 Generate / 제거 / Delete 📁 woman-bag.png

일반적으로 선택 영역을 지정하고 프롬프트 없이 생성을 누르면 AI가 자동으로 오브제를 인지하여 제거해 줍니다. 그러나 이미지의 복잡도나 배경과의 경계 등 다양한 요인에 따라 부자연스러운 결과가 나오는 경우도 많습니다. 이때 원하는 결과가 나오지 않는다고 포기하지 말고 프롬프트를 입력하여 제거하는 등 여러 방법을 시도해 보세요. 과정에 정답은 없으므로 최상의 결과물을 만들기 위해서는 다양한 시도를 해보는 것을 추천합니다.

가방을 메고 있는 원본	아무 프롬프트 없이 Generate

TIP. 이미지의 일부분을 제거하려면 프롬프트 창에 아무것도 입력하지 않는 것을 추천하며, 만약 입력한다면 한글로 '제거'보다는 영문으로 'Delete' 또는 'Remove' 등을 입력하는 것을 제안합니다.

프롬프트 창에 한글로 '제거' 입력

프롬프트 창에 영문으로 'Delete' 입력

정확한 영역 선택하여 지우기

📁 예제파일 : market.jpg
📁 결과파일 : market-result.psd

기존에는 겹쳐 있는 피사체를 분리하고, 합성하는 것은 매우 복잡하고 어려운 작업이었습니다. 하지만 AI 기술을 활용하면 마치 가상의 이미지를 만들어 붙이는 것처럼 자연스러운 합성 결과물을 얻을 수 있습니다.

01 [File]-[Open]을 눌러 'market.jpg' 파일을 엽니다. Lasso Tool을 클릭하고, 강아지의 수염 부분까지 꼼꼼하게 선택 영역으로 지정합니다. Contextual Task Bar에서 Generative Fill을 클릭합니다.

> **TIP.** 올가미 도구로 선택하기 어렵다면 마스크를 이용해서 선택해도 됩니다. 배웠던 방법을 다양하게 활용해 보세요.

02 Contextual Task Bar의 프롬프트 창에 아무것도 입력하지 않고 Generate를 클릭합니다. 선택영역이 자동으로 채워지며 3가지 이미지가 생성됩니다. 만약 원하는 만큼 자연스럽게 생성되지 않았다면 선택영역을 더욱 디테일하게 지정해 재실행합니다.

37

예제파일 : fence.png
결과파일 : fence-result.psd

복잡한 철조망 지우기

인물과 철조망이 복잡하게 얽혀있는 이미지에서 철조망을 제거해보겠습니다.

01 [File]-[Open]을 눌러 'fence.jpg'파일을 엽니다. ① 새 레이어를 추가한 뒤, ② Brush Tool을 선택합니다.
③ Hard Round Brush의 Opacity를 100%로 설정하고, 브러시 사이즈를 조절하여 펜스 모양 위를 꼼꼼하
게 덮습니다. 이 때 브러시 색상은 어떤 색이든 관계가 없습니다. 다만, 얼굴의 이목구비를 최대한 유지하기 위
해 얼굴쪽은 작은 브러시로 섬세하게 가리고, 불필요하게 얼굴을 많이 가리지 않도록 주의합니다.

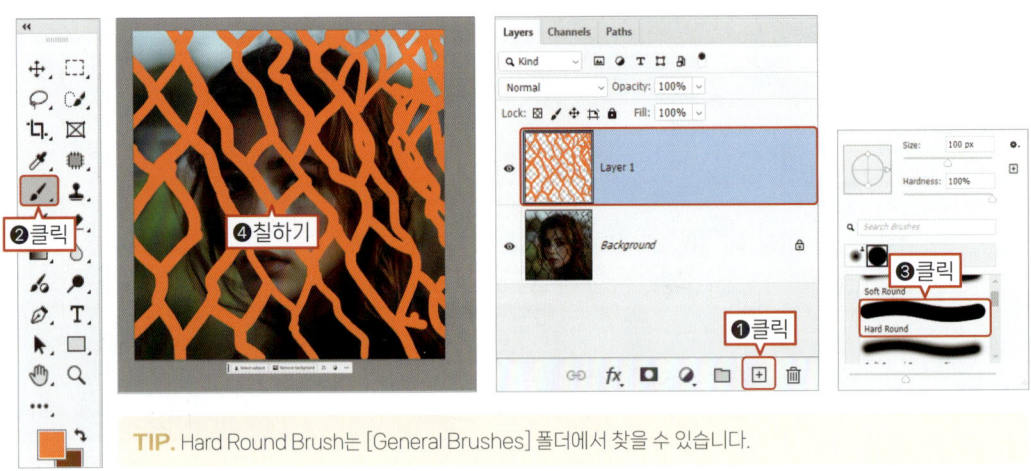

TIP. Hard Round Brush는 [General Brushes] 폴더에서 찾을 수 있습니다.

02 ① Ctrl 키를 누른 채로 Layer 1의 썸네일을 클릭하여 선택영역으로 지정합니다. ② 해당 레이어의 눈을 끕니
다. ③ Background 레이어를 다시 선택하고 ④ Generative Fill을 클릭합니다.

03 ① 프롬프트 창이 뜨면 아무 입력도 하지 않고 Generate를 누릅니다. ② Properties 패널에 나오는 3가지
결과를 확인합니다.

04 Layer 패널에 Generate Fill 레이어가 새로 생성됩니다. 만약 이미지가 마음에 들지 않는다면 Properties 창
에서 다시 한 번 Generate를 눌러 새로운 목록을 생성하여 원하는 이미지가 나올 때까지 작업합니다.

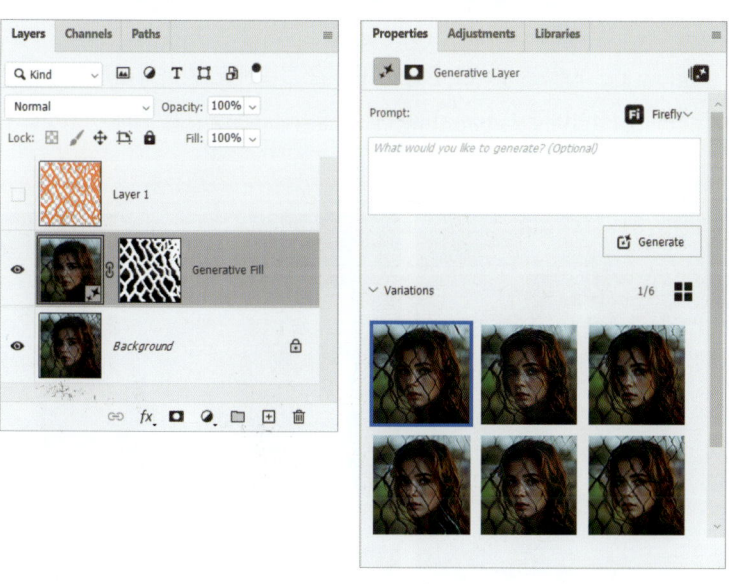

예제파일 : vase.png / shadow.jpg
결과파일 : vase-result.psd / shadow-result.psd

그림자 만들기

사진에 그림자가 없어서 부자연스럽고 밋밋해 보일 때 AI 기능을 활용해 그림자를 만들 수도 있습니다. 더욱 사실적인 이미지를 만들기 위해서는 그림자 영역을 세밀하게 지정해줘야 합니다.

01 [File]-[Open]을 눌러 'vase.png' 파일을 엽니다. Lasso Tool을 클릭하고, 화분의 우측 하단에 그림자가 들어가야 할 자리를 선택 영역으로 지정합니다. Generative Fill을 클릭하고 프롬프트 창에 아무것도 입력하지 않고 Generate를 눌러 이미지를 생성합니다.

02 [File]-[Open]을 눌러 'shadow.jpg' 파일을 엽니다. Lasso Tool을 클릭하고, 강아지 아래쪽에 그림자가 들어가야 할 자리를 선택 영역으로 지정합니다. Generative Fill을 클릭하고 프롬프트 창에 아무것도 입력하지 않고 Generate를 눌러 이미지를 생성합니다.

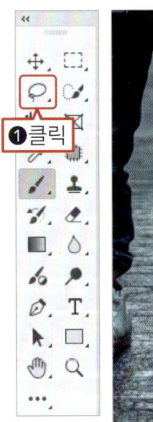

☑ 여기서 더 알아보기

선택영역의 중요성 | 디테일하게 영역 설정하기 📁 cosmetic-poster.psd

생성형 AI는 프롬프트뿐만 아니라 선택 영역의 크기와 형태에도 민감합니다. 이를테면 굴곡진 영역과 직선형의 영역에서 같은 프롬프트로 나뭇잎을 생성하더라도 선택 영역에 어울리는 서로 다른 형태의 나뭇잎이 생성됩니다. 즉, 선택 영역은 생성 결과에 직접적인 영향을 미치는 중요한 요소라고 할 수 있습니다.

원본 이미지	선택 영역 지정 후 'leaf' 입력

> **Plus.** 복잡한 편집 과정 없이도, 물 위에 비치는 듯한 잔잔한 잔물결이나 왜곡된 효과를 간단한 프롬프트 입력만으로 손쉽게 연출할 수 있습니다.

선택 영역 지정 후 'water reflection' 입력

📁 예제파일 : bald woman.png
📁 결과파일 : bald woman-result.psd

헤어스타일 변경하기

머리카락 부분을 선택하고 원하는 스타일을 텍스트로 입력하면, AI가 새로운 헤어스타일을 생성해 줍니다. 간혹 부자연스러운 스타일이 나올 수도 있으니 다양하게 시도해 봅니다.

01 [File] – [Open]을 눌러 'bald woman.png' 파일을 엽니다. Lasso Tool을 클릭한 뒤 헤어스타일을 변경하고 싶은 부분을 선택 영역으로 지정합니다. 이때 스타일이 적용될 부분을 좀더 여유롭게 선택하고 Contextual Task Bar에서 Generative Fill을 클릭합니다.

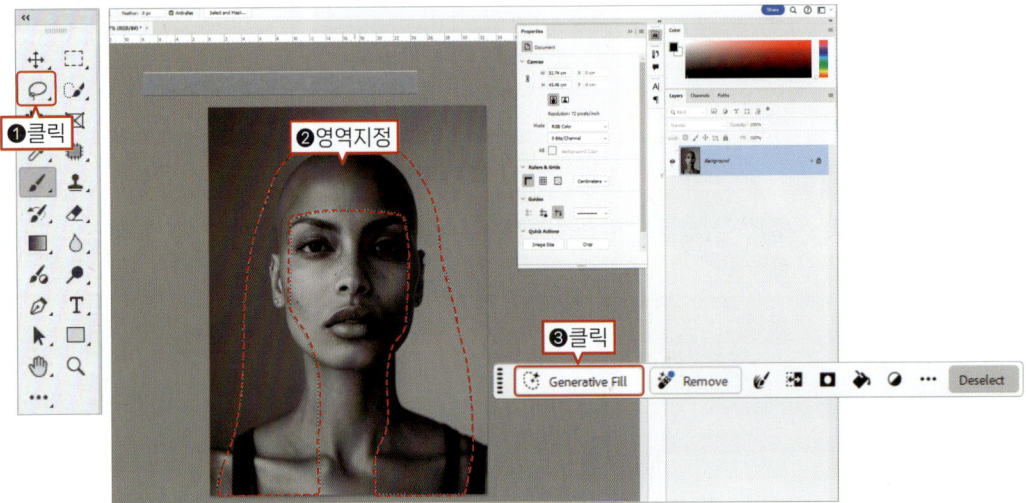

02 프롬프트 창에 'Black long hair'를 입력한 뒤 Generate를 누르면 긴 머리가 생성됩니다. 만족스러운 결과물이 나오지 않을 경우, Generate를 반복해서 만들어보거나 선택 영역 수정 후 재시도해 봅니다.

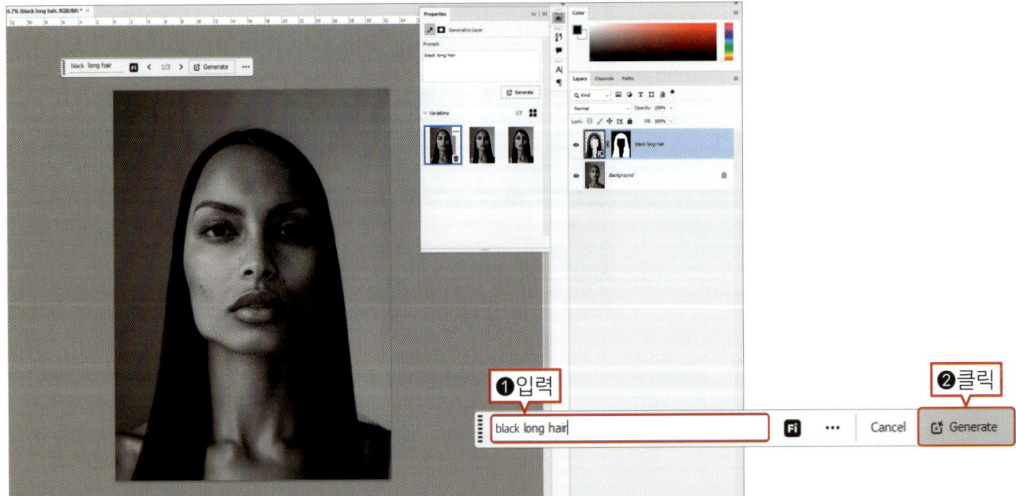

☑ **여기서 더 알아보기**

다른 프롬프트로 변경해 보기 | 단어 선택에 따른 차이 📁 bald woman-result2.psd / hair color.jpg

프롬프트에 사용되는 단어의 선택은 생성되는 이미지의 스타일과 분위기에 큰 영향을 미칩니다. '짧은 머리', '웨이브'와 같은 헤어스타일뿐만 아니라, '헤드셋', '모자' 등의 단어를 추가하여 스타일링의 다양한 연출이 가능합니다. 헤어의 길이나 색상 등과 관련된 단어를 넣는다면 더욱 구체적인 이미지를 만들어낼 수 있습니다. (다음과 같은 키워드 외에도 PSD 파일을 통해 다양한 머리 스타일을 추가로 확인해 보세요.)

wavy curl hair	rich wave hair	short hair

braid hair	short hair, headset	short hair, hat
	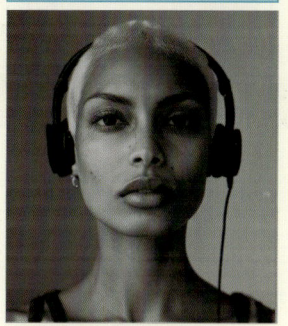	

흑백이 아닌 컬러 이미지일 때 헤어스타일의 변화를 살펴봅니다.

원본 이미지	wave hair	long black hair

📁 예제파일 : red dress.png / croptop.jpg
📁 결과파일 : red dress-result.psd / croptop-result.psd

의상 교체하기

헤어스타일뿐만 아니라 의상 스타일까지 자유롭게 변경할 수 있습니다. 선택 영역에 대한 프롬프트 입력을 통해 다양한 패션 스타일을 시뮬레이션해 봅니다. 단, 제시된 3가지 결과 중 일부는 프롬프트와 관련 없이 AI 자체에서 만드는 것도 포함하여 생성되기도 합니다.

01 [File] – [Open]을 눌러 'red dress.png' 파일을 엽니다. 의상 부분을 선택 영역으로 지정합니다. Generative Fill을 클릭한 뒤 'flower dress'를 프롬프트 창에 입력합니다. Generate를 누르면 해당 프롬프트에 맞게 꽃무늬 드레스로 바뀐 이미지가 3개 생성됩니다.

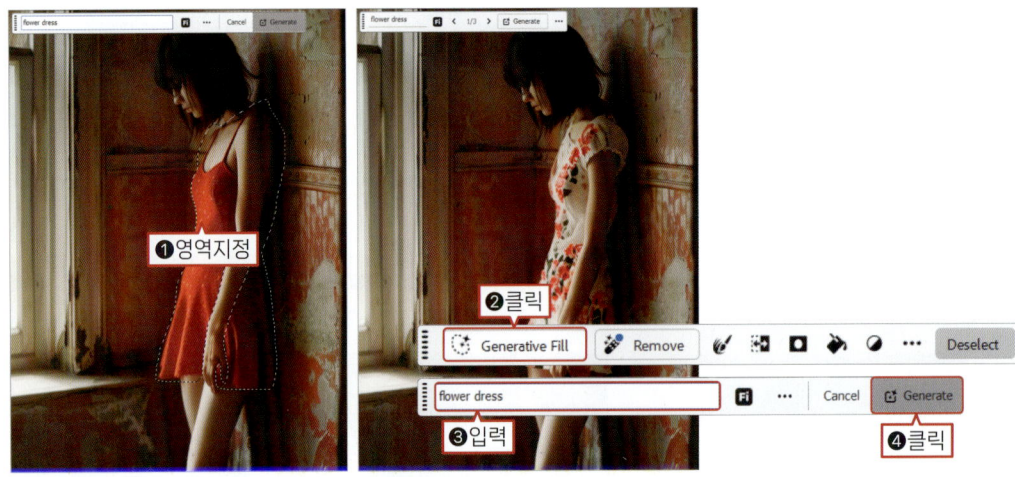

02 [File] – [Open]을 눌러 'croptop.jpg' 파일을 엽니다. 상의 부분을 선택 영역으로 지정합니다. Generative Fill을 클릭한 뒤 'red t shirts'를 프롬프트 창에 입력합니다. Generate를 누르면 해당 프롬프트에 맞게 빨간색 티셔츠 이미지가 3개 생성됩니다.

✓ 여기서 더 알아보기

다른 프롬프트로 변경해 보기 | 정장 스타일로 분위기 바꿔보기 📁 pattern dress.png / guy.png

의상의 소매 길이를 변경하거나 새로운 액세서리를 추가하려면 신체와의 자연스러운 연결을 고려해야 합니다. 옷뿐 아니라 팔이나 목 등의 인접한 신체 부위를 포함하여 선택 영역으로 지정하는 것이 좋습니다.

원본 이미지	simple white dress, 목부분에 necklace 추가

원본 이미지	formal grey suit

예제파일 : desk.png
결과파일 : desk-result.psd

새로운 요소 추가하기

과거에는 이미지 합성을 위해 이미지 소스를 찾고, 톤을 일일이 보정하는 등 많은 노력이 필요했습니다. 그러나 이제는 원하는 영역을 지정하고 프롬프트 창에 원하는 것을 입력만하면 원본 이미지의 빛과 방향, 색상 톤에 맞춰진 자연스러운 요소를 만들어줍니다.

01 [File]-[Open]을 눌러 'desk.png' 파일을 엽니다. ① Rectangular Marquee Tool을 선택하고, ② 책상 중앙에 모니터가 추가될 영역을 지정합니다. ③ Contextual Task Bar에서 Generative Fill을 클릭하고 ④ 프롬프트 창에 'laptop'을 입력합니다. ⑤ Generate를 클릭합니다.

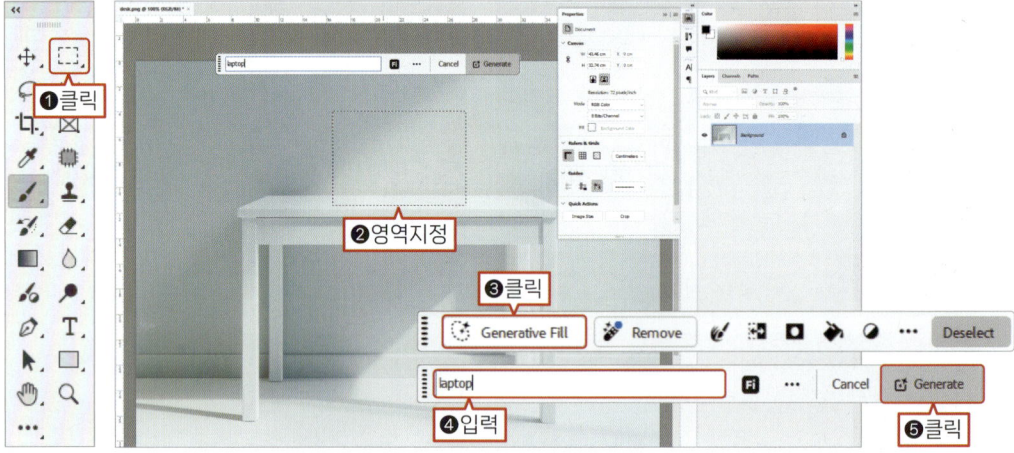

02 프롬프트에 맞게 노트북 이미지가 생성됩니다. 이때 영역 크기에 따라 결과물이 어색하게 나올 수 있으니 크기를 다양하게 지정해 가며 만들어보는 것이 좋습니다.

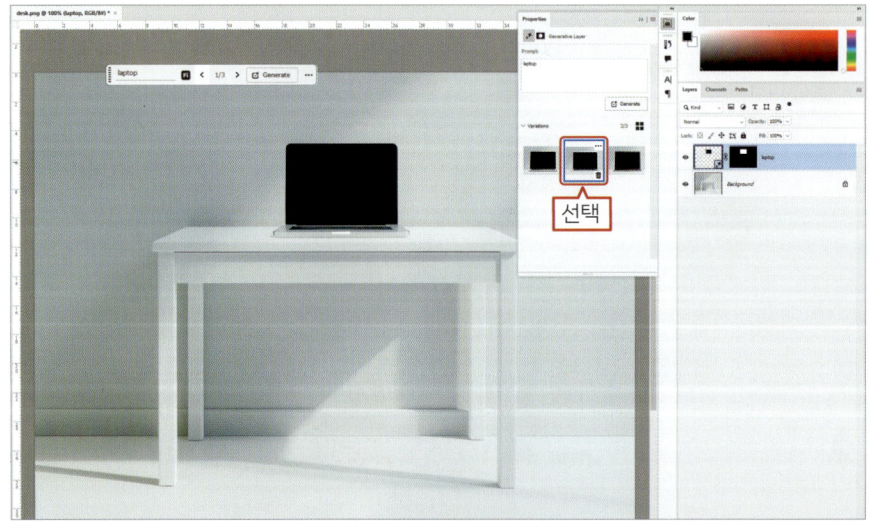

03 노트북 외에도 'books', 'light', 'vase' 등의 프롬프트를 추가해 책, 조명, 화병 등 서재에 어울리는 요소들로 자유롭게 꾸며 봅니다. 선택 영역을 지정하고 프롬프트를 입력한 후 제안된 변형 이미지 중 원하는 것을 선택 만 하면 됩니다.

☑ **여기서 더 알아보기**

기존 결과물을 바꾸기 | 가방을 다른 재질과 색상으로 변경하기 📁 backpack.png

선택 영역을 지정한 뒤 프롬프트를 입력하면 새로운 요소를 추가할 수도 있지만 기존 요소를 교체할 수 도 있습니다. 이때도 마찬가지로 영역을 섬세하게 설정하고, 프롬프트를 구체적으로 작성할수록 원하는 이미지와 가까운 결과를 얻을 수 있습니다.

원본 이미지	orange leather backpack

예제파일 : ring.png
결과파일 : ring-result.psd

이미지의 배경 교체하기

이미지의 배경을 바꾸고 싶을 때는 먼저 변경하려는 배경의 영역을 선택해야 합니다. 피사체를 제외하고 나머지 부분을 선택해도 되지만, 반대로 피사체를 먼저 선택하고 선택 영역을 반전하면 신속하게 배경을 교체할 수 있습니다.

01 [File]-[Open]을 눌러 'ring.png' 파일을 엽니다. ① 먼저 반지를 선택 영역으로 지정하기 위해 Contextual Task Bar에서 Select subject를 누릅니다. ② 영역을 반전하기 위해 Invert selection을 누른 뒤 ③ Generative Fill을 클릭합니다. ④ 프롬프트 창에 'red velvet cloth'를 입력한 뒤 ⑤ Generate를 누릅니다.

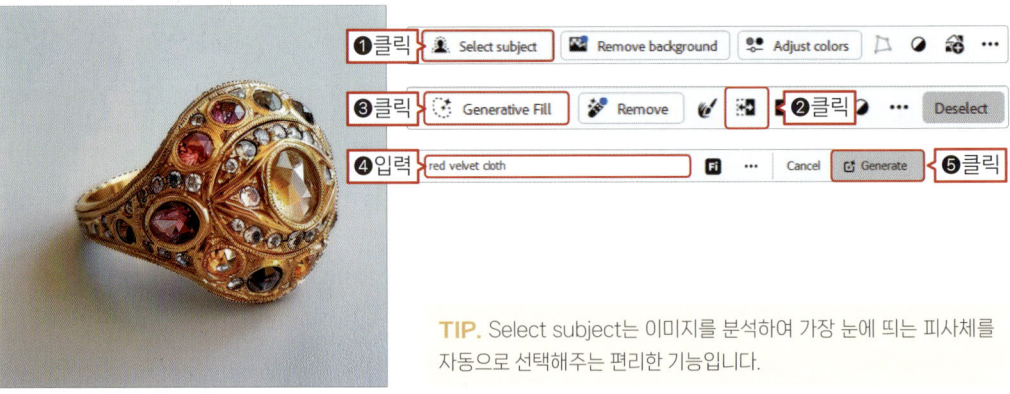

TIP. Select subject는 이미지를 분석하여 가장 눈에 띄는 피사체를 자동으로 선택해주는 편리한 기능입니다.

02 입력한 프롬프트에 따라 배경이 붉은색 벨벳 천으로 변경됩니다. 이는 제품이나 인물 사진의 배경을 꾸미는 등 다양한 이미지 편집 작업에 유용하게 활용할 수 있습니다.

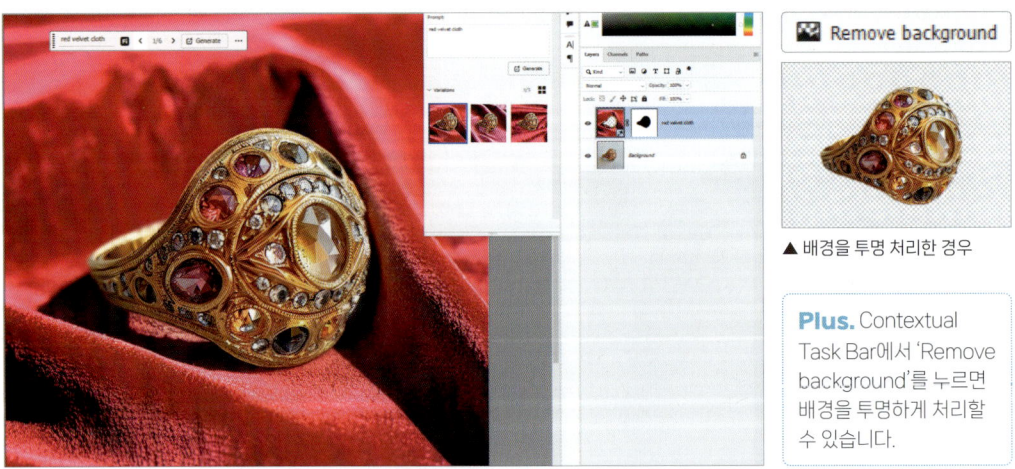

▲ 배경을 투명 처리한 경우

Plus. Contextual Task Bar에서 'Remove background'를 누르면 배경을 투명하게 처리할 수 있습니다.

☑ **여기서 더 알아보기**

다른 프롬프트로 변경해 보기 | 피사체 반대로 영역 지정하고 배경바꾸기 📁 ballet.png / background.jpg

동일한 방법으로 피사체를 선택 영역으로 지정한 뒤, [Select]-[Inverse]를 눌러 영역을 반전할 수도 있습니다. 빠르고 정확하게 배경을 변경하고 싶을 때 유용합니다. Contextual Task Bar에 프롬프트를 입력하여 원하는 배경을 만들어 보세요.

원본 이미지	dark stage of the hall, pin light

원본 이미지	old room with antique furniture

연습예제 11

예제파일 : wood-deck.png
결과파일 : wood-deck-result.psd

이미지 일부 수정 및 보정하기

풍경의 일부를 바꾸거나 보정하는 것만으로도 전혀 다른 분위기의 이미지로 재탄생시킬 수 있습니다.

01 [File] – [Open]을 눌러 'wood-deck.png' 파일을 엽니다. ① Polygonal Lasso Tool을 클릭하고 ② 나무 데크를 제외한 나머지 부분을 선택 영역으로 지정합니다. ③ Contextual Task Bar에서 Generative Fill을 클릭하고, ④ 프롬프트에 'beach with sunset'을 입력한 뒤 ⑤ Generate를 누릅니다.

02 프롬프트에 따라 노을 진 해변의 풍경이 나타납니다. [Properties] 패널에서 기존 프롬프트를 지우고 'forest and sunshine', 'city and river' 등으로 프롬프트를 입력하면 새로운 풍경을 계속 만들어낼 수 있습니다.

☑ 여기서 더 알아보기

2024 신기능 | Sky Replacement 활용하기 📷 tree and sky.jpg

이전에는 하늘을 교체하기 위해 복잡한 마스크 작업과 섬세한 조정이 필요했지만, 이제는 AI가 자동으로
배경과 하늘의 색상을 분석하고 조정하여 자연스러운 합성 결과를 제공합니다.

01 [File] – [Open]을 눌러 'tree and sky.jpg' 파일을 엽니다. [Edit] – [Sky Replacement]를 누르면 새로운
창이 나타납니다. 상단 Sky의 목록을 열어 'Blue Skies', 'Spectacular', 'Sunsets' 폴더에서 마음에 드
는 하늘을 선택합니다.

 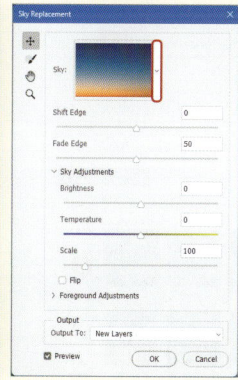 

TIP. 클릭하면 작업 이미지에 바로 적용
된 모습을 미리볼 수 있습니다.

02 미리보기를 확인하면서 설정을 세밀하게 조정할 수도 있습니다. Output을 'New Layers'로 설정하고
OK를 누르면 원본 위에 새로운 레이어들이 만들어집니다.

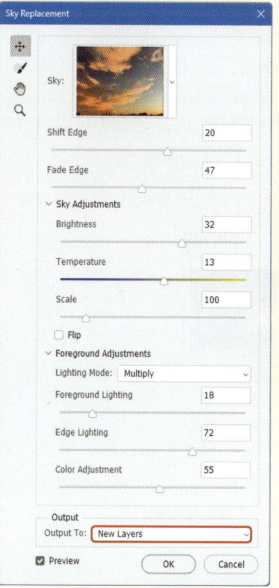 

TIP. Sky Replacement
[Edit] - [Sky Replacement] 기능은 기존에 사용자가 직접 조정해야 했던
하늘과 피사체 분리, 밝기와 색온도 조절, 그림자 처리 등을 자동으로 조화롭
게 적용하여 한층 향상된 편의성을 제공합니다.

예제파일 : 없음
결과파일 : moonlight ship.psd

빈 문서에서 이미지 생성하기

아무것도 없는 빈 캔버스에서 Contextual Task Bar에 간단한 문장을 입력하는 것만으로 머릿속에 그려온 이미지를 생성할 수 있으며, 전문가 수준의 고품질 이미지를 손쉽게 얻을 수 있습니다.

01 [File] – [New]를 눌러 1500×1500px 크기의 새 문서를 엽니다. ① Contextual Task Bar의 Generate image를 클릭합니다. ② 프롬프트 창에 'a pirate ship in the rought wavy sea, under the moon and stars' 라고 입력한 뒤 ③ Photo를 클릭합니다. ④ Effect에서 ⑤ Theme를 클릭하고 ⑥ Cinematic을 누릅니다. ⑦ Generate를 누릅니다.

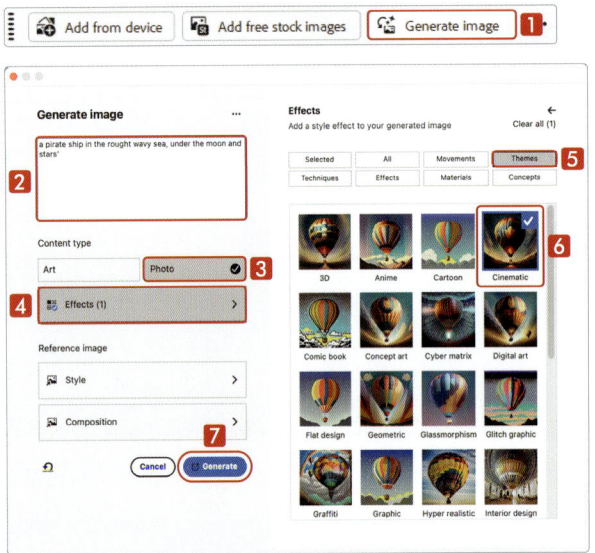

02 프롬프트에 따라 달과 별 아래 거친 파도를 헤치며 항해하는 배 이미지가 전체적으로 생성됩니다. [Properties] 패널에서 마음에 드는 이미지를 선택하고, 이어서 손쉬운 보정 작업까지 추가로 진행해 봅니다.

원하는 이미지 선택

TIP. 만약 마음에 드는 이미지가 없다면 Generate를 눌러 다른 이미지를 추가로 생성할 수 있습니다.

☑ 여기서 더 알아보기

2025 신기능 | Adjust Color 기능 사용하기

2025년부터 Adjustments 기능에 다양한 변화가 생겼습니다. 그중 Hue/Saturation은 기존에는 전체 색상이나 원색 기준으로만 변경이 가능했지만, Contextual Task Bar를 이용하면 이미지가 가지고 있던 본연의 색을 기준으로 변경할 수 있는 기능이 추가되었습니다.

01 Generate image로 생성한 생성형 이미지 레이어의 위에서 [마우스 오른쪽 버튼 클릭]-[Rasterize Layer]를 눌러 이미지로 변경합니다.

PLUS. Contextual Task Bar의 Adjust Colors 기능은 일반 이미지 레이어에서만 사용이 가능합니다. 생성형 이미지로 제작한 경우 반드시 Rasterize를 통해 비트맵화를 거쳐야합니다.

02 Contextual Task Bar에서 Adjust colors를 클릭해 Hue/Saturation 레이어를 추가합니다. Contextual Task Bar에서 색상 팔레트 중에서 원하는 색을 선택하면, 해당 색상의 톤과 채도를 조정할 수 있습니다.

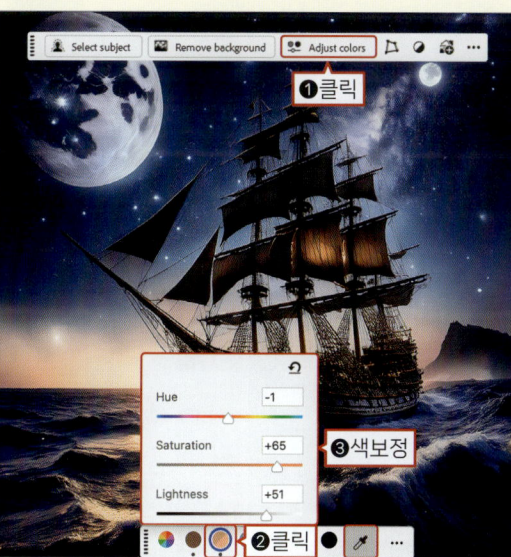

TIP. 변경하고싶은 색이 목록에 없다면 스포이드 아이콘(✏)을 클릭해 원하는 색을 팔레트에 추가 후 변경할 수 있습니다. 이때 선택한 팔레트의 기존 색상이 변경됩니다.

2025 신기능 | Adjustments Preset 기능 사용하기

2024년부터 Adjustments 패널에 Preset 항목이 추가 되었습니다. 대중적으로 많이 사용되는 색상 보정 설정을 저장한 프리셋으로 손쉽게 이미지의 색감을 조정할 수 있습니다.

01 [Window] – [Adjustments]를 클릭하여 조정 패널을 엽니다.

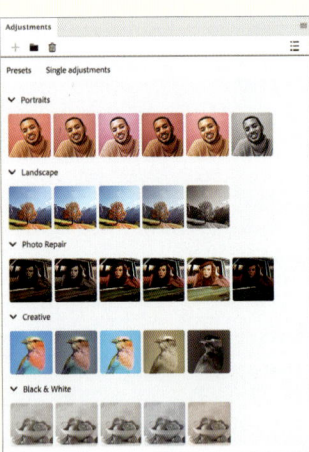

PLUS. 2025년부터 조정 패널을 열면 기본적으로 Preset 탭이 먼저 표시되며, 필요에 따라 Single Adjustments를 사용할 수 있도록 탭으로 구분되었습니다.

TIP. 섬네일 목록에서 원하는 항목을 클릭할 필요 없이 마우스를 올려두기만 해도 미리보기가 적용됩니다.

02 원하는 프리셋을 선택하여 이미지를 보정합니다. Layer 패널을 확인하면 프리셋에 따라 자동으로 보정값이 적용된 조정 레이어를 확인할 수 있습니다.

* 예제에서는 Cinematic 프리셋의 첫 번째 옵션인 'Split Tone'을 적용해 보았습니다.

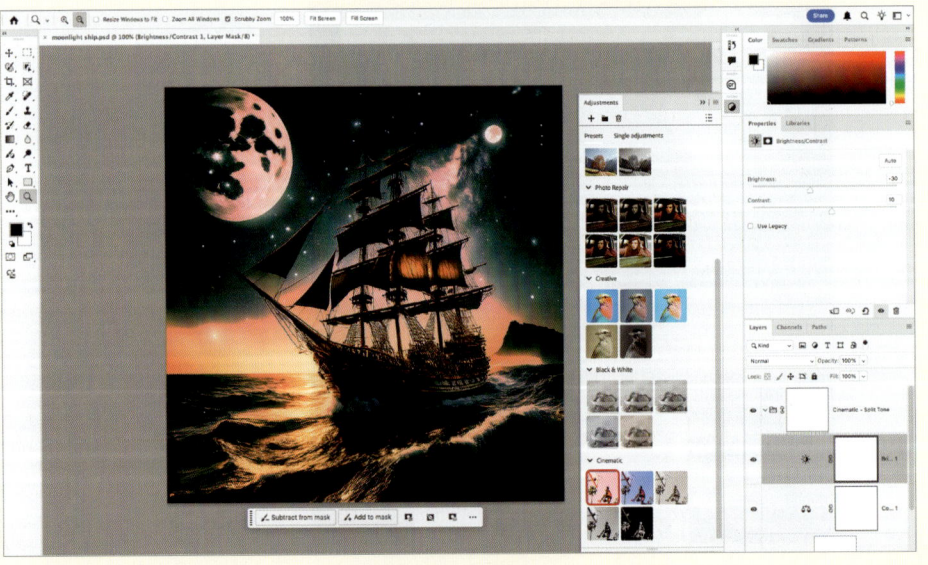

Chapter 04

활용 예제 : AI 신기능 활용해 보기

PROLOGUE

포토샵의 AI 신기능, 파이어플라이까지 앞에서 배운 내용을 활용하여 실제 프로젝트에
적용해 보겠습니다. 연습 예제에서 학습한 기능과 프롬프트를 생각하고, 다양한 시도와
실험을 해보면서 디자인의 무한한 가능성을 경험해 보세요. 퀄리티 높은 작업을 위해서
는 AI 기능뿐 아니라 포토샵의 기본적인 기능도 알고 있어야 합니다.

만들자 Trip

예제파일 : trip.jpg, map.png
결과파일 : trip-result.psd

여행공모전 포스터 만들기

웹 Firefly가 서비스를 오픈한 이후, Text에 질감을 쉽게 합성할 수 있게 되면서 다양한 텍스쳐의 타이포그래피가 유행하게 되었습니다. 2025 버전부터는 이제 웹 Firefly의 이미지 기능이 포토샵에도 거의 동일하게 적용되었습니다.

🔹 결과물 미리보기

풍선 이미지에 텍스트를 입혀 풍선 글씨 이미지를 만든 후, 배경을 확장하여 세로로 긴 캔버스를 만듭니다. 여기에 생성형 AI로 다양한 오브젝트를 추가하고, 마지막으로 메인 문구와 내용을 넣어 디자인을 완성합니다.

01 [File]-[New]를 눌러 1500×1500px 크기의 새 문서를 만듭니다. ① Contextual Task Bar에서 Generate image를 클릭합니다. 이미지 생성 창이 나타나면 ② 프롬프트에 'Green Background, Orange Balloon'을 입력하고 ③ Content type은 Photo를 확인한 후 ④ Generate를 누릅니다.

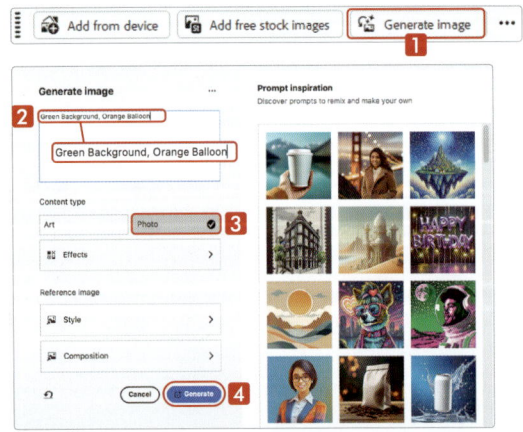

02 제안된 3개의 이미지 중 원하는 이미지를 선택합니다. 이때 끈이 없는 이미지를 선택하는 것이 좋습니다. 만약 끈이 없는 이미지가 없다면 재생성하거나, 끈 부분을 선택 영역으로 지정해 삭제합니다. 원하는 이미지로 만들었으면 jpg 파일로 저장합니다.

03 Properties 패널에서 ① Reference Image 아이콘을 클릭합니다. ② Style Refernce의 Choose image를 눌러 저장한 풍선 이미지를 불러오고, ③ Comosition Referncefenced의 Choose image를 눌러 구조로 사용할 Text 이미지(trip.jpg)를 불러옵니다. ④ Style Effect 아이콘을 선택하고 ⑤ Themes에서 Hyper realistic을 체크합니다. ⑥ Generate를 눌러 이미지를 생성합니다. 이때 레이어가 가지고 있던 이미지 프롬프트는 변경하지 않습니다.

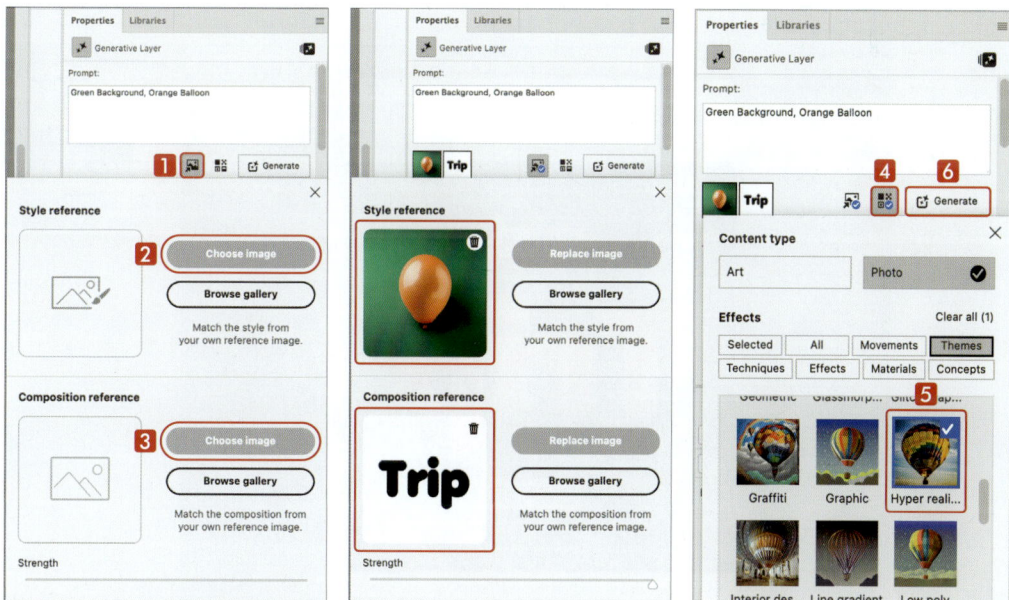

TIP. 텍스트에 질감을 넣을 때는 질감을 만들 때 사용했던 동일한 프롬프트를 사용하시는 것이 좋습니다.

04 Generate를 반복해 눌러가며, 가장 마음에 드는 이미지를 선택해 저장합니다.

05 원하는 포스터 사이즈로 새 문서를 만듭니다. 예제에서는 1000×1400px로 설정했습니다. [File]−[Place Embedded] 로 방금 저장한 사진을 불러옵니다. 상단과 하단의 빈 영역을 선택한 뒤, Contextual Task Bar에서 Generate Fill 을 클릭하고 프롬프트 없이 Generate를 누릅니다.

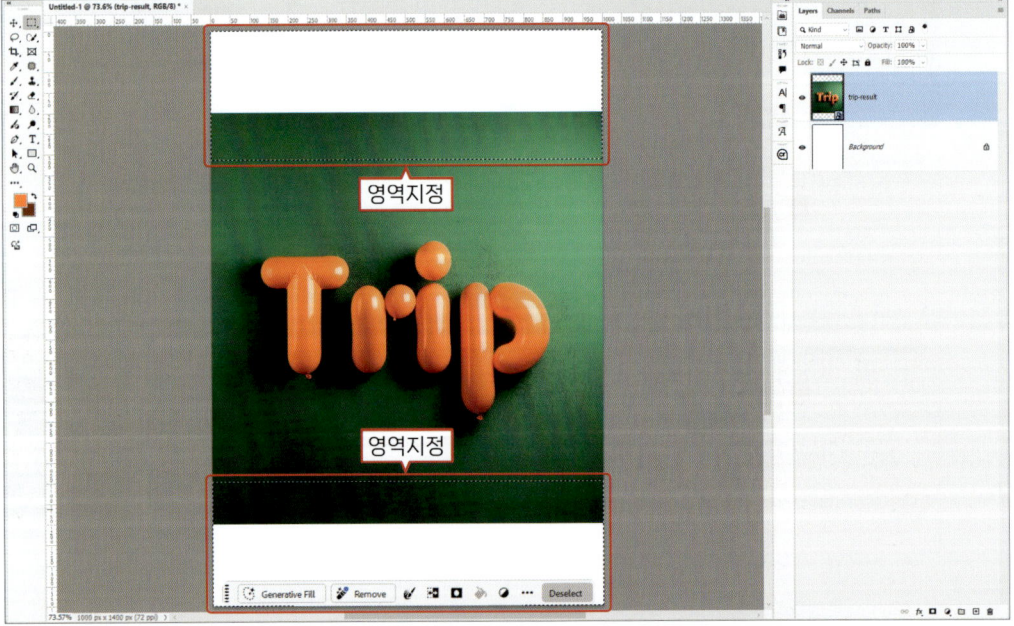

06 비어 있는 공간이 자연스럽게 주변과 어우러진 배경으로 채워집니다. 제공된 이미지 중 마음에 드는 것을 선택합니다. Lasso Tool을 선택하고 상단 좌측에 빈 영역을 선택 영역으로 지정합니다. 프롬프트 창에 'bag, top view'를 입력한 뒤 Generate를 누르면 위에서 내려다본 가방 이미지가 생성됩니다. 프롬프트는 자유롭게 작성해도 좋습니다. (중간에 'brown bag, top view'로 프롬프트를 수정하여 생성했습니다.)

07 상단 우측에 빈 영역을 선택 영역으로 지정합니다. 프롬프트 창에 'airplane ticket, top view'를 입력한 뒤 Generate를 누릅니다. 위에서 내려다본 비행기 티켓 이미지가 생성됩니다.

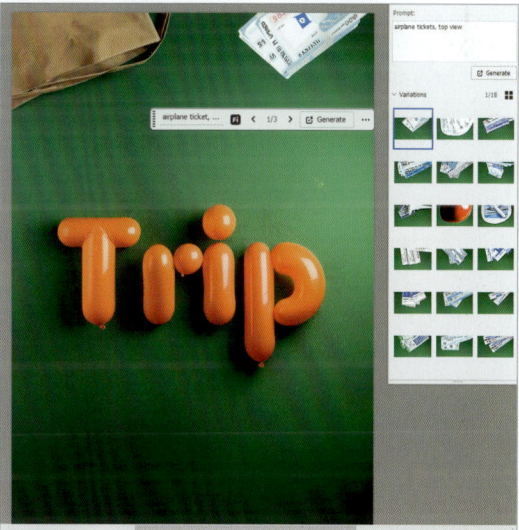

Plus. 티켓 안에 들어가는 글자와 같은 세부 텍스트는 현재 AI 기능만으로는 정확하게 구현되기 어렵습니다. 이를 감안하고 텍스트를 직접 추가하거나, 다른 이미지의 텍스트를 합성하는 등의 방법을 고민해야 합니다.

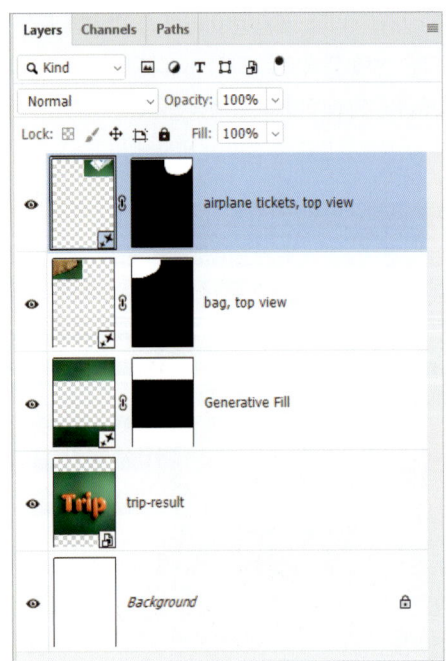

☑ 여기서 더 알아보기

생성형 이미지를 사용했을 때 레이어의 변화

- 생성형 이미지를 사용하면 해당 영역에 마스크가 씌워지면서 새로운 레이어가 만들어집니다.

- 생성형 이미지를 사용할 때마다 레이어는 새로 만들어지며, 입력한 프롬프트가 레이어 이름으로 지정됩니다.

- 프롬프트를 입력하지 않았을 경우 레이어 이름은 'Generative Fill'로 만들어집니다.

- 생성형 이미지는 섬네일 하단에 별 모양 아이콘 2개가 표시됩니다.

- 생성된 이미지를 이동하면 배경과의 조화가 어색해지므로, 이동하기보다는 새로운 영역을 선택하여 다시 생성하는 것이 좋습니다.

08 메인 이미지 위의 빈 영역도 선택 영역으로 지정합니다. 프롬프트 창에 'airplane, top view'를 입력한 뒤 생성된 이미지 중 마음에 드는 것을 고릅니다.

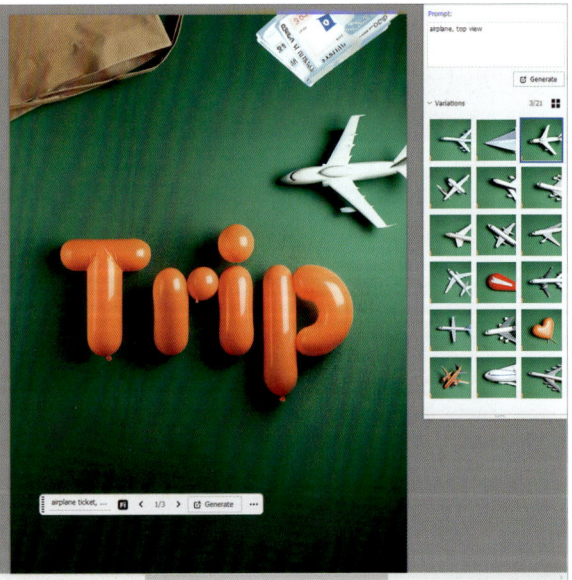

Plus. 선택 영역의 모양(뾰족, 원형, 사각형 등)에도 영향을 받기 때문에 다양한 형태로 영역을 지정하여 어떤 결과물이 나오는지 직접 확인해 보는 것이 좋은 학습 방법입니다.

09 `Ctrl`+`A`를 눌러 이미지를 전체 선택합니다. ① 도구 패널에서 Generate image 버튼을 클릭합니다. ② Style Reference를 선택하고 ③ Replace Image를 눌러 'map.png'를 참조 파일로 선택합니다. ④ 프롬 프트 창에 'ancient fantasy travel map, top view'를 입력한 뒤 ⑤ Generate를 누릅니다. 라인 드로잉의 지도가 생성됩니다. 마음에 드는 이미지가 나올 때까지 여러 번 생성합니다.

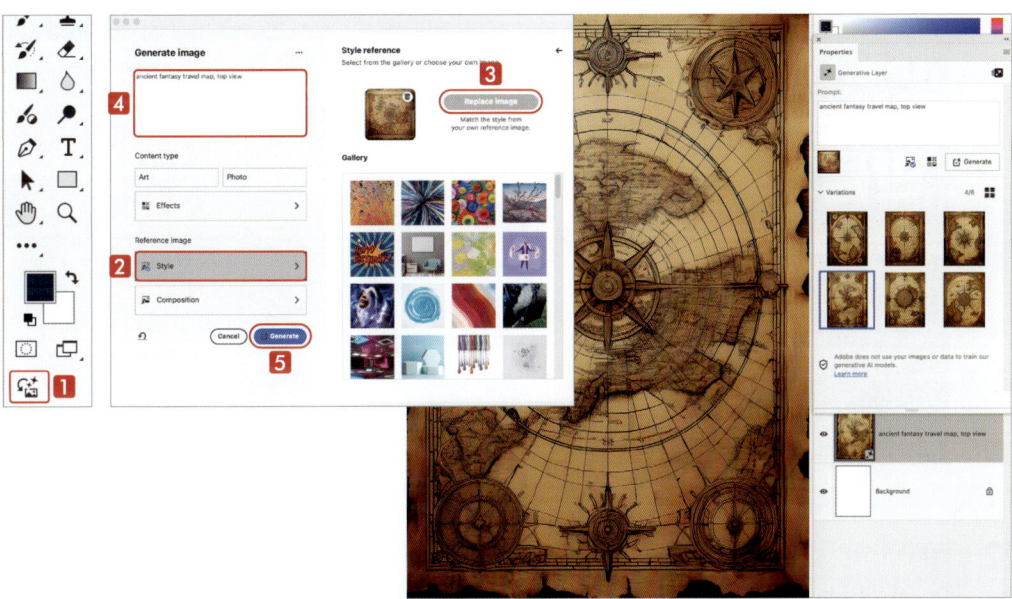

10 해당 레이어의 블렌드 모드를 'Multiply'로 바꾸고, Opacity 값을 '35%'로 낮춥니다. [Layers] 패널에서 해 당 레이어를 선택하고 하단의 'Layer masks'를 클릭하여 마스크를 생성한 뒤, 마스크 섬네일을 선택합니다. Fill(면) 색을 검은색으로 바꾸고 Brush Tool로 메인 요소들이 눈에 띄도록 불필요한 부분을 칠하여 가립니다.

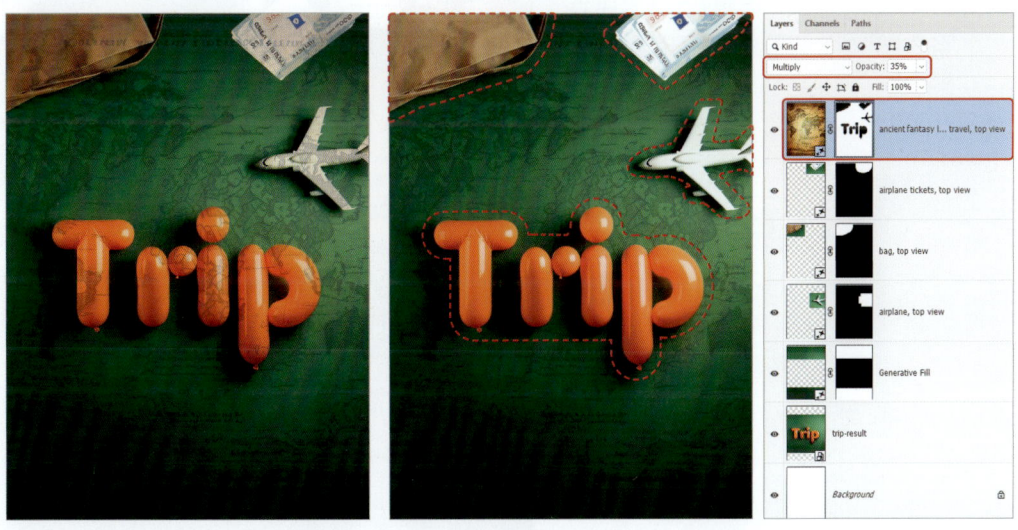

11 메인 텍스트를 입력하고, 원하는 색상을 적용합니다. [Layers] 패널 하단의 'Add Layer Style'에서 'Drop Shadow'를 선택하여 검은색 그림자를 추가했습니다. 풍선의 그림자 각도와 비슷하게 방향을 조절하면 자연스러운 효과를 연출할 수 있습니다. (단, 생성되는 이미지가 모두 다르기 때문에 그림자의 각도나 깊이는 작업자가 생성한 이미지에 맞게 조절해야 합니다. 이번 예제에서는 다음과 같이 설정했습니다.)

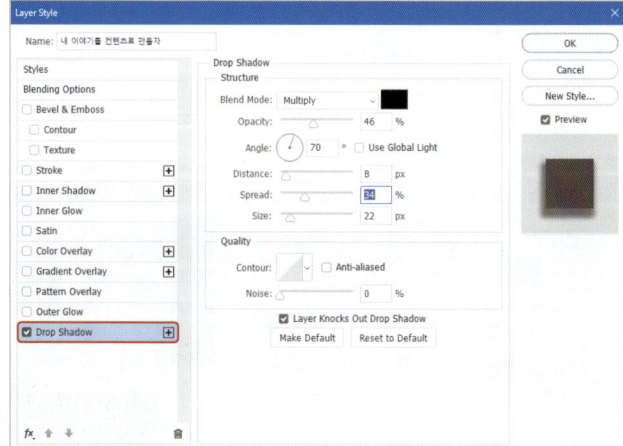

12 '공모전 요약.txt' 파일의 내용을 참고하여 하단에 공모전 정보를 입력합니다. 만들어진 배경의 색상이나 명도에 따라 흰색 글자는 가독성이 떨어질 수 있으므로 예제를 그대로 따라 하기보다는 작업자가 생성한 이미지와의 조화를 고려해 작업합니다. 완성된 작업물은 이미지 파일과 편집 가능한 원본 파일 형태로 저장합니다.

다른 이미지 만들어보기 | 유사한 방법으로 초콜릿 크림 재질의 글자 만들기 📁 choco.jpg / choco cream.jpg

예제파일 : face.png
결과파일 : face-result.psd

증명사진 만들고 보정하기

포토샵의 AI 기능과 기존 기능을 활용하여 증명사진을 만들고 보정해봅니다. 특히 업그레이드된 Neural Filter를 사용하면 눈과 입 등 이목구비를 다듬어 더욱 또렷하고 생기 있는 인상을 만들 수 있습니다.

결과물 미리보기

생성형 AI를 활용하면 일상에서 찍은 정면 사진을 정장 등 원하는 의상으로 교체할 수 있습니다. 기존 포토샵 기능을 이용해 증명사진 크기와 해상도를 맞추고, 잔머리를 정리하면 면접이나 이력서용으로도 손색없는 수준의 증명사진을 제작할 수 있습니다.

BEFORE :
일상 생활에서 찍은 정면 사진

AFTER 1 :
표정 바꾸기, 의상 교체 및 배경 생성

AFTER 2 :
증명사진 사이즈 조정, 잔머리 정리

01 [File]-[Open]을 눌러 'face.png' 파일을 엽니다. [Filter]-[Neural Filters]를 선택하면 화면 우측에 새로운 창이 나타나고, Beta 버전에서 제공되는 다양한 효과를 확인할 수 있습니다. 이 중에서 'Smart Portrait'를 선택하여 다운로드합니다.

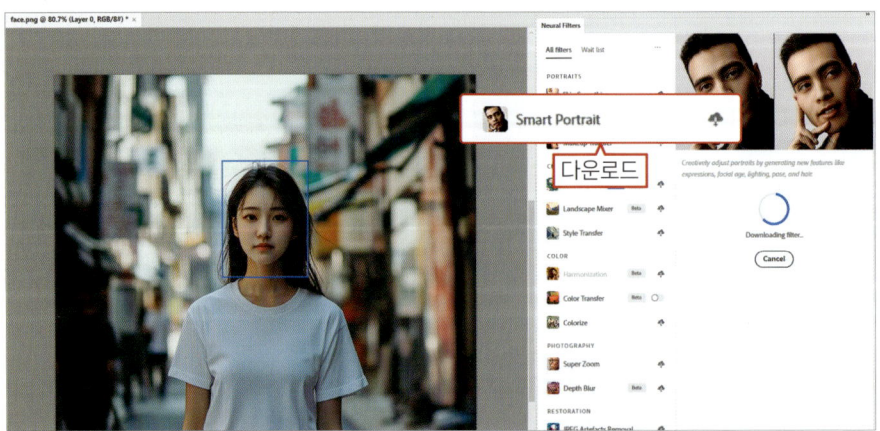

02 Featured 목록에서 'Be Happy!' 항목의 슬라이더를 우측으로 이동하면 입꼬리가 올라가는 모습을 확인할 수 있습니다. 또한 하단의 Expression 목록에서 'Anger' 항목의 슬라이더를 우측으로 이동하면 점차 화난 표정으로 바뀌므로 좌측으로 이동합니다. 이 외에도 다양한 옵션들을 적용해봅니다.

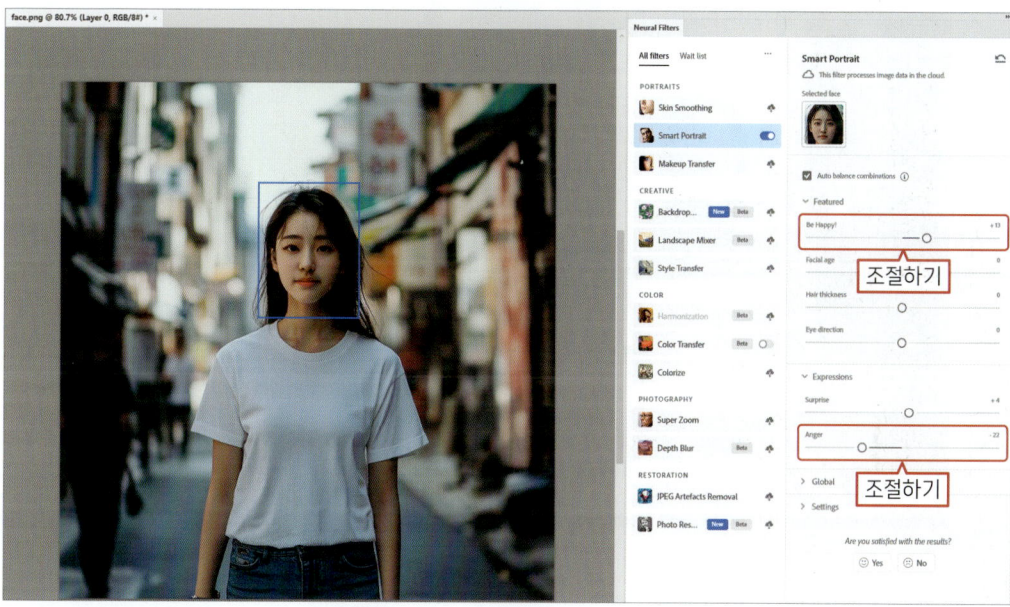

03 작업을 마쳤으면 하단의 Output에서 'New document'를 선택하고 OK를 누릅니다. 변형된 이미지가 새로운 문서로 나타납니다.

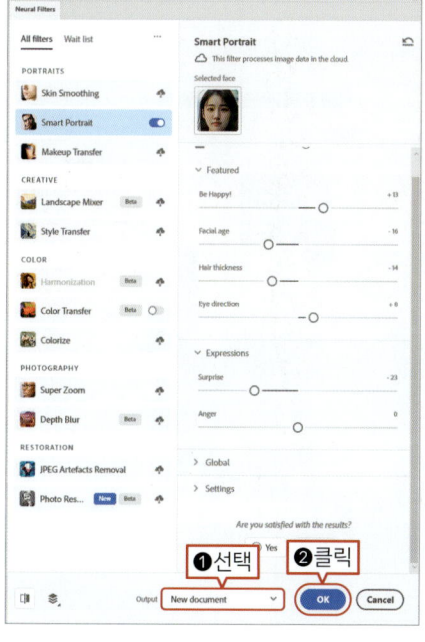

04 선택 영역을 해제하고 새롭게 생성된 이미지나, 레이어를 선택하면 하단에 Contextual Task Bar가 나타납니다. Remove background를 누르면 피사체를 인식하여 자동으로 배경만 투명하게 처리됩니다.

05 [Layers] 패널 하단의 ① Create new fill or adjustment layer 아이콘을 눌러 ② Gradient를 선택합니다. 그라디언트 목록에서 ③ Blues 폴더를 열고 적절한 배경 색상을 찾아 적용합니다. ④ 인물을 가리지 않도록 레이어의 순서는 인물보다 아래로 이동시킵니다.

06 다시 인물 레이어를 선택합니다. [Window] – [Adjustments]를 클릭하여 조정 패널을 엽니다. 사전 설정된 보정 템플릿 썸네일 위에 마우스를 올려두기만 해도 미리보기가 적용되므로 살펴보고 마음에 드는 것을 클릭하여 적용합니다.

☑ 여기서 더 알아보기

Adjustments 패널 예시 | Portraits 6종

[Adjustments] 패널의 가장 상위에 있는 Portraits의 6가지 보정을 살펴보겠습니다. 햇살, 따뜻함, 무디 블루스, 클래식 흑백, 더 어둡게, 더 밝게 등 다양한 프리셋들이 있으니 적용하기 전 마우스를 올려 미리보기로 확인해 보세요.

Sunshine

Brighter

Darker

Classic Black

Moody Blues

Warmth

07 ① 인물 레이어 위에 보정 폴더가 생성되며, 선택한 템플릿이 레이어로 추가됩니다. ② 다시 인물 레이어를 선택합니다. ③ Lasso Tool로 의상을 교체할 부분을 여유롭게 영역으로 지정합니다. ④ Contextual Task Bar에서 Generative Fill을 클릭하고 프롬프트 창에 'woman's suits for formal interview'를 입력한 뒤 ⑤ Generate를 누릅니다.

08 해당 프롬프트에 맞게 정장 스타일로 바뀐 이미지가 3개 생성됩니다. 가장 마음에 드는 이미지를 선택합니다.
① Crop Tool을 클릭하고 이미지를 증명사진으로 활용할 수 있도록 ② 상반신 어깨까지 나오게 위치나 크기
를 조절합니다. ③ 옵션바에서 W × H × Resolution을 선택하고 가로와 세로를 각각 3 × 4cm, 해상도는 300
을 입력합니다. (단위가 다를 경우 직접 단위를 입력하거나 마우스 오른쪽 버튼을 눌러 단위를 변경합니다.)
위치를 조절하고 상단의 'Done'을 누르거나 화면을 더블클릭합니다.

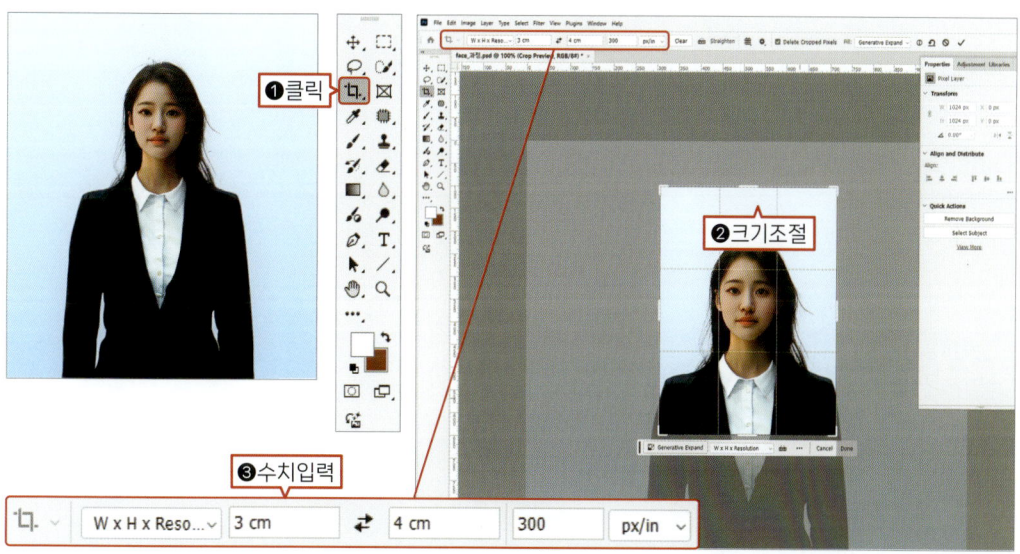

09 [Leyers] 패널에서 가장 상위 레이어를 선택하고 Ctrl + Alt + Shift + E 를 눌러 모든 레이어를 합친 사본을 만듭니
다. Clone Stamp Tool이나 Remove Tool 등을 활용하여 지저분한 잔머리를 정리합니다. 작업이 완료되면 이미
지 파일과 편집 가능한 원본 파일 형태로 저장하여 마무리합니다.

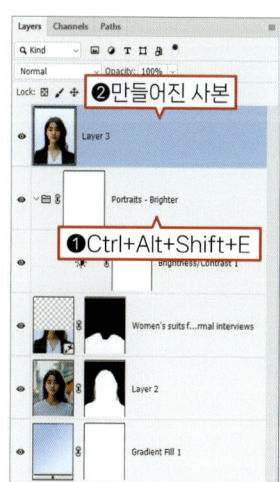

DATE　　　　.　　　.
TITLE

DATE   .   .
TITLE

DATE

TITLE